细说博弈

行为博弈

BEHAVIORAL
GAME THEORY
EXPERIMENTS IN
STRATEGIC INTERACTION

科林·凯莫勒 著
（Colin Camerer）

贺京同 等 译

中国人民大学出版社
·北京·

"细说博弈"
丛书总序

博弈论改变了社会科学的分析方法

张维迎　中国经济学家

　　自 20 世纪 50 年代以来，整个社会科学最大的变化或许就是博弈论的引入。作为一种分析方法，博弈论首先改变了经济学，继而正在改变整个社会科学。博弈论的主要开创者是美国数学家约翰·纳什（John Nash），博弈论最重要的概念和分析工具是纳什均衡。以纳什为界，经济学可以划分为纳什之前的经济学和纳什之后的经济学。当然，这个转变持续了数十年，大约到 20 世纪末才基本完成。

　　经济学是亚当·斯密（Adam Smith）创立的。在纳什之前，经济学基本上可以被定义为有关资源配置的理论，主要研究物质财富如何生产、如何交换、如何分配，它的核心是价格理论。我们过去说，懂不懂经济学就看你懂不懂价格理论。社会关系本来是人与人之间的关系，但在新古典经济学的市场中，每个人做决策时面临的是非人格化的参数，不是其他同样做决策的人，人与人之间的关系完全通过价格来间接体现。给定价格参数，每个消费者均做出使自己效用最大化的选择，于是就形成了需求函数；每个生产者均做出使自己利润最大化的选择，于是就形成了供给函数。这种思维进一步简化就变成了成本－收益分析，或者叫供求分析。在市场当中，似乎总有一只"无形之手"来使需求和供给相等，从而达到所谓的均衡。这种思维应用于宏观经济学，就是总需求和总供给分析。这就是传统经济学的基本理论。所以，保罗·萨缪尔森（Paul Samuelson）在他的教科书里有一句隐喻："你可以让鹦鹉变成经济学家，只要它会说需求和供给。"

新古典经济学家在发展出这套非常成熟的价格理论之后所构建的数学模型确实逻辑严谨、形式优美。但当我们用这样的理论去分析社会问题时，就会面临很多困难。其中一个困难就是大量的行为其实是没有价格的。最简单的例子是，政治谈判和竞选就没有价格，这里的没有价格是指没有用货币表示的价格。另外，人们在实际决策中不仅关心物质利益，还关心非物质利益。比如，我找工作的时候并不只关心工资，我还关心其他方面，如工作环境、影响未来职业发展的因素、这个职业的社会声誉等等。有些职业的工资可能不高，但是它使从业者有成就感。比如媒体记者的工资不算高，但是为什么很多人愿意从事这一行呢？因为它有着很高的成就感。经济学家其实也是这样。这是价格理论难以分析的。

更为重要的是，人在做决策时面临的不一定只是非人格化的参数，还面临其他人的决策。这时候，他做还是不做某件事，依赖于其他人做还是不做；或者他的选择，依赖于其他人的选择，而不是简单地只面临价格或收入等非人格化的参数。比如，两个人讨价还价时，一个人采用什么样的策略、价码是多少，依赖于他认为对方的价码是多少，而不是在给定的价格参数下机械地选择。即便应用于最简单的例子——去地摊上买东西，传统价格理论的局限也很大。

传统经济学假定，一个生产者在做决策时，要素价格给定、产品价格给定、生产技术给定，然后最小化成本，选择最优要素投入组合，再选择最优产量。但在现实竞争中并非如此。比如寡头企业做决策时，价格不是给定的，它不仅取决于己方，还取决于对方。这时就没有办法用传统价格理论进行分析。

当然，传统经济学的这些局限性并没有阻碍经济学家试图把传统价格理论应用于非经济问题的研究，这方面的典型是诺贝尔经济学奖得主、芝加哥大学教授加里·贝克尔（Gary Becker）。他试图用经济学方法去分析所有的人类行为。另外我们知道，法经济学也试图用成本-收益方法来阐述法律制度。

现在来看，这些研究总体上并不令人满意，这时就迫切需要一种新的更为一般化的分析方法来克服前面所讲的价格理论的缺陷：它可以用于分析非价格、非物质的东西，可以用于分析人与人之间的相互关系或直接互动的情况。这种方法就是博弈论。

在约翰·纳什于1950年发表他的经典论文之前，也有其他学者提出过博弈论思维，比较有名的是19世纪法国数学家安东尼·古诺（Antoine Cournot）和约瑟夫·伯川德（Joseph Bertrand），以及20世纪计算机的发明人约翰·冯·诺依曼（John von Neumann）及其合作者奥斯卡·摩根斯坦（Oskar Morgenstern）。但博弈论真正成形还要归功于纳什。所以我们一般认为，博弈论的创始人就是纳什。纳什对博弈论的贡献，在某种意义上就像亚当·斯密对经济学的贡献。在斯密之前也有很多经济学理论，但他是第一个把它们整合成系统理论的经济学家。

博弈论是分析人与人之间的互动决策的一般理论。所谓"互动"，是指一个人的所得（如效用、利润等）不仅依赖于自己做什么，也依赖于其他人做什么。因此，他做什么选择依赖于他预测别人会做什么选择。纳什对博弈论的最大贡献是定义了后来被称为"纳什均衡"的概念。它是博弈论最重要的分析工具，其他均衡概念都是它的变种或修正版。假定每个人独立做决策，什么样的结果最可能出现？纳什均衡就是理性人博弈中最可能出现的结果，或者说最可能出现的一种策略或策略组合。如果博弈的不同参与人的策略（选择）组合构成纳什均衡，这就意味着给定别人的选择，没有任何人有积极性单方面改变自己的选择。比如，如果一个制度是纳什均衡，这就意味着给定别人遵守它的条件，每个人都愿意遵守它。反之，如果一个制度不是纳什均衡，这就意味着至少有一部分人不会遵守它，也可能所有人都不会遵守它。

2005年诺贝尔经济学奖得主罗伯特·奥曼（Robert Aumann）和博弈论专家塞尔久·哈特（Sergiu Hart）在一篇文章里说，博弈论可以被视为社会科学中理性一脉的罩伞，或者说为其提供了一个"统一场"理论。这里的"社会"，可以做宽泛的理解，既包括由人类个人组成的社会，也包括由各种参与人组成的群体，如国家、公司、动物、植物、计算机等。博弈论不像经济学或政治学等学科的分析工具那样，采用不同的、就事论事的框架来对各种具体问题进行分析，如完全竞争、垄断、寡头、国际贸易、税收、选举、遏制、动物行为等等。相反，博弈论先提出在原理上适用于一切互动情形的方法，然后考察这些方法在具体应用上会产生何种结果。

2007年诺贝尔经济学奖得主罗杰·迈尔森（Roger Myerson）教授曾说，发现纳什均衡的意义可以和生命科学中发现DNA双螺旋结构的意义相媲美，纳什构造了经济分析新语言的基本词汇。博弈论语言越来越多地变成了经济学语言。现在讲的社会科学的纯理论就是指博弈论，这种评价并非言过其实。

有了博弈论，经济分析就从传统的资源配置理论转变成了研究人类合作或者说激励机制的理论。经博弈论改造后的经济学不再是简单的价格理论，而是可以用于分析各种各样制度的理论。传统经济学只可以用于分析市场制度（也不尽如人意），而博弈论不仅可以用于分析市场制度，也可以用于分析非市场制度；传统经济学只可以用于分析物质财富的生产和分配，而博弈论不仅可以用于分析物质问题，也可以用于分析非物质问题；传统经济学只可以用于分析经济问题，而博弈论不仅可以用于分析经济问题，也可以用于分析社会、政治、文化问题以及它们之间的相互关系。此外，博弈论还可以用于分析物种和制度的演化。有了博弈论之后，演进分析变得更透彻了。

所以说，博弈论使经济学发生了根本性转型，也正在使其他社会科学发生这种转型，包括政治学、社会学、法律学、国际关系研究、军事学，甚至最基础的心理学、动物学都开始运用博弈论发展出的分析方法。

当然，作为一种方法论，博弈论也受到了广泛的批评，特别是来自实验心理学家的批评。最大的批评是针对理性人假设的。博弈论继承了经济学的传统，假设人是理性的，每个人的决策都基于理性计算。不仅每个人自己是理性的，而且每个人都知道他人是理性的，也知道他人知道自己知道他人是理性的，如此等等。现实中的人当然不可能像博弈论假设的那么理性。一个人既有理性的一面，也有非理性的一面。我们有情绪，我们的认知有限，我们的毅力有限，我们也不是完全自利的动物，我们不可能对社会规范不管不顾。既然自己不可能完全理性，也就不能假定他人一定理性，这使得纳什均衡并不总是能给出合理的预测。一个典型的例子是"最后通牒博弈"（ultimatum game）。设想两个人分一块蛋糕，A 提出分配方案，B 可以选择接受或拒绝；如果 B 接受，则两人按照 A 的方案分配；如果 B 拒绝，则蛋糕被拿走，两人均一无所获。在理性人假设下，这个博弈的纳什均衡是 A 把整块蛋糕留给自己，B 什么也得不到，因为在拒绝的情况下 B 也只能得到 0。但无数的实验证明，A 分给 B 的份额远大于 0，甚至可能接近蛋糕的一半。但到目前为止，对博弈论的批评与其说是动摇了博弈论的基本分析方法，不如说是推动了博弈论的发展，使博弈分析变得更为完善。在可预见的未来，博弈论一定会在社会科学中大放异彩！当然，如何将非理性行为纳入博弈分析，仍然是一个巨大的挑战。

1994 年的诺贝尔经济学奖被授予约翰·纳什、莱因哈德·泽尔腾 (Reinhard Selten) 和约翰·海萨尼 (John Harsanyi)，以表彰他们三人对博弈论的开创性贡献。之后的大部分诺贝尔经济学奖得主获奖的理由都与他们对博弈论（包括信息经济学）的贡献有关，这标志着博弈论进入了经济学的主流。

也正是在纳什等人获奖的 1994 年秋，北京大学中国经济研究中心成立，我开始在北京大学给经济学博士生开设博弈论课程。应该说，这是博弈论首次进入中国大学的经济学课程。我于 1996 年出版了《博弈论与信息经济学》教材，对在中国推广博弈论做了一定贡献。2004 年我在北京大学开设了全校通选课"博弈与社会"，该课程受到了来自不同院系的本科生的欢迎。2013 年，我出版了面向整个社会科学读者群体的《博弈与社会》（2014 年出版了教材版《博弈与社会讲义》），得到了读者的积极反馈。

除了我的上述两本书外，在过去的 20 多年里，先后有多个不同版本的外文版博弈论教材和专著被翻译成中文出版，也有其他中国学者出版了与博弈论有关的图书，从而使博弈论在中国逐渐流行起来。但与学术市场对博弈论图书的潜在需求相比，供给远远不足。中国人民大学出版社"细说博弈"丛书的出版正逢其时。这套丛书既有入门级的，也有专业级的。作者都是全球博弈论领域的顶级学者，其中不乏诺贝尔经济学奖得主，包括约翰·纳什、约翰·海萨尼、莱因哈德·泽尔腾、罗伯特·奥曼、托马斯·谢林 (Thomas Schelling)、罗杰·迈尔森、埃尔文·罗思[①] (Alvin Roth) 和劳埃德·沙普利 (Lloyd Shapley) 等。我相信，这套丛书一定会受到读者的欢迎，在中国经济学界和社会科学界产生积极影响，为中国社会科学的发展做出重要贡献。

---

① 又译罗斯。——译者注

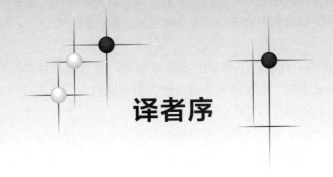

译者序

　　时光荏苒，自 2006 年《行为博弈》中文版初次问世，至今已有近二十载。在这期间，行为、实验经济学持续蓬勃发展，然而，科林·凯莫勒（Colin Camerer）教授的这部作品依然保持其经典地位，为理解和预测人类在经济活动中的策略行为提供宝贵的洞见。

　　行为博弈论作为博弈论的一个深化与拓展方向，不再局限于传统的理性人假设，而是紧密结合行为科学的最新理论，运用心理学、认知科学、神经科学等的理论和研究工具，深入探讨个体在博弈过程中的实际行为模式。具体而言，研究者们关注社会偏好、情感以及认知偏差等心理因素对个体决策的影响，从而对经典博弈模型进行实质性的修正和完善。此外，得益于经济学实验方法的蓬勃发展，行为博弈论通过精心设计的实验，深入剖析了人类在博弈环境中的决策流程，揭示了非理性（相对于经典经济学中的理性定义而言）决策现象及其背后的行为机制。这不仅丰富了博弈论的理论体系，也为经济学、心理学以及决策科学等多个领域提供了全新的研究视角和分析工具。

　　科林·凯莫勒教授，作为加州理工学院的杰出经济学家，亦是行为经济学领域的佼佼者。他的研究不仅加深了我们对行为博弈论的理解，还通过实验证据和心理学理论丰富了标准博弈论。近些年，他又继续将研究向神经科学拓展，涉猎眼动追踪、脑电图、功能磁共振成像、机器学习等跨学科前沿理论和技术与决策理论的融合。他的贡献得到广泛认可，也使本书成为学习行为博弈论乃至行为、实验经济学的必读之作，并于 2013 年得到美国跨领域最高奖项之一——麦克阿瑟天才奖（MacArthur Fellowship）的表彰。

《行为博弈》是融合了行为的实验经济学，为读者提供了一个全面而深入的视角来审视人类在博弈中的决策。书中详细探讨了道德责任、报复心理、思维的有限性以及经验学习等多个方面，展示了行为博弈论的广泛应用和解释力。本书的结构和内容都体现了凯莫勒教授的深思熟虑，每章都是从一个具体的角度来对标准博弈论加以拓展。第 2 章系统阐述了社会性偏好理论，对人们的道德和互惠行为给出恰当的解释；第 3 章主要着眼于面临混合策略时的随机化选择，介绍了随机最优反应均衡；第 4 章总结了人们在讨价还价中所表现出来的主要特征；第 5 章从占优可解博弈出发，重点研究了有限思考能力问题；为了讨论均衡收敛的过程，第 6 章以精练的语言介绍了学习理论；以此为基础，读者就能更轻松地阅读第 7 章与第 8 章，此两章分别对协调与信号传递加以探讨；在第 9 章，作者系统总结了各章的结论。总而言之，从社会性偏好到随机最优反应均衡（质反应均衡），再到讨价还价和有限思考能力的研究，每一章都从不同角度向我们展示着人类决策背后的复杂性和多样性。

此次再版，我们保留了原版的所有精华。从初版到再版的近二十年，这本书也为译者的科研提供了相当大的帮助和指引。书中大量使用实验方法，体现了实验经济学和行为经济学同源异流的特征。译者认为，实验经济学与行为经济学的兴起及其对新古典理论的内涵拓展是西方经济学近几十年来的重要演进特征。二者具有相似的理论基础和研究方法，因而经常被相提并论甚至混同。尽管它们在研究起点上相似，但在理论与政策归宿上各异。实验经济学主要在市场层面上检验结果与新古典理性模型是否一致，以及如何渐趋一致，理论上仍接受理性模型对市场均衡的表述方式，政策上提倡围绕交易机制进行市场设计以促进有效均衡的实现；与之相对，行为经济学主要在个体层面上检验选择行为与新古典理性模型是否一致，以及为何不一致，所以理论上强调基于心理学等自然科学证据来构建更"拟实"的个体描述性模型，政策上提出应针对个体决策情境实施"助推"以提升市场设计的有效性。《行为博弈》很好地将行为经济学与实验经济学相融合。该书广泛应用实验方法，前五章侧重于个体在决策中的博弈和互动，在第 6、7、8 章将个体行为逐渐向群体乃至市场层面延伸，兼具实验与行为经济学色彩，可谓两大前沿领域的融合之作，学科交叉、相得益彰。

我们衷心感谢所有参与初版翻译和校对工作的同人，他们的辛勤工作使得这部经典之作能够与中文读者见面。

随着行为、实验经济学的不断发展，我们相信，《行为博弈》将继续为研究者和学生朋友提供宝贵的指导和启示。

最后，我们要再次感谢中国人民大学出版社对本书再版的大力支持和协助。同时，也期待读者们的宝贵反馈和建议。

贺京同

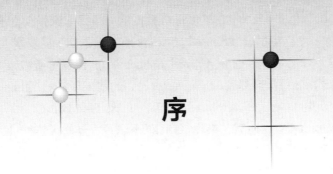

序

　　20世纪70年代晚期，博弈论在芝加哥大学的经济学圈中被认为是介于垄断和完全竞争之间的一种复杂难解的分析沼泽。教授中级价格理论的教师曾不无讥讽地提到冯·诺依曼和摩根斯坦是如何解决了一个不再是问题的问题（通过给出一种衡量效用的办法，而此办法在序数论革命之后就变得无用了），同时却无法解决博弈论中的顽疾（整个博弈论中的均衡唯一性问题）。因此，在课堂上，我们只好拘泥于那些非常重要的极端情况，并希望两家厂商应该是完全竞争的，于是我们就不再需要博弈论了。幸运的是，1981年给予我第一份工作（博士后）的西北大学，在它的管理经济与决策科学系中，有着不可思议的全明星博弈论学者队伍——本格特·霍尔姆斯特朗（Bengt Holmstrom）、伊哈德·卡莱（Ehud Kalai）、保罗·米尔格罗姆（Paul Milgrom）、罗杰·迈尔森、约翰·罗伯茨（John Roberts）、马克·撒特史怀特（Mark Satterthwaite）。仅仅是感受一下那里研讨会的气氛，你就情不自禁地要学一些博弈论并为之而兴奋。然而我的认知心理学和行为决策研究的学术背景使我看到博弈就不禁要考虑，具有认知局限性和情绪的人——也就是正常的人——是如何行动的。

　　所以本书的根源至少可以追溯到这里。一个纪念英年早逝的希里·因霍恩（Hilly Einhorn）的大会给了我机会来把思想变成论文（发表于1990年），并将这种基于数据和心理学材料的实证性、描述性的方法称为"行为博弈论"。

　　许多人的智慧启迪了我，他们包括（按大概时间顺序）我的学位论文导师希里（Hilly）和罗宾·霍格思（Robin Hogarth）以及查理·普洛特（Charlie Plott）（他于1980年在芝加哥所教授的一门博士课程改变了我的研究路径）、肯·麦克克里蒙（Ken MacCrimmon）、霍华德·昆罗塞（Howard Kunreuther）、丹尼尔·卡尼曼（Daniel Kahneman）、保罗·斯洛维克（Paul Slovic）、阿莫斯·特沃斯基（Amos Tversky）、约翰·卡格尔（John Kagel）、乔治·罗文斯坦（George Loewenstein）、琼·巴朗（Jon Baron）、艾里克·约翰逊（Eric Johnson）、迪克·泰勒（Dick Thaler）、马修·拉宾（Matthew Rabin）、马克·克内兹（Marc Knez）、霍德（Teck Ho）、宗宽（Kuan Chong），以及我的学生和其他许多合作者。

此书的写作花费了很长时间，并且汲取了许多人的观点。那是在一个令人怀念的年份里——1997—1998年在"行为科学高级研究论坛"上，本书的计划得到了支持（那天终日大雨但仍然充满情趣）。数以百计的研讨会参与者，以及在麦克·阿瑟规范与偏好网（Mac Arthur Norms and Preferences Network）上我的同僚们帮助我形成了思想体系。我在加州理工学院101班上的学生们，同事布鲁诺·布罗塞塔（Bruno Broseta）、米古尔·科斯塔－古姆斯（Miguel Costa-Gomes）、约翰·凯南（John Kennan）、罗伯托·韦伯（Roberto Weber），尤其是文森·克劳福德（Vince Crawford），以及三位不愿透露姓名的指导者，针对手稿均提出了建设性的意见。研究助理克里斯·安德逊（Chris Anderson）、丹·克伦登宁（Dan Clendenning）、明·苏（Ming Hsu）和安格拉·黄（Angela Hung）在绘图和编纂方面给予了支持。盖尔·纳什（Gail Nash）、拉切尔·基布（Rachel Kibble），特别是不知疲倦的卡伦·克布斯（Karen Kerbs）以其超凡的沉着毅力对手稿进行了令人惊异的加工。同样感谢普林斯顿大学出版社的彼得·多尔蒂（Peter Dougherty）给予的长期鼓舞和雪中送炭般的慧语忠告以及一些免费的图书。不只是彼得在精神上很合时宜地支持了我，而且当地的一份中国甜点外卖也给我带来了好运。在艰苦的编校过程的最后阶段，甜点被及时送到。在一张小条子上还写道："你即将大功告成。"

撰写本书是为了让读者既能"潜水"又可"潜泳"。潜泳是在水面下浅游，既可观赏美丽的鱼儿又不用深潜以致要借助特殊工具（好比说，深奥的博弈论知识）来呼吸。潜泳者希望本书能对一些重要事实加以强调，即从与理论相关的实验中我们得出了什么结论以及这些发现怎样揭示新理论（这些将在章节总结中体现）。潜水者则更愿意探索这些研究的具体细节，而后对学到了什么和什么重要做出自己的判断。

我同样删掉或略去了极端重要的领域，这些领域已在别的地方得到了很好的论述，或已被过度地讨论了——尤其是合作博弈的实验、非结构化讨价还价（关于此方面内容参见 Roth，1995b）、公共物品、囚徒困境博弈和拍卖（参见 Kagel，1995；或 Kagel and Levin，待出）等理论。

我遵循了一定的写作传统。本书的目的是展现那些在博弈论实验性研究中发现的规律并表达对实验方法的细致性、精巧性和惯例性的感受。一些研究被重点强调，而另一些则被略去了。我偏爱于描述最初或最新的研究结果，也偏爱于最坚实或最有趣的研究结果。我力求摒弃写作中的杂乱以及不相关的事情，以做到完全揭示并给出总结。如果你对未登载的实验或数据的细节好奇，它们很可能因为无关紧要而被省去了（或在首次公开的报告中剔除了）；然而，如果你确实好奇却又以此作为放弃阅读原文的借口的话，我不知作何感想。比如，当一个个不同时期的实验数据堆在一起并被报告为反映平均水平时，那通常表示从中并无有兴趣的发现。

关于实验是如何实行的细节（比如，匹配方案、激励水平等）被汇总在本书末尾的附录中以使你在阅读时注意力不被分散。

如果对用此书进行教学感兴趣，那么就从第 1 章开始，并让学生们实际参与该章的三个博弈，以使他们有好奇心得不到满足的感觉。要挑选一些其他的材料，以适合学生的兴趣和知识水平。第 2 章和第 7 章适合大多数非经济学家的口味，第 6 章大量运用了计量经济学手段，而第 8 章（和第 4 章的一部分）的技术性则很强。

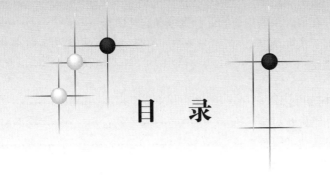

目 录

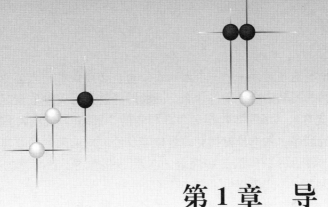

第1章 导 论

　　博弈论是关于人们（或主体，或国家）之间怎样互相作用的学问。这里有一些例子：网球运动员决定是向球场左侧还是右侧发球；镇子里唯一的面包店在快关门时削价兜售糕点；雇员们在老板不在时决定工作努力的程度；一个阿拉伯毛毯商在和一个游客讨价还价时决定以多快的速度压价；相互竞争的药业公司在争夺专利权的过程中决定投入多少；一家电子商务拍卖公司通过试验和纠错来寻找最适合其网站特色的商品进行网上拍卖；房地产开发商预测被夷为平地的城市近郊何时会再兴建起来；旧金山的上班族在海湾大桥禁行时决定走哪条路最便捷；印度尼西亚的拉米拉热人决定是否加入当天的猎鲸行动，以及如果猎得鲸后将如何分配；航空公司的员工联手挡开人群以使飞机准时起飞；工商管理硕士们判断他们的学位将给他们未来的老板们传递怎样的信号（以及在他们两年制学习的第一年后退出并加入一个刚起步的网络公司的行为所传递的信号是勇气还是愚蠢）；一个男人自第一次见到他的妻子时就开始制作一个纪念品作为他们一年之后正式约会的礼物（他们已经幸福地生活在一起了！）；还有人们为艺术品或石油开采权或易趣上的小玩意出价。这些例子分别展示了最后通牒博弈（面包店，第2章）、礼品交换（雇员，第2章）、混合策略均衡（网球比赛，第3章）、突尼斯集市讨价还价（毛毯商，第4章）、专利竞争博弈（专利权，第5章）、学习（电子商务，第6章）、猎鹿博弈（猎鲸者，第7章）、弱链博弈（航空公司，第7章）、次序统计量博弈（开发商，第7章）、信号传递（工商管理硕士和罗曼蒂克，第8章）和拍卖（出价，第9章）。

在所有这些情况中，一个人（或公司）必须预料别人会做什么以及别人从自己的行动中会推知些什么。一场博弈就是有关这些情况重要特征的数学X光片。一场博弈包括每个参与者的"策略"，还有对这些参与者选择策略的顺序、做选择时拥有的信息以及他们对结果的满意程度（或"效用"）的评价的精确描述和规定。本章附录描述了博弈论的基本数学方法，也为进一步阅读提供了一些参考。

博弈论的渊源十分清晰。它的许多主要概念都是由冯·诺依曼和摩根斯坦在1944年引入的［继1920年冯·诺依曼、博雷尔（Borel）和策梅洛（Zermelo）的早期论著之后］。几年以后，约翰·纳什提出了理性人如何博弈的"解"，现被称为纳什均衡。纳什基于物理系统的均衡概念是，参与者调整他们的策略直到没人能从改变中获益。继而所有参与者都会针对他人的策略选择最佳（效用最大化）的策略。1960年，人们认识到在重复序列的单回合博弈中和一般的单回合博弈中，行为会大不相同，此外产生的另一种理论认为给定所有人都知道每个人的价值观分布规律，一个参与者可拥有关于他或她个人价值观（或"类型"）的私人信息，这使得博弈论又迈出了重要一步。1994年，纳什、约翰·海萨尼和莱因哈德·泽尔滕（一个崇尚实验者）因他们突破性的贡献分享了诺贝尔经济学奖。

在过去的50年里，博弈论逐渐成为经济学的一种标准语言并越来越多地应用于其他社会科学领域（还有生物学）。在经济学中，博弈论被用来分析关心竞争者会做什么的厂商行为。[1]博弈论同样也适于理解工人在公司内部将如何行动（诸如CEO们或营销人员对激励合同的反应）、社会风俗（诸如语言和时尚）的传播，以及哪些习俗或文化传统将流传。

博弈论的力量在于它的普适性和数理精确性。相同的基本理论可被用来分析所有的博弈——网球比赛、讨价还价、罗曼蒂克、猎鲸。博弈论同样很精确。假设阿拉伯毛毯商总能以低价买进更多的毯子，并且在一个有购买愿望的游客心目中的毯子价值介于10美元到1000美元之间，而毛毯商清楚地了解游客不耐烦的程度但不确定游客对某条毯子的喜爱程度。这样博弈论就能准确地告知商人的起价，以及在游客变得越来越不耐烦的过程中以多快的速度降价。在对此类售毯博弈的实验再现中，理论只对了一半：它错估了商人的开价，但实验中扮演商人角色的一方其降价的速度却与博弈论的预测惊人地相似（参见第4章）。

区分博弈和博弈论至关重要。博弈是指各种策略情形，大致相当于化学中的元素周期表。解析型博弈论是具有不同认知能力的参与者如何在博弈中行动的数学引申。[2]博弈论高度数学化（这限制了其在经济学领域外的传播）并且通常立足于假定和猜测，而不是对人们在实际博弈中如何行动的细致观测。本书致力于通过描述数以百计的实验来修正理论和实际的偏差，在这些实验中人们以其个体策略相互影响。其结果用于创立关于参与者在实际中如何行动的行为博弈论。它通过加入情绪、错误、有限预见力、对他人聪明度的质疑以及学习来扩充解析型博弈理论［科尔曼（Colman）提出了更具思辨的观点］。行为博弈论是行为经济学的一个分支，而行为经济学是一种经济学方法，它应用心理学规律提出弱化理性假设和扩展理论的方法（参见 Camerer and Loewenstein，2003）。

　　由于博弈论的语言丰富而清楚，它可以将社会科学的许多部分相结合。举例说，信任被众多社会心理学者、社会学者、哲学家以及对经济发展感兴趣的经济学者和其他人所研究。但到底什么是信任？这个容易混淆的概念可以在博弈中精确地定义：你会借钱给一个不一定非要还钱但可能觉得道义上应该还钱的人么？如果你会，你信任他；如果他会还你钱，那他就是值得信任的。这个定义给出了一种衡量信任的办法，并以此在许多国家进行了实验（包括保加利亚、南非和肯尼亚，参见第 3 章）。

　　我相信，博弈论在经济学领域以外遭遇坎坷，其一是缘于存在一种错误的观念，认为必须借助许多烦琐的数学手段才能应用它；其二是由于多数解析型博弈论的预测都不是基于观察到的现实。人们已多次意识到亟须实证的经验规律来充实博弈论。冯·诺依曼和摩根斯坦在其重要论著（1944，p. 4）的开头写道：

> 　　经济科学的实证基础无疑是不足的。我们对经济学相关事实的了解还远无法企及物理学在其学科完成数学化那段时间里掌握的……在物理学中难以想象离开第谷·布雷赫（Tycho Brahe）、开普勒（Kepler）和牛顿（Newton）还能有多大作为——也没有理由认为经济学发展能有更简单的方式。

　　本书致力于把实验作为实证背景。博弈论也曾使用在真实环境中产生的数据（尤其在诸如拍卖会这样构造清楚的环境中）来验证自身。但实验控制尤其有用，因为博弈论的预测经常敏感地依赖于参与者的选择，他们如何评价结果，他们知道什么，行动的顺序，等等。正如克劳福德（Crawford，1997，p. 207）解释的：

博弈中的行为对环境细节风声鹤唳地敏感，所以策略模型担负着信息重担，而难以观察所有相关变量的事实使此负担愈益沉重。过去30年里实验技术的重要突破使控制成为可能，实验因此获得了在确认行为和环境关系方面决定性的优势……对于许多问题而言，实验数据是我们拥有的实验信息的最重要来源，而且它们很可能比随意性的实证或自省来得更可靠。

当然，质问如下问题是重要的，即由（多数情况下）大学生们花一两个小时和很小的经济成本做出的实验结果能多大程度上适用于企业中的员工、公司战略的策划、外交家的谈判等等。但这些关于普适性的疑问，实际上是在呼唤更多更精细的实验，而并非对实验方法本身的否定。实验者的确对普适性的一些方面做过研究——尤其是，多花钱的实验，其效果通常并不明显。但更多具有团队的参与者、复杂的环境、交流以及代际交叠[3]的雄心勃勃的实验，将会进一步提高普适性，人们应该做更多这样的实验。

1.1 博弈论的价值所在

博弈论的意义是预测人们做什么并给他们提出建议，还是别的什么？学者们的回答是，上述都不正确——它仅是"解析性的"，是一个关于具有不同程度理性的参与者如何行动的这一数学问题的答案集合。如果人们不按理论的规则行动，他们的行为并不能证明数学有错误，就像发现出纳员找错零钱不能证明算术有错误一样。

然而在现实中，博弈论分析工具的确被用于预测，而且同样用于解释（或"推断"[4]）和描述。拍卖是所有三种博弈论应用得很好的例子。基于对拍卖规则和出价者评价物品（如石油开发权或油画）的方法的严格假设，拍卖理论能推导出理性出价人将支付的价格。

理论可帮助解释为何某些类型的拍卖会比其他类型更普遍。比方说，在"二级价格"或维克里（Vickrey）拍卖中，出最高价者以等于次高出价的价格购买到拍卖的商品。在某些条件下，这些拍卖在理论上会比传统一级拍卖提高卖者的收益。在传统拍卖会上，出价最高者支付他自身所出的价格。但二级拍卖很少见（参见 Lucking-Reilly，2000）。为什么呢？博弈论提供了一种解释：既然在二级拍卖中出高价者支付一个并非他所出的价格，这样的拍卖会就容易被卖者暗中操纵（卖者可混入并虚假报价以迫使出高价者支付更多）。

拍卖理论预测得如何？以现场实验数据为依凭的验证存有疑问：因为出价者的价值评判是隐而不见的，所以难以分辨他们是否在最优出价，即使某些预测可以被验证。幸运的是，人们做过许多细致的实验（参见Kagel，1995；Kagel and Levin，待出）。这些实验的结论不一。在每个参与者都有他自己的个人评价（而且不关心别人的评价）的"私人价值"拍卖中，人们的出价与预测惊人地相近，即使当把评价映射为出价的函数是非线性和违反直觉的时候也是如此。[5]

在共同价值拍卖模型中，物品的价值对于每个人来说都相同，但不确定。对石油开采权的出价是个例子——不同的石油公司会以同样的方法来衡量石油的价值但不确定到底有多少油。在这种拍卖中对物品价值最乐观的参与者倾向于出最高价并获胜。问题是，如果你获胜，这意味着你比其他出价者乐观很多而很有可能付出高于该物品的价值，这是一种被称为"福兮祸所伏"的可能情况。解析型博弈论假设理性出价者会预期到福兮祸所伏，为避免它而非常保守地出价。实验显示，参与者不能对福兮祸所伏的情形进行预期，所以胜出者一般会支付更多。

也许拍卖理论最重要的现代应用是为怎样在拍卖中出价提供策略和怎样设计一次拍卖。现代拍卖理论最辉煌的胜利是近期面向电信公司的对电波波段的拍卖。在不同国家的几次拍卖中，制定规则的机构决定将电波的波段送入拍卖会拍卖，拍卖会提升了政府的收益，并且如愿地保证了公共资源最终落到能利用它创造最大价值的公司手中。在多数国家中，拍卖会由一组专家合作设计，并借助"检验台"来帮助检查提出的方案中未预料到的缺陷（就像用风洞测试飞机机翼的设计，或是用人造水池来测试哪种设计的船会沉，哪种会浮起来）。设计出的方案不完全是照搬书本中的拍卖理论。相反，学者们花费大量时间研究并指出，在各自动机驱使下的出价者如何利用律师和规则制定者的设计缺陷，并根据实验结果改进设计。拍卖设计者们力图做出一种能给予出价者从潜在错误和观察别人中学习的机会，而不是简单的"密封出价"设计。在这种设计中出价者只是将标价寄出，然后联邦通信委员会打开信封宣布出价最高者。拍卖理论最有力和令人惊奇的观点之一——"收益相当"——指的是理论上，某一些类型拍卖的收益同一些结构差异很大的拍卖的收益数额相当。（例如，"英式"拍卖就和密封出价的"威克雷式"拍卖收益相当。在前者中，要价缓慢上升直到只有某出价人留存，而在后者中出最高价者支付次高价者出的价格。）但是当要设计一个有资产数十亿的实业公司参加的拍卖时，拍卖设计者们不愿冒险相信不同类拍卖中的行为会相当，尽管理论是这样预测的。他们的设计选择反映了一种关于博弈中实际行为的暗含理论，而这些实际行为相较于基于无限共同理性假设的标准理论更为贴近本书的观点。因此，在这个设计规则和引导行为的过程中，准确地猜测参与者如何行动——好的预测——是至关重要的。[6]

即使博弈论并非总是准确，描述的失误也可能成为开药方的机会。正如布道者因人们对违反道德教义已经习以为常而进行告诫一样，参与者违反博弈论的事实为提出有用的建议提供了机会。简单地将社会现实套入各类博弈模型是极其有用的，因为这会告诉人们应当关注什么。在布兰登布格尔和内勒巴夫（Brandenburger and Nalebuff，1996）合著的面向职业经理人的畅销书《合作竞争》中，二人将注意力集中于博弈的最基本要素——参与者、信息、行动和结果。二人都是杰出的理论工作者，他们本可以写出一本更具理论性的书来。然而他们并没有那样去做，原因是给MBA授课以及与经理们合作使他们相信，教授博弈论的基本要素更有助益。

博弈论常以一种微妙的方式来提供引导。有时博弈论被用来指出策略性互动会发生什么情况，因此，个人或公司就能试着根据自身的优势改变博弈。（这也是一种工程方法，因为它关注如何改进现存的环境。）

1.2 三个例子

本章列举三个例子来说明行为博弈论的基本内容和实验方法（三个例子将在后面的章节中详细讨论）：最后通牒式讨价还价、"分水岭"协调博弈和"选美比赛"竞猜博弈。这些博弈的实验显示了行为博弈论如何通过扩展解析型博弈论融入参与者对他人所获支付的感受、有限策略思维以及学习过程来更准确地解读人们的行为。

这三个博弈都用了一种模式，该模式构成了本书提到的多数实验的基础：选择这样一种博弈，即我们可以明确标准博弈论是否对其做出了大胆或模糊的推断。简单的博弈特别有用，因为只需一两个假定规则就可做出预测。如果预测有误，我们就知道哪些假定不符，而结果通常会揭示出一个能使预测更准确的替代假定规则。

在实验中，博弈通常以抽象形式给出，因为博弈论很少讲明加入现实要素如何改变行为。实验对象作一个简单的决定，并且知道他们的决定和其他实验对象的决定如何共同决定货币支付。[7]在实际操作中，实验对象根据他们的表现获得奖励，因为我们希望将结果延伸到现实中发生的、参与者具有足够经济动机的博弈中。这些博弈经常是反复进行的，因为我们对均衡过程和跨时间学习感兴趣。本章附录描述了一些实验者做出的关键设计选择，并解释了它们是重要的原因。

1.2.1　例 1：最后通牒式讨价还价

有一次我和几个朋友乘游船，一个摄影师在我们上船时主动给我们拍了照。几个小时后当我们下船时，他试图以 5 美元的价格将照片卖给我们并拒绝讲价。（他的拒绝是可信的，因为许多其他游客正站在周围决定是否以 5 美元的价格买各自的照片。如果他做出让步并同意讲价，那么别人都将看到这一点，则他损失的将远大于给我们打折扣后所获的收益，因为他对其他人也同样要打折。）作为优秀的博弈论学者，我们开始讨价还价并称那些照片对他并无价值（我们中的一个小气鬼出价 1 美元）。他拒绝了我们的无礼要求，并寸步不让。

我们和摄影师进行的博弈是一个"最后通牒"博弈，一种最简单的讨价还价。在一个最后通牒博弈中，交换可获得收益，而某个参与者对如何分配该收益提出一个"要么答应要么放弃"的条件。可以想到的是，我们的照片对他并无价值，但对我们则有价值（感情价值大于 5 美元）。价格只是对在我们的真实保留价格和他的成本之间分割交易收益的一种提议。他的 5 美元卖价是一种最后通牒，因为他拒绝讲价。

在实验室条件下的此类最后通牒博弈中，两个参与者——一个提议者和一个回应者——就一定数量，比如 10 美元（一个在许多实验中使用的数量）上讨价还价。该 10 美元代表交易中获取的收益价值（或"剩余"），而该收益会因交易终止而失去。提议者出价 x 给回应者，留给他自己 $10-x$ 美元。回应者要么接受，那么回应者得到 x 而提议者得到 $10-x$ 美元，要么拒绝，双方什么也得不到。

由于最后通牒如此简单，故对于多数自然情况下发生的讨价还价的长期过程，它不能算作一个优秀的模型（也没有人认为它应当是）。但对于在上文的例子中，当我们下船后在我们身上会发生什么，或者一场罢工即将开始之前不断消逝的分分秒秒，或者一场官司在对簿公堂之前会发生的事情，它的确是正确的模型。它是大多数交涉的最后阶段模型，因而为建立更复杂的模型奠定了基础（参见第 4 章）。

简单博弈用最清晰可行的办法来检验博弈理论的假设规则。最后通牒博弈以及相关的博弈，对于人们如何衡量他们和别人之间的货币分配同样有用。

最后通牒的解析型博弈论方法是这样的：首先假设参与者是"自利"的，也就是说，他们只关心为他们自己挣得最多的钱。如果参与者是自利的，即使对方出最少的价钱，比如说0.25美元，回应者也会接受。如果提议者预期到这点并想为自己挣得最多，她就会出价0.25美元并保有9.75美元。在标准条件下，出价0.25美元（和接受任何正的数额）是"子博弈精炼均衡"。[8] 通过占先，提议者获得讨价还价的完全优势并在理论上可以利用这种优势，因为一个自利的回应者会接受任何能得到的出价。

对于许多人而言，由解析型博弈论（以自利为出发点）得出的对10美元一边倒式的分配预测看来是不公平的。因为分配被认为是不公平的，人们实际进行交涉的行为显示了人们是否愿意付出一定代价来表达他们对公平的在意。在上面游船摄影的例子中，出价1美元而非原先的5美元会增加我们的剩余4美元并减少他的剩余4美元。如果他认为这对他不公平，他会拒绝并且一分钱也得不到（即使每个人都会遭受损失——他什么也得不到而我们得不到想要的照片）。实验室实验模拟了这个简单博弈。回应者会无视到手的钱跑掉而拒绝看起来不平等的出价吗？如果这样，提议者会预期到这点并提出公平的价格，还是会固执于不公平的出价？

在不同国家的数十次实验中，提议者平均从10美元中分出4美元或5美元，而且相差不大。2美元或以下的提议半数情况下被拒绝。回应者一般认为远低于一半是不公平的，并趋于拒绝如此小的出价，以惩罚那些行为不公正的提议者。图1-1显示了由霍夫曼、麦凯布和史密斯（Hoffman，McCabe，and Smith，1996a）实验得出的数据。X轴表示对回应者的出价，而Y轴表示不同出价的相应频率。每个频率柱中涂黑部分是被拒绝的出价的次数。多数的出价数额近半，并且低的出价经常被拒绝。图1-1还显示出当奖金上升十倍，亚利桑那州的学生们在100美元的水平上博弈时，结果也呈现同样的模式。（有两个学生拒绝了30美元的出价！）同样的结果也出现在佛罗里达州和在一些可支配收入低的国家中进行的奖金为400美元的实验中（List and Cheng，2000）。这些国家包括印度尼西亚和斯洛文尼亚，在那里以美国标准看来微不足道的奖金意味着几周的薪水。

对于是什么原因导致回应者拒绝巨额的出价有很多解释（参见第3章）。毫无疑问，一些参与者将10美元的公平分法定义在一半左右，并且

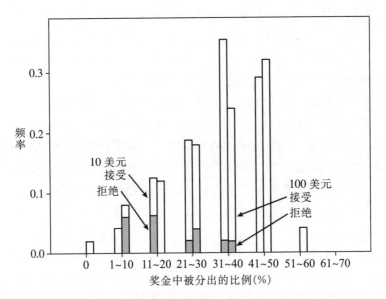

图 1-1 分别在高奖金与低奖金最后通牒博弈中的出价与拒绝比例
资料来源：基于 Hoffman，McCabe and Smith（1996a）的实验数据。

偏好公平。这种拒绝是"消极互惠"的证明：回应者通过牺牲大量自身利益（假定不公平的提议者受到比回应者更多的伤害）来报复不公平对待自己的提议者，以此回应不公平的行为。消极互惠还可见于其他社会领域，即使奖金高昂时也是如此，比如，由于勾搭别的女人而被遗弃的男子；花费甚多且旷日持久的离婚；街道上因一个陌生人无意冒犯了凶徒而引发的一时冲动的犯罪；为了某种小事诉诸公堂而拒绝对双方都有好处的庭外和解（Farnsworth，1999），等等。[9]

　　这种对在最后通牒博弈中的拒绝行为所做的解释引出了一个问题，即对公平的偏好从何而来。一种流行的说法是人类祖先在进化的过程中，在大脑机制中或是在认知和情绪系统的互动中，形成了一种适应，使得当人们受摆布时会产生愤怒。因为当人们在一个小圈子里交往时，愤怒具有生存价值（参见 Frank，1988）。另一种观点认为，也许是根据血缘关系的亲疏或是在市场上和陌生人交易的匿名程度（相对于与亲属分享而言），而使得不同文化产生了不同的公平标准。这些文化准则通过对儿童的口头教化和社会化而在社会上沿袭下来。

　　有 11 位人类学家在非洲、亚马孙、巴布亚新几内亚、印度尼西亚和蒙古的原始文明中做了最后通牒博弈实验（参见第 2 章），他们的研究为文化准则的观点提供了有力的证据。在这些文明的某些观念中，人们认为分配公平没有必要。这些文化中提议者出价极少（相当于 10 美元中出 1.5 美元）而回应者几乎接受了每个出价。具有讽刺意味的是，这些简单社会是所知的唯一如博弈论所预测的那样行为的人群！

请注意最后通牒博弈中的拒绝不是必然否定构成博弈论基础的策略性思维原则（例如 Weibull，2000）。回应者只是简单地决定他是想让双方一无所获，还是得到一小部分而让对手拿很多。回应者拒绝的事实只说明他没有最大化他的收益，但不意味着他不具备策略性思维能力。较新的理论试图用社会性偏好函数来解释这种回绝。该函数表达了一个人如何在获得更多货币的欲望与寻求公平的愿望（或是与那些是否对他实施公平的人进行互惠的愿望）之间进行权衡。这样的函数有很长的历史〔至少可追溯至19 世纪 90 年代的埃奇沃思（Edgeworth）〕。经济学家曾拒用这些函数，因为用这种办法为每一种博弈在效用函数中引入新要素看起来过于简单了。但是新理论努力去用单一函数来解释不同博弈的结果。由于有来自不同博弈的大量数据可供利用，因而使得这种进取心成为可能并形成了规范。

这种新理论做出的新预测令人惊奇。举例说，当有两个或两个以上的提议人时，其中任何一人都无法独自挣得更多的钱并且限制不公平。据此一些学者预测二者会同时转让几乎所有部分给回应者，即使他们的确在乎公平。（如果那条该死的船上有两名摄影者的话，我们本可以用一美元得到我们的照片。）

新的社会性偏好应可在分析下列情形时证明有用：讨价还价、税收制度、佃农与地主平分庄稼收成的强烈愿望（Young and Burke，2001）和薪水确定（尤其是厂商在困难时期不愿削减工资的情形，这对于认为劳动价格改变会使供求相等的经济学家来说是个令人困扰的问题，还有诸如此类的其他现象）。

1.2.2　例 2："分水岭"博弈中的路径依赖协调

在协调博弈中，参与者希望遵从他人的行动（尽管他们对哪种遵从模式是最优的有自己的想法）。比如，在加利福尼亚，一些"新媒体"公司正在讨论决定公司坐落何处以提供网上电影和娱乐节目。新媒体的员工们可以在网络资源聚集的硅谷安家，或是落户在盛产影视节目的好莱坞和加利福尼亚南部。哪个地理位置更好取决于你是认为应以互联网公司的聚集地为中心而"内容"制造者从属他们，还是互联网仅是流转渠道而内容提供者才是上帝。[10]

这种经济学拔河比赛可以用一种博弈模型模拟：参与者选择一个地点，而他们的收益依赖于他们选择的地点和多数其他人的选择。一个具有这种特征的博弈已被范·哈依克、巴特里奥和库克（Van Huyck，Battalio, and Cook，1997）研究。表1-1显示了支付（以美分为单位）情况。在这个博弈中，参与者从1到14中选择号码（把号码看成相应的地理位置——小号码是好莱坞而大号码是硅谷）。表1-1的矩阵显示了当行参与者选择某个数字时，在所有人可能选择的各种中位数（处于中间位置的数字）情况下所获的支付。比如，如果你选择4，而中位数是5，你挣得了可喜的71的支付；而中位数是12时你得到—14（破产！）。这个基本支付结构暗示，当你认为多数人选择小号时你应该选择小号，而多数人选择大号时你应该选择大号。如果你对别人如何行动不确定时，可选择诸如6的号码，对应6的支付范围在23和82之间（规避风险）。

在实验中，参与者被分在7人构成的许多组中。这些组在一起博弈15次。每次实验后你都知道中位数是几，然后计算从中得到的收益（依赖于你的选择和中位数），之后进行下一次。由于该博弈很复杂，用一分钟考虑一下你实际应如何做以及15次的过程中会发生什么。

该支付结构有这样的属性，如果某参与者猜测中位数略低于7，他的反应是最好选择一个比该数小一点的号码。例如，如果你认为中位数是7，那你的最佳选择是5，可以挣83美分。因此，如果中位数最初是低的，对该中位数的反应会将中位数拉至更低直至到达3。3是一个均衡或共同的最优反应点，因为如果每个人都这样选择，中位数就会是3，而你对中位数为3的最优反应就是选3。假使各参与者将到达这一点，没人能从离开这点中受益（这点上的支付在表1-1中由斜体字标出）。

表1-1 "分水岭"实验中的支付（以美分计）

选择	中位选择													
	1	2	3	4	5	6	7	8	9	10	11	12	13	14
1	45	49	52	55	56	55	46	−59	−88	−105	−117	−127	−135	−142
2	48	53	58	62	65	66	61	−27	−52	−67	−77	−86	−92	−98
3	48	54	**60**	66	70	74	72	1	−20	−32	−41	−48	−53	−58

续表

选择	中位选择													
	1	2	3	4	5	6	7	8	9	10	11	12	13	14
4	43	51	58	65	71	77	80	26	8	−2	−9	−14	−19	−22
5	35	44	52	60	69	77	83	46	32	25	19	15	12	10
6	23	33	42	52	62	72	82	62	53	47	43	41	39	38
7	7	18	28	40	51	64	78	75	69	66	64	63	62	62
8	−13	−1	11	23	37	51	69	83	81	80	80	80	81	82
9	−37	−24	−11	3	18	35	57	88	89	91	92	94	96	98
10	−65	−51	−37	−21	−4	15	40	89	94	98	101	104	107	110
11	−97	−82	−66	−49	−31	−9	20	85	94	100	105	110	114	119
12	−133	−117	−100	−82	−61	−37	−5	78	91	99	106	*112*	118	123
13	−173	−156	−137	−118	−96	−69	−33	67	83	94	103	110	117	123
14	−217	−198	−179	−158	−134	−105	−65	52	72	85	95	104	112	120

资料来源：Van Huyck, Battalio and Cook (1997).

然而，这里还存在另一个纳什均衡。如果参与者猜测中位数为8或以上，他们应选择比他们猜测的数字高一点的号码，直至到达12；12同样是个纳什均衡，因为给定中位数是12，选择12的支付最高。

这是一个协调博弈，因为存在两个纳什均衡，其中每个人选择同样的策略。博弈论学者在数十年中一直试图找出如果存在不止一个均衡时，多重均衡中的哪个会出现。

该博弈展示了在自然界和社会系统中一些小的历史偶然事件造成长期重大影响的过程。著名的例子是被称为"劳伦兹效应"的现象：因为天气是一个复杂的动态系统，在中国的一只蝴蝶可以启动一个复杂气象过程从而在玻利维亚引起一场风暴。如果那只蝴蝶停住不动的话，玻利维亚会遭遇干旱。还有一个被社会学者称为"破窗效应"的例子。在一个社区里，如果有一扇破了的窗子存在的话，那么居民就不大会尽责任去保持他们自己院子的清洁，或及时更换他们自己的破窗和重新油漆他们的房子。而罪犯喜欢在这种居民警惕性不高并且还有其他罪犯潜伏（那样警察就会很忙）的社区里作恶，因此一扇破窗会引发一系列的社会治安问题。决策者偏爱破窗理论，因为它为城市治安问题提出了弥补方案——在破窗效应像病毒一样传遍社区之前修好每一扇窗户。

我把表1-1中的博弈称为"分水岭"博弈。分水岭是一个地理划分线，它将北美地区中水流向某个方向的区域和水流向相反方向的区域划分开来。如果你站在阿拉斯加的分水岭上，将水壶中的水倒在地上（我曾这样试过），一些水会向北流至北冰洋，而另一些水会流入太平洋。在水壶里出发时两滴紧紧相靠的水滴最终却分开了数千英里。

该博弈之所以被称为"分水岭"博弈是因为7以下的中位数是一个收敛于均衡3的"吸引域"（用进化博弈论的术语讲）。高于8的中位数则是收敛于12的"吸引域"。7和8之间的分界将博弈分成了参与者流向3的部分和流向12的部分。

到达不同的均衡会产生不同的重要经济后果。均衡12会为每个参与者带来1.12美元的收益；而均衡3只有0.6美元。仅靠此判断你会猜测，参与者因抱有达成较高收益均衡的希望而会选择较高的号码。在继续读下去之前，再次问问自己你认为会发生什么。如果你研究过许多博弈理论但仍不肯定会发生什么，你对人们实际如何行动的好奇心应被唤起了。

图1-2显示了十个实验组的实验结果。五组从7或以下的中位数开始，无一例外地流向了低支付均衡3。另外五组从8或以上开始并流向了高支付均衡。

图1-2　在"分水岭"博弈中的中位数选择

资料来源：基于 Van Huyck, Battalio, and Cook（1997）的实验数据。

该实验有两个重要发现。首先，即使收敛于低收益的参与者只能挣得一半收益，他们也不总是收敛于高支付均衡。（如果他们再进行一次，或是事先讨论一下，那他们是否会收敛于高支付均衡，这是一个有趣的开放

行为博弈

性问题。）其次，历史性趋势的强大，造成了对"初始形势的极端敏感"。参与者发现当他们处在有二或三个人认为 7 是他们的幸运号并因而在第一轮中选 7 的组中时，结果会卷入一个导致仅有 0.6 美元支付的漩涡中。在中位数为 8 或以上的组中的参与者最后拿到了两倍的支付，一两个中国实验对象选择 8（对于中国人来说的吉祥数）会给每个人带来好运，就像那只蝴蝶给玻利维亚带来雨水一样。

解析型博弈论中没有概念能为一些组流向 3 从而得到较少支付同时另一些流向 12 而多得的事实做出解释。的确，纯逻辑推理根本无法解决预测会发生哪种均衡的问题。社会习惯风俗、交流、博弈过程的细节特征、参与者根据经验所做的类推、对幸运号的地方性认识差异，都可以对达成的均衡产生影响。如谢林（Schelling，1960）所写的，用纯理论来预测参与者在这些博弈中如何行为就像试图不把笑话讲出来就证明它是可笑的一样。

1.2.3　例 3："选美比赛"和重复博弈

在凯恩斯（Keynes）的成名作《就业、利息与货币通论》中，他把股票市场类比作一个在报纸上登载的竞猜活动。在其中人们竞猜哪张脸是别人猜的最漂亮的脸："这不是一个人用自己的判断去选择哪个是最漂亮的情形，甚至不是猜测一般人内心会认为哪个最漂亮的情形。我们已用到第三个级别的推测，此时我们绞尽脑汁去预测一般人会认为一般人认为最漂亮的是哪个。而且我甚至相信，还有一些人会用到第四、第五甚至更高的级别的推测"（1936，156 页）。这段引言用于 2001 年（我刚写本文时）再合适不过了，在那之前不久，网络股在有史以来最大的投机泡沫下飙升至难以置信的高度。（一个例子是，电子售书商亚马逊从未报道过盈利，但它的市场价值却比所有其他美国书商加在一起还多。）

一个含有凯恩斯构想的推理逻辑的简单博弈叫作"选美比赛"博弈（参见 Nagel，1995；以及 Ho，Camerer，and Weigelt，1998）。在一个典型的选美比赛博弈中，N 个参与者每人同时在 [0，100] 的区间内选一个数 X_i。对所有这些数加起来求得平均数再乘以一个乘数 $p<1$（假定 $p=0.7$）。选择最接近目标值（平均数的 70%）的参与者获得固定数额的奖励。在开始之前，想一想你会选择什么数。

选美比赛博弈可用来分辨人们是否如凯恩斯考虑的"试过第四、第五甚至更高级别"的推理。推理过程是这样：多数人开始想，"假设平均数为 50"，那么你应选最接近目标即 70% 的平均数 35 从而获胜。但如果你认为别的所有参与者都这样想，那么平均数就是 35，所以，一个像你一样的精明的参与者就会（多考虑一步）选择 35 的 70%，约 25。但如果你认为所有人都这样想，你就应选择 25 的 70% 或 18。

在解析型博弈论中，参与者直到达到一个最优回应点才会停止这种重复的推理。但是，既然所有参与者都想选择平均数的 70%，如果他们要选择同一个数那它一定是零。（也就是说，如果你解恒等式 $x^* = 0.7x^*$，你就得到唯一的纳什均衡。）

选美比赛博弈提供了一种测量实验对象策略思维级别的粗略方法。它被称作一个"重复剔除占优可解博弈"，因为通过不断地代入占优策略，它可以被"解"——也就是说，均衡可以被计算出来。劣策略是一个无论别人如何行动都会产生低于另一个（占优）策略的收益的策略。选择高于 70 的数是个劣策略，因为目标值的最高可能值是 70，所以你总可以通过选一个低于 70 的数来获得改进。但如果没人违反占优原则选 70 以上的数的话，目标的最高可能值就是 70 的 70% 或 49，所以应选 49——如果你认为别人遵循一级占优原则的话，70 是劣策略。不断地剔除劣策略导致你最终选择零。

很多有趣的博弈都是重复剔除占优可解的。经济学中一个熟悉的例子就是古诺双头垄断模型。两家公司每家选择一个相似产品的数量进行生产。既然它们的产品是同质的，市场价格就由它们共同生产的数量（还有消费者需求）决定。容易看出存在着可使双方都亏损的数量，因为将这么多供给投入市场会使价格降至难以抵偿固定成本的程度。如果你认定你的对手不会生产这么多，那么某种程度上低产量对你是不利的（劣策略）。重复使用这种逻辑就会导致一个精确的解。

在实践中，人们不可能重复多于两级的重复剔除思维，因为人们的暂时记忆（也就是人脑一次能够激活的信息量）的有限性制约了思考。考虑诸如这样的嵌入句 "Kevin's dog bit David's mailman whose sister's boyfriend gave the dog to him"，在句末提到的 "him" 是指谁？在你看到最后时，许多人已经忘了狗的主人是谁了，因为暂时记忆只有那么多空间。[11] 嵌入句难以理解。在思维复杂程度上，重复剔除占优可解博弈与其类似。

重复推理还要求你相信别人在努力思考，而且认为你也在努力思考。当我在加州理工学院的理事会会议上进行这个博弈时，一个非常聪明的理事会成员（一位知名的金融学博士）选择了 18.1。过后他这样解释他的选择：他知道纳什均衡为零，但认为加州理工学院的理事会成员平均足够聪明到可以推出两步而选择 25。那为什么不选 17.5（即 25 的 70%）？他加入 0.6 这样就不会和选 17.5 和 18 的人打成平手，而且由于他猜测少数人会选大号，这样平均值会上升。这才是好的行为博弈论！（他没赢，但是很接近。）

选美比赛博弈的结果是什么？图 1-3 显示了在 $p=0.7$ 总共 10 轮的选美比赛博弈中，在每轮被告知平均数的情况下相应所做的选择〔来自霍（Ho）、凯默勒（Camerer）和魏格尔特（Weigelt）未发表的数据〕。方柱表示十轮（在前面）中对不同数字区间（在旁边）的选择的相对频率。图（a）显示了低奖金支付（对 7 人小组每人 7 美元的奖励）的博弈结果，而图（b）则显示了高奖金支付（28 美元）的结果。

第一轮的选择在 21～40 之间。细致的统计分析显示多数实验对象使用了一或两级的重复占优原则。也就是，多数实验对象猜测平均数为 50 而选择了 35，或猜测别人会选 35 而选了 25。极少数人在第一轮选择了零均衡。

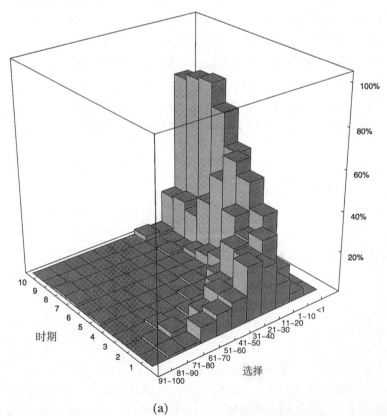

(a)

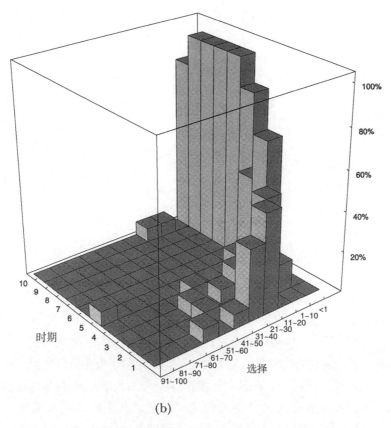

(b)

图 1－3　在低奖金和高奖金"选美比赛"博弈中的收敛情形
资料来源：基于霍、凯默勒和魏格尔特已公开的实验数据。

实际上，他们不应该选择零。目标是比平均猜测多走一步而不是更多；而出于你的利益考虑，选择零则过于聪明了！

　　尽管理论上的零均衡对于初始选择来说是个失败的猜测，但参与者随着学习的确在坚决地朝着零靠拢。行为博弈理论用一个有限重复推理的概念去理解初始选择而用学习理论去解释回合之间的移动变化。

　　同样的选美比赛博弈被几十个实验群体做过（详见第 5 章），包括加州理工学院的本科生[12]、理事会成员（包括几位公司的 CEO）、经济学博士和博弈论学者以及商业报纸的读者（英国的《金融时代》、德国的《明镜》周刊和西班牙的《拓展》）。所有这些组的结果非常接近：参与者应用 0～3 级的推理，而没有人选择纳什均衡零。对图 1－3（a）和图 1－3（b）的比较显示，将奖金提高 4 倍，从而使一个 45 分钟实验的平均收益达到 40

美元，只显示出了很小的效果（高奖金条件下在 5～10 轮中有更多的小号选择）。

在这些博弈中测出的有限重复推理，为凯恩斯所提及的股价泡沫的持续现象提供了解释。即使所有的投资者都预见到了崩盘，他们也不会一直反推到当前。他们猜测别人会在崩盘前一两步售出，从而计划刚好在别人大批售出之前售出。这种推理过程不会一直下去（因为疑虑在"回荡"），这就解释了为什么即使每个人都知道泡沫最终会破裂而它还能维持。艾伦、莫里斯和辛（Allen，Morris，and Shin，2002）使他们的论证精确化而凯莫勒和魏格尔特（Camerer and Weigelt，1993）以及波特和史密斯（Porter and Smith，1994）证明了泡沫现象可以在实验中再现。

1.3　实验规则和行为博弈论

一个学习博弈论的学生经常提的问题是："这理论很有趣……但人们实际中行为是不是这样的?"，本书是一个很长的答案。自然地，这个答案不是单一的。没有哪种博弈中对象会迅速地达到预测的均衡。也没有博弈复杂到即使有足够实验经验的对象也无法收敛于均衡方向（也许相当接近）。

考虑上述三种博弈。在最后通牒博弈中，参与者远非完全均衡假定的自利，但当回应者对受公平待遇的偏好被考虑在内时他们大致处于均衡（因为在给出拒绝率情况下出价会最大化预期收益）。行为博弈论通过将社会性效用的新理论融入解析型博弈论来解释这些结果（参见第 2 章）。在"分水岭"博弈和选美比赛博弈中，参与者开始离均衡很远，但在十轮或多轮中渐趋于均衡。行为博弈论依靠参与者初始考虑博弈时的有限推理概念和学习的严谨理论来对这些结果做出解释。

夏洛克·福尔摩斯（Sherlock Holmes）曾说过，"证据，证据! 没有黏土我做不了砖。"实验结果就是构筑行为博弈论的泥土。行为博弈论的目的不是为了"证伪"博弈论（这是心理学家和社会学家普遍的观点），而是为了靠建立规则来改进它。由于缺少某种观察，因此理论假设就建立在很随意的伪实证工作之上——学术讨论会和办公室讨论的非正式意见表决和某人自己的直觉（一个单一回应者表决）。生物学家不会只去问"如果我是只寻食的知更鸟，我会如何做?"他们观察知更鸟觅食，或是询问观察过的人。学者（和兼职实验者）艾里克·范·丹米（Eric Van Damme）同其他人一样，十分忧虑由于存在过少的此类数据而会给博弈论带来什么影响：

如果缺少一套广泛的事实体系来加以理论化，就必然存在着某种花过多时间建立精巧模型然而和实际行为却毫无联系的危险。目前我们的实证知识是不充足的（和冯·诺依曼与摩根斯坦 50 年前用的字眼丝毫不差），而有趣的是，为什么博弈论学者不更多地向心理学家求教学习方面和人类处理信息过程方面的知识呢？

数据对于博弈论尤其重要，因为常有不止一个均衡（参见第 7 章），而均衡如何实现还没有完全被清楚地认识（参见第 6 章）。单靠数学是不能解决这些问题的。

为什么在此之前实证研究一直在博弈论中扮演着小角色？一种可能是早些时候的实验被认为是"失败"的。在 1952 年 RAND 机构①的一次会议上，几位学者（包括最后摘取诺贝尔奖桂冠的纳什）聚在一起讨论博弈论，他们做了一些实验，实验的结果没有验证理论，而且据称使得纳什等人灰心丧气（Nasar，1998）。[13] 对数据的兴趣同样在这样的事实面前遭遇坎坷，即有太多有趣的数学之谜长期以来等待博弈论来解决。[14] 从 1970 年左右开始，重复博弈、不完全信息博弈理论的发展，以及其在诸如委托-代理关系、契约和政治学方面的应用导致了理论大爆炸。无疑这种潮流一直是极为有远见也是必要的，但它是在没有任何一种实证引导下实行的。现在无疑是增加观察对理论的比例的时候了。令人高兴的是一些学者已将注意力专注于正式建立有限或过程理性的模型（比如，Rubinstein，1998）。[15]

当然，实验数据只是行为博弈论的一个组成部分。认知机制的细节和开放型实验都同等重要。[16] 文斯·克劳福德（Vince Crawford，1997，p.208）总结了控制下的实验、户外观察和理论化工作的作用：

> 实验证据表明没有哪个解析型博弈（传统的非合作博弈理论、合作博弈理论、进化博弈论和适应性学习模型）的主导理论框架能单独为行为做出可靠的解释，但通过综合这些框架的思想和一定比例的实证知识，多数行为可以被理解。

行为博弈论的快速发展将依赖于科学家们如何看待数据。然而其反应不尽相同。

你如果折服于解析型博弈论的精妙，你会将数据的作用仅看作是显示

---

① 美国的一个非营利机构，主要研究有关国家安全的各种问题。RAND 即为英文"探索与研究"的缩写。——译者注

对象是否理解该博弈以及是否被激励。如果数据符合博弈论的预测，你会说，对象一定理解了；如果数据否定了预测，那实验对象一定没能理解。不要下这样的结论。这些博弈通常并不难，而且多数实验者都通过一些智力问答确认对象清楚理解选择如何导致支付，从而对其理解力做了仔细的控制。况且，通过数据来推断对象是否理解，也不会歪曲理论。对于类似情况，物理学家和生物学家不会有和经济学家相同的反应，比如当一种粒子理论被细致的实验证伪（"粒子被搞糊涂了！"）时，或者如果鸟儿不像预测的那样寻食（"如果它们要为此付出比生存更大的代价时，它们会正确去做的！"）。博弈论学者们应学会类似地对人类所能教给他们的、关于人类行为的知识抱以敞开的胸怀。

事实上，作为博弈论证明而被引用的例证往往支持了行为博弈论的一个重要因素——也就是，均衡过程会经历很长时间，也许几年或几十年（而均衡过程自然对任何理论都至关重要）。

在为罗思和索托马约尔（Roth and Sotomayor，1990）的关于匹配市场理论的书所作的序言中，才华横溢的数学家罗伯特·奥曼（Robert Aumann）提道：

> 盖尔-夏普雷（Gale-Shapley）［匹配］算法事实上从 1951 年起就在美国的医院里用于任命实习医生，它在真实的现实世界中历经大半个世纪的试错过程来得以进化——当筹码下降时，支付不是 5 美元而是一个成功的职业，而且人们有时间去理解状况——博弈论的预测非常灵验。

请注意奥曼指的"理解状况"的时间是指 50 年！[17]在这么长的时间段里，的确需要一种学习理论或均衡过程理论。

你可能会有的另一种反应是批评实验设计的细节问题。奥曼还写道（Auman，1990，p. xi）：

> 人们有时会认为博弈论并非是对"真实世界"的"描述"，人们并非如博弈理论建议的那样行事。为了支持这些观点，一些工作人员用没什么动力激励的对象做了些实验，就好像这些实验代表现实世界。而这些对象不了解实验是关于什么的，而且被支付很低的薪水。

奥曼在暗指 20 世纪 60 年代和 70 年代的早期实验，那些实验不重视对象的理解力和动机。本书很大程度上忽略了那些实验（虽然在第 3 章中描述过一些）。本书描述的现代实验（多数来自最近十年）充分尊重奥曼的考虑并在设计时对其有所注意。实验对象被特意挑选为擅长解谜和有积极性的、具有分析能力的大学生。

　　你可能有的另一种反应就是，当行为和解析型博弈论不符时，实际对象可能在进行一场不同于实验者创立的博弈。这样的解释如果能被验证，那它就是有用的。然而，这种解释只会让实验者怒发冲冠，因为它无视实验者为了确保实验对象的理解力所做的非同寻常的工作：建立一次性博弈时对信息隐匿性的控制，以及为了避免武断而对奖金多样性和对象人群的控制。

　　举例来说，对在最后通牒博弈中回应者拒绝出价的事实的一种普遍理解是，回应者认为他们在进行一场重复博弈，因为他们会和提议者再次相遇。但实验者花大量时间去保证对象之间不会再次相遇并且清楚他们不会。例如，一些实验者一次支付给一个对象，每次支付中间都有小段间隙，并站在大厅中确保没有对象等待别人离开，在这些条件下，因误认为是重复博弈而拒绝的解释显然是错的，另一些实验者［比如以谨慎著称的雷·巴哈奇尔（Ray Bahacio）］会在某对象说话大声让别人听见而打破了实验者的控制时立即终止实验。随着越来越多的学者明白了实验室的实验程序并且逐渐相信其产生的数据的质量，那种认为实验对象在做另一种非实验者本意的实验的误解应该会消失。

　　你仍会有的另一种反应是，认为非理性的行为是无法纳入模型的。比如，几年前艾布伦和松岛（Abren and Matsushima, 1992b）认为实验结果"即使用近似理性的解释"都无法解释得通。我不同意这点，事实上所有本书报告的实际结果都可以通过在解析型博弈论中加入行为要素（社会性效用、有限重复推理和学习）来纳入模型。他们会接着问，"我们是否应放弃理性范式？"当然不。它作为进行精确推理的一个根本方法太有用了，并且它常常也能很好地推测有限行为。行为博弈论扩展了理性假设而不是抛弃它。本书最后一章显示了这一点。

1.4　结论

　　本章描述了三个例子来展示实验的规则，并且暗示了这种规则是如何在行为博弈论中被正式化的。

　　在最后通牒博弈中，提议者的出让数量典型地为接近总数的一半，而回应者拒绝过低的出价，因为他们讨厌不公正。该博弈如此简单，以致不可能相信拒绝货币的回应者不清楚状况，而在具有很高奖金（在美国达到了 400 美元，在其他国家也有相当的数量）的情况下，结果也是相同的。根据行为博弈论，回应者拒绝出低价是因为他们喜欢挣钱但不喜欢受到不公正对待（或喜欢公正对待）。在分水岭博弈中，参与者随着时间推移而趋向于多个均衡，并且常常最终形成本可避免的帕累托无效均衡。行为博弈论对这种结果的解释是靠假设参与者不确定如何行动（在博弈开始期间），所以他们选择中间的号码；然后他们依据简单的统计学规则对历史加以回应。在选美比赛博弈中，参与者看来只做一到两级的推理，然后停止。（解析型博弈论假设他们会一直持续到达到一个相互最优反应均衡。）而且他们在过程中学习。后面几章扩展了这些结论，并描述了一些其他类型的博弈（混合策略均衡、讨价还价、信号传递以及拍卖等）。

附录

A1.1 博弈论基础

本附录介绍博弈论的基本概念。[18]目的是为了让初学者理解本书其余部分的要义。如果你没有什么博弈论的背景知识，同时又想理解后面描述的实验结果，那么你应该阅读其他一些相关著作。迪克希特和斯盖思（Dixit and Skeath，1999）合著的一本书是不错的入门教材（对数学要求不高）。像拉斯姆森（Rasmusen，1994）以及奥斯本和鲁宾斯坦（Osborne and Rubinstein，1995）这样数学化的书则更多。金蒂斯（Gintis，1999）的博弈论教材吸收了最新的关于演化博弈论的理论和实证资料，并提及大量的问题。而在加州理工学院等院校的研究生课程上则选用了诸如弗登博格和梯若尔（Fudenberg and Tirole，1991）所著的厚重的大部头教材。

首先我们确定数学符号的表示方法：参与者 i 的策略表示为 s_i。由每个参与者的一个策略组成的策略向量可表示为 $s=(s_1, s_2, \cdots, s_n)$。如果去掉参与者 i 的策略，此时的策略向量（即其他每个参与者的策略组合）用 s_{-i} 表示。参与者 i 采用 s_i 策略所得到的效用支付是 $u_i(s_i, s_{-i})$。

A1.1.1 占优均衡

定义 A1.1.1 如果对应其他人可能选择的任何可行策略组合 s_{-i}，s_i^* 是 i 的严格最优反应，即

$$u(s_i^*, s_{-i}) > u_i(s_i', s_{-i}) \, \forall s_{-i}, \quad s_i' \neq s_i^*$$

那么策略 s_i^* 是一个占优策略。

如果存在策略 $s_i'' \in S_i$ 满足

$$u_i(s_i'', s_{-i}) > u_i(s_i', s_{-i}) \ \forall s_{-i}$$

那么 s_i' 被称为劣策略。

如果存在策略 $s_i'' \in S_i$ 满足

$$u_i(s_i'', s_{-i}) \geqslant u_i(s_i', s_{-i}) \ \forall s_{-i}$$

且至少存在一个 s_{-i} 满足

$$u_i(s_i'', s_{-i}) > u_i(s_i', s_{-i})$$

那么 s_i' 被称为弱劣策略。

例 A1.1.1　考虑下面这个简单的标准形式博弈。在一个标准形式（aka 策略形式或矩阵）博弈中，假定参与者同时行动，这样就不需要用树状图或扩展式表示他们行动的顺序。每一个格表示一个支付组合。左边支付是行参与者 1 的，右边支付是列参与者 2 的。支付组合是博弈结果的效用值。也就是说，在被模拟的实际博弈中，结果可能是金钱、自豪感、基因所繁殖的后代、战争中的控制范围、公司利润、欢乐或痛苦等。一个关键的假定是参与者可以通过用数字效用刻度来显示他们对结果的满意程度。这个效用刻度必须至少是序数——也就是说，比起效用为 1 的结果来，参与者会更愿意接受效用为 2 的结果。而且当计算预期效用的时候，该刻度必须是基数（即得到 2 个单位效用与抛一枚正反各可得 1 和 3 的硬币的期望效用是一样的）。

参与者 2

		L	M	R
参与者 1	U	1, 0	1, 2	0, 1
	D	0, 3	0, 1	2, 0

对参与者 2 来说，策略 R 严格劣于策略 M（因为如果参与者 1 选择 U，参与者 2 选择 M 可以得到 2 而不是 1；如果参与者 1 选择 D，参与者 2 选择 M 得到 1 而不是 0。相对于选择 R，选择 M 总是能给参与者带来更高的支付）。剔除策略 R（也就是说，假定理性的参与者 2 绝不会选 R）将使 D 严格劣于 U。但是如果参与者 1 选择 U，参与者 2 应选择 M。所以，重复剔除占优均衡是（U，M）。

占优是重要的，因为如果正确指定了效用支付值（人们只需保证他的顺序正确），而且参与者只关心他们自己的效用，就没有理由去破坏严格占优均衡。判断重复剔除占优策略的一个关键步骤是，参与者认为其他参与者不会犯愚蠢的错误。这种信念常常告诉参与者他自己应该做什么。在这个例子中，参与者1可能会考虑选择D，因为存在着在右下角（D，R）组合中得到2单位支付的可能。但是他会得到那个支付吗？除非参与者2选择了某个应剔除掉的策略。如果参与者1认为参与者2不会那么做，即参与者2会剔除R，则他得到2单位支付的希望就落空了。于是很明显，他选择了U。

例 A1.1.2 性别战

参与者2

参与者1		L	R
	U	2, 1	0, 0
	D	0, 0	1, 2

这个博弈不是占优可解的。对于每一个参与者，没有一个策略严格优于或（劣于）另外的策略，因为没有一个策略总是最优的。换一个角度看，每一个策略是否能成为最优策略依赖于你如何判断其他人将采取什么行动。

A1.1.2 纳什均衡

定义 A1.1.2 如果每一个参与者的策略是对其他人策略的最优反应，那么策略组合 $s^* = (s_i^*, s_{-i}^*)$ 是一个纳什均衡。也就是说，如果没有其他参与者想偏离，那么也没有哪个参与者想偏离均衡（如果参与者发现自己处于均衡中，就没有理由再移动而偏离均衡）。

即 $u_i(s_i^*, s_{-i}^*) \geq u_i(s_i', s_{-i}^*) \forall s_i' i$

注意，如果一个策略组合是（严格）重复剔除占优均衡，那么它一定是纳什均衡。但这并不适用于弱重复剔除占优均衡。

例 A1.1.3 （性别战）对纯策略纳什均衡的求解

参与者2

参与者1		L	R
	U	2, 1	0, 0
	D	0, 0	1, 2

如果参与者1选择U，参与者2的最优选择是L；如果参与者1选择D，参与者2的最优选择是R。如果参与者2选择L，参与者1的最优选择是U；如果参与者2选择R，参与者1的最优选择是D。所以，U是对L

的最优反应，L 是对 U 的最优反应。类似地，D 是对 R 的最优反应，R 是对 D 的最优反应。那么纯策略纳什均衡是（U，L）和（D，R）。

A1.1.3 混合策略

对于参与者 i 的一个混合策略是 S_i 中所有策略的一种概率分布。

例 A1.1.4 （性别战）求解混合策略纳什均衡

参与者 2

		L	R
参与者 1	U	2, 1	0, 0
	D	0, 0	1, 2

假定参与者 1 以 p 的概率选择 U，以 $1-p$ 的概率选择 D，参与者 2 以 q 的概率选择 L，$1-q$ 的概率选择 R，那么对参与者 2 而言选择 L 的预期值是 $1p+0(1-p)$，而参与者 2 选择 R 的预期值是 $0p+2(1-p)$。若参与者在 R、L 之间无差异，则 $1p+0(1-p)=0p+2(1-p)$，或 $p=2/3$。参与者 1 选择 U 的预期值是 $2q+0(1-q)$，选择 D 的预期值是 $0q+1(1-q)$，若参与者 1 在 U、D 之间无差异，则 $2q+0(1-q)=0q+1(1-q)$，或 $q=1/3$。结果，一组（弱）最优反应组成了混合策略纳什均衡（（2/3U，1/3D），（1/3L，2/3R））。

混合策略博弈是一个有趣的概念。引入混合策略概念使支付空间成为凸的（比如对于空间任何两点，在两点间的所有点都在空间中），这对于保证有限次博弈中纳什均衡的存在性是必要的。可保证的存在性是一件不错的事情，也是使得博弈理论更有生命力的一个组成部分。对于任何你构造的博弈，你都可以确定找到一个纳什均衡，这意味着一个努力预测未来的政策分析者或科学家总是可以找到一些具体而确定的结果。

可是，混合策略博弈的行为解释是令人怀疑的。按照定义，参与者只有在纯策略之间无差异时才会想到寻求混合策略，这就是说，他不愿（严格地）根据特定的概率组合来选择混合策略。他只是不关心他所做的事。此外，一个参与者的均衡混合概率仅依赖于其他参与者的支付，这是令人费解的。混合策略均衡的一个现代解释（称作纯策略化）是参与者可能倾向于混合策略，但是在他们凭自己的直觉观察到一些变量的条件下，参与者实际上会选择纯策略。从数学上讲，这也是以同样方式进行的——只要一个参与者相信另一个参与者的选择与预测概率相匹配，混合均衡是一个彼此最优反应点。对此第 3 章给出了更多的解释。

例 A1.1.5 一个三策略例子

<table>
<tr><td></td><td></td><td colspan="3" align="center">参与者 2</td></tr>
<tr><td></td><td></td><td align="center">L(r)</td><td align="center">M(s)</td><td align="center">R(1−r−s)</td></tr>
<tr><td align="right">参与者 1</td><td align="right">T(p)</td><td align="center">30, 30</td><td align="center">50, 40</td><td align="center">100, 35</td></tr>
<tr><td></td><td align="right">M(q)</td><td align="center">40, 50</td><td align="center">45, 45</td><td align="center">10, 60</td></tr>
<tr><td></td><td align="right">B(1−p−q)</td><td align="center">35, 100</td><td align="center">60, 10</td><td align="center">0, 0</td></tr>
</table>

参与者 1：

$$30r+50s+100(1-r-s)=40r+45s+10(1-r-s)$$
$$=35r+60s+0(1-r-s)$$

或

$$r=22/83$$
$$s=56/83$$
$$1-r-s=5/83$$

因为博弈是对称的，所以

$$p=r=22/83$$
$$q=s=56/83$$
$$1-p-q=1-r-s=5/83$$

A1.1.4 常和博弈

在一个常和博弈中，参与者的支付收益和是不随结果而变化的。常和博弈实际上极少出现，因为即使在实际支付之和不变时（像货币或食品分享之类的讨价还价），参与者的效用之和可能也不是一个常量。对于二人常和博弈，通过最大化最小值、最小化最大值和纳什均衡法都可以选择到同样的策略。

定义 A1.1.3 策略 s_i^* 是一个最大化最小值策略，如果他将 i 的最小可能支付最大化，也就是：

$$s_i^* = \arg\max_{s_i}\left[\min_{s_{-i}} u_i\right]$$

定义 A1.1.4 策略 s_i^* 是一个最小化最大值策略，如果他把另一个人的最大可能支付最小化，即

$$s_i^* = \arg\min_{s_i}\left[\max_{s_{-i}} u_{-i}\right]$$

例 A1.1.6 掷币游戏

参与者 2

		L	R
参与者 1	U	1, 0	0, 1
	D	0, 1	1, 0

如果这个博弈扩展到包括混合策略，那么对执行参与者 1 的最大化最小值策略就是对 U 和 D 等概率地随机选择，这就对 L 和 R 都给出了 0.5 的预期效用。所以 0.5 就是最大最小值。这也是最大化最小值策略，因为他保证参与者 2 只会选择 0.5（根据预期效用）。这也是唯一的纳什均衡。

在常和博弈中，最大化最小值法则是一个启发性的方法，即遵从这样的事实：另一个参与者的最优反应（纳什均衡）将必定给你最低支付。因为参与者的利益是严格相反的。如果你反应最优，我就得到最少。我对于这种可能性的最优反应就是把我能得到的最小值最大化。

A1.1.5 扩展形式博弈和信息集

扩展形式博弈被用来将那些有具体行动顺序的博弈模型化。扩展形式博弈是：（1）为许多节点和枝的结合，从一个起始的单一（末）节点到（终结）点而没有任何封闭循环；（2）要能显示出哪个节点属于哪一个参与者；（3）"自然"（外部力量）通过概率方式来在节点上随机地选择枝；（4）节点集叫信息集；（5）在每一个终结节点给出效用支付。

定义 A1.1.5 参与者的信息集是一系列决策节点的集合，满足：

（1）参与者在信息集的每一个节点上行动。

（2）当博弈参与者到达信息集的一个节点时，行动的参与者并不知道他已处于信息集中的哪一个节点。

A1.1.6 子博弈完美

扩展式博弈的均衡使每一个参与者在每一个信息集将要做的事具体化，即使那些信息集不会达到。子博弈完美强调了进一步的约束，即参与者实际上是在进入子博弈的情形下才选择均衡策略（Selten，1965）（子博弈是从单个节点出发的后续博弈——在它的信息集中没有其他节点———一直到终结节点）。以我的看法，纳什均衡的精炼只是弥补纳什均衡概念上的缺陷，在理论家开始考虑扩展树而不是矩阵式之前并没有显著的改观。

例 A1.1.7 微型最后通牒博弈

参与者 2

参与者 1 E 5, 5

A R

U 8, 2 0, 0

在这个简单最后通牒博弈中，参与者 1 先行动，提出了一个平均分割 10 的计划 E，各支付（5，5）或提出一个不平均的分割 U。如果 E 被选择，博弈就结束，参与者双方各得 5。如果 U 被选择，轮到参与者 2 行动。参与者 2 选择 A（接受），在这种情况下，参与者 1 得 8，参与者 2 得 2；或者参与者 2 拒绝，选择 R，在这种情况下，双方都得 0。

策略空间（E，R | U）是纳什均衡，因为他将每一个节点上的行动具体化，而且策略从技术上讲是最优反应。如果参与者 1 预测到在他选择 U 后，参与者 2 会选择 R，那么参与者 1 应选择 E，得到 5。如果参与者 1 选择 E，参与者 2 做什么已没有意义——因为"计划"用 R 对 U 做出反应是不再能实施的惩罚了，因为在均衡时，参与者 2 实际上已不再被要求行动。在 R 之后选择 U 是一个弱的最优反应，因为在这个均衡中 R 永远不会出现。子博弈完美要求，如果 U 节点达到了，那么参与者 2 的随后策略必须是最优反应。但既然对参与者 2 来说，选择 R 得到 0，选择 A 得到 2，那么子博弈中的最优反应是参与者 1 选择 U 时，2 就选择 A。预测到这点，参与者 1 应选择 U，这样（U，A | U）就是纳什均衡，也是子博弈完美纳什均衡。

A1.1.7 贝叶斯纳什均衡

在不完全信息博弈中，至少有一个参与者不知道其他参与者的支付函数（s）。传统上，通过在博弈开始时引入"自然"来决定一个参与者的"类型"〔在海萨尼（1967—1968 年）之后〕。参与者知道自己的类型而不清楚其他人的类型（用正式的术语来说，知道自己类型的参与者知道哪一枝是从自然选择的起始点出发的；不知其他参与者类型的参与者有一个包括许多节点的信息集，这些节点是从所有起始点出发的决策枝发散出来的）。参与者类型的概率分布是共同知识（"共同先验"假定），贝叶斯纳什均衡又为纳什均衡增添了两个特征：（1）在均衡路径上（意思是在均衡时所有以正概率出现的行动），参与者必须用贝叶斯法则更新对于其他参与者类型的信念。贝叶斯法则要求 $P(H_i | D) = P(D | H_i)P(H_i) / \sum_{k=1}^{n} P(D | H_k)P(H_k)$，在这里 H_i 是 n 个不同的假设（比如可能的参与者类型），而 D 是观察到的信息（比如一个参与者的行动）。（2）在非均衡路径上（也就是说，那些在均衡中不会出现的行动之后的行动），参与者应该有某种关于参与者类型的信念。特别注意，贝叶斯法则并不限制这些信念应该是什么，因为非均衡路径上行动的概率很可能为零〔也就是说，$P(D | H_i) = 0 \forall H_i$〕。那么这个更新等式的分母就为

0，于是贝叶斯法则失效。这样，贝叶斯法则对于非均衡路径上的可能信念加了一个最低程度的限制——名义上，它们应该的确是一些限制！这就简单排除了参与者在观察到非均衡路径上行动之后会破坏占优均衡的可能性。

A1.1.8　颤抖手完美

泽尔滕（Selten，1975）用一个聪明的办法使偏离均衡路径的信念遵循贝叶斯法则，称作"颤抖手均衡"。这个偏离假定：即使是在均衡时，博弈参与者做选择也有一定可能犯错误。这样博弈树上的所有路径都有正的概率被选择。那么贝叶斯法则就可以用来改变一些观念。颤抖手均衡是指当颤抖趋于零时，具有颤抖的贝叶斯纳什均衡所能达到的极限。许多其他专家提出了进一步的精炼，即在偏离均衡路径的行动后对某种信念进行逻辑上的系统整理，以使这些精炼看上去更直观或合理。序贯均衡（Kreps and Wilson，1982a）是颤抖手均衡的孪生兄弟，在总体上与之相同（即在这些博弈中只有两个细小差别，可以用数学的方法精确表示）。迈尔森（Myerson，1978）认为当均衡策略与非均衡策略支付的差别很大时，颤抖的可能性应该是很小的。这就导致了一个合理均衡的概念。还有其他一些关于信号博弈的精炼概念，将在第 8 章加以讨论。

A1.1.9　随机最优反应均衡

在随机最优反应均衡（quantal response equilibrium，简记为 QRE）中，参与者不会以概率 1 选择最好的反应（像纳什均衡时）。相反，他们做出"较好的反应"，并且以较高的概率去选择有较高期望支付的反应。实际上，随机最优反应均衡常常用 Logit 函数或指数支付反应函数表示：

$$P(s_i) = \frac{\exp\left[\lambda \sum_{s_{-i}} P(s_{-i}) u_i(s_i, s_{-i})\right]}{\sum_{s_k} \exp\left[\lambda \sum_{s_{-i}} P(s_{-i}) u_i(s_k, s_{-i})\right]}$$

其中 $\exp(x)$ 代表 e^x，而求和式则包括了所有 $-i$（所有其他参与者）和 i 的策略。直观上讲，随机最优反应均衡是指参与者固定一个策略，然后形成有关其他人行动的信念 $[P(s_{-i})]$，并以这些信念来计算期望支付。为每一个策略做一次计算，就为每一个可能的策略给出了一个预期效用的轮廓。然后参与者 i 按照策略的预期支付进行有噪声的选择，以此来做出较好的反应。参数 λ 是指参与者对不同预期支付的敏感度。[19]注意到，因为参与者 i 计算 $P(s_i)$，并且其他参与者也这样去做，那么这个等式系统是循环的：参与者的行为决定了预期支付，这就决定了其他参与者的行为。

当$\lambda=0$时，参与者恰好等概率地选择每个策略。随着λ上升，他们的反应性越来越准确，并逐渐收敛于纳什均衡，在纳什均衡处他们选择最优反应。[20]这样纳什均衡就成为一种"假设的"随机最优反应均衡。

过去我在课堂上和讨论会上常常说，如果约翰·纳什是一个统计学家而不是数学家，那么他可能已发现了随机最优反应均衡而不是纳什均衡〔这样，早期的发现就会自动预先解决那些偏离不合理的纳什均衡的精炼问题。而这在子博弈完美均衡和颤抖手均衡概念的发展（20世纪60—70年代后）以后才得到解决〕。2001年秋我在普林斯顿大学的一次发言中提到上面这一点时，一些听众相互皱眉示意（毕竟纳什是普林斯顿杰出的前辈）。后来人们说他们不乐于讨论是因为我不知道纳什当时也在场！既然当纳什听到我关于他会成为随机最优反应均衡最早发现者的观点时，并没有反对，我后来就传播这个信念，即"纳什并不否认他本可以发现随机最优反应均衡"。到后来，2001年12月，我有幸见到了纳什，向他请教有关随机最优反应均衡的几点疑问。他说最近他正在研究一个类似的讨价还价最优反应模型。所以我们可以认为他最近正转到这上面来，或者至少是对随机最优反应均衡分析表示赞同。

A1.2　实验设计

做实验的方式令人难以置信的重要。就像所有的纯种赛马都来自最初的4匹马一样，美国大部分实验经济学开始于20世纪60—70年代几个小的研究机构（特别是加州理工学院、亚利桑那大学、普度大学和得克萨斯农工大学），而且发展很慢（与此同时，德国也在做同样的努力）。最终由于实验交往频繁而确定了明确的规则。这些规则允许资料集之间的高度比较。史密斯（Smith，1976）是制定规则的先行者，他的书总结了很多规则。比如，大多数文章包括原始资料和一些让读者自己判断该读什么的说明〔如果你向一个心理学家直接要一些资料或说明，那就可能对他（她）无礼了，因为这个领域的惯例是让读者得到思考的收益〕。

这个附录精选了一些重要的设计选择。如果想做进一步的了解，请看弗里德曼和桑德（Friedman and Sunder，1993）、戴维斯和霍尔特（Davis and Holt，1993）以及卡格尔和罗思（Kagel and Roth，1995）的相关论述。

A1.2.1　控制、度量和假定

任何变量都可以用控制、度量、假定这三种方式中的一种来评估。

控制意味着采取行动以影响变量的值，常常伴随一个监控检查以确保控制的进行。引致价值是一种重要的控制手段，它通过把行动与某种支付联系起来（典型的是货币，有时是根据挣得分数的多少来衡量，如此等等），使得参与者对不同的行动能够形成不同的偏好。

度量是指通过心理测试的方法来度量相关变量的价值（"当有人从 10 美元中分给你 2 美元时，请描述一下你不满的程度"），以及对风险规避的度量（比如确定性等值）或概率判断（如评分规则）。这些度量类型在经济学中不太为人熟知，但很值得探索，包括录音带的内容分析、心理测试（如心率或皮肤在受惊后的反应）、信息索取等（参见 Johnson et al.，2002，第 4 章，以及 Costa-Gomes，Crawford，and Broseta，2001，第 5 章），甚至还有 fMRI 大脑成像（Smith et al.，2002）。

假定是一种虚拟控制，在这里实验者将对变量值做持续不变的假设。

作为三种方法的说明，考虑一下经典的经济学实验，在这些实验中，代理人被赋予了对标的物的成本及估价，而人们将要验证竞争性均衡的理论，该理论认为价格会收敛于供给需求相交处的点。一个策略就是选出每天的标的物，比如影碟或咖啡杯，然后假设实验对象会给它们赋予多少价值。这总体上是一个糟糕的设计，因为竞争性均衡描述对于边际交易者的估价很敏感，而这些估价不可能被实验者很好理解。[21]另一个策略是对每个个体测出一个估价（比如说用 Becker-DeGroot-Marschak 激励相容过程），然后假设这些测出的估价代表了标的物的成本和保留价格，并可以从测量结果构建供给需求曲线。这是一个稳妥的方案，但很少被采用（参见 Knez and Smith，1987）。第三种策略是利用无价值的筹码作为交易物来"引致"或控制估价行为，告诉实验对象他们可以给这些筹码赋予特定的货币价值来进行交易。这种引致估价形式最先被张伯伦（Chamberlin，1948）使用，后被弗农·史密斯（Vernon Smith）自 1956 年起不断进行改进，这在实验经济学中确实是一个主要的进步。史密斯后来通过努力把引致估价与真实货币支付联系起来，导致了非实验者之间的信任以及实际行为人之间的信赖，这就促进了对各种巧妙假说的探索并带来了快速的进步。

A1.2.2 操作指导

操作指导告诉实验对象他们需要知道的信息。有一个清晰的说明是有用而科学的，它确保实验能重现，特别是在跨越实验对象群体时，这些不同的实验对象群体在语言理解、遵从、内在动力等方面可能会有差异（令人奇怪的是，准确的复制在其他社会科学如心理学中很少）。大声朗读实验说明是确立"公共知识"的常见现象（如实验对象知道告诉其他人什么，其他人也知道另外的人被告诉了什么），这与我们在博弈论中经常被假定的所了解的共同知识是很相似的。

在现代（1975年后）博弈论实验中，普遍接受的传统是对每个参与者每次序贯行动如何导致支付的变化进行解释（包括对于其他对象的支付，也包括不对称信息下的情况，参见海萨尼）。这个实验之所以兴起，是因为实验者想确保实验对象可以利用足够的信息去计算均衡（更早的有关市场的实验有意控制一些关于其他人赋值的信息，去验证亚当·斯密和哈耶克的假说；即使参与者仅知道自己的赋值，他们仍然能趋向于帕累托有效均衡）。近年来，人们已经发展出了学习模型，它并不总是假定参与者有所有可能支付的全部知识。作为一个经验事实，要知道人们怎样在这些环境中学习是令人感兴趣的（因为参与者可能不知道在许多自然而然发生的环境中的支付）。所以最近的一些实验有意从说明上控制一些关于支付的信息（比如Van Huyck, Battalio, and Rankin, 2001）。这项设计选择也出现了一个问题——当实验对象没有被告知关于他们所处环境的信息时，他们默认的假定可能是错误的。

这里有一个例子。有一篇关于"概率匹配"的大篇幅文献研究实验对象（包括非人动物）如何从两个选项（左L，右R）中进行选择。在每一次实验中，对一个操纵杆进行"装备"，实验对象能够通过选择它来获得一个奖赏，而选择另一个操纵杆则什么也得不到。特定地，总是以p的概率装备L，$1-p$的概率装备R，至于哪一个杆被装备，则独立于前面的实验。从实验者的观点来看，通过选择L获得奖励是独立贝努里实验。但是实验对象怎么想呢？如果他们没有被告知对杆进行装备的过程是相互独立的，而且同概率分布（有固定概率p），那么他们可能会考虑各种装备奖赏的可能性。对一个实验对象来说，实验者更有兴趣的是想知道实验对象是否勾勒出了一个精确的如何装备操纵杆的变化模式，而不是仅能了解L在每一次都有一个独立概率p。经验上讲，实验对象会一直以p的概率选择L，以达成概率匹配。如果实验对象知道过程是独立同分布的，这可能将导致错误（他们会以更高的概率选择被装备的操纵杆）。概率匹配是否告诉你实验对象正在犯错误，或是他们猜不出陌生的（不令人感兴趣）实验者把他们置于什么样的环境？实验者在低信息量中所观察到的是实验对象对奖赏值统计过程的认知与他们的决策规则的结合。隐藏统计信息并不必然是一个错误的设计选择，但是通过隐藏关于环境的信息，就不能保证实验对象会准确猜出他们没有被告知的信息。既然这样的猜测很难直接观察到（没有另外的测量），这就难以得出结论认为实验对象是理性行为人还是非理性行为人。

A1. 2. 3　匿名

如果实验对象知道与他们正在交易的人的身份，他们的知识可能会由于多种原因而影响他们所做的事情。他们可能喜欢这个人看上去的样子，于是想办法使对方高兴，或者他们担心如果给出一个吝啬的出价，那么在今后遇到这个人时就会出现为难与尴尬。这些可能性并没有都被实验所关注，因此本书中描述的大部分实验都在尽力创造匿名条件——有时达到了戏剧化的程度——以尽可能使实验对象无法猜知他的博弈对手是谁。匿名显然是因为生活化才不被使用。但使用它可以被用来确立一个标准。如果人们想了解当实验对象熟知对手情况时会出现什么效应，那么根据此标准，这个效应将易于得到观测。

A1. 2. 4　匹配方案和声誉建立

人们通常把实验设计为具有若干期，所以实验对象就能从经验中学习。但是如果一对实验对象共同博弈几次，那么建立声誉的可能性就会影响博弈理论所做的预测。比如，在最后通牒博弈中，通过在前几期中拒绝大的出价而表现"强硬"来建立声誉，以此给提议者一个教训，这样在随后几期中就能得到更大的份额。更正式地，当一对（或群）参与者在一起博弈几次时，可能会有重复博弈的均衡，这个均衡不同于一次阶段博弈均衡。除非我们对声誉形成的性质和重复博弈感兴趣（如一些实验一样），否则的话通过让实验对象在一个实验期中仅做一次博弈，就可以避免这种可能性。

还有几种不同的方式，参与者可以在重复的阶段博弈中与不同的参与者匹配。最一般的方案是非重复的再匹配（或称"陌生者"方案）——参与者永远不会与以前的对手再匹配，这样就减少了建立声誉的可能性。（按这个方式，还不能确定非重复再匹配实际上是否无助于声誉建立。我怀疑它是不能的，但还要做大量研究。）在一个"非接触"设计中，两个参与者永远不会再匹配，并且假如参与者 A 已经与 B 匹配过，而 A 与 B 都将与 C 匹配，那么 A 将不会与 B 再匹配，如此等等。在随机再匹配中，参与者随机地被再匹配（所以他们可能与前一个时期他们的搭档匹配，但是一般而言，随后匹配的可能性是低的，并且他们不知道是否还能再匹配）。在一个平均匹配或群体方案中，每一个参与者与其他所有参与者博弈，并从所有博弈中赢得平均支付。

A1. 2. 5　激励

弗农·史密斯（Vernon Smith，1962）报告了最早的一些实验，这些实验对那些得到分数作为奖励的实验对象与那些可以把分数兑换成现金奖励的实验对象进行了比较。弗农观察到仅仅得到分数支付的实验对象倾向于更加无规则的达到竞争均衡，而且似乎比那些能得到现金的实验对象更快地厌烦实验。他认为，尽管人们有足够的内在动力去获得许多分数，但假想的奖励实际上比现金更"易变、不可信和容易满足"（1976）。换句话说，通过以货币支付代表价值，实验者只需要假定每个人都喜欢有更多的钱并且没有人会不喜欢有更多的钱即可。这些假定是合理的，并且要比如下的一些办法更可靠，比如弄清如果人们由于做得最好就可使自己的名字见诸报端，这是否会给他带来极大的激励（当然有人可能不好意思让自己的名字出现在公开场合）；或是弄清当支付结构有某种竞赛性质时，如果他们落后很多，那么他们是否会放弃，等等（如果你认识某个厌倦拥有更多现金的人，那赶紧告诉我，我要他剩下的钱！）。

对实验对象支付现金很快成为实验经济学中的标准方式，这与大部分现代实验心理学形成鲜明的对比，其中存在一些重要的不同之处，比如沃德·爱德华兹（Ward Edwards）和安纳姆·拉波波特（Amnum Rapoport）。根据实验对象的表现进行奖励有作用吗？有多大的作用？证据是很混淆的。实验者不应放弃根据表现来进行支付的实践，但是几乎很少有不合理论的结果通过支付更多的现金能得以推翻。史密斯·沃克（Smith Walker，1993）评论了24个实验，认为支付现金会减少理性预测反应的偏差［最先由达夫·格雷瑟（Dave Grether）1981年的未发表论文提到］。霍格思和我（Camerer and Hogarth，1999）进行了一个更全面的评述，并得出了几个结论。支付现金确实会减少偏差和外延，这在对变化敏感的环境中尤其重要，比如"弱链"协调博弈（参见第7章），或在有投机泡沫的资本市场中（在那些方案里，调查者肯定必须支付现金）。如果对更努力推理的人有更多的支付，那么支付现金会改善判断和选择的表现（参见 Hertwig and Ortmann，2001）。但是在那些非常容易（地板效应）或非常难（屋顶效应）的方案中，支付现金通常没有什么意义。我们也指出没有经验上的理由仅被支付现金所困扰，因为经验所产生的效应实在是太大了。归类策略、个体区别，以及其他一些变量都会产生相对较大的效应，对这些我们应该做进一步的研究。

　　在 20 世纪 80 年代爆发了一场关于支付现金是否导致了弗农·史密斯所谓的"绝对优势"的争论，其含义是在赌博中现金足以诱使实验对象仔细思考。争论是由哈里森（Harrison, 1989）发起的，他指出在报酬支付中偏离理论的程度要比在策略空间中小得多［同样的论点（绝对最大化批判）差不多在 20 年前，即 1973 年由冯·文特费尔德（Von Vinterfeldt）和爱德华兹提出］。比如，在一个混合策略均衡中，当其他参与者采用他们的混合策略时，如果不考虑在博弈中现金支付水平是多少，那么实验对象绝对没有物质激励去选取混合均衡。同样，在一级私人价值拍卖中，一个出价过高的竞标人（比如出价 1 美元）实际上并不会失去 1 美元。出价过高会减少他的预期收益，但会增加他赢得拍卖的机会，所以净效应只会轻微地降低他的预期收益。

　　实验者从来没有想出理想的解决绝对最大化问题的方法。这个批判确实让我们有必要担心对偏离的边际成本问题（参见 Fudenberg and Levine, 1997），并且去寻求有高边际收益的可能方案（比如，对于最后通牒博弈的回应者，他由于拒绝错误而支付的成本严格等于在策略空间中的偏离，并且这个成本常常很大）。此外，奖金的较大变化只有有限的效应。这个事实减弱了对支付不够大的批评。在国外至少已做了 24 项研究。这些国家购买力很低以至于在发达国家水平上的小数目抵得上他们几周或几个月的工资。结果总体上非常接近那些具有较小奖金的实验。

　　最后，罗布·克兹本（Rob Kurzban）提到了一个出色的例子：在一个高奖金环境下的弱推理例子。在娱乐节目"幸存者"的第一期的最后一轮中，幸存者格雷格·布依斯（Greg Buis）在一个简单的数字游戏中基于游戏答案去决定两个中选择哪一个（第一名得 100 万美元，第二名得 10 万美元，所以奖励是很高的）。两个坚持到最后的人，理查德·哈奇（Richard Hatch）和凯利·威格斯沃兹（Kelly Wigglesworth），被要求在 1 和 9 之间选一个整数，所选数字接近布依斯的人获胜（布依斯是否会实际上报他的数字，或者只是用实验来创造一个公平的假象，这很难讲）。哈奇选了 7。令人惊讶的是，威格斯沃兹随后选了 3，这个选择是被选择 6 所占优的，这是因为无论布依斯选 6 还是任何低于 6 的数，威格斯沃兹选 6 都会胜出，但是如果布依斯选择 6，那么选择 3 就将输掉，而如果布依斯选择 5，那么选择 3 将会平局。如果布依斯已经随机选择了，通过在哈奇的 7 之后选 3，威格斯沃兹失去了预期的 16 万美元。除非一个人有理由认为布依斯将选高或选低，选 5 比选 7 将成为哈奇更好的选择（布依斯说他选了 9，所以哈奇赢了 100 万美元）。

A1.2.6　顺序效应

实验常常包含两个阶段：A 和 B。如果他们总是按相同顺序做，标为 AB，那么两个阶段的任何区别可能是由于 A 先 B 后（被称为顺序效应）的事实造成的。顺序与阶段相"关联"（更恰当的词应该是"联系"）。这很容易通过以相反的顺序 BA 来进行实验，或在一些统计分析中加入一个顺序虚拟变量来控制。

A1.2.7　控制风险偏好

即使实验对象对于小型实验游戏是风险中性的（Rabin，2000），制定一个产生对实验对象来说风险中性支付的机制也是有益的（也就是说，他们对分布于一个固定均值周围的各种可能支付的态度是无差异的）。有这样一种结构——二项博彩。

在二项博彩过程中，实验对象以筹码的形式得到支付，这被用来决定他们赢得一个具有固定奖励的彩票的概率（参见 Roth and Malouf，1979）。如果参与者把复合抽奖减为单阶段抽奖，他们应该对于筹码分布中的平均偏好分布是中性的——也就是说，他们对于筹码应该有线性效用。比如，如果他们认为 0.32 的概率赢得 50 张筹码（或者一张也拿不到）与赢得 16 张筹码一样好，那么他们对于筹码就是风险中性的。（理论上讲，这个过程可以这样得到扩展，即通过非线性的方法来变支付单位为筹码，从而引入各种形式的效用函数。参见 Schotter and Braunstein，1981；Berg et al.，1986。）

不幸的是，几乎没有什么证据表明二项博彩过程是按照理论所预测的那样运行的（并且有两项研究表明理论预测是不起作用的）。比如，在直接实验中，做选择的参与者有的以货币作为支付，有的是以筹码作为支付，但他们却表现出同样的模式，于是二项博彩实验并没有把明显的对货币的风险规避变成对筹码的风险中性（Camerer and Ho，1994；Selten，Sadrieh，and Abbink，1999）。另外，范·哈依克和巴特里奥（Van Huyck and Battalio，1999）发现参与者的行为与对筹码的风险中性是一致的（尽管在他们的脚注 9 中有一个反面结果）。在最为细致的研究中，普兰斯尼卡（Prasnikar，1999）发现从筹码游戏中估计的风险规避系数接近他们推断的系数值。这种方法对少数遵循减少复合实验的实验对象来说运作得最好。

令人惊奇的是，尽管人们几乎从未估计过二项博彩在何时会导致风险中性（并且有证据表明风险中性通常不会出现），但是许多实验者还是利用了这种方案。如果是为了解释 G. B. 肖（G. B. Shaw）对婚姻的幽默论述，那么对该方案的信任似乎是在数据上获得成功的希望。有两种导致风险态度的选择：假定风险中立，或者是独立地对货币情形下的风险态度进行测量，然后用那些测量去校准单个实验对象在博弈中的风险偏好（有几个实验者已经这样做了）。无论如何，我们应该愿意看到更多的谨慎研究，以研究这些方案何时会起作用，何时不起作用。

A1. 2. 8 实验对象内和实验对象间的设计

在一个"实验对象内"设计中，单个实验对象在不同方案下被观察（实验对象按照"他自己的控制集"来行动）。在"实验对象间"的设计中——实验经济学中的标准形式——不同实验对象在 A 和 B 的方案中被检验。实验对象之间的统计差异会由于比较 A 和 B 而把观察到的内容相混淆。"实验对象内"设计比"实验对象间"设计在统计上更有力，因为它可以对个体区别自动控制，这些区别往往是变化的主要原因。这样，当这些个体区别的不利之处被加以控制时，就可以看出各种实验方案的效果了。

奇怪的是，在实验经济学中还存在一种对"实验对象内"实验的偏见（在实验心理学中并不如此）。我不知道为什么有偏见，我也不想去找一些有力的理由避开这些实验。一个可能的理由是把实验对象暴露在不同环境下增加了他们对于环境差别的敏感度。这个假说可以通过比较"实验对象内"和"实验对象间"设计的结果而得到证实，可是却很少有人这样去做。

A1. 2. 9 实验计量学

实验计量学是计量经济学技术在实验中的转化应用。尽管我不是一个专业的计量经济学家，但我却对实验计量学着迷。下一代实验者应该感到有义务使用最新的工具（最好的微观视角）去尽可能看清实验数据中的规律。由克劳福德、埃尔-盖莫尔（El-Gamal）、麦克尔维和帕尔弗雷（McKelvey and Palfrey）、斯达尔（Stahl），以及范·哈依克和巴特里奥所做的工作在这本书中进行了描绘。这项工作达到了其他实验者应该效仿的高水平。

最优内生实验设计方案是实验计量学中还没有被广泛采用的新工具（比如 EL-Gamal，McKelvey, and Palfrey，1993）。在很多实验中，实验者对一个或更多的假定赋予先验概率。一个易变的先验概率，以及假说的具体化，可以被用来计算不同实验设计参数的信息值（在后验概率分布相对于先验概率分布的意义上），这激活了"最优信息"设计参数的选择。此外，因为计算能力的提升，我们有史以来第一次能实时改变实验设计（即实验对象等待的是几秒而不是几天）以把实验中收集的信息最优化（按这种方法，前面所有的实验设计都是对内生最优设计的启发性近似）。最优化信息设计目前很少被使用。年轻一代们应大胆地使用这种使我们这些老家伙们感到为难的方法。

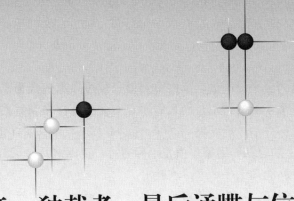

第 2 章　独裁者、最后通牒与信任博弈

　　1982 年，古斯（Güth）、斯科密特伯格（Schmittberger）和施瓦茨
（Schwarze）公开了一些足以让经济学家惊讶的以经验为依据的研究发现。
他们研究了一种被称为"最后通牒"的博弈。在该博弈中，参与者的一方
（被称为"提议者"）提出一种分配方案，在两者之间以某种方式划分一
定数量的奖金①，而对方有权接受或不接受该方案。如果对方（被称为
"回应者"）接受该方案，则二者各获得由方案所决定的金额。如果回应
者拒绝该方案，则他们都将一无所获。该博弈已很难更加简化了。如果回
应者最大化其收益，则他会接受任何分配方案。如果提议者也最大化其收
益，并且预期到对方也是最大化者，他将决定分给对方一个最小金额。

　　在实验中，平均来看提议者会决定将总奖金的 40％分给对方（许多提
议者决定分出 50％），而有 50％的回应者拒绝仅获得总额的 20％左右。该
实验结果与参与者最大化其收益的假定不符。任何你可以想到的解释方法
（诸如较低的总额）都被进行了小心的检验，却发现都不能够完全解释这
个结果。

　　由于最后通牒博弈的均衡值很容易得到（回应者的行动只是对分配方
案的抉择），因此该博弈相较于另一种对策略思考所进行的深度检验（参
见 Marwell and Schmitt，1968）而言，无疑是一种更为明了的衡量社会性
偏好的方式。以货币方式衡量社会性效用非常重要，因为许多现象（如公
平、信任）主要在私人谈判和公共政策中出现。但是许多刻薄者（尤其是

---

　　①　将提议者的行为定义为出价。——译者注

经济学家）认为公平只不过是那些得到棍子较短一端的人为了获取更多利益而使用的一个华丽的词汇，而人们通常不会牺牲许多利益来惩治不公或奖励公平。正如乔治·斯蒂格勒（George Stigler，1981，176 页）所写的："（当）广义上的自私与道德价值发生冲突时，在许多时候，实际是大多数时候，关于自私的理论……最终将胜出。"

最后通牒博弈是检验斯蒂格勒所言是否正确的一种方法。一个回应者如果拒绝了从 10 美元中分得 2 美元的方案，即她用 2 美元的价格来表明她不愿受到的不公对待的程度（"消极合作"）。

在最后通牒博弈中所凸显出的这种对不公平的情感反应可以在许多事例上得到印证。一位评论家从政治史中找出了一个引人注目的例子。在 1787 年于费城召开的联邦会议上，来自最初的 13 个州的代表们讨论了在西部土地并入版图后该如何对待这些新加入州的问题。莫里斯（Morris）州长认为，这些后加入的州应被视为次等州，这样它们的得票数将不会超过最初加入联邦的 13 个州。乔治·梅森（George Mason）认为设立次等州的做法类似于给某人以不公平的待遇，因此西部各州可能会断然拒绝。他说道："这些（新的西部的）州具有与我们相同的自尊和情感，如果它们不是在各个方面与其他的州处于一个平等的基点上，那么它们或者拒绝加入联邦，或者在加入后又会很快脱离出去。"（Farrand，1966，578 - 579 页）。梅森的主张（认为西部各州可能会拒绝不公平的待遇，以及对公平待遇的道德上的呼吁）最终赢得了所有代表的支持。（如果梅森没有这样做，那么我现在可能正在大加利福尼亚国写下这些文字，而该国正受到总统阿诺·施瓦辛格和副总统奥尼尔的领导，而不是被东部那个穷国美利坚的少数人口投票选择的总统乔治·布什所统治。）

本章还讨论了其他一些衡量社会性偏好的博弈（可参见 Bolton，1998；Sobel，2001）。独裁者博弈是指在最后通牒博弈中，回应者不具有实施拒绝的权力。独裁者博弈可以用来分析提议者在最后通牒博弈中如果提出一个慷慨的方案，其原因是担心被拒绝还是其本身就是利他主义的（答案是，担心被拒绝是主要原因而利他主义只是很次要的因素）。信任博弈是指在独裁者博弈中存在一个由某投资人进行的初始投资额，该投资决定了独裁者（即代理人）可以进行分配的量额。投资人"相信"代理人会回报足够的量额以使投资人认为对她的信任是值得的。信任博弈是简单的具有道德风险的交易模型，在其中不存在强制交易。投资的额度衡量了信任的程度；回报的量额衡量了值得信任的程度。蜈蚣博弈（见第 5 章）是一种多阶段的信任博弈。具有多个参与者的信任博弈是劳动市场上的"礼物交换"行为：厂商为工人提供工资，工人接受工资并决定自己努力工作的程度。努力工作对于工人来说是有成本的，但对于厂商却是有价值的。由于厂商无法控制工人努力工作，因此厂商必须信任工人会这样去做。对最后通牒、独裁者和信任博弈的实验研究近年来方兴未艾。这些博弈为人熟知，因为它们具有实际经济中的关键特征，并且对这些博弈进行实验研究简单易行。

　　另外两种重要的博弈是囚徒困境博弈和公共物品博弈。虽然对这些博弈已存在相当多谨慎的实验研究，我却不想在此过多论及，因为其结果已为人熟知，并且在其他许多文献中已有较好的相关论述（Davis and Holt，1993；Colman，1995，第 7 章；Ledyard，1995；Sally，1995）。

　　表 2-1 给出了一个典型的囚徒困境博弈的收益情况。相互合作可使每个参与者获得 H 的收益，该收益要优于相互背叛给各参与者带来的收益 L。然而，如果其中一个参与者采取合作，而另一个参与者采取背叛，则背叛者可获得 T 的收益，这将优于选择合作带来的收益 H(T>H)；而合作者仅能获得 S，这将劣于选择背叛带来的收益 L。由于 T>H 且 L>S，所有参与者都将选择背叛而无论对方合作与否。相互背叛是该博弈中唯一的纳什均衡，但却帕累托劣于（对两者都较差）相互合作的情形。

表 2-1　囚徒困境博弈

	合作	背叛
合作	H, H	S, T
背叛	T, S	L, L

　　注：假定 T>H>L>S。

　　在公共物品博弈中，N 个参与者之中的每个人都从他的禀赋 e_i 中贡献一部分 c_i 来对公共物品进行投资，该公共物品被所有人共同享有并具有一个不变的单位价值 m。[1] 参与人 i 得到 $e_i - c_i + m(\sum_k c_k)/N$。假定 $m < 1/N$，则最大化收益的行为将促使每个参与者贡献零单位($c_i = 0$)。然而，如果每个人都贡献，则参与者总体将获得最大收益。

　　囚徒困境和公共物品博弈模型化了这样一些经济现象，例如环境污染问题，其中一个参与者的行为对其他合法的团体构成了有害的"外部性"（选择合作意味着自愿控制污染）；又例如村民对一种可耗尽资源（如河水）的共享；又如一种公共物品的生产（比如学校或灌溉系统），"搭便车者"不能被轻易地排除在使用权之外（参见 Ostrom，2000）。在这些博弈中，选择自愿合作与贡献的情况是较少的，但可以用某种制度上的安排（如政府税收可以促使搭便车者做出支付）或某种非正式的机制（如在某人朝自己的车窗外扔垃圾时遭到警告）来进行补救。而当这些博弈中的参与者重复相遇时，相互合作可以成为这些参与者的一个均衡，除非其中一方选择背叛。

实验表明，在一次囚徒困境博弈中有一半的实验对象会选择合作，而在公共物品博弈中实验对象通常会贡献出自己一半的禀赋来进行投资（其实分布区间是很大的，即很多实验对象会贡献全部禀赋或分文不出——参见 Sally，1995；Ledyard，1995）。如果改动货币支付情况，会得到一些可预见的效果：降低 T 和提高 S 会增加在囚徒困境博弈中选择合作的次数；而提高边际收益 m 会提高对公共物品的投资。如果实验对象在博弈开始前有过交流，这对理论本身是没有影响的，但却在大部分情形下会提高选择合作的比率。

当博弈被重复进行，并且每次遇到的对手是随机的"陌生者"时，选择合作或贡献的人就会减少，并主要集中在一小部分坚持者身上。图 2-1 给出了在每次都是陌生者的前提下平均贡献水平随时间的变化趋势［来自 Fehr and Gächter（2000c）］。该图还展现了惩罚能带来的强大效应。如果出于自私的原则，搭便车现象变得十分普遍，那么参与者将不会为了惩罚搭便车者而支付一定的成本（他们希望搭便车者受到别人的惩罚，这是一个"二级"搭便车问题）。但是这个判断是错误的：山岸（Yamagishi，1986）、费厄和盖奇特（Fehr and Gächter，2000c）证明付出成本来进行惩罚是卓有成效的，如图 2-1 所示，惩罚可以使贡献水平保持在个人禀赋的一半以上。（尤其是在重复遇到陌生人的实验方案中，贡献趋近于 100%，于是惩罚自动消失，因为在那么高的贡献水平上没有人会实施惩罚。）

选择贡献的参与者会比搭便车者更希望别人也有所贡献。这种信任与选择间的相关性表明合作是有条件的，是需要有互惠前提的。当总是把两个实验对象固定在一起参加博弈时（比如 Andreoni，1993），发现贡献水平同样很高，这与"无名氏定理"所认为的重复博弈中的有效收益是一致的。

囚徒困境与公共物品博弈对经济生活是很重要的，但它们却不是理解社会性效用理论的利器。这些博弈无法把真正利他主义的参与者和只是预期应该合作的参与者区分开来。同样地，它们也不能把真正自私的参与者和具有互惠偏好（但悲观地认为别人会搭便车）的参与者区分开来。本章

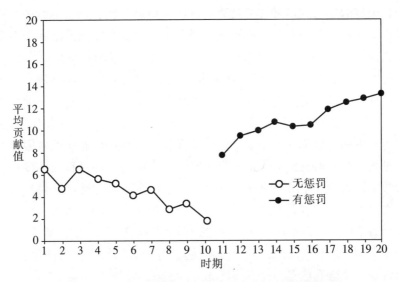

图 2-1 在设置惩罚机制之前和之后的公共物品贡献

资料来源：Fehr and Gächter（2000c），989 页，图 3B；由美国经济协会批准引用。

将要论述的一些其他博弈在这方面要比囚徒困境和公共物品博弈做得更好。

在继续论述之前，有必要再强调一次（如 Weibull，2000），即这些来自公共物品投资、独裁者分配、最后通牒拒绝、信任回报等博弈的经验证据并没有证伪博弈论本身。博弈揭示了关于分配的效用，一个参与者对别人获取收益（无论正或负）的关心必然会影响该参与者的效用。在实验时，博弈中的收益以货币度量。由于我们无法轻易计算或控制参与者在考虑他人收益时对自身产生的效用，因此我们在对一些博弈理论中的相关行为假定进行检验时，通常假设以货币收益作为衡量效用的方式。

在最后通牒博弈中，如果提议者正确地判断回应者对不平等的分配强烈不满并会拒绝一个所获甚低的分配方案，那么提议者从 10 美元中拿出 4 美元分给回应者将可能是一种均衡。但是如果提议者对回应者可能行为的判断是错的，那么分出四美元的方案将不是一种均衡。

这样，如何解释这些来自简单讨价还价博弈和公共物品博弈的经验证据，在于寻找一种合理便捷的方式，把各个观测到的收益值（比如每个实验者得到的美元支付）与个别参与者的"社会性偏好"对应起来，然后在参与者具有某种社会性偏好的前提下，对博弈理论中相关的一些行为假定进行检验。贯穿本章，你将看到关于博弈理论行为与仅仅评价自己收益的社会性偏好假定（这经常被随意地但不严密地称为博弈理论的判断）很容易地遇到了反例。于是一个有趣的问题将是："这些反例是由完全自私的假定造成的，还是由博弈理论的推理过程造成的（或两者兼有）？"

答案看来是两者"兼有"，因此相关理论的两部分都需要修正。决定是否接受一个最后通牒方案并不需要策略上的思考（只不过是个简单的选择问题），因此这些反例很明显地形成对自私假定的责难。同时，有关人们在博弈中如何思考（见第 4 章）以及常和占优可解博弈中的有限策略思考（见第 5 章）的直接证据也表明，博弈理论中的推理过程在即便自私是合理假定的前提下仍旧是有限的。那么这说明博弈论死亡了吗？当然不是，它只不过正在接受重新修正，或是以一种更恰当的方式而一般化。关于社会性偏好（见本章 2.8 节）和有限策略思考（比如第 5 章以及 Camrer，Ho and Chong，2001）的问题已有相关的较为简洁的模型分析，这仍将是一个研究热点。

2.1 最后通牒与独裁者模型：基本的结果

在一个典型的最后通牒实验中，实验对象被规定与陌生的对手进行博弈，其中提议者提出一个具体的出价，而回应者决定是否接受该出价（这被称为特定出价法）。该博弈实验通常有两种变形，其一是重复进行此博弈（并且规定实验对象每次遇到的对手都不同），其二是让回应者设定一个最小可接受出价而不仅仅是决定是否接受一个特定的出价。采用最小可接受支付法非常便于观察对各种可能出价的反应。如果最有趣的出价（例如给对方一个非常低的支付）很少被观察到，说明最小可接受出价起到很重要的作用。由于某种原因，经济学家通常不愿使用最小可接受出价法来进行研究（哪怕使用特定出价法几乎无法从回应者的拒绝行为中得到任何结论）。[2]

表 2-2 和表 2-3 罗列了从许多最后通牒博弈的研究中得来的统计结果。这些研究是针对一次博弈并使用特定出价法做出的（否则将会注明）。表中每一行表示一项实验，包括用来分配的金额及实验对象的对数。表 2-2 给出了不同出价区间下（以百分比表示）愿出此价的人数比率（百分比），表 2-3 给出了不同出价条件下（百分比）实施拒绝的人数比率（百分比）。出价百分比的中位数用斜体字表示。出价的平均值和总体的拒绝比率在各图的最右列给出。（如无特别说明，图中百分比表示总金额的相应比例。）

一项实验中不同条件造成的显著差异以"显著符号"表示，即同样的字母表示实验条件无显著差异；不同的字母表示实验条件在 $p \leqslant 0.05$ 的水平上具有显著差异。

表中所示的结果非常具有规律性。众数和最后通牒出价的中位数通常出现在 $40\% \sim 50\%$ 的水平，而平均数出现在 $30\% \sim 40\%$ 的水平。出价百分比在 0、$0 \sim 10$ 和 $51 \sim 100$ 的区间上都很少出现。$40\% \sim 50\%$ 的出价水平很少会被拒绝，而低于 20% 左右的出价水平有一半被拒绝。

我们应该把导致回应者做出拒绝行为的情绪因素（我们称之为"气愤"），与 A 看到 B 对 C 做出某种不当行为而产生的情绪（我们称之为"义愤"）分别开来。气愤更个性化一些，并经常会促使被指责的集团对气愤者重新公平对待。而出于义愤的 A 会更冷酷些，他更乐于看到以别的某种方式对 B 进行惩罚。（这些敏感的情绪对于解释诸如战争审判、纽伦堡案或南非信任与调解委员会的行为是有重要作用的。义愤者本身并没有受到直接伤害，但却因他人所受到的伤害而感到惊恐。与个人自身的气愤相比，义愤是一种相对较弱的力量。）义愤意味着更冷酷。恩斯特·费厄（Ernst Fehr）和他的同事们在近来的研究中采用了一种"第三集团惩罚"博弈，其中 A 会牺牲一定的支付来惩罚 B 对 C 的不公平行为。

如果提议者提出一个慷慨的出价，这可能是因为提议者内心深处是公平的，或者是因为提议者担心低额出价会遭到对方的拒绝（或两种原因均有）。这两种因素在独裁者博弈中可以很轻易地被区分开来，在该博弈中回应者被剥夺了可以拒绝的权利。如果提议者在一个独裁者博弈中愿意给对方一个正的出价，即提议者没有最大化自己的收益，则说明他在最后通牒博弈中表现出来的慷慨与其内心的利他主义因素有一定关系，而不是出于策略上的考虑。

在最初的独裁者博弈中，卡尼曼、奈兹克和泰勒（Kahneman, Knetsch, and Thaler, 1986）给实验对象两种选择，其一是与另外一名学生平分 20 美元，其二是不进行平分以使自己获得更多的好处（18 美元，2 美元）。其实验结果如表 2-4 所示，这是从多次独裁者博弈实验中得到的。四分之三的实验对象选择了平分（10 美元，10 美元）。

这些引人注目的结果所产生的影响使得这篇文献从错误的解释立场上解放出来。许多人认为关于最后通牒结果的主要问题在于搞清提议者提出的方案是基于内心的公正还是仅为策略上的考虑（只是为了防止被对方拒绝）。但其中的关键是"回应者的拒绝"，这使得提议者做出慷慨的决定。

行为博弈

表 2－2 最后通牒博弈中出价的频率

实验参考 / 实验条件	金额（美元）	参与者对数	0	1~10	11~20	21~30	31~40	41~50	51~60	61~100	平均出价	显著符号	备注
Bolton and Zwick (1995)													
基本最后通牒博弈	4	20	⟨0.45⟩		0.25	0.05	0.00	0.25			0.24	a	从一系列博弈中得到的出价
双向蒙蔽（ZK）	4	20	⟨0.50⟩		0.25	0.00	0.00	0.25			0.22	a	
Cameron (1999)													
印度尼西亚卢比	5K	101	0.08	0.02	0.12	0.06	0.20	0.38	0.03	0.11	0.42	a	不包括"问题"
印度尼西亚卢比	40K	35				0.17	0.17	0.63	0.03	0.03	0.45	b	
印度尼西亚卢比	200K	37	0.03	0.03	0.03	0.08	0.24	0.57	0.03		0.42	a	
Croson (1996)													
拥有信息	10	26	0.00	0.04	0.04	0.04	0.25	0.57	0.07		0.45	a	得自工作论文中的数据
无信息	10	28	0.00	0.12	0.15	0.15	0.23	0.31		0.04	0.36	b	
Eckel and Grossman (2001)													
女性	5	96	0.01	0.01	0.11	0.14	0.52	0.21	0.01	0.01	0.41	a	从图中估计出的数字
男性	5	95	0.01	0.04	0.12	0.22	0.45	0.18	0.01		0.39	a	
Hoffman, McCabe, Shachat, and Smith (1994); *Hoffman, McCabe, and Smith* (1996a)													
复制 FHSS 实验	10	24				0.13	0.38	0.50			0.44	a	

续表

实验参考/实验条件	金额（美元）	参与者对数	0	1~10	11~20	21~30	31~40	41~50	51~60	61~100	平均出价	显著符号	备注
竞赛	10	24		0.08	0.25	0.25	0.33	0.08			0.31	b	
复制 FHSS 实验	100	27	0.04			0.11	0.26	0.52	0.07		0.44	a	
竞赛	100	23		0.17	0.26	0.26	0.22	0.11			0.29	b	
Güth, Schmittberger, and Schwarze（1982）													
无经验	4~10	21	0.10		0.14	0.10	0.24	0.43			0.37		支付单位为 DM 9 和 12 次博弈经验
有经验	4~10	21		0.05	0.11	0.29	0.24	0.24			0.33		
Roth, Prasnikar, Okuno-Fujiwara, and Zamir（1991）													
匹兹堡，第一轮	10	27			0.04	0.11	0.22	0.56	0.04	0.04	0.47		
匹兹堡，第一轮	30	10						0.80	0.20		0.52		
南斯拉夫，第一轮	400K	30		0.03		0.07	0.13	0.73	0.03		0.46		支付单位为第纳尔
日本，第一轮	2 000	29		0.07	0.07	0.14	0.14	0.41	0.07	0.07	0.42		支付单位为日元
以色列，第一轮	20	30		0.17	0.07	0.10	0.20	0.43	0.03		0.37		支付单位为谢克尔
匹兹堡，第十轮	10	27			0.04		0.33	0.63			0.46	a	
匹兹堡，第十轮	30	10				0.10		0.80	0.10		0.49	a	
南斯拉夫，第十轮	400K	30				0.03	0.27	0.70			0.47	a	支付单位为第纳尔

不同区间（百分比）下的出价频率

续表

实验参考/实验条件	金额（美元）	参与者对数	不同区间（百分比）下的出价频率								平均出价	显著符号	备注
			0	1~10	11~20	21~30	31~40	41~50	51~60	61~100			
日本，第十轮	2 000	29				0.17	0.34	0.48			0.43	b	支付单位为日元
以色列，第十轮	20	30		0.03	0.13	0.20	0.57	0.07			0.35	c	支付单位为谢克尔
Forsythe, Horowitz, Savin, and Sefton (1994)													
有酬金	10	24			0.04	0.04	0.17	0.71	0.04		0.47	a	
有酬金	5	43			0.09	0.02	0.23	0.53	0.11		0.45	a	
无酬金	5	48	0.04		0.06		0.31	0.48	0.08	0.02	0.44	a	两组不同的实验
Harrison and McCabe (1996b)													
U1（公共实验），时期1	20	16			0.06		0.19	0.75			0.44	a	
U1（公共实验），时期15	20	16		0.31	0.50	0.19					0.13	b	
U3（与计算机博弈），时期1	20	16			0.12	0.19	0.56	0.06	0.06		0.46	a	最小可接受出价法的数据；U3 只公布了实验中人的数据
UC（与计算机博弈），时期15	20	16			0.19	0.81					0.14	c	

续表

实验参考 实验条件	金额(美元)	参与者对数	不同区间(百分比)下的出价频率								平均出价	显著符号	备注
			0	1~10	11~20	21~30	31~40	41~50	51~60	61~100			
Larrick and Blount (1997)													
最后通牒(控制)	7	51	0.02	0.12	0.10	0.13	0.04	0.57	0.02		0.38	a	1/3得到酬金；数字得自图中(实验1)；最小可接受出价法
增加宣告语言	7	54	0.06	0.08	0.02	0.13	0.02	0.67	0.02		0.41	a	
Rapoport, Sundali, and Potter (1996)		$	0~0.99	1~1.99	2~2.99	3~3.99	4~4.99	5~6.99	7~8.99	9~max			
金额均匀分布于[0, 30]		10	0.13	0.08	0.16	0.10	0.08	0.25	0.10	0.11	0.31	a	提议者拥有信息，进行美元出价
金额均匀分布于[5, 25]		10	0.04	0.01	0.08	0.16	0.17	0.23	0.18	0.12	0.38	b	两阶段实验各10期，跨阶段角色互换
金额均匀分布于[10,20]		10		0.01	0.01	0.06	0.16	0.52	0.18	0.07	0.41	c	
Rapoport, Sundali, and Seale (1996)		级别	1	2	3	4	5	6	7	8			
金额均匀分布于[0, 30]		20	0.13	0.07	0.17	0.12	0.18	0.13	0.12	0.08	0.28	a	提议者拥有信息
金额均匀分布于[5, 25]		20	0.04	0.09	0.15	0.19	0.12	0.17	0.19	0.04	0.34	b	

续表

实验参考 实验条件	金额（美元）	参与者对数	不同区间（百分比）下的出价频率									显著符号	备注
			0	1~10	11~20	21~30	31~40	41~50	51~60	61~100	平均出价		
金额均匀分布于 [10, 20]	[10, 20]	20	0.14	0.08	0.06	0.16	0.14	0.19	0.12	0.08	0.35	b	
Schotter, Weiss, and Zapater (1996)													
一阶段	10	17			0.06	0.18	0.12	0.53	0.12		0.45	a	
两阶段中第一阶段	10	18		0.17	0.17	0.17	0.06	0.17	0.25	0.06	0.41	a	
Slonim and Roth (1998)													
低奖金	60	240			0.01	0.03	0.16	0.75	0.06		0.45	a	支付单位为斯洛伐克克郎
中度奖金	300	330		0.04		0.07	0.20	0.66	0.07		0.42	a	
高奖金	1500	250		0.01	0.06	0.04	0.12	0.69	0.07		0.43	a	
List and Cherry (2000)													
低奖金	20	290		0.28	0.10	0.17		0.36	0.09		0.34	a	其中在区间 (11, 20) 上出价频率 <25%
高奖金	400	270		0.27	0.17	0.17		0.34	0.04		0.32	a	

注：出价中位数所在区间用斜体字表示。

表 2 - 3 最后通牒博弈中的拒绝频率

实验参考 实验条件	金额（美元）	参与者对数	不同区间（百分比）下的出价频率								拒绝比率	备注
			0	1~10	11~20	21~30	31~40	41~50	51~60	61~100		
Bolton and Zwick（1995）												
基本最后通牒博弈	4	20	〈1.00〉		0.78	0.57	0.12	0.08			0.38	得自一系列博弈的出价
双向蒙蔽（ZK）	4	20	〈1.00〉		0.70	0.07	0.07	0.13			0.30	
Cameron（1999）												
印度尼西亚卢比	5K	101	1.00	1.00	0.75	1.00	0.08	0.03	0.00	0.00	0.17	不包括"问题"
印度尼西亚卢比	40K	35				0.40	0.17	0.00	0.00	0.00	0.09	
印度尼西亚卢比	200K	37	1.00	1.00	1.00	0.00	0.00	0.05	0.00		0.12	
Croson（1996）												
拥有信息	10	26	1.00	0.00	1.00	1.00	0.00	0.00	0.00	0.00	0.07	得自工作论文的数据
无信息	10	28	0.00	0.00	0.00	0.25	0.00	0.00	0.00	0.00	0.04	
Eckel and Grossman（2001）												
女性	5	96	1.00	0.50	0.35	0.23	0.03	0.00	0.00	0.00	0.10	从图中估计出的数字
男性	5	95	0.00	1.00	0.50	0.40	0.05	0.00	0.00	0.00	0.14	
Hoffman，McCabe，Shachat，and Smith（1994）；*Hoffman，McCabe，and Smith*（1996a）												
复制 FHSS 实验	10	24				0.33	0.11	0.00			0.08	

行为博弈

续表

实验参考 实验条件	金额（美元）	参与者对数	不同区间（百分比）下的出价频率								拒绝比率	备 注
			0	1~10	11~20	21~30	31~40	41~50	51~60	61~100		
竞赛	10	24		0.00	0.50	0.00	0.00	0.00	0.00		0.13	
复制 FHSS 实验	100	27			0.00	0.00	0.14	0.00	0.00		0.04	
竞赛	100	23		0.75	0.00	0.33	0.00	0.00	0.00		0.21	
Güth, Schmittberger, and Schwarze (1982)												
无经验	4~10	21	0.50		0.33	0.00	0.00	0.00			0.10	支付单位为 DM 9 和 12 个博弈的经验
有经验	4~10	21		1	0.50	0.33	0.00	0.20			0.25	
Roth, Prasnikar, Okuno-Fujiwara, and Zamir (1991)												
匹兹堡，第一轮	10	27			0.00	0.67	0.17	0.07	0.00	1.00	0.19	
匹兹堡，第一轮	30	10						0.25	0.00		0.20	
南斯拉夫，第一轮	400K	30			1.00	0.50	0.25	0.23	0.00		0.27	支付单位为第纳尔
日本，第一轮	2 000	29		0.50	0.50	0.50	0.25	0.08	0.50	0.00	0.24	支付单位为日元
以色列，第一轮	20	30		0.80	0.50	0.33	0.00	0.15	0.00		0.27	支付单位为谢克尔
匹兹堡，第十轮	10	27			1.00	0.00	0.22	0.12			0.19	
匹兹堡，第十轮	30	10				0.00		0.13	0.00		0.10	
南斯拉夫，第十轮	400K	30				1.00	0.63	0.05			0.24	支付单位为第纳尔

续表

实验参考／实验条件	金额（美元）	参与者对数	不同区间（百分比）下的出价频率								拒绝比率	备注
			0	1~10	11~20	21~30	31~40	41~50	51~60	61~100		
日本，第十轮	2 000	29				0.20	0.10	0.14			0.14	支付单位为日元
以色列，第十轮	20	30		0.00	0.25	0.17	0.12	0.00			0.13	支付单位为谢克尔
Forsythe, Horowitz, Savin, and Sefton (1994)												
有酬金	10	24				0.00	0.25	0.00	0.00		0.04	
有酬金	5	43			0.50	0.00	0.10	0.00	0.00		0.07	
无酬金	5	48	1.00		0.67	0.27		0.00	0.00	0.00	0.17	两组不同的实验
Hoffman, McCabe, Shachat, and Smith (1994)												
复制 FHSS 实验	10	24				0.33	0.11	0.00			0.08	
FHSS 以及竞赛	10	24			0.00	0.00	0.00	0.00			0.00	
交换	10	24			0.00	0.25	0.00	0.00	0.00		0.08	
交换以及竞赛	10	24		0.00	0.50	0.00	0.00	0.00			0.13	
Harrison and McCabe (1996b)												
U1（公共实验），时期 1	20	16	1.00	0.87	0.74	0.61	0.36	0.00	0.00	0.00	0.11	

续表

实验参考/实验条件	金额（美元）	参与者对数	0	1~10	11~20	21~30	31~40	41~50	51~60	61~100	拒绝比率	备注
U1（公共实验），时期15	20	16	1.00	1.00	0.00	0.00	0.00	0.00	0.00	0.00	0.31	最小可接受出价法；U3只公布了实验中人的数据
U3（与计算机博弈），时期1	20	16	1.00	1.00	1.00	0.94	0.63	0.51	0.00	0.00	0.68	
UC（与计算机博弈），时期15	20	16	1.00	0.00	0.00	0.00	0.00	0.00	0.00	0.00	0.00	
Larrick and Blount (1997)												
最后通牒（控制）	7	51	0.98	0.67	0.58	0.46	0.37	0.03	0.00	0.00	0.30	1/3得到酬金，由图中得到数字（实验1）；最小可接受出价法
增加宣告誓言	7	54	0.70	0.48	0.37	0.26	0.26	0.04	0.00	0.00	0.15	
Rapoport, Sundali, and Potter (1996)	$		0~0.99	1~1.99	2~2.99	3~3.99	4~4.99	5~6.99	7~8.99	9~max		提议者拥有信息
金额均匀分布于[0, 30]		10	0.68	0.40	0.19	0.20	0.06	0.00	0.00	0.05	0.18	进行美元出价，两阶段实验10期，跨阶段实验角色互换
金额均匀分布于[5, 25]		10	0.86	0.40	0.31	0.18	0.09	0.02	0.00	0.00	0.12	
金额均匀分布于[10, 20]		10		1.00		0.67	0.67	0.18	0.00	0.00	0.25	

不同区间（百分比）下的出价频率

续表

实验参考 实验条件	金额(美元)	参与者对数	级别	不同区间(百分比)下的出价频率								拒绝比率	备注
				0	1~10	11~20	21~30	31~40	41~50	51~60	61~100		
				1	2	3	4	5	6	7	8		
Rapoport, Sundali, and Seale (1996)													
金额均匀分布于 [0, 30]	[0, 30]	20		0.29	0.22	0.09	0.18	0.01	0.16	0.15	0.30		提议者拥有信息
金额均匀分布于 [5, 25]	[5, 25]	20		0.65	0.22	0.12	0.06	0.10	0.04	0.11	0.13		
金额均匀分布于 [10, 20]	[10, 20]	20		0.55	0.39	0.22	0.15	0.09	0.07	0.02	0.06		
Schotter, Weiss, and Zapater (1996)													
一阶段	10	17				1.00	0.33	0.50	0.00	0.00		0.18	
两阶段中第一阶段	10	18			1.00	0.33	0.33	0.00	0.00	0.00	0.00	0.28	
Slonim and Roth (1998)													
低奖金	60	240				1.00	0.67	0.42	0.11	0.07		0.18	
中度奖金	300	330			0.85		0.31	0.17	0.07	0.05	0.00	0.16	
高奖金	1 500	250			0.50	0.50	0.58	0.07	0.03	0.00	0.00	0.14	
List and Cherry (2000)													
低奖金	20 美元	290				0.72	0.43	0.30	0.13	0.12		0.35	支付单位为斯洛伐克克郎
高奖金	400 美元	270				0.55	0.28	0.17	0.08	0.00		0.26	

表 2 - 4 独裁者博弈中的分配

实验参考 / 实验条件	参与者对数	(美元)	分配给接受者的百分比										均值	显著符号	
			0	1~10	11~20	21~30	31~40	41~50	51~60	61~70	71~90	91~100			
Frey and Bohnet (1997)															
单方身份确认	18	13	0.11		0.06	0.17	0.22	0.44					0.35	a	瑞士法郎
单方身份确认+信息	25	13		0.04	0.04	0.04	0.20	0.28	0.12	0.12	0.04	0.12	0.52	b	
Bolton, Katok, and Zwick (1998)															
1次博弈 2 张卡片	28	10	0.93	na	na	na	na	0.07	na	na	na	na			
善意	28	10	na	na	na	na	0.89	0.11	na	na	na	na	na		
10次博弈 6 张卡片	25	1	0.40	0.04	0.36	0.16		0.04	na	na	na	na	0.16	a	10次博弈平均
10次博弈 2 张卡片	25	1	0.40	0.08	0.24	0.20		0.08	na	na	na	na	0.20	a	10次博弈平均
匿名	33	10	0.37	0.18	0.15	0.03	0.12	0.09		0.03			0.17	a	
1次博弈 6 张卡片	27	10	0.52	0.15	0.07	0.07	na	0.15	na	na	na	na	0.13	a	
Cason and Mui (1998)															
第一轮	40	40	0.38	0.05	0.05	0.15	0.16	0.19			0.03		0.23		
第二轮	40	40	0.28	0.16	0.05	0.05	0.05	0.12	0.12	0.05	0.13		0.31		
Forsythe, Horowitz, Savin, and Sefton (1994)															
有酬金	24	10	0.21	0.17	0.13	0.29		0.21					0.24	b	

续表

实验参考／实验条件	（美元）	参与者对数	分配给接受者的百分比										均值	显著符号
			0	1~10	11~20	21~30	31~40	41~50	51~60	61~70	71~90	91~100		
无酬金	5	45	0.14		0.11		0.26	0.47			0.02		0.38	a
有酬金	5	45	0.35		0.28	0.05	0.09	0.18	0.05				0.23	b
Frey and Bohnet（1995）														
接受者身份确认	13	39	0.28	0.08	0.03	0.10	0.18	0.30	0.03				0.26	a
相互身份确认	13	28			0.07			0.082		0.04		0.07	0.50	b
相互身份确认＋交流	13	17	0.06	0.06	0.12	0.12	0.05	0.41	0.12			0.18	0.48	b
Frohlich and Oppenheimer（1997）														
加拿大	10	22	0.34	0.18	0.05	0.05	0.09	0.23				0.11	0.27	a
美国	10	19	0.47	0.20	0.05			0.26					0.16	a
Grossman and Eckel（1993）														
双向蒙蔽 1	10	12	0.58		0.08	0.08	0.17	0.08					0.15	
红色交叉接受者	10	48	0.27	0.10	0.23		0.08	0.17			0.04	0.10	0.31	
Hoffman, McCabe, Shachat, and Smith（1994）														
交换	10	24	0.21	0.04	0.04	0.42	0.17	0.12					0.27	a
竞赛和交换	10	24	0.42	0.17	0.21	0.17	0.04						0.13	b

注：瑞士法郎

续表

实验参考 实验条件	(美元)	参与者对数	\[分配给接受者的百分比\] 0	1~10	11~20	21~30	31~40	41~50	51~60	61~70	71~90	91~100	均值	显著符号	
双向蒙蔽 1	10	36	0.64	0.19	0.06	0.03		0.06			0.03		0.10	c	
双向蒙蔽 2	10	41	0.59	0.20	0.02	0.07	0.02	0.10					0.10	c	
Hoffman, McCabe, and Smith (1996b)															
复制 FHSS 实验	10	28	0.18	0.18	0.07	0.18	0.07	0.25		⟨0.07⟩			0.24		
变形 FHSS 实验	10	28	0.43		0.11	0.14	0.11	0.18		⟨0.04⟩			0.20		
单向蒙蔽 1	10	37	0.41	0.27	0.11	0.05	0.03	0.14					0.15		
单向蒙蔽 2	10	43	0.42	0.21	0.12	0.05	0.05	0.09		⟨0.07⟩			0.13		
Kahneman, Knetsch, and Thaler (1990)															
限制选择	20	161	na	0.24	na	na	na	0.76	na	na	na	na	na		10%得到支付
Schotter, Weiss, and Zapater (1996)															
一阶段 (控制)	10	16	0.13	0.06		0.25	0.06	0.44				0.06	0.39	a	
两阶段中第一阶段	10	16	0.31		0.19	0.31	0.13			0.06			0.23	b	

福赛思等人（Forsythe et al.，1994）第一次彻底地对独裁者博弈和最后通牒博弈进行了比较实验，其中独裁者可以自由选择出价（而不是在两种分配方案中进行选择）。该实验中的独裁者表现得不像卡尼曼等人所报告的那么慷慨，但是平均出价是总额的 20% 左右，这表明存在着一些纯粹的利他行为。独裁者的出价远小于提议者在最后通牒博弈中的出价，但却是一个正数，这说明提议者的行为既是由于策略上的考虑（多付出一些以防止被拒绝），也是出于利他主义动机。[3]早期的实验结果显示，在给出实际的拒绝模式下，出价的平均值与最大化预期收益时的出价相趋近（比如 Roth et al.，1991），这暗示提议者仅是出于策略考虑的。之后更多的分析表明实际的出价比在考虑最大化自身收益时的出价更慷慨一些，甚至在风险规避时也是如此（Henrich et al.，2001；cf. Lin and Sunder，2002）。在一个允许无均衡信念（包括学习过程）的模型中，科斯塔-古姆斯和佐纳（Costa-Gomes and Zauner，2001）发现提议者的信念通常有点过于悲观。

　　许多关于最后通牒博弈和独裁者博弈的研究对实验条件和实验对象的身份进行了变更，以使研究内容更为丰富。这种因素分为五类。方法论上的因素是指对实验方式进行改变——如奖金、匿名实验、重复进行等。人口统计方法因素是指对不同人群的行为方式进行观测。（极少数这种效应被证明是显著或可再现的，即使存在着由人种、年龄和相貌所带来的效应。）当考虑不同的文化因素时，其重要程度是明显的：在具有更多"市场—体化"的简单社会中，最后通牒的分出额更接近平均分配。描述性因素是指改变对博弈的描述而不是其结构。结构因素是指通过增加可能的行动来改变博弈本身。方法论上的、人口统计方法上的以及描述性的因素变更已被证明在研究中只有有限的作用。文化上的和结构上的变更具有更大的效应，并且对于建立社会性偏好理论具有很大作用。

2.2　实验方法论因素

　　人们饶有兴致地对最后通牒博弈的实验方法进行了各种变更并进行研究，该博弈于 1982 年被首度报告，并且在随后的几年中受到了广泛关注。

2.2.1　重复进行

　　许多实验运用静态重复的方法来观察重复进行简单的讨价还价博弈是否会有什么特殊的结果。罗思等（Roth et al.，1991）、博尔顿和兹维克

(Bolton and Zwick，1995)、克内兹和凯莫勒（Knez and Camerer，1995）、斯洛尼姆和罗思（Slonim and Roth，1998），以及里斯特和谢里（List and Cherry，2000）对最后通牒博弈进行了重复实验，并且让实验对象在每次都面对不同的陌生者。博尔顿和兹维克没有观察到任何有意义的结果；而其他的研究显示了出价与拒绝行为从长期来看呈轻微的（通常是不显著的）下降趋势。

随着时间的延长，当实验对象逐渐了解到所有其他实验对象将怎样去做，或者当与特殊的（比如纯粹自私的）实验对象进行博弈时，他会对出价进行更苛刻的调整。哈里森和麦凯布（Harrison and McCabe，1996b）对这种效应进行了观测。当实验对象被告知有关其他实验对象的出价及最小可接受出价时，实验发现在进行到第15次时实验对象的出价和最小可接受出价都降到了15%左右。[4]如果回应者发现其他许多人未对不公正的待遇做出惩罚，则他也不会这样去做，或者说他对于什么是公平的认知受到别人行为的影响。在另外一种条件下，当16个富有同情心的实验对象的数据被公布给具有16个附加随机选择并且最小可接受支付为1%～14%的实验对象时，有同情心的出价与最小可接受出价将随着时间的推移稳定地下降。

总的来看，这些研究只显示了很小的一部分经验效应（出价与拒绝行为的减少），除非这些人中被安插了自私且精明的实验对象。值得注意的是，拒绝的降低可能来自学习，或者来自临时满足报复感的偏好。如果拒绝行为是针对不公平待遇的一种情绪上的不满表现，那么这些表现出的报复欲望，正如人类其他的一些本能欲望一样（比如食欲、运动欲、性欲等），可以在较短时间内得到满足。例如亚里士多德就曾指出："当人们将气愤发泄到他人身上后，其内心将得到平静。"又比如1945年后，在那些曾被德国占领的国家里，对效力于德国的投降者进行了审判，其中那些较迟接受审判的人通常都受到了较为温和的判决（其实罪责却是严重的）。不发达国家内的工人在受到穷人排山倒海般的乞讨时，本有的一点施舍冲动也就不复存在了，这被称为"施舍疲劳症"。

一个非常简单的方法可以把"疲于表达愤怒"和"记忆中已习惯于不拒绝"分别开来，即在一天或一周后"重启"这个实验。如果实验对象在实验中不再做出拒绝行为是由于他们已疲于表达愤怒，那么当一段时间后再次进行该实验时，拒绝行为的频率将再次上升。如果他们是由于记忆中已习惯于不再做出拒绝，那么在一段时间后的重新实验将不会得到什么效果。

2.2.2　另一种方法：奖金

过多的经济学家宣称提高总金额（奖金）会使最后通牒行为趋于自私化。许多实验研究已进行了增加奖金的实验（参见 Camerer and Hogarth，1999）。[5]在如最后通牒博弈的简单行为中，多付一单位通常不会改变参与者思考的难度，因为行为本身是很简单的。但是奖金较高可能会改变参与者赋予在自身所得和他人所得上的相对权重。实际上，大部分敏感理论都推断当奖金上升时，回应者会拒绝的出价将上升而他们会拒绝的份额比例（％）会下降。（就是说，相较于从 10 美元中得到 5 美元，他们更可能会拒绝从 50 美元中得到 5 美元；而相较于从 10 美元中得到 10％，他们更可能会愿意接受从 50 美元中得到 10％。）

这种奖金效应在实验研究中确实得到了一定程度的证实，但令人吃惊的是这种效应微乎其微。在美国最早的关于这方面的研究显示拒绝比率没有显著的变化（Roth et al.，1991；Forsythe et al.，1994；Hoffman，McCabe，and Smith，1996a；Straub and Murnighan，1995）。（然而这些研究受到了限制，因为应用了特定出价法并且低出价很少出现，因此统计学上对拒绝比率如何变化很难进行观察。）

人们在其他国家进行了一些有创见的实验，其中所定的奖金（以美国标准）具有相应足够的购买力。卡梅伦（Cameron，1999）首先在印度尼西亚进行了实验。她所定的奖金额度分别为 5 000 卢比、4 万卢比和 20 万卢比（大约是日薪、周薪和月薪）；不同的奖金额度没有造成不同的效应。在斯洛伐克，斯洛尼姆和罗思（Slonim and Roth，1998）发现在中等和高水平的奖金条件下（集中进行 10 次实验）拒绝行为显著减少（每次所遇对手都不同）。里斯特和谢里（List and Cherry，2000）在佛罗里达州（该州对于加利福尼亚人来说就如同是另一个国家）进行了一次富有创见的实验（较高的奖金），在该实验中有一个重要的不同之处：能够正确回答更多常识问题的实验对象可以"获得"对 400 美元而不是 20 美元进行分配的权力。里斯特和谢里正确地推断这种授权会导致较低的出价，并且针对两种额度的不同拒绝行为（以及跨时期的变化）可以进行更有力的统计观察。实际结果是，对于 400 美元额度，拒绝比率的确要较小一些，并且随时间的推移有某种程度的下降。

总而言之，这些研究表明奖金的较大变化（最大达到几个月的薪水）对于拒绝行为只有有限的影响。提高奖金对于提议者的出价也几乎没有影响，可能的原因是对拒绝的规避导致实验对象在奖金上升时其出价也更接近 50%。[6] 在大额度奖金情况下，拒绝的频率是很惊人的。在霍夫曼、麦凯布和史密斯（Hoffman, McCabe, and Smith, 1996a）的实验中，六人中有两个实验对象拒绝了从 100 美元中得到 30 美元。在里斯特和谢里（List and Cherry, 2000）的实验中，四分之一的实验对象拒绝了从 400 美元中获得 100 美元。似乎可以得出结论即这些实验对象是"困惑"的，但是这种解释只有当对困惑程度的度量独立于实验对象的行为并且与人们的宠物理论相偏离时，才是可接受的。

另一种刺激效应可以改变人们满足报复欲望或利他行为的"价格"。安德鲁尼和米勒（Andreoni and Miller, 2002）进行了独裁者博弈实验，在其中对分给接受者的金额赋予一个乘数。一个大于 1 的乘数模拟这样的条件即雇主"实施"了慷慨行为（或是政府通过减税计划所展现的慷慨）。如果独裁者愿意在他们自己与接受者之间分配美元，那么当乘数较高时，他们应该分配给接受者（稍微）更多一些。他们给予实验对象的初始禀赋为 40 到 100 个筹码（每个筹码值 0.10 美元）不等。独裁者可以以价值 1 到 3 来"持有"这些筹码，或者是"转移"，即以价值 1 到 3 分配给接受者。通过改变利他主义的"价格"（即筹码的价值），他们能够将实验对象划分为三类（并且可以在其他的公共物品博弈中做出正确的预期）：有一半的人是自私的（最大化自己的收益 π_s），三分之一的人是里昂惕夫式或罗尔斯主义的 [最大化 $\min(\pi_s, \pi_o)$，这里 π_o 是指其他人的收益]，而剩余的人是功利主义的（最大化 $\pi_s + \pi_o$）。如果当把筹码分给别人时，这些分出的筹码流到接受者手中后价值会被乘以 3 或 4，那么具有代表性的实验对象会分给接受者与自己相同数量的金额。

2.2.3　匿名与实验者"蒙蔽"

心理学家长期以来就知道实验方案或具体的指令有可能被实验对象当作是实验者的暗含"需求"，即实验者想要看到或希望发生的情形。因此便有这样一个问题，即实验对象有可能愿意"帮助"实验者实现其所希望看到的结果。考虑到这些因素，霍夫曼等人（Hoffman et al., 1994）在两个"相互蒙蔽"的独裁者博弈实验中尽力确保每个实验对象都认为实验者并不想知道他们会在实验中如何行动。

在实验中，每个独裁者会得到一个不透明的信封，其内装有 10 张 1 美元大小的白纸片和 10 张 1 美元面额的钞票。独裁者依次躲到一个硬纸箱制成的"电话亭"内，从他的信封中拿出 10 张纸，并在信封中留下另外的 10 张（可能有钞票也有白纸片）。（当独裁者离开电话亭时，实验者无法从信封的厚度来判断里面留下的钱数，因为即使实验对象拿走了所有的美元，剩下白纸片的重量与剩下所有美元的重量也是相似的。）接着他们将信封投入一个大箱子里。在所有的信封都投入箱子后，实验者将检查这些信封并了解其内剩余钱数的分布情况，但由于信封上并没有做任何标记，因此无法知晓每个实验对象各留下多少钞票。接着每个接受者从箱子内拿走一个信封，并可拥有其内留下的任何数额的美元。

　　从表 2-4 可知，一半以上的实验对象没有留下任何美元，并且平均剩余钱数只有总额的 10%，明显小于无"相互蒙蔽"条件下的结果。霍夫曼、麦凯布和史密斯（Hoffman，McCabe，and Smith，1998）也运用一种巧妙的方案降低了独裁者分出的钱数，他们把这一现象解释为增加了实验对象之间（通过指令的变化来达到）或实验对象与实验者之间（通过相互蒙蔽来达到）的"社会距离"（Frey and Bohnet，1997）。博尔顿、卡托克和兹维克（Bolton，Katok，and Zwick，1998）还在独裁者博弈中对匿名条件进行了研究。表 2-4 显示，在他们的"1 次博弈 6 张卡片"实验中，一半的独裁者没有留下美元，而有六分之一的人对钱进行了平分，但他们在"匿名"条件下对钱没有分出的更少。

　　博尔顿和兹维克（Bolton and Zwick，1995）在最后通牒博弈中加入了"蒙蔽实验者"的条件。在这些博弈中，非常难以确保让提议者相信实验者并不想知道他们的选择，因为提议者需要向一个特定的回应者传递其选择信息，并且要弄清回应者的行动；而实验者需要记录下所有这些选择情况。他们用一种很聪明的方法（通过来回传递箱子）来达到他们被"蒙蔽"的目的。表 2-2 和表 2-3 给出了实验结果。[7]结果发现匿名条件下拒绝频率只有轻微的降低。

　　在实验中考虑设置"蒙蔽"创造了挑战与机会。将实验者与实验对象分离开来可能会降低实验的可信度，这是一个挑战。弗罗里奇和奥本海默（Frohlich and Oppenheimer，1997）发现那些分出钱数较少的独裁者对另一端是否真的存在接受者表现出更强烈的怀疑（见表 2-4）。机会来自这样的事实，即匿名条件可以轻易地在实际实验中得到满足，这弥补了实验室实验的不足。一个例子是在 20 世纪 50 年代运用的"遗失的信"方案。研究者在城市中的各处扔下一些密封的信封，其内装有一些与硬币形状重量相类似的金属代币。（其他的人运用"丢失的钱包"方案，其内装有身份证明，这样"接受者"的身份可以被弄清。）回到实验设计者手中的未被启封的信封数可以代表对利他行为的衡量。这些方案放弃了对实验对象的了解，但是却在实验者与实验对象之间建立了匿名条件，并因此更逼近生活的真实。

小结

对实验方法论因素的研究主要检验了这样一些"通常假定"出来的关于最后通牒拒绝行为的解释，每当经验数据与经济理论相左时，这些解释就会出现。这些因素是：重复进行、奖金变化以及一个新的关注点——从实验者熟悉实验对象变为实验者不了解实验对象。重复进行几乎没有给结果带来影响；奖金的变化也没有影响对固定比例出价的拒绝程度（虽然当奖金上升时人们将拒绝更大数额的美元）；而匿名条件有时会降低独裁者的分出额，但在最后通牒博弈中却几乎没有影响。

2.3　人口统计因素

许多研究者对由于人口统计方法的不同而造成的在策略行为和社会性偏好方面的可能差异表现出很大兴趣。性别、专业和文化是被研究最多的人口统计因素，但是有关其他分类方式的经验结果却很少见到。

2.3.1　性别

人们广泛地认为女性更愿意牺牲自己的利益来维持在人际交往中的和睦关系，而男性更富有竞争性，并且更具备忽视人际关系的行为原则（比如 Gilligan，1982）。这种差异可以从儿童的玩耍方式看得出来。如果在游戏中一个人伤到了膝盖，女孩子通常会聚在受伤者周围并尽力安抚，而男孩子则更可能是协助受伤者离开然后继续游戏。对性别进行研究的一个经济学上的原因是性别间的薪水差别：女性在同等工作下似乎却得到较少的薪水（即使在考虑了如下调整因素：年龄、工作级别、教育和技术要求等）。也许这种薪水差别部分地是因为女性与男性不同的讨价还价策略造成的，这可以通过简单的实验进行观察（甚至在实际中也可看出，参见 Ayres and Siegelman，1995）。

艾克尔和格罗斯曼（Eckel and Grossman，2001）在最后通牒讨价还价博弈中对性别差异做了观察。表 2 - 2 和表 2 - 3 中对其结果做了一些总

结。虽然不同性别的出价是类似的，但是艾克尔和格罗斯曼（以及
Rapoport and Sundali，1996）发现女性经常较少拒绝。博尔顿、卡托克和
兹维克（Bolton，Katok，and Zwick，1998）以及弗雷和伯奈特（Frey and
Bohnet，1995）发现在独裁者博弈中没有性别差异。索尔尼克（Solnick，
2001）发现无论什么性别的人都想从女性那里得到更多，而都会对男性出
价更高。

艾克尔和格罗斯曼（Eckel and Grossman，1996b）在一个独裁者博弈
中对性别进行研究，在该博弈中存在一个来自"第三集团"的惩罚。实验
对象可以与 A 类参与者平分 12 美元，或是与 B 类参与者平分一个较小的
金额 x（10 或 8 美元），其中 A 类参与者是指在以前的一个独裁者博弈中
对他人不公正的人，而 B 类参与者是指相对公正的人。实验结果发现，女
性总体上进行惩罚的次数更多，并且是"更精明的顾客"（对价格更敏
感）：她们在承担的代价较低时（$x=10$ 美元），比男性做出的惩罚次数更
多，在承担的代价较高时（$x=8$ 美元），做出的惩罚次数较少。

安德鲁尼和维斯特伦德（Andreoni and Vesterlund，2001）在所谓的
安德鲁尼-米勒独裁者博弈中（在其中对赋予独裁者和接受者的代币价值
进行改变）对性别进行了研究。总的来看，女性和男性分给别人的"美
元"数是相同的，但这个累积结果却隐藏了一个很大的差异：有一半的男
性是纯粹自私的，而有超过一半的女性却是罗尔斯主义的。这种混合的结
果表明性别对社会性偏好不存在一个简单的"主要效应"（比如认为"女
性更善良"——要注意她们在艾克尔-格罗斯曼的第三集团博弈中做出的
惩罚数更多[8]）。事实上，性别效应看来与其他许多因素（价格水平，还
有可能是对别人的信任）相交织，这使得它变成一个有点随意却又是十分
丰富的话题。

2.3.2 种族

现代的社会科学家通常不愿对种族问题进行研究，但这却是一个非常
有趣的因素。可以用一些简单的博弈来观察歧视行为，并研究种族差别是
否是造成经济中薪水和就业差别的原因之一。演化心理学家相信人种上的
差异（这通常可以看到和听到）是最"实质性"的差别，可以引起人们的
注意并相应做出反应。

这种有趣的差别在三个研究中都得到了显示；富有勇气与远见的研究
者应该走得更远。在艾克尔和格罗斯曼（Eckel and Grossman，2001）的

用来研究性别效应的最后通牒博弈中，他们实际上发现了一个更强的种族效应：黑人学生出价更高，但拒绝的次数也更多。格拉瑟等人（Glaeser et al.，2000）在他们的信任博弈中也发现了一个较弱的种族效应：白人学生没有对亚裔学生的信任进行回报。费希特曼和格尼茨（Fershtmann and Gneezy，2001）发现，在以色列，对待东部（德裔的）和对待西部（西班牙裔的）犹太人的行为是截然不同的；所有人对德裔犹太人的态度都更冷淡一些。

2.3.3 专业

还有一些实验研究了学生的专业背景是否会影响他们的分配行为。卡特和艾伦斯（Carter and Irons，1991）让经济学专业的学生和其他专业的学生共同参与了最后通牒博弈实验。研究发现，经济学专业的学生出价要比其他专业的学生低7%而索取的要高7%。但是在一年级学生和二年级学生之间各做过比较之后发现，这种出价上的差异并不因年级不同而不同，因此可以得出结论即产生于经济学专业的独特效应是"自有的，而不是后来塑造的"：那些选择经济学作为自己专业的学生可能在行为中更有自利倾向（并且预期其他人也是如此的），但是在学完四年的经济学课程之后并不会发生什么变化。其他的研究显示出混合的效应。在卡尼曼、奈兹克和泰勒（Kahneman，Knetsch，and Thaler，1986）以及弗雷和伯奈特（Frey and Bohnet，1995）的实验中，经济学和商学专业的学生出价更多，而在艾克尔和格罗斯曼（Eckel and Grossman，1996）以及卡格尔、金和莫泽（Kagel，Kim，and Moser，1996）的实验中，其行为表现与其他专业的学生并无二致。

2.3.4 年龄

为了弄清人类对公平的喜好是与生俱来的（正如进化理论所说）还是后天社会培养的，需要发展一些新方法来研究儿童与成年人在不同的年龄如何行为，这是至关重要的。只有两项针对年龄效应的研究。丹蒙（Damon，1998）认为儿童经过三个成长阶段。在五岁以前，他们主要表现出的是自私倾向。从五岁到七岁，他们会用一种严格的等量方式来防止冲突的发生（在分糖时，如果糖块的数目是奇数，他们甚至会把其中一块等分为二来满足绝对的等量分配！）。在七岁之后，他们开始学着以公平的方式思考问题（比如，当投入更多时，获得的回报也将更多，这大概与人脑认识中的理解力增强有关)。

为了寻找这种阶段性的变化,莫尼罕和萨克森(Murnighan and Saxon,1998)用幼儿园及三年级和六年级的儿童作为研究对象。由于这些实验对象年龄太小,理解力上恐怕会有较大的偏差(这是在成年人与儿童间的文化差异,就像跨文化的研究一样)。实验内容是让这些孩子分 M&M 糖果和一定数量的钱。在不完全信息条件下,孩子们不知道别的孩子如何来分;在完全信息条件下他们是知道的。孩子们没有酬劳,只是在老师的建议下去做。在分钱实验中,三年级的孩子比六年级的孩子出价要少(分别为总金额的 30% 和 50%)。在完全信息条件下,回应者设定的最小可接受出价为总金额的 10%,大约是成年人实验中的一半。在分糖实验中,没有出现上述的年龄效应。然而,对于一便士或一块糖的出价,有 70% 被幼儿园的孩子所接受,而对于年龄较大的孩子这个比例只有 30%~60%。

哈堡、克劳斯和里达(Harbaugh,Krause,and Liday,2000)在俄勒冈州对二年级、四到五年级和九年级的学生进行了类似的研究。孩子们凭 10 个筹码进行讨价还价,这些筹码对于九年级的学生来说各值 0.25 美元,而低年级的学生可以用这些筹码来购买物品或玩具。每个孩子都在最后通牒博弈和独裁者博弈中扮演角色。独裁者博弈中的分配与成年人的实验结果很相仿:大约有三分之二的孩子什么也没分出,而其余的孩子分出一半或更少。最后通牒出价在年龄最小的孩子中间(二年级)是最低的,而在较大年龄的孩子中表现出稍微更多的一点慷慨(平均值分别为 35%、41%、44%)。二年级的学生还最容易接受较低的出价。在身高上有一个引人注目的效应:高个子的学生(在考虑性别因素后)无论在独裁者博弈还是在最后通牒博弈中都出价较低。(在薪水及其他领域存在一种"身高收益金"。比如,美国总统一般要高于美国人的平均身高。参见 Persico,Postlewaite,and Silverman,2001。)

哈堡(Harbaugh)等人做了一个较好的文字总结:

> 在研究经济行为的跨文化差异方面,这些结果给其他的研究者带来了一个新的转折。有关这些文化差异的解释,要么是真的认为在基因方面存在差异,要么是认为不同的文化以某种方式促使基因相同的人却做出不同的行为。我们认为这个过程从孩提时代就开始了,并且我们用来自相同文化(7 到 14 岁)的孩子作为样本进行研究,找到了关于基本行为差异的证据。(2000,20 页)

我们应该注意到在这些研究中，年龄最小的孩子其行为要比成年人更符合博弈理论的推断结果！这是一个很重要的结论：并不是后天经验使人们变成了如博弈理论家般的最大化行为者（但通常假定为这样）。某种程度上反过来看却像是正确的：人们成年后具有的公平心态就像一个钟摆摆动过程的结果，从纯粹的自利行为（幼年时期），到严格要求平等的阶段（三年级），再到具有宽容心的成年期。这些事实使得人们对这样一个深入人心的假设产生了质疑，该假设认为在我们过去的进化中，人们之间不断的交往产生了这种行为苛刻的本能。长期以来人们也许至多获得了学会应对不公平的能力（这很像一张胶片在显影液中逐渐变成一张照片；然而是什么化学物被用来产生这种作用呢?）。但是这种假定的天生学习能力很难从非天生的学习中分辨出来。

2.3.5　智力、生物学与相貌

如果在最后通牒博弈中做出的拒绝是错误的，那么在判断实验中出错的实验对象应该更有可能拒绝接受对方的出价。克拉克（Clark，1997）通过让实验对象参加两个判断实验（匹配可能性实验和华生四张卡片逻辑问题）和一个类似于独裁者分配的实验检验了上述假设。在分配实验中表现慷慨的实验对象在判断实验中表现得只是稍微较好一些，这与上面的假设相冲突。然而，推理能力的确看起来很重要，因为卡特和艾伦斯（Carter and Irons，1991）发现在最后通牒博弈中正确算出完美均衡的实验对象要比其他人少出价和少索要约 5%。

理论上讲，社会性偏好理论应该在一定程度上说明这种偏好从何而来。伯恩汉姆（Burnham，1999）在这个方向上走出了不同寻常的一步，他通过人们的唾液样本对睾丸激素水平（T）进行了测量。T 值与人们的攻击性行为倾向、社会地位、职业呈正相关关系（演员、国家橄榄球队队员和消防队员的 T 水平是很高的；医生、售货员和牧师的 T 水平较低；教授与失业者的 T 值处于中等水平）。伯恩汉姆推断，T 水平较高的男性在最后通牒博弈中具有更强的维护自己声誉的冲动，因此行动更富激烈性，拒绝行为也更严厉。在他的最后通牒博弈中，规定提议者可以在 40 美元中选择出价 5 或 25 美元。正如所推断的那样，T 水平较高者更有可能拒绝 5 美元的出价，但是在让他们扮演提议者时，却更多地选择较为慷慨的 25 美元作为出价，这又与本能动机相违背。

生理上的吸引力在经济学意义上被认为是有趣的，因为在薪水中有一个被人们所认可的"相貌收益金"（Hamermesh and Biddle，1994）。为了对相貌及性别效应进行研究，斯奎泽和索尔尼克（Schweitzer and Solnik，1999）让 70 个迈阿密大学的学生先做出最后通牒出价并设定最小可接受出价，然后把他们中最具吸引力的 10% 和最不具吸引力的 10% 的照片展示给另一组实验对象，并让该组内的人与他们所看到的照片上的学生进行最后通牒博弈（根据这些照片上的学生前面所做的出价及最小可接受出价）。

在实验的第一步发现，那些最具吸引力的与最不具吸引力的学生所做出的出价和最小可接受出价并没有实质性的不同。而另一组实验对象却有些倾向于对更具吸引力的学生支付更多也索要更多。但是实验中最特别的效应是令人吃惊的。男性对吸引力较强的女性并不是表现出特别的慷慨，而女性对更具吸引力的男性要比对不具吸引力的男性多支付 5%。实际结果是，女性对漂亮男性的平均出价是 5.07 美元，这是西方世界的相关实验中所发现的唯一的一次其平均出价居然超过了总金额的一半！之所以会产生这样超出公平的结果，是因为极少的女性对漂亮的男性给出了低于一半的出价，而有 5% 的女性甚至给出了几乎全部的金额（8～10 美元）。这个结果意味着存在一个 10% 的相貌收益金（即与不具吸引力的人相比，更具吸引力的人在预期收益上的一个增额），同时存在一个 15% 的性别收益金（男性会获得更多）。这说明实际生活中观察到的相貌和性别收益金可以在实验室中得到再现。这的确非常具有吸引力，并值得更多的探索。

小结

人口统计方法的不同对最后通牒博弈和独裁者博弈中表现的行为通常不具有太强的作用，虽然这些效应经常很显著或极具吸引力。种族因素产生的效应是双面的；而由性别因素或专业背景造成的这种双面的效应则更明显（男性和经济学专业学生表现得更自私一些）；睾丸激素（高 T 值的男性拒绝的次数更多但也出价更慷慨）和相貌因素（许多女性把一半以上给了漂亮的男性）所带来的效应并不强烈。年龄效应却很显著——幼年的孩子更为自私，而当他们长大后则变得更富公正性。这种随时间而变化的年龄效应非常重要，因为它表明公正的道德并非与生俱来，而是随儿童的成长不断变化而来。

2.4 文化因素

文化是一个非常有趣的因素，但是跨文化进行比较研究却存在着至少四个方法上的难题：所设定的奖金问题、语言问题、实验者影响和文化混淆。

● **奖金** 实验者在设定奖金时需要保证在不同的文化区域下所设定的不同奖金的购买力是相同的。[9]将一个基准额度以当地汇率进行换算是一种较好的近似方法。另一个可替代的解决办法是用相应的挣得这些金额所需的劳动小时数来代表这些金额（Beard，Beil，and Mataga，2001）。

● **语言问题** 要尽可能地保证实验介绍的含义表达准确不变，这一点至关重要。标准的办法被称为"回译法"：首先把以 A 语言书写的介绍文字翻译为 B 语言，然后让另一个翻译者将这些用 B 语言表达的含义再回译为 A 语言。如果回译后的意思发生了变化，那么应该进一步修正这些翻译直到在两种语言间的转换不再会发生含义上的分歧。

● **实验者影响** 实验者的身份和行为有时会对实验对象的行为产生影响。让实验对象从一份含义尽可能明确的书面材料来了解实验可以对其行为进行有效控制。在对身份的要求中最严重的错误就是在不同的文化下让不同的实验者去进行实验。如果这样，那么你将不能在统计学意义上把由不同实验者带来的影响从不同文化产生的效应中分离出来。由实验者身份而带来的"主要影响"可以这样进行检验，即让每一个实验者都在同一文化中组织一次实验（比如，罗思小组中的每一成员都在匹兹堡进行了一次实验），但是如果存在其他潜在的关于实验者位置互动作用的因素，则需要更多的关注。[10]理想的实验者应该会说不同文化的语言，并且在不同的文化中能够以类似的同一面貌被认可（比如 Buchan，Johnson，and Groson，1997，该小组的第一作者和实验者，作为一位日裔美国人，对日美文化效应做了很好的比较）。

● **文化混淆** 想要避免潜在的由文化混淆造成的影响是极端困难的（会产生在计量经济学上被称为的"识别问题"）。例如，假设你到两所不同国家的大学去招募经济学专业的学生，你会发现他们行为上存在不同。这种不同可能是由文化差异造成的，也有可能是行为本身在整体上是相同的（如果人员的选定是随机的），但是来自其中一个文化的学生要比来自另一个文化的学生更不具代表性（比如由于入学前的服役而使得学生年龄较大，或只有最富裕的阶层才接受大学教育等）。也就是说，学生的身份可能是导致所见行为的内在原因，但是这些行为却被误认为是由文化因素造成的。解决这个问题最好的办法就是对这两个文化中的人群在尽可能多的各种特征上进行抽样对照，并且对任何你不能控制的因素进行观测（参见 Botelho et al.，2002）。

罗思等人（Roth et al.，1991）第一次谨慎地比较了在美国、以色列、日本和南斯拉夫进行的讨价还价博弈实验。从一个人类学家的角度来看，这些国家的文化实际上是很类似的，但是罗思等人的论文却代表了一个重要的开端。表 2-2 和表 2-3 总结了在这四个国家中所进行的第一及第十轮的实验结果。在美国及斯洛文尼亚的参与者出价较为接近，并且比在日本和以色列的参与者出价要慷慨一些，后两者的出价要低 10%。在第十轮，所有的出价分布都更集中于起始的均值，并且这 10% 的缺口仍旧存在。在日本和以色列，参与者拒绝的次数要少一些，尤其是和斯洛文尼亚相比更是如此。一个关键点是，虽然日本人的出价较小并且以色列人的出价更小，但是这两个国家内的拒绝比率却并不高。罗思等人得出结论认为：“在实验对象之间造成不同行为的原因不是基于某种个性特点（比如攻击性或严苛的态度），而是因为在不同环境下对什么是合理出价的构成要素有着不同理解。”（1991，1092 页）

巴肯、约翰逊和格罗森（Buchan，Johnson，and Groson，1997）也在日本和美国对最后通牒讨价还价进行了比较。他们推断，日本的集体主义文化会表现出一个相对较强的分享理念。他们是正确的。他们发现在日本出价是较高的，这与罗思等人的结果恰好相反。这种差异显示了文化效应是多么微妙并可交互作用。巴肯等人运用的是最小可接受支付法，而罗思等人则采用的是特别出价法，这可能是产生差异的原因。在这两个实验中所用的日本学生的构成也是不同的，这可能是另外一个对结果差异的解释。

由 11 个人类学家和一些经济学家所进行的一次最为引人注目的跨文化讨价还价实验是一次有意义的跨学科合作（Henrich et al.，2001，2002）。这肇始于一个有进取心的研究生乔·亨利奇（Joe Henrich，2000）在秘鲁与马奇根加（Machiguenga）的农夫所进行的实地最后通牒实验。他发现此地农夫的还价比在其他地方所观察到的实验对象的还价要低得多（平均值是讨价的 26% 而众数为讨价的 15%）并且接受了任何还价（只有一次例外）！当亨利奇回到加州大学洛杉矶分校并且把实验结果展示给罗勃·波依德（Rob Boyd）和我时，他还不确定是他扭转了实验结果还是他第一次发现了行为特点接近博弈理论推断（自私）的人群。在美国的一次类似的实验（同等的总金额购买力）却得到了通常的结果——50％的支付，于是证明亨利奇在文化效应方面找到了一个很好的例证。

亨利奇的一个研究人类学的同事注意到，在马奇根加，居民的社会性联系非常之少。这里以家庭作为经济单位。家庭成员共同进行狩猎活动，并且以火耕的方式（"砍伐及火烧"）来种植木薯。在村子内部，与不熟识的人进行交易的现象是很少的。在他们的社会中绝对不会出现这样的情景：人们坐在酒吧里，围在电视机旁举杯欢呼（"在这里所有人都知道你的名字"）——他们不知道别的马奇根加人的确切名字，除非是亲戚关系。也许这种极端的社会和经济单位的独立性可以解释为什么在马奇根加人们没有分享观念。检验这种假说的最好办法就是对多个不同文化进行比较。于是亨利奇和他的建议者罗勃·波依德召集并形成了一个由人类学家和一个经济学家构成的小组，并且在世界上许多文化区域（这些文化在重要方面存在很大差异）进行最后通牒和公共物品博弈的实验。

他们的实验结果由亨利奇等人（Henrich et al.，2002）进行了说明。表2-5总结了最后通牒博弈结果的一些特征。在大约有十个文化区域中（表中的前几行所示），出价的均值和众数比我们在许多发达国家中所观察到的要低。拒绝比率也较低，但在文化之间又存在差异。经过统计学上的仔细分析后，可以发现这些出价始终要高于效用最大化时的出价（在风险规避条件下）。提议者表现出的"对被拒绝的规避"不仅仅是因为被拒绝后存在效用损失。许多实验对象解释说他之所以会出价较高是因为拒绝行为会在村子里引起骚乱。细心的读者会在该表的底部注意到两个不同寻常的文化——巴拉圭的猎头者和印度尼西亚的拉买拉拉捕鲸人——他们的出价超出总金额的一半！人类学家认为这些超乎公平的出价行为表明，或许存在一种分出更多的原则，这是在狩猎过程中形成的，因为没有人可以独自占有猎物；又或许这是一个有挑衅意味的馈赠行为。接受一个不寻常的慷慨馈赠（例如在一次成功的狩猎后分得过量的肉）会导致接受者在今后有偿还更多的义务，并且接受这种馈赠会被认为是某种侮辱（因为这意味着馈赠者是比接受者更出色的猎手）。正如这种解释所说的那样，超乎公平的出价经常是被拒绝的。这些出价行为是值得我们记住的，因为在这些博弈中人的自私行为被完全破坏了，并且这些出价和拒绝行为是显示文化微妙差异的一种语言。

表 2-5　最后通牒讨价还价的实验小结

组别（地区）	国别	奖金			众数（样本百分比）	标准差	拒绝比率（百分比）	小于 20% 的拒绝比率
		N	大小	均值				
马其根加	秘鲁	21	2.3	0.26	0.15/0.25 (72 %)	0.14	4.8	10 (1/10)
哈札（小群体）	坦桑尼亚	29	1.0	0.27	0.20 (38 %)	0.15	28	31 (5/16)
茨玛尼	玻利维亚	70	1.2	0.37	0.50/0.30/0.25 (65 %)	0.19	0	0/5
盖丘亚	厄瓜多尔	13	1.0	0.27	0.25 (47 %)	0.16	15*	50 (1/2)
托古德	蒙古国	10	8.0	0.35	0.25 (30 %)	0.09	5	0/1
卡札克斯	蒙古国	10	8.0	0.36	0.25	0.09		
马普切	智利	30	1.0	0.34	0.50/0.33 (46 %)	0.18	67	20 (2/10)
奥乌	巴布亚新几内亚	30	1.4	0.43	0.30 (33 %)	0.14	27	1/1
哥劳	巴布亚新几内亚	25	1.4	0.38	0.40 (32 %)	0.19	40	50 (3/6)
哈札（大群体）	坦桑尼亚	26	1.0	0.40	0.50 (28 %)	0.17	19	80 (4/5)
桑古（农场）	坦桑尼亚	20	1.0	0.41	0.50 (35 %)	0.12	25	100 (1/1)
未定居者	津巴布韦	31	1.0	0.41	0.50 (56 %)	0.14	10	33 (2/5)
阿彻尔	厄瓜多尔	16	1.0	0.42	0.50 (36 %)	0.20	0	0/1

续表

组别（地区）	国别	奖金			众数（样本百分比）	标准差	拒绝比率（百分比）	小于 20% 的拒绝比率
		N	大小	均值				
桑古（牧场）	坦桑尼亚	20	1.0	0.42	0.50（40 %）	0.09	5	1/1
欧玛	肯尼亚	56	1.0	0.44	0.50（54 %）	0.092	4	0/0
匹兹堡	美国	27	0.28	0.45	0.50（52 %）	0.096	22	0/1
定居者	津巴布韦	86	1.0	0.45	0.50（70 %）	0.10	7	57（4/7）
洛杉矶	美国	15	2.3	0.48	0.50（93 %）	0.065	0	0/0
阿克	巴拉圭	51	1.0	0.51	0.50/0.40（75 %）	0.15	0	0/8
拉买拉拉	印度尼西亚	19	10.0	0.58	0.50（63 %）	0.14	20	37

备注：如果表中列出多个众数，那么第一个更具一般性，第二个次之。与各众数相对应的总样本比例在括号中给出。在拉买拉拉这一组实验中，以香烟作为货币单位（在这里香烟与货币的功能相似），并用这种"准货币"出价给出的。表中这一次的拒绝比率也是依据这种"准货币"出价给出的。

* 原书为"015"，疑误，应为"15"，表示有 15% 的拒绝率。——译者注

这种跨文化比较研究的一个重大收益就是找寻可以解释文化差异的变量。实验对象的理解差异（由实验者进行估计）、数学技巧、教育程度、匿名交易和个人隐私（或者说，你的邻居了解多少有关你的事）看起来都是不起作用的变量。但有两个变量确实可以解释在出价上的差异（$R^2 =$ 0.68）：一个是在生产中的合作行为或经济规模（比如集体的捕鲸行为或对大型动物的狩猎）；另一个是"市场一体化"的程度。市场一体化是一个指数，它的设定考虑了这样几个因素：全民性语言（而不仅是方言）的出现，为了获得现金工资的劳动市场的出现，以及为了获取现金而进行的耕种活动。一个文化如果具有更多的合作行为和更强的市场一体化，则更容易形成公平分配的原则。

　　这个研究计划对于社会科学有着一些极为重要的启示。其中一个启示是，跨学科的研究虽然困难但很有价值。只有在波依德、亨利奇和其他的人类学家学习了足够的博弈论知识和了解了怎样获取精确数据的实验方法之后，这种跨学科的研究工作才能展开。而人类学家也对经济学家有所回报，他们的工作产生了许多令人惊讶的结果并且拓展了经济学家的视野。

　　市场一体化的作用极其重要。经济理论中的一个假定是：虽然行为人是纯粹自私的，但市场交换会达到一个有效率的结果，那么市场的活跃性与人的自私行为在某种意义上是相互关联的。而上述的研究却显示这个观点可能从根本上是错误的。恰恰在那些市场一体化程度最深的文化中，人们的交易行为却表现出了最低的自私特征。而人类学家非常宽广的视角也是值得注意与比较的，比如说，对美日进行比较研究是很难被称为文化研究的，因为这两个国家在一些重要的文化特征上是十分接近的。

小结

　　在他们的前沿研究中，罗思等人发现了最后通牒博弈出价在不同文化中始终存在着差异（日本与以色列是最低的）。关键的一点是，国与国之间存在着不同的分配观念，而拒绝比率的差异说明这些不同的分配观念在各自的国家是被较好认同的（或在实验室中很快地得到）。在一项卓越的研究计划中，研究者在世界各地的一些简单社会中（比如巴布亚新几内亚、亚马孙盆地和非洲等）进行了最后通牒博弈（和其他种类的博弈）实验，这些实验揭示了文化间更为显著的不同之处。这些研究表明，在一些社会中的确存在博弈理论中所推断的自私行为，而在其他的一些社会中则存在许多"超乎公平"的分配行为，这可以用"挑衅性的以馈赠进行侮辱"来解释。出价的平均值是与"市场一体化"的程度高度相关的，这意味着或者是市场活动形成了平均分配的原则，或者是公平分配的倾向促使了非人格市场的繁荣。

2.5 描述性因素：说明与语境

自从谢林（Schelling，1960）在协调博弈中对"心理上显著的"聚点进行研究以来（参见第7章），人们开始明确了解到，对策略的描述方法可以改变对这些策略的关切态度，从而改变人们行为的方式。心理学中与研究选择行为相关的文献表明，如何对被选择物进行描述和"限定"可以影响选择行为。因此，考虑对最后通牒博弈的不同描述是否会影响博弈的进行则是有意义的。

霍夫曼等人（Hoffman et al.，1994）发现，把对最后通牒博弈的描述方式改称为"一次交易"（卖者对一件商品定一个价格，而买者决定是买或不买）则会导致出价降低了近10%而拒绝比率并未变化。[1] 拉里克和布劳恩特（Larrick and Blount，1997）指出，最后通牒博弈在策略选择上与"资源困境"问题是很类似的，后者是指参与者对一处固定的共有资源依次提出索取量，如果他们各自的索取量累加起来大于资源总量，则他们将一无所获。当一个参与者对这些资源提出一个索取量后，她的行为其实意味着"给"第二个参与者一个索取所有剩余量的机会（或通过索要更多来否决前面留下的剩余量），这正像是最后通牒博弈所要求的那样。他们对最后通牒博弈和资源困境问题的策略均衡进行比较后发现，在资源困境中的出价要更慷慨一些而拒绝行为也较少发生。他们得出结论，认为运用"索取"的语言可以激起对公共所有权的意识，从而使博弈双方都更慷慨。

霍夫曼、麦凯布和史密斯（Hoffman，McCabe，and Smith，2000）让提议者去"考虑你希望买者（回应者）怎样去选择，同时也要考虑买者会希望你去怎么选择"。这些"促进式的引导"使得出价上升了5%～10%。他们推断这种引导使提议者对被拒绝更为担心。

---

[1] 这里出价的减少是指对商品的定价更高一些，实质是回应者在最后通牒博弈中获得的更少了。——译者注

小结

改变对博弈的描述方式会产生一定的影响。把最后通牒博弈改称为卖者与买者的交易行为则导致了自私程度的上升，而把它改称为对共享资源的索取行为时则参与者变得更加慷慨。毫无疑问，改变对博弈的描述方式会影响参与者的行为，而关键的一点是，明确什么样的一般原则（或关于描述的理论）可以从描述性效应中抽象出来。对竞争博弈、风险选择和囚徒困境的此方面研究显示了这些一般原则是如何进行抽象的。[11]

2.6　结构因素

一个结构上的变化可以改变已有的描述最后通牒博弈的博弈树，典型的方式是增加一个行动。（描述性的变化只是改变了对行动或信息节的说明方式。）在我看来，结构因素是最值得研究之处，因为通过结构上的变化可以把简单的博弈与更复杂的经济结构联系起来（例如，增加竞争因素），并且我们可以从中得到心理学上最直接的支持社会性偏好理论的线索（比如 Konow，2000，2001）。

2.6.1　身份、交往与授权

在一些研究中，通过改变知道对手身份的参与者数目，或改变与对手存在交流的参与者数目来进行实验。参与者之间的了解会导致同情或蔑视（比如 Jenni and Loewenstein，1997）。

博内特和弗雷（Bohnet and Frey，1999）运用单向了解的办法来进行实验，在该实验中，接受者手中拿着一个号码，而处在同一教室内的独裁者会根据这个号码来确认谁是他的接受者（但不是反过来）。[12]让独裁者看到他的接受者使得出价为零的数目减少了，但是出价的平均数并没有显著的变化。然而，在接受者站起来讲述了有关自己的身世（他的名字、出生地、爱好和专业）后，平均出价上升到总额的一半，并且有 40% 的独裁者分数超过一半。在了解到对方的一些"富有爱心"之处后，独裁者可能由此激发出了施于这些特定对象的同情。[13]在另一个类似的研究中，艾克尔和格罗斯曼（Eckel and Grossman，1996a）发现当接受者是一个知名的富有爱心的红十字会员时，对他的出价向上翻了一番。在一次对瑞典人的实验中[14]，约翰内森和皮尔森（Johannesson and Persson，2000）发现独裁者针对其他学生的出价与针对一般参与者的出价没有不同（其他学生不被当作是具有或不具有"爱心"的）。

许多研究显示面对面的讨价还价提高了有效性（还可参见 Roth，1995b，295 - 296 页），但并不知道是面对面讨价还价中的什么因素导致了这个显著的效应。

受霍夫曼和斯皮策（Hoffman and Spitzer，1982，1985）早期研究的启发，霍夫曼等人（Hoffman et al.，1994）进行了授权实验，把可以出价的权力授予那些能回答更多常识问题的参与者。这种"授权"的方式使最后通牒出价降低了约 10%（还可参见 List and Cherry，2000）并且使独裁者出价减少了一半。然而，并未显示出这种授权也完全被最后通牒回应者所认可：拒绝比率上升了（甚至在 100 美元的最后通牒博弈中），这也许归咎于回应者是从自利的角度来判断这种授权的合法性的。

2.6.2 竞争压力和外部选择

在心理学上，其他人是否对我们做出了不公平的行为取决于我们认为是什么力量导致了他们的不公平行为（或者说我们把原因"归咎"于什么）。同样是闯红灯，如果是为了尽快把产妇送到妇科病房，那么人们一般是可以接受的，但如果是为了能在音像店关门前赶到那里购买影碟，则情形就不同了，虽然这两种行为的结果同样是增加了其他司机的风险。法律上小心地把针对意外事故和故意伤害的量刑区分开来。

调查表明，如果是竞争的压力使得厂商提高价格，则消费者认为这是合理的，但是如果是因为需求上升而提价，则不被认为是公正的（Kahneman，Knetsch，and Thaler，1986）。运用同样的直觉，朔特、韦斯和萨帕特尔（Schotter，Weiss，and Zapater，1996）提出这样的问题，竞争压力是否可以给自私行为提供一个理由。他们采用了一个两阶段博弈进行实验，在这个实验中，参与者只有当其收益在与他同一角色的所有参与者的收益排行中处于前一半的位置上时，他才有继续进行下一阶段博弈（与另一个对手）的资格。独裁者当然会用竞争压力来作为理由——30%的独裁者在这种两阶段条件下留下了所有的金额，而在标准的一阶段博弈中只有 13%。提议者在两阶段最后通牒博弈中的出价也降低了 10%左右，而回应者运用特定出价法也接受得较低一些，而不是用最小可接受出价法。

克内兹和凯莫勒（Knez and Camerer，1995）在最后通牒博弈中增加了一个外部选择（也就是说，参与者即使在出价被拒绝时也会获得一个非零的收益）。如果提议者对 10 美元的一个分配方案被拒绝了，那么提议者获得 2 美元而回应者获得 3 美元。增加这种外部选择导致了多个聚点的出现来决定如何公平地分配总金额。其中一个聚点是从 10 美元中出价 5 美元。另一种方法是给回应者恰好愿意接受的量，比如 3.25 美元（自私的子博弈完美均衡）。还有一种办法是把余额（超出参与者外部选择的部分）的一半奖给每个参与者，如果回应者的外部选择更高的话，那么他将得到较多一些（5.5 美元）。

在这种具有外部选择的博弈中，未达成协议的比例是很高的——接近 50%，而其他大部分实验的相应比例只有 10%～15%。未达成协议的频率如此之高，意味着有关博弈结构的某些东西使得提议者不再愿意分给回应者所期望的额度，或者是提议者不再能够判断回应者的所需。其原因是在公平判断中存在自私偏向（见第 4 章）：提议者更愿意出价 5 美元或 3.25 美元，而回应者却经常将最小可接受支付设定为等余额出价 5.50 美元。然而，在五个回合之后，未达成协议的比例在某种程度上就下降了，因为回应者的需求在下降。

2.6.3　关于所分奖金的信息

一些实验对信息如何影响最后通牒博弈的出价和拒绝行为进行了研究。在一个典型的实验中，提议者知道所分金额的确切数量，而回应者或者对金额数量全然不知，或者只知道金额数量可能的概率分布。

有限信息使得博弈在两方面变得更为复杂。首先，当回应者不知道总金额数量时，他将根据提议者出价所蕴含的信息来判断总金额的多少，这使得博弈在实质上复杂化了。其次，如果回应者不知道提议者在讨价还价中的底线，那么回应者就无法来判断自身所得份额是否太低。如果回应者在不清楚提议者出价的情况下接受了一个较低的额度，那么这强烈地说明当回应者知道提议者的出价时，拒绝行为是回应者对自身偏好的一个表达。

大部分研究表明回应者在缺少信息的情况下接受了较少的额度。当所分总金额很大时，提议者在考虑了回应者的这种行为特征后，一般会毫不犹豫地给出一个较低的出价。凯莫勒和罗文斯坦（Camerer and Loewenstein，1993）公布了第一个有关这种研究的结果。在完全信息条件下，不同学校（卡内基梅隆大学和宾夕法尼亚大学）的大学生实验对象在分别为 1 美元、3 美元、5 美元、7 美元和 9 美元的总金额情况下进行出价并设定最小可接受出价。在不完全信息条件下，提议者知道所分总金额的数量，而回应者只知道所分总金额等可能的为上述五个数量中的一个。在上述两种条件下，出价的中值和均值为每种总金额的 40%～50%。当回应者知道所分总金额的大小时，他们所设定的最小可接受出价均值为总金额的 30% 左右，并且总体未达成协议的比例为 15%。在不完全信息条件下，回应者索要的最小可接受出价的均值为 1.88 美元（这具有实质性不同，很多人甚至索要为零）。其结果是，当总金额较小时，提议者将不能满足回应者所需，因此此时未达成协议的情况是较多的（未达成协议的比例对所有可能总金额来说为 39%）。回应者知道总金额为 1 美元到 9 美元中的某一个，这看起来会让回应者把对总金额的预期放在中等的额度上，这意味着如果真实的总金额很小的话，那么回应者的拒绝行为是不可避免的。

米茨科维兹和纳格尔（Mitzkewitz and Nagel，1993）、斯乔布·莫尼罕（Straub Murnighan，1995）、克罗森（Croson，1996），以及拉波波特、桑达利和波特（Rapoport，Sundali，and Potter，1996）观察到了不同的实验结果。他们都对在知道总金额条件下的博弈与不完全信息条件下［参与者要么只知道总金额的概率分布（米茨科维兹和纳格尔以及拉波波特等人），要么对总金额全然不知（在其他的研究中）］的博弈进行了比较。在每一个实验中，提议者看来都可以从回应者的怀疑中得到益处：由于在总金额很低时，一个很小的出价可能是公平的，因此此时若拒绝这个出价将是对提议者的不公平，于是在面对不确定性时，越低的出价却越可能得到接受。提议者通常会用出价较小的办法来得到这种益处。古斯和胡克（Güth and Hück，1997）进行了一项有趣的实验，其中提议者知道总金额是 38 还是 16，而回应者只知道总金额是两者之一。回应者通常会接受一个为 8 的出价（是较小可能总金额的一半），但是他们却有一半的人拒绝了为 7 或为 9 的出价，这明显地表明他们怀疑如果出价不是恰好为较小总金额的一半，那么这个出价一定是较大总金额的一小部分。

卡格尔、金和莫泽（Kagel，Kim，and Moser，1996）进行了一个最后通牒博弈实验，在其中参与者凭 100 张小纸片进行博弈，而小纸片对参与者双方来说价值是不同的（参见 Roth and Murnighan，1982，第 4 章）。纸片对其中一方每张值 0.10 美元，对另外一方每张值 0.30 美元。当只有提议者知道纸片对双方有不同价值时，若对他们的价值较高，则他们出价约为纸片数量的 45%，若对回应者的价值较高，则出价约为纸片数量的 30%，这样，在纸片对他们的价值较低时，他们利用自身的信息优势来为自己谋取更多的纸片。当回应者知道纸片对提议者的价值更高时，则他们会迫使提议者出价超过纸片数量的一半以使双方得到的收益相等，因此拒绝比率也相应上升（为纸片数量的 40%）。

阿宾克等人（Abbink et al.，2001）也进行了一项最后通牒博弈，其中只有回应者知道在拒绝事件发生时提议者会得到多少。如果降低提议者被拒绝后所得的收益，则发现回应者做出拒绝的频率上升了，这说明回应者实施拒绝的原因要么是出于嫉妒，要么是出于对提议者故意的惩罚（如果惩罚能给提议者带来更深伤害的话）。[15]

对最后通牒博弈的在公平方面的解释暗含了这样的可能，即公平原则可以随着人们经历的变化而增强。而公平原则变化的一个方式是参与者通过了解别人做出的行为或没有做出的行为来判断什么是公平。考虑到人们这种对他人行为的敏感度，可以设计一个实验，其中把其他参与者的行为告诉某一参与者，然后看这是否会改变他的行为。有两个研究显示出这种社会性影响的一定效应。克内兹和凯莫勒（Knez and Camerer，1995）发现人们的最后通牒出价受到其他人出价高低的影响（参照 Harrison and McCabe，1996b）。卡森和梅（Cason and Mui，1998）把这种社会性影响运用到独裁者博弈中去。参与者在连续两轮博弈中做出了两个出价。在第二轮中，把另外一个实验对象带到参与者面前，并且告诉他该参与者在第一轮中的出价是多少（被称为 P_1）。实验发现存在一定的社会性影响，因为如果另一个实验对象出价较高的话，那么该参与者通常也会出价多一些。

2.6.4　多人博弈

一次博弈中有多个人参加会产生两个重要问题：一是在超过两人的博弈中，什么是相适应的公平分配？另一个是在考虑到可能给"清白"的第三方带来的麻烦时，参与者是否还会按照和以前相同的办法来惩罚给自己带来不公平的人？

古斯、胡克和奥肯菲尔斯（Güth，Hück，and Ockenfels，1996）进行了一个两阶段三人博弈实验，其中，参与者 1 了解到所分总金额是大（DM 24.60）还是小（DM 12.60），然后对另外两个参与者出价其中的 x，而这两个参与者是不知道所分总金额大小的。这两个参与者之一（参与者 2）可以拒绝这个出价 x 从而使博弈结束，或者也可以接受这个出价并以 x 作为总金额与参与者 3 进行最后通牒博弈。注意到要想在三人中平分较小的总金额（DM 12.60），则意味着参与者 1 应把 8.40 分给另两个参与者。然而，在较小总金额情形下，只有六分之一的参与者 1 出价达到 8.00。当在较大总金额情形下，有 70% 的参与者 1 的出价 x 在 8.40 左右（让另两人误以为总金额是较小的那个）。参与者 1 利用了另两人的不确定心理，并产生了作用，因为其出价通常被接受了。并且参与者 2 通常会把他们从参与者 1 那里得到的份额的一半分给参与者 3。

古斯和范·丹米（Güth and Van Damme, 1998）分别在知道总金额大小和不知道总金额大小的不同信息条件下进行了把最后通牒博弈和独裁者博弈相结合的三人博弈实验。一个提议者把 120 个筹码（价值约 6.8 美元）分为三部分（x, y, z），其中把 y 分给一个有行动权的回应者，而把 z 分给一个无行动权的接受者（x 留给提议者自己）。回应者可以拒绝提议者分给他的 y 从而使三个人都一无所获，也可以为了那个无行动权的接受者（他什么也不能做）而接受 y。有这样三种信息条件：第一种是具有主动性的回应者知道（y, z）的总额度（从而可以算出 x）；第二种是他只知道对他最"关键"的信息 y 的大小；第三种是他只知道与他"无关"的信息 z 的大小。这种实验设计可以检验一个具有行动权的回应者是否在意提议者分出多少给一个无行动权的第三方，还可以观察提议者在不同信息条件下将会如何行动。

实验结果显示，当回应者知道分给他的份额大小时，提议者会像在两人博弈时那样对他出价总额的 30%～40%，而只把很小的份额（5%～10%）留给无行动权的第三方。当回应者不知道分给他份额的大小，但是知道分给第三方的份额时，提议者会比在其他两种情形下分给第三方更多的份额（其他两种情况下分别为 12% 和 15%），以此来显示自己并不是过于自私。总体上看，拒绝的比率是很低的（约 5%），并且回应者看起来并不是太在意无行动权的第三方能够获得多少份额。

在多人博弈中，如果在多个提议者或多个回应者内部存在竞争关系时，将会产生一个不同寻常的效应。罗思等人（Roth et al., 1991）在他们的"市场博弈"实验中第一次显示了这种效应。在该博弈中，有 9 个提议者同时向一个回应者出价（回应者接受其中最高的出价）。在第一轮博弈中，提议者的出价额度较为分散，但是比在两人最后通牒博弈中要高出很多（大部分出价高于总金额的一半）。最高的出价通常是相当高的——约为总金额的 95%，而进行第二轮博弈时，提议者最终几乎把全部的金额作为出价。这个结果是相当重要的，因为它对有关最后通牒博弈结果的理论提出了挑战。正如我将在下面 2.7 节指出的，大部分理论确实认为在面对竞争时会出现更为自利的行为。在市场博弈中，如果一个提议者的出价比其他提议者出价低，那么他自身获益将为零，其结局是未受到公平的对待。因此对提议者来说，减轻这种不公平对待并试图获得一些收益的唯一办法就是出价更高一些。当回应者之间存在竞争时（Güth, Marchand, and Rulliere, 1998），或在实验时让市场中存在超额供给或超额需求时（Smith and Williams, 1990; Cason and Williams, 1990），可以观察到与上述结果很类似的竞争效应。

2.6.5 动机：备选方案的影响

萨莉·布朗特-莱昂（Sally Blount-Lyon, 1995）第一次指出了由原因归属（动机）而产生的一个重要效应。举例来说，假设一个回应者面临一个（8，2）的分配方式，那么如果她拒绝了这种分配，其原因不外乎两种：一是她可能反感别人用不公平的手段来对待她并从中获益；二是她可能仅仅是讨厌不等额的分配。如果她只是反感被不公平对待但是却不在意是否等额分配，那么若（8，2）的分配方案是由提议者提出的，则会遭到她的拒绝，但是她却会接受由某种随机方法决定的或是由第三方（比如法院或规章制度）所裁决的一个同样的（8，2）分配方案。事实上，萨莉·布朗特-莱昂发现，如果分配方案由某种随机方法决定而不是由提议者做出，那么此时回应者会设定一个较低的最小可接受出价。

法尔克、费厄和费希巴彻尔（Falk, Fehr, and Fischbacher，待出）为了研究"动机"是否会对选择产生影响而采用了三个不同的最后通牒博弈实验（还可见 Brandts and Sola, 2001；以及 Andreoni, Brown, and Vesterlund, 2002）。一个提议者可以选择（8，2）的方案并在（5，5）、（2，8）和（10，0）中任选一个作为备选方案。问题是在不同的备选方案情形下，回应者对于（8，2）的方案会如何做出反应（见表2-6）。每一个备选方案［在出价方案为（8，2）时］都会使回应者对提议者的动机产生一个心理学上的评价。在备选方案为（5，5）时，提出方案（8，2）是相对不公平的，提议者的动机是自利的。在备选方案为（10，0）时，提出方案（8，2）表明提议者的动机是善意的，是想让回应者能获得一定收益而不是零。在备选方案为（2，8）时提出方案（8，2）说明提议者必须在两个不对称的方案中进行选择并且选择了对其较好的方案（如果有人可以代替她，她是不会有持有棍子较短一端的动机的）。

表 2-6 中分别给出了提出和拒绝方案（8，2）的相对频率。在备选方案不同时，对（8，2）的拒绝频率是显著不同的，这说明"动机"因素在起作用。当备选方案是（5，5）时，有接近一半的回应者拒绝了（8，2）的方案。当备选方案是最自利的（10，0）时，只有10％的回应者拒绝了（8，2）的方案。而提议者似乎也预期到会出现这种在拒绝频率上的不同，因为当备选方案是等额的（5，5）时，只有三分之一的提议者提出了（8，2）的方案，但是在其他情形下却是大部分提议者提出（8，2）方案。由于忽略了备选方案的影响，因此仅用最终节点收益作为效用函数的变量来评价社会性偏好是不全面的（见 2.7 节）。

表 2-6 不同备选方案下的最后通牒博弈

备选方案	对选择（8，2）的解释	拒绝（8，2）的比率	出价为（8，2）的比率
（5，5）	相对不公平的	0.44	0.31
（2，8）	不愿牺牲自我的	0.27	0.73
（8，2）	中性的	0.18	—
（10，0）	相对公平的	0.09	1.00

资料来源：Falk, Fehr and Fischbacher（待出）.

小结

对简单博弈的结构进行改变对于理解和推断在复杂情况下的博弈情形非常具有帮助。让比赛获胜者具有成为提议者的权力会使提议者的出价降低。而当你知道你将把金额分给谁并且听过他的谈吐后，这会提高独裁者博弈中的平均出价，并且许多人分出的钱数超过总金额的一半以上。（靠救济金生活的行为人会了解到这些，当他们看到有关灾难和饥饿的悲剧性照片时会产生一种"同命相怜"的感觉。）当回应者不了解所分总金额为多少时，他们通常会接受较小的出价，因为他们怀疑一个较小的出价可能是从较小总金额中分出的一个较为公平的额度，因此他们不愿拒绝这样的分配（即使这种分配可能是一个大额总量的较小部分）。提议者通过较小的出价可以从回应者这种"怀疑心态"中获益。

多人博弈表明社会性偏好不是基于某人对其他参与者总体慷慨程度的判断，而是基于其他参与者对此人公平程度的判断。比如，在三人最后通牒博弈中，具有主动性的回应者在被动的第三方获益很少的情况下仍旧会接受提议者的出价。

当提议者内部或回应者内部存在竞争时，具有公平心的参与者没有办法既获得收益又实施公平，因此实际博弈结果与理论上推断的自利结果是一致的（实践与理论保持了一致）。但这并不意味着市场中的参与者本身是自私的。这仅意味着在一些交易制度下无法表达对公平的社会性偏好，因此只有对获得更多收益的偏好被表达出来了。

一些研究表明动机（备选方案在心理学意义上施加在已选方案上的影响）会产生一定的作用。在具有竞争压力的最后通牒博弈中（获得较高收益的提议者可以参加下一轮的博弈），为了能继续参加博弈是提议者出价较低的一个借口，因此回应者接受了较低的出价。回应者会更愿意接受由某种随机方法而决定的不均等方案而不是接受由提议者提出的不均等方案，因为提议者这么做是为了从中获利。他们更愿意对损人利己者进行惩罚而不是仅仅反感不等额的分配。

这些结论中有许多是还未定论的。它们需要多次研究并且需要更深入的探索，因为它们在经验上给关于社会性偏好的理论带来了很多限制。好的理论不应该只能解释参与者为什么会拒绝一个最后通牒出价。这些理论还应该能够解释为什么随机产生的出价更多地被接受，为什么不同的备选方案会影响拒绝行为，为什么提议者内部存在竞争时会把全部总额送给一个回应者，为什么回应者并不关心被动的第三方能获得多少等等问题。一个理论如果能够广泛解释这些现象，那么它将在诸如对组织交易的设计、对家庭内部纷争的解释、对日常生活中公平与公正概念的理解等等问题上发挥作用。这些现象还给我们这样一个启示，即把一些来自心理学和社会学中的变量因素用博弈理论的语言进行表达，这样也许可以使社会科学中的某些方面归并起来。

2.7　信任博弈

信任是一个很难定义的概念，它牵涉到许多学科。婚姻协调者所关注的是如何在绯闻之后重建信任关系。社会学家感兴趣的是社会网络如何产生或抑制信任关系。经济学家强调信任是减少交易成本的一种方法，是经济的"润滑剂"（比如 Arrow，1974）。无论何时，如果从一项交易中可以获利，则任何能确保交易另一方获取应得份额的规章制度都会使生产效率得到提高。合法契约、第三方担保（比如与受托人具有朋友关系的人可以对受托人的信誉进行担保)、家庭稳定性，以及来自惩罚的威胁可以提供担保，但却要支付一定的成本。而信任是廉价的，故很容易遭到破坏。

发展经济学家和批评家们认为，信任程度（或称"社会资本"）的差异可以解释为什么一些国家或文化区域十分富裕而其他地区却仍在奋争。比如，奈克和基福（Knack and Keefer，1997）对不同的国家进行研究，发现在经济增长和公民信任程度（即通常会信任别人的公民占总人口的比例）之间存在一个很强的联系。这种解释是否令人信服要看对信任和社会资本的实际衡量。但是，正如普特南姆（Putnam，1995）所惋惜的："由于在有关社会资本的理论中，信任处于相当核心的位置，因此我们需要找到能够显著代表社会信任或不信任倾向的行为现象。然而我却发现没有这种在行为上的衡量方式。"

这里举出了一些有关信任的例子：

1. 当我从芝加哥来到艾奥瓦州立大学进行访问时，那里的人们经常会让我感觉到在小城市中人与人的关系是多么友好和睦，而绝非像在大都市中那样。我的房东在送我去机场的路上车子出了毛病。他把车子拖到邻近的一个农场，很无助地打量着车盖内的一切。这时一个农夫从他的卡车上跳了下来，想要过来看看究竟出了什么问题。我的房东并不认识这个农夫，他对这个农夫讲到他必须尽快把我送到机场。于是这个农夫就把他的卡车借给了我们。在我们跳上卡车之前，我的房东把他的车钥匙（一辆漂亮的需要修理的宝马）递给那个农夫作为担保。可是那个农夫却说："嗨，你自己拿着吧。我可不知道我能用这串钥匙做什么。等你回来后我们再对你的车想办法吧。"

2. 东京的失物招领中心以其为失主找回失物的能力而知名（《洛杉矶时报》，1999b）。约有72％的失物（折为价值计算）被返还到物主手中，这其中包括一个装有9万美元现金的提包。在他们的社会中具有这样的传统，即教育儿童要把拾到的失物上交到警亭，并且要能够对失主的心情和由此带来的直接影响产生同情心（根据法律和社会传统，物主必须把失物价值的5％～20％作为酬金付给拾到的人）。

3. 为什么厂商在经济衰退时更愿意裁员而不是降低工资呢？由于工人是风险规避的，他们宁可接受降低工资，因此厂商选择裁员的确让人迷惑不解。而经理们却无情地依据这样的事实即当工资下降时工人会变得不安。由于工人对于是否努力工作具有较大的选择余地，因此保持工资不降低是一种确保工人继续努力工作的措施（参见

Bewley，1999a）。类似地，尽管"反毒品运动"不断高涨，并且在20世纪90年代末失业率持续下降，但是厂商们也不愿对员工进行毒品测试，因为"毒品测试，尤其是在没有特定原因的情况下，会使员工觉得不受信任，并且如果这导致了对公司的负面印象，可能还会引起公司内的后院失火"（洛杉矶时报，1999a）。另外，虽然毒品测试主要是在下层的蓝领和白领工人中进行，并且使用毒品确实会影响诸如影片执导、外科手术、华尔街的人工交易和警察等职业的效率，但是厂商却认为强制性的毒品测试会使这些高层次的职业人员感到不安并且会破坏信任。

4. 这种非契约的互惠甚至会在以贪婪和无情著称的领域出现。比如在好莱坞，当电影《泰坦尼克号》的拍摄费用大大超过其预算时，许多批评家预言这将是电影史上最大的骗局。导演詹姆斯·卡梅隆放弃了他应得的部分薪酬并降低了"收益率"（票房收入的一定比例）来缓解制片总监的不安（有关发送信号的一个经典例子，见第 8 章）。于是这部电影的摄制成本在电影史上排到第三，而卡梅隆放弃的薪酬和所降低的收益使他损失了 5 000 万美元。基蒂（Giddy）的制片总监因此对他支付了历史上最高的回扣来作为对他所损失的收益的返还。这种对高薪导演的加薪过去从未发生过，因为这部影片大受欢迎而制片公司希望导演能够为他们带来更多的成功（这用重复博弈模型可以进行解释）。而最为特别之处在于卡梅隆放弃薪酬的事实。制片人对他的支付显然是对他放弃薪酬的偿还。

伯格、迪克豪特和麦凯布（Berg，Dickhaut，and McCabe，1995；而较早为 Camerer and Weigelt，1988）提出了一个漂亮而简单的博弈模型来度量信任的程度。在他们提出的博弈中，投资者拥有 X 的资产，他可以继续持有这些资产或进行投资。假设他投资了 T 并保留持有$X-T$。这部分投资额 T 可以获得一个收益率为 $(1+r)$，于是收益变为$(1+r)T$。而另外一个博弈参与者，即投资代理人，必须决定如何与投资者分享这部分新资产 $(1+r)T$。（投资代理人所要进行的是一个独裁者博弈，但是初始投资额是由投资者决定的。）假设投资代理人留下了 Y 而把 $(1+r)T-Y$ 返还给投资者。于是代理人的总收益为 Y 而投资者最后总资产为 $(X-T)+(1+r)T-Y$，即 $X-Y+rT$。

在该博弈中，信任是指愿意相信对方会与之在某种风险活动中互惠

（对方也是要付出一定成本的）。信任是有风险的，因为投资者会因为没有获取足够的回报而对自己的委托行为感到后悔。[16] T 体现了信任的程度。而获得的回报 $(1+r)T-Y$ 体现了值得信任的程度。如果参与者最大化其收益，则投资代理人会保留全部 $[Y=(1+r)T]$；该博弈中具有道德风险和隐藏性行为（hidden action），而这些不能被契约所杜绝。考虑到这一点，一个自私的投资者会保留所有的资产而不会进行任何投资。

信任必然是有风险的。而值得信任的程度必然是与代理人的自私相悖的，它可以用于检验人们是否愿意牺牲自身的利益来满足一定的道德责任。[17]社会学家和心理学家通常指责这个博弈并没有抓住所有跟信用有关的东西，因为这个两人一次博弈并没有包括诸如亲缘关系、社会约束、交往程度以及其他许多重要的可以增进或弱化信任程度的因素。然而很清楚的一点就是——该博弈需要的只是纯粹的信任概念。另外，这个博弈还提供了一个清楚的标准，就像一个可以套上各种衣服的金属模特一样。根据这个标准，处于更复杂情况下的信任也可以相比较。

信任博弈的研究发展得很快。伯格、迪克豪特和麦凯布（Berg, Dickhaut，and McCabe，1995）对信任博弈进行了实验，其中初始总资产为 $X=10$ 美元，回报率为 $r=2$，并且使用一个信箱来保证"彼此未知"。其实验结果如图 2-2 所示。根据投资额的多少，条形码由左至右进行排列。每个条形码上的空心圆代表投资额（T）。条形码的高度代表投资加收益的总额（$3T$）。实心圆表示代理人给投资者的回报额。如果实心圆位于空心圆之上，则表明信任被偿付了。平均来看，投资者一般会将总资产的

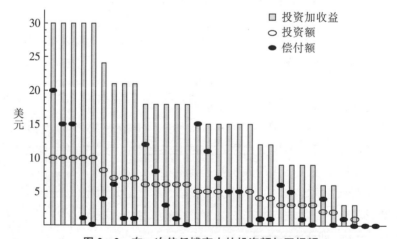

图 2-2   在一次信任博弈中的投资额与回报额
资料来源：依据 Based，Dickhaut，and McCabe（1995）的数据而做。

50%进行投资；32 个人中有 5 个人把总资产全部进行了投资，而只有两个人一点也没有投资。平均的回报额为投资额的 95%（或者说，是条形码的 1/3），然而离散程度是很大的——有一半的代理人什么也没有返还给投资者或者侮辱性地返还 1 美元。对信任的返还约为零的情况看起来是很多的（可参见 Bolle，1995）。

伯格等人所做的有关信任和值得信任的博弈实验是在明尼苏达州的一些学生中进行的，在其他一些地方进行的实验得到了类似的结果，但伴随着一些有趣的不同之处。在马萨诸塞州，奥特曼、费茨格拉尔德和伯因（Ortmann，Fitzgerald，and Boeing，2000）用与伯格等人稍有不同的设计方案来进行了实验，通过询问实验对象的预期收益并告知他们有关别人的所为来影响实验对象本身的行为。其结果是，博弈中的投资额是总资产的 40%～60% 不等，而回报率平均为投资额的 110%。科福特（Koford，1998）发现保加利亚的学生信任程度非常之高[18]，投资额为总资产的 70%并且回报率为 150%。他认为，保加利亚人之所以如此相互信任，其原因是他们对当局的信任程度很低。威灵格、劳曼和乌苏斯涅尔（Willinger，Lohmann，and Ususnier，1999）发现法国人相互的信任程度较德国人来说是很低的，但他们都返还了约投资额的 40%。恩斯明格（Ensminger，2000）发现在肯尼亚的奥玛地区，牧人之间信任和值得信任的程度是较小的（见图 2-3）。在图 2-3 中，实心圆表示返还额高于投资额（即信任被偿付了）；空心圆表示返还额低于投资额。奥玛的牧人平均把 50 货币单位中的 40% 用来投资——只有一个人投资超过了总资产的一半；而他们只返还了投资额的 55%（因此在图 2-3 中多为靠近 X 轴的空心圆）。注意到肯尼亚被认为是世界上最腐败的国家之一（这是通过所谓

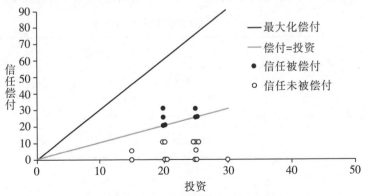

图 2-3 在肯尼亚进行的一次信任博弈中的投资额与回报额
资料来源：依据 Ensminger（2000）的数据而做。

的"透明"指数来衡量的，这些指数对行贿范围、高层腐败和黑市交易的程度进行推测），因此这个简单博弈也相应地表现出了低水平的信任程度。

雅各布森和萨德里耶（Jacobsen and Sadrieh，1996）在德国进行了一个信任博弈实验，其中实验对象分为三组进行选择并且他们的讨论被录制了下来。他们把总资产的 60％用于投资并且得到了 110％的偿还。在他们的讨论中，所有的由投资者构成的组所关心的是通过投资能获得更多收益的机会的大小，并且大部分人讨论的是到底把总资产全部用来投资还是分文不投，同时有一半的人谈论到是否应该对代理人表现得慈善和慷慨。而所有的由代理人构成的组谈论的是与投资者的互惠问题（经常用到德文词汇 honorieren）。这些参加实验的学生都明确地注意到在一次匿名博弈中有可能发生道德风险（虽然有些人幻想在实验后有实施惩罚的可能性），这使得人们对流行的假设（认为行为人在一次博弈和重复博弈之间没有区别）产生怀疑。

斯尼基德斯和克伦（Snijders and Keren，1998）通过改变双向选择信任博弈的支付情况来进行实验，其结构（以标准形式）见表 2-7。如果信任没有被偿付，投资者将获得一个 S 的收益，而代理人可获得一个最高的收益 T；其中 S 要低于当投资者不信任代理人时①双方所能得到的保障金 P（正像因徒困境博弈中的弱智支付一样）。如果信任被偿付了，则双方均获得 R（是大于 P 的，于是这种互惠的信任对双方都有益处）。斯尼基德斯和克伦还从一个关于"社会取向"的简单模型中得到了一些命题，形如 $u_i(x_i, x_j)=x_i+\alpha_i x_j$，这些命题为埃奇沃思（Edgeworth，1881）所提出，并在 20 世纪 70 年代通过使用社会心理学的方法进行了一些扩展研究。[19]

表 2-7 在一次信任博弈中的支付

投资者行动	代理人行动	
	回报信任	不回报信任
不信任	P, P	P, P
信任	R, R	S, T

资料来源：Snijders and Kerens（1998）.
注：S<P<R<T。

① 即不进行任何投资。——译者注

该模型进行推断，认为当"风险程度"$(P-S)/(R-S)$ 较高，并且"诱惑程度"$(T-R)/(T-S)$ 也较高时（当然，风险程度极有可能是受到预期诱惑程度的影响），信任程度将较低，而参与者在诱惑程度较高时是不太愿意对信任进行偿付的。[费厄-斯科米德特（Fehr-Schmidt）关于规避不均等的模型也指出诱惑程度 $(T-R)/(T-S)$ 是决定代理人行为的关键因素，见下面的 2.8.2 节。[20]]

通过三十六个不同的支付结构，我们对"信任程度"（一个虚拟变量）进行 Probit 回归，发现风险程度具有很强的效应，而诱惑程度所引起的效应则较小。（持有器官捐赠卡的实验对象会更愿意信任对方。）而对虚拟变量"偿付信任程度"进行回归，发现诱惑程度 $(T-R)/(T-S)$ 具有很强的效应（正如他们和费厄-斯科米德特的模型所推断的那样），并且还存在一个较弱的性别效应（男性通常比女性较为不被信任）。一个重要的事实是，在每个博弈中吸收一个虚拟变量对提高拟合性是微乎其微的，这意味着最终所有由支付变量产生的效应都可由对风险与诱惑程度的度量中看出。

范·哈依克、巴特里奥和沃特斯（Van Huyck, Battalio, and Walters, 1995，2001）研究了一个信任博弈，在其中，一个佃农必须决定种植多少（根据一个可变的回报率 r），而一个独裁的地主将决定通过"收租"来获取多少收成。他们研究了三个条件下不同的结果。第一种条件被称为地主具有决断的条件，在佃农做出决定之后，地主将提出一个地租率（与上文中的信任博弈类似）。佃农认为他们不能相信独裁的地主，因此他们种植得很少（投资的中值为零），而地主通常会夺走所有的收成。[21]在另一种条件下，如果独裁的地主可以预先担保一个地租率，那么他们通常会选择可以引致有效种植数量的地租率并且使双方都能获得一定的收益。这时，虽然在回报率 r 较高时地主与佃农分享收成的公平性比预期的要高，但投资的中值却为 100% 并且地租率的中值接近有效水平。在第三种条件下，独裁的地主会在意他的信誉，并且具有判断力，但总是与同一个佃农相遇（其连续概率为 5/6）。在这种条件下，由于地主想要塑造良好的信誉，因此使得博弈结果相较于前两种条件更为折中，并且在不同时期有某种接近最优的趋向。这些结果是非常重要的，因为他们发现在第一种条件下的信任程度是最低的，而引入信誉条件可以部分代替预先的担保条件。

2.7.1　值得信任只是利他主义吗？

代理人对投资者的偿付通常被认为反映了代理人对投资者的道德责任

或直接互惠行为，因为代理人的获益意味着投资者为此而担负一定的风险。但是这个结论只有在如下情形下才是对的，即代理人从 X 中分给投资者的份额必须大于在一个总额为 X 的博弈中由独裁者分给对方的份额，在该博弈中 X 的总额并不是由投资活动而获得的。令人惊讶的是，有两项研究表明在代理人对投资者的偿付中只有一小部分是由代理人的直接互惠动机带来的。

达夫文伯格和格尼茨（Dufwenberg and Gneezy，2000）研究了这样一个信任博弈，在其中投资者可以让代理人在他们之间分配 20 荷兰盾，或者接受一个外部收益使自己获益 x（范围为 4 到 16 荷兰盾）而不给代理人任何收益。研究发现代理人偿付的平均值为总额的三分之一，而在一个所分总额为 20 荷兰盾的独裁者博弈中独裁者分出的份额均值为 30%，因此并没有显著性的不同。另外，代理人偿付的额度并不是显著地依赖于投资者确定可以获得的外部收益 x。

考克斯（Cox，1999）也对信任偿付 $r(3t)$（给定投资额 t，由代理人决定偿付的多少）和独裁者博弈中的从 $3t$ 中分出的份额进行了比较。（就是说，独裁者博弈中的总金额与信任博弈中代理人的可偿付额是相等的。）在偿付额和分配额之间的差异 $r(3t)-d(3t)$[①] 显著为正（1.2 美元），但是却不大（约为 10%），这表示直接互惠效应是很小的。考克斯还对个人的选择与他们稍后作为三人组成员时的选择进行了比较。在三人组情形下，偿付额是较少的，并且显示出由最不受信任者和最受信任者带来的影响是不对称的。

2.7.2 间接互惠、因果报应与文化

在讨论过的所有信任博弈中，投资者知道他们的代理人会给他们回报（或不会给他们回报）。但是许多社会交易是间接的。比如，对于官僚、厂商雇员或在家庭内的夫妻之间，经常会有这样的默认，即当代理人不在场时，他或她所同意进行的偿付可以被他或她的配偶、同僚或雇员所保证。

为了度量这种"间接互惠"的强度，有这样两个实验进行了研究，想要弄清当投资者知道偿付他的人不是他起始的代理人时会发生什么。巴肯、格罗森和达乌斯（Buchan，Croson，and Dawes，2000）采取了三种实验条件。

---

① 原文为 $r(3t)-3t$，疑误，应为 $r(3t)-d(3t)$，d 为独裁者应分出的比例。——译者注

1. "两人"条件，这是标准方法，只是对上文中许多研究的复制。

2. "四人"条件，其中有两个投资者和两个代理人，但是每个代理人对另一个代理人的投资者进行偿付，即 A 的代理人为 B，C 的代理人为 D，但是 D 对 A 进行偿付且 B 对 C 进行偿付。①

3. 社会条件，其中投资者与代理人分别在不同的房间里，并且对每个投资者进行偿付的代理人是随机的。

在"四人"条件与社会条件下，模型含有这样一个前提即进行偿付的道德责任是为众人所接受的，就好像投资者相信"因果报应"一样（善行最终会被另一个人以善行进行偿付）。正如盲目信任一样，经济学家也认为因果报应是很愚蠢的想法，然而却有许多宗教含有与之类似的概念；并且人们应该注意到在一个广泛信奉因果报应的社会里，其生产率要比那些没有这种信奉的社会高得多。

巴肯等人还在不同国家分别研究了信任程度是如何从"两人"条件到"四人"条件再到社会条件而逐渐下降的（这些国家包括美国、日本、韩国和中国）。他们之所以对这些国家产生兴趣，是由于受如下观点的影响，包括认为日本 20 世纪 80 年代在经济泡沫破灭之前，其社会信任程度是导致经济高速增长的原因之一；认为在非市场化的中国其社会信任程度可能会较低，并且在亚洲国家，家庭和合伙人是重要的经济单位。

表 2-8（把每种跨国度量结果集中起来，这些结果是类似的）显示中国人是最信任对方并且也最值得信任的，而日本人是最差的。总体上看有 60% 的总资产被用于投资，而偿付额为投资额的 105%，与上文中显示的其他研究结果非常接近。虽然代理人在不知道其偿付对象的情况下仍坚信因果报应，但是大部分国家的信任及偿付程度在"四人"条件和社会条件下确实有很大下降。

表 2-8 在三种条件下的信任博弈结果（对四个国家交叉实验）

国家	"两人"	"四人"	社会	总体
投资比例				
美国-中国	0.76	0.49	0.49	0.54
日本-韩国	0.51	0.48	0.28	0.41
均值	0.64	0.48	0.39	0.47

---

① 原文为 C 对 B 进行偿付，疑误。——译者注

续表

国家	"两人"	"四人"	社会	总体
投资与收益之和中被返还的比例				
美国-日本	0.28	0.13	0.11	0.15
中国-韩国	0.41	0.25	0.18	0.25
均值	0.35	0.19	0.15	0.20

资料来源：Buchan, Croson, and Dawes (2000).

达夫文伯格等人（Dufwenberg et al.，2000）也对"二人"条件和"四人"条件进行了比较（他们分别称之为直接互惠和间接互惠），并把投资收益率定为 $r=2$。在两人条件下，他们又增加了一个不完全信息条件，即投资收益率可能为 $r=1$ 或 $r=3$（代理人确切知道收益率的值，而投资者只知道收益率有这两种可能），以此来看代理人是否会假装得到了一个较小的收益率而偿还给投资者一个较小的值（就像我们在最后通牒博弈中观察到的那样）。其结果在表 2-9 中显示了出来。信任与偿付在各种条件下都无实质性差异，并且与较早的研究结果相似。

表 2-9　在"两人"条件下和"四人"条件下的信任博弈结果

	完全信息条件		不完全信息条件"两人"
	"两人"	"四人"	
投资比例	0.60	0.53	0.55
返还比例	0.28	0.37	0.26

资料来源：Dufwenberg et al. (2000).

森南和斯格拉姆（Seinen and Schram，1999）受到生物学上的启发，即一个有机生物是如何凭借其"表征"（可观察到的合作记录）来吸引其他有机生物与之合作的［比如 Nowak and Sigmund (2000) 对间接互惠进行了研究］。这个思想与重复博弈中的均衡是类似的，在其中参与者 i 预期一个将来的未知参与者会与其产生互惠行为，而该未知参与者则根据 i 是否对他进行一定的捐献来决定是否也给 i 一定的回赠。在每一时期，一个参与者可以捐给另一个随机的参与者 250，但自身要付出 150 的代价。[22]在有博弈历史的情况下，参与者被告知他们的目标接受者最后六次的选择行为（并且知道他们自己的选择历史也会被公布）。在无博弈历史的情况下，则没有博弈历史被告知。

表 2-10 显示如果自身的博弈历史被公布，会产生非常大的效应，使捐献率从 25% 升到 70%（Wedekind and Milinski，2000，重现了这个结

果）。表中间的两列显示捐献者的捐献率在该捐献者自己的历史中有很大增加（这反映了个人特点的持续性：一些捐献者愿意捐出很多而其他人却不是这样）。右边一列显示了捐献者更愿意捐给那些近来有捐献行为的接受者。从跨时期来看，捐献额也存在一个较小的衰减（正如在大部分遭遇陌生者的公共物品博弈中那样）。利用个人特点差异来预测其将来的捐献，有 75％ 的准确性。

表 2-10　在高成本条件下的捐献率

过去各期的捐献	历史条件		
	捐献者		接受者的捐献历史
	公布历史	无公布历史	
过去 6 期的 0 期	0.02	0.00	0.24
过去 6 期的 1 期	0.42	0.21	0.45
过去 6 期的 2 期	0.48	0.31	0.51
过去 6 期的 3 期	0.65	0.44	0.60
过去 6 期的 4 期	0.71	0.58	0.73
过去 6 期的 5 期	0.78	0.70	0.77
过去 6 期的 6 期	0.85	0.98	0.94
总体	0.70	0.25	

资料来源：Seinen and Schram (1999).

2.7.3　一个复杂的综合博弈

麦凯布、拉森蒂和史密斯（McCabe，Rassenti，and Smith，1998）用一个复杂的"大树"博弈来显示了互惠的概念。在本书中，许多实验（尤其是本章中的）在设计上遵循一个分解原则：如果博弈理论的预测结果与实际不符，那么就把其中引起这种不符的因素分离出来，另外设计一个博弈加以研究。[23] 而下面将要提到的"大树"博弈则体现了一个反过来的设计形式：采用一个复杂的博弈，在其中有许多因素同时起作用。表 2-11 的顶部描述了支付结构。[24] 参与者 1 或者选择一个外部收益，这将使博弈结束（这是令人厌恶的并且极少被选择），或者让参与者 2 进入行动，参与者 2 将选择左边或右边的分支（即表 2-11 的左半边或右半边）。选择右边使得参与者 1 有机会到达（30，60）的节点或把行动权传递给参与者 2，参与者 2 可以选择（40，40）或把行动权又传递给参与者 1，此时参与者 1

会面临两个糟糕的选择 [（15，30）和（0，0），其中（0，0）在表中略去了]。选择左边使得参与者1有机会选择（50，50）或把行动权传递给参与者2，参与者2此时可以选择（60，30）或把行动权又传递给参与者1，让其在（20，20）或（0，0）（也在表中略去了）中进行选择。假定行为人是自私的，则子博弈完美均衡（以斜体字表示）是：参与者1拒绝外部收益，参与者2选择右边的分支，接着参与者1把行动权传递给参与者2，参与者2选择（40，40）。但是要注意到，如果参与者2选择左边分支，并且参与者1选择（50，50）作为结束点，则两个参与者都可获得50的收益 [虽然如果参与者1相信参与者2会选择对参与者1有利的（60，30），他会传递行动权]。这个基于互惠的结果用黑体字标了出来。该博弈的另一种形式被称为博弈2，该博弈在左边分支（50，50）和（60，30）附近不断摆动，于是（60，30）先出来时就可以被参与者1立即选择。

表 2-11　在多行动博弈中各种选择的条件频率

参与者行动	支付（上面对参与者1，下面对参与者2）					
	左分支			右分支		
	1	2	1		1	2	1
	50	60	20		30	40	15
实验方式	%左	50	30	20	%右	60	40	30
一次博弈（1）	43	**0.85**	0.08	0.08	57	—	*0.94*	0.06
一次博弈（2）	46	**0.50**	0.50	—	54	0.00	*1.00*	—
重复（1）	82	**0.88**	0.04	0.06	18	0.04	*0.85*	0.05
重复（2）	62	**0.84**	0.16	—	38	0.17	*0.70*	0.13
私人支付信息（1）	16	**0.43**	0.56	0.02	84	0.14	*0.84*	0.02

资料来源：McCabe, Rassenti, and Smith（1998）.
注：子博弈完美结果用斜体字标出；互惠结果用黑体字标出。

　　他们的博弈使得自私的子博弈完美结果 [右分支，（40，40）] 与带有互惠特点的结果 [左分支，（50，50）] 产生了对立。他们的论文对于博弈理论的细节是非正式的。作者把"一次"博弈与重复相遇博弈（简称"重复"）进行了比较。另外在其中的一次实验中，让每个参与者只知道他自己的支付（"私人收益信息"），因此社会性偏好和互惠行为是不可能出现的。

表 2-11 显示了参与者 2 在总体上选择左分支或右分支的频率，以及每一个另外可能收益的条件频率。在一次博弈中，带有互惠特点的均衡以及自私的子博弈完美均衡出现的频率经常会达到一致，而互惠行为在重复相遇博弈中出现得更多。然而，当只知道私人收益信息时，互惠行为大幅减少，子博弈完美均衡（40，40）总是会达到。

2.7.4　多阶段信任博弈

在多阶段博弈中，信任通常可以在重复博弈中为了建立声誉而得到维持，因此多阶段博弈中的信任并不是盲目信任的证据，故其研究角度也与本章不同。但是我们将在第 5 章及第 8 章中对一些多阶段信任博弈实验进行描述，而在这里有两个关于蜈蚣博弈的研究是值得我们关注的。

蜈蚣博弈是一个多阶段博弈，其中参与者不断改变自己的行动。每个参与者可以"取走"，从而使博弈结束，并获得"饼"的一个百分比；或者该参与者可以"传递"行动权，从而使饼扩大，并让其他参与者获得"取走"或"传递"的机会。博弈会在一个末节点结束，在该点必须有一个参与者取走。因为存在这样一个末节点，所以自私的参与者总会在最后才取走。如果参与者进行逆向归纳，这将导致无解，即在任何节点上都可能出现取走。一个典型的结果（McKelvey and Palfrey，1992，参见第 5 章）是参与者将一直传递直到末节点的前两步为止。［在无限次重复囚徒困境博弈（可以被称为蜈蚣博弈的表亲）中是类似的。］

霍和魏格尔特（Ho and Weigelt，2000）进行了四次行动蜈蚣博弈，其中每次行动将使饼翻倍增加，参与者在每个节点可以尽可能多地得到他想要的，而末节点为（0，0）。实验对象给出了标准形式的策略（即预先决定应该在哪个可能节点上接受）。他们在中国、美国和新加坡（该国西化程度很高，是中美文化混合的国度）进行了实验。他们比其他实验中发现了程度更高的自私行为——约为 30%（50%）的参与者 1（参与者 2）在他们的第一个节点上取走，并且参与者拿走了几乎所有的饼（95%）。

拉波波特等人进行了一个三人蜈蚣博弈，其中有九个节点，且奖金丰厚（如果参与者总是能够选择合作，他们可以获得 1 500 美元的收益）。与霍和魏格尔特类似，他们也发现了与自私相一致的在较早节点的"取走"行为——三分之一的博弈在第一个或第二个节点结束。这两个研究产生了与麦克尔维和帕尔弗雷不一致的结果（还可见第 8 章的结果）。结果的不同可能是由末节点为（0，0）造成的。[25] 在拉波波特等人的研究中，同另外两人博弈而不是同另外一人博弈会在心理上形成显著的不同,因为这需要一个参与者必须信任另两人中的任何一个,并且要相信另两人之间也会彼此信任,等等。

2.7.5 在实验劳动市场上的礼物交换

费厄和他的许多合作者进行了关于劳动市场的一系列实验(在 Fehr and Gachter,2000b 中进行了描述)。他们的研究显示了一个稳定的、富有进取心的、累积的研究项目的长处和优点。在他们的模型中(比如 Fehr, Kirchsteiger,and Reidle,1993),厂商给工人提供的工资为 w,接受该工资的工人会以此来决定自己工作的努力程度 e。厂商将获得 $(q-w)e$,工人获得 $w-c(e)$,这里 $c(e)$ 是努力程度 e 在 0.1 到 1.0 之间的一个凸成本函数。市场上存在劳动的过度供给(8 个工人和 6 个厂商)。在他们的大部分实验中,厂商提出工资而工人决定是否接受(通常以一种随机规则)。厂商不能与特定的工人长期签约并且也不知道工人的身份,因此工人是无法建立个人声誉的。实验的期数是 10 到 20,以此来观察跨时期的均衡状况。

一旦工人被雇佣了,厂商不能控制工人的努力程度,而自私的工人会选择最低的努力程度(0.1)。考虑到这一点,追求利润最大化的厂商会支付市场出清时的工资为 1。一个可替换的理论是"礼物交换"(Akerlof, 1982):厂商会给予工人一个超过市场工资水平的"礼物"来激励工人超出他们原先的努力程度。这种礼物交换行为不是一个重复博弈均衡,因为工人与厂商在每一时期相遇都是彼此陌生的。如果工人会提高他的努力程度,这是因为工人会感到有某种社会原则或道德责任在促使他去这么做(这正是厂商所预期到的)。另外,工人提高努力程度 e 而给厂商带来的边际收益要远大于工人的边际成本,因此一个礼物交换行为会带来更高的工资、更高的努力程度和更高的收益。[26]

礼物交换与"有效工资理论"类似——厂商付给工人的工资高出市场出清水平,这样工人就会觉得如果怠工就会失去一些有价值的东西(工作租金),于是工人就受到了(有代价的)控制。在均衡之处,工人将不再会有怠工的动机。礼物交换和有效工资在实际的经验数据[27]中是很难被区分出来的,因此进行实验是个好办法。

一个较好的描述结果的统计量是"工作租金",$w-c(e)$,这是由厂商支付的工资决定的。在费厄和盖奇特(Fehr and Gächter,2000a)的研究中，努力程度在 1 到 10 之间变化，在厂商支付的工资水平上还要考虑一个假定的努力程度 e'。图 2-4 以厂商决定的工作租金 $w-c(e')$ 和真实的努力程度绘制了一个平面图。在没有怠工的障碍因素下（图中黑点所示），如果工人可得的工作租金越高，则工人会更加努力地工作，正如礼品交换理论所推断的那样（即使当奖金是月薪的两倍时也是如此；见 Fehr and Tougareva，1995）。

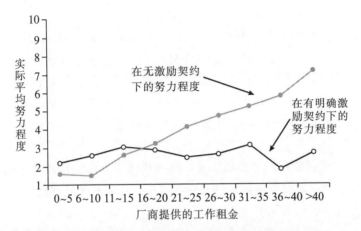

图 2-4　在具有怠工惩罚和不具怠工惩罚条件下的工作租金（努力工作的工资成本）及努力程度

资料来源：Fehr and Gächter（2000b），171 页，图 3；经由美国经济学协会批准引用。

注意到工人在每一期所遇到的厂商都不同，因此高程度的礼物交换不能被博弈论中的标准理论（比如建立声誉）所解释。然而，这些结果的范围还需要被彻底地界定。汉南、卡格尔和莫泽（Hannan，Kagel，and Moser，待出）指出在针对美国大学生的实验中，礼物交换程度要低得多，而查尼斯、弗莱奇特和卡格尔（Charness，Frechette，and Kagel，2001）发现当把一张清晰的关于各工资条件下的净收益和努力程度的列表展示给实验对象后，礼物交换的程度也会大为降低。

费厄和盖奇特（Fehr and Gächter，2000a）的研究中还在一种情况下加入了明确的对怠工的障碍因素（正如在标准的代理人理论中那样）。厂商会事先指出，如果工人工作的努力程度低于所要求的程度 e' 并且其怠工行为被发现了（被发现的概率为 1/3），那么他将接受一个罚金（有一个最高上限）。在他们的实验中，当面对罚金的最大值时，工人会选择 $e=4$。图 2-4 显示，实际上，当工人受到罚金的威胁时反而会降低工作的努力水平！他们的努力程度也不是对可得工作租金的回报。由于在一个有罚金机制的市场中仍会存在一定的怠工行为，因此厂商会通过收取罚金而获利更多，但是总剩余水平却降低了，因为工人工作的努力水平一直无法提高。这种标准的控制与罚金激励机制减少了总产出，因为如果让工人自己决定努力水平，虽然会有一定的道德风险，但是却实实在在地让工人以更努力地工作作为回报：并且通过厂商的利润函数我们可知，工人努力程度越高，则利润越高。换句话说，明确的激励机制却"挤出"了人们内生的自我激励。[28]

费厄、盖奇特和科奇斯德格（Fehr, Gächter, and Kirchsteiger, 1997）扩展了他们的实验方案，在实验中又加入了一个阶段，在该阶段厂商通过观察工人的努力水平可以对工人实施惩罚或奖励（除了可能的惩罚之外）。在这个第三阶段，厂商在 0 到 2 之间选择一个数字 p。厂商用这个 p 去乘以工人的工作租金 $w-c(e)$，因此工人要么得到一个额外的奖金（$p>1$），要么只能得到工作租金的一部分而受到惩罚（$p<1$）。对于厂商，选择一个远离 1 的 p 值需要付出更高的代价，因此利润最大化的厂商将永远不会实施奖励或惩罚。在只有两阶段的实验方案中（无乘数 p），想要激励工人付出的努力程度超过最大努力程度的 10％是不可能的事（因为预期罚金的最大值等于工人只付出 10％的努力而给他带来的效用损失）。厂商需要 30％的努力程度，但是大部分工人的努力程度却小于 10％。通过加入第三阶段的奖励/惩罚机制可以显著地提高工人的努力程度和利润水平。厂商需要90％的努力程度，而工人会以 80％的水平作为回应。厂商的确想通过选择 $p \neq 1$ 来实施惩罚或奖励。当工人怠工时（$e<e'$），他们不愿付出任何努力，而有超过半数的厂商选择一个较小的乘数（平均为 0.20）。当工人按照厂商所要求的努力水平去工作时（$e=e'$），有一半的厂商实施了实质性的奖励（平均为 $p=1.6$）。正如在费厄和盖奇特（Fehr and Gächter, 2000c）的具有惩罚机制的公共物品博弈中，有关惩罚的威胁和奖金的激励（虽然不能确信所有的利润最大化厂商都是如此）被恰当地得到利用，以使工人能付出较高的努力水平并且在交易中能获得较大的收益。

费厄和法尔克（Fehr and Falk, 1999）把研究做得更进了一步。他们早期的实验采用了一个订立支付的制度，反映了大部分劳动市场是如何运行的：厂商订立工资，而工人决定是否接受这份工作。费厄和法尔克采用了一个双向拍卖制度，其中双方都提出自己的要求。在一个完全契约条件下，实验者（在实验中扮演维护制度和确立契约的角色）确立一个努力程度。在一个不完全契约条件下，努力程度是不确立的。在完全契约条件下，工人工资要求的范围很宽，而厂商只会雇佣那些愿意在最低工资条件下进行工作的人（厂商没有必要通过超额支付来激励工人的热情，因为工人只是被要求做到厂商所要求做到的）。

图 2-5 展示了工人的工资要求（小横段）和厂商所接受的平均工资（点的连线）的时间序列，一共为十期，此时是在不完全契约条件下。在这种不完全契约条件下，工人之间为了争得工作而不断地降低自身的工资要求。但是厂商却坚持雇佣那些工资要求"最高"的工人。雇佣这些最"昂贵"的工人是因为这些工人通常会选择较高的努力程度，来"回报"厂商支付给他的超出边际工资的"礼物"。这些结果可以这样解释，即厂商知道通过付出一定的代价来雇佣较高热情的工人可以使厂商分享较高生产率所带来的利益。这个结果在实际经验数据中是很常见的（比如Krueger and Summers，1987）。

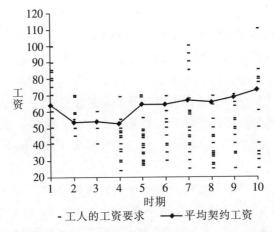

图 2-5　不完全契约条件下双向拍卖劳动市场上的工人工资要求（小横段）和厂商所接受的平均工资（点的连线）

资料来源：Fehr and Gächter（2000b），174 页，图 4a 和图 4b；经由美国经济学协会批准引用。

在上面所有的实验中，厂商无法得知工人的身份，也无法与同一个工人多次订约。布朗、法尔克和费厄（Brown，Falk，and Fehr，2002）在实验中增加了这样的条件，即厂商可以对特定的工人支付一个不公开的工资。在五期之内，有一半的厂商设立了这种不公开的工资。如果他们所雇佣的工人表现出足够的努力程度，那么厂商会经常地"提薪"，但是如果工人的努力程度是令人失望的（与厂商的期望相比较，这通常是观察到的），那么这样的工人将被"解雇"（并且不会被再雇佣）。一种两级劳动市场产生了，在其中一些工人和厂商会重复订约，这些工人为厂商努力工作而厂商也给他们支付丰厚薪酬，但厂商对其他工人则会支付一个较低的工资。这种关于不公开的特定工资的情况应该是一个非常有用的范式，可以对模型内外的很多情形进行研究，包括失业的刺激，以及其他不易理解的发生在实际劳动市场上的现象。

一个了解礼物交换实验内涵的方法是从两幅关于组织设计的图景开始着手的。厂商采取固定的激励模式，要求工人付出某一水平的努力，用罚金或解雇的办法来惩罚怠工行为，并且雇佣最"便宜"的工人。（这个梗概可以对手工劳动市场进行描述，因为手工劳动较易受到监督，比如服务行业的"麦当劳式工作"。）或者，相反地，厂商规避明确的威胁并且依赖工人的热情程度，于是可能会雇佣那些工资要求最高的工人。这些梗概与某些有关组织设计的文献中的论点只有很松散的一致性，这些文献对"X理论"与"Y理论"进行了比较，其中，前者认为工人本质上是懒惰的，必须受到激励和监督，而后者认为好的工作设计可以给那些愿意从出色工作中得到满足感的工人带来动力，并且如果这些工人觉得对"他们"的公司有某种道德责任的话，那么他们将不会依赖于以投机取巧获得利益。大部分经济模型基于令人沮丧的X理论，并且研究契约如何可以使道德风险降至最小。而实验结果却表明可以轻易地创造出这样一个实验性的理论世界，在其中道德风险可以用某种互惠原则来解决。更进一步说，在互惠存在的前提下，用激励机制来解决问题会导致弊大于利，因为这会杜绝互惠带来的利益效应。

一个关于高科技如何成功产生的谨慎的研究表明，一个"软"的礼物交换模型可以对实际情况解释得很好。巴朗、汉纳和波顿（Baron, Hanna, and Burton, 2001）把175家硅谷厂商按不同的组织设计形式分为若干个类别，该研究在20世纪90年代持续了好几个年头。大概有五分之一的厂商使用了一种"约定计划"，在其中，招聘与续聘主要是看某个员工在该公司这个"社区"里的适应程度，并且这里的工人只受到同事与公司文化的影响和协调（而不是受到监督或正规的管理）。大部分CEO认为这种社区型的公司是最应受到推崇的。而实际上这些公司也最容易获得成功（或者说很快为公众所熟知）。

小结

在一个纯粹（或彼此身份不明）的信任博弈中，投资者把一部分钱委托给一个代理人进行投资，而他却从未了解过这个代理人或与其交谈过，并且也将不会再次相遇。这个投资是会获得一定收益的。于是代理人将决定把这部分收益中的多少来作为给投资者的回报。这是一个经典的含有道德风险的博弈，因为代理人的回报并没有以契约形式所限定。在大部分的实验中，实验对象大概把他们禀赋的一半（但在范·哈依克等人的农夫-独裁地主的博弈中却是个例外，在那里几乎没有信任；而在肯尼亚，人们投资约为禀赋的 1/4）作为投资。而偿付一般与初始投资额持平或比初始投资稍少一些（即信任不是恰好偿付的）。代理人进行偿付是因为他们可能感到有某种道德上的责任，或（换句话说）是因为投资者的风险行为可以使他们双方受益，因此他需要对投资者有某种互惠举动。然而，在两项研究中，代理人仅仅偿付了比投资额稍多一点的金额，这表明代理人的偿付主要是利他行为的结果，而由互惠举动带来的只是很少一部分。

在两人博弈中，信任与值得信任可以用情感联系来证明是合理的（即使是在匿名条件下）。当对你进行偿付的人不是你初始信任的人时，这种联系可能就会受到很严重的削弱。有三个研究显示了反例：存在某种实质性的间接互惠（极端的例子是因果报应），不过这种间接互惠很可能要比直接互惠弱一些。任何这种效应都表明"我和我的团体"可能对于解释实质性的间接互惠是一个较好的概念，但是在博弈理论中这很难作为一个自然的分析单位（传染效应除外）。如果经济学中未考虑团体意识的作用（参照 Akerlof and Kranton），那么可能会错失很多重要的东西。

礼物交换劳动市场是一个多人博弈，在其中厂商提出工资水平而工人（非厂商内部人员）考虑是否接受。然后工人决定他工作的努力程度，因为努力是要付出代价的，而厂商却无法对工人的努力程度进行监督和控制。如果假定人们是自私的，则会推断出工人会怠工，而厂商会预见到这一点，于是只支付一个最小工资。然而在这些实验中，厂商支付的工资很丰厚，而工人也很合作地努力工作。明确的激励机制（比如在怠工被发现后实施的惩罚）——这是教科书的解决办法——只会造成后院失火，因为这破坏了互惠机制。互惠机制可以很好地解决道德风险问题，而采取明确的激励机制而不是互惠，则相当于用更糟糕的办法来代替一个本来很好的解决手段。

2.8 理论

前面提到的规则可以这样进行解释，我们继续保留参与者最大化其效用的假定（并且提议者相信回应者会这样去做），但是我们要让效用能够反映出人们的社会性偏好（对他人所得的关心）。理论家担心——这是可被证实的——人们通过改变效用函数可以解释任何事情。一篇未发表的论文总结道："这个（结果）使我们的模型立足于一些未知的偏好，并且使随意扩展模型的幻想基于一些疯狂的呓语之上。"[29]

像这样的注解并没有意识到行为经济学家正在努力地使他们的工作具有建设性与简约性（以及这些工作与心理学相应的方面有多么不同）。我们的目的并不是仅仅通过改变效用函数来解释各种不同的结果，我们的目的是要找到一个简约的效用函数，这个效用函数能够体现人类的心理学特征，从而能使对许多现象的解释毕其功于一役，并且还能做出新的推断。

有一些理论是很好的代表。在早期的理论中，参与者对别人的商品束（Becker，1974）或效用（Edgeworth，1881）表示关注，或者通过对别人施以善意的行为而使自己内心感受到一股"热流"，这种感受与该行为在接受者身上产生的影响是相互独立的（比如 Andreoni，1990）。现代的理论可以不太严格地分为两类。许多理论把收益向量用一个社会性效用来代替。"规避不均等"的理论假定人们不仅在意其自身的收益而且还在意他们的相对收益（参见 Bolton，1991，第 4 章；Fehr and Schmidt，1999；Bolton and Ockenfels，2000）。查尼斯和拉宾（Charness and Rabin，2002）提出了一个"罗尔斯主义"的"我的-最少的-我们的"理论，在其中参与者不仅关心自身的收益，还关心最少的收益以及所有人的总收益。

还有一些理论认为，某个参与者会根据其他参与者的行为方式来考虑是正面还是负面地评价对方。拉宾的论文（Rabin，1993）是这方面的先驱（对照 Hirshleifer，1987）。萨莉（Sally，2002b）使用了一个类似的框架（在其中参与者可以选择一个"同情"水平，该水平可以影响效用）来研究柠檬问题中的共谋行为。列文（Levine，1998）提出了一个信号传递的解释方法，这与拉宾的理论联系得很紧密。达夫文伯格和科奇斯德格（Dufwenberg and Kirchsteiger，1998）以及法尔克和费希巴彻尔（Falk and Fischbacher，1998）把拉宾的观点延伸到扩展博弈形式。

现在我将简要描述有关的一些理论,并对这些理论所具有的直观特征进行比较。

2.8.1 纯粹与非纯粹的利他主义

关于社会性偏好理论的一个明显的出发点是认为某个参与者的效用会随着其他参与者消费或效用的上升而上升("纯粹的利他主义")。另外,某个参与者也许会通过对别人施以善举而获得效用("非纯粹的利他主义";Andreoni,1990)。

萨格登(Sugden,1982)注意到如果线性公共物品博弈(本章开头已讨论过)中的参与者具有社会性偏好,并且其效用函数为凹性,那么当其他人捐献较多时,该参与者效用函数中利他主义部分的边际收益就较低,因此具有利他动机的参与者会减少他的捐献值。(也就是说,如果其他人做出了利他的捐献,则本人就无进行利他捐献的必要。)而下文将要介绍的理论(其中参与者具有进行互惠或规避不均等的偏好)却得出了完全相反的结论:捐献与对合作的信念是正相关的。对捐献值的直接度量显示,约有一半的实验对象是"有条件的合作者"(如果别人捐献得多,那么他们也捐献得多),并且有约三分之一的人是搭便车者(Fischbacher,Gächter, and Fehr,2001;还可见 Groson,1999)。这种在信念和行为间的强相关与利他主义模型产生了抵触,但却对互惠理论提供了有力的支持。关于纯粹利他主义的理论之所以难于为人接受,是因为这些理论没能很好地解释为什么参与者有时会对别人做出不利的行为(比如拒绝一个最后通牒出价)而有时却又表现出利他动机(比如在独裁者博弈中的慷慨行为和在信任博弈中的互惠行为)。(或者想象一下浪漫的婚礼和痛苦的离婚,同样的两个人开始时彼此恩爱而最后却反目相向!)当然,想要"解释"这种转换是很容易的,只要把关于别人效用的系数的正负号做一下转换就可以了。但是一个好的理论应该能够用内生化的办法来处理问题,要基于博弈的结构和参与人的信念。(本节剩余部分所讨论的理论中有许多采用了这样的处理方式。)

2.8.2 "规避不均等"理论

费厄和斯科米德特(Fehr and Sohmidt,1999)提出了一个关于"规避不均等"(或称嫉妒和"内疚"[30])的模型,在其中参与者不仅关心他们自己的收益,还关心他们的收益与其他人收益之间的差别。参与者 i 对

社会分配 $X \equiv \{x_1, x_2, \cdots, x_n\}$ 的效用可以这样描述：

$$U_i(X) = x_i - \frac{\alpha_i}{n-1} \sum_{k \neq i} \max(x_k - x_i, 0)$$

$$- \frac{\beta_i}{n-1} \sum_{k \neq i} \max(x_i - x_k, 0) \qquad (2.8.1)[1]$$

这里假定 $0 \leqslant \beta_i < 1$ 并且 $\beta_i \leqslant \alpha_i$。参与者会本能地产生嫉妒和内疚的感觉：他们不愿意获得比别人低的分配（这时表现为嫉妒，以 α_i 衡量其程度），但也不愿（程度稍轻一些）获得比别人高的分配（此时表现为内疚，以 β_i 衡量其程度）。给定这些效用形式，费厄和斯科米德特运用标准的均衡概念得出了能用来解释实验结果的嫉妒和内疚程度的值。

在最后通牒博弈中，回应者应该会拒绝一个低于 $\alpha_R / (1 + 2\alpha_R)$ 的出价（这里 α_R 定义的是回应者的嫉妒程度）。提议者的出价依赖于内疚程度 β_P 以及他对拒绝临界值分布的预测。在具有提议者竞争的博弈中，若干个提议者向同一个回应者出价。正如前文所提到的，提议者迅速并确实地就把几乎所有的金额支付给了回应者。运用规避不均等的理论可以解释这个结果。那些出价不如别人高从而一无所获的参与者会感到嫉妒；而如果他们的出价比出价最高的参与者还要高的话，那么他们就可以获得收益，这时虽会感到内疚，但也比更高程度[2]的嫉妒感觉要好。因此如果 $\beta_i \leqslant \alpha_i$ 成立，那么他们就会选择越来越高的出价，于是在均衡时，他们会把几乎所有的金额给了回应者。要注意这个结果并不依赖于实验中提议者的人数（哪怕只有两个提议者也是如此）。

古斯、马尔尚和卢里尔（Güth，Marchand，and Rulliere，1998）研究了回应者存在竞争的情形。一个单一的提议者（比如一个垄断卖者）进行出价，而有两个或两个以上的回应者来决定是否接受。如果有超过一个人表示接受，那么提议者将随机地把分出额分给其中某个接受者。在有两个或超过两个回应者的条件下，费厄-斯科米德特证明存在这样一个均衡，在其中回应者会接受任何出价，而提议者在 $\beta_P < (n-1)/n$ 的条件下会出价为零，而最高的（完美）均衡出价是：

$$\min_{k \in \{2, \cdots, n\}} \alpha_i / (\beta_i + 2\alpha_i + (n-1)(1-\beta_i))$$

与提议者存在竞争的情形不同，在该博弈中，参与竞争的回应者的人数起

---

① 原文疑有误，α 和 β 似乎应该为 α_i 和 β_i。——译者注

② 注意 $\beta_i \leqslant \alpha_i$。——译者注

到了作用，因为提高 n 会使最小出价的分母变得更大，而同时也会降低最高可能出价的值。应该通过实验来比较参与竞争的提议者人数所能产生的效应（根据费厄-斯科米德特的理论这不会产生任何效应）与参与竞争的回应者人数所产生的效应（这会产生一定效应）之间的差别。

在公共物品捐献博弈中，如果参与者具有足够的内疚和嫉妒程度，那么捐献与有代价的惩罚就都会出现。假定参与者 i 贡献 $g_i \in [0, y]$，$G \equiv \{g_1, g_2, \cdots, g_n\}$ 并且获得收益为 $X_i(G) = y - g_i + m \cdot \sum_{k=1}^{n} g_k$，其中 m 是来自公共物品的边际私人回报。在该博弈的一个两阶段形式中（参与者可以决定是否对别人实施惩罚），当参与者捐献结束后，每个人将知道 G 的大小。参与者 i 可以对 k 实施一次惩罚，惩罚量为 P_{ik}，而做出惩罚的人付出的代价为 $c < 1$。[31] 不考虑社会性偏好的标准理论推断出在公共物品博弈中会出现完全的搭便车现象 （$g_i = 0$），并且在该博弈的两阶段形式中不会出现有代价的惩罚行为 （$P_{ik} = 0$）。正如在本章开头所提出的，虽然重复公共物品博弈的确会接近收敛于完全的搭便车行为，但是在可以实施惩罚的博弈中，仍旧会有少量的惩罚行为使得实质性的捐献行为接近一定的比例。（注意到惩罚的有效性可能还与实施惩罚的人所付出的代价有关——被罚者可能会感觉到福利损失，如果惩罚者跳出来给他一个教训的话。）

费厄和斯科米德特证明了当在公共物品博弈中存在嫉妒与内疚时人们行为所具有的几个特点。具有 $\beta_i < 1 - a$ 的参与者总会选择搭便车；如果 k 个参与者搭便车并且 $k > a(n-1)/2$，那么每个人都会搭便车；如果搭便车者的数量较小但足够的话，并且有足够的规避不均等的人 [对于 $\beta_i < 1 - a$ 的参与者还具有 $(a + \beta_k - 1)/(\alpha_k + \beta_k) > k/(n-1)$ 的特性]，那么搭便车者将什么也不捐献但其他人会捐献某个量 $g_k \in [0, y]$。在可以进行惩罚的博弈中，假定有 n^* 个参与者会有足够的内疚感 （$\beta_i \leqslant 1 - a$） 和足够的嫉妒感 [$\alpha_i > c(n-1)(1 + \alpha_i) - c(n^* - 1)(\alpha_i + \beta_i)$]。这些 "有条件的强求合作者" 保证了具有正捐献值的完美均衡可能会出现。这 n^* 个强求者将会愿意去惩罚搭便车者（这减少了他们收益中的不均等性，因为这会使受罚者受到的伤害大于惩罚者在实施惩罚时付出的代价），这保证了人们将采取合作行为。

博尔顿和奥肯菲尔斯 （Bolton and Ockenfels，2000） 提出了一个非常类似的解释规避不均等的模型，他们称之为 "ERC" [三个字母分别表示平等（equity）、互惠（reciprocity）和竞争（competition）]。在 ERC 中，参与者不仅关心自己的收益而且还关心他的相对份额比例，于是

$$U_i(X) = U\left[x_i, \frac{x_i}{\sum\limits_{k=1}^{n} x_k}\right] \qquad (2.8.2)$$

在 ERC 中，参与者会严格地偏好一个等于平均收益值 $1/n$ ［即 $v_2^i(x_i, 1/n)=0$，$v_{22}^i<0$］的收益，这意味着参与者会采取行动来使他们获得的份额接近平均值，而无论他们起始获得的份额是高出还是低于平均值。

正如费厄和斯科米德特那样，博尔顿和奥肯菲尔斯也把标准博弈理论中的概念与社会性偏好的解释结合起来，并且证明了一些在不同博弈中会出现的特点，这些特点与实际经验吻合得很好。在独裁者博弈中，人们愿意分出的金额在总额的一半与全部之间。（这些结果从费厄-斯科米德特的偏好理论中得不出来，除非加入凹效用函数的条件。）在最后通牒博弈中，回应者总会拒绝为零的出价，而拒绝的频率会随着出价比例的增加和总金额的减少（但保持出价比例不变）而降低，并且回应者从来不会拒绝一个为 50% 的出价。最后通牒出价总会比总金额的一半稍少一些，并且会比独裁者出价高一些。在古斯和范·丹米（Güth and Van Damme，1998）的三人最后通牒博弈中，运用 ERC 理论可以推断出分给无行动权的第三方（接受者）的额度会被忽略，而这正是我们所大致观察到的情形。

2.8.3 公平均衡（拉宾）

拉宾（Rabin，1993）的关于"公平均衡"的观点是基于这样的事实，即每个人都会对那些对自己友善的人友善，而敌视那些伤害过自己的人。如果想要建立一个模型来解释这种类型的事实，那么这个模型必须要能够体现出参与者对别人善恶的判断，因此拉宾采用了杰恩纳克普罗斯、皮尔斯和斯达克奇蒂（Geanakoplos，Pearce，and Stacchetti，1989）的心理学博弈框架，在其中参与者的效用直接依赖于参与者的信念。[32]假定有两个参与者，定义为 1 和 2。以 a_i 来定义策略，参与者 i 对对方所采取策略的信念用 b_{3-i} 来表示（也就是说，b_2 表示 1 对 2 会怎样行为的信念，而 b_1 表示 2 对 1 会怎样行为的信念），而对信念产生的信念用 c_i 来表示。拉宾理论中的核心概念就是每个参与者对他人的"善意"（以及所感受到的善意）。

为了评价善意，我们先站在某个参与者的角度上，并且认为他对另一个参与者可能行为的信念是不变的。举例来说，假定参与者 1 对参与者 2 可能行为的信念为 b_2。于是从参与者 1 的角度来看，她的个人选择就是从她的可能支付集中［我们定义为（$\prod(b_2)$）］选择出一个支付来施予参与者 2。我们把对参与者 2 的最高和最低可能支付称为 $\pi_2^{\max}(b_2)$ 和 $\pi_2^{\min}(b_2)$。定义一个均等的（或公平的）支付为 $\pi_2^{\mathrm{fair}}(b_2)$。［拉宾假定 $\pi_2^{\mathrm{fair}}(b_2)$ 是最高和最低可能支付的平均值，从而排除了帕累托占优的支付组合，但是这个特殊的定义对于下面的大部分内容并没有实质性影响。］于是参与者 1 对参与者 2 的善意（这依赖于她的实际选择 a_1）可以表示为：

$$f_1(a_1, b_2) = \frac{\pi_2(b_2, a_1) - \pi_2^{\mathrm{fair}}(b_2)}{\pi_2^{\max}(b_2) - \pi_2^{\min}(b_2)} \tag{2.8.3}$$

这样，公平程度就可以用上式中参与者 2 实际得到的支付与公平点进行比较来判断（其相差范围被参与者 1 的可能支付范围所界定）。如果 $f_1(a_1, b_2)$ 为正，说明参与者 1 对参与者 2 是善意的，因为参与者 2 得到的支付高于公平支付；如果其值为负，则说明参与者 1 对参与者 2 是不友好的，因为参与者 2 得到了一个低于公平点的支付。

对于参与者 1，她想要推断参与者 2 会善待她的程度，因此她会对自己感受到的善意形成一个值，为：

$$\widetilde{f}_2(b_2, c_1) = \frac{(\pi_1(c_1, b_2) - \pi_1^{\mathrm{fair}}(c_1))}{(\pi_1^{\max}(c_1) - \pi_1^{\min}(c_1))} \tag{2.8.4}$$

这个感受到的善意是关于参与者 2 对参与者 1 的善待程度的一个推断。为了形成这个推断，参与者 1 必须猜想参与者 2 会认为参与者 1 将怎样行为，因此参与者 1 的这种调整过的信念也在决策中起到了作用。

拉宾假定参与者 1 的社会性偏好为

$$U_i(a_i, b_j, c_i)$$
$$= \pi_i(a_i, b_j) + \alpha \widetilde{f}_2(b_2, c_1) + \alpha \widetilde{f}_2(b_2, c_1) \cdot f_1(a_1, b_2) \tag{2.8.5}$$

这就是说，参与者不仅关心他们的货币收益（等式左边第一项），还关心他们是否受到善待（左边第二项），以及他们所期望得到的善待和自己对别人的善待的乘积。权数 α 只是简单地权衡由公平所带来的效用和由货币所带来的效用之间的轻重。[33]

通过把参与者对别人的善待和她所期望得到的善待相乘，这个社会性偏好函数于是可以体现人们之间的互惠行为——参与者善待（一个正值）那些对她也善待的人，而敌视（一个负值）那些对她也敌视的人。

拉宾接着采用了一个均衡的概念，在均衡时参与者最大化社会性效用，并且他们的判断是对实际发生情况的理性预期，即 $a_i = b_j = c_i$（总会对对方会怎样选择持有一个正确的信念，并且对别人信念的信念也是正确的）。他把这种均衡称为"公平均衡"。其对经验数据的解释不足之处是在于对公平假定的不足，在其假定下，随着收益 π_i 的增加，表示公平的项将显得越来越不重要了。

一个简单的例子是囚徒困境博弈。表 2-12 显示了考虑公平因素后的收益情形。（合作，合作）的货币收益为（4，4），而（背叛，背叛）的收益为（0，0），（合作，背叛）的收益为（0，6）。

表 2-12　具有社会性偏好的囚徒困境博弈

	合作	背叛
合作	$4+0.75\alpha$，$4+0.75\alpha$	$0-0.5\alpha$，6
背叛	6，$0-0.5\alpha$	0，0

资料来源：Rabin（1993）.

考虑行参与者的收益情况。当 α 足够大时，如果她预期她的对手会选择背叛，那么她会觉得合作是一个较差的选择，因为背叛是列参与者的一个不友好的选择。反过来，如果她预期列参与者会选择合作，那么她通过互惠的合作可以获得 $4+0.75\alpha$，因为这样选择对对方也是友善的（相较于行参与者选择背叛，这会给列参与者一个较好的收益），而列参与者也是友善的，因为他并没有通过背叛而获利。

这样，双方进行合作是一个公平均衡，此时 α 足够大而货币收益显得相对较小。从这个角度来看，囚徒困境博弈变成了一个协调博弈，在其中参与者尽力地调整他们的情感（或称善意程度）。这种理论上的调整与实验结果吻合得很好，实验结果显示那些预期对方会合作的参与者也更愿意进行合作（或是说，对合作的判断与选择合作的倾向是相关的），而这个结果在其他很多模型中是很难进行解释的。

另一个有趣的例子是"斗鸡"博弈，在考虑了公平因素后的收益情形见表 2-13。纳什均衡（$\alpha=0$）为（退，进）和（进，退）——一个参与者会在预期对方选择进时而选择退。然而，当 α 足够大时（大于4），一个参与者在预期对方选择进时却宁可也选择进而不是退（因为选退会使选择进的参与者获利）从而获得 -2 的收益（损失了 0.5α）。类似地，当 $\alpha > 4/3$ 时，人们会选择互惠（退，退），因为这使得各方都对对方做出了善意的回报。这样，如果公平效应很大，则（退，退）及（进，进）都为公平均衡。在这个有趣的例子中，在考虑了公平因素后得到的结果与标准均衡的结果是完全相对的。这个博弈还抓住了社会性偏好中有关相互施以快乐和相互施以愤怒的两个方面，就像一对夫妇开始时都愿做出牺牲来使对方过得更快乐，但是最后却以一个吵闹不休的离婚而结束，此时他们唯一的目的就是使对方更受伤害，因为他们本身也受到伤害。一些实验研究也支持了（退，退）和（进，进）的结果（Rutström，McDaniel，and Williams，1994）。

表 2-13 具有社会性偏好的斗鸡博弈

	进	退
进	-2，-2	2，$0-0.5\alpha$
退	$0-0.5\alpha$，2	$1+0.75\alpha$，$1+0.75\alpha$

资料来源：Rabin（1993）.

拉宾证明了公平均衡的存在所表现出来的一些特征。他还以此对垄断定价过程进行了描述：厂商不可能攫取所有的消费者剩余，因为当价格太高时，买者会通过限制自己的需求来对厂商施以报复。[34]在礼物交换模型中的应用也显示了一个工人会如何在高工资下以努力工作作为回报。

2.8.4 扩展型公平均衡

达夫文伯格和科奇斯德格（Dufwenberg and Kirchsteiger，1998）把拉宾的分析框架延伸到扩展型博弈中。他们把策略定义为行为策略，使得在每一个参与者的信息集中都存在一个关于"可能选择"的概率分布函数。与拉宾的一个不同之处在于，他们把帕累托无效策略定义为这样一些策略，即它们在所有的子博弈中对所有参与者的支付都稍微小于其他一些策略所能支付的数量。这是与拉宾理论的一个轻微不同之处，拉宾对无效策略的定义是那些在均衡路径上对所有参与者都支付较少的策略（或者说是对参与者对其他人策略所持有的信念）。

他们的社会性偏好与拉宾的有些轻微不同。首先他们定义善意函数是指实际支付与公平支付之间的差异，于是 i 对 j 的善意程度是：

$$f_i(a_i,b_j)=\pi_j(a_i,b_j)-\pi_j^{\text{fair}}(b_j)$$
$$\text{其中 } \pi_j^{\text{fair}}=(\pi_j^{\max}(a_i,b_j)+\pi_i^{\min}(a_i,b_j))/2$$

（此处最大与最小支付只是针对有效的策略进行的定义。）他们的效用函数为：

$$U_i(a_i, b_j, c_i) = \pi(a_i, b_j) + Y_i \sum_{j \neq i} f_i(a_i, b_j) \widetilde{f}_j(b_j, c_i)$$

他们对社会性偏好的阐述在三个方面与拉宾不同：首先，他们并没有像拉宾那样考虑善意程度在最大支付与最小支付范围之间所占的比例；其次，其他所有参与者（以 j 表示，$j \neq i$）对 i 的善意并没有被直接记入效用函数；最后，把 i 对其他每个人的善意以及 i 从每个人那里接收到的善意之乘积进行了加总。他们证明了存在一个序贯互惠均衡（SRE），在其中参与者最大化其社会性效用，并且做出的策略与事先的判断是吻合的。他们还指出，运用规范化的善意函数和一个依赖于信念的对有效性的定义会破坏这种均衡的存在性。

达夫文伯格和科奇斯德格把这个模型用于研究序贯囚徒困境博弈和最后通牒博弈。在序贯囚徒困境博弈中，第二个参与者总是选择背叛，但如果她的 Y_i 值足够大，她将选择合作。然而不幸的是第一个参与者的行为却不是严格限定的。比如，如果 $Y_2 > 1$，那么参与者 1 或者在任何 Y_1 下选择合作并在 $Y_2 > 1$ 时选择背叛，或者以 $(Y_1 - 1)/2Y_1$ 的概率选择合作。

在最后通牒博弈中的行为也在某种程度上是无法确定的。回应者具有一个她总会接受和总会拒绝的出价临界值（这取决于回应者的参数 Y_R）。总会存在一个序贯互惠均衡，其中提议者提出一个最小可接受出价，但是如果 Y_i 的值足够大，那么就会存在这样一个序贯互惠均衡，其中提议者的出价是被拒绝的。

法尔克和费希巴彻尔（Falk and Fischbacker，1998）也运用心理学博弈论把互惠考虑到了扩展型的博弈中。他们不同于拉宾的两个有趣的创新之处是：对"本意"的观察更为直接，并且（像达夫文伯格和科奇斯德格那样）通过不同参与者的支付差异来度量善意程度。由于他们对在扩展型的博弈中进行研究很感兴趣，于是他们在每个节点上都对参与者效用的情感因素部分进行了定义。定义 i 的策略为 s_i，定义 i 对 j 的选择的判断为 s_j'，定义 j 对 i 的选择的判断为 s_i''。像拉宾那样认为判断和第二级判断是固定不变的，i 认为 j 的选择是从其可能支付集中选择一个支付给 i。于是他们在节点 n 的结果 $\Delta(n)$ 用 $\pi_i(n, s_i'', s_j'') - \pi_j(n, s_i'', s_j')$ 来表示。也就是说，参与者通过他们的期望收益和其他参与者的收益之间差异大小来度量受到公平对待的程度。这与拉宾的观点具有实质性的不同，拉宾的理论是利用参与者实际收益与他们"自己"认为是"公平"的收益（比如，他们自己可能收益的均值）之间的差异来度量受到的善待程度。在法尔克和费希巴彻尔的观点里，以 $\Delta(n)$ 来度量的善意程度被乘以一个因子，

来表示 j 的善意在多大程度上是出于本意的。本意函数 $\Omega(\pi_i,\pi_j,\pi_i^0,\pi_j^0)$ 对一组可能支付 π_i^0、π_j^0 和一个可替代的支付 π_i、π_j 进行了比较。粗略地说，当参与者 j 在本来能支付给 i 较少的情况下却支付给 i 超出对自己的支付，或在她本来能支付给 i 更多的情况下却支付给 i 较少的量，这时的本意值等于 1。如果 j 支付给 i 的多于支付给自己的并且此时她还可以支付给 i 更多，或者如果 j 支付给 i 较少但此时她可以支付给 i 更少，那么此时本意值等于 ε_i。固定一个节点和一个判断集 s_i'、s_i''，本意因子 $v(n)$ 是指在节点 n 的可能支付 π_i、π_j 中能使上面所定义的本意因子取到的最大值。

定义在 n 后的处于通往末节点 f 路径上的节点为 $v(n,f)$，于是参与者 i 对 j 的互惠行为可以用 $\sigma(n,f)=\pi_j(v(n,f),s_i',s_i'')-\pi_j(n,s_i',s_i'')$ 来表示。这种互惠是指参与者 j 在节点 n 的预期值与 i 在后面的节点 $v(n,f)$ 确实施以 j 的"奖励"之间的差异。于是参与者 i 在末节点的效用可以这样给出：

$$U_i(f)=\pi_i(f)+\rho_i\sum_{n\to f}v(n)\Delta(n)\sigma(n,f) \tag{2.8.6}$$

这里 $n\to f$ 是指处于 f 之前的一系列节点 n（无论是直接的还是间接的）。

这个效用函数既包括"物质上的收益" $\pi_i(f)$，也包括"情感"上的收益，情感收益是将通往末节点路径上的所有的关于本意、善意和互惠的乘积进行加总。因子 ρ_i 是 i 赋予在情感收益上的权重（如果其值为零，我们将得到人在完全自私下的特例）。关于本意的引入是本模型一个重要的创新。当 $\varepsilon_i=1$ 时，$v(n)$ 将总是为 1，模型于是退化成这样一个情形，在其中参与者只关心收益的差别，而不在意在未选择路径上可能出现的不同（就是说，他们不在意其他参与者是否会对他们实施较差的待遇）。

法尔克和费希巴彻尔运用了标准的均衡概念，但附加了新的限制（正如杰恩纳克普罗斯等人和拉宾所做的那样），即假定判断在均衡时是正确的（$s_i''=s_j'=s_i$）。他们用这个模型分析了本章中提到的若干个博弈，以期检验这个模型所做的推断与实际经验结果一致的程度。他们得到了一组令人印象深刻的精确推断，基本符合特定的事实。

比如，在囚徒困境博弈中，他们推断人们在同时行动博弈中比在序贯博弈中合作得较少，并且在序贯博弈中如果出现一次合作，则合作将继续出现（如果 ρ_i 足够大的话）。在独裁者博弈中，独裁者出价 $d^*=\max(0,0.5-(1/2\varepsilon_1\rho_1))$；如果参数 ε_i 和互惠的意愿 ρ_i 足够大，独裁者就肯定不会分文不给（但绝不会出价超过总额的一半）。

在最后通牒博弈中，出价是独裁者出价的最大值（此时 $\varepsilon_i = 1$）或是 $c^* = (1 + 3\rho_2 - \sqrt{1 + 6\rho_2 + \rho_2^2})/(4\rho_2)$。可接受的临界值是 $c/[\rho_2(1-2c)(1-c)]$，该值从零开始并且以凸函数的形式向 1 逼近。在以第三方进行出价的最后通牒博弈中（比如 Blount，1995），可接受的临界值是 $c/[\varepsilon_2\rho_2(1-2c)(1-c)]$，当 $\varepsilon_2 < 1$ 时，该值会变得更大。（直觉上，在最后通牒博弈中存在对本意的衡量 ε_1，但是当出价是随机性的时候，这个值会较低一些，这反映了回应者如果认为是实验外其他的人决定出价，那么在实验中自己的对手虽然从低出价中获益，但是却不存在恶劣的本意。）

该模型对最后通牒博弈和"最优单次"公共物品博弈做出了一个鲜明推断。对微型最后通牒博弈进行比较，在其中参与者 1 可以选择左分支［支付为 (5，5) 和 (0，0)］，或右分支［支付为不均等的 (8，2) 和 (0，0)］。现在把左分支中的均等支付 (5，5) 用不均等的 (2，8) 进行替换，这样就形成了一个序贯的性别战博弈。那些只对末节点收益的社会性效用进行评估的理论认为参与者 2 在两个博弈中对 (8，2) 与 (0，0) 进行选择时其选择是一致的（就是说另外一个分支的差异是不起作用的）。然而法尔克、费厄和费希巴彻尔（Falk，Fehr，and Fisohbacher，待出）却显示未选的支付是起作用的。在法尔克-费希巴彻尔的模型中，参与者 2 在微型最后通牒博弈中从右分支选择 (8，2) 的概率是 $\max(1, 5/12\rho_2)$，而在最优单次博弈中做出同样选择的概率是 $\max(1, 5/12\varepsilon_2\rho_2)$。这样，考虑到参数 $\varepsilon_2 < 1$，那么参与者更愿意在最优单次博弈中接受一个不均等的收益，因为参与者 1 在该博弈中的本意不是太恶劣的［正如 Andreoni，Brown，and Vesterlund（2002）所证明的那样］。

2.8.5 对各种方法的比较

由于上面论及的理论都做出了相似的推断，因此近来的研究中一个重要而繁忙的领域就是寻找并实验这样一些博弈，用这些理论在这里会做出不同的推断。

ERC（Bolton-Ockenfels）和内疚-嫉妒（Fehr-Schmidt）理论中对规避不均等的解释在两方面存在不同：ERC 假定参与者关心其相对收益，而内疚-嫉妒模型假定参与者关心绝对差异；另外，ERC 并不把一个参与者的收益与其他每一个参与者的收益进行比较（对别的参与者的收益进行加总），而内疚-嫉妒模型却恰恰相反。

上述的两个关于 ERC 的特征看来对于建立模型都是错误的选择。考虑三个人的支付分配（x，$x-\varepsilon$，$x+\varepsilon$）。ERC 预测第一个参与者（她接受了 x）的偏好与 ε 是相独立的；由于她得到了整体中的一个均等份额，因此她对于整体中的其余部分如何在其他人中进行分配是持中立态度的。内疚-嫉妒模型却推断效用会随着 ε 上升而下降（如果内疚比嫉妒稍弱的话）。查尼斯和拉宾（Charness and Rabin，2000）报告说偏好确实随 ε 增大而下降，这与内疚-嫉妒模型的推断是一致的，而与 ERC 所推断的却恰恰相反。[35]另外，在具有惩罚机制的公共物品博弈中，内疚-嫉妒理论正确地推断参与者会惩罚最喜欢搭便车的人，以此来减少最大的嫉妒程度，而 ERC 却无法推断出究竟是谁会受到惩罚。

这种在相对收益和绝对差异含义之间的不同还可以通过对最后通牒博弈进行一些变化来进行研究，这在表 2 - 14 中显示出来了。在数字最上一栏的博弈中，一个提议者出价（5，5）或（8，2）。如果回应者拒绝，则收益为这个出价的 10%。由于无论回应者是否接受，相对收益都是不变的，并且他们会因为拒绝而获得一个更少的量，因此 ERC 推断回应者永远都不会拒绝。线性的内疚-嫉妒理论也做出了相同的推断（但是该理论通过对货币、内疚和嫉妒的凹性效用假定，可以更容易地对拒绝行为进行解释）。正如表 2 - 14 显示的，几乎有 40% 的不均等支付被拒绝了，这与 ERC 的推断是相反的。

表 2 - 14 两个能显示不同社会性偏好理论的博弈

支付	回应者行动		拒绝频率	预期的拒绝频率			
	接受	拒绝		博尔顿-奥肯菲尔斯	费厄-斯科米德特	达夫文伯格-科奇斯德格	法尔克-费希巴彻尔
均等	5，5	0.5，0.5	—	—	—	—	—
不均等	8，2	0.8，0.2	0.38	零	一些	一些	一些
均等	5，5	3，3	—	—	—	—	—
不均等	8，2	6，0	0.19	零	零	一些	一些

资料来源：Falk, Fehr, and Fichbacher（待出）.

在这些理论中的另一个重要分歧是，末节点收益的效用是否可以与通往该节点的路径上或与那些未选路径上的收益分别开来。规避不均等的理论假定是可以分离的。这种可分的假定可以便于进行分析，因为这能够允许建立模型的人把末节点的效用直接用社会性效用进行替代，然后就可以利用标准的概念（比如子博弈完美）来得到均衡了。

一些证据表明这种可分的假定可以被系统性地破坏。如上所论及的，在最后通牒博弈中，与那些从不对称的出价中获益的提议者相比，回应者对随机的出价拒绝得较少（Blount，1995）。相似地，有较弱的证据表明，在信任博弈中，当代理人受托的投资额是由一个初始的投资带来的（与在独裁者博弈中进行比较），那么代理人会偿付得更多一些。法尔克、费厄和费希巴彻尔的实验结果（见表 2－6）（上面已进行了细致地讨论，还可见 Brandts and Sola，2001）也显示了对可分假设的一定破坏，这在心理学上可以进行很好的解释。表 2－14 的最下一栏显示了一个修正过的最后通牒博弈，该博弈对可分性进行了进一步研究。如果回应者做出了拒绝，则参与者双方的收益中都将被扣除一个单位。由于这种扣除降低了不平等出价的相对份额，并且保证了两者收益的差别不变，于是无论 ERC 还是内疚-嫉妒理论都推断回应者永远不会拒绝不均等的（8，2）。但是他们只有 20％的情形这样去做。达夫文伯格-科奇斯德格和法尔克-费希巴彻尔的理论允许这种拒绝行为的出现。

其他的证据显示可分性是一种很好的近似方法。比如，博尔顿、布兰德茨和奥肯菲尔斯（Bolton，Brandts，and Ockenfels，1998）发现某个参与者是否采取合作的行动（牺牲自己去帮助他人）与第一个参与者是否做出牺牲是大致无关的。另外，正如上面提到的，当代理人和独裁者在相同的总额前提下进行偿付或分配时，二者的差异并不是太大的（并且在一次研究中这个差异为零）。虽然这些结果急需进一步研究，但是却表明参与者在对别人的行为实施惩罚或奖励时，有时会表现出很强的社会性偏好。查尼斯和哈鲁维（Charness and Haruvy，2002）建立了一个一般的模型来对上述论及的许多模型进行了检验，并且发现了可以支持的证据，尤其是在礼物交换模型中的互惠行为。

规避不均等的理论也需要明确人们究竟把自己的收益与其他哪一个参与者的收益进行比较。这是一个很重要的问题，但是却很少被人提及。一个自然的假定是实验对象会把她自己和与她进行博弈的对手进行比较，但是还有其他的可能性——为什么不是与处于同一组实验中的所有其他人进行比较呢？或是同各组实验中的人进行比较呢？——这有着不同的内涵。[36]对这种社会性比较的范围进行研究并把其结果一般化到各种应用中是很重要的，比如在评定职称和公司结构上的应用。[37]

小结

通过运用一个关于社会性偏好的模型（以及几个参数变量），人们提出了一些简单并谨慎的理论来对大量的数据结果进行解释。在关于纯粹与不纯粹利他主义的理论中，参与者关心别人的效用，并且通过善待他人可以获得满足感。在关于规避不均等的理论中，参与者关心的是获得更多的收益，并且要获得与别人一样多的收益。在拉宾的关于互惠的观点中，参与者对其他参与者的行为是否友好进行判断（或是说，给目标参与者一个好的或坏的相对收益），然后自身也会以同样的方式来对待对方。拉宾的理论是针对规范形式的博弈而发展出来的，其理论被达夫文伯格、科奇斯德格、法尔克和费希巴彻尔进行了扩展。

大部分的数据结果对关于规避不均等的理论和互惠理论都是支持的。在关于利他主义的理论中，如果不外生地改变系数的符号，那么是无法解释人们为什么会对他人既有正面行为又有负面行为的。关于规避不均等的理论，其结论是很有保障力的，但是却导致了某种无关性（末节点分配的效用与如何达到这种分配是无关的，与未选择路径上的分配结构也是无关的），这在心理学上受到了质疑，并且有很多实验也推翻了这种无关性。

我个人较欣赏关于互惠的观点，因为这些理论在心理学上被认为是正确的。另外，那些支持"规避不均等"理论的主要观点在分析方法上都过于简单。但是经济思想史告诉我们，经济学会很快地学会运用一个新的分析工具，而无论这种尝试在开始时是显得多么笨拙。总之，运用互惠的观点来看待一些有趣的博弈，绝对不会比在一些领域中（诸如资产定价理论、宏观经济学、认知博弈理论及计量经济学）运用复杂而不可信的数学工具更让人觉得困难。同时，当经验研究的尘埃落定，这两种观点都会证明其在不同技术运用上的价值，就像在消费者选择理论和生产者理论中有时会运用柯布-道格拉斯（Oobb-Douglas）函数，有时会用到不变替代弹性函数（CES）或线性消费函数一样。

2.9　结论

本章对简单讨价还价博弈实验的规则进行了描述，这是一个快速发展的研究领域，因为博弈论对于形成关于社会性偏好的理论十分有用。在独裁者博弈中，参与者对别人的出价较少（约为所分总金额的 20％）。当其他人把更多的金额委托给独裁者时，独裁者也趋向于偿付一个更大的额度（并且平均来看信任是被偿付了的，虽然结果差异很大）。在最后通牒博弈中，提议者的出价接近等量分配（约为 40％），因为他担心自己的出价会被对方所拒绝。当出价为总额的 20％左右时，这些出价有一半的情况被拒绝了。我们知道回应者的拒绝行为是对做出不公平行为的提议者的一个惩罚，因为当回应者不知道提议者能获得多少，或当出价是随机决定的，或当拒绝行为对提议者的伤害不如对回应者自身伤害大时，回应者会更愿意接受某个出价。

人们有时认为公平只是贴在行为上的一个标签，而不是对行为的一种解释。这不再是正确的看法，因为很多实验结果确实显示出了这是一种解释：公平是人们对参与者行为或其结果的一个判断，并且这个判断会影响其对行为和分配的偏好。一个行为是否被认为是公平的，以及参与者的什么行为被当作结果，与其本意变化而表现出的不同相呼应。如果你是通过赢得某个比赛而成为提议者，那么你给自己留下更多的收益就是较公平的，或者当给自己留下更多是提议者唯一的可以参加下一轮博弈并赚取更多收益的途径时，那么为自己留下更多也是较公平的。

对公平认知的结构及其对行为的效应已经被人们通过对五种因素的控制和度量而进行了研究：方法论因素、人口统计学因素、文化因素、描述性因素和结构因素。

方法论的研究集中在奖金的大小、博弈是否重复进行、实验者是否清楚参与者行为等因素上面。很少有证据表明，一旦实验对象被支付了一个额度，总奖金还会对其行为有很大影响（虽然回应者在总奖金上升时，会对更大一些的额度拒绝，并且拒绝的人数通常会较少一些）。重复进行博弈不会产生较大的效应。实验对象与实验者之间的匿名关系在一些实验中降低了独裁者出价，但是却对最后通牒博弈没有影响。

尽管研究者对来自不同人群的参与者是否做出不同的行为也显示了浓厚的兴趣，但其中只有专业背景因素起到的效应得到了可信地重复证实（经济学专业的学生做出的出价和接受的额度都较小），并且还经常有不产生任何效应的情况。性别因素对出价和拒绝行为的影响并没有被可靠地证实，只有女性在对不公平行为实施惩罚或分配金额时会显示出对价格更为敏感。年龄效应是值得重视的，因为实际上幼童是极为自私的，这意味着人们对自私策略的偏离是在成长过程中不断学习获得的，而不是恰恰相反。

也许最为刺激的实验就是在跨文化中进行的实验。比如，在秘鲁马奇根加地区的农夫是所研究过的受教育程度最低的人群之一……但却被证实其行为最为接近博弈理论的模型（以自私为前提假定）。对文化的比较本身也是可以提供很多信息的，因为在若干个小规模的社会中，市场一体化的程度与平等的出价是正相关的，就好像市场交换不仅需要而且也改变着平等分配的规则。

描述性因素是会带来影响的。比如，把最后通牒博弈解释为一个买卖博弈会降低出价。这些效应与一些随环境而变的礼节是相类似的。在一些城市，在马路边上吐痰被认为是可接受的，但是人们却厌恶你把鼻涕擦在手帕里然后仍把这块手帕留在身边。在另一些城市情况却恰恰相反。类似地，在讨价还价中，垄断的卖者被允许通过较高的定价来剥夺买者的消费者剩余，但是当两个人共同分一笔钱时却希望能公平地分享。

结构因素对博弈增加了一些行动，这被证明是最为有趣的。通过让一次比赛的胜者成为提议者，这会使他产生某种被授权的感觉，于是会降低出价。如果回应者无法确定提议者获得了多少，那么他们将接受一个较小的量。多人博弈的实验表明，回应者关心提议者是否对他做出了不公平的行为，但是并不怎么关心提议者对他人会如何行为。如果在提议者中或在回应者中存在竞争的话，则会导致极端的结果。

多人博弈和有限信息条件的效应显示了一个对讨价还价和市场行为的一般推断结果。在完全信息的两人博弈中，彼此都知道对方所获的多少，此时人们对公平的在意程度是最大的。随着参与者的增加，竞争会导致非常不对称的分配格局。并且，当回应者对提议者所获多少的了解越来越模糊时，回应者对一个低出价的忍耐程度将提高（因为他们不确定提议者对他们不公平的程度）。于是，这种在两人完全信息博弈中对公平的关心在更为广泛的市场行为中就消失了。但这并不意味着在这种市场中的交易者本人对公平丝毫不关心。他们可能是关心的，但是他们以自私的原则行事，是因为他们不确定其他人是否也是公平的，并且对不公平行为实施惩罚十分困难。一个竞争的市场是这样一种场合，在其中你很难来表达你对公平的关心，因为买或卖（或拒绝交易）通常不会在很大程度上改变你的不平等地位。这并不是意味着"公平在重要的环境下不起作用"；这只是意味着人们对不公平的市场结果会通过"声音"（辩护、报纸的社论）、制度及法律来显示社会性偏好。比如，在许多有灾难隐患的州都会立法禁止"哄抬物价"，这被定义为，在由灾难带来的短缺时期，不得对一些基本商品（如水、汽油等）提高价格。这些法律对社会公平进行了系统化的规范。

在此，我们应该可以结束对最后通牒博弈实验结果的介绍了，并把目光投向新的博弈和新的理论。有很多新的而且不错的理论对什么是公平进行了系统的精确解释，还对一些观察到的行为原则进行了总结，并且形成了一些新的结论。

拉宾的基于互惠的理论表明参与者对他人的感觉方式依赖于他们期望自己如何被对待。基于规避不均等的理论（Fehr-Schmidt and Bolton-Ockenfels）表明参与者不愿意获得一个低于平等份额的收益，并且（较弱地）不愿意获得一个高于均等水平的收益。后者可以说是代表了人们对互惠的寻求，因为这会使人们拒绝从他人那里获得利益，因为这样可能会使对方处于易受伤害的境地。

基于互惠的观点在心理学上当然更为正确一些，因为参与者确实关心其他参与者的本意以及那些未选择的路径。同时，基于规避不均等的理论在分析上较易应用，因为在进行标准的均衡分析之前，社会性效用可以简单地被收益矩阵中的某一元或是博弈树上的某一节点所代替。

另外有一种思想经常用来解释这些结果，但是很少被正规化，这就是进化论的解释。其观点是这样的，当人类的大脑和身体进化到我们过去祖先的阶段，人们以小规模游猎集团的形式生存。该观点假定，在这些集团中，一次性的相互活动是很少见的，对财产的保护（比如防止猎物被抢走）是很重要的，但是，为了应对收成不好或打猎失败的风险，共同分享的原则就显得十分有用了。进化论的观点认为重复博弈形成的行为（就像在最后通牒博弈中进行拒绝来促使提议者出价更多）在远古的环境中被根深蒂固地继承下来了。当我们这些已进化了的穴居人在现代的实验条件下进行一次性博弈实验时，我们无法压制远古重复博弈造就的本能或已得的习惯，就好比我们这些已进化了的穴居人由于对脂肪含量高的食物更为偏爱，于是在 15 000 家麦当劳中进行放纵，享受着半小时制的含有奶酪的比萨饼，从而导致了肥胖的蔓延。

这种进化论的观点当然有其正确之处并且很难被证伪，但是却平行存在着与之冲突的证据。实验对象通常会警觉地认为一次性博弈在策略选择上要比重复博弈困难一些，这在杰科布森和塞德里（Jacobsen and Sadrieh，1996）的录音带中得到了记录，他们在具有合伙机制的并且可以建立声誉的重复最后通牒博弈中确实拒绝得更多（参见 Slembeck，1998）。

更为重要的是，进化论的观点没有形成清晰而新颖的推断。现在，人们应该要么使进化论的观点更为精确〔Samuelson（2001）是一个很重要的开端〕，从而获得令人惊讶的结果并检验之；要么就结束有关进化论观点的讨论，即它是否比其他已受检验的理论能更为优越地解释问题。

对这些理论存在一些潜在的应用。明显的例子包括讨价还价过程，在其中一些有代价的拖延看起来要归于社会性偏好的原因——人力管理人员的罢工、不友好的离婚以及监管斗争。把工人与其他人进行社会比较，以及这些对工资比较的潜在影响，也可以被这些理论简洁地模型化。独裁者博弈实验可以帮助我们了解人们的善意付出是由什么来决定的。对于研究"社会资本"如何影响不同经济的发展，以及对于研究组织内部如何交易等问题（Prendergast，1996b），信任博弈看起来是极具帮助性的。

所有这些应用都要求我们对社会性偏好在心理学上的其他方面有着更进一步的了解。比如，愤怒的工人会觉得"管理"就如一个顽固的参与者，并且其发泄在"管理"身上的怒火，与当他们的配偶威胁要离开他们时或在洛杉矶的高速公路上被一个司机横加拦阻时，表现出的愤怒是一样的吗？他们也许会这样，也许不会。在公司内，当工人的效用由于对不均等的认知而发生改变时，那么他们会将自己与谁做比较呢？不同人群间的认知边界在许多应用方面是会起作用的，这需要进行研究。

更多的实验研究，作为"第二代"实验研究的浪潮，对上面论及的理论进行了检验，并且许多在实际现象中的应用确保提供了一个条理分明的社会性偏好理论，该理论应该代替经济理论中关于自私的简单假定。

最后，我们应该留意，在所有的社会性偏好理论中，许多人在大部分时候仍旧存在自私的可能性，这一点至关重要。各种制度安排可以被理解成是对这样一种世界的反应，在该世界中总会有一些反社会者和一些圣徒，但是大部分正常的人是兼有这两种行为能力的。达乌斯和塞勒（Dawes and Thaler，1988，195 页）描述了一个故事，这可以很清晰地说明这一点：

> 在依萨卡周围的农村地区，农夫通常会在路边支起桌子，并把新鲜的农产品摆在上面。在桌子上同时还有一个钱箱，顾客在拿走蔬菜时应该在钱箱里留下一定的钱。钱箱上只有一条很窄的缝，因此只能把钱塞进去，但是却不能把钱倒出来。并且这个钱箱是固定在桌子上的，因此没有人能够（轻易地）把钱箱拿走。我们认为采用这种交易

方式的农夫对人类的特性掌握得恰到好处。他们认为总会有足够的人会主动地为拿走新鲜蔬菜而付钱，因此这使得他们觉得采取这种交易方式是值得的。但同时这些农夫也知道，如果钱能轻易地被拿走，那么总会有人这么去做。

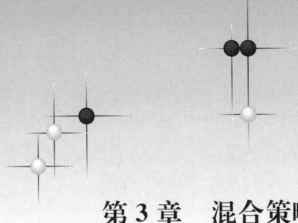

第 3 章　混合策略均衡

在具有混合策略均衡（mixed strategy equilibrium，MSE）的博弈中，参与者被认为会选择一个可能的"混合策略组合"，也就是说参与者不会自始至终地选择某一个单一的策略。一个普通的例子就是零和博弈，其中你的所得即我的损失——比如在体育比赛中，又如在战争或外交上，或在其他的一些领域。在这些博弈中，如果我总是选择一个特定的策略，并且你正确预期到了我的策略，那么你就赢了；因此我不应该这么确定地去行动。唯一的均衡应当涉及一些不能推断的混合策略。当某种程度的这种不确定性可以阻碍别人做一些你不喜欢的事时，那么这种随机行为是很值得考虑的。（考虑一下在"9·11"事件后对到美国的航空乘客进行的随机检查，或是想想在南方的酒店门外悬挂的醒目警语："本店每星期中有三个夜晚由一条恶狗看守，……看看你能猜到是哪个夜晚？"）

具有 MSE 的博弈没有本书所描述的其他博弈中存在的那些复杂性。本章所论及的这些博弈不具有多个均衡，因此我们不用考虑哪个均衡被选择的问题（像第 7 章那样），并且在一个具有常量和的博弈中，一个参与者不可能在不使自己受损的前提下去帮助其他参与者，因此社会性偏好和互惠行为（回忆第 2 章）不会起作用。

另外，在具有常量和的 MSE 博弈中，最大化最小值的解（其中参与者只选择那些使他们会得到的最小值最大化的策略）也同样是一个纳什均衡。[1]最大化最小值直接导致在零和博弈中的纳什均衡，因为参与者的意图遭到严格地反对：如果其他人为了得到最多收益而愿意去做任何事，那么他们的行为会使我获益最小，因此我会尽量使我的最小可能收益最大化。由于最大化最小值是一个特别简单的决策规则，并且与纳什均衡保持一致，因此在这些博弈中可以有一个很好的机会来用纳什均衡解释参与者的行为。

这是好的方面。但坏的方面是，从行为经济学的角度来看，MSE 博弈对纳什均衡和学习理论提出了更难应付的挑战。

有这样一个办法，可以用来考虑在博弈中到达均衡的复杂性，即弄清在数学上求解均衡时需要如何对参与者相互的理性信念及对彼此可能行为的了解进行假定。（这些假定被称为"认知基础"，比如 Brandenburger，1992。）例如（第 5 章），在占优可解博弈中，参与者只需要有若干步相互的理性信念——就是说，相信其他人会理性地思考。但是在具有混合均衡的博弈中，参与者在均衡点上必须在某种程度上正确猜到每个人的策略（或通过了解别人的信念来得到这些，并且相信他们是理性的）。这是一个过高的要求。

也许混合均衡可以很容易被学习，但是动态学习过程假定人们会趋向于选择具有更高预期收益的策略（"梯度过程"），这被认为是不断偏离混合均衡的（Crawford，1985），因此我们并不清楚通过学习到底是如何达到均衡的；并且在一个 MSE 上，混合策略中每个策略的预期效用支付是确定相同的（通过定义），因此即使达到了某个混合均衡，对参与者也不存在一个正面的激励去"恰当地"混合或固定于这个均衡。

另外，MSE 假定参与者运用一个可能的策略组合，或者——很重要地——看上去是这样的（并且在各期都用同一组合）。如果这种随机性对于参与者来说是不自然的，或不必要的[2]，那么他们就不会在重复博弈的各次博弈中来独立地进行这种随机化。实际上，当实验对象被要求来提供随机序列时，他们提供的序列与随机化的十分不同：很少有多次连续出现同一选择的情形，而交替选择又是如此之多，因此其结果是，样本的相对频率分布与事件的概率分布非常接近。这些概念上的混淆还影响到对实际现象的研究，比如对抽彩的研究（人们在猜中某一数字后会在一段时间内不再去猜该数字，直到这个数字又逐渐变得"平淡无奇"为止；比如参见 Clotfelter and Cook，1993；对照 Rabin，2002）。

一些实验让参与者与某一特定人群中的每个人随机地相遇，这就产生了一个问题，该问题特别针对含有 MSE 的博弈。在这种博弈方案中，即使每个单独的参与者并不是紧跟 MSE，MSE 在该人群中出现也是有可能的。考虑猜硬币的博弈，其中两个参与者选择正面或背面。行参与者的选择如果与列参与者相同，那么她将赢得一个硬币，如果不同，那么列参与者将赢得一个硬币。在唯一的 MSE 处，参与者双方都等概率地随机选择，并且保证都有 0.5 的期望赢得该硬币。

现在想象一下有这样一个人群，在其中行参与者与列参与者再次相遇是随机的，并且不知道他们对手的身份（或者，等效地，忘记了他们的历史经验）。那么 MSE 可以在这样一个水平上达到，即如果有一半的参与者总是选择正面而另一半总是选择背面。这种在整体人群上的混合策略在生物学理论上是很常规的，并且可以得到很好的解释。我们可以很高兴地看到，不同的动物选择纯策略，但是自然选择的压力迫使一个群体去选择一个混合均衡，在其中每个纯策略都有一个相同的预期收益。在实验中，我们既可以观察个体行为也可以观察群体行为，于是我们可以了解即使在个体不选择混合策略的情形下，在群体上是否会表现出选择混合策略。

一个有趣的困境是，为什么这种在群体中稳定的选择分布可以在实验室的一组对象中的个体上也适用。学习是一种机制，但是正如上文所示，这是很有问题的，因为那些通过改变策略来进行学习的参与者在他们达到均衡时仍有要改变的动机。这个过程到底是如何起作用的是一个开放而有趣的问题。

我们可以先来看看在图 3-1 中所示的情况。在该图中的每一点都对应于一个特定实验中某个单独的策略。该图显示了由 MSE 推断的选择某策略的概率（x 轴）与整个实验中实际选择该策略的相对频率（y 轴）之间的对应关系。虽然存在一定的分散性，但是 MSE 的推断能力还是可以的。存在这样一个轻微的趋势，即较低概率的策略被更经常地选择（或是说，那些永远不应该被选择的策略实际上有 5％ 的机会被选择）并且较高概率的策略并没有被足够多地选择。然而，在这些点之间存在的强联系还是表明了 MSE 具有很强的推断能力。

3.1　早期的研究

在 20 世纪 50 年代末期掀起了第一股对具有 MSE 的博弈进行研究的浪潮。早期的一个重要研究由卡利施等人（Kalisch et al.，1954）做出，他们对博弈理论中的一个错误推断感到沮丧。阿特金森和萨普斯（Atkinson and Suppes，1958）、萨普斯和阿特金森（Suppes and Atkinson，1960）对在不完全信息条件下的简单一人学习模型表现出了兴趣。他们的实验方案把

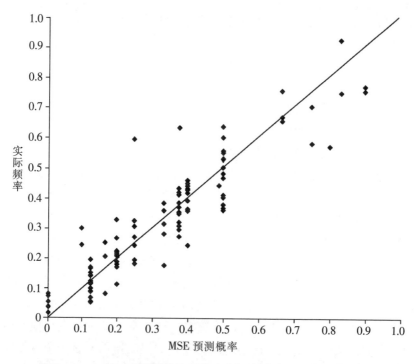

图 3-1　由 MSE 所预测的不同策略选择的频率与实际选择的频率

人像"低等"动物一样对待。在他们的很多实验中，实验对象并未被告知他们正在进行一个博弈（甚至在他们明明进行博弈时也告诉他们并没有在博弈），并且他们也不知道支付矩阵的情形。虽然实验对象无法计算均衡值，但是他们会沿着正确的方向持续学习，并且在长期来看，其选择结果与 MSE 的推断结果是很接近的。

　　一个早期的常规方案是让参与者与计算机化的策略进行博弈。这种方案当然对于回答一些问题是有帮助的。但是博弈论中没有说过任何有关参与者是否会使用 MSE 的策略与一个计算机化的对手进行博弈的情况。并且博弈结果是很难进行解释的，因为实验对象通常不被告知有关计算机化的对手的行为细节。这些实验的结果与其说是得到了有关博弈论中实验对象会如何反应的信息，还不如说是得到了实验对象如何对计算机程序进行反应的信息。[3]

　　然而，这些实验中的基本结果——选择的相对频率在等概率值①和

―――――――――――――――――――

　　①　即赋予每种策略上的概率值是相等的。——译者注

MSE 推断水平之间的某个值上——在更多近来的实验中得到了支持。为了显示早期的实验类型和结果，我将对一些研究的某些细节进行描述（还可参见 Estes，1957）。

列伯曼（Lieberman，1962）研究了 2×2 零和博弈，如表 3-1 所示，其中的收益是指行参与者关于便士的收益。在零和博弈中，列参与者的收益总是行参与者的收益乘以 −1，于是只有行收益在表中列出。在条件 O 下，行实验对象与实验者①进行博弈（实验者"以一种最优的原则"运用 MSE 的推断概率来进行博弈）。我们无法得知实验者的选择是否实际上是独立同分布的，虽然这些选择是固定的并且对所有实验对象来说是相同的。列伯曼报告说"实验对象趋向于弄清实验者的博弈规律，并且在每次实验中预期他的反应，以期赢得所涉及的少量金额。"（1962，213 页）

在条件 O 下，实验者在 300 次实验中运用了 MSE 的推断概率 $[P(E1)=0.75]$。在条件 N 下有 100 次实验用到了 MSE 的推断概率，而在其余的 200 次实验中 E1 和 E2 被选择的可能性是均等的。在第二个实验中（Malcolm and Lieberman，1965），每对实验对象彼此进行博弈。

在各次实验之间极少存在学习，因此在表 3-1 中只有累积的结果被列出来了。（我会在文中一直采取这个惯例：如果极少有学习过程，将只列出累积的结果。）行参与者选择每个行策略的频率在行中相应于该策略的地方被显示出来了，对列策略的选择概率进行了简化。

表 3-1　在一次 2×2 博弈中的支付（以便士计）与实验结果

| 选择 | 列参与者（计算机） | | MSE 概率 | 实验 1 | | 实验 2 |
	E1	E2		条件 O 下的频率	条件 N 下的频率	频率
S1	3	−1	0.75	0.409	0.651	0.571
S2	−9	3	0.25	0.591	0.349	0.429
MSE 概率	0.25	0.75				
实验 1：条件 O 下的频率	0.250	0.750				

① 实验者利用计算机与行参与者进行实验。——译者注

续表

| 选择 | 列参与者（计算机） | | MSE 概率 | 实验 1 | | 实验 2 |
	E1	E2		条件 O 下的频率	条件 N 下的频率	频率
实验 1：条件 N 下的频率	0.500	0.500				
实验 2：频率	0.306	0.694				

资料来源：Lieberman（1962）；Malcom and Lieberman（1965）.

与 MSE 推断概率相反，行参与者在条件 O 下针对采取正确混合策略的列实验者（通过计算机）时，选择 S1 的概率小于 50％（40.9％）。然而，参与者对实验者的行为是敏感的，因为当实验者变为在条件 N 下均等概率地选择 E1 和 E2 时，此时对于参与者来说 S1 是一个严格的最优反应，则参与者会显著更多地去选择 S1[①]（为 65％）。在实验 2 中，当参与者以"对"为单位彼此进行博弈时，他们的频率严格地在等概率值和 MSE 之间的位置上。

列伯曼还对一个具有鞍点（纯策略均衡）的零和博弈进行了实验。他和布雷厄（Brayer，1964）都发现在这些零和博弈中存在一个对纯策略均衡的强烈支持（还可参见 Binmore，Swierzbinski，and Proulx，2001）。这些结果表明，哪怕最为简单的博弈理论概念（这不涉及混合策略），即使在旧式的实验条件下也会得到显现。

在考夫曼和贝克（Kaufman and Becker，1961）的实验中，实验对象进行了五个 2×2 零和博弈。每一个博弈有一个其值为 0.95 分的最大化最小值收益，并且相应的 MSE 概率值范围为 0.5 到 1.0。实验对象实际上给出了混合策略选择（在 100 个分配选择方案中任何他们想要的组合）。关键的一点是，实验对象是在实验者设定的规则下进行一种不可能获胜的博弈：实验者观察实验对象的混合策略选择，然后在实验者所有的混合策略中进行随机化，这些混合策略会使实验对象获得的收益小于他或她的最大化最小值收益。因为实验对象被迫受制于实验者，所以他们所能做的最好选择就是最大化最小值。

实验对象对这五个博弈中的每一个都进行了 50 次。由于结果没有被公

---

① 原文为 S2，疑误。——译者注

布，因此我们无法把它们编到一个表里，但是 MSE 推断结果的真实性却仍是不错的。绝对的概率偏离平均在 0.10 到 0.20 之间，并且在五个博弈中依次递减。在每一次实验中选择策略符合 MSE 推断的参与者数目是令人惊讶的（直至最后一次实验），并且这样的参与者所占的比例在五个博弈中依次从 10% 上升到 65%。这个独特的研究表明参与者在连续博弈过程中，当选择偏离总被惩罚时，则会趋向选择最大化最小值。

梅西克（Messick，1967）研究了 3×3 博弈，这在表 3-2 中也显示了出来。在他的实验中，实验对象与计算机化的对手进行博弈，而计算机进行博弈的方法有三种：最大化最小值（MSE 混合策略），以及两个不同的虚拟行动学习规则。[4]用这三种方法中的一种来对计算机进行编程。实验对象被告知：

> 我们对计算机进行了编程，来使之能赢得尽可能多的金额。计算机在博弈中的目的在于最小化你的所得并且最大化它自己的收益。计算机有这样一个优势，即它可以记住你所做过的每一个选择，并且凭这种信息来设法降低你的收益。而你，也有作为人的优势，你具有智慧，有竞争的自由，以及选择的灵活性，这可以使你从计算机的行为中获知任何你发现的缺陷。（Messick，1967，35 页）

这段说明性文字显示了在这种实验中对结果解释的困难性。计算机的记忆特点似乎表明计算机正循着以前的选择路径，不过当它选择 MSE 时并不是这样。

在计算机选择 MSE 时的实验结果在表 3-2 中进行了总结。在前 75 期，选择的频率是接近相等的，但是在后 75 期存在向 MSE 的趋近（表现为对选择策略 c 的增加）。

表 3-2　在一次 3×3 博弈中的支付与实验结果

行的选择	列参与者（计算机）			MSE 概率	实际频率	
	A	B	C		1～75 期	76～150 期
a	0	2	−1	0.400	0.270	0.250
b	−3	3	5	0.111	0.390	0.290
c	1	−2	0	0.489	0.340	0.460
MSE 概率	0.556	0.200	0.244			

资料来源：Messick（1967）.

与计算机进行博弈的参与者利用不同的虚拟行动可以逐渐弄清计算机选择策略的规律，这一点也许令人吃惊。实验对象并且还趋向于在赢得博弈后仍旧使用同一策略（59％的人未改变策略），但是在输掉博弈后则会改变策略（38％未变）。这种"赢则不变，输则变"的中庸做法显示了重复加强学习的路径，并且在其他许多博弈中也存在这种现象（或参见第5章论及的"邮件博弈"）。

小结

在20世纪60年代的早期研究中，实验对象得到的激励很少，并且经常是与计算机进行博弈。这些结果经常难以解释，因为无法监控参与者如何思考计算机的行为。然而在两个例子中却存在对 MSE 强有力的支持。在考夫曼和贝克的实验中，实验对象首先行动，而实验者的规则利用了对 MSE 的偏离。大部分的参与者在50期内就学会了如何选择正确的 MSE。在麦尔克尔姆（Malcolm）和列伯曼的实验中，固定的每一对参与者彼此进行博弈，其形成的选择频率处于等概率随机化与 MSE 推断概率之间的水平上。

3.2 当代的研究

对这些早期研究结果的解释是令人沮丧的，因此人们对零和博弈的研究衰落了。当代的研究重新开始于奥奈尔（O'Neill, 1987）。他指出，理论预测的混合策略概率分布依赖于参与者从结果获得的效用（或者说，是风险规避的），除非在一个博弈中只有两个可能的结果。为了去除对未度量效用的关注，并且为了提高解释力，奥奈尔构造了一个 4×4 零和博弈，其中给出了行的收益情形（参见表 3-3）。该博弈具有四个策略，以打出1~3 三张牌和王牌（J）来表示。对于每一个参与者，其收益是赢得或输掉5美分，因此只要参与者想要赢得博弈，那么任何单调效用函数都可以给出一个相同的混合策略概率分布。该博弈中唯一的 MSE 概率分布是：对于1~3 三张牌每个赋予 0.2 的概率，而对于王牌赋予 0.4 的概率。在他的实验中，参与者与一个固定的对手进行博弈。实验结果由表 3-3 给出。总体上看，各个策略的相对概率是明显与 MSE 的推断相接近的，并且行参与者被推断会有40％的机会以 MSE 赢得博弈，而实际上是在41％的情况下赢得了博弈。

表 3-3　在一个 4×4 博弈中行参与者的支付（以美分计）及实验结果

行参与者	列参与者				MSE 概率	实际频率	QRE 估计
	1	2	3	J			
1	−5	5	5	−5	0.20	0.221	0.213
2	5	−5	5	−5	0.20	0.215	0.213
3	5	5	−5	−5	0.20	0.203	0.213
J	−5	−5	−5	5	0.40	0.362	0.360
MSE 概率	0.20	0.20	0.20	0.40			
实际频率	0.226	0.179	0.169	0.426			
QRE 估计	0.191	0.191	0.191	0.426			

资料来源：O'Neil（1987）.

注：QRE 估计参数为 $\hat{\lambda} = 1.313$。

在表 3-3 中还列出了随机最优反应均衡（QRE）的估计值，这个概念来自麦克尔维和帕尔弗雷（McKelvey and Palfrey，1995）以及陈、弗里德曼和思塞（Chen，Friedman，and Thisse，1996）（对照 Rosenthal，1989）。在 QRE 中，参与者没有以概率 1 选择最好的反应方式（如在一个纳什均衡中那样），相反地，他们"较好地反应"，并且以较高的概率选择具有较高预期收益的反应方式。实际上，QRE 经常利用一个 Logit 收益反应函数：

$$P(s_i) = \frac{e^{\lambda \sum_{s_{-i}} P(s_{-i}) u_i(s_i, s_{-i})}}{\left(\sum_{s_k} e^{\lambda \sum_{s_{-i}} P(s_{-i}) u_i(s_k, s_{-i})} \right)} \tag{3.2.1}$$

QRE 利用参数（λ）来度量参与者对预期收益的反应的噪声程度，并且典型地推断，博弈结果会处于等概率随机化和 MSE 之间。在奥奈尔的博弈中，QRE 估计值与王牌被赋予的实际概率值十分接近，但是却像 MSE 那样错误地认为其他三张牌的概率应该是相等的。

奥奈尔把他的实验结果解释为对 MSE 的全部支持，布朗和罗森塔尔（Brown and Rosenthal，1990）对此持批评态度。他们指出，累积的实验缺乏把 MSE 与相关理论区分开的能力，并且细致的分析推翻了参与者独立地以 MSE 概率来选择混合策略的假定。他们的分析为下面将要描述的几个其他实验设立了平台。

他们首先指出，对于所有特定的参与者对（pair），实际获胜概率从 30% 到 54% 不等。这种获胜概率的差异性，很大部分是由于在参与者各次选择间存在关系。[5]那么这种关系从何而来？为了弄清这一点，布朗和罗森塔尔把参与者在 $t+1$ 期对 J 的选择（定义为 J_{t+1}）对如下变量进行了回归，包括对手的选择及其两个滞后期选择（定义为 J_{t+1}^*，J_t^* 和 J_{t-1}^*），参与者本人的选择，以及本人与对手选择的乘积。如果参与者进行随机化，并且不能发觉其他参与者的非随机化选择[6]，那么所有的系数（除了常数项 a_0）都将为零。

表 3-4 中的列 BR 显示了布朗和罗森塔尔对不同时期研究的一组回归结果。对于超过一半的参与者（62%），所有滞后期系数为零的假设可以被拒绝（以 0.05 为显著水平）。有将近一半的实验对象其自身的滞后选择系数（a_1，a_2）是显著的，这意味着参与者的各次随机化选择不是相互独立的（典型地，他们几乎不会在行中两次选择 J）。有三分之一的实验对象关于他们对手的滞后选择系数（b_1，b_2）具有显著性，这意味着他们试图猜测他们对手的时间依赖行为。只有 8% 的参与者对对手的同期选择 J_{t+1}^* 的系数具有显著性。这样，虽然参与者的确对他们过去所观察到的（及所做的）做出反应，但是他们无法利用这些信息对他们的对手近期会怎样行动进行猜测。布朗和罗森塔尔得出结论，认为几乎没有对最大化最小值假定的支持。

表 3-4　在零和博弈中对时间依赖的检验

效应	系数	具有显著效应（$p<0.05$）的参与者比例			
		BR	RB 实验 1	RB 实验 2	BR94
猜想	b_0	8	8	5	10
对手前一期的选择	b_1，b_2	30	42	35	12
前一期的结果	c_1，c_2	38	28	20	6
前一期的选择及结果	b_1，b_2，c_1，c_2	44	55	38	12
本人前一期的选择	a_1，a_2	48	48	42	42
所有的效应	a_i，b_i，c_i	62	72	50	52

资料来源：Brown and Rosenthal（1990）；Rapoport and Boebel（1992）；Budescu and Rapoport（1994）.

注：BR 表示的是 Brown and Rosenthal（1990）；RB 表示的是 Rapoport and Boebel（1992）；BR94 表示的是 Budescu and Rapoport（1994）。且 $J_{t+1}=a_0+a_1J_t+a_2J_{t-1}+b_0J_{t+1}^*+b_1J_t^*+b_2J_{t-1}^*+c_1J_tJ_t^*+c_2J_{t-1}J_{t-1}^*$.

在对混合均衡的解释进行"净化"之后，又出现了一个对实际发生情形的敏感解释（根据 Harsanyi and Aumann）。假设一个参与者不认为她精确地进行随机化——例如，她观察到一个显见的因素并且根据该因素进行选择。如果其他参与者没有发现这个显见的因素（且该因素会导致非随机化），那么其他参与者就会相信她正面临一个混合策略。这样，MSE 是在人们的信念中而不是在混合策略中被认为是一个均衡。

在布朗和罗森塔尔的重新分析中，一个关键的事实是：即使在选择中的确存在时间依赖，但是只有极少的参与者可以观察到他们对手选择中的这种依赖，并且猜透他们对手的行为（以极少的 b_0 具有显著性作为证据）。这样，与最大化最小值之间就存在显著的差异，而参与者却无法发现这一点，于是把它解释为"在信念中的均衡"是得到支持的。也就是说，虽然参与者都没有进行随机化，但是他们也没能观察到对手与均衡的偏离。

拉波波特和波贝尔（Rapoport and Boebel，1992）重复了奥奈尔的研究，但做了四个小的改动。[7] 他们的总体结果在表 3-5 中给出，并且重现了奥奈尔的结果。选择的实际频率通常在 MSE 推断概率和均等概率之间，但是 MSE 推断概率对于 85% 的实验对象可以用 χ^2 检验进行拒绝。在赢-输条件下的实验 1 和实验 2 中，各种策略的选择频率是接近的，于是策略等价①得以保持。[8] 注意 QRE 估计值对于抓住与 MSE 的偏离起了足够的作用，尤其是对行参与者。

一个有趣的事实是，在这些博弈中不存在持续的技巧差异，因为对一个参与者来说，他或她在两组不同实验中的获胜概率之间只有 0.17 相关性。拉波波特和波贝尔对布朗-罗森塔尔关于时间依赖的结果也进行了重现（参见表 3-4），并且发现了对一个行为模型的一些支持，在该模型中策略的混合比例依赖于收益矩阵中"赢"所占的比例。

莫克基希和索弗（Mookerjhee and Sopher，1997；还可参见 Mookerjhee and Sopher，1994）对四个常和博弈进行了研究，其中强调学习过程的影响（详见第 6 章）。他们的博弈在表 3-6 和表 3-7 中给出。为了检验双倍奖金的影响，因此在博弈 1 和博弈 3 中设定一次获胜赢得（以 W 表示）5卢比，而在博弈 2 和博弈 4 中为 10 卢比。[9] 博弈 1 与博弈 2 是很类似的，只是博弈 2 中的策略 3～策略 5 在博弈 1 中被重叠为策略 3。在最大化最小值的假定下，这些博弈应该是等效的。

---

① 所谓"策略等价"是指在各博弈中对各种策略的选择频率是一致的。——译者注

表3-5 在5×5博弈中的支付和实验结果

行的选择	列的选择					MSE 概率	实际频率		QRE 估计	
	C	L	F	I	O		实验 1	实验 2	实验 1	实验 2
C	W	L	L	L	L	0.375	0.293	0.306	0.286	0.309
L	L	L	W	W	W	0.250	0.305	0.324	0.302	0.296
F	L	W	L	L	W	0.125	0.123	0.100	0.138	0.132
I	L	W	L	W	L	0.125	0.119	0.115	0.138	0.132
O	L	W	W	L	L	0.125	0.160	0.155	0.138	0.132
均衡概率	0.375	0.250	0.125	0.125	0.125					
实际频率（实验 1）	0.352	0.180	0.218	0.099	0.151					
实际频率（实验 2）	0.346	0.193	0.202	0.116	0.143					
QRE 估计（实验 1）	0.412	0.169	0.140	0.140	0.140					
QRE 估计（实验 2）	0.410	0.184	0.135	0.135	0.135					

资料来源：Rapoport and Boebel（1992）.

注：在实验 1 中（W，L）的支付为（10 美元，−6 美元），在实验 2 中为（15 美元，−1 美元）。QRE 估计参数为 $\hat{\lambda}_1=0.248$，$\hat{\lambda}_2=0.327$。

表 3－6 在博弈 1 及博弈 3 中的行的支付及实验结果

行的选择	列的选择				MSE 概率	实际频率
	1	2	3	4		
1	W	L	L	W	0.375	0.318
2	L	L	W	W	0.250	0.169
3	L	W	2/3W	2/3W	0.375	0.431
4	L	L	1/3W	W	0.000	0.083
MSE 概率	0.375	0.250	0.375	0.000		
实际频率	0.383	0.308	0.270	0.040		

资料来源：Mookerjhee and Sopher（1997）。
注：L、W 和 pW 分别表示输、赢和以概率 p 赢。

表 3－7 在博弈 2 及博弈 4 中行的支付和实验结果

行的选择	列的选择						MSE 概率	实际频率
	1	2	3	4	5	6		
1	W	L	L	L	L	W	0.375	0.410
2	L	L	W	W	W	W	0.250	0.241
3	L	W	L	L	W	L	0.125	0.048
4	L	W	W	L	L	L	0.125	0.069
5	L	W	L	W	L	W	0.125	0.195
6	L	L	W	L	W	W	0.000	0.038
MSE 概率	0.375	0.250	0.125	0.125	0.125	0.000		
实际频率	0.368	0.269	0.099	0.166	0.080	0.019		

资料来源：Mookerjhee and Sopher（1997）。

　　我们对所有 40 期的实验结果进行汇总，并在表 3－6 和表 3－7 中给出。虽然多项的 MSE 推断概率被拒绝了，但是结果还是接近 MSE 的。弱被占优策略是很少被选择的（为 2%～8%）。通过将博弈 2 中的策略 3—5 在博弈 1 中融为一个单策略，平均来看策略等价是保持得住的，不过行参与者[①]选择这个融合的策略要比列参与者[②]选择的次数更多。

　　汤（Tang，1996a—c，2001）公布了三个混合策略均衡的博弈实验，

---

① 原文为"列参与者"，疑误。——译者注
② 原文为"行参与者"，疑误。——译者注

并且根据这些数据来对一些学习模型的令人混乱的差异进行了评价。这些博弈由表 3-8 给出。三个博弈中都有一个 MSE，其中行参与者选择策略 1～3，而列参与者选择策略 7～9，其概率分别为 (1/6, 1/3, 1/2)。另外，博弈 2 还有其他两种均衡，其中只有列参与者选择混合策略。[10]细心的读者对这些结果的结构应该觉得很熟悉：与 MSE 概率的差异是很小的，但在统计学意义上是显著的，并且由 MSE 推断的各策略的概率与大部分实际结果是一致的。

表 3-8　博弈和实验结果

行的选择	列的选择			MSE 概率	实际频率
	7	8	9		
博弈 1					
1	20, 0	8, 16	8, 16	0.167	0.311
2	5, 12	20, 4	5, 10	0.333	0.313
3	0, 12	0, 12	20, 8	0.500	0.376
MSE 概率	0.167	0.333	0.500		
实际频率	0.163	0.313	0.524		
博弈 2					
1	0, 0	12, 16	12, 16	0.167	0.074
2	15, 12	0, 4	15, 10	0.333	0.382
3	20, 12	20, 12	0, 8	0.500	0.544
MSE 概率	0.167	0.333	0.500		
实际频率	0.462	0.174	0.364		
博弈 3					
1	4, 0	10, 12	12, 16	0.167	0.235
2	15, 15	0, 6	15, 10	0.333	0.357
3	18, 10	0, 12	14, 8	0.500	0.408
MSE 概率	0.167	0.333	0.500		
实际频率	0.321	0.279	0.400		

资料来源：Tang (2001).

宾莫尔、斯维尔兹宾斯基和布劳尔克斯 (Binmore, Swierzbinski, and Proulx, 2001) 进行了一项雄心勃勃的实验，其中涉及八个不同的博弈。

他们的观点是，均衡的选择只会从学习中形成，这暗示着均衡必然导致如布朗和罗森塔尔所指出的那种时间依赖行为。因此，依赖行为即是均衡出现的证据。

他们所研究的五个零和博弈由表 3-9 给出。由于他们观察到一些随时间推移而朝向 MSE 的趋势，因此表中只列出实验的最后三分之一部分的频率。相对频率再次与 MSE 的推断相接近，但有一个轻微的约为 0.5 的偏离。细致的分析表明，频率最高的观察值与 MSE 推断值在均值上是接近的，虽然它们之间的差异在统计上是显著的。[11]学习的动态过程通常与最优反应一致：整体选择频率的变化中约有 60% 是对历史经验的一个最优反应。参与者对他们自身收益的移动平均值也是十分敏感的（当移动平均值变得更低时，他们的选择行为也转换得更多）。

表 3-9　在博弈 1~博弈 5 中的行支付以及实验结果

行的选择	列的选择		MSE 概率	实际频率
	1	1		
博弈 1				
1	−2	3	0.167	0.251
2	−1	−2	0.833	0.749
MSE 概率	0.833	0.167		
实际频率	0.915	0.085		

行的选择	列的选择			MSE 概率	实际频率
	1	2	3		
博弈 2					
1	−3	−2	−3	0.000	0.044
2	−1	−1	0	1.000	0.888
3	3	−3	−3	0.000	0.068
MSE 概率	0.000	1.000	0.000		
实际频率	0.011	0.918	0.071		

行的选择	列的选择			MSE 概率	实际频率
	1	2	3		
博弈 3					

续表

行的选择	列的选择			MSE 概率	实际频率
	1	2	3		
1	−2	3	−3	0.167	0.205
2	−1	−3	0	0.000	0.056
3	0	−1	1	0.833	0.739
MSE 概率	0.667	0.333	0.000		
实际频率	0.647	0.279	0.075		

行的选择	列的选择			MSE 概率	实际频率
	1	2	3		
博弈 4					
1	0	2	−1	0.167	0.207
2	2	0	−1	0.167	0.133
3	−1	−1	0	0.667	0.660
MSE 概率	0.167	0.167	0.667		
实际频率	0.081	0.171	0.748		

行的选择	列的选择				MSE 概率	实际频率
	1	2	3	4		
博弈 5						
1	1	−1	−1	−1	0.400	0.439
2	−1	−1	1	1	0.200	0.187
3	−1	1	−1	1	0.200	0.224
4	−1	1	1	−1	0.200	0.150
MSE 概率	0.400	0.200	0.200	0.200		
实际频率	0.448	0.266	0.112	0.174		

资料来源：Binmore，Swierzbinski，and Proulx（2001）.

小结

当代的研究都采用了在实验对象之间固定博弈对手的办法，对使用较大的赌金持谨慎态度〔在穆克吉和索弗（Mookerjhee and Sopher，1997）

的论文中]，并且采用具有若干策略的以及（典型地）只有赢-输支付的博弈，这样行为人对风险的态度就不会产生影响。实际频率与 MSE 推断概率之间的差异并不大。在宾莫尔等人的实验中，差异是最小的，其中参与者进行 150 次实验，并且可以循着他自己或别人收益变化的轨迹进行决策。然而，无论是在个人水平上还是在整体层面上，差异在统计学意义上通常都是高度显著的。大部分的实验对象还是显现出时间依赖——他们的选择依赖于他们自己和其他人以前的选择行为。

3.3　主观随机化以及混合策略

拉波波特和伯德斯库（Budescu）把 MSE 博弈与在心理学上对随机化的主观认知联系起来，并以此形成了若干篇论文。其意图是想要知道参与者内在的随机化（如果他们想要降低博弈对手——这些对手熟知他们的历史经验——对其选择行为的判断力）是否与参与者被要求排序或本身察觉到次序时的随机化行为类似。

很多心理学上的研究利用一种"生成"方案，其中实验对象生成一个随机序列，或以一个随机秩序来安排一个结果的样本。其他的研究利用一种"辨识"方案，其中实验对象被要求对不同序列的可能随机差异进行估计。人们已经对许多情况及反应模式进行了研究（参见 Bar-Hillel and Wagenaar，1991）。

研究显示，人们所生成的序列，与实际的短期随机序列相比，其特征与基础的统计学过程更为相似。比如，在一次课堂练习时，我让一些学生抛 20 次硬币，并且我让其他学生尽可能写出一个与抛硬币结果相同的序列。[12] 学生所生成的序列通常能够让我们从三个细节方面进行比较：（1）为正面的次数要比实际序列所显示的更接近 10，并且比实际序列更不可能低于 8 或高于 12；（2）在学生所生成的序列中出现一连串正面或反面的情形是很少的［但在随机序列中出现一连串的情形却平均为 $(n+1)/2$ 次］；（3）在学生序列中出现一连串相同的结果时，其长度通常最多只有 3 次到 4 次，而在实际序列中最大值达到 5 次到 6 次是很正常的。

交替选择的结果（"负近因效应"①）是很普遍的，只有两个有趣的例外：儿童看起来在五年级之前并没有学会这种错误的观念（Ross and

---

① 即 negative recency，心理学概念，是指人们的选择总是与最近的选择相反的情形。——译者注

Levy，1958)；实验对象如果在具有更多反馈的情况下，对生成序列训练了 60 多次后，那么他们就能够生成更符合统计学特征的随机序列 (Neuringer，1986)。从儿童那儿得到的证据是很重要的，因为这暗示着错误的随机化不是仅通过学习过程就可以避免的。很可能是反过来：人们的思想随着发展反而具有了这样的错误认识，即认为小样本会具有大样本所具有的特征(这被滑稽地命名为"小数定律")。

拉波波特和伯德斯库（Rapoport and Budescu，1992）首次把"生成"方案的序列与一个常和博弈中的策略进行了比较。他们研究的动机来自四个对"生成"与"辨识"方案的批评：指导上的偏离或混淆可能会导致实验对象生成非随机的序列[13]；对随机的检验是存在问题的；几乎没有哪项研究根据实验对象的表现来实施奖励；并且"生成"方案过于做作（人们在实际生活中没有类似行为）。所有这些批评都被用这种常量和博弈克服了，在这些博弈中人们选择随机化的混合策略是值得的。

拉波波特和伯德斯库对三种条件进行了研究。在条件 D 下，实验对象进行一项猜便士的博弈，一共 150 次，按照通常的一次接一次的顺序；在条件 S 下，实验对象一次性生成一个完整的 150 次实验的序列（然后把该序列与对手的序列进行比较来确定 150 次的结果和双方的收益）；另外，在条件 R 下，实验对象被要求"模拟一个抛硬币 150 次的随机结果"。

通常地，实验对象生成的序列中具有太多的一连串相同正面或反面的现象：对个人的 Z 检验在 D、S、R 三种条件下分别对 40%、65% 和 80% 的实验对象拒绝了独立同分布的假设。（注意在 R 条件下表现出时间依赖的实验对象是 D 条件下的两倍。）看来博弈环境下（即条件 D）参与者较少偏离随机化。

伯德斯库和拉波波特（Budescu and Rapoport，1994）把他们较早的论文拓展到 3×3 形式的零和猜便士博弈中。参与者在三个有色的卡片中任选一张；如果两人所选的颜色匹配，那么行参与者赢得 2 单位，如果他们选的颜色不同，那么行参与者输掉 1 单位。对于这两名参与者来说，MSE 均衡是等概率地选择这三张卡片。他们再次把博弈环境下的条件 D 与生成随机序列的条件 R 进行了比较。回归结果显示出显著的时间依赖情形，正如在较早的研究中得出的结论那样（参见表 3-4，列 BR94）。在条件 R 中更多的实验对象表现出了时间依赖（尤其是交替选择）。

表 3-10 显示了被选择模式的频率。模式 $(x，x)$ 代表参与者连续两次所选卡片颜色相同的三种可能结果，而 $(x，y)$ 代表任何两次所选颜色

不同的卡片组合。如果模式是"不平衡"的，那么这种模式被认为是非常规的（与独立同分布的选择模式相比而言），而如果模式是"平衡"的，则被认为是更具有普遍性的。例如，模式（x，x，x）只是三次颜色相同的连续选择，因此是高度不具有代表性的（并且预期在实验对象的选择中很少会出现这种结果）。模式（x，y，z）包含这三种颜色的任何一种，因此是最具代表性的。具有最高和最低频率的实际选择模式之间存在着很强的统计学差异。在条件 R 下这种差异要大于在条件 D 下的差异。

表 3 - 10　在三策略实验中各选择模式的频率

模式长度	模式类型	相对于独立同分布的预期频率	在各种条件下的频率		独立同分布条件下的预期频率
			条件 D（博弈环境）	条件 R（生成方案）	
2	（x，x）	较低	0.269	0.272	0.333
	（x，y）	较高	0.731	0.728	0.667
3	（x，x，x）	最低	0.073	0.063	0.111
	（x，x，y）	较低	0.196	0.209	0.222
	（x，y，y）	较低	0.196	0.210	0.222
	（x，y，x）	较高	0.237	0.160	0.222
	（x，y，z）	最高	0.297	0.359	0.222
4	（x，x，x，x）	最低	0.020	0.018	0.037
	（x，x，x，y）	较低	0.053	0.045	0.074
	（y，x，x，x）	较低	0.054	0.045	0.074
	（x，y，x，x）	较低	0.056	0.035	0.074
	（x，x，y，x）	较低	0.058	0.037	0.074
	（y，x，z，x）	较高	0.096	0.078	0.074
	（x，y，x，z）	较高	0.099	0.079	0.074
	（x，y，z，x）	最高	0.121	0.173	0.074

资料来源：Budescu and Rapoport (1994).

在他们论文的第二部分（基于 Budescu，Freiman，and Rapoport，1993），他们比较了两种解释，这些解释想要说明为什么博弈环境下的参与者会表现出较弱的时间依赖性。一个解释是，博弈的参与者有着比生成序列者更为清晰的目标和更强烈的动机：进行博弈时要防止被摸透，这样你的对手就无法猜中你的行为了。另一个解释提到"记忆干扰"：人们有关自身和对手过去行为的记忆是很难保持住的，因此博弈参与者对他们过去的行为只能记住较少的部分，这导致了他们接近于"无记忆"的随机化。从这个观点来看，博弈参与者本身并不是"更理性"，相反地，有限理性的约束反而抑制了他们偏离随机化的能力，因为进行博弈增加了记忆的约束。这种解释推断，偏离短期随机化对于 D 和 R 条件下的实验对象是相似的，但是那些基于更多"远期记忆"的偏离（比如像长度为 3 或 4 的选择模式）对于 R 条件下的实验对象会更强一些。表 3 - 10 的数据与这种推断保持一致。[14]

拉波波特和伯德斯库（Rapoport and Budescu, 1997）提出了一个不错的模型来解释在一个"生成"方案中与随机化偏离的问题（对照 Rabin, 2002）。这个例子可以说明一个好的基于心理学的模型是如何解释问题的。他们的模型把有限工作记忆与处于"代表性启发"后面的直觉联系起来。代表性是一种通过考察证据对假定的代表程度（参见 Tversky and Kahneman, 1982）来判断条件概率 P（假定｜证据）的启发方式。其思想是，无论是一项假定还是一个单独（或一个样本）的证据都具有统计学上的特性（平均数、方差等等），并且还具有同一类别样本中的特征。人们通过观察证据特征与假定特征的匹配程度来判断假定与可得证据之间的相似性。同样的心理学逻辑可以被扩展到对诸如 P（类别｜例子）的判断上。比如，如果你在洛杉矶的夜总会上遇到了一个很有吸引力的人，那么他或她更像是一名教师还是一位模特呢？由于在"模特"类别中的每个标本都是具有吸引力的，因此过高估计你所遇到的人是一个模特就是很正常的，从而忽视了对方其实是一名教师的整体概率或基础概率是更高的。这种心理学上的代表性判断在本质上与贝叶斯统计推断是不同的，因为在其中没有这样一些概念［诸如样本方差，在时间序列中的对平均数的回归，以及对基本概率（预先的）的运用］的位置（参见 Kahneman and Frederick, 2002）。

同样的启发方式可以被用来生成一个关于抛硬币实验的随机序列。当生成与抛硬币过程相匹配的样本时，那些进行特征匹配的实验对象会形成关于硬币出现正面和反面百分比的"过于平衡"的样本。相似地，当人们对于一个时间序列的统计学特征不是太有把握时，如果他们看到一个令人惊奇的长期结果，他们会错误地得到序列的相关性，其实这种相关性是不存在的。一个令人惊讶但却受到良好描述的例子是对"老手"能投中篮球的神秘迷信（参见 Gilovich, Vallone, and Tversky, 1985）。[15]

在拉波波特和伯德斯库的模型中，实验对象只记得序列中的前 m 个元素，并且会运用这种特征匹配的启发方式。他们选择第 $m+1$ 个元素来平衡这 $m+1$ 次抛硬币的正面和反面的数目。如果记忆长度 m 不是很大，那么实验对象就会过于频繁地改变选择。该模型得出了非常特别的推断。例如，在有二项结果的两个实验中，对于硬币出现的正面（H）和反面（T），实验对象的评估分别为 $P(H \mid H)=0.42$，$P(H \mid HH)=0.32$，$P(H \mid HHH)=0.21$。如果记忆长度 m 约为 7，则该模型提供的推断非常接近这些实际的数目。这意味着短期记忆的约束是令人吃惊地接近"7±2"。这个结果在大约 50 年前就在米勒的一篇经典心理学论文中进行了讨论（Miller，1956）。

小结

在对以 MSE 进行博弈的实验对象和生成序列的实验对象的随机化进行比较的实验中，那些生成序列的人群表现出更强的时间依赖性。一项研究显示，行为间的差异归因于对博弈过程与对手选择的认知需求。进行博弈会受到有限工作记忆的限制和参与者错误随机化的本能障碍。过度交替的选择与只能记住前 7 个左右的选择相一致，与做出新选择来平衡序列中所记住的部分相一致。

3.4　明确的随机化

三个当代的研究者让参与者可以故意地对策略进行随机化选择。（没有人知道考夫曼和贝克早在 30 年前就已经做过这样的事情了！）"受控的随机化"是十分重要的，因为它让那些内心愿意进行独立同分布选择的参与者（但发现这是很难做到的）形成一个明确的可以帮助他们进行随机化的办法。另外，它给予实验者一个机会来观察那些本来在实际中很难观察到的明确的随机化过程。

布罗姆菲尔德（Bloomfield，1994）研究了一个 2×2 博弈，这在表 3-11 中显示了出来。其中对随机化进行控制的方法是，给予实验对象两个策略，然后让他在 50 次选择中对每个策略的选择次数进行分配。例如，行参与者可以通过选择 20 次 A 策略和 30 次 B 策略来执行 MSE［$p(A)=0.4$］。参与者被随机地配对，并且在给定两个参与者的概率分布后，每个参与者的收益是其预期收益。[16]

143

布罗姆菲尔德告诉实验对象有关他们对手的实际（混合）策略，以及他们在每个可能混合下所能获得的预期收益。在一个特别的"披露"条件下，实验对象还被告知他们对手在各种策略下的事后预期收益，以此来观察该信息是否促成了预期结果或熟练的推理过程，以及是否提高了达到均衡的速度。这些提供信息的做法受到了布罗姆菲尔德对适应性动态过程的兴趣的影响，即假定一个参与者的策略概率 p 根据前一期结果的收益导数部分（由 p 引起的预期效用的改变）来进行调节。这种基于收益导数的调节会导致参与者从 MSE 螺旋式地离开。[17]

表 3-11 中列出了结果。累积比例又一次接近推断的 MSE[1] 概率。在控制条件下，把实际混合策略比例分别对一个参与者以前的概率以及收益导数进行回归，这会得到系数分别为 0.45 和 0.14，并且在统计学上是显著的。在"披露"条件下，同样的系数为 0.24 和 0.04。收益效应的导数因此缩小约为以前的三分之一，这与参与者可预见他人的调整以及对经验的反应较弱是一致的。

表 3-11　一个 2×2 博弈及其实验结果

行参与者	列参与者		MSE 概率	实际频率	
	X	Y		控制条件下	披露条件下
A	80，40	40，100	0.400	0.416	0.397
B	40，80	100，40	0.600	0.584	0.603
MSE 概率	0.600	0.400			
实际频率					
控制条件下	0.545	0.455			
披露条件下	0.556	0.444			

资料来源：Bloomfield（1994）.

奥克斯（Ochs，1995b）同样也在三种猜硬币博弈中融入了明确的随机化（如表 3-12 所示），其中行参与者在三个博弈中能从策略组合（1，1）中得到的收益各不相同。参与者进行 10 次选择，对策略 1 和策略 2 分配选择的次数。这被用来生成一个有关 10 次实际选择的随机序列（不存在替换），并将与对手的 10 次选择进行比较。

---

① 原文为 MTE，疑误。——译者注

表 3-12 博弈及其实验结果

行的选择	列的选择		MSE 概率	实际频率	稳态估计	QRE 估计
	1	2				
博弈 1						
1	1, 0	0, 1	0.500	0.500	0.502	—
2	0, 1	1, 0	0.500	0.500	0.498	—
MSE 概率	0.500	0.500				
实际频率	0.480	0.520				
稳态估计	0.482	0.518				
博弈 2						
1	9, 0	0, 1	0.500	0.600	0.631	0.649
2	0, 1	1, 0	0.500	0.400	0.369	0.351
MSE 概率	0.100	0.900				
实际频率	0.300	0.700				
稳态估计	0.350	0.650				
QRE 估计	0.254	0.746				
博弈 3						
1	4, 0	0, 1	0.500	0.540	0.534	0.619
2	0, 1	1, 0	0.500	0.460	0.466	0.381
MSE 概率	0.200	0.800				
实际频率	0.340	0.560				
稳态估计	0.562	0.438				
QRE 估计	0.331	0.669				

资料来源：Ochs (1995b).

注：实际频率从 Ochs 的图 2 中估计得出。QRE 参数估计为 $\hat{\lambda}_2 = 3.24$，$\hat{\lambda}_3 = 2.66$。详见 McKelvey and Palfrey (1995)。

表 3-12 显示了这些博弈的结果以及从一个差分方程中得来的对稳态频率的估计。[18]当行参与者的（1，1）收益变化时，行参与者的 MSE 概率将不会变，但是列参与者选取策略 1 的概率将会下降。这个疯狂的预测令人吃惊地接近真实结果。在不同的博弈之间，行参与者选择 1 的相对频率仅仅从 0.50 变化到 0.60，然而列参与者选择 1 的频率却从 0.48 降到

0.30。QRE 估计值很好地解释了在博弈 2 和博弈 3 之间的不同。另外，很大数量的参与者严格地进行单调反应而不是选择混合策略——对于大多数参与者来说，他们在 10 次博弈中全部选择了策略 1 或全部选择了策略 2。

夏查特（Shachat，2002）也对明确的随机化进行了研究。他的方案 1 运用了奥奈尔博弈的四个策略，但有细微的变化。他的随机化过程对较早的过程做了一个细小的修正。[19] 在方案 2 中，他让参与者在计算机上把 100 张卡片的每一张指定为这四个策略中的任一个，这样就相当于形成了关于这四个策略的概率分布。然后计算机对这些卡片进行洗牌，并选择最上面的一张卡片作为实现的策略。参与者在每一期后得知其对手实现的策略。在方案 3 中，他们还会得知对手的混合策略。

夏查特的结果接近于重现了奥奈尔的结果。三种信息方案都给出了类似的结果，因此我们在表 3-13 中只给出了汇总的结果。该表显示了选择的相对频率，在括号中给出了用以检验 MSE 推断结果的 z 统计量。细心的读者会发现很熟悉的地方：与 MSE 的差异是很小的，但在统计学意义上却是显著的。

表 3-13 在 4×4 奥奈尔博弈中的选择频率

行的选择	列的选择				MSE 概率	实际 频率	z 统计量
	1	2	3	J			
1	0.051	0.049	0.039	0.073	0.200	0.212	(1.60)
2	0.045	0.045	0.044	0.088	0.200	0.222	(2.93)
3	0.045	0.044	0.039	0.082	0.200	0.210	(2.47)
J	0.075	0.069	0.065	0.147	0.400	0.356	(−4.76)
MSE 概率	0.200	0.200	0.200	0.400			
实际频率	0.216	0.207	0.187	0.390			
Z 统计量	(3.46)	(1.52)	(−2.81)	(−1.08)			

资料来源：Shachat（2002）。

夏查特对时间依赖进行了检验，并且比布朗和罗森塔尔更为巧妙。独立变量是连续出现两次 J，即利用了滞后一期的数据。这样就可以检验前一期选择（包括自身及对方的）是否与本期选择具有独立性，其拒绝比率分别为 15% 和 22%，而奥奈尔实验中的拒绝比率为 24%。在夏查特的实验对象中约有 10% 是"纯粹主义者"，他们在大部分时期中只选择纯策略（即他们把 100 张卡片指定为同一策略）。有一半的实验对象有时采取混合策略有时采取纯策略。纯粹主义者和混合策略者对卡片的策略分配在整体上接近于 MSE 混合策略。其余的实验对象很少会采取纯策略（小于或等于 9 次）。他们的策略与 MSE 相偏离。（一些实验对象在大部分时间里对四个策略进行均等地混合。）

小结

有三个研究允许实验对象明确地通过选取代表不同策略的筹码来进行混合。这些受到控制的随机化实验结果重现了早期的研究结果。大部分的单个实验对象没有选择符合 MSE 的混合策略，并且有很大一部分人经常选取纯策略（或者对他们对手的选择做出最佳反应，或者固定在一个特定策略的序列上）。然而，从实验对象总体看，对各策略的混合比例却接近MSE 预测概率。

3.5　存在混合策略均衡的专利竞争和选址博弈

本节将描述两个博弈，这些博弈模型化了在经济学上有趣的例子。其他有趣的例子省略掉了（比如，存在市场力量的公开报价市场；参见 Holt and Solis-Soberon，1992；Davis and Wilson，待出）。

拉波波特和阿尔麦道斯（Rapoport and Almadoss，2000）对一个投资博弈进行了研究。[20]在这个对称的博弈中，两个公司具有相同的禀赋 e（比如研发预算）。它们都可以在这个专利竞争中进行整数值的投资。厂商保留它们没有花费掉的部分。投资较多的厂商获得一个固定的奖金 r；如果两厂商花费同样的数量，那么任何厂商都不能获得奖金（用以反映诸如专利纠纷中的收益损失）。存在一个单独的 MSE，其中厂商以概率 $(r-e)/r$ 投资掉其所有的禀赋，并且以一个均等的概率 $1/r$ 投资所有较小的整数数量。

表 3-14 给出了结果。猜猜是什么？结果很接近 MSE。这多么令人震撼啊！实验对象的确过于频繁地选择 0，但对 1～4 的实际选择频率却约为相等，并且接近 MSE 的推断概率 $1/r$。选择的众数是，将所有的 5 单位禀赋全部进行投资，这正如所推断的那样。[21]个体的选择显示出一些"净化"，这是因为把所有禀赋进行投资的次数在实验对象之间存在很大差异。比如在博弈 L 中，有五分之一的实验对象几乎从不把所有的禀赋 e 都进行投资，而却有与之相似数量的人几乎在每一期都投资这么多。

表 3-14 一个对称专利竞争博弈的实验结果

投资	博弈 L($e=5$，$r=8$)		博弈 H($e=5$，$r=20$)	
	MSE 概率	实际频率	MSE 概率	实际频率
0	0.125	0.169	0.050	0.141
1	0.125	0.116	0.050	0.055
2	0.125	0.088	0.050	0.053
3	0.125	0.118	0.050	0.053
4	0.125	0.090	0.050	0.069
5	0.375	0.418	0.750	0.628

资料来源：Rapoport and Almadoss（2000）.

科林斯和舍斯迪亚克（Collins and Sherstyuk，2000）观察了一个同期空间选址博弈。三个实验对象同时在 [0，100] 之间选择一个整数，其中每个整数都与厂商可选的某个"地点"相对应。相类似的顾客居住在这 100 个地点中的每一处，并且在离他们最近的地点购买产品。厂商的利润与产品卖出的多寡相关。这样，实验对象将会选择一个离其他厂商尽可能远的地点，以期能够向邻近的顾客售出最多的产品（并且知道其他厂商也会试图做同样的事情）。

布朗-克鲁斯、克朗肖和斯琴科（Brown-Kruse, Cronshaw, and Schenk，1993）对经典的两厂商选址博弈进行了研究，其中厂商通过互动会逐渐达到 50（在实验中也是这种结果）。胡克、穆勒和弗雷恩德（Hück, Müller, and Vriend，2002）研究了一个四厂商博弈，其中厂商会汇聚在两个值附近选择地点，分别为 25 和 75。他们不仅发现了汇聚在这些值附近的选择，而且还发现了在中央位置不均衡的汇聚。

三厂商博弈是很有趣的，因为厂商会避免选择中央位置，这样它就不会受到其他两个厂商双方面的挤压。谢克德（Shaked，1982）显示，对于每个厂商的唯一对称的 MSE 完全规避了低于 25 和高于 75 的地点，并且只在区间 [25，75] 进行随机化选择。这里有一个大胆的推断，即认为有一半的地点永远都不会被选择，并且其他的地点将以均等的频率被选择。

选址地点的分布在不同的阶段和不同的时间是类似的，于是累积分布在图 3-2 中给出（其中细线代表的是纳什均衡）。所有的选择看上去像是一个平滑的均衡：较低的（小于 25）和较高的（大于 75）选择都很少见，最多的选择集中在中部。在 55 处有一个低谷，而在 40 和 70 存在两个主要的众数——实验对象规避了中央的选择以防止被挤压。这种对中央选择的规避可以通过对 MSE 增加风险规避或假定行为与近似（$\in$）均衡相一致来进行解释。[22]

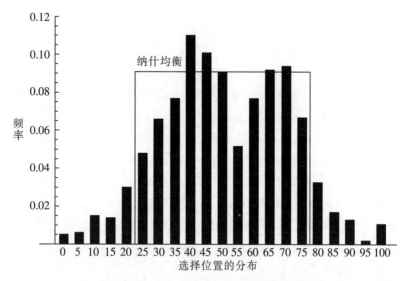

图 3-2　在三人同期选址博弈中的选址频率

资料来源：Collins and Sherstyuk（2000）.

小结

把专利竞争和三厂商选址博弈进行模型化处理的实验显示出与非直觉的 MSE 存在很强的、令人惊讶的一致性。

3.6　两个实际研究

在运动中，参与者必须随机化一个物理运动（在哪里应该投掷，应该踢出足球或回击网球），否则就会受到其他参与者（可以猜到球的方向）的攻击。网球运动是一个很好的可以用来研究的博弈，由于回击是把球击向对手的左边或右边，因此球的方向是极易观察到的。在一个竞争性参与者之间的混合均衡中，击向左边或右边的预期收益是相同的。[23]如果击向左边或右边的收益是不同的，那么参与者将不会恰当地进行混合策略选择。

沃克和伍德斯（Walker and Wooders，2001）收集了 10 次著名球员之间比赛的数据，时间跨度为 1974—1997 年。他们选择了重要的比赛（大满贯和网球大师比赛），这些比赛足够长，并且分值足够多，从而可以进行有力的统计学检验。[24]对均衡推断来进行检验是简单的：击向左边或击向右边从而得分的相对频率是否接近相等呢？

答案是肯定的。每一场比赛由两个参与者在赛场的两个半区相对峙（被称为"占先"和"平分"），于是在 10 场比赛的数据中有 40 次比较。在这 40 次比较中，击向左和击向右得分的频率只有在两次比较中存在统计学意义上的差异（在 $p<0.10$ 的水平上），而在奥奈尔（O'Neill，1987）的 50 次比较中却有 15 次。

在实验室中观察到的过度交替策略在网球比赛数据中也仍然存在，不过较弱一些：在 40 次比较的 8 次中，在 $p<0.10$ 的水平上出现连续击向一边的次数即可能太多（8 次中的 6 次）也可能太少（8 次中的 2 次）。

那些不认为实验结果可以一般化到实际情形的人也许会大喊："看！当奖金对于精明的参与者来说很高时，博弈理论确实起作用了！"沃克和伍德斯（Walker and Wooders，2001，1535 页）得出了一个更富思想性和公平性的结论：

> 我们不认为这些结果是由这么多实验所提出的特例，这些实验是被设计来对均衡行为进行检验的。实验本身令人确信，在需要不可推断行为的策略条件下，缺乏经验的参与者通常不会以均衡比例进行混合选择。……存在着这样一个关于经验和专业知识的范围，其中新手（比如具有典型意义的实验对象）在范围的一端而我们的世界级网球大师处于范围的另一端。尽管在新手那一端应用理论会带来错误，但在"专业"的那一端对理论的应用是较好的（但不是完美的）。在这两个端点之间存在一个鸿沟，并且人们极少（如果有的话）知道该怎样依据这个范围来置入一个给定的策略条件。

注意到有这样两个方法，可以使先前的实验与网球赛中的结果趋于一致。首先，纽林格（Neuringer，1986）发现在具有充足训练的实验中（也许可以与网球手所经历的上千小时的严苛训练相提并论），实验对象能够在实验室中学会随机化行为。而关于网球赛的研究是这个实验结果在实际中的翻版。其次，网球手的过度交替策略与实验室对象的行为如出一辙。事实上，左-右的均等获胜概率以及统计学上显著的时间依赖都表明，接球的参与者无法确知对方击球的方式。这让我们回想起，与

MSE 相一致的行为可能以两种截然不同的方式出现：参与者可能真的采取随机化的方式；或者他们可能表现出时间依赖，而这是他们的对手所无法确知的。后者的可能性意味着，MSE 在信念中仍是一个均衡，但是参与者的信念却不是根据可能的信息做出的（明确地说，比如时间依赖现象）。

帕拉希欧斯-休塔（Palacios-Heurta，2001）利用在欧洲足球中的罚球数据基本上对沃克和伍德斯论文所述进行了重现。罚球发生在某个违例之后，这允许罚球者把球置于距球门 12 码以外的罚点上。其他的球员可以在罚球者和球门之间组成一道人墙，但是必须离球 10 码远。（球员们通常会聚集在人墙的中部，这样就迫使罚球者必须把球踢向左边或右边。）由于只需 0.3 秒就可把球射入网内，因此这基本上相当于一个同时行动博弈：罚球者通常选择从左或从右射门，而守门员必须在看到球飞来的方向之前就决定是扑向左边还是右边。

帕拉希欧斯-休塔的一个研究收获是，他可以为守门员和罚球者的行动编码，这样他就可以说明他们是否处于一个相互最优反应的均衡上。（回忆沃克和伍德斯只是对回球方的击球方向进行编码，因此他们可能就会得到这样的结果，即击球者没有最小化对方得点以最大化自身得分，并且接球者站在左边或右边得分的概率不同。）另一个收获是，他具有一个关于所有罚球的样本，因此没有可能像沃克和伍德斯那样偏向于选取更可能处于均衡状态的比赛。

他发现了与沃克和伍德斯相同的基本结果：对于从左或从右射门获胜的概率，以及守门员向左或向右从而扑住球的概率，都是相当接近的。在表 3-15 中分别对用左脚和用右脚踢球的罚球者的射门结果进行了总结。表中给出了罚球者和守门员向左或向右的各种组合情形下的得分概率以及整体得分概率。对于两种类型的罚球者，从左或从右射门得分的整体概率（最右一列）以及在守门员不同扑球方向下可以射门得分的整体概率（最下一行）都是十分接近的。在左与右之间的得分率差异与在随机化行为下所预见的差异是十非常接近的。在参与者的行动之间也不存在连续的相关性。但这并不令人惊奇，因为在两次罚球之间有很长的时间空当（在一次比赛中只有两次罚球，并且通常每次的执行者也不同），因此偏向于由短期局部序列所造成的小样本代表性就不会出现。奇亚波里、列维特和格罗塞克罗斯（Chiappori，Levitt，and Groseclose，2001）从任意球数据中发现了基本相同的结果。

表 3-15　足球比赛中向左和向右行动的得分率

射门方向	守门员扑球方向		总体
	左	右	
习惯左脚射门者			
左	0.62	0.95	0.76
右	0.94	0.61	0.81
总体	0.76	0.80	0.78
习惯右脚射门者			
左	0.50	0.94	0.76
右	0.98	0.73	0.83
总体	0.77	0.82	0.80

资料来源：Palacios-Huerta（2001）.

小结

在 MSE 中，向左或向右击球以及从左或从右射门会产生相同的得分概率。这个推断从 10 次主要的网球比赛和足球比赛中获得了证实。

3.7　结论

本章回顾了具有单一 MSE 的博弈（主要是零和博弈）研究。这些博弈至为重要，因为不需要后面章节所提出的那些熟练的逻辑过程，即可得到 MSE，并且那些有助于或妨害到他人的社会性偏好也受到了限制，因此经典博弈理论在这里比在其他种类的博弈中具有更好的推断能力。与此同时，参与者可能不会实际地去选择混合均衡，因为学习 MSE 的动机很弱，并且正确的随机化过程与对随机序列形式的内在错误认知是相互冲突的。

早期 MSE 博弈研究的解释力较弱，因为基于外在表现的内在动机是很弱的，或根本不存在，并且实验对象通常与一个计算机化的策略相博弈，这样他的很多细节就无法获知（因此实验对象没有理由要选择一个 MSE 混合均衡）。当代的研究利用了行为人更为强烈的动机，以及对可能的风险规避的控制，并且是让两个人相互博弈。这些当代实验中的典型结果（可以很可靠地进行重现）是，博弈的累积频率在量上令人惊讶地与

MSE 的推断结果相接近，但是这之间的偏差却又是大到足以在统计学上具有显著性。这些结果可以在图 3-1 中（见前图）直观地得到总结，该图利用了本章中所涉及的大部分数据。在图 3-1 中的每一点都代表对某一个特定策略的 MSE 推断结果以及相应的关于该策略所观测到的实际相对频率。[25]实际的频率点散布在 MSE 推断结果周围。频率在较低的 MSE 推断结果处显现出较高的特征，而在较高的 MSE 推断结果处则较低。平均的绝对偏差只有 0.057，并且 R^2 为 0.84。

　　MSE 在两个重要意义上表现良好。首先，MSE 推断结果是精确的，并且是非直觉的。如果你把这些收益矩阵提供给一个几乎没有任何博弈论知识的人，并且要求他推断一下人们选择不同策略的概率，那么他一般不会得到任何与精确的 MSE 推断相符的结果。很多人会惊讶于 MSE 是怎样得来的，并且在你经过深思熟虑之后甚至会更为怀疑！优秀的理论不只是简单的正确而已，它更要不容置疑地、令人惊奇地正确。根据这个信条，MSE 的确是一个优秀的理论，虽然偏差是具有显著性的。

　　其次，这些偏差只当能找到一个更好的可替代的理论后才是可诟病的。然而，想找到一个能从根本上替代 MSE 的理论来解释观测到的偏差是很困难的。关于学习过程的理论是一个很自然的代表，但是在这些 MSE 博弈中一般不存在什么显著的学习过程，并且这些数据在统计学上过于混乱，以至于无法对参与者的学习过程进行精确的辨认（参见第6 章）。

　　一个具有代表性的可替代理论是 QRE。图 3-3 给出了观测到的频率以及相应的 QRE 评价结果，这是对计算了 QRE 结果的博弈（其报告贯穿于本章）所进行的二次抽样。在图 3-3 中，各个点要比在图 3-1 中更为接近特征线，直观地来看，这说明 QRE 在减少偏差。[26]然而，QRE 的推断又显现出了某种支付敏感性，这在实际数据中并未观测到（参见 McKelvey，Palfrey，and Weber，2000），因此对于该理论还有改进的余地（还可参见 Goeree，Holt，and Palfrey，2000）。

　　和相同对手进行重复博弈时，参与者应该进行独立同分布的随机选择，这样对手就不能察觉出选择次序中的时间依赖性从而猜出他的策略。事实上，人们认为在现实中每次博弈都存在学者所寻找的时间依赖性：参与者过于频繁地交替所进行的选择。似乎选手的记忆力有限（令人想起过去的 7 到 8 个博弈是与通常的短期记忆测度值相一致的），并且还试图去平衡过去各种选择的次数来满足 MSE 比率。这两种因素导致了过度交替，

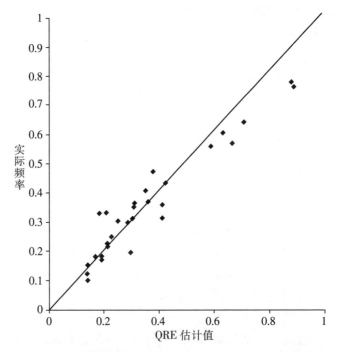

图 3 - 3 实际频率以及由 QRE 推断的不同策略的选择频率

并且在解释参与者生成的序列时非常准确。儿童中并不存在过度交替的事实也是这个心理学解释的重要部分——随着他们的思想逐渐成熟，他们对随机化的概念向着错误的看法发展，即认为短的序列应该能够代表基本统计学的特征。

一种对 MSE 的当代解释是，只要某参与者的对手不能猜出他将采取的行动，那么参与者实际上并不需要随机化。MSE 可以是一种"信念上的均衡"：平均来看，参与者对对手选择不同策略的相应频率的信念是正确的，并且他们认为无论采用哪种策略都是无差异的。最近有三项研究考虑了选手进行明确随机化的情况，这样实验者就能够观察他们是否确实采用混合策略。许多参与者在任何既定的时期都没有明确采取混合策略，但是总频率与 MSE 比率是接近的，这与信念上的均衡是一致的。

沃克和伍德斯采用网球锦标赛的数据作为实际研究是很明智的。他们的理论依据是，在 MSE 中，如果其他选手进行随机化，那么对不同策略的预期收益应该是相等的。在 10 场网球锦标赛的样本中，向场地左侧和右侧击球的获胜比率在统计上非常接近，这和 MSE 预测相一致。这些高度专业化的选手也和我们在实验室里所看到的一样，采取过度交替的策略

（虽然程度轻一些）。适应了高奖金和经验丰富的选手似乎已经学会了如何进行混合；而实验参与者却不是这样。由于大多数自然发生的博弈很可能在这两个极端之间，因此得到的这两组数据都很有价值。我们现在应该做的是寻找解释所有行为的一般理论。

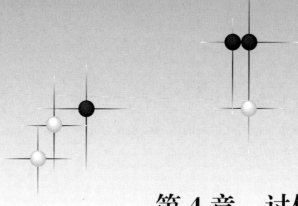

第 4 章　讨价还价

　　讨价还价是经济意义上的行为人用来就一项交易达成协议的过程。按照这种宽泛的定义，讨价还价可能是经济生活中最基本的活动。在最常见的竞争市场中，交易者非常接近经济理论中的"价格接受者"。但即使在那里，不仅是对价格，对于投递、维修、补偿性支付和质量的争论也经常发生。期货交易的价格实际上就是在交易大厅里通过互相喊叫的办法进行讨价还价的结果。

　　由于讨价还价是经济生活的中心，它是人们一直以来关注的主题。埃奇沃思（Edgeworth，1881）创造了著名的"埃奇沃思盒形图"用以展示讨价还价的可能结果的范围，但是因其不能提供唯一的解而受挫。其后，泽塞（Zeuthen，1930）与希克斯（Hicks，1932）定义了讨价还价的理论，他们在几个方面进行了发展。一是对讨价还价做出了一种通俗的描述，还有就是对可能导致什么样的结果得出了明确的预测。纳什（Nash，1950，1951）用两种不同的方法处理讨价还价。首先，他提出了任何合理的讨价还价解都应该遵守的公理，并且指出最大化行为人的效用（超出他们得自外生"威胁点"的效用的那部分）的乘积是唯一满足他的公理的解（后被称为"纳什讨价还价解"）。其次，在另一篇完全不同的论文中，他提出了"非合作"解，其中预测结果依赖于进行讨价还价的结构。纳什预想两种方法的统一——这种统一被称为"纳什规划"。直到 20 世纪 80 年代，当宾莫尔、鲁宾斯坦与沃林斯基（Binmore，Rubinstein，and Wolinsky，1986）证明出，轮流出价的非合作博弈的子博弈完美均衡与纳什讨价还价解所描述的效用乘积最大化相一致时，这种统一才最终出现。

因为讨价还价是如此不确定，所以能给出具体结果的实验就显得很有用处（始于 Fouraker and Siegel，1963）。这一章将回顾对讨价还价实验的研究。通贯全书，通过对行为与明确的理论预期相比较，我主要描述在实验中积累的规律性。而这些经验规律揭示的心理学法则可以通过正规化表述纳入行为博弈理论中。有兴趣的读者可以阅读罗思（Roth，1995b）《实验经济学手册》中的章节，此书涵盖了大量相同的领域，但是又有重要的不同之处。

　　与纳什的两种方法对应，讨价还价的实验研究可以分为两类：一类是非结构化的讨价还价，其中关于讨价还价如何进行的细节（参与者可以发送的信息类型，他们出价的顺序等等）都留给参与者自行决定；另一类是结构化的讨价还价，在其中讨价还价的程序细节都是由实验者指定。根据非合作均衡行为的理论，结构化的讨价还价可以使观察者预测什么样的讨价还价结果可能会出现。非结构化的讨价还价可以告诉我们当参与者自由发明规则时什么样的结果会出现，并可以证明这是对于自然条件下发生的讨价还价较好的模型。

　　在"谈判研究"的标题下，在应用心理学方面，盛行一种研究非结构化讨价还价的迥异方式（作为回顾，参见 Sazerman et al.，2000）。谈判研究杂糅了三种要素：社会心理学家早期对作为应用领域存在的谈判所做的初步探索（始于 20 世纪 60 年代）；雷法（Raiffa，1982）旨在改进谈判技巧的、对博弈理论和决策理论原理的应用；以及来自 20 世纪 80 年代的行为决策研究的一种观点，这种观点认为我们可以识别谈判者行为脱离于决策分析表述的系统性方式。

　　在几个被广泛应用的谈判范例之一中（Bazerman，Magliozzi，and Neale，1985），参与者在数量或类别层面上就几个问题（比如价格和质量）中的每个问题进行谈判，在时间限制之内自由交流。他们各有自己的得分表，得分的多少依赖于每个问题是如何得到解决的（但是表中几乎没有关于其他参与者的得分表会是什么样子的信息）。既然实验对象有明确的偏好，就很容易评价交易是否帕累托有效的，以及哪一方获益最多等等。一个一般性发现是，交易是非帕累托有效的，而且受系统的启发性思维（例如，参与者本能地假定得分之和是常数，于是谈判是纯竞争性的）、规范制定的无关因素（例如分数是正的还是负的结构）以及其他认知变量的影响，这些都不是博弈论中讨价还价理论的部分。

　　总而言之，谈判研究与本章所谈及的博弈论实验几乎没有什么相互的影响（虽然一些研究人员从事两方面的研究，而且交叉部分在扩展）。大部分的谈判研究者认为博弈论假定太多理性以至于不能在描述上保证精确性，而实验经济学家则视博弈论为一种对现实的近似描述，可通过仔细观察加以改进。许多谈判研究者是心理学家，他们更多关注认知的过程，而不是像典型的经济学家那样单纯关注结果。同样，谈判研究的实验方式也使得人们难以了解该使用哪一种博弈理论（这是因为，谈判的设计意图是反映复杂世界的不完全信息的动态博弈，而非理论的简化世界）。许多谈判研究者也执教于商学院和行政学院，但没有发现博弈论是改进谈判的最有用表述。于是人们倾向于得出这样的结论：实验经济学家与谈判研究者的研究兴趣，比乍看起来有更大的不同，于是双方可以放心地忽视彼此，各做各的研究。但是许多研究问题的确是相同的，而且正在趋向集中（特别是实验经济学家对于诸如心理表征、学习能力和有限理性之类的问题渐感兴趣，而这些正是长期萦绕于谈判研究者头脑中的问题），并且通过这两个领域之间的知识交换，必定可以获得尚未开发的成果。

4.1　非结构化讨价还价

4.1.1　彩票分配的非结构化讨价还价

早期的研究基本围绕着合作的纳什讨价还价解展开。由于讨价还价解不必详述协议或一系列规则，因此这些实验经常给实验对象一段时间，在这段时间里他们进行讨价还价，并且他们之间的交流不受任何限制。

纳什解假定，在任何讨价还价状态下，关键的结构特征是可行协议点的集合（S）以及不协调点（d_1，d_2）。纳什证明了唯一的帕累托最优解（点S^*）遵守几个有用的公理。[1]纳什解是那个使高于不协调点的效用所得乘积最大化的点，也就是$S^* = \arg \max_{(x_1, x_2)} (x_1 - d_1)(x_2 - d_2)$。

一个重要的假设是，在S中的点是参与者对各种讨价还价结果偏好的度量。当然，在实践中这需要对结果的效用函数做出一些规定。在早期的检验中，当纳什解预测非均等的货币支付时，参与者却经常倾向于均分支付（例如 Nydegger and Owen，1975；Rapoport，Frenkel，and Perner，1977）。然而，这些早期的实验没有对支付转化为效用的方式采取控制。其结果是，对于理论的拒绝仅仅是拒绝了这样一个联合假设：实验对象应用了纳什解并且是以实验者假设的特定方式（典型方式是风险中立）将支付映射为效用（即这二者不能同时成立）。

这种认识促使罗思和莫洛夫（Roth and Malouf，1979）寻找一种方式以使他们了解讨价还价的支付是如何导致效用的。在实验中有三种通用策略可用于控制偏好：假设、测量或诱导（参见第 1 章对于方法论的更多讨论）。早期的研究假定偏好是风险中性的。另一种办法是导出不同讨价还价结果的测度值，将这些结果代入理论来形成预测（例如，Murnighan，Roth，and Schoumaker，1988）。还有一种可选择的策略就是尝试去诱导（或控制）偏好。

罗思与莫洛夫（Roth and Malouf，1979）应用一种叫"二项博彩"的技术来诱导风险中性，这种方法最先由赛德林克·史密斯（Cedric Smith，1961）提出，之后被朔特与布劳恩斯坦（Schotter and Braunstein，1981）和伯格等人（Berg et al.，1986）一般化为能够诱导任何风险偏好。其思路是参与者对 100 张彩票如何分配进行讨价还价。每个参与者有固定的现金奖励，他们讨价还价获得的彩票的数量决定他们获得固定奖金的机会（百分比）。例如，一位参与者获得了 72 张彩票，就有 0.72 的机会获得她的固定奖金，有 0.28 的机会什么收获都没有。

当复合彩票与它们的单阶段等价物对实验对象来说无差异时（例如，对有 0.5 的机会获得 32 张彩票与有保证的获得 16 张彩票无差异时），"二项博彩"技术就引致了风险中立偏好。我对于"二项博彩"技术的成功表示谨慎的悲观，因为在许多直接和间接的测试中，复合彩票的简化形式一再遭遇失败。更何况，在已公开发表的研究中并不能证明以彩票的形式进行支付实际可行，而且得到了与以货币形式进行支付不同的结果〔虽然普兰斯尼卡（Prasnikar，1999）对此技术表示支持〕。然而，一旦能更好地建立这种技术的应用环境，该技术还会是有用的（更详细的讨论请参见第 1 章）。

讨价还价解不应对支付的仿射变换（就是说，加上一个常数或者乘以一个正的常数）敏感，这被纳什的理论当成了一个定理。这实际上是一个很强的特性。比如，它意味着彩票的讨价还价结果不应对参与者赢得彩票所获货币奖金的大小（或者对于他们的奖金信息）敏感。罗思与几位同事进行了一系列细致的实验，这些实验普遍拒绝了这一特性。这说明需要一种替代特性。

在罗思与莫洛夫（Roth and Malouf，1979）的实验中，参与者对 100 张彩票的分配进行讨价还价。彩票决定他们赢得均等奖金（1 美元）或者是不均等奖金（参与者 1 是 1.25 美元，参与者 2 是 3.75 美元）的机会。

他们还在实验对象是知道对方的奖金数（完全信息）还是只知道自己的奖金数（部分信息）[2]上变换条件进行多轮实验。在所有条件下，纳什讨价还价解的预测都是 100 张彩票将会被均等分配。

对于彩票的不同分配比例达成协议的数目列在表 4-1 中。虽然样本很小（只有 19 对讨价还价参与者），但是结果非常清晰，而且重现了以前的发现，即彩票是以不同比例转换为现金的（例如 Nydegger and Owen，1975）。协议密集于 50-50 的均分办法上，并且除非双方都知道奖金不平等，否则不协调是罕见的。[3]当参与者 2 拥有较大奖金 3.75 美元时，她拥有 25 张彩票、参与者 1 拥有 75 张彩票的分配是均分了参与者的美元期望支付。当奖金的不平等被告知时，参与者们主要分为均分彩票（参与者 2 分到 50 张）与不等分彩票而均分现金支付（给参与者 225 张）两部分，但是在这两种方式之间也存在许多协议。很清楚地，参与者们对于由不同彩票分法导致的现金支付非常敏感，这违反了对仿射变换的独立性的公理。[4]当知道奖金不均等时，就存在更多的不协调（14%）。罗思与莫尼罕（Roth and Murnighan，1982）以更复杂的设计重现了这个结果（细节参见 Roth，1995b）。

表 4-1　二项博彩博弈的结果

信息状态	货币奖金（美元）	参与者 2 的彩票数量							不协调比例
		20	25	30	35	40	45	50	
完全信息	(1，1)	0	0	1	0	1	0	20	0.00
	(1.25，3.75)	1	6	3	2	2	1	4	0.14
部分信息	(1，1)	0	0	0	0	0	1	14	0.06
	(1.25，3.75)	0	0	0	0	0	3	13	0.00

资料来源：Roth and Malouf（1979）.

莫尼罕、罗思与斯库马克尔（Murnighan，Roth，and Schoumaker，1988）指出了在他们的几个早期实验中一个有趣的规律：在所给的 9 到 12 分钟时间里，几乎所有的参与者对都是在最后几分钟里才达成协议。显而易见的解释是，参与者一直在试图传递关于其固执程度与延迟成本的私有信息（参见 Roth，1995b，323-327 页）。

罗思与斯库马克尔（Roth and Schoumaker，1983）用了一个巧妙的转换方法来探究讨价还价的聚点：参与者首先与一台计算机进行讨价还价，该计算机的程序目标是给予参与者不均等的份额（而他们并不知情）。结果参与者形成了他们对不均等份额的预期。然后参与者开始与其他的真人参与者进行讨价还价，而且所有参与者的历史记录是共知的。具有"强能力声誉"的参与者，也就是那些之前接受相对有利的协议的人，在与新的实验对象对抗时最终仍得以达成对己有利的协议。外生形成的声誉决定了以后的均衡分配。

梅塔、斯塔莫与萨格登（Mehta，Starmer，and Sugden，1992）记载了一个相似的聚点效应。在他们的博弈中，两名参与者按照"纳什要价博弈"的方式分割 10 英镑。参与者双方各提出一个要求的量。如果他们的要求之和等于或小于 10 英镑，则他们就得到他们各自的要求，否则他们就什么也得不到。在讨价还价开始之前，实验对象要从一组包括 4 张 A 与 4 张 2 的 8 张扑克牌中随机抽取 4 张牌。由于实验对象知道这组扑克牌的构成情况，因此他们可以从自己手上的牌中知道另一对象有多少 A（也就是，4 减去他们自己的数目）。实验对象被告知 4 张 A 总共值 10 英镑，因此为了赢得货币，他们不得不将 A 汇集起来，再在非结构化讨价还价中就如何分配达成协议。这个博弈好比是两名参与者贡献各自资源形成合伙公司。这些资源除作此用外并无价值，但是却可能被认为可以影响他们的收益分配。A 是没有价值的（有再多的 A 也不能改善一个人的外部选择支付），但是这并不影响它们形成聚点。比如，如果一个分得一个 A 的人认为得到 3 个 A 的人会要求 7.5 英镑，那么此人的要求就应该是 2.5 英镑。

表 4-2 列出了要求的分布。[5]当讨价还价双方都有两个 A 时，对于均分达成了明确的协议（要求 5 英镑）。但是当一个人有 1 张 A，而另一个人有 3 张 A 时，大约有半数的实验对象要求半张"饼"，另一半要求与持有 A 的比例相同（或相近）的分配比例。结果在 1 张 A 与 3 张 A 的情况中存在 22% 的不协调。这些结果显示了这种与支付完全不相关的博弈表述法可以对讨价还价产生怎样巨大的影响（而且，通过引入与之竞争的聚点，同样可以制造不协调）。

表 4-2　根据持有 A 数量的讨价还价要求

要求	A 的数量		
	1	2	3
2.50 英镑	11	0	0
3.00~4.50 英镑	5	1	1

续表

要求	A 的数量		
	1	2	3
5.00 英镑	16	40	17
5.50~7.00 英镑	0	1	11
7.50 英镑	0	0	4
样本数量	32	42	33

资料来源：Mehta，Starmer and Sugden（1992）.

罗思（Roth，1985）提出了一个简单的方式来解释结果和不协调率，该方法将它们看作在多个聚点之间协调的产物。假设参与者们同时提出分割 100 张彩票的方案，要么（50，50），要么（h，100－h），后者给参与者 1 的份额为 h，给参与者 2 的份额为（1－h）。这个协调博弈具有一个混合策略的均衡，其中参与者 1 以（h－50）/（150－h）的概率要求大比例的 h，而参与者 2 以（h－50）/（h＋50）的概率要求（50，50）。这个混合策略均衡预测了一个非常明确的不协调率 $(h-50)^2/[(150-h)(50+h)]$。罗思的早期（1985 年以前）实验具有不同的均等化货币支付的 h 值，因此可以用来检验此理论。在 3 种不同 h 值的条件下，混合策略的预测不协调率分别为 0、7%和 10%。观察到的相应不协调率是 7%、18%（梅塔等人观察到的是 22%）和 25%。观察到的不协调率有些过高，但是它们的确像预测的那样随 h 的上升而上升，而且与预测的接近程度让人看到了进一步检验的必要。

莫尼罕、罗思与斯库马克尔（Murnighan，Roth，and Schoumaker，1988）设计了一个具有更大范围的奖金组合的实验，在 h 值为 60、70、80、90 之处制造了均等美元支付的聚点。尽管如果协调失败模型是正确的，则 h 的变化范围应该是 1%到 19%，但是不协调率对于不同 h 值保持不变，因此协调模型并不像所希望的那样能站得住脚。

4.1.2 对非结构化讨价还价中所得数据的自利性解释

严重的讨价还价争端，诸如离婚、战争、罢工，通常由于讨价还价者在如何才公平的问题上存在差异而发生。这种差异通常是"自利的"：参与者认为对于他们有利的就是公平。

例如，在以前的章节里所论述的罗思等人的研究中，自利性偏向理论预测参与者将被引至能给予他们更多收益的聚点。的确，罗思与莫洛夫（Roth and Malouf，1979）叙述道，在参与者互相发送给他人的信息中，支持（50，50）分法的提议几乎总是来自高奖金的参与者（他们从均分彩票中的获利比从均等支付分法中能获得的更多）。如果参与者选择对他们自己有利的均衡需求的概率大于混合策略均衡的概率，那么将不协调视为协调失败的模型可以轻易地被加以扩展来纳入自利性偏向。这种扩展会增进对不协调率的预测，使其与数据更加一致。

卡格尔、金与莫泽（Kagel，Kim，and Moser，1996）从最后通牒博弈的讨价还价中提出与自利偏向相吻合的证据（参见第 2 章）。与之紧密相关的例子是其中外部选择的存在可以造成多个聚点，并且如果参与者更偏好有利于他们自己的聚点还会产生不协调的博弈（参见 Knez and Camerer，1995，Ch. 2）。宾莫尔、谢克德与萨顿（Binmore，Shaked，and Sutton，1989）以及宾莫尔等（Binmore et al.，1998）的外部选择博弈报告了类似的结果（见下文）。当外部选择足够大，以至于在均等分配点与均分剩余点之间制造出显著的差异时，不协调是普遍的。

在心理学方面有大量的文献，其中一些已经渗入经济学领域，研究偏好在多大程度上以自利的方式对信念产生影响（参见 Babcock and Loewenstein，1997）。自利性偏向被分为若干类别。

许多研究表明，人们在与他人作比较时总是有过分的自信。例如，每个人都认为他的幽默感高于一般水平。在大学联合会对一百万高中生的研究中，几乎所有的学生都认为他们至少是达到了"与别人友好相处"的平均水平，并且四分之一的学生认为他们位于前 1%。与之相关的一个现象就是"如意算盘"，即那种认为好的结果特别有可能发生的信念。[6]但是，这些表现出的信念仅在少许的研究中与货币报酬相联系。[7]

罗文斯坦等（Loewenstein et al.，1993）与巴布科克等（Babcock et al.，1995，1997）对自利性偏向的问题进行了一系列细致的实验（参见 Thompson and Loewenstein，1992；Gächter and Reidl，2000）。在他们的研究中成对的实验对象就如何解决一件法律诉讼展开讨价还价，这个诉讼改编自一个真实的案例，而且包括 27 页的背景资料、口供和证据。在该案中，原告（骑摩托车的人）因为受到伤害而对被告（汽车驾驶者）提出诉讼，要求赔偿 100 000 美元的损失。实验对象有 30 分钟的时间用来就被告与原告之间的支付问题达成和解，以解决案件。每过 5 分钟，双方都要遭受 5 000 美元的法律费用损失。如果案例在六个阶段之后不能和解，就要由法官（一位主持过此类案件的退休法官）来裁定。在谈判之前，实验对象对法官可能裁定的数额以及他们认定的公平数额是多少进行猜测。实验对象或者被支付现金，以真实的1美元兑换案件中的10 000美元，或者通过比较每个参与者在给定角色上相对于别人在同一角色上的表现给予等级分数评定。[8]实验对象是来自卡内基梅隆大学（公共政策专业）、宾夕法尼亚大学（商学院的本科生）、得克萨斯大学（法律专业）和芝加哥大学（MBA）的学生。[9]

表4-3列举了一些统计摘要。在两种对照的条件下，以5分钟为1期，解决案件平均用了3到4期，大约70%的案例得到解决。在对裁决的预期上，原告的预期与被告的预期之间的差异大约为20 000美元（在右数第二列中给出），对于案件价值100 000美元而言，这是显著的不协调。对裁决结果的预期的差异还很好地推断了讨价还价双方是否可以达成协议。

表4-3 在"突然冲击"实验中和解与裁定的结果

实验条件	参与者对数	和解统计			预期（判断）的差异	
		频率	期数	标准差	均值	标准差
对照（知道角色）	47	72%	3.75	0.28	18 555 美元	3 787
不知道角色	47	94%	2.51	0.21	−6 275 美元	4 179
显著性水平		(<0.01)	(<0.01)		(<0.01)	
对照（知道角色）	26	65%	4.08	0.46	21 783 美元	3 956
弱点列示	23	96%	2.39	0.34	4 676 美元	6 091
显著性水平		(0.01)	(0.01)		(0.02)	

自利性偏向的原因与克服的方式被不同的实验条件所确立。顶栏里展示了在一种对照条件（在阅读案例**之前**，讨价还价者被告知他们的角色）与另一种实验条件下（他们先阅读案例，**然后**得到他们的角色，陈述他们认为的公平解决方案与他们对法官裁定的预期，而后进行讨价还价）结果的差异（参见Babcock et al.，1995）。如果自利性偏向发生在将案例信息编码的过程中，在"不知道角色"的条件下就应该没有偏向。[10]的确，相对于对照组而言，这些实验对象没有显著的偏向，而且和解达成得更快（2.51期），并且有更高的和解率（94%）。当然，在了解了案例之后再对角色进行分配是一种在实际中不现实的减少自利偏向的做法，因为现实中的被告与原告都能提前知道他们的角色。[11]因此，巴布科克等（Babcock et al.，1997）调查研究了其他可以减少自利性偏向并增进和解的"纠正偏向"技术。在表 4-3 中的底栏列出了一种起作用的技术——弱点列示。在这种条件下，参与者熟悉了他们的角色并阅读了案例之后（但是在表述自认定的公平方案与预测法官的裁定**之前**），被告知可能的偏向并被要求列出本案中本方的弱点。弱点列示产生了效果：96％的参与者对以平均 2.39 个阶段的速度达成了和解，而且在对法官裁定的预期上没有自利性偏向。心理学家感到，当他们可以人为"打开或关闭"一种现象的时候，他们就理解了该现象（政策的影响力也依赖于这种理解）。弱点列示通过了这种检验。[12]正规的自利性偏向模型可以通过允许偏好影响信念，然后应用贝叶斯法则（参见 Rabin and Schrag，1999）的办法来建立。

小结

讨价还价的结果受聚点（被参与者双方所注意到的在心理上显著的分法）的影响。罗思观察到了实验结果对彩票价值具有依赖性，这违反了讨价还价解的一个基本假定（效用的仿射变换应该是无关紧要的）。实验的结果可被解释为当存在多个聚点时讨价还价者努力协调的结果（虽然在用于检验它的一项研究中，此类的一个精确模型没有取得很好的预期效果）。当参与者认为有利于他们的结果特别有可能出现时，就会产生自利性偏向。由巴布科克、罗文斯坦、伊沙查里夫（Issacharoff）与我进行的多个实验显示，在就一个法律案件展开的讨价还价中，此类偏向与偏向的程度能预示有成本的时间延迟的长短以及和解机会的大小。这种偏向大部分发生在编码阶段——当阅读案例事实时，一个人的角色使信息本会导致的判断发生了偏离。

4.2 结构化的讨价还价

在结构化的讨价还价方面有许多实验。在本节中，将描述有限期与无限期的轮流出价博弈，以及随机终止和外部选择的博弈。

4.2.1 有限期的轮流出价博弈

在自发的讨价还价中，参与者经常轮流出价（也许是因为连续出两次价是软弱的标志）。延迟是有成本的，因为被讨价还价的数额在此过程中损失价值（归因于传统的时间贴现、烦躁与易损性），或者是因为存在固定的延迟成本（归因于机会成本，例如在罢工中损失的工资与利润的机会成本）。

有许多关于延迟成本的轮流出价的讨价还价的理论，还有几个实验（参见 Stähl，1972；Rubinstein，1982）。[13] 在理论上，贴现因子[14]越高的参与者越有优势（如果其他参与者知道这一点）。更有耐心的参与者可以承受延长的讨价还价过程并等到结束，迫使没有耐心的参与者做出让步。一个例子就是富裕的旅游者在相对贫穷的国家旅游，试图从当地商人那里买东西。商人知道旅游者是急匆匆的，因此经常可以通过延长讨价还价到数分钟或数小时，利用他们的不耐心而获利。儿童也有这种在等待成本中感知差异的技巧，他们意识到，当父母在匆忙中时，适时地发脾气或"怠工"（"我一直在加快，……你知道我刚刚学会怎样系鞋带！"）可能会增强他们对糖果或酷车玩具的讨价还价的能力。

第一个轮流出价的实验是由宾莫尔、谢克德与萨顿（Binmore，Shaked，and Sutton，1985）进行的。他们应用了一个两轮博弈。在第一轮，参与者 1 就 100 便士对参与者 2 提出一种分法。如果参与者 2 拒绝这个出价，那么这张待分割的"饼"就缩减为 25 便士（也就是说$\delta=0.25$），然后参与者 2 在第二轮对参与者 1 还价。如果参与者 1 拒绝还价，博弈就结束了，两方将一无所获（也就是说，第二轮博弈是一个最后通牒博弈）。子博弈完美均衡集中于首轮要求 75 便士并留 25 便士给参与者 2 的分法附近。

在第一轮，一种显著的做法是在均分点（50 便士）左右分配，另一些出价在子博弈均衡的 25 便士附近，而有很多出价在这两点之间。在第一次博弈进行完之后，扮演参与者 2 角色的实验对象在第二次博弈 B 中，像参与者 1 那样做出一个假想的首轮出价。[15]他们的首轮出价很显著地趋向完美均衡 25 便士。

宾莫尔等人得出结论，扮演参与者 2 角色的实验对象从第一次博弈中所得到的经验使他们认识到，明智的参与者 2 应该接受任何留给他们不少于 25 便士的出价。然后他们"利用"这种想象中的行为，在第二次博弈中扮演参与者 1 的新角色时，只出让 25 便士。在这种"角色颠倒"实验框架下进行的进一步实验研究有时也显示出学习过程的存在（参见 Harrison and McCabe，1992，在下文中描述），但是这种学习过程不像宾莫尔等人所观察到的那样快。

这些数据促使尼林、索南斯肯与斯皮格尔（Neelin，Sonnenschein，and Spiegel，1988）进行了一次质疑性的实验，其中部分沿用了宾莫尔等

宾莫尔等人与尼林等人的实验，在实验说明上也有显著的不同。关键的不同之处是细小的——只有一句话——但是仅这一点就值得借此作一个方法论的案例研究。

宾莫尔等人担心，实验对象可能会认为实验者期望他们有公平的思想，而且会对这种"需求效应"做出反应。于是他们在实验说明中加入了一句话（大写表示）："你只需想着如何最大化你的奖励就是帮了我们的忙了。"（YOU WOULD BE DOING US A FAVOR IF YOU SIMPLY SET OUT TO MAXIMIZE YOUR WINNINGS.）当然，这种说明性文字也有修正过度和诱导有公平思想的人行动"过于"自利的风险。

尼林等人的实验说明中提到"你将在课堂上讨论本实验所检验的理论。"这种说明违背了实验经济学的一项传统规则：应尽可能将实验对象在实验室中的行为与其他可能会影响他们的动机的不可控因素相隔离。[17]实验结果将在课堂上进行讨论的这一暗示使得实验对象更加遵循其所学理论。既然尼林等人的结果较宾莫尔等人的两轮博弈而言，的确显示出与子博弈完美更强的一致性，那么实验对象进行额外努力以取悦实验者的可能性与数据是一致的，并且只有通过进一步实验才可排除。

针对早期结果的不一致，奥克斯与罗思（Ochs and Roth，1989）进行了一次更为复杂的实验。他们的方案综合了新老结构特征：博弈的轮数是两轮或三轮，贴现因子是 0.4 与 0.6，并且对于不同参与者贴现率可以不同。[18]

表 4-5 列出了参数设置以及完美均衡（在总的 30 美元中分给参与者 2 的美元数）。本设计中的前 4 个 $T=2$ 的单元是最为简单的：在理论上，参与者 1 出让给参与者 2 的筹码数应恰巧等于参与者 2 的贴现因子（δ_2）乘以 30 美元（因为第二阶段是一个最后通牒博弈，其中参与者 2 将要求所有的筹码）。将单元 1～4（$T=2$）与单元 5～8（$T=3$）进行比较可以看出，增加第三个阶段降低了参与者 2 应该得到的出价，这是因为在第三阶段可以还价使得参与者 1 具有了额外的讨价还价能力。

表 4-5　轮流出价讨价还价中的预测与实际出价

单元	轮数（T）	贴现因子		完美均衡	平均的首轮出价		拒绝率
		δ_1	δ_2		第 1 回合	第 10 回合	
1	2	0.4	0.4	12.00	13.19	12.03	0.10
2	2	0.6	0.4	12.00	14.73	14.34	0.15

续表

单元	轮数 (T)	贴现因子		完美均衡	平均的首轮出价		拒绝率
		δ_1	δ_2		第 1 回合	第 10 回合	
3	2	0.6	0.6	18.00	13.88	14.70	0.13
4	2	0.4	0.6	18.00	14.67	13.57	0.20
5	3	0.4	0.4	7.20	13.02	12.81	0.12
6	3	0.6	0.4	4.80	14.04	13.17	0.14
7	3	0.6	0.4	7.20	13.93	13.70	0.15
8	3	0.4	0.6	10.50	13.90	14.23	0.29

资料来源：Ochs and Roth（1989）.

表 4-5 报告了在第 1 回合与第 10 回合中的平均首轮出价与全部 10 个回合中的首轮拒绝率。出价的均值在 14 美元左右，不同单元之间的变化并未像预测的那样大。在第 1、3 与 4 单元的第 1 回合和第 10 回合之间有显著的学习过程，但是在第 4 单元中的变化是朝着错误的方向进行的。

许多对跨单元变化进行的预测与数据方向相反，或者在统计上不显著。当 $T=2$ 时，出价不应该依赖于参与者 1 的贴现因子 δ_1，但是后面的出价事实上确实随着 δ_1 下降而下降。相对于 $T=3$，当 $T=2$ 时参与者 2 应该得到更少的出价，但是这种差异只在四次比较中的两次表现显著（第 2~6 单元与第 3~7 单元）。然而，奥克斯与罗思的统计检验是保守的。[19] 事实上，当全部比较归总在一起时，支持子博弈完美的证据略占上风：对于每对相比较的单元，在首轮出价方面有 25 个被预测到的差异；其中有 17 个差异都在正确的方向上（$p=0.05$，由二项式检验得出）。

以上分析仅关注对参与者 2 的首轮出价分析。出价被拒绝的频率有多高？而当被拒绝时又发生了什么？在表 4-5 最右的一列列出了每个单元中拒绝的比率。总体的拒绝比率是 16%，数字非常接近早期实验（在宾莫尔等人的实验中是 15%；在尼林等人的实验中是 14%）与最后通牒博弈（参见第 2 章）中的比率。拒绝之后的还价有两个有趣的特征：首先，与首轮出价相比，第二轮的还价被拒绝得更频繁（40%），而第三轮的拒绝更为常见（54%）。[20] 其次，大部分还价（81%）是"不利的"——拒绝了出价的参与者随后所报的出价留存给自己的数量比上轮可以得到但拒绝了的出价要少。不利的还价在宾莫尔等（75%）与尼林等（65%）的研究中同样常见，并且在最后通牒博弈中所有的拒绝都是不利的（因为这使得回应者分文不得）。

对于不利的还价存在两个可能的原因：要么是参与者没有试图最大化他们自己的货币支付（"社会性效用假说"）；要么是参与者没有进行足够的超前思考去认识到，由于拒绝 X，他们将只能赢得少于 X 的支付（"有限计算"的一种表现）。[21]社会性效用与有限计算可能都是解释不利还价的频率的工具，因为在其他研究中有这两种因素同时起作用的证据。在"鼠标实验室"的研究中发现了支持"有限计算"假说的证据，这在下文中将描述，而第 2 章则描述了社会性效用的证据。

一个社会性效用模型值得在此一提。博尔顿（Boltan，1991）推测，参与者关心的是货币收益绝对额以及他们在收益中的相对份额，当他们的相对份额低的时候就会要求更多的货币。现在假设参与者只从和为常数的"锦标赛"中依他们的等级获得收入，其中他们的等级与锦标赛收益只依赖于他们在讨价还价上相对于其他处在同一角色上的参与者的表现。博尔顿指出，如果参与者只关心他们的锦标赛收益与他们在锦标赛中的奖金份额（不关心在讨价还价中决定他们锦标赛等级的"所得"名义数量），那么参与者绝不应拒绝在讨价还价博弈中的均衡出价。

为什么？因为拒绝均衡的出价不仅将减少他们能够从锦标赛中所得的数量，而且还会降低他们在锦标赛奖金中所占的份额（因为总奖金是固定的）。博尔顿随后在实验中比较了在一般情况下和锦标赛情况下的不同激励。其结果是混合性的。在没有经验的实验对象之中，锦标赛出价与一般的讨价还价对照组几乎相同，只是方差更高并且在拒绝比例上存在差别。当讨价还价者进行第二期时，锦标赛的激励使得出价向完美均衡的方向前进了 1/4，但是在锦标赛的第三期，实验对象又返回了均匀分配，远离了完美均衡。卡特与麦克伦（Carter and McAloon，1996）同样报告，在他们的最后通牒博弈中，锦标赛的激励没有使出价与接受的行为向自利的方向移动，这与博尔顿的预测相反。

4.2.2　有限计算

那么学习又如何？也许参与者不会立即考虑结构特征的均衡冲击对讨价还价能力的影响，但是经过一段时间后他们就可以学会。宾莫尔等人发现单一阶段的角色颠倒引起了对均衡的快速收敛。但是奥克斯与罗思，还有博尔顿，在 10 个阶段中几乎未观察到收敛。由于后期研究中的大部分实验对象只遭到一到二次拒绝，因此他们也许没有经历足够多的子博弈对抗并从中学习。

正是这种关注促成了哈里森与麦凯布（Harrison and McCabe，1992）的一篇精妙论文。他们在论文开端处指出，参与者在对有限生命财富进行估价（Forsythe，Palfrey，and Plott，1982）时，以及在学习策略性而非真诚地投票（Eckel and Holt，1989）时，只有通过参与完整的子博弈才能学会逆向归纳解。根据这种观点，他们让实验对象参与 7 次三轮博弈，"饼"的大小分别是 100 点、50 点与 25 点，与"饼"的初始大小是 50 点、25 点的 7 次两轮博弈交替进行。在两轮博弈中，"饼"的大小正是三轮博弈中第二轮博弈开始时饼的大小。理论上，如果在三轮博弈中实验对象的第一次出价被拒绝，然后继续参加两轮的子博弈，那么实验对象可以从两轮博弈中学会如何预期。对于 7 次三轮博弈，首轮出价平均为 47、40、41、35、34、30 与 29，是向着均衡预测 25 收敛的（在两轮博弈中的出价为24～25）。

在哈里森-麦凯布的方案中，两轮的子博弈完美均衡为 25，与均分法一致。这种一致性巧合协助确保在两轮博弈中达到完美均衡，并引导选择向三轮博弈均衡趋近。为了检验该发现的可靠性，卡彭特（Carpenter，2000）将贴现因子为 0.75 或 0.25 的两轮博弈与一个单期最后通牒博弈交替进行，而该最后通牒博弈同与之对应的两轮博弈的第二轮完全相同。（也就是，如果在 $\delta=0.25$ 的条件下，"饼"是 100 与 25 的两轮博弈与数量为 25 的最后通牒博弈可以进行比较。）结果没有重现哈里森与麦凯布的强结论。在所有的博弈中，出价平均为"饼"的 40%。在两轮博弈中存在向着均衡轻微的不显著的漂移。

既然学习效应由于混合而受到削弱，关于轮流出价的讨价还价的主要问题就是稳定的社会性偏好与逆向归纳的失败两者的何种混合能够解释所发生的事情。为了研究策略计算的有限性，凯莫勒等（Camerer et al.，1994）和约翰逊等（Johnson et al.，2002）采用了两个新的方案特征来进行实验。一个方案特征是让实验对象与程序目标为最大化自身收益（而且认为他们的对手也试图最大化收益）的计算机对手进行博弈。如果人类的实验对象可以计算完美均衡，他们应该向计算机提出均衡的出价。如果他们没有提出均衡出价，那么一定是他们不知道应该如何计算均衡出价。

第二个方案特征是在三轮博弈中，关于各轮"饼的大小"的信息隐藏在计算机屏幕的各个方框里，只有当将鼠标移入方框，方框才被打开，并显示出"饼"的大小。当鼠标移出时，方框将关闭。图 4-1 给出了实验对象看见的计算机所示内容，图中第一轮的方框被打开，显示"饼"的大小为 5.00 美元。这种"鼠标实验室"系统可以被扩展用于研究个体的决策制定。它提供了一种参与者应用什么信息的"参与者视角"来检验关于理性的假定。人们的大脑被当作"思想工厂"加以对待。测量工厂的输入流（信息）和输入到达之间的时间间隔，可以使人做出关于在工厂内部进行的未观察到的生产过程的一些推测。[22]

实验对象在三个阶段上展开讨价还价，在这些阶段中，"饼"的大小分别是 5.00 美元、2.50 美元和 1.25 美元。为了防止记忆效应，在每个阶段饼的大小在保证子博弈完美（此后都略写"均衡"二字）的预测为 1.25 美元不变的前提下被打乱。讨价还价的结果重现了早期的发现。大多数的出价在 2.50 美元与 2.00 美元之间，平均为 2.11 美元。少于 1.80 美元的出价大约有半数被拒绝。总体的拒绝率是 12%。

图 4-1　在轮流出价的"鼠标实验室"实验中的信息显示

资料来源：Johnson at al. (2002)，22 页，图 1；经学术出版社（Academic Press）授权，复制于《经济理论杂志》（*Journal of Economic Theory*）。

实验对象关注的是什么？让我们从在第一轮中决定出价多少的参与者 1 开始。表 4-6 给出了平均的查找次数（一段时间内每个方框被打开的次数）、总的注视时间（代表各轮的各方框被打开的秒数），以及鼠标从代表一轮的方框过渡到另一轮方框的次数。（以 2.55 为例，意思是平均来看，在每次实验中实验对象从第一轮的方框中移动鼠标到第二轮的方框中的次数位于 2 与 3 之间。）

表 4-6 参与者 1 的查找次数、注视时间与过渡次数的均值

轮数	饼的大小（美元）	查找次数	零次查找的期间比例	注视时间	从行参与者到列参与者过渡的次数		
					1	2	3
1	5.00	4.38	0.00	12.91	—	2.55	0.65
2	2.50	3.80	0.19	6.67	2.10	—	1.24
3	1.25	2.12	0.10	1.24	0.50	0.88	—

资料来源：Johnson et al. (2002).

表 4-6 显示，参与者对第一轮方框的注视时间最长，第二轮方框只有其一半的时间被注视，还有就是参与者很少浏览第三轮方框。[23]他们的方框到方框之间的前向过渡（右上方的进入）要稍多于后向过渡（左下方）。一个关键的事实是有 19% 的实验中参与者们根本没有打开过第二轮的方框，还有 10% 的实验中参与者没有打开过第三轮的方框。[24]他们并不总是打开后面的方框，这一事实是对强形式的逆向归纳假说的沉重打击。

根据参与者 1 的出价来对实验分组并对他们的信息处理方式进行比较，这是一种检验出价与信息处理是否相关的方法。图 4-2 中列出了柱状图，该图由我的合作者艾里克·约翰逊（Eric Johnson）绘制，它显示了关于注意力的统计。这张图以图标本身的特征形象地显示了统计数据的特征。三个长方形的方框代表实验对象从屏幕上看到的三轮的方框（最上面的那个代表第 1 轮，以此类推）。每个方框阴影的比例与相应的注视时间成比例。方框的宽度与查找次数成比例。上下方向的箭头的粗细与从一个方框过渡到另一个方框的次数成正比（如果过渡的次数平均小于 1，则没有箭头表示）。

粗略看一下，柱状图表明，第一轮的方框被更频繁地打开（它更宽）并且被注视的时间也更长（它的阴影更多）。大部分从方框到方框的过渡，都集中于在第一轮与第二轮的"饼"的大小间来回变换。对于不同的出价类型，相对于出价较高者，最低出价的参与者 1（少于 2.00 美元）注视第二轮饼的大小的次数更加频繁而且时间更长。这种出价与注视模式的关系意味着，你甚至可以利用实验对象的注视模式，在他们行动之前就预测到

他们可能会做出什么出价。在参与者 1 出价之后，接着参与者 2 可以查看方框，并且决定是否接受出价。接受低出价的参与者与拒绝类似出价的参与者相比，他们在看第二轮"饼"的大小上花了更多的时间。

对于子博弈完美预测的违背可能起因于实验对象对他人理性或自利性的不确信。我们通过让人类实验对象与计算机化对手进行对抗来对这种解释进行检验，其中人类对象知道计算机对手的程序目标是最大化自身收益〔而且预期它们的对手（人类实验对象）也这样做〕。自利并且可以做出均衡计算的实验对象应该对计算机化对手出价 1.25 美元。在这些阶段中，对计算机对手做出的平均出价是 1.84 美元，虽低于对人类对象的平均出价 2.11 美元，但是却仍然高于 1.25 美元，也就是说消除关于对手是否理性的疑虑仍然不能引致均衡的结果。

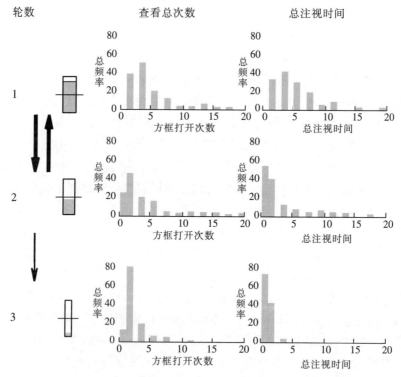

图 4 - 2　在轮流出价实验中对参与者 1 的注意力统计的柱状图
资料来源：Johnson et al.（2002），29 页，图 3；经学术出版社授权复制于《经济理论杂志》。

图 4 - 3 给出了与计算机对抗的八期的柱状图——前四期是在对实验对象进行指导之前，后四期是在对实验对象进行了有关逆向归纳的简要

指导之后。在指导之后，实验对象的查找方式与注视时间明显变得不同：他们多数情况下查看的是第二和第三轮方框，而且在那些方框之间进行了更多的过渡。在这些期里的平均出价是 1.22 美元，只与均衡预期相差几便士。

最后一期实验将没有受到训练的实验对象与受到过训练并学会了对计算机对手做出均衡出价的实验对象相混合。谁"训练"谁？这是两种类型的对象之间的"拔河比赛"。没有受到训练的实验对象经常拒绝受过训练的实验对象的较低出价，但是他们也学会了如何出价更少。受过训练的实验对象在被拒绝之后，逐渐提高了出价。结果是平均出价为 1.60 美元。因此将受过训练的实验对象加入未受过训练的人群中的确产生了一些效应，但是它并不能保证总体收敛于完美均衡。

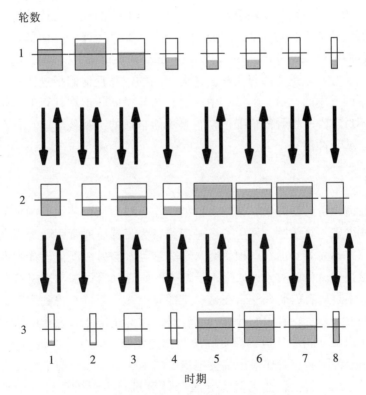

图 4-3　在指导之前（1～4 期）与之后（5～8 期）
对参与者 1 的注意力的统计

资料来源：Johnson et al.(2002)，34 页，经学术出版社授权复制。

我们应该如何对待这些结果？一个模拟的方法是假设参与者在心理上把博弈看作是某种形式的被截短的博弈（与真实的博弈相比），然后参与者应用简单的决策规则或均衡概念来进行这些被截短的博弈（参见 Camerer，1998；Johnson et al.，2002）。[如果纳入一些决策成本或者外生的认知约束就会变成这种方法的"最优的次优"版本（参见 Samuelson，2001）。]另一种方法是，首先，假定存在可以预测被观察到的决策（例如，出价与接受）以及特定认知处理方式的决策原则；再次，应用决策与对注意力的统计来推测决策的规则（参见 Costa-Gomes，Crawford，and Broseta，2001，该卷第 5 章）。

当然，启发式思维被用于替代均衡推理的证据，并未暗示社会性偏好的不存在。它只意味着单纯地对社会性偏好进行建模并不足以解释我们所看到的一切。同时我们要注意到，来自计算机对手的注意力统计与结果也拒绝了假设社会性偏好与均衡推理相伴随的新一代理论（例如，Rabin，1993；Fehr and Schmidt，1999；Bolton and Ockenfels，2000）。同时也要注意到，实验对象是能够很快学会逆向归纳的，并且他们把这些技术带到了具有不同大小的"饼"的博弈中。这意味着逆向归纳在计算上不是困难的，只不过在没有指导的情况下，它是不能自通的（就像学骑自行车，计算现值，或者冲浪）。

小结

在轮流出价的博弈中，首轮出价处于均分与均衡预测之间的某处，并且对结构参数不算敏感。发生了一些拒绝行为，其后通常跟随着不利的还价。学习并不显著，但在一项研究（宾莫尔等）与另一项被设计为即使首轮出价被接受、实验对象也要进入子博弈的研究（哈里森与麦凯布）中是显著的，不过后者的研究并未在另一个博弈中（卡彭特）得到重现。有三项实验的发现显示，有限的计算（或者对于讨价还价能力怎样由结构产生的有限认识力）能部分地解释对完美均衡的偏离。首先，在许多实验中，参与者甚至都不会查看如果出价被拒绝，紧跟的下一个或两个阶段还将有多少可供分配；其次，当人类参与者与计算机对手讨价还价（于是"关闭"了对于公平的社会性偏好）时，他们仍然没有做出均衡的出价；最后，在接受了逆向归纳的训练之后，他们的确对计算机对手做出了均衡的出价（这说明他们在认知上的确有实施逆向归纳的能力，只是不会出于本能地这样去做）。

4.2.3　随机终止

对于讨价还价中存在的贴现，一种解释是，参与者意识到存在一个外生的压力，它会以一个可知的概率突然终止讨价还价。这样的例子包括在并购中受到的行政干预、突然出现的一个更好的交易伙伴、管理层的更新、客观存在的无序状态（比如交通的限制或交流的混乱等），或随机的情绪混乱。对于这些混乱，参与者可以从统计上预期，但是一旦发生则很难抵制。

为检验未来支付的时间贴现与终止的对等性，兹维克、拉波波特与霍华德（Zwick，Rapoport，and Howard，1992）让参与者就 30 美元的分配轮流出价，其中如果出价被拒绝，则有概率为 $1-p$ 的随机终止。如果参与者是风险中性的，那么以这种方式进行的讨价还价就与以因子 p 来对"饼"进行贴现的讨价还价是对等的；与"饼"的固定收缩比率所不同的是，终止的概率制造了整张"饼"消失的可能。实际情况中，如果参与者具有某种社会性偏好，则讨价还价可能会有所不同。[25]而且由于每个子博弈是相同的（饼并不收缩），随机终止还形成了一种在子博弈中的重复经验，这可能会加快学习。

兹维克等人使用了 3 种能让博弈继续进行的概率：0.90、0.67 与0.17。在这三种条件下，子博弈完美预测分别是 14.21、12.00 与 4.29。如同在早期的研究中一样，出价处于低于均分点（15 美元）的完美均衡方向上，并且几乎没有学习。拒绝的比率很高（在最后 6 次实验中为 36%）。在这三种条件下，接受的最后出价的均值分别为 14.97、14.76 与 13.92。在"饼"发生收缩的研究中，相应的均值分别为 14.90、14.64 与13.57[26]，因此终止与贴现的结果非常接近。

4.2.4　具有固定延迟成本与外部选择的博弈

在许多讨价还价的实际情形中，延迟的成本是固定的。在诉讼中，每一方都要支付一定的法律费用，而这些费用基本上是独立于任何最终裁决结果的。在罢工中，延迟的成本是工资与利润。具有固定延迟成本的博弈有很不平衡的均衡：有较低延迟成本的一方几乎可以得到一切。假定参与者 i 的延迟成本为 c_i，并且参与者 1 先行一步。那么如果参与者 1 的延迟成本是相对低的（$c_1 < c_2$），参与者 1 应会得到整张饼；如果她的延迟成本相对较高（$c_1 > c_2$），则她只应该得到 c_2。这是一个均衡，因为延时的讨价还价给高成本的讨价还价者越来越大的进行和解的激励，因此高成本的讨价还价者除了接受一个微薄的津贴外几乎不会有其他更为可行的办法。当讨价还价者具有相同的成本时，均衡存在于一定范围内，其中先行者最终得到的份额处于（共同的）延迟成本与整张"饼"之间。

拉波波特、魏格与费尔森塔（Rapoport，Weg，and Felsenthal，1990）检验了有固定成本的讨价还价，他们的参与者就 30 以色列谢克尔（Israeli shekel）进行分配，参与者 1 与参与者 2 的固定成本分别是 0.1 与 2.5 或 0.2 与 3.0。他们通过告诉实验对象实验如果持续太长可能被终止来制造一个准无限期。

表 4-7 列出了最后出价的均值（未减去延迟成本），以及在第一轮结束的回合占整体的比例。结果很明显地处于预测的方向，并在实验过程中逐渐接近预测。比如在（先行者）强的条件下，强势参与者在最后的实验群里只从 30 谢克尔中出价 4.4～7.9，而弱势参与者在 60%～80% 的情形下接受了这些低的首轮出价。弱势先行者不情愿接受这样一个冷酷的现实，即更高的延迟成本暗中损害了他们讨价还价的能力，因此他们的首轮出价只有 30% 被接受。然而，他们很快接受了这个可怕的现实。在（先行者）弱的条件下的第二轮博弈中，有 35% 的对象和解，另有 22% 在第三轮或第四轮中和解。

表 4-7　固定成本讨价还价的结果

	实验回合			均衡预测
	1—6	7—12	13—18	
实验 1				
强（$c_1=0.10<c_2=2.5$）				
最终出价的均值	9.2	7.4	4.4	0.00
第一回合的接受率	50	67	83	1.00
弱（$c_1=2.5>c_2=0.10$）				
最终出价的均值	20.0	23.2	25.4	29.9
第一回合的接受率	39	28	33	1.00
平均（$c_1=c_2=2.5$）				
最终出价的均值	14.8	16.1	15.6	[0, 27.5]
第一回合的接受率	78	83	83	1.00

续表

	实验回合			均衡预测
	1—6	7—12	13—18	
实验 2				
强（$c_1=0.20<c_2=3.0$）				
最终出价的均值	12.8	8.6	7.9	0.00
首次实验的接受率	44	39	61	1.00
弱（$c_1=3.0>c_2=0.20$）				
最终出价的均值	17.9	18.5	21.6	29.8
首次实验的接受率	28	22	28	1.00
平均（$c_1=c_2=3.0$）				
最终出价的均值	14.8	14.6	14.7	[0, 27.0]
第一回合的接受率	94	94	94	1.00

资料来源：Rapoport，Weg and Felsenthal（1990）。

在宾莫尔、谢克德与萨顿（Binmore，Shaked，and Sutton，1989）的实验中，参与者就 7 英镑的"饼"进行讨价还价并且参与者 2 有共知的外部选择（数额为 0 英镑、2 英镑或 4 英镑）。诸如纳什讨价还价解等合作理论描述并预测，讨价还价的结果会对整体收益除去参与者威胁点收益以外的剩余部分进行分配。这些观点并不质疑退出讨价还价的威胁是否可信。假设参与者 2 的威胁点是 2 英镑（而另一个人的威胁点是 0 英镑）。由于合作理论并不质疑隐含的退出威胁的可信度，参与者 2 应该得到的就是 2 英镑再加上可获得的剩余 5 英镑中的一部分。但是如果参与者 2 所得的可能总数大于 2 英镑，那她怎么可能实施这种隐含的威胁？而如果她不会实施，那威胁点又怎会起作用？

非合作理论通过评估威胁是否在均衡中被实施并忽略那些不被实施的办法来涵盖上述的质疑。例如，鲁宾斯坦-斯达尔轮流出价的讨价还价解预测，参与者 2 得到的剩余的比例是 $\delta/(1+\delta)$（δ 是共同的贴现因子）。如果 δ 接近 1，这个解预测的分配就接近均分。既然参与者被预测为大约得到大小为 7 英镑的"饼"的一半，即 3.50 英镑，那么参与者 2 的外部选择如果是 2 英镑的话，就应该是无关紧要的。但是，如果参与者 2 的外部选择所得多于在均衡时她所预期能得到的，那么参与者 2 就应该实施她的外部选择。

忽略份额少于 $\delta/(1-\delta)$ 的外部选择的非合作均衡被称为"选择排除"解，而分割除去外部选择以后的净剩余的解被称为"分割差额"解。在宾莫尔等人的实验中，贴现因子是 $\delta=0.9$。当外部选择是 0 英镑或 2 英镑时，"选择排除"预测参与者 2 将得到"饼"的 47%；当外部选择是 4 英镑时，其预测是 57%（=4 英镑/7 英镑）。对这三种外部选择值，"分割差额"的预测为 47%、64% 与 76%。实验对象通过交换轮流出价来进行讨价还价。

图 4-4 以百分数的形式列出了在三种选择值条件下（1—3 组对应的选择价值分别是 0 英镑、2 英镑、4 英镑），参与者 2 出价数目占首轮"蛋糕"（大小为 7 英镑）的比例的结果。"选择排除"与"分割差额"的预测相应地分别用粗线与虚线表示。黑色条柱代表被拒绝的第一轮出价，白色条柱代表被接受的第一轮出价。灰色条柱代表参与者 2 做出外部选择的情况。"选择排除"的预测要远优于"分割差额"：当外部选择是 0 英镑或 2 英镑时，（图中）在 50% 左右存在一个协议的尖锋，而当外部选择是 4 英镑时，协议则聚集于 57% 左右。与 0 英镑相比，当外部选择是 2 英镑时，参与者 2 获得的并没有多出很多。

(a)组 1:外部选择值为 0 英镑

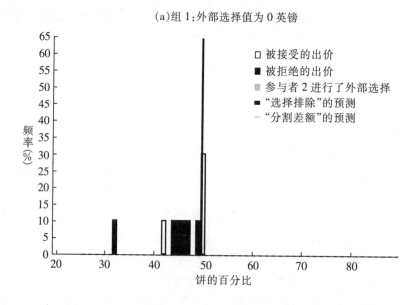

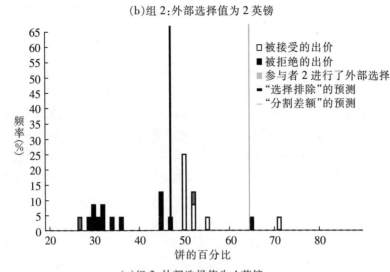

(b)组 2:外部选择值为 2 英镑

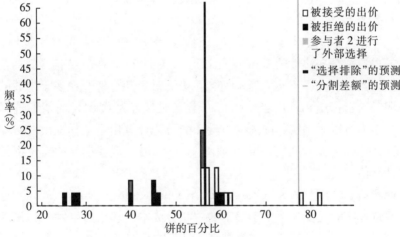

(c)组 3:外部选择值为 4 英镑

图 4－4　外部选择博弈中对"饼"的分配

资料来源：Binmore, Shaked, and Sutton (1989).

　　图 4－4 展示了这些讨价还价结果达成方式中重要的细微之处。请注意，当参与者 2 的外部选择是 2 英镑（第 2 组）时，存在几个首轮出价被拒绝的情形（黑条），并且最终的协议给予参与者 2 大约 1/3 的首轮"饼"的份额。在这些情形中，参与者 2 并没有进行外部选择，而由于讨价还价持续了三轮，他通常得到的份额是剩余的"饼"的一半左右。参与者 2 花费了两轮"饼"的收缩成本，才意识到他们的所得不大可能多于一半。因

此，外部选择的价值的确影响了均衡（它产生了一些有成本的延迟），但是它并不影响对贴现后的"饼"的分配。

宾莫尔等人（Binmore et al.，1998）探究了这样一种情形，其中一位参与者的外部选择是非常有吸引力的，于是来自合作中的联合所得相对较小。他们的参与者就 10 美元进行分配。参与者 2 的外部选择值 α 为 0.90 美元、2.50 美元、4.90 美元、6.40 美元或 8.10 美元。参与者 2 可以做出这些选择，或者放弃它并参与一个纳什要价博弈。在要价博弈中，双方都写下各自的要价，如果总和小于 10 美元，则每个参与者获得他们自己的要价数额（否则什么也得不到）。由于参与者在总和为 10 美元的纳什要价博弈中几乎总是要求 5 美元左右，因此选择值为 6.40 美元或 8.10 美元时的情形是令人感兴趣的：是否具有外部选择的参与者愿意打赌别的参与者必定妥协，允许放弃了外部选择的他获得至少 6.40 美元或 8.10 美元。[27]

同一实验对象在不同的 α 值下重复行动。结果在表 4-8 中列出，这些数据支持了"选择排除"的理论。第三列显示出当 α<5 美元时，参与者 2 的选择要求接近 5 美元，当 α 为 6.40 美元或 8.10 美元时，要求恰为 α。[28] 参与者 1 的要求存在着差异。例如，当 α=8.10 美元时，参与者 1 要价的中位数是妥协性的 1.65 美元，但是（0.05，0.95）置信区间的范围是 0.95 美元到 4.50 美元。当 α=6.40 美元时，参与者 2 在多于半数的情形中明智地选择退出；而当 α=8.10 美元时，有大约 80% 的情形选择退出。一个人可以运用实际中的参与者 1 的行为计算出不选择退出的参与者 2 的期望利润。当 α 为 6.40 美元或 8.10 美元时，这些期望的支付都低于外部选择值。

弗希斯、凯南与索弗（Forsythe，Kennan，and Sopher，1991a）进行的外部选择实验是受一个关于罢工的"联合成本"理论的启发。[29] 该理论的主旨很简单：罢工的联合成本越高，其可能性越小。表 4-9 的顶行列出了他们设计的参数。来自交换的总所得是收益减去威胁点；每阶段中的差额，乘以阶段数，就是"饼"的大小。在所有设置中，相对强势的参与者的威胁点都是可得收益 R 的 7/12 或者 58%，于是强势参与者应该总是至少要求这么多。纳什"分割差额"解以及"选择排除"解也在表 4-9 中列出，其中后者给予强参与者半张饼和 58% 的威胁点中的较大者。讨价还价通过借助计算机网络交换不限形式的信息的办法来进行。

在参与者逐阶段谈判条件下所得的结果列在了表 4-9 中。其中参与者未能达成协议、只挣得各自威胁点的阶段被称为一个"罢工"阶段。联合成本规避理论预测，在博弈Ⅰ与博弈Ⅲ中的罢工会相对短暂，因为参与者冒着损失更多净收益的风险；这种预测是错误的，因为平均罢工的长度是相近的。平均支付支持了"选择排除"的预测：弱势参与者最终得到了大约 70% 的剩余（除去威胁点的部分），强势参与者只得到 5%～10% 的剩余；其余部分由于无效率的罢工而丧失。

弗希斯等人的论文公布了参与者发送的信息，它记载了一场基于日常生活中的公平理念与博弈理论中的讨价还价能力概念之间矛盾的口头上的"拔河比赛"。强势讨价还价者不断地提醒他们的弱势伙伴，即使他们没有达成协议，强势的一方仍然可以获得很多货币。弱势的讨价还价者乞求强势者仁义地平均分配（这样隐含地有利于弱势者；但对方经常会对这种乞求充耳不闻），或者至少平均分配剩余。实验对象许诺在各阶段之间进行调配，即在一个阶段中攫取大的份额，但是会在下一阶段中进行补偿。一个实验对象描述他是多么"招人喜欢"，而他的搭档故弄玄虚地进行询问，试图找到决定性的社会关系（"你是否在兄弟会？如果这样我就与你交易，否则我不与你交易。但这也不一定。"）。另一类谈判爆发了可怕的口水战并持续了几个阶段，以所有的收益散失而告终。这些文字上的记载暗示了这样一种野心勃勃的可能，即把充满了大量社会信息的社交宣言映射为关于谁将得到什么的明确预测。

表 4-8　外部选择实验的结果

选择值 α（美元）	参与者 2 选择跳出的比例	当选择进入时参与者 2 要价的中位数（美元）	参与者 1 要价的中位数（美元）	参与者 1 留给参与者 2 的数量少于 α 的比例
0.90	0.0	4.97	4.9	0.0
2.50	1.0	4.95	4.9	0.0
4.90	33.4	5.0	4.65	0.9
6.40	59.8	6.4	3.2	11.1
8.10	80.9	8.1	1.65	17.0

资料来源：Binmore et al. (1998).

表 4-9　在罢工成本实验中的设计与结果

	饼的大小为 4 美元		饼的大小为 8 美元	
	博弈Ⅰ	博弈Ⅱ	博弈Ⅲ	博弈Ⅳ
每阶段收益	2.40 美元	1.20 美元	2.40 美元	1.20 美元

续表

	饼的大小为 4 美元		饼的大小为 8 美元	
	博弈 I	博弈 II	博弈 III	博弈 IV
阶段数(T)	4	8	8	16
威胁点(强,弱)	(1.40,0)	(0.70,0)	(1.40,0)	(0.70,0)
平均罢工长度	0.74	1.17	1.47	1.44
平均总支付(强,弱)	(5.77,3.09)	(6.49,2.53)	(11.62,6.14)	(12.50,5.97)
理论预测				
纳什均衡	(7.60,2.00)	(7.60,2.00)	(15.20,4.00)	(15.20,4.00)
选择排除	(5.60,4.00)	(5.60,4.00)	(11.20,8.00)	(11.20,8.00)

资料来源：Forsythe, Kennnan, and Sopher (1991a).

最后，宾莫尔等人（Binmore et al.，1991）对以外生的（强制执行的）终止形式实施的外部选择进行了比较。如果终止是外生的，那么即便是低的选择值（低于非合作均衡份额）都是起作用的，因为参与者明白外部选择确实可能被"偶然"地实施。他们发现，自主地和外生地实施外部选择两种情况正像均衡理论所预测的那样，确实对讨价还价产生了不同的影响。此外，实验对象事后被问及怎样分配看起来是最公平的，而他们的答案则都受其经历影响，这是公平概念也许具有可塑性的最早的直接证据。

小结

随机终止与未来收益的贴现产生了很相似的讨价还价结果，只是当终止是随机时拒绝更多。固定成本博弈中的分配是一边倒式的，而固定贴现博弈中均分倾向一直存在，二者之间存在较大的差异。这种差异形成了一个不可忽视的难题。社会性偏好理论可以解释在固定贴现博弈中倾向于平等的结果，因而也可以解释在固定成本博弈中的高度不均等的结果。在存在外部选择的实验中证明了非合作的观点，在其中外部选择只有在比完美均衡出价更高时才起作用。而纳什讨价还价解或"威胁点"的观点却认为，有更好选择的参与者应该总是得到更多。但是，对于高选择的参与者，他们必须花费一定的时间才能明白他们从剩余中几乎得不到什么。

4.3　在不完全信息下的讨价还价

在理论上，信息不对称从根本上改变了人们如何讨价还价的性质。不对称性的引入暗中损害了效率，因为这样一来讨价还价策略就要服务于两个不同的目的：参与者的讨价还价既要为了获得尽可能大的收益又要传递信息。这两个目的经常发生冲突（并且在一些模型中是不可避免的，比如Rubinstein，1985）。一个有代表性的结果是，想要接受一个可获利的出价的参与者必须先做出拒绝以传递一些关于他耐心程度的信息，或者来展示其外部选择的好坏。

到目前为止，对信息不对称进行控制，从而对理论进行检验的实验还很少。现有的分为两类：弗希斯等人对"罢工"的一些研究；以及在不完全信息下，对密封投标机制的较多研究，这主要是由拉德诺（Radner）和朔特以及拉波波特等人做出的。

4.3.1　卖者单边出价与单边买者信息

在拉波波特、艾利夫与兹维克（Rapoport，Erev，and Zwick，1995）的实验中，卖者拥有对自身而言无用的商品，买者拥有关于自己保留价格［在（0，1）上的均匀分布］的私人信息。只有卖者可以出价。这种情况常见于零售业。[30]假设 δ 是一个共同的贴现因子，则存在唯一的序列均衡，其中在第一阶段，卖者出价为 $p_0 = \gamma(1-\delta)/(1-\gamma \cdot \delta)$（这里 $\gamma = [1-(1-\delta)^{0.5}]/\delta$），而在随后的阶段 t，$p_t = \gamma^t p_0$。一个保留值为 v 的买者，当且仅当价格低于 $v(1-\delta)/(1-\gamma \cdot \delta)$ 时才会接受。

虽然数学形式是混乱的，但是经济上的直观意义却很清楚。保留价值低的买者不可能承受高价格。这使卖者可以进行价格歧视——刚开始时出高价，然后逐渐降低。但是，为什么保留价值高的买者不能等到价格下降？原因就是均衡的价格下降方式是以指数形式下降，因此价格的减少将很快地慢下来。如果高保留价值的买者进行等待，那么他们获得的剩余将不会增长很多，因此若他们等待得太久则剩余贴现将下降。高保留价值的买者被迫早买，而低保留价值的买者必须等到价格下降到他们可以负担得起的位置。这种结果对于贴现因子 δ 是敏感的。如果 δ 接近 1，高保留价值的买者可以等了又等，于是卖方不得不立即出一个低的价格。如果 $\delta=0$（所有的买者不得不立即赶飞机），卖者将通过制定一个等于价格区间最高值一半的价格来最大化期望的利润。

　　为检验 δ 的效果，拉波波特等人选用了三个值：H(0.90)、M(0.67) 与 L(0.33)。图 4-5 给出了在这三种贴现因子条件下，每个讨价还价阶段中平均价格的时间序列。首先看第一阶段的价格。预测的初始价格对于 H、M 与 L 分别是 24、36 与 45。首轮出价高于预测价格，并随着贴现因子而发生改变，且其变化方向与预测的相反。但是出价在各阶段中下降的速度令人惊奇地接近于预期的序贯均衡。对于 H、M 与 L，预测的指数因子（γ）分别是 0.76、0.68 与 0.55，而指数因子的估计值分别是 0.81、0.68 与 0.55。

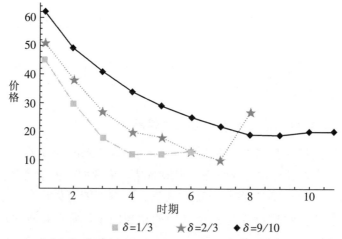

图 4-5　卖者不知道买者保留价值并进行单边出价的讨价还价的出价均值
资料来源：基于 Rapoport，Erev，and Zwick (1995).

　　在一种意义上，买者的接受决策接近于理论的预测。买者应该接受最大化他们剩余贴现 $\delta^t(v-p_t)$ 的出价。这意味着无论何时出价被接受，在以往轮中放弃的剩余贴现不应比最终接受的剩余贴现更大。在最终达成交易的情形中，这种"不反悔"条件极少被违背。[31]虽然买者很少会后悔等待，但是他们经常过早地接受了出价。典型情况是买者接受首次低于他们保留价值的出价，或者第二次的这种出价，但如果经过等待，他们其实还可以获益更多。因为买者接受得太快，所以卖者要价过高，并且以获得比均衡预测的份额更大的利润结束交易。买者接受价格过早的事实很可能是因为对信息条件的敏感。[32]如果买者被允许观察所有卖者出价的价格序列，那么他们可能会看到在靠后阶段的"折扣价格"，这样他们也许能学会变得更有耐心。

4.3.2　单边私有信息与罢工

弗希斯、凯南与索弗（Forsythe，Kennan，and Sopher，1991b）分析了这样一种博弈，其中可被分配的数量既可以大也可以小（用 π_g 或 π_b 表示"好"或"坏"的状态，它们的概率是共知的），并且在两个讨价还价者中只有一个（即知情者，I）知道数量。

如果并不清楚讨价还价如何发生的细节，那么可以进行预测吗？足以令人惊奇的是，答案是肯定的。迈尔森（Myerson，1979）漂亮地证明，该讨价还价博弈的任何纳什均衡，无论其规则是什么，都等价于一个"直接揭示博弈"，其中知情的讨价还价者如实地公开其状态，"饼"的数量缩减为 $\gamma_g\pi_g$ 与 $\gamma_b\pi_b$，而不知情的讨价还价者 U 得到的数量为 x_g 与 x_b。（这些缩减与支付统称为一种"机制"。）

说实话的约束有巨大的分析能力，因为它严格地限制了缩减因子 γ_g 与 γ_b 的可能值与份额 x_g 与 x_b。不知情的参与者 U 的份额必须使 I 在如下做法中得到改善：当状态是好的时候宣称是好的，在状态是坏的时候宣称是坏的。用简单的代数运算得到，两个约束的含义意味着[33]

$$(\gamma_g-\gamma_b)\pi_b \leqslant x_g-x_b \leqslant (\gamma_g-\gamma_b)\pi_g \tag{4.3.1}$$

由于 $\pi_g > \pi_b$，两个不等式同时成立的唯一方法就是 $\gamma_g-\gamma_b$ 为正——也就是说，当声称状态是坏的时候，存在更多的收缩。（这种收缩防止 I 在"饼"实际上是小的时候，宣称它为大。）

我们还可以做更多论述。假设机制是"短期激励有效"的（此后只用"有效"表示），也就是说，对三个假想参与者（U，好的状态下的 I，坏的状态下的 I）的支付组合是帕累托最优的。然后让 $\gamma_g=1$，x_g 与 x_b 尽可能大，这暗示 $x_g-x_b=(1-\gamma_b)\pi_g$。更进一步的推理可得到仅当"罢工条件" $p\pi_g > \pi_b$ 成立时（p 是坏状态的概率），罢工才可能是有效率的，但是当 $p\pi_g < \pi_b$ 时，存在产生罢工的有效机制。因此，显示原理与对效率的假定给出了一个很强的预测：当 $p\pi_g < \pi_b$ 时，不应发生罢工，而当 $p\pi_g > \pi_b$ 时，会发生罢工。（当时间结束而参与者没有就如何分配"饼"达成协议时，称罢工发生。）

这种理论预测了罢工什么时候会发生，但是没有提及参与者的份额。通过进一步的假设就可对收缩因子与由它们决定的份额做出精确的预测。[34]致力于讨价还价的社会学家可能会对从几近真空式的理论假设中就能得到如此明确的预测（而且理论学者还会信之不疑！）感到惊愕。理论哪怕近似地正确，都将是一个成功。如果不是，那么偏离的特性可以告诉我们哪些构成理论根基的假设需要替代，以及用什么来替代。下面要做的就是进行一次只许成功、不许失败的实验。弗希斯等人在他们的实验中设计了为期 10 分钟的讨价还价，在其中参与者通过手写的信息提议 U 应该得到多少，以此进行讨价还价。信息在房间之间传递，以去除面对面交流会造成的强烈效应。

将所有实验组的数值进行平均后的均值在表 4－10 中给出。在博弈Ⅰ与博弈Ⅱ中，罢工条件成立；而在博弈Ⅲ与博弈Ⅳ中，罢工条件被"关闭"了。基于"随机独裁者"的理论预测，在博弈Ⅰ与博弈Ⅱ的坏状态下，会发生 50％的罢工，而在其他所有条件下（即博弈Ⅰ与博弈Ⅱ的好状态以及博弈Ⅲ与博弈Ⅳ的所有状态），不会发生罢工。虽然理论的明确预测在绝对数上不是那么接近数据，但预测到的不同条件下的差异却得到证实。在博弈Ⅰ与博弈Ⅱ的坏状态下时常有罢工（17％～39％，理论预测为50％），而在博弈Ⅲ与博弈Ⅳ的坏状态下存在相对较少的罢工（大约 10％，理论预测为 0）。[35]

表 4－10　不完全信息的讨价还价结果

博弈	坏状态的概率	状态	饼的大小 (π)	支付		信息的价值	总支付	无效率的比例
				U	I			
Ⅰ	0.5	坏	1.00	0.31	0.30	−0.01	0.61	39.0
		好	6.00	1.78	3.70	1.92	5.48	8.7
		均值	3.50	1.05	2.00	0.95	3.05	13.0
		预测		1.50	1.75	0.25	3.25	7.1
Ⅱ	0.75	坏	2.30	1.06	0.84	−0.21	1.90	17.2
		好	3.90	1.53	2.07	0.54	3.59	7.9
		均值	3.50	1.41	1.76	0.35	3.18	9.3
		预测		1.46	1.75	0.29	3.21	8.3
Ⅲ	0.5	坏	2.80	1.47	1.18	−0.29	2.66	5.2
		好	4.20	1.52	2.41	0.89	3.93	6.5
		均值	3.50	1.50	1.80	0.30	3.29	6.0
		预测		1.40	2.10	0.70	3.50	0.0

续表

博弈	坏状态的概率	状态	饼的大小（π）	支付 U	支付 I	信息的价值	总支付	无效率的比例
IV	0.25	坏	2.40	1.08	1.04	−0.04	2.12	11.8
		好	6.80	1.58	5.03	3.45	6.61	2.9
		均值	3.50	1.21	2.04	0.83	3.24	7.4
		预测		1.20	2.30	1.10	3.50	0.0

资料来源：Forsythe，Kennan，and Sopher（1991b）.

因此，虽然博弈理论在预测的细节上有时还不精确，但是非常复杂的讨价还价可以通过直接机制来进行近似（这是这种理论体系的中心原则）这一前提假设却通过了严格的检验。不仅如此，大部分的偏离可由对自利的微小偏离来解释（讨价还价者并不是像理论假设的那么冷漠无情）。

4.3.3　双边讨价还价的密封投标机制

在双边讨价还价买卖中，决定价格的一个简单方法是双方都写下价格，如果它们交叠（也就是说，如果卖者提出的价格小于买者的报价），就按其价格均值进行交易。有许多买者与许多卖者的讨价还价同时进行的"密封投标机制"被称为"短期放款市场"，这种机制已被相当数量的实验所研究（例如，Cason and Friedman，1999；Hsia，1999）。短期放款市场被用于在巴黎证券交易所以及一些别的自然存在的市场上建立初始价格。

双人密封投标机制已有了做经验检验的足够准备，因为已有许多关于它的理论。假设买者与卖者的保留价值分别是 V 与 C，并共知地服从于 [0，100] 的均匀分布。查特吉与萨缪尔森（Chatterjee and Samuelson，1983）证明存在一个逐段线性均衡，其中买者对 25 以下的保留价值直接以保留价值投标，而当 $V \geqslant 25$ 时隐藏真实保留价值而投标 $25/3 + (2/3)V$。类似地，如果 $C \geqslant 75$，卖者以他们的成本投标，否则投标较高的 $25 + (2/3)C$。虽然还存在其他均衡[36]，迈尔森与撒特史怀特（Myerson and Satterthwaite，1983）证明，在所有贝叶斯-纳什均衡（其所在的机制都是令个体为理性的，并且不存在交易成本）中，逐段线性均衡最大化了交易的事前收益。如同在之前描述的罢工博弈中一样，理论上存在由于信息不对称所造成的在剩余上不可避免的损失——存在当他们应该交易的时候却没有交易（或"不能"这样做）的情形。

拉德诺与朔特（Radner and Schotter，1989）对密封投标机制的实验研究考察了参与者是否使用了诸如线性均衡这样的投标策略。他们用不同的方案设计进行了 8 组实验。第 1、2 实验组和第 8 实验组采用了均匀保留价值分布而且具有以上给出的线性均衡。第 3 实验组采用了一个不同的报价规则——如果 $V-C \geqslant 25$，则实验对象以价格 $(V+C+50)/3$ 进行交易。在这种机制下，实验对象应只投标他们的保留价值($v=V$，$c=C$)，而它应与第 1 实验组产生同种价格形式与效率。在第 4 实验组中，如果 V 与 C 交叠，价格等于买者的投标（而不是将价格定于中点）；在这里，买者应按保留价值的一半投标。在第 5、6 实验组中，他们变化了保留价值分布以增加期望交易的数目（进而增加学习的机会），这将投标函数的斜率降到了 0.438。在第 7 实验组中，实验对象参加一个非结构化的面对面讨价还价。

各实验方法确定的投标函数不同，我们可以从表 4-11 汇集的回归参数中看到投标函数的斜率方差。这些结果显示，实验对象所进行的投标与其保留价值之间确实呈粗略的线性关系（投标对保留价值的线性回归拟合得很好）。这张表将观察值分为两个样本（其一是那些低于预测斜率发生突变的临界值的，其二是那些高于临界值的）用于对逐段线性的检验。[37] 检验斜率系数是否等于预测系数（在括号中给出）的 t 统计量一般而言是很小的，所以投标与均衡投标是一致的。第 1、2 实验组和第 8 实验组的预测斜率是 0.67（高于买者的临界值，而低于卖者的临界值），而真实数值是接近的，其范围是从 0.58 到 1.06。[38] 在第 4—6 实验组中，斜率应该更低一些（从 0.438 到 0.500），而事实也的确如此。对于各实验组，实验对象确实改变了他们隐藏保留价值的程度，改变的方向也符合理论的预测。[39] 除了第 2 实验组的买者是个例外，由于斜率在低于与高于临界值的水平上确实普遍地存在不同，这就证明了投标函数是逐段线性的推断。

表 4-11　估计的投标函数斜率系数

实验组	低于临界值			高于临界值		
	预测的 β	估计的 $\hat{\beta}$	t 检验 $(\hat{\beta}-\beta)$	预测的 β	估计的 $\hat{\beta}$	t 检验 $(\hat{\beta}-\beta)$
买者投标对保留价值的回归						
1	1.0	1.00	(0.01)	0.670	0.85	(4.14)
2	1.0	0.91	(−0.52)	0.670	1.06	(1.28)
8	1.0	0.91	(−0.14)	0.670	0.80	(2.32)

续表

实验组	低于临界值			高于临界值		
	预测的 β	估计的 $\hat{\beta}$	t 检验 $(\hat{\beta}-\beta)$	预测的 β	估计的 $\hat{\beta}$	t 检验 $(\hat{\beta}-\beta)$
3	1.0	0.92	(−0.08)	1.000	0.73	(−2.64)
4	0.5	0.55	(0.66)	0.500	0.58	(2.32)
5	1.0	0.80	(−4.17)	0.438	0.50	(1.12)
6 (1—20)	1.0	0.85*	(−1.40)	0.438	0.40	(−0.56)
6 (21—40)	1.0	1.11	(0.70)	0.438	0.32	(−1.55)
卖者投标对成本的回归						
1	0.670	0.58	(−1.38)	1.0	0.97	(−0.32)
2	0.670	0.74	(1.28)	1.0	1.07	(0.14)
8	0.670	0.75	(1.65)	1.0	1.07	(0.17)
3	1.000	1.06	(1.04)	1.0	0.67	(−0.58)
5	0.438	0.48	(0.87)	1.0	1.00	(0.60)
6 (1—20)	0.438	0.57	(2.16)	1.0	0.97	(−0.79)
6 (21—40)	0.438	0.52	(1.20)	1.0	0.95	(−0.69)

* 原表此数字为 0.085，疑误。——译者注
资料来源：Radner and Schotter (1989).

在面对面的第 7 实验组中，效率是 110%。一些实验对象诚实地告诉了对方他们的保留价值，但是利润的方差在这种条件下也非常高，这意味着不同对象的诚实程度有大的分散化趋势。面对面讨价还价的高效率和高方差让理论学者感到吃惊。[40] 拉德诺与朔特得出结论（Radner and Schotter, 1989, 210 页）："面对面机制的成功，如果可以再现的话，也许会导致人们在一段时间内停止对在不完全信息条件下构建讨价还价结构的更好方法的寻求。然而，我们可能急需一种关于此类结构化讨价还价的理论，以使我们可以理解为什么这种机制会如此成功。"

朔特、斯奈德与郑（Schotter, Snyder, and Zheng, 2000）引入了代理人角色。参与者首先抽取各自的保留价值（使用的是拉德诺与朔特第 5—7 实验组的不对称分布），接着买者（卖者）告诉其代理人他们愿意投标的最大值（最小值），然后代理人与其他代理人进行面对面的讨价还价。

代理人以他们为当事人挣得剩余的一个比例或者以一个固定的费用从每次交易中得到支付。[41]

典型情况是,当事人给他们的代理人的保留价格最大值低于其真实的保留价值。在比例费用的条件下,指定的保留价格对保留价值的回归得到的斜率是 0.78,在固定费用的条件下是 0.70,这恰好处于预测斜率 0.438 与真实揭示斜率 1 的中间位置。实验对象赋予代理人的价格自由度也与代理人显见的技巧有关。

拉波波特与富勒(Rapoport and Fuller,1995)进行的扩展版密封投标机制实验再现了拉德诺-朔特的结果。他们的第一个实验使用了均匀分布的保留价值,其结果非常接近于拉德诺-朔特的结果,即使在令实验对象对 25 个不同保留价值的每个都给出投标函数的条件下也是如此(参见 Selten and Buchta,1998)。

丹尼尔、斯尔与拉波波特(Daniel,Seale,and Rapoport,1998)先是再次进行了拉波波特与富勒使用了不对称分布的第二个实验。[42]买者(卖者)的保留价值在区间 [0,200]([0,100])上均匀分布。卖者的均衡投标函数是线性的 [$c=50+(2/3)C$]。买者的投标函数是逐段线性的:当 $V<50$ 时投标 V,当保留价值在 50 与 150 之间时投标 $(50+2V)/3$,而对于其他高于 150 的保留价值,投标曲线是呈水平状的 116.7(这是由于在均衡中,卖者的最高要价是 116.7)。对于后两个区间,买者的斜率的中位数估计值是 0.56 与 0.28,接近预测的 0.67 与 0。然后,丹尼尔等人又进行了一次具有更极端的不对称性的实验,其中卖者的保留价值均匀分布于 [0,20],而买者的保留价值在 [0,200] 的区间均匀分布。基于这些保留价值的分布,利用买者的保留价值可能远高于他们的成本的事实,卖者应对成本大幅加价,要价 $c=50+(2/3)C$。当 $V \leqslant 50$ 时,买者应以保留价值进行投标($v=V$),对于 $50 \leqslant V \leqslant 70$ 应投标 $v=(50+2V)/3$,而对于 $V \geqslant 70$ 应投标 63.3。

这个均衡有待进行实验检验。卖者应该报一个远高于任何可能成本的要价,但他们可能不愿去这么做。对于大部分(高于 70)的保留价值,买者的投标都应为呈水平的 63.3。

图 4-6 标出了在实验 2 中收集的买者投标的散点。在买者的投标函数中,很难看出明确的逐段线性,但是当保留价值高时,买者却明确地以保留价值中较小的份额(相对于保留价值低时)作为投标值。卖者确实对成本进行大幅加价;他们的投标大幅分散,而且略低于均衡预测。

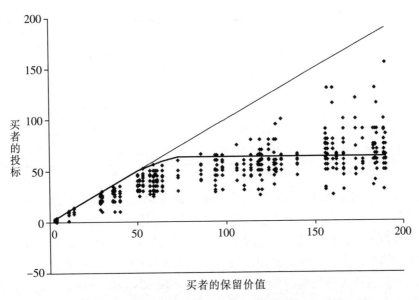

图 4 - 6　在密封投标机制讨价还价中的保留价值与投标

实验 1 与实验 2 中投标函数的截距与斜率的估值, 跨实验对象的均值或中位数在表 4 - 12 中给出。对于各个实验, 虽然投标人的类型与预测应用的保留价值区间有所不同, 但理论做出了相同的预测。为了寻找逐段线性, 实验者用样条回归来估计投标函数的斜率。[43]

表 4 - 12　估计的投标函数参数

				买者斜率的估计值			
	卖者的参数估计值			买者的保留价值范围			
	截距	斜率	R^2	0～50	51～150	151～200	R^2
预测	50.0	0.67	—	1.00	0.67	0.00	—
均值 (DSR 实验 1)	39.0	0.73	0.67	0.88	0.61	0.16	0.87
中位数 (RDS 实验 1)	26.3	0.84	0.83	0.89	0.64	−0.08	0.88
				买者的保留价值范围			
				0～50	51～70	71～200	
中位数 (DSR 实验 2)	34.0	0.66	0.05	0.78	0.46	0.21	0.76

续表

	卖者的参数估计值			买者斜率的估计值			
				买者的保留价值范围			
	截距	斜率	R^2	0~50	51~150	151~200	R^2
	卖者的参数估计值			买者的参数估计值			
				151~200	51~150	0~50	
中位数（RDS 实验 2）	15.0	0.71	0.80	0.95	0.62	0.05	0.91

资料来源：Daniel, Seale, and Rapoport（1998）以及 Rapoport, Daniel, and Seale（1998）.

在丹尼尔等人（DSR）的实验 2 中，斜率的估值与均衡的预测还算接近，而 R^2 的值很高。这里还存在大量的学习：保留价值高的投标者在前十个阶段经常投标过高，但是过了一段时间就学会了将投标大幅压低（这对学习模型提出了挑战，例如 Camerer，Hsia，and Ho，2002）。

拉波波特、丹尼尔与斯尔（Rapoport, Daniel, and Seale，1998）再次进行了 DSR 的实验 1，并且进行了另一个实验（其中实验对象是固定配对的，而不是随机再配对）。卖者成本 C 在［0，200］上服从均匀分布，而买者的保留价值在［100，200］上服从均匀分布。线性均衡在买者与卖者的投标函数之间跳跃。如同在丹尼尔等人的实验中一样，斜率的中位数非常接近预测值。

继拉德诺与朔特（Radner and Schotter，1989）的研究之后，瓦拉里等人（Valley et al.，2002）更细致地研究了密封投标机制中交流的效果。在他们的研究中，买者与卖者随机抽取各自的保留价值，保留价值在区间［0 美元，50 美元］上服从均匀分布。对象通过陈述出价来讨价还价。总共有七个交易阶段，其中没有重复的再配对。一半的实验对象被置于无反馈的条件下，其中接受不到关于其他对象投标价格的反馈。在一种无交流的条件下，参与者有两分钟的时间去考虑投标多少。在一种书面交流的条件下，参与者可以在 13 分钟内交换书面信息（通过信使），然后提交最终的投标。在面对面的条件下，参与者面对面地讨论任何他们想讨论的内容，然后返回各自的房间，提交最终的投标。

瓦拉里等人（Valley et al.，2002）报告了两项研究。在他们第二个更大规模的研究中，瓦拉里发现，交流提高了交易的效率。这可以从图 4-7 中看出。该图以图形的方式标出了在存在共同收益（也就是说，$v>c$）的区域中，以上三种交流条件下的买者保留价值 v（y 轴）与卖者成本 c（在 x 轴）的点对。达成交易的点对被标为菱形；未达成交易的点对被标为空心的方形。线性均衡预测，当 v 超过 c 但超出部分少于 12.5 时，交易不应发生（直观意义是，当来自交易的收益太小时，这种可能的收益无法盖过实验对象掩藏保留价值的激励）。该"无交易"区域是在两条斜线之间的区域。理论上，无交易区域应该充满方形，而左上方的更大的区域充满菱形。这种预测在无交流条件下是准确的。但是当存在书面以及面对面的交流时，在无交易区域存在许多交易（菱形）。

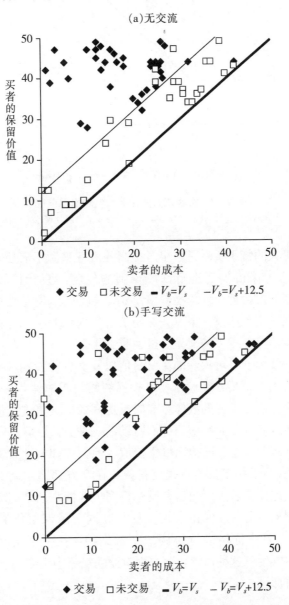

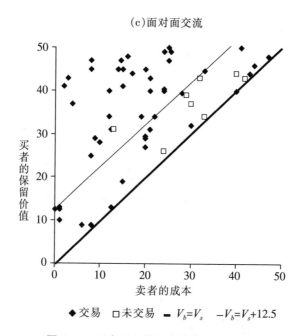

图 4-7　买卖双方的保留价值和交易范围

资料来源：Valley et al. (1998)，138 页，图 3；经学术出版社授权，依据原始图重绘。

瓦拉里等人的特别贡献是指出了提高的效率来源于何处。他们首先提到，通过投标对保留价值进行回归得到的经验的投标函数（斜率约为 0.7），其斜率非常接近线性均衡斜率 0.67。如果实验对象使用的是这些投标函数，则在有交流的条件下，无交易的区域应该几乎不存在交易。但是在无交易区域却存在很多的交易。这说明了什么？

用买者的投标价格对买者的保留价值**以及**卖者的投标进行回归，就可以得到关键的线索。买者投标对卖者投标的回归斜率是 0.6，这意味着买者**以某种方式**知道在卖者的投标更高时投更高的标。更进一步的分析显示了一对讨价还价者（二元）协调他们行动的三种方式：其一是共同以各自保留价值投标；其二是共同揭示保留价值（他们告知彼此其真实的保留价值）；其三是协调于特定价格（也就是说，在双方都愿意接受的特定价格上达成一致，这样买者投标与卖者投标将完全匹配，而他们将在此投标价格上进行交易）。共同按保留价值投标与共同揭示保留价值都是很少见的[44]，但是对单一价格进行协调却是常见的：在书面交流中，在大约 40% 的情况中发生了这种情形，而在面对面的交流中则有约 70% 的情况中发生了这种情形。

因此，交流确实极大地提高了效率，但大部分并不是通过互相说出实情而得到。[45]实验对象明显地在试探对方大概的保留价值——通过适量的谎言——然后协调于一种能够给予每一方足够的剩余以使其感到满意的价格。典型的结果是均分剩余（也就是说，协议价格在他们保留价值的中间）。交流也加倍了参与者所得剩余份额的方差，因为揭示保留价值的投标者经常与那些不揭示保留价值的人配对。

小结

我们已经进行了这样几个实验，在其中一些讨价还价者掌握着某些有关自己保留价值的信息，而该信息不为他人所知，但是不知情的一方知道另一方掌握了更多信息。这无疑是大部分讨价还价的客观形式。实验的结果令人惊奇地支持了那些大胆并违背直觉的理论，虽然有时在关键的细节上不正确。在卖者做出一系列出价（而买者知道自己的保留价值）的单边讨价还价中，初始的出价高于预测值，但是它们下降的速度也接近预测的速度。在存在较大与较小剩余的讨价还价博弈中，无论是罢工（即未达成协议）什么时候会发生还是参与者将获得多少，都粗略地得到了证实。

在密封投标机制下（或双边短期放款市场中），买者与卖者抽取他们各自的保留价值并投标，如果卖者出价低于买者出价，他们就在二者的均价上交易。参与者的策略显著地接近于理论所预测的分段线性。参数的变化导致投标价格的变化与预测方向一致。

博弈前的交流产生了两种效果：其一是交流减少了策略性虚假揭示，导致了比预测更高的效率（归因于社会准则、感情、非语言的暗示等等）；其二是参与者应用交流达成了一个能够自动实施的"单一价格"均衡（一个双方都将采取的协议价格）。

4.4 结论

本章概述了数十个关于讨价还价的实验。我将重述关键的规律性并为进一步可能的研究指引方向。在非结构化的讨价还价中，参与者被吸引至聚点分配，例如均分。当参与者对具有不同的现金兑换率的彩票进行讨价还价时，存在着互斥的聚点：平均分配彩票，以及使货币支付均等但对彩票的分配不均等。罗思等人展示，两个聚点的同时存在会导致协议的双峰，并增加不协调率。对允入更多信息的环境进行研究（这样做允许在认知方面存在更大的自利偏向）有助于解释不协调率。罗文斯坦、巴布科克、伊沙查里夫以及我本人都证明了，有相关利益的讨价还价者将信息以自利的方式进行编码——他们认为有利于他们的论据更为重要。自利偏向造成了一定影响，因为它与有成本的延迟长度相关。这种偏向可通过让实验对象在知道他们是讨价还价哪一方之前领会案例事实的办法加以消除（这清晰地表明认知编码是自利偏向的一个主要原因），或者通过让实验对象描述在他们自己案例中的弱点的办法来消除。

鲁宾斯坦（Rubinstein，1982）以及其他人的理论工作引导人们进行了许多关于轮流出价讨价还价的实验。在实验中，参与者严格地轮流出价，并且延迟是要耗成本的，这体现为通过达成协议而得到的未来收益的贴现或者一个固定的延迟成本。有几个实验对具有贴现的轮流出价讨价还价进行了研究。一般而言，参与者（朝均分的方向）偏离（完美的）均衡预测。对博弈理论预测会起作用的结构因素（例如，讨价还价期与贴现因子），出价对其的敏感程度是微弱的。存在一些证据表明，"恰当的经历"会形成对完美均衡的收敛，但是，这些条件看起来并不具一般性而且是脆弱的（在一次研究中进行某个博弈的子博弈的对应博弈，或是在逆向归纳方面进行特别的指导）。

人们已经发展了一些正规化理论，通过纳入对不平等分配的憎恶或对互惠行为的（非直接的）偏好（参见第 2 章）来解释在简单的讨价还价博弈中对自利的偏离行为。只有一项研究把这些理论用于复杂的讨价还价博弈，结果表明这种应用大有前途（参见 Goeree and Holt，2001）。

这些理论对自利的假设做了替换，但是保留了均衡的假设。然而，我与约翰逊等人用计算机记录下的关于注意力的数据却展示了无法归因于社会性偏好的对均衡的偏离。在一个三轮博弈中，参与者向前查看第二轮、第三轮情况的次数不会甚至不足以满足逆向归纳的基本要求——在 15％的实验中，他们甚至懒得打开显示未来一轮或两轮"饼"大小的方框。甚至当他们与自利且理性的计算机对手博弈时，他们的向前查看也是有限的。虽然还不清楚如何将社会性效用理论与有限计算力进行正规化整合，但是这样做无疑将是一个重要的突破。

宾莫尔等人与其他人探索了外部选择或威胁点如何影响讨价还价。论据完全支持了非合作理论的观点，那就是只有当分配办法自身使得参与者实施威胁是可信的时候，外部威胁才会影响讨价还价分配。（合作解的概念，诸如纳什讨价还价解，并不内生地决定威胁是否可信，因此解在任何情况下对于威胁点都是敏感的。)

一个不同寻常的结论应该引起注意。在有固定延迟成本的讨价还价中，均衡分配几乎把一切都给了有较低固定成本的参与者（由于一个不退让并相对弱势的参与者随着讨价还价的延迟而遭受的损失相对而言越来越多）。针对这些博弈的唯一一次实验中，结果十分不均等，这相当接近于均衡预测，而与来自收缩的"饼"的贴现博弈的结果形成了鲜明的对比。为什么当存在固定的延迟成本时能达到完美（自利）均衡而在其他结构下却不能如此？了解这一点将是有益的。

给定自然发生的讨价还价中存在信息不对称的显著性，以及有关这种状况的理论模型的数目，可以发现对信息差异加以控制的实验相对较少。在一项早期的研究中，弗希斯等人发现应用显示原理再加上"随机独裁者"的假设，可以卓有成效地解释什么时候会发生不协调。拉波波特等人研究了一个"集市机制"，其中卖者并不知道买者的保留价值，并且随着时间推移，其出价序列是递减的。出价确实像理论预测的一样递减，但是对贴现变化的反应却在相反的方向上。买者也同样太早地接受出价，这种学习限制留待在今后的实验中进行探索。

一些实验对双方不完全信息的双边讨价还价进行了研究。这些实验应用"密封投标"机制，其中双方进行投标，如果买者投标大于卖者要求，则在两个投标价格的中间点上交易。投标倾向落于真实揭示（按保留价值投标）和逐段线性均衡之间的某处。与他们的保留价值相比，逐段线性均衡要求买者投标更少，卖者投标更多。当逐段线性投标函数呈现明显的折弯时，经验的投标函数也通常会弯曲。

拉德诺与朔特（Radner and Schotter, 1989）注意到在双方不完全信息的面对面讨价还价中，参与者经常"过度揭示"他们的保留价值（与能最大化他们支付的保留价值揭示策略相比，实际行为表现得"过于诚实"），这导致效率比由个体理性预测的更高。通过探索这种影响，瓦拉里等人（Valley et al., 2002）发现参与者利用交流的机会在单一价格上达成协议（虽然通常并不是通过显示他们的真实保留价值来进行），随后以该价格投标。与在分段线性均衡中可能出现的效率相比，这些"单一价格"协议形成了更高的效率，因为在线性均衡中，那些保留价值相近的参与者不会进行交易，但是当他们可以交流或传递信息的时候，他们却得以协调于一个共同接受的价格。

在密封投标实验的结果中，均衡的预测是相当准确的（在经过学习后）；而在轮流出价讨价还价的结果中，子博弈完美并不总是预测得很好。比较这两者的反差是有意义的。对这二者之间差异的一个解释是，密封投标机制在认知意义上更为透明——参与者只需寻找一种合理的递减因子，而不必考虑贴现率与时间限制是如何影响讨价还价能力的。另一种解释是，由于在轮流出价的博弈中，参与者确切地知道别人将获得多少，因此对公平的关注要比在密封投标机制（其中参与者事前并不知道另一参与者的收益，因为无法观察到他的保留价值）中显现得更强烈。

如果能得出一个一般性的理论，把博弈论在一个领域中描述上的精确性与在另一个领域中的失败性进行协调整合，那将是一次真正的成功。这样的理论将可能要把对公平的理解（既可以是共享的，又可以是因站在各自的自利角度上而不协调的），对平等支付或公平对待的稳定的社会性偏好，启发式计算，以及个体差异（这必定产生信息不对称，因为参与者对他们对手的耐心与技巧会不确信）编织在一起，并且开启面对面讨价还价的潘多拉魔盒也应该作为优先考虑的研究方向。

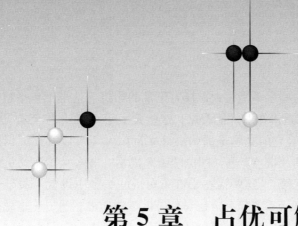

第 5 章　占优可解博弈

在制定决策时，占优是最基本的原则。如果无论其他参与者的策略选择是什么，得自选择 A 的支付高于 B，则策略 A 严格占优于 B。如果对别人的某些选择，A 的支付高于 B，而对任何选择都不会低于 B，A 就弱占优于 B。[1] 占优是非常有吸引力的，因为如果 A 占优于 B，无论你认为别的参与者将做什么，A 将被证明至少与 B 一样好。这也意味着，相对于劣策略，即使你不知道其他参与者的支付或他们的理性程度，你也应该选择一个占优策略。

通过假设别的参与者服从占优，可以使一个参与者获得一种简单可靠的方法去猜测别人如何行动。通过假设别人服从占优，继而可以使一个参与者推测出得自她自己的非劣策略的某些支付不会被实现——因为它们只有当其他参与者违反占优时才发生。这种推理可以使最初的非劣策略实际上成为劣策略。占优因此可被重复应用：首先，剔除对所有参与者而言的劣策略；其次，检查第一轮的剔除是否使一些（在第一轮非劣的）策略被占优，（重复地）剔除那些劣策略，如此下去。在博弈中，重复剔除劣策略的过程导致了被称为"占优可解"的唯一均衡。

用两个例子进行举例说明。假设在单行道上逆行近似于违反占优。认为司机服从占优的行人会料想车只从一个方向（正确的方向）开来，于是只需向一个方向观望来车。因此在穿越单行道之前向两个方向看的行为说明行人认为司机可能违反占优。

双向推理的另一个重要之处则可通过贴在大型 18 轮卡车尾部的漆刷文

字来说明。这些字不是很大，视力正常的司机（这里不包括超人与马固先生①）只有靠近卡车时才能看见。这些文字是："如果你能看见这个，我就不能看见你。"它的意思是那些足够靠近以至于可以看到标识的司机正处在卡车司机的"盲点"上（即位于卡车之后，并且从卡车司机的观后镜中不能看见的区域）。这些话在小汽车司机的头脑中设置了关于卡车司机知道什么的信息（或实际上，是卡车司机不知道的信息——也就是说，一辆小汽车正紧跟在后面）。卡车司机使用这种提醒标识是因为经验告诉他们，司机并不总是时刻意识到别的司机可能没有看见或不知道他们自己正面临的事情，而这种错误常引发事故。（这种"汽车的自我中心"现象在现代美国似乎正在上升，因为运动全能车的司机确实经常不能意识到别人会有未能看见的地方。）

对于另一个例子，我们在这里以及第 1 章中先作简单了解，以后将进行更详细的讨论。在"2/3 选美比赛"博弈中，参与者在 0 到 100 之间选择数字。最接近平均数 2/3 的数字将赢得一个固定数额的奖金。既然平均数永远都不会超过 100，平均数的 2/3 永远都不会超过 67，于是选择大于67 的数字违反了占优——无论人们选择什么，通过选择小于等于 67 的数字，你总比选择在此之上的数字有更高的获奖机会。既然如果你认为人们服从占优，那么平均数就不会大于 67，于是平均数的 2/3 将不大于 44。因此，选择超过 44 违反了两步重复占优。选择超过（2/3）44 或 29 违反了三步重复占优，这样一直下去。

在占优可解博弈中的行为是对剔除劣策略的重复程度的间接度量。这些度量可以将博弈理论与某些社会科学相结合，后者研究了人们对于他人的信念和行为持何种信念。[2] 实验对象策略的复杂程度在许多基础的社会科学争论中也很重要。在外交决策中，例如在决定是否实施禁运或激惹对方时，了解另一个国家领导人将如何行动是至关重要的。在设计激励合同时，猜测工人将对激励如何反应也是重要的。在对实证工作的一篇回顾总结中，普伦德加斯特（Predergast，1999）提到，工人经常做出理性反应（例如当对产出采用计件工资时，工作更努力），但是厂商通常并不采用在理论上预测效果最好的合同。这种常见的现象与公司力图利润最大化但却不愿相信工人也将最大化其收入是一致的。在政治科学中，经常假定人们"策略性地"投票——也就是说，如果投票反对他们最偏爱的候选人可以

---

① 马固先生（Mr. Magoo）是电影《马固先生》的主人公，近视得非常厉害。——译者注

增加他们得自可能结果的效用，那么他们就将这样去做。然而证据表示，人们经常会令人吃惊地"真诚地"投票（Alvarez and Nagler，2002）。例如在 2000 年美国总统选举中，4％的人把票投给拉尔夫·纳德（Ralph Nader），而他实际上毫无获胜希望。这些选民中的大部分人喜爱阿尔·戈尔（Al Gore）甚于乔治·布什（George Bush）。如果纳德的支持者投票选戈尔，他本可以赢得大选；由于他们没有这样做，所以布什赢了，因此纳德的选民得到了最坏的结果。

为提供好建议，了解参与者使用重复推理的步数也是必要的。例如，在选美比赛博弈中，唯一的纳什均衡是 0。但是实际上，在实验中选择 0 是一个错误，因为目标是在推理方面比别人多走一步，而不是更多。好的建议依赖于清楚地知道别人将做什么。

正如我们在下面将看到的，由于几个原因，人们使用的重复推理步数是有限的。与假设严格占优相比，假设别人服从占优会得到一个非常不同的认知状况：它是对于其他人的理性（以及支付）的猜测。虽然看起来参与者服从占优是合理的，但你总应料想到，期望别人也服从占优就不那么显而易见了。进一步重复，考虑别人将认为你服从占优，是一种对别人怎样看待你的猜测。随着参与者提升重复推理的等级，他们正在攀登的脚手架就越来越摇摆了。心理语言学家赫伯特·克拉克（Herbert Clark）取笑道，对三级或更多级重复推理的掌握"只需一杯上好的雪利酒就可以被忘却"（Clark and Marshall，1981）。

实验建立了参与者运用推理步数的经验范围。这种方法很快获得成功。沿着这些线索的第一篇论文是十年之内的事情，但是在这个时间段中，行为的规律已在范围广泛的博弈中被观察。我们得知了什么？提及"定义"与"限定"是重要的。我定义服从占优为一步重复剔除占优策略。因此，当我说到"参与者似乎应用了一级重复占优"，意思是他们服从占优，但是他们不认为别人将服从占优。限定是指将博弈的支付定义为效用，因此测量人们是否违反了占优就需要测量效用。但是由于我们可以控制实验的货币支付并且猜测效用是如何依赖于支付，因此为了观察是否违反占优，我将假设参与者的效用只依赖于他们自己的支付。否则，我们将很难判断一个参与者到底是违反了占优，还是在追求一些她自己支付以外的效用（参见第 2 章）。

几乎所有的人应用一级重复占优（也就是说，他们服从占优）。[3]然而，二到四级重复占优中的每一个看起来都至少有 10％的参与者在运用，

并且重复占优级数的中位数是 2。这样明确的结论当然是一种简化；想要有一个更精确答案的读者应该继续读下去。

这一章分为七节。5.1 节是个热身，其中介绍了来自最简单的博弈和一个"专利竞争"博弈的结果。在前者中，重复占优剔除一个或两个策略；后者中重复剔除某些策略，而另一些则不被剔除。5.2 节讨论前面提到的"p-选美比赛"博弈，其中参与者选择数字，并且哪个参与者选择的数字最靠近 p 乘以平均数，谁就赢得固定奖金。5.3 节讨论了经济学家为各种目的进行研究的博弈，这些博弈中对占优的重复应用降低了对参与者的整体支付，其中包括：蜈蚣博弈、I 与 S 博弈（与蜈蚣博弈、囚徒困境属于一类）、价格竞争、旅行者困境与邮件博弈。5.4 节是来自逻辑命题的"脏脸"博弈，它与 5.3 节中的博弈有相反的特征——也就是说，随着重复占优步数的增加，支付也增加。5.5 节是一个参赌博弈。5.6 节描述了两个雄心勃勃的研究，其中设置了一个"类型"集合（在其中，不同类型使用不同的重复推理步数，或不同的决策规则），然后用统计方法来估计各种类型的比例。5.7 节得出结论，并提出如何对博弈理论进行修正，以解释有限重复推理。

这里给出一些阅读本章的建议：重复出现并贯穿于本章的基本规则（一步到三步重复推理）可从 5.1 节与 5.2 节的较简单的博弈中掌握。理解 5.3 节与 5.4 节中的博弈，以及 5.6 节中含有大量计量经济学要素的研究，则需要更多的博弈论知识与更多的耐心。根据你的口味，从 5.3 节中的博弈中挑选阅读：蜈蚣博弈易于掌握，并且和在第 2 章中讨论的信任博弈联系紧密。范·哈依克等人的 I 与 S 博弈展示了在重复博弈中触发策略逻辑的奥妙之处。价格竞争博弈与旅行者困境相对简单。邮件博弈有点复杂，但是它说明了学习能导致令人惊讶的均衡程度。塞夫顿（Sefton）与亚瓦斯（Yavas）的精炼机制实验展示了在"高深理论"与实验观察之间少见的对抗。

5.1　简单占优可解博弈

有这样几个实验，对只需二级到三级重复就可解的博弈进行了观测。

5.1.1　二级重复占优可解博弈

最简单也是最早期的研究之一，是由比尔德与贝尔（Beard and Beil，1994）进行的。他们的研究是受罗森塔尔（Rosenthal，1981）的例子推动，这个例子被设计来质疑逆向归纳（或者在标准型博弈中的重复占优）的描述精确性。博弈中的支付（以美元为单位）列在表 5－1 中。

表 5－1 比尔德与贝尔的重复剔除占优博弈

参与者 1 行动	参与者 2 行动	
	l	r
L	9.75，3	9.75，3
R	3，4.75	10，5

资料来源：Beard and Beil (1994).

参与者 1 先行动，通过选择 L 为自己挣得 9.75 美元（而参与者 2 能得到 3 美元）。或者她可以选择 R，让参与者 2 行动。如果参与者 2 是自利的，她的反应是 r，相应地给予两个参与者 10 美元与 5 美元。如果参与者 2 违反占优而选择 l，他们将分别获得 3 美元与 4.75 美元。如果参与者 1 是自利的并认为参与者 2 也是自利的，则子博弈完美选择的解为（R，r）。

这个博弈检验参与者 1 是否愿意打赌别人将服从占优。通过变化支付，比尔德与贝尔检验了各种影响子博弈完美频率的因素，以及影响参与者 1 关于参与者 2 违反占优可能性的信念的因素。表 5－2 总结了不同的支付与实验结果（"点"代表与基准方案 1 相同的支付）。

表 5－2 在比尔德与贝尔实验中的各种支付方案与结果

方案	支付			频率		实验对数	阈值 $p(r\mid R)$
	(L,l)	(R,l)	(R,r)	L	r∣R		
1(基准)	(9.75,3)	(3,4.75)	(10,5)	0.66	0.83	35	0.97
2(小风险)	(9,·)	(·,·)	(·,·)	0.65	1.00	31	0.85
3(更小风险)	(7,·)	(·,·)	(·,·)	0.20	1.00	25	0.57
4(更高保险)	(·,·)	(·,3)	(·,·)	0.47	1.00	32	0.97
5(更加不满)	(·,6)	(·,·)	(·,·)	0.86	1.00	21	0.97
6(小风险,高互惠)	(·,5)	(5,9.75)	(·,10)	0.31	1.00	26	0.95
7(1/6 支付)	(58.5,18)	(18,28.5)	(60,30)	0.67	1.00	30	0.97

资料来源：Beard and Beil (1994).
注：(·，·) 表示支付与基准水平相同。

在基准方案中，66％的参与者 1 选择了 L，与此同时，对 R 的选择中

有83%被回应以自利的反应 r。认为选择 R 是正当的而必须具备的关于参与者 2 是理性的这一信念由概率阈值 $p(r|R)$ 表示；这是相信在 R 之后会有 r 选择的概率，这个值恰使（如果参与者 1 是风险中性的）R 和 L 的被偏好程度相等。在基准方案中，这个阈值是 0.97。由于83%的参与者 2 选择 r，因此这个阈值和实际行为不太吻合。

方案 2 和方案 3 是具有"更小风险"的实验，通过降低参与者 1 选择 L 的支付，来减少选择 R 的风险。［阈值 $p(r|R)$ 降到 0.85 与 0.57。］参与者 1 继而选择 L 的频率降低了——变为65%与20%。在"更保险"的方案 4 中，参与者 2 的两个 R 支付之间的差距增大，这样就为他选择 r 而非 l 提供更多激励。参与者 1 回应以选择 L 的频率变低。在"更多不满"的方案 5 中，参与者 2 得自 L 的支付从 3 美元增加到 6 美元。这样的设计是为了使参与者 1 选择 R 时参与者 2 会出现不满，因为参与者 1 选择 R 迫使参与者 2 接受少于当 L 被选择时她本可获得的支付。这种处理增加了非子博弈完美 L 的比例，达到其最高水平86%。"更加互惠"的方案通过增加参与者 2 的 R 的支付来进一步降低对参与者 1 的风险；然后参与者 2 可能更倾向于通过选择 r 来报答"慷慨"的选择 R。这种方案降低 L 的选择到31%。最后，在方案 7 中，以一定概率支付高额奖金（但期望支付相同），相对于基准方案 1 丝毫没有影响结果。

正如罗森塔尔推测，参与者 1 并不经常对参与者 2 的理性与自利有足够的信心而去选择子博弈完美的 R，除非当保险阈值接近 1/2（方案 3）或参与者 2 看起来很可能报答一个慷慨的选择 L（方案 6）。同时，参与者 2 确实在几乎所有案例中选择自利的反应 r。参与者 2 压倒性地服从占优而参与者 1 则不情愿打赌参与者 2 将服从占优。

比尔德与贝尔（Beard and Beil，1994）的重要发现在格雷与霍尔特（Goeree and Holt，1999）的探讨"珍宝与矛盾"的博弈论论文中得到再现。[4] 表 5-3 列出了他们的结果。L 行动的比例从12%到80%不等。同比尔德与贝尔的研究一样，选择 L 的趋势合乎预测地对参与者 1 的风险差异以及对参与者 2 选 r 而非 l 的动机做出反应。从基准条件 1 开始，降低参与者 2 将选择 r 的保险度［通过缩小参与者 2 在（R，r）与（R，l）之间的支付差额］，会降低实际上选择 r 的参与者 2 比例，并提高参与者 1 选择 L 的倾向。从基准 2 开始产生了同样的效应。参与者 2 由蓄意惩罚或由失误而导致的成本影响了参与者 2 的行为，而参与者 1 在决定是否采取安全行为 L 时，似乎预测到这一点。

表 5-3　格雷与霍尔特的可置信威胁的博弈

条件	实验对数	阈值 $p(r\mid R)$	支付			频率	
			(L)	(R, l)	(R, r)	L	r | R
基准 1	25	0.33	(70, 60)	(60, 10)	(90, 50)	0.12	1.00
低保险	25	0.33	(70, 60)	(60, 48)	(90, 50)	0.32	0.53
基准 2	15	0.85	(80, 50)	(20, 10)	(90, 70)	0.13	1.00
低保险	25	0.85	(80, 50)	(20, 68)	(90, 70)	0.52	0.75
更低保险	25	0.85	(400, 250)	(100, 348)	(450, 350)	0.80	0.80

资料来源：Goeree and Holt (1999).

5.1.2　重复占优以及矩阵与博弈树的差异

朔特、魏格尔特与威尔逊（Schotter，Weigelt，and Wilson，1994）对重复占优与子博弈完美进行了更加广泛的比较。他们的第一种实验 1M 与 1S 显示在表 5-4 中。博弈 1M 与 1S 类似比尔德与贝尔的博弈，是为了分别检验参与者 1 愿意预期参与者 2 服从弱占优（1M 博弈）的程度，或在子博弈中进行自利选择（1S 博弈）的程度。

大多数参与者 2 服从占优（1M 中的 80% 与 1S 中的 98%），但是参与者 1 只在序列博弈 1S 中愿意在这点上（选择 R）下重注。在 1M 与 1S 之间的行为差异似乎应归因于矩阵与博弈树的"形式效应"。[5]

朔特等人也研究了一个杂交博弈（1H），其中博弈以序列形式描述（实际上是在向参与者展示"树"），但其实是同时进行。在这种杂交版本中，R 与 r 的选择比例是 86% 与 88%，类似于在序列版本 1S 中的结果。它表明对博弈的具体描述形式才是起作用的关键因素。也许参与者 2 的行动在"树"中的视觉隔离使参与者 1 觉得 r 对 l 的占优更为明显。

表 5-4　朔特等人的 1M 与 1S 博弈

参与者 1	参与者 2		实际频率
	l	r	
规范形式（1M）			
L	4, 4	4, 4	(0.57)
R	0, 1	6, 3	(0.43)
频率	(0.20)	(0.80)	

续表

参与者 1	参与者 2		实际频率
	l	r	
序列形式（1S）			
L	4, 4		(0.08)
	l	r	
R	0, 1	6, 3	(0.92)
频率	(0.02)	(0.98)	

资料来源：Schotter, Weigelt, and Wilson (1994).

在表 5-5 中，他们的博弈 3M 与 3S 可以用来考察三级重复占优（3M 博弈）与正向归纳（3S 博弈）。在 3M 中，对参与者 1 而言，B 是严格劣策略。剔除它使 M 对参与者 2 而言弱占优。参与者 2 剔除 T 与 B 继而会使参与者 1 选 M，于是（M，M）通过三步重复占优被选择出来。

表 5-5　朔特等人的 3M 与 3S 博弈

参与者 1 行动	参与者 2 行动			频率	
	T	M	B		
规范形式 3M					
T	4, 4	4, 4	4, 4	(0.82)	
M	0, 1	6, 3	0, 0	(0.16)	
B	0, 1	0, 0	3, 6	(0.02)	
频率	(0.70)	(0.26)	(0.04)		
序列形式 3S					
				条件频率	
T	4, 4			(0.70)	
		T			
		0, 1			
			M	B	
		M	6, 3	0, 0	(1.00)
		B	0, 0	3, 6	(0.00)
频率		(0.13)	(0.31)	(0.69)	

资料来源：Schotter, Weigelt, and Wilson (1994).

在一个等价的序列博弈 3S 中，参与者 1 可选 T，以支付（4，4）结束博弈，或让参与者 2 行动。参与者 2 可以选择 T 结束博弈，产生（0，1）支付，或者他们进行一个具有纯策略均衡（M，M）和（B，B）的同时行动的性别战博弈。在 3S 中，利用动态一致性的假设以及重复占优剔除劣策略，可以到达均衡（M，M）。对参与者 2 而言，T 是劣策略，因为她可以通过在性别战子博弈中施行混合策略保证所得多于 1（如果她不是特别风险规避的）。于是正向归纳得到应用：如果参与者 2 意识到参与者 1 拒绝（4，4）支付，表明了参与者 1 具有在子博弈中选 M 以获得 6 的倾向，那么参与者 2 也将选择 M。这种推理得出了（M，M）均衡。在博弈形式中至关重要的区别是在 3S 中的参与者 2 可以在观察参与者 1 做什么之后行动，而不是像在博弈 3M 中仅仅假设参与者 1 将会做什么（而且参与者 2 知道在 3M 中，参与者 1 会意识到参与者 2 仅仅是假设而不是"知道"）。

表 5-5 表明，在 3M 博弈中几乎没有参与者 1 通过选择 B 违反严格占优，但是只有小部分的参与者 2(26%) 看上去预期到这一点并推导出他们应该选择弱占优的 M。因此，几乎没有证据支持多于一步的剔除劣策略。[6] 序列型 3S 的结果大体相似。在子博弈中，参与者 1 总是选择 M。但是参与者 2 似乎没有推算到这一点，而是在 69% 的情形下错误地选择了 B。参与者 1 显然由于预期到这一点，于是大部分选择 T，因此正向归纳均衡（M，M）极少达到。

总而言之，除了在最简单情况 1S 之外，对于多步（多于一步）重复占优或者子博弈完美与正向归纳，朔特等人只得到非常有限的证据。他们推测需要更多的经验才能导致占优可解的结果。布兰德茨与霍尔特（Brandts and Holt，1995）做了一些具有 8 个时期的实验，但是观察到的支持正向归纳的证据仍然有限。

5.1.3　部分占优可解的专利竞争博弈

拉波波特与爱慕德（Rapoport and Amaldoss，1997）组织进行了一个"专利竞争"投资博弈，其中对重复剔除有一个有趣的替代结构（参见 Zizzo，2002）。在他们的博弈中，参与者有"强"有"弱"（或为有殷实家底与浅薄家底的厂商）。强参与者的禀赋是 5 而弱参与者的禀赋是 4。无论哪个参与者，谁花销最多谁就赢得 10 的奖励（与他们花费多少无关），并且保留禀赋减去花销的余额。如果两方参与者开销相同金额，任何一个人都不能得到奖励。支付列在表5-6中。

表5-6　在专利竞争博弈中的支付

弱参与者的投资，w_i	强参与者的投资，s_i						推断概率	实际频率
	0	1	2	3	4	5		
0	4，5	4，14	4，13	4，12	4，11	4，10	0.60	(0.55)
1	13，5	3，4	3，13	3，12	3，11	3，10	0.00	(0.03)
2	12，5	12，4	2，3	2，12	2，11	2，10	0.20	(0.07)
3	11，5	11，4	11，3	1，2	1，11	1，10	0.00	(0.14)
4	10，5	10，4	10，3	10，2	0，1	0，10	0.20	(0.22)
推断概率	0.00	0.20	0.00	0.20	0.00	0.60		
实际频率	(0.01)	(0.17)	(0.05)	(0.09)	(0.13)	(0.55)		

资料来源：Rapoport and Amaldoss (1997).

用 s_i 表示强参与者的投资 i，弱参与者的投资由 w_i 表示。强参与者通过投资全部的 5，也就是选择 s_5 来绝对地压倒对手，可保证获得奖励。由于这个策略严格优于投资 0（并保有禀赋 5），因此对于强参与者，策略 s_0 可被剔除。剔除 s_0 继而使投资 1 对于弱参与者成为劣策略（因为只有当她有机会比强参与者开支更大时，投资 1 才可能是值得的，而如果强参与者绝不会投资 0，那么她就没有这个机会）。弱参与者剔除 w_1，继而使得对强参与者来说 s_2 被 s_1 占优，如此下去。重复应用占优导致按下面的顺序剔除策略：s_0、w_1、s_2、w_3、s_4。对于未被剔除策略的进一步分析可以得到混合策略均衡：强参与者应该在 60% 的情形下选择最高投资 s_5，而弱参与者应该在 60% 的情形下选择最低投资 w_0，而双方应该等概率地选择他们另两个未被剔除的策略。

对 160 次实验的预测概率与实际频率列在表5-6中。其中与这个非直观均衡保持了相当好的一致性。参与者被预测在 60% 的情形下选择极限投资水平，而实际频率是 55%。选择重复劣策略的比例，按它们被剔除的顺序分别是 0.01、0.03、0.05、0.14 与 0.13。在个体水平上，80 次实验中至少有一次违反一级或更多级重复占优的参与者比例分别是 0.11、0.32、0.83、0.70 与 0.92（按照重复步数的递增顺序）。[7]

小结

在重复应用占优剔除一些策略的最简单的博弈中，很少有实验对象违反占优，但是大部分实验对象也不愿意断定别人服从占优（也就是说一步重复占优）。在专利竞争博弈中，大部分实验对象表现出三级重复占优，但是他们的一些复杂行为可能是因为在 160 次实验中善于学习。

5.2　选美比赛博弈

"p-选美比赛"博弈首先出现在默林（Moulin，1986）的论文中，并在之前讨论过。它是一种测量重复删除劣策略步数的理想工具。N 个参与者中的每个人 i 同时在区间 $[0, 100]$ 中选择一个数字 x_i。用 p 与他们所选数字的平均数的乘积，$p \sum_{i=1}^{N} x_i / N$，定义一个目标数。参与者中谁的数字最接近目标数，谁就赢得固定的奖金。在继续进行之前，读者可以考虑一下如果他们与一群学生博弈，他们自己会选择什么数。

该博弈被称为"选美比赛"，来源是凯恩斯的《就业、利息与货币通论》中的一个著名段落，其内容是关于人们猜测别人会认为哪些面孔最漂亮（参见第 1 章）的报纸竞猜活动。与凯恩斯的段落内容相类似，参与者在选美比赛博弈中必须猜测别人所选数字的均值，然后选择均值的 2/3（在知道每个人都这样做的前提下）。选美比赛博弈可以辨别人们是否如同凯恩斯惊叹的那样"在实际中进行四级、五级或者更高等级"的推理。选择一个大于 67 的数违反了随机占优，因为与一个恰好是 67 的选择相比，任何一个超出 67 的选择赢的机会更少。于是在范围（67，100] 之内的数违反了一级占优。一位认为别人服从占优的参与者可以推测目标将低于 67 的 2/3，即 44，于是最优选择在 [0，44] 之间。因此，在（45，67] 之间的选择与一位服从一步占优的参与者一致，但与二步占优的参与者不一致。继续向前推，选择在（29，44] 范围内是与二步重复占优一致的，但不与三步一致。因此，在选美比赛博弈中，数字的选择为重复推理递增级数的违反频率设置了边界。无限多步的重复占优导致了唯一的纳什均衡为 0。

纳格尔（Nagel，1995）首次对这个博弈进行了实验研究。她使用了多组 14～16 岁的德国学生作为实验对象。她的 $p=2/3$ 的博弈中的结果在图 5-1（b）中显示。选择的平均数在 35 左右，而许多实验对象要么选择 33（从中位数 50 开始的一步推理）要么是 22（二步推理）。选择 0 的实验对象非常少。

霍、凯莫勒与魏格尔特（Ho，Camerer，and Weigelt，1998）第一次通过实验重现了纳格尔的结果。他们分别使用 p 值为 0.7、0.9、1.1 与 1.3 来比较当纳什均衡是 0（当 $p<1$）和纳什均衡是最大数（当 $p>1$）时的行为。实验对象对一个具有特定 p 值的博弈进行了 10 次，然后再进行另一个博弈（其中 p 值在 1 的另一侧），于是这两个博弈中的均衡就在数字区间的相反端点上。[8] 在两个博弈之间转换学习产生了一个有趣的效应：在一个博弈（$p>1$）中收敛于高均衡的实验对象倾向于在另一个博弈（$p<1$）中从较高的数开始选择，但同时也收敛得更快，就好像在他们从一次博弈转到另一次的过程中"学会了学习"（参见 Camerer，Ho，and Chong，2002a，b；以及第 6 章）。

在进一步的实验中，霍、魏格尔特与我考察了奖金数额对行为的影响。更高的奖金也许会引导实验对象更认真思考，或者导致实验对象认为别人可能会更认真思考，这将使得他们选择更小的数字。在 10 个时期中，我们对比低（7 美元）与高（28 美元）奖金条件，实验结果显示在图 1.3（a）与图 1.3（b）中。奖金降低数字选择的效应是微弱的（也就是说，增加推理步数），特别在后面的各期，几乎所有高奖金的实验对象选择小于 1 的数字。

在论文中，我们改进了纳格尔测量重复推理的不太正规的方式。在斯达尔与威尔逊（Stahl and Wilson，1995）（参见后面的 5.5 节）的基础上，我们假定有比例为 ω_0 的实验对象仅仅是从一个均值为 μ，标准差为 σ 的正态分布中随机选择一个数字，称这些实验对象为"0 级"参与者。有比例为 ω_1 的 1 级参与者，他们认为其余的人都是 0 级参与者并且在有若干噪声的情况下选择最优反应。同样有假设比例为 ω_2 与 ω_3 的 2 级与 3 级参与者，他们中的每一个都认为所有其他人都低他们一个等级，并做出最优反应。

表 5-7 列出了各级的参与者估计比例，其中只应用了第一轮数据。推理级数的估计比例表明参与者典型地应用一到三步重复推理。纳格尔的非正式估计（显示在括号里）接近于得自我们早先方案的估计。

表 5-7　在选美比赛博弈中 k 级类型参与者的估计比例 ω_k

估计	霍、凯莫勒与魏格尔特 (Ho, Camerer, and Weigelt, 1998)		纳格尔 (Nagel, 1995)	
	$p>1$ 博弈	$p<1$ 博弈	$p=1/2$	$p=2/3$
ω_0	0.22	0.16	0.16 (0.24)	0.28 (0.13)
ω_1	0.31	0.21	0.38 (0.30)	0.34 (0.44)
ω_2	0.13	0.13	0.47 (0.41)	0.37 (0.39)
ω_3	0.34	0.50	0.00 (0.06)	0.00 (0.03)

注：括号里的数字表示纳格尔的初始估计。

人们还研究了选美比赛博弈的几种变形。图 5-1 列出了来自纳格尔 (Nagel, 1999) 论文的直方图。其中用中位数代替均值去计算选择的目标数，这并不改变结果 [见图 5-1 (c)]。

图 5-1 (g~h) 列出了由霍、魏格尔特与我所做的实验（未公开发表过），其中均衡位于数字区间的内部。当目标是 $p(M+18)$（其中 M 是中位数）时，如果 $p=0.7$ 则均衡是 42；而如果 $p=0.8$ 则均衡为 72。将均衡置于内部是有用的，因为严格地讲，让均衡位于边界上就无法从有限重复推理中分辨出附加了噪声项的均衡选择。

(a)目标数=均值的 1/2

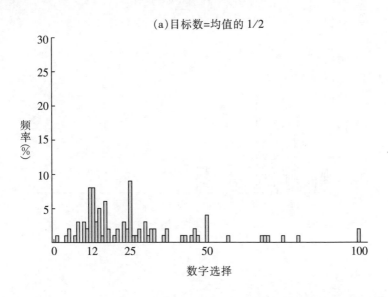

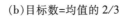

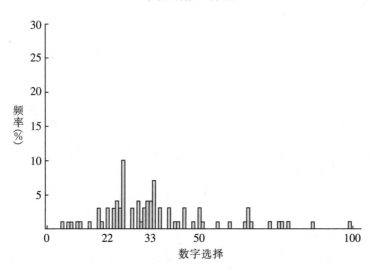

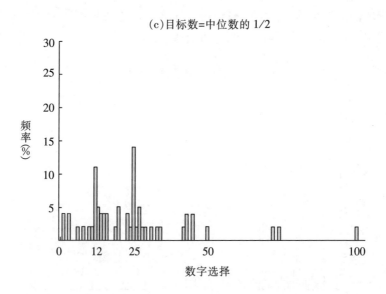

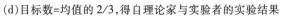

(d)目标数=均值的 2/3,得自理论家与实验者的实验结果

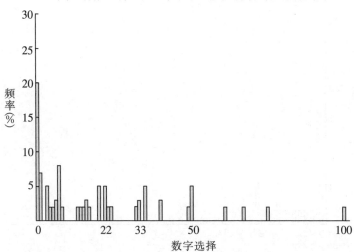

(e)目标数=最大值的 1/2

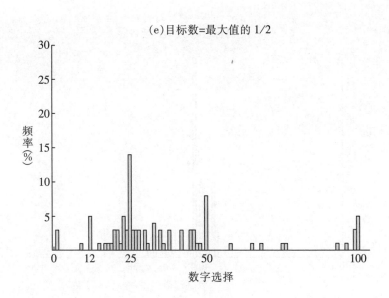

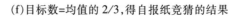

(f)目标数=均值的 2/3,得自报纸竞猜的结果

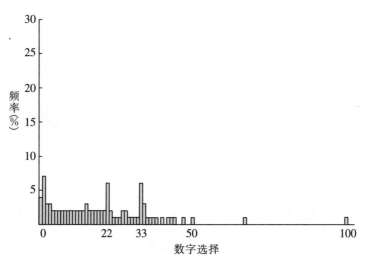

(g)目标数=0.7(中位数+18)

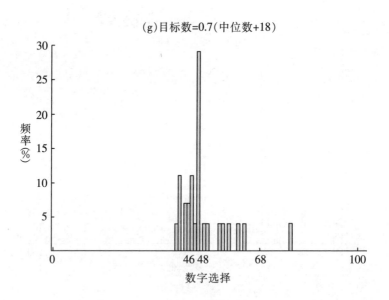

(h)目标数=0.8(中位数+18)

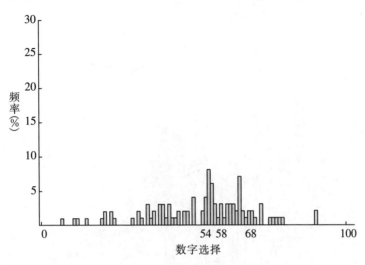

图 5 - 1 选美比赛博弈的结果

资料来源：基于 Nagel（1999）与 Camerer，Ho，and Weigelt（未公开发表的）数据。

纳格尔的图用对应各种推理级别的数字选择（从 50 开始）标记 x 轴，这是很有用处的。例如在 $p=0.8$ 的 $M+18$ 博弈中，认为别人将选择均值 50 并做出最优反应的实验对象将选择 54；对 54 的最优反应是 58，等等。分布图会在对应于一步或两步推理的选择数字处显示出尖峰。

选美比赛博弈还被用于验证实验，实验对象为公共课程上的外来参与者。这些数据与在实验室中的相比具有更少的实验控制，但是对于不可能经常进入实验室的特殊群体的行为是否与大学生行为相似这一点，这些数据提供了丰富的资料。

图 5 - 2 列出了得自几个特殊实验对象群的数据（参见 Camerer，1997）。加州理工学院的学生列在图的最前边，接着是经济学的博士，如此下去，中学生在图的最后。其中一组是证券经纪人，他们代表一大群人的利益进行投资决策（而且他们懂得证券市场的运作方式）。另一组是在攻读经济学博士研究生课程的学生，他们学过简单的博弈论概念。还有一组是在加州理工学院攻读心理学课程的本科生，选用 $p=2/3$。他们的平均数大约是 24，与其他学生群体相比，大约低半个推理等级。这些数据是有价值的，因为人们总是断言那些足够"聪明"的实验对象会比平均水平的大学生做出的选择更接近于博弈论的预测。加州理工学院学术智能测验的数学成绩中值经常是满分 800，然而加州理工学院的学生并不比一般水平

人群更接近选择纳什均衡的数字，这一事实驳斥了只需擅长数学就能自动
导致参与者到达纳什均衡的假设。

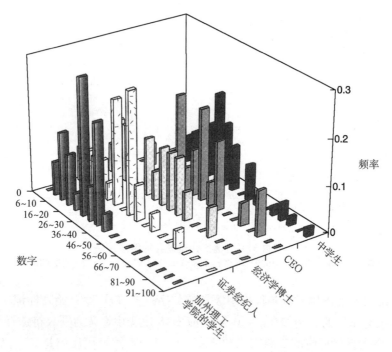

图 5-2　得自各种不同外来抽样来源的选美比赛博弈的选择
资料来源：Camerer（未发表）。

由于给加州理工学院的大学董事会做过一次讲座，我有机会见到那
些在各领域成就卓著的年长者们在同龄人组中是如何进行博弈的。对这
个群体抽取一个子样本，由 20 位 CEO、公司总裁与董事长构成。这个
子样本的成员无一不是产业中的巨人，人们经常认为他们是观点和行为
能影响整个经济的"理性决策者"。他们的结果列在了图 5-2 的 CEO 直
方图中。

另一个有趣的实验对象群是财经杂志的读者。进行了两个实验，一个
是由斯玛丽·纳格尔（Rosemarie Nagel）与安东尼奥·博世（Antonio
Bosch）进行的，面向的是西班牙商业杂志《拓展》的读者；另一个是由
理查德·泰勒（Richard Thaler）进行的，面向的是英国《金融时报》的读
者。如果哪个读者能在一个 $p=2/3$ 的比赛中胜出，那么他就能得到一笔
大额奖金。从这两个选美比赛博弈中收集的结果显示在图5-1（f）中。一
个尖峰在 33 处，另一个在 22 处。大约有 8％的实验对象选择了均衡 0。有

趣的是，在 22（两步推理）与 0 之间没有显著的尖峰。那些进行了多于两步推理的参与者似乎获得了一个沿着光滑的推理斜坡向下滑行的动量，将他们的逻辑推理一路推动直到 0 为止。[9]

斯洛尼姆（Slonim，2001）让实验对象进行三种选美比赛博弈，每种进行三期，并将不同经验水平的参与者混合在一起。当一位有经验的参与者突然与两位以前没有参与过实验的新手混合在一起，这时会发生什么？一种可能是，这位有经验的参与者会回忆起她第一次参加博弈时的情形，并得以应用这些信息去猜透新手。或者可能对有经验的参与者来说，选择小的数字已变得那样自然或显而易见，以至于她选择了一个过小的数字（对于新参与者会选择高数字的事实，她未做出大的策略调整，也就是"知识的诅咒"），因而表现比新手更糟。事实证明，有经验的参与者明智地运用了他们的经验——当新参与者加入时，他们选择相对较高的数字，并且几乎一直都赢。但是在一期之后，他们的优势就消失了。

小结

在选美比赛博弈中，具有代表性的实验对象使用一到两步推理（从 50 开始）。从那些为某一特定博弈而取样的各种实验对象群中，都能获得这一基本结果。特殊的博弈论分析技巧与训练将人们的推理行为向均衡推进了一步。由报刊读者所组成的样本也选择了更接近均衡的数字。

5.3　重复推理会减少支付的博弈

本节讨论那些运用更多级数的重复推理会减少参与者整体支付的占优可解博弈。

5.3.1　蜈蚣博弈

通过重复的"传递"，参与者可以极大地扩大他们的"饼"，但是随着"饼"的增长，"取走"选择的诱惑也在增长。

麦克尔维与帕尔弗雷（McKelvey and Palfrey，1992）研究了一个四步"蜈蚣"博弈[10]，显示在图 5 - 3 中。在每一个节点，一位参与者都可以"取走"饼的 80% 从而结束博弈，或"传递"而让另一位参与者行动，并且在每个阶段"饼"都加倍。"传递"所带来的共同所得是巨大的。在四步博弈中，如果他们在每个节点都"传递"下去，那么参与者最后可以分享 8 美元（6.40 美元＋1.60 美元），但是如果有参与者在第一步立即"取走"，那么他们只能分享 0.50 美元。

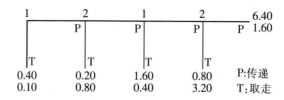

图 5－3　四步蜈蚣博弈
资料来源：基于 McKelvey and Palfrey（1992）。

　　蜈蚣博弈是多阶段的信任博弈（第 2 章讨论了单阶段信任博弈）。它们模拟了这样的商业或私人关系，其中既存在随时间而增长（也许归因于学习）的交换收益，又有使每名参与者希望结束该关系以攫取更多利益的诱惑。逆向归纳（伴以自利）预测参与者将料想在最后节点"取走"（因为在那点上"传递"是违反占优的），这导致在倒数第二个节点上"取走"，如此下去一直到起点：参与者可能会在任何一个节点上"取走"。这个博弈能测量重复推理的步数，原理是在节点 t "传递"表明违反了 $5-t$ 步重复占优。

　　蜈蚣博弈显示了实验方法的一个重要伴生物：选择一种设计会限制理论化的过程，因为它迫使一个人必须清楚认识到理论被期望应用于什么样的条件下。在蜈蚣博弈中，对于不同的可能结果，对参与者的美元支付变动很大。在一个六步博弈中，纳什均衡预测一次实验将花费 0.50 美元。但是如果实验对象彼此完全信赖并且一直"传递"直到最后，实验将花费 32 美元，这是预测的 64 倍之多。选择支付的规模简直就是要求实验者用经费预算来打赌在实验中会出现什么。

　　研究者用图 5－3 中显示的四步博弈来作为基准博弈。麦克尔维与帕尔弗雷选用了来自加州理工（CIT）与帕萨迪纳城市学院（PCC）的本科生，这需要更为丰富的分析技巧。他们还进行一个六步博弈和一个将支付乘以 4 的变形四步博弈。表 5－8 列出了四个 PCC 实验组和两个 CIT 实验组的序列 1—5 与 6—10 的累计结果。

表 5－8　麦克尔维与帕尔弗雷蜈蚣博弈的实验结果

方案	序列	在"取走"节点的条件频率					
		1	2	3	4	5	6
四步	1—5	0.06	0.32	0.57	0.75		

续表

方案	序列	在"取走"节点的条件频率					
		1	2	3	4	5	6
四步	6—10	0.08	0.49	0.75	0.82		
四步，高奖金	1—5	0.08	0.46	0.60	0.80		
	6—10	0.22	0.41	0.74	0.50		
六步	1—5	0.00	0.06	0.18	0.43	0.75	0.81
	6—10	0.01	0.07	0.25	0.65	0.70	0.90

资料来源：Mckelvey and Palfrey（1992）。

参与者很少像纳什均衡（与四步重复占优）预测的那样在较早的节点上"取走"。然而，"取走"的条件概率确实随节点的推后而增加，并且大部分实验对象（约 80%）在最后节点"取走"。存在一些表明趋于"求解"均衡的证据，因为在实验 6～实验 10 中，在每个节点上"取走"的概率都要高于先前的实验 1～实验 5。四倍奖金的效果甚微。

在设计上，低奖金条件下（的六步博弈中）包含最后四步的子博弈（从第三个节点开始）与高奖金的四步博弈完全相同。如果参与者经过一段时间建立了信任，那么与四步博弈的起点相比，他们就应该更可能在更长的六步博弈中的第三个节点上"传递"。而事实上却并非如此。在六步博弈中虽然有了前两个阶段的先前信任，但是并未提高"传递"的倾向。

受关于重复囚徒困境博弈的著名论文"四个囚徒"（Kreps et al.，1982）的启发，麦克尔维与帕尔弗雷使用一个均衡模型来解释"传递"的高比例。模型中有小比例（7%）的利他主义者从内心偏好"传递"，一大部分的普通参与者通过在某点之前"传递"而伪装成利他主义者，目的是赢得更多。[11]可以通过随时间而缩小的出错率来解释渐进求解现象（参见 Zauner，1999）。

菲、麦克尔维与帕尔弗雷（Fey，McKelvey，and Palfrey，1996）使用一个常和蜈蚣博弈来控制社会性偏好的影响。参与者分享 3.20 美元。在第一个"取走"节点，总和被平分；随着参与者"传递"，对 3.20 美元的分配变得越来越不平衡。如果参与者在常规蜈蚣博弈中"传递"仅是为了创造更多可供分配的剩余（如同通过串谋来对付实验者一样），那么在常和的博弈版本中，他们会马上"取走"。事实上，参与者的"取走"确实变得更频繁。在实验的后半部分，选择"取走"的条件概率在第一个节点大于 50％，而第二个节点为 80％左右。随机最优反应均衡模型（一个简化形式的学习模型，具有递增的反应灵敏度）与数据拟合得相当好。

纳格尔与汤（Nagel and Tang，1998）进行了有扩展型信息回馈的标准型蜈蚣博弈：参与者陈述他们会"取走"的第一个节点在何处；在较后节点中"取走"的实验对象被告知另一名参与者"取走"的节点，反之并不如此（也就是说，如果你最先"取走"，你就不会知道另一个参与者什么时候"取走"）。参与者大约在整个博弈的中途"取走"，而且没有"学会"较早"取走"的迹象。事实上，存在少许较晚"取走"的倾向，也即远离纳什均衡（参见 Ho，Wang，and Camerer，2002）。

拉波波特等人进行了有巨额奖金的三人蜈蚣博弈（如果实验对象一直"传递"到终点，他们可能获得几千美元……但是他们没有这样去做）。拉波波特等人得到一个非常低的"传递"率。在低奖金条件下，实验对象"传递"得更频繁，因此纳什行为的一个充分条件似乎是三个参与者与高额奖金。凯莫勒、霍和宗（Camerer，Ho，and Chong，2001）的认知等级模型可以解释双人与三人博弈的不同，而随机最优反应均衡模型则不能。

5.3.2 囚徒困境与类蜈蚣博弈

范·哈依克、维尔登塔尔与巴特里奥（Van Huyck，Wildenthal，and Battalio，2002）考察了两个 5×5 占优可解博弈，它们分别显示在表 5-9 与 5-10 中。其中一个具有蜈蚣博弈的结构（博弈 I），另一个是多策略的囚徒困境（博弈 S）。博弈用 I 与 S 标记是因为 I 是以重复占优被解，而 S 是以严格占优被解。

表 5-9　范·哈依克等人的蜈蚣类型博弈 I

行策略	列策略				
	a_1	a_2	a_3	a_4	a_5
a_1	7, 7	0, 11	0, 0	0, 0	0, 0
a_2	11, 0	6, 6	0, 10	0, 0	0, 0
a_3	0, 0	10, 0	5, 5	0, 9	0, 0
a_4	0, 0	0, 0	9, 0	4, 4	0, 8
a_5	0, 0	0, 0	0, 0	8, 0	3, 3

续表

行策略	列策略				
	a_1	a_2	a_3	a_4	a_5
重复博弈 I (5/6, 2) 的第一轮					
初始序列	0.20	0.20	0.40	0.18	0.03
最后序列	0.30	0.23	0.23	0.23	0.03

资料来源：Van Huyck, Wildenthal, and Battalio, 2001.

表 5－10 范·哈依克等人的囚徒困境博弈 S

行策略	列策略				
	a_1	a_2	a_3	a_4	a_5
a_1	7, 7	0, 0	0, 0	0, 0	0, 11
a_2	0, 0	6, 6	0, 0	0, 0	0, 10
a_3	0, 0	0, 0	5, 5	0, 0	0, 9
a_4	0, 0	0, 0	0, 0	4, 4	0, 8
a_5	11, 0	10, 0	9, 0	8, 0	3, 3
重复博弈 I (5/6, 2) 的第一轮					
初始序列	0.25	0.05	0.08	0.00	0.63
最后序列	0.65	0.00	0.00	0.00	0.35

资料来源：Van Huyck, Wildenthal, and Battalio, 2001.

在博弈 I 中，策略 a_2 弱占优于[12] a_1；剔除 a_1 使 a_2 被 a_3 占优，如此等等，直到只剩下 a_5。但是唯一的纳什均衡（a_5, a_5）被位于对角线上的任何其他（非均衡）结果帕累托占优。

博弈 S 更加直截了当：策略 a_5 严格占优于所有其他策略，这导致唯一的纳什均衡（a_5, a_5），但该均衡却是被占优的帕累托均衡。

当博弈是在固定搭档方案下进行时，范·哈依克等人对此时出现的重复博弈均衡表现出很大兴趣。他们比较不同的方案 $G(\delta, T)$，其中 δ 是在每期之后（与同一搭档）继续博弈的可能性，T 是在依概率重复的博弈结束之后的后续博弈的长度。具体地说，他们将一次性博弈 I(0, 1) 和 S(0, 1) 同 I(5/6, 2) 和 S(5/6, 2) 进行了比较。在后两者中，参与者被告知在每一期之后博弈有 5/6 的可能性继续进行。当这个依概率重复的阶段结束，他们还将进行两期额外的博弈，因此记作 (5/6, 2)。在这两个重复博弈中，继续博弈的概率为 5/6，这足够高到使 a_1 成为均衡，以至于参与者双方会选择 a_1，并且通过选择次优的重复均衡支付来惩罚对这个均衡的背叛。[13]

在重复博弈 I(5/6，2) 与 S(5/6，2) 之间有微妙的策略差异。阿克谢尔罗德（Axelrod，1985）指出，只有当实施惩罚确切意味着是对先前背叛行为的报复时，触发策略（比如在重复因徒困境中对对手的背叛实施惩罚）才是"明确的"，意味着这个惩罚无疑是对较早背叛的一个报复行为。在博弈 I(5/6，2) 中，选择 a_2 本身是一个重复博弈均衡，并且在短期也是从 a_1 均衡背叛出来后的最佳路径。为看清楚这一点，假设在博弈 I，我们愉快地颠簸行进于选择 a_1 的道路上，并且每次获得 7。现在一位参与者转向 a_2。他们是在背叛吗？这应通过重返纳什均衡 a_5 来实施惩罚。或者他们正在转向 a_2 均衡？你完全无法判断。而因徒困境博弈 S(5/6，2) 则不同。在这个博弈中，如果参与者稳定地选择 a_1，而有某一位参与者选择了 a_2，则这个选择不是一种有利可图的背叛（因为它得到的支付是 0）。实际上，选择 a_2 相当于"明确地"转向效率稍低的重复博弈路径 a_2。范·哈依克等人声称，对于在 I(5/6，2) 中背叛至 a_2 的行为是一种惩罚还是向一个新均衡回归的困惑，也许会削弱这种惩罚行为支持 a_1 为帕累托有效重复博弈均衡的能力。如果他们是正确的，那么在 S(5/6，2) 中应该比在 I(5/6，2) 中有更多的 a_1 选择。

在类蜈蚣博弈 I(0，1) 中，实验对象在一次性博弈中随机配对，开始时选择中位数为 a_3 的混合分布，并在大约 20 轮后收敛于众数选择 a_5。由于中位数 a_3 对应于三步重复占优，因此初始的 a_3 选择是与本章中其他博弈大体一致的。在一次性类因徒困境博弈 S(0，1) 中，从一开始对象们就压倒性地选择占优策略 a_5，不过有少数人坚持选择合作性结果 a_1。

在重复博弈 I(5/6，2) 与 S(5/6，2) 中的行为则是有趣的。一些统计摘要在表 5-9 与表 5-10 的底栏显示。这些统计显示了每个序列①中的第一期行动的频率分布，按四组实验中的初始序列与最后序列求均值。这些统计数字显示了实验对象每次进行一个单独序列时是如何开始的，以及在不同序列中这个初始行为会如何变化。

博弈 I(5/6，2) 的结果看上去同那些在一次博弈 I(0，1) 中的结果是类似的：实验对象以几乎相等的概率选择 a_1 到 a_4。在每组实验的八个序

---

① 一个序列是指依概率重复的期数再加上额外的两期，若干个序列又组成一个实验组。——译者注

列中，这些频率从第一个到最后一个序列变化都不大。实验对象没有在跨序列中学会如何协调于选择更有效率的重复博弈均衡 a_1。

而在重复博弈 S(5/6，2) 中，参与者的行为却相当不同。在初始序列，多于半数的实验对象选择被占优策略 a_5。到最后（第八）序列，多于半数的人在该序列中的第一期选择 a_1。在全部八个序列的后面五个序列中，位于中间的实验对象在整个依概率重复的阶段内选择 a_1，然后在额外的两期返回选择 a_5。正如范·哈依克等人推测，背叛的明确程度可以在类囚徒困境博弈 S(5/6，2) 中支持有效重复博弈均衡 a_1，而在 I(5/6，2) 中却不能。

5.3.3 价格竞争

卡普拉、格雷、戈麦斯和霍尔特（Capra，Goeree，Gomez，and Holt，2002）研究了一个不完全价格竞争的占优可解博弈。两个厂商在区间 [0.60 美元，1.60 美元] 中选择价格 p_1 与 p_2。假设 $p_1 < p_2$，然后价格较低的厂商赢得 p_1，价格较高的厂商得到 αp_1（在实验中 α 是 0.2 或 0.8）。如果出价相等，他们各自得到 $(1+\alpha)p_1/2$。

参数 α 测量买者对于卖者最优出价的反应敏感程度。当 α 接近 1 时，买者仍然从高价卖者那里购买，只是成交于较低价格。这种结构反映了"要么满足，要么放手"的合约市场，这种市场里买者保证从卖者处购买，而卖者要么执行竞争者的更低价格，要么放手让买者到别处购买。当 α 较低时，买者被吸引向更低价格的卖者。由于互联网让消费者仅靠点击鼠标就能搜寻价格，因此价格竞争的这种效果也许比以往任何时候都更能反映经济现实。

不完全价格竞争博弈也类似于一个参与者从低价"开始"的蜈蚣博弈。"传递"对应于提高价格。参与者有通过"传递"来提高价格的联合激励，但是一旦一位参与者料想另一位参与者将停止"传递"，她就会想先行停止并标出最低价格。

当 $\alpha < 1$ 时，理论预测伯川德（Bertrand）竞争将驱使价格向最小值 0.60 美元（唯一的纳什均衡）的方向推进，而无论 α 离 1 多远。卡普拉等人还推导出随机最优反应均衡，并证明提高 α 将导致更高的随机最优反应均衡价格。

图 5-4 显示了 $\alpha=0.8$ 的三组实验中每组的价格时间序列（虚线）和 $\alpha=0.2$ 的三组实验中每组的价格时间序列（细线）。相同 α 值的实验组的

均值用粗线显示。当 $\alpha=0.2$ 时，价格从大约 0.90 美元降到 0.70 美元，收敛于相当接近纳什预期值 0.60 美元的位置。但是当 $\alpha=0.8$ 时，价格在 1.20 美元左右开始，而后根本没有向下收敛。

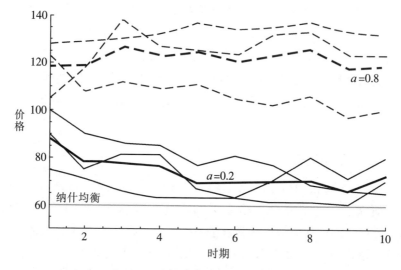

图 5-4 不完全竞争的价格时间序列
资料来源：基于 Capra et al. (2002) 的数据。

5.3.4 旅行者困境

卡普拉等人（Capra et al.，1999）以及卡布雷拉、卡普拉和戈麦斯（Cabrera，Capra，and Gómez，2002）进行了"旅行者困境"博弈的实验，这个实验非常类似于他们的价格竞争博弈（也类似于 p-选美比赛博弈[14]）。在旅行者困境中，两个参与者同时对他们丢失的行李提出索赔价格，限制在 80 到 200 之间。航空公司以最低价格对两位参与者进行支付。另外航空公司为出价较低的参与者增加 R 的奖励，对出价高的参与者减去 R 的罚金。

最大化支付的参与者的出价会比预期的他人出价低一单位，目的是最大化最小出价（也就是他们的支付），同时赢得奖金 R。结果是"底线竞争"，其中参与者应该选择最小索赔，这也是唯一的纳什均衡。旅行者困境类似这样一个竞争博弈，其中消费者与两位卖者中出价较低的一方交易，并且对出价较低与较高的卖者分别进行奖励与惩罚（反映了现实中把低价卖者推荐给其他消费者，或者是恶意地拒绝今后与高价卖者交易，如此等等）。

图 5-5 显示了他们实验的 A 部分中对六个奖励/惩罚参数值 R 的十轮平均要价。仅当 R＝50 或 80 时价格才逐渐收敛于纳什均衡 80（最低的可能价格）。当 R 更低（5 或 10）时，参与者实际上还稍微背离了纳什均衡，而转向串谋价格 200。

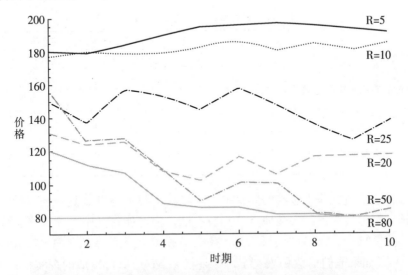

图 5-5　不同忠诚参数 R 下的价格匹配博弈中的时间价格系列
资料来源：基于 Capra et al.（1999）的数据。

卡普拉等人还讨论了试图解释该调整模式的学习理论（参见第 6 章）。[15]

5.3.5　邮件博弈

邮件博弈是一个有趣的占优可解博弈，它被阿里尔·鲁宾斯坦（Ariel Rubinstein，1989）引入经济学。鲁宾斯坦的博弈是基于并行计算方面的一个有趣问题，被称为"协调攻击问题"，约瑟夫·哈尔彭（Joseph Halpern，1986）对此做了描述。我使用巴里·布莱赤曼（Barry Blecherman）、戴维·戈尔茨坦（David Goldstein）与我本人进行的一个未发表实验中的参数来说明这个问题。

在我们的实验中，有两种状态 M1 与 M2，其分别以 0.2 与 0.8 的概率发生。每个状态的发生引发一个不同的支付矩阵的使用，矩阵显示在表 5-11 中。知情的参与者总是知道状态（因此知道矩阵）。如果状态是 M1，那么没有信息发送给参与者 2。如果状态是 M2，则信息发送给参与者 2，告知状态是 M2。这个信息（与以下所有信息）被参与者接收的概率是

0.8，有0.2的概率被拦截。当信息被接收，接收的参与者自动地发送回复声明已接收；回复也可能被传递或拦截，等等。当信息被拦截，信息发送过程中断。这里总会有一个有限的时间点，在这点上信息被拦截从而传递过程戛然而止。

表 5-11　邮件博弈的支付矩阵 M1 与 M2

M1 状态		不知情的参与者 2 的选择	
		A	B
知情的参与者 1 的选择	A	1, 1	0, −2
	B	−2, 0	0, 0
M2 状态		A	B
知情的参与者 1 的选择	A	0, 0	0, −2
	B	−2, 0	1, 1

在这个协调攻击版本的博弈中，参与者 1 与参与者 2 是两名将领，各指挥一个师兵力。敌人在地点 B 拥有军队，但可能将其中一部分军队移向 A。状态 M1 与 M2 对应于军队的位置——如果敌人的军队移向 A，就是状态 M1；如果他们仍然积聚在 B，就是状态 M2。支付反应的现实情况是，两位将领（参与者 1 与参与者 2）如果能够在正确的位置上协调他们的攻击（当状态是 M1 时，他们在 A 协调攻击，或者当状态是 M2 时，在 B 协调攻击），就可以一起击败敌人。但是敌人总是在 B 保留军队，于是一位将领如果独自带兵前往那里（即当另一位将军选择 A 时他选择 B），那么他将遭受失败并得到负的支付。

首先注意到如果状态是共同的知识，那么当状态为 M1 时参与者将选择 A（因为选择 A 弱占优于选择 B），而在 M2 状态下如果他们应用支付占优而得出（B，B）均衡，那么他们将选择 B。如果参与者对于状态一无所知（除了它们的发生概率），则存在三个均衡：其一是两名参与者都选择 A 的均衡，其二是两名参与者都选择 B 的均衡，其三是一个混合策略均衡。关键之处在于，关于状态的共同知识对于达到充分的协调（也就是，当状态是 M1 时，对 A 达成协议；当状态是 M2 时，对 B 达成协议）是必要的。鲁宾斯坦提出疑问：如果参与者没有共同知识，但是拥有"近似共同的知识"，即在知道别人知道他们知道……的意义上达到若干级别的重复知识，那么这将会如何？他们是否会如同他们拥有共同知识那样进行博弈？

在实验中，我们试图将这个复杂的博弈尽可能具体化。参与者被出示假想的"信息单"，它列出了每个参与者发送与接收的所有信息。图 5-6

是一个描述信息序列与对象可以看见的相关信息单的树状图。例如,假设状态是 M2(这将引发信息的发送),参与者 1 的第一个信息被接收,参与者 2 的确认被发送与接收,但是参与者 1 回复参与者 2 的确认被拦截。这样参与者 2 的信息单就会提醒她,她接收到信息说"矩阵是 M2",她发送了一个信息回复说"参与者 2 接收到信息 1",然后她没有收到任何回复(在图 5-6 右部下面第三或第四个方框)。关键点是参与者 2 在这种情况下无法判定是她传递给参与者 1 的信息被拦截(第三个方框),还是参与者 1 收到信息并发出回复,而回复被拦截(第四个方框)。相应地,参与者 1 的信息单可能会说"矩阵是 M2,已发送信息",或者可能说"矩阵是 M2,发送了信息,参与者 2 发送了回复,发送了对该回复的回复。"由于参与者 2 不能判别她是在图 5-6 中的第三还是第四个方框中,因此她不能确认参与者 1 知道多少。

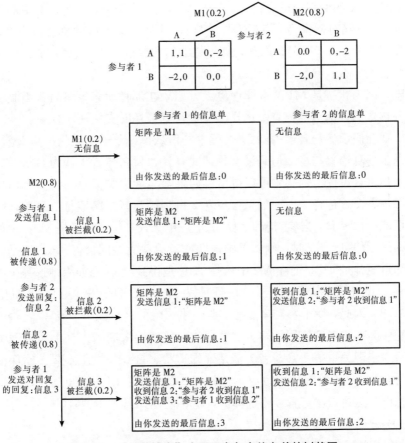

图 5-6 "邮件博弈"中显示参与者信息单的树状图

然而，贝叶斯概率计算证明，两种状态的相对概率是 0.56 与 0.44；也就是说，"一个人的信息被拦截"要比"信息到达但回复被拦截"有稍微多的可能性。[16]

如果参与者服从重复占优，那么实际上会发生什么？从图 5-6 的第一行开始。如果参与者 1 知道状态是 M1，并服从弱占优，那么她会毫无疑问地选择 A。现在考虑当参与者 2 的信息单说"无信息"时参与者 2 的情况。她不知道状态是 M1（也就是说，她在图中的第一行），还是状态为 M2，但参与者 1 的信息被拦截（也就是说她在第二行）。相对概率是 0.56 与 0.44。如果应用两步重复占优，她将得出如果她在第一行中，参与者 1 将选择 A。另外，简单地说，如果参与者 2 认为她在第二行，那么参与者 1 将选择 B，此时如果参与者 2 选择 A，她有 0.56 的概率获得支付 1，0.44 的概率获得支付 0，或者她可以选择 B，则有 0.56 的概率获得支付 −2 与 0.44 的概率获得支付 1。选择 A 随机占优于 B，因为她有更高的机会获得 1（相对概率为 0.56 而非 0.44），并且一个更低的机会损失 2（相对概率为 0 而非 0.56）。因此，如果她的信息单说"无信息"，那么无论真实状态是什么，参与者 2 将总应选择 A。赌状态是 M2[①]并选择 B 则过于冒险，因为状态是 M1 的可能性更大，如果在那种状态下参与者 1 服从占优并选择 A，那么参与者 2 选择 B 就会得到最坏的支付（−2）。

现在假设参与者 1 得到 2～3 行中的信息单，单子上说状态是 M2，她发送了信息给参与者 2 但是没有收到回复。如果参与者 1 认为参与者 2 使用两步重复占优，那么她可以得出，如果参与者 2 的信息单说"无信息"，则参与者 2 将选择 A。而如果参与者 2 得到第三行或第四行信息单，则她更可能会选择 B。当参与者 1 面对的信息单上只是说"矩阵是 M2，由你发送的最后信息：1"时，则如果她选择 A 就会毫无疑问会得到 0（这是由于她知道矩阵是 M2，而在 M2 中选择 A 总是得到 0），而如果她选择 B，则她有 0.56 的概率得到 −2，并且认为有 0.44 的概率得到 1，期望是 −0.68。因此，除非参与者 1 是非常追求风险的（或误解了概率），否则如果她认为参与者 2 应用了两步重复占优，那么她将选 A。[17]上面推理中的最后一步至关重要。参与者 1 清楚地知道状态是 M2 并且选择 A 能保证支付为 0。但是不管怎样她也应该选择 A。为什么？因为她知道，如果她的信息没有送达，参与者 2 将选择 A，这将使选择 B 过于冒险。

---

① 原文为 M1，疑误。——译者注

现在考虑参与者 2 在第三行与第四行的信息单。(我们回到了几个段落之前开始的地方。)如果参与者 2 相信参与者 1 服从弱占优,并且参与者 2 认为参与者 1 知道这一点,那么她将得出在第三行参与者 1 会选择 A。这将她推向与参与者 1 正好相同的选择上,即她也应该选择 A——即使她知道状态是 M2,并且知道参与者 1 也知道。该推理过程自始至终沿着树状图向下归纳,跳过了每个直觉的选择 B,而转向理性的选择 A,就好像一排顺次倒下去的多米诺骨牌。于是通过推理,得到了一个令人难以置信的结论:无论发送了多少信息,双方参与者应该选择 A。

鲁宾斯坦的结果是令人震惊的,因为它使一个强烈的经验直觉同严格的推理逻辑相冲突。在日常生活中,一两步共同知识对确保协调行动通常是足够的——一个信息与一个确认就足够了。只有最神经过敏的初恋情侣才会如理论预期的那样,无休止地互发信息来确认与再确认,以防止走散或失约。但是,推理的逻辑证明,如果错失匹配对于不愿失约的参与者来说是成本高昂的,那么没有得到返回的确认就会妨碍协调,而这意味着没有对确认的确认也会妨碍协调,等等。在理论上,任何次数的确认都是不够的![18]

注意到每步推理需要额外的占优重复或理性步数,于是我们可以利用实验对象做出的选择来间接测量他们使用了几步重复占优。

为了给予实验对象足够的经验,我们设计了一个独特的方案,将“策略方法”与大量的随机再匹配相配合。在每一轮,实验对象对每一可能的信息单来陈述他们会选择 A 还是 B。然后,在 500 轮中的每一轮,一位实验对象随机地与另一位(相反类型的)实验对象再匹配,并模拟状态的实现与信息传递,而支付由状态的实现情况与实验对象陈述的策略选择共同决定。在 500 轮结束后,实验对象被给予一张总结表,其中给出每个信息生成的次数,还有他们的对手在那些状态下选择 A 与 B 的次数,以及对每个信息单他们的总支付与各轮他们的总支付。设计这种“预先打包”的反馈机制,其目的是使他们尽可能容易地学会如何进行均衡选择。请注意,虽然在 500 轮的每轮中货币支付是很小的,但是总和的激励是很高的,这样参与者就必须在 500 轮中坚持她的策略。作为结果,在一个信息集中记录一次 B 而非一次 A 很可能在为期 500 轮的实验中使实验对象损失几美元,因此边际激励非常高。

实际情况如何?在每一轮中各参与者的策略是一个有关字母 A 或字母 B 的列单,对应于他们对每个信息单的选择。用表 5-11 的支付进行了两组实验，结果列在附录中。得自另外两组实验的结果（将表 5 - 11 的－2 支付变成－4）列在图 5 - 7 中（每组实验由若干个序列组成）。该图显示了在 14 个实验序列中，在各信息等级上（也就是说，在图 5 - 6 中的各信息方框）实验对象选择均衡结果 A 的比例。在第一个序列中，自三个信息等级之后，就很少有实验对象选择 A 了，这对应于三级重复占优。随着他们的学习，A 在越来越高的信息等级上被选择，这意味着选择 B 的频率逐渐下降。随着序列数的增加，对越来越高信息等级的非均衡选择逐渐失效。在某一信息等级上如果选 B 就会蒙受损失，这强烈地促进了学习，并驱使近半数的实验对象转向选择 A。[19] 当在一个信息等级上参与者 1 转向 A，则参与者 2 如果在高一个等级上选择 B 就变得无利可图，继而参与者 2 也会转向 A。截至序列 13，已经没有非均衡的选择——也就是说，所有的实验对象都选择了看起来违反直觉的纳什均衡，即在所有的信息等级上都选择 A。

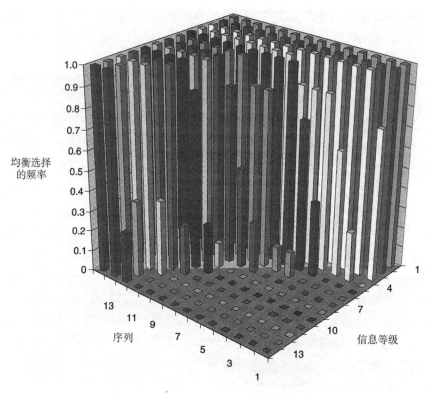

图 5 - 7　给定信息下参与者选择均衡的比例

资料来源：Camerer, Blecherman, and Goldstein（未发表）.

5.3.6 应用重复占优的一种实现机制

塞夫顿与亚瓦斯（Sefton and Yavas，1996）在有关机制设计的一篇巧妙论文中研究了重复占优。考虑表 5-12 中的博弈 1，这是一个纯协调博弈，其支付可进行帕累托排序。在飞行员实验中，实验对象压倒性地（92%）选择红，导致帕累托占优结果（1.20，1.20）。（第 7 章叙述了关于这种类型的更多结果。）

表 5-12　塞夫顿与亚瓦斯的博弈 1

行	列	
	红	蓝
红	1.20，1.20	0，0
蓝	0，0	0.60，0.60

资料来源：Sefton and Yavas (1996).

阿布鲁与松岛（Abreu and Matsushima，1992a）考虑了一个重要问题，即计划者如何通过改变博弈规则来实现某种结果。例如，假设你希望在博弈 1 中参与者选择帕累托劣的（蓝，蓝）结果。你应该如何做？

这里有一个此类机制设计的例子。假设参与者是试图决定在红处与蓝处两个地点之一建造写字楼与住宅的开发商。进一步假设，人们喜欢住处邻近工作地点。写字楼的建筑商希望写字楼的选址在住宅附近（为简化起见，即在同一地点上），并且住宅的建筑商希望人们能够住在写字楼附近。在这种意义上，写字楼与住宅是互补品。现在假设有一个外部机构（比如市政府或州政府）决定对蓝地进行开发。[20]

阿布鲁与松岛的机制是将博弈切成 T "片"或阶段，总支付也分成 T 份；然后参与者参与被等分为 T 阶段的序列博弈，并在每阶段做出一个或蓝或红的选择。在序列中首先选择红的参与者将缴纳罚金 F。（如果两个人同时选择红，则都要被罚。）在博弈 1 中，如果罚金大于 $1.20/T$，则任何一个参与者都绝不愿在 T 阶段博弈的第一阶段中选择红，因为他们在任何一个阶段中最多可获得 $1.20/T$，但是随之他们将不得不缴纳罚金 $F > 1.20/T$。如果全部 T 个选择被一次性指定，通过对劣策略的重复剔除，那么在第一阶段就没有参与者会选择红，于是没人在第二阶段中选择红（并被罚），等等。在 T 步重复占优之后的逻辑结论是，任何阶段都没有参与者会选择红。因此，罚金"实现"了非自然的（蓝，蓝）结果。而且在均衡上，没有参与者会偏离并缴纳罚金，于是如果威胁是可信的，并且机制也可被理解，那么罚金将永不被缴纳（它将会是"免税"的）。在我们的开发商例子中，设置 T 个阶段好比要求开发商一步步地制定投资或协议，并且对第一个在红地上投资的人征税或收罚金。

请注意阿布鲁与松岛机制很容易通过设定 $T=1$ 来实现，这迫使参与者要么立即选择蓝，要么支付 1.20 美元的高额罚金。该机制的实践价值无疑在于使计划者能够通过增大 T 而让 F 变小。采取小额罚金是更好的，因为这样参与者就更会认为计划者的威胁是可置信的。

然而，如同格兰泽与罗森塔尔（Glazer and Rosenthal，1992）指出的，随着 T 上升，参与者必须进行更多步剔除劣策略才能使机制按理论进行。于是该机制的主要优点建立在经验上值得怀疑的假设之上。格兰泽与罗森塔尔（Glazer and Rosenthal，1992，1438 页）提到他们对机制的成功实现"不愿报以太大希望"。阿布鲁与松岛（Abreu and Matsushima，1992b，1441 页）回应说"（我们的）内心直觉是，针对它在构造上的重要特征，也就是对'罚金'显著的倍增效果而言，我们的机制将不会收效甚微。"

塞夫顿与亚瓦斯的实验对象在罚金 $F=0.225$ 美元的条件下进行 T 阶段博弈，给出一个有 T 次选择（红或蓝）的序列。理论上，当 $T=8$ 或 $T=12$ 时，机制应能诱导参与者选择（蓝，蓝），但当 $T=4$ 时，则不一定。例如当 $T=8$ 时，参与者在每个博弈阶段中能从（红，红）选择中获得 0.15 美元，但是如果他们在别人之前选择红就将被处罚 0.225 美元，因此在别人选择红的后一阶段再选择红就可以避免被罚并得到 0.15 美元。[21]然而，当 $T=4$ 时，在每一个阶段得自红的潜在收益是 1.20/4 美元 = 0.30 美元，这大于 0.225 美元的罚金，于是选择红并缴纳罚金可能是值得的。

图 5-8 显示了对应不同 T 值的全蓝序列的比例。在理论上，对应 $T=8$ 或 $T=12$ 应该有许多全蓝的序列，而对应 $T=4$ 应该没有，但是事实相反。在开始的几轮实验之后①，在 $T=8$ 或 $T=12$ 的情况下几乎没有参与者选择全部为蓝，而在 $T=4$ 的情况下全蓝的比例却稳步上升。

如果实验对象未如理论预测的那样选择全部为蓝的序列，那么他们在做什么？在进行了几轮实验之后，90% 的实验对象在选择若干阶段的蓝之后，会在某一"转折点"阶段上转向红。实验对象试图尽快地协调于红，

---

① 每一轮相当于进行一次 T 阶段博弈。——译者注

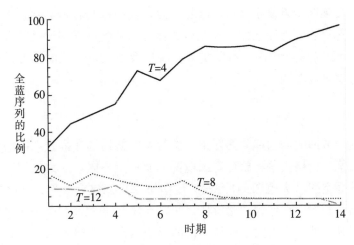

图 5-8　在"机制实现"博弈中全部选择蓝色（纳什均衡是全蓝）的比例
资料来源：Sefton and Yavas（1996）.

以获得更高的支付，但是他们还试图在仅后于别人的一阶段中从蓝转向
红，以避免罚金。总体上说，在第 3 轮或第 4 轮实验中就会开始出现这种
转换（独立于 T），而且在 15 轮实验之后，"转折点"会逐渐提前一阶段。

　　格兰泽与佩里（Glazer and Perry，1996）展示了实现机制如何能够通
过逆向归纳法在序列博弈中发挥作用。他们从格兰泽与鲁宾斯坦（Glazer
and Rubinstein，1996）处得到灵感，此二人提出在标准式博弈中剔除劣策
略可以通过在一个类比的扩展式博弈中逐阶段进行比较而变得透明（参见
在前面描述的朔特、魏格尔特与威尔逊实验的结果）。卡托克、塞夫顿与亚
瓦斯（Katok，Sefton，and Yavas，2002）用格兰泽与佩里的序列机制进
行了实验，但是它也没有实现预测的结果。

　　卡托克、塞夫顿与亚瓦斯的结果是理论家与实验者对话中的经验性部
分——并且是只含经验性的部分。阿布鲁与松岛对格兰泽与罗森塔尔的回
复，代表两位聪明的理论家对理论与观察之间相互影响的见解，这些见解
并不多见而且具有说服力。首先他们提到，必须要向实验对象解释机制。
这种对解释的要求应该被纳入理论（因为这是通俗意义上"实现"一词的
含义！），同时这也暗示了实验的可靠性。他们还写道："对受控的实验进
行支配的想法无疑具有胁迫性"，并说"实验结果经常让提供近似理性解
释的希望也落空了"（1992b，1440 页）。最后的论述有些太过悲观。实际
上，本书力图展示它的反面是正确的：几乎没有哪个实验结果不能被某一
形式的心理学上合理的理论解释。例如塞夫顿与亚瓦斯的结果就与实验对

象进行三步到四步重复剔除劣策略相一致，其中参与者猜测别人将在第三阶段开始选择红，因而在此一步之后选择红。学习过程同样是导致"转折点"随时间而变化的原因。有限重复推理以及对支付敏感的学习过程同样都是"近似理性"的。

小结

在这一节回顾的大部分博弈中，参与者的初始选择都表现出两步到四步重复占优。价格竞争与旅行者困境博弈有一点不同，因为他们有大得多的策略选择空间（大范围的价格）。这些结果可以这样解释：一些实验对象把策略空间的中点作为初始价格，并以 5 到 10 价格单位为一步进行重复推理。在邮件博弈中，大量整体列出的反馈信息将实验对象引向一个极度违背直觉的均衡，其中需要 14 步重复剔除劣策略。这个结果显示，学习过程可以产生占优可解的均衡过程，但也许仅是在特殊条件下如此。塞夫顿-亚瓦斯的研究显示了一个在经济理论中被广泛讨论的机制并未如预测的那样发挥作用，因为它假定了过多步数的重复占优（也就是说，机制没有将"计算能力约束"纳入考虑）。

5.4 重复多多益善的情形："脏脸"博弈

李特尔伍德（Littlewood，1953，3-4 页）首次提出了一个逻辑问题，其中重复推理扮演中心角色："三位脏脸女士，A、B、C，同在一节火车车厢中，都在大笑。一个想法突然闪现在 A 脑中：'为什么 B 没有意识到 C 在笑话她？我的天！我一定是可笑的。'〔正式的表述是：如果我（A）不可笑，则 B 会推断：如果我（B）不可笑，则 C 就没有什么可以嘲笑的。既然 B 没有这样推断，我（A）一定是可笑的。〕"将李特尔伍德的晦涩语言翻译过来就是：如果 B 看见 A 的脸是干净的，那么她将会从 C 的笑中推测出 C 在嘲笑她（B 女士），于是 B 会停止笑，并开始脸红（或跑去洗手间洗干净）。既然 B 没有脸红，那么 A 的脸一定是脏的。注意到，A 意识到这一点的条件是，A 必须认为 B 足够理性到能够从 C 的表情中得出推论，这是一连串微妙的推理。李特尔伍德指出这种逻辑可被一环接一环扩展到任意大数目的脏脸女士。

这个博弈的诸多变形在关于重复知识的概念讨论中被广泛使用。第一个实验论据来自韦伯（Weber，2001）。在他的研究中，参与者独立地抽签决定类型，或者为 X 或者为 O，概率分别是 0.8 与 0.2。在观察其他参与者的类型（而不见他们自己的类型）之后，参与者在若干轮实验中同时采取行动。在每一轮最后，所有参与者的行动被公布。行动是或上或下的选择。类型和行动组合的支付显示在表 5-13 中。

表 5-13 "脏脸"博弈的支付表

		类型	
		X	O
概率		(0.8)	(0.2)
行动	上	0	0
	下	1 美元	-5 美元

资料来源：Weber（2001）.

如果参与者选"上"，那么他们什么也得不到。如果参与者选择"下"，则如果他们是类型 X，他们将获得 1 美元，如果他们是类型 O，将损失 5 美元。当一位参与者选择"下"时，一组博弈就结束了。由于类型为 X 的先验概率为 0.8，此时参与者在不知道自己类型情况下，选择"下"的预期支付将是 -0.20 美元，因此参与者将选择"上"（除非他们在某种程度上是风险偏好的）。处于状态 X 就好比有一张脏脸；而选择"下"就如同你知道自己有一张脏脸从而离去洗干净。

在至少有一位参与者是类型 X 的情形中，参与者被共同告知："至少有一位参与者是类型 X。"存在两种要考虑的情形：XO 情形（一位参与者是 X，另一位是 O）与 XX（两者都是 X）。

在 XO 情形下，在得知对方类型后，是 X 的参与者应该推测，由于至少一位参与者是 X，因此她是类型 X（这类同于一位脏脸的女士看见另一位女士的脸是干净的）。于是她应该选"下"。因此在 XO 情形下，X 参与者中立即选"下"的比例就可以衡量能够进行最简单理性推理（如果他们看见一个 O，他们就是 X）的参与者比例。

更有趣的情形是 XX。双方参与者知道至少有一位是类型 X，而且他们知道对方是 X，但对于自己的类型却一无所知。理性的参与者会因此选择"上"（除非他们是非常风险偏好的）。然后，双方参与者被告知对方的选择，例如，参与者 1 被告知参与者 2 选择了"上"。如果参与者 1 认为参与者 2 是理性的，那么她可以推测参与者 2 肯定知道参与者 1 是类型 X。（否则，根据以上段落中的逻辑，参与者 2 应该选"下"。）这样，从理论上

讲，参与者 1 能够从参与者 2 的行动中推测出她自己的类型——她肯定是
X，不然在第一轮中参与者 2 就应选"下"。于是如果参与者 1 做出两步推
理，在第二轮中她应会选"下"。

　　韦伯进行了两人与三人博弈。三人结果与两人结果是相似的，于是我
将只叙述较简单的两人结果，结果显示在表 5-14 中。预期的行动方式被
标上星号。由于信息传递过于麻烦，因此韦伯只做了两个实验，这样参与
者就没有充足的时间来进行学习。

表 5-14　两个参与者的"脏脸"博弈

	实验 1		实验 2	
	XO	XX	XO	XX
第 1 轮				
上上	0	7*	1	7*
下上	3*	3	4*	1
下下	0	0	0	0
第 2 轮（在上上之后）				
上上	—	1	—	2
下上	—	5	—	2
下下	—	1*	—	3*
其他（上下）	—	—	1	—

资料来源：Weber（2001）.

　　在 XO 情形下，参与者通过了基本的理性检验，即当他们是类型 X
时，八次中有七次选择了"下"。在更需技巧的 XX 条件下，参与者被预测
在第一轮选择"上上"，随后是"下下"。实验结果是在第一轮中的确有许
多"上上"选择，然而在多数第二轮中两名 X 类型参与者里只有一名选
"下"（也就是表中的"下上"，而非如同理性预测的那样都选择"下"）。
计算一下理性参与者的数目（而非按"对"计算），在 XO 条件下 87% 是
理性的，而在 XX 条件下的第二轮中 53% 是理性的。[22]韦伯还显示了纳什
均衡的三个统计变形模型也都能较好地解释数据。[23]

　　韦伯的结果是重要的，因为他的实验对象是加州理工学院的学生，这
些学生在解决逻辑难题比如脏脸博弈方面具有出众的技巧（并且他们知道

别的学生也是很有技巧的）。他们的重复推理程度（半数的学生并未进行两步）是多数人在此类抽象博弈中重复推理的合理上限。

另外，在价格竞争、邮件、蜈蚣与机制博弈中，如果别人是有限理性的，那么参与者就总能做得更好。而脏脸博弈则恰恰相反。如果参与者是有限理性的，即在他们应该选择"上"的时候选择"下"（反之亦然），那么就会降低另一位参与者得出他们自己类型的能力。在脏脸博弈中的重复推理是非常有限的，这一事实支持了在其他博弈中得到的一些结论，即认为人们的实际选择是有限理性（而非纯粹的合作性）的证据。

5.5 零和赌局中的"格劳乔·马克斯"定理

苏维克（Sovik，1999）研究了一个零和赌局博弈［重复了索西诺等人（Sonsino et al.，1998）的实验］。在博弈中存在均等可能的四种状态——A、B、C、D。参与者拥有（共知的）信息分区，告诉他们对于已实现的某一状态，可能会存在的状态集合。在了解他们的信息之后，参与者选择是否参赌。赌局是零和的，因此如果两人都参赌，则一位参与者的所得就是另一位参与者的损失。

表 5-15 列出了类型Ⅰ参与者和类型Ⅱ参与者的信息分区和支付。比如说，如果状态是 A，那么参与者Ⅰ仅知道它可能是 A 或 B，而类型Ⅱ则能确切知道它是 A。如果状态是 D，那么类型Ⅱ的参与者一定会参赌（因为她这时能确切知道状态是 D，而且如果另一位参与者也参赌，她将赢得 16）。如果状态是 A，那么类型Ⅱ当然不应该参赌（因为她肯定会损失 32）。如果类型Ⅰ参与者认为类型Ⅱ参与者是理性的，继而她知道当状态是 A 时类型Ⅱ参与者绝不会参赌，那么当信息是分区（A，B）的时候，类型Ⅰ参与者参赌意味着她绝不可能赢。如果类型Ⅱ参与者知道类型Ⅰ参与者是理性的［并且认为类型Ⅰ参与者认为她（类型Ⅱ参与者）也是理性的］，那么她会推出类型Ⅰ参与者在信息是分区（A，B）时绝不会参赌，因而当类型Ⅱ参与者在自身信息分区是（B，C）时参赌将导致 20 的损失（当状态是 C 时）。进一步推理，如果类型Ⅰ参与者知道类型Ⅱ参与者是理性的，并知道类型Ⅱ参与者认为类型Ⅰ参与者认为类型Ⅱ参与者是理性的，那么她可以推出在（B，C）信息分区下类型Ⅱ参与者绝不会参赌，因此对于类型Ⅰ参与者来说，在（C，D）时参赌将导致损失。因此，在理论上，参赌行为绝不会发生。

表 5－15　赌局博弈的信息分区

	状态			
	A	B	C	D
类型Ⅰ	(A，B)		(C，D)	
Ⅰ的支付	32	−28	20	−16
类型Ⅱ	A	(B，C)		D
Ⅱ的支付	−32	28	−20	16

资料来源：Sovik（1999）.

这个结果是"格劳乔·马克斯定理"（Groucho Marx theorem）的一个例子（Milgrom and Stokey，1982）。格劳乔·马克斯定理的内容是：只为投机的目的（而不是为了转移风险或是为了增添揭开谜底的刺激）而进行交易的参与者，应该从不交易，因为在零和赌局中，与希望和你打赌的人打赌绝不划算。[这个定理由米尔特·哈里斯（Milt Harris）以格劳乔·马克斯的一件逸事命名，此人曾表示绝不参加愿意接纳他成为会员的俱乐部。]一个类似的直觉行为是福兮祸所伏，存在于无信息的讨价还价与共同价值拍卖中（也就是说，将某人希望成交或是希望让你比其出价更高的意愿作为一个有关他们信息的信号——不利于你的信号）。但是在那些状态下，在均衡处通常会存在一些交易，因为对预期的逆向选择的纠正仍然会留下一些（预期的）交易收益，但是在零和博弈中没有收益，因此不应存在交易。

格劳乔·马克斯无交易结果是相当违背直觉的，因为它需要许多等级的重复推理。在期权、期货与商品市场存在大量的零和博弈——在纽约每天有价值数万亿美元的外汇交易，数额如此巨大以至于不能归因于风险规避（例如，Sen，2002）。在这种意义上推断不存在交易是非常站不住脚的。实验提供一种明确的方式去观察实验对象对于支持无交易结果的基本逻辑是否了解透彻，如果否，那么人们将以多快的速度学会这种基本逻辑。

索西诺等人（Sonsino et al，1999）具有稳健性的前沿实验是苏维克设计实验的兴趣来源。在他们的实验中，对不参赌的参与者给予一个以色列谢克尔的确定支付；如果双方选择参赌，赌博的结果在表5－15中显示。索西诺等人进行了几个不同设计的实验。对每个信息分区的前50期（总共250期）与后50期中最小和最大的参赌率（实验对象选择参赌的期数占总期数的比例）显示在表 5-16 中。出现了两个奇怪的现象。类型 II 参与者本来应该从不在状态 A 中参赌（他们知道肯定会损失 32，而不能获得 1 个谢克尔），然而他们在前 50 期以 6%～24% 的比例参赌，并在后 50 期以 4%～20% 的比例参赌！在状态 D，他们本来应该总是选择参赌，因为他们不可能损失，并且如果类型 I 参与者选择参赌他们还会赢，但是在前 50 期他们仅以 78%～95% 的比例在状态 D 中参赌；后 50 期为 81%～100%。这种在确定损失下参赌和在确定收益下不参赌的比例不是很大，但是这种错误率是不同寻常的。更重要的是，如果类型 II 参与者在他们不应该参赌时参赌，那么他们脱离正轨的行为将减缓当分区为（A，B）时类型 I 参与者学会不参赌的速率，而这又将减缓类型 II 参与者学会在（B，C）时不参赌的速率，如此下去。作为结果，索西诺等人在 250 期实验中只观察到了向着无交易均衡的缓慢收敛。

表 5-16　零和赌局博弈的参赌频率

	状态			
	A	B	C	D
类型 I 的参赌率	(A, B)		(C, D)	
索西诺等人				
前 50（最小，最大）	0.31～0.70		0.49～0.63	
后 50（最小，最大）	0.12～0.48		0.37～0.65	
苏维克				
前 12	0.44		0.50	
后 12	0.11		0.60	
类型 II 的参赌率	A	(B, C)		D
索西诺等人				
前 50（最小，最大）	0.06～0.24	0.61～0.73		0.78～0.95
后 50（最小，最大）	0.04～0.20	0.58～0.70		0.81～1.00
苏维克				
前 12	0.00	0.69		0.99
后 12	0.00	0.55		1.00

资料来源：Sovik (1999).

苏维克在几个方面改变了索西诺等人的设计：以货币作为支付而非二项博彩分数；提高奖金（相当于表 5 - 15 中每分可兑换 2.5 个比塞塔，大约为 0.02 美元，比索西诺等人的高 8 倍）；进行随机重复配对的同时也进行固定配对；只进行 24 期而非 250 期。在前 12 期参与者被给予明确的信息单，并回答是否想参赌。在后 12 期，苏维克应用"策略方法"，询问实验对象对于每个可能的分区是否愿意参赌（然后抽取一种状态，依他们给出的策略来决定他们的行为）。

实验结果汇总在表 5 - 16 中并与索西诺等人的结果相对照。首先注意到，当状态为 A 时，类型 Ⅱ 参与者从不参赌，当状态为 D 时几乎总是参赌。尽管有这些更低的占优违反比率，但重复推理仍然相当有限，因为在前 12 期实验中，当他们的信息是（A，B）时类型 Ⅰ 参与者在几乎半数时间中参赌。但是在后 12 期实验中比率下降到 11%。

策略方法显示了因信息而变的全部策略。1/3 的类型 Ⅰ 参与者从不参赌，半数在（A，B）时不参赌，但在（C，D）时参赌（这与两级重复推理一致）。有一半的类型 Ⅱ 参与者在（B，C）和 D 时选择参赌，这与三步重复推理不一致，而只在 D 时参赌的类型 Ⅱ 参与者占一半。综合来看，数据与大部分参与者的两步推理一致。

5.6 决策规则的结构化模型与推理等级

本章重点说明如何用博弈实验来衡量对重复占优不同步数的违反频率。这种方法的一个问题是，那些看上去服从占优的实验对象在这样做时所应用的特定决策规则可能与占优并无瓜葛。例如，在选美比赛博弈中，学生参与者有时选择诸如 21 的数字，这相应于二级重复占优推理（以 50 为起点）。但是他们也许仅仅是选择和他们年龄相同的数字，而非真正进行重复推理。当他们变成 67 岁的时候，他们将开始违反占优！

本节中所描述的论文直接提出一些决策规则并观察它们对参与者行为的解释程度，从而给出了一个清晰的答案。

斯达尔与威尔逊（Stahl and Wilson，1995）提出一个模型，在模型中参与者有不同等级的策略复杂程度。模型的雏形见斯达尔（Stahl，1993）和纳格尔（Nagel，1995）[同样还有 Holt（1999），于 1993 年首次披露]。

他们区分了三种"推理等级"：0 级参与者选择均匀分布；k 级参与者对 $k-1$ 级参与者做出最优反应，$k \in \{1, 2\}$。显然，可以任意地扩展等级的数字，但是斯达尔与威尔逊止于 2，并且同时引入了一些别的规则。

为了精确描述他们所做的研究并理解他们的简练言语，这里给出一些注解是必要的。考虑具有两个参与者三种策略的对称博弈。让 $j=\{1,2,3\}$ 表示策略，U 表示博弈 I 的支付矩阵。U_{jk} 表示当列参与者选择 k 时行参与者选择 j 的支付。向量 p 代表对别人选择频率的信念。p_0 是认为对三个策略的选择概率服从均匀分布的信念。因此给定信念 p_i，得自策略 j 的期望支付是矩阵积 $U_j p_i$。用 $b(p)$ 表示对信念 p 的最优反应。用 p_j^{Nash} 表示纳什均衡选择的频率向量。

首先定义一个一般的信念族 q_j，反映了这样一个假定，即总体中有 ε 比例的人对 p_0 进行有噪声的最优反应，而剩下的 $1-\varepsilon$ 选择纳什均衡。正式地，

$$q_j(\mu,\varepsilon)=\frac{\varepsilon \cdot e^{\mu U_j P_0}}{\sum_k e^{\mu U_k P_0}}+(1-\varepsilon)p_j^{\text{Nash}} \tag{5.6.1}$$

其中，μ 是反应灵敏度参数，得自信念 q_j 的期望支付由 $y_j(\mu,\varepsilon)=U_j q_j(\mu,\varepsilon)$ 表示。假定参与者根据期望支付做出选择，而期望支付受到噪声参数 γ 影响，即根据 $P_j(\gamma,\mu,\varepsilon)=e^{\gamma y_j(\mu,\varepsilon)}\big/\sum_k e^{\gamma y_k(\mu,\varepsilon)}$ 得出。

通过变换参数 μ（从别人的选择中觉察到的噪声）、γ（参与者自己选择中的噪声）与 ε（觉察到的非纳什均衡的参与者比例）的不同值，就可以在这个简单的两步结构中涵盖大量的决策规则类型。由于每个实验对象只进行 12 次选择，因此很难可靠地分别估计个体参数，甚至点的集聚现象都很难出现。因此，斯达尔与威尔逊将参与者限制于可能类型（指定的参数或范围）的一个小集合中，并给出和估计了一个模型，其中总体是各种类型的混合体。他们设定了五种类型[24]，对应的相对频率是 α_0 到 α_4：

（1）0 级类型按均等频率选择每个策略，于是 $\gamma=0$。

（2）1 级类型假定别人都是 0 级类型，于是 $\mu=0$，$\varepsilon=1$（也就是说，所有其他人都随机地选择），并且 $\gamma>0$。

（3）2 级类型假定别人都是 1 级类型，于是 $\varepsilon=1$ 并且 $\mu>0$（他们对于 1 级将做什么的信念产生于对信念 p_0 有噪声的最优反应），且 $\gamma>0$。

（4）天真纳什类型认为别人都将选择纳什均衡，于是 $\varepsilon=0$ 且 $\gamma>0$。

（5）精明纳什类型认为一些人将选择纳什均衡，但是另一些参与者从 p_0 信念或最优反应 $b(p_0)$ 中计算出期望支付，于是 $0<\varepsilon<1$ 且 $\gamma>0$。

实验对象进行 12 个对称的 3×3 博弈，实验结果显示在表 5-17 中。被选择的博弈具有各种策略特征。[25]该表显示了行参与者的支付，并列出了哪种决策规则选择哪种策略。实际的选择频率也列在表中。

表 5-17　斯达尔与威尔逊的支付表，模型预测与实际频率

	支付表			实际频率	混合模型的预期	决策规则选择的策略
	T	M	B			
博弈 1	T	25	30	100	0.15	0.19	$b(P_0)$
	M	40	45	65	0.83	0.76	纳什，$b(b(P_0))$，RE
	B	31	0	40	0.02	0.06	占优
	T	M	B			
博弈 2	T	75	40	45	0.63	0.51	纳什
	M	70	15	100	0.25	0.28	$b(P_0)$，RE
	B	70	60	0	0.13	0.21	$b(b(P_0))$
	T	M	B			
博弈 3	T	75	0	45	0.10	0.06	占优
	M	80	35	45	0.33	0.41	纳什，$b(b(P_0))$，RE
	B	100	35	41	0.56	0.53	$b(P_0)$
	T	M	B			
博弈 4	T	30	50	100	0.54	0.56	纳什(0.67)，$b(P_0)$，RE
	M	40	45	10	0.31	0.25	纳什(0.27)，$b(b(P_0))$
	B	35	60	0	0.15	0.19	纳什(0.06)
	T	M	B			
博弈 5	T	10	100	40	0.29	0.22	$b(P_0)$
	M	0	70	50	0.06	0.10	占优
	B	20	50	60	0.65	0.68	纳什，$b(b(P_0))$，RE

续表

	支付表				实际频率	混合模型的预期	决策规则选择的策略
博弈 6	T	M	B				
	T	25	30	100	0.23	0.27	$b(P_0)$，RE
	M	60	31	51	0.42	0.43	纳什
	B	95	30	0	0.35	0.30	$b(b(P_0))$
博弈 7	T	M	B				
	T	30	100	50	0.44	0.45	纳什(0.53)，$b(P_0)$，RE
	M	40	0	90	0.35	0.25	纳什(0.17)
	B	50	75	29	0.21	0.30	纳什(0.30)，$b(b(P_0))$
博弈 8	T	M	B				
	T	0	60	50	0.25	0.26	$b(b(P_0))$
	M	100	20	50	0.25	0.31	$b(P_0)$，RE
	B	50	40	52	0.50	0.43	纳什
博弈 9	T	M	B				
	T	40	100	65	0.54	0.36	$b(P_0)$
	M	33	25	65	0.02	0.12	占优
	B	80	0	65	0.44	0.52	纳什，$b(b(P_0))$，RE
博弈 10	T	M	B				
	T	45	50	21	0.81	0.50	纳什
	M	41	0	40	0.06	0.22	$b(b(P_0))$
	B	40	100	0	0.13	0.28	$b(P_0)$，RE
博弈 11	T	M	B				
	T	30	100	22	0.27	0.42	纳什(0.37)，$b(P_0)$，RE
	M	35	0	45	0.08	0.19	纳什(0.13)
	B	51	50	20	0.65	0.40	纳什(0.50)，$b(b(P_0))$

续表

		支付表		实际频率	混合模型的预期	决策规则选择的策略
	T	M	B			
博弈 12	T	40	15	70	0.54	0.63	纳什，$b(b(P_0))$，RE
	M	22	80	0	0.06	0.06	占优
	B	30	100	55	0.40	0.31	$b(P_0)$

资料来源：Stahl and Wilson（1995）.

　　极大似然法参数估计列在表 5－18 中。看上去几乎没有 2 级类型（2％），而 0 级、1 级与天真纳什类型的数量粗略相等，43％为精明纳什类型。进一步分析显示，估计的结果经得起跨博弈预测的考验，而且可以对大部分实验对象进行可靠的分类。[26]所有这些频率都得到了精确估计。

表 5－18　斯达尔与威尔逊的对混合模型的参数估计

参数	解释	估计	标准差
γ_1	1 级反应灵敏度	0.218	0.043
μ_2	2 级觉察到的 γ_1	0.461	0.062
γ_2	2 级反应灵敏度	3.079	0.574
γ_3	纳什类型的反应灵敏度	4.993	0.936
μ_4	非纳什类型中精明纳什类型的反应灵敏度	0.062	0.006
ε_4	精明类型察觉到的非纳什类型比例	0.441	0.077
γ_4	精明类型反应灵敏度	0.333	0.055
α_0	0 级类型的频率	0.175	0.059
α_1	1 级类型的频率	0.207	0.058
α_2	2 级类型的频率	0.021	0.020
α_3	纳什类型的频率	0.167	0.060
α_4	精明纳什类型的频率	0.431	0.078
对数极大似然估计值	-442.727		

资料来源：Stahl and Wilson（1995）。

给定真实数据，对不同类型的期望支付范围是从 0 级类型的 43.0 到天真与精明纳什类型的 46.6。这些支付没有显著不同，这提醒我们注意，有限理性（低等级）类型参与者的支付损失或选择压力也许是微弱的（Stahl，1993）。

科斯塔-戈麦斯、克劳福德与布罗塞塔（Costa-Gomes，Crawford，and Broseta，2001）用一个类似斯达尔与威尔逊的设计方案研究了决策规则与重复占优，但同时也测量了实验对象对支付信息的专注程度（如 Camerer et al.，1994；Johnson et al.，2002；参见第 4 章）。实验对象参与了有二、三或四个策略并且没有信息反馈（有意地禁止学习）的 18 次标准型两人博弈。博弈的结构使辨别各种决策规则（包括不同等级的重复占优在内）成为可能。非策略性的决策规则类型有这样几种：天真或 1 级（选择具有最高平均支付的策略，并且在求均值时给予各策略相同的权重）；乐观主义或最大化最大值；悲观主义或最大化最小值；以及利他主义（最大化两个参与者的支付总和）。另外还有五种策略性的决策规则类型（策略性是指会思考别的参与者可能做什么），它们分别是：L2 类型，是指对天真型做出最优反应；D1 类型，是指进行一轮劣策略剔除，然后假设所余决策的先验概率为均匀分布，并对其做出最优反应；D2 类型，是指作两轮劣策略剔除，对剩下的策略最优反应；"老练"类型，是指能准确猜测选择每个非均衡策略的人群比例；以及纳什均衡类型。通过设计，由不同规则所导致的选择策略并没有很多交叠。[27] 因此这些博弈对均衡的检验是相当严格的，而不像在其他大多数实验中，对均衡的推测与许多规则存在交叠。

实验对象在如下三种方案之一中进行实验：基准方案（B）、开放盒方案（Opened Boxes，记为 OB）以及训练方案（TS）。在基准方案下，支付被隐藏在盒中，只有通过点击鼠标才可开关。如同在第 4 章中讨论的，这种信息展示方法使实验者可以"绕到实验对象的眼睛后面"并看到实验对象所看见的。如果决策规则被看作是需要特定种类信息的运算法则，那么知道实验对象所用的信息将有助于识别规则。在开放盒方案中，盒总是开着的，如果将这种方案与基准方案相比较，就能检验在盒中显示支付会不会影响实验对象选择的策略。在训练方案中，实验对象只有选择均衡策略才会得到奖励（在此之前实验对象将接受博弈论推理方面的一定指导）。他们的行为可作为那些按博弈论推理的参与者搜寻信息的标准方式，继而可以与基准方案下实验对象搜寻信息的方式相比较。实验结果可汇总为三部分：与重复占优策略的一致性；对实验对象使用的决策规则的估计；以及信息的搜寻方式。表 5 – 19 列出了科斯塔-戈麦斯等人使用的博弈与不同策略被选择的频率。

表 5 – 19　科斯塔-戈麦斯等人的博弈与实际频率

博弈	行选择	列选择		实际频率
		L	R	
2b	U	38，57	94，23	0.92
	D	14，18	45，89	0.08
实际频率		0.72	0.28	
3a	U	75，51	42，27	0.70
	D	48，80	89，68	0.30
实际频率		0.92	0.08	
3b	U	55，36	16，12	0.72
	D	21，92	87，43	0.28
实际频率		0.94	0.06	
4b	T	68，46	31，32	0.41
	M	47，61	72，43	0.06
	B	43，84	91，65	0.53
实际频率		0.89	0.11	
4c	T	51，69	82，45	0.92
	M	28，37	57，58	0.00
	B	22，36	60，84	
实际频率		0.56	0.44	
5b	T	74，62	43，40	0.14
	M	25，12	76，93	0.11
	B	59，37	94，16	0.75
实际频率		0.70	0.30	
8b	T	71，49	28，24	0.22
	M	46，16	57，88	0.08
	B	42，82	84，60	0.70

续表

博弈	行选择	列选择		实际频率
		L	R	
实际频率		0.47	0.53	
9a	T	45，66	82，31	0.92
	TM	22，14	57，55	0.00
	BM	30，42	28，37	0.00
	B	15，60	61，88	0.08
实际频率		0.64	0.36	

博弈	行选择	列选择			实际频率
		L	M	R	
4a	T	70，52	38，29	37，23	0.70
	B	46，83	59，58	85，61	0.30
实际频率		0.86	0	0.14	
4d	T	42，64	57，43	80，39	0.89
	B	28，27	39，68	61，87	0.11
实际频率		0.78	0.03	0.19	
6b	T	64，76	14，27	39，61	0.61
	B	42，45	95，78	18，96	0.39
实际频率		0.17	0.11	0.72	
7b	T	56，78	23，53	89，49	0.44
	B	31，35	95，64	67，91	0.56
实际频率		0.19	0.06	0.75	

博弈	行选择	列选择				实际频率
		L	ML	MR	R	
9b	T	67，46	15，23	43，31	61，16	0.83
	B	32，86	56，58	38，29	89，62	0.17
实际频率		0.86	0	0	0.14	

资料来源：Costa-Gomes, Crawford, and Broseta (2001).

当均衡需要一、二、三级重复占优时，B 与 OB 条件下的实验对象选择均衡的人数比例大约分别是 90％、65％ 和 15％，这进一步巩固了在本章中许多其他实验公布的结果。但是经过训练的实验对象（TS）可以几乎完美地实施均衡推理（90%～100%的比例），甚至在三级占优中也是如此。这种出色的表现说明博弈论推理就其本身而言在计算上并不困难，但对大部分实验对象而言实在不大自然（正如 Johnson et al.，2002 中所见）。科斯塔-戈麦斯等人半开玩笑地说，仅仅一个小时训练，实验对象就可以比他的学生在学习一学期之后更好地运用博弈论。因此对策略推理的学习看上去更像是学习冲浪、滑雪或飞机驾驶，需要人们学习虽然不是自然的但却是可学会的技能，而不是如同举重或灌篮要受到身体条件的约束。

由于在每个博弈中不同的决策规则指向不同的策略，因此通过观察参与者的策略选择就可以找出参与者最常利用的决策规则，从而对他们进行分类。科斯塔-戈麦斯等人的分类办法是假设一位参与者只应用一种决策规则，但是有颤抖或差错。因而通过找出一种规则及其错误率（能最大化参与者选择该模式的可能性），就可以对实验对象进行分类。相似的办法被哈莱斯与凯莫勒（Harless and Camerer，1994，1995）以及爱尔-盖莫尔与格雷瑟（El-Gamal and Grether，1995）所应用。

表 5-20 列出了对每种类型实验对象的估计比例，估计方法分别为只利用决策数据，或者是决策加上信息搜寻数据，另外还显示了这些规则的期望美元支付。只应用决策数据进行估计，分别有大约 20%的实验对象被归于天真和 D1 类型，44%被归于 L2。加上信息搜寻数据后分类就更明显了——45%被归于天真，没有人被归于 D1。还要注意到，对于纳什均衡类型与"老练"类型的期望支付在各组实验内都为 24 美元左右。虽然"老练"类型的期望收益最高（根据定义），但 L2 类型的收益只略少 0.06 美元。

表 5-20　各种决策规则类型的估计频率

决策规则	期望支付（美元）	使用的数据	
		只利用决策	决策＋搜寻
利他主义	17.11	0.089	0.022
悲观主义	20.93	0.000	0.045
天真	21.38	0.227	0.448
乐观主义	21.38	0.000	0.022
L2	24.87	0.442	0.441
D1	24.13	0.195	0.000

续表

决策规则	期望支付（美元）	使用的数据	
		只利用决策	决策＋搜寻
D2	23.95	0.000	0.000
纳什均衡	24.19	0.052	0.000
老练	24.93	0.000	0.022

资料来源：Costa-Gomes，Crawford，and Broseta（2001）.

　　对信息搜寻的测量可通过各种方式分析。对信息搜寻的基本测量方法是盒被打开的次数（"查找次数"）、盒被打开的时间长度（"注视时间"）以及从盒到盒的切换次数。

　　科斯塔-戈麦斯等人的计划中最复杂之处在于，怎样随着参与者决策规则的变化而在对信息搜寻的观察方式上制定合理的约束。这要求研究者必须审慎地对待决策规则并探察在不同规则下信息处理方法有何不同。重大的差异来自参与者打开自己支付盒与打开他人支付盒的方式是否不同。在他们的方案中，与通常规范化形式的博弈矩阵相似，那些计算他们自己期望支付的参与者在自己的支付列中向上或向下移动，即他们比较不同行策略的支付（固定于一列，这对应于对手的一个固定选择）。注意到在他们的方案中，规范化形式的矩阵被分为两半，一半是自己的支付，另一半是对手的支付。天真、乐观或利他主义的参与者进行左-右转换，对不同的列进行比较并计算出策略的平均、最小或最大支付。不同的规则会造成在对手的支付元中进行不同的转换。例如，均衡参与者将通过在对手的支付元中进行左右转换来寻找对对手的最优反应。巧妙的计算预测，均衡参与者在自己的支付元中进行上下转换的比例要大于 31%（也就是说，多于 31% 的转换是上下转换而非左右转换）。其他类型的参与者进行这种转换的比例少于 31%。因此，转换的频率就是检验实验对象的这种决策分类是否符合他们信息处理行为的一种办法。

　　表 5 - 21 列出了预测的转换频率与实际转换频率，其中参与者的分类是根据早先对他们的选择进行分析得出的。TS 方案中进行均衡选择的实验对象在大约 2/3 的时间里进行有关自己支付的转换；其他类型较少进行这种转换。另外，与老练类型对象相比，纳什均衡类型对象在别人支付元中进行左-右转换的次数更多，不过反过来老练类型在自己的支付元中转换更多。记住在表 5 - 21 中进行的分类是单纯根据决策而做出的。实证主义者的观点是决策规则不过是对选择的预测，而不一定是对推理过程的仔

细限定，因此在对信息搜寻的测量与参与者做出的决策之间存在不相关的可能性。但是决策与信息搜寻方式确实是相关的。换一种方式说，如果分类首先是根据搜寻方式做出的，并从这些搜寻方式中预测出选择，那么认知数据就将有助于预测实验对象实际上会选择什么。

表 5-21　支付盒转换比率（%，包括预测数据与实际数据）

对象/决策规则	上-下，自己的支付		左-右，别人的支付	
	预测	实际	预测	实际
TS（纳什均衡）	>31	63.3	>31	69.3
纳什均衡	>31	21.5	>31	79.0
天真/乐观	<31	21.1	—	48.3
利他主义	<31	21.1	—	60.0
L2	>31	39.4	=31	30.3
D1	>31	28.3	>31	61.7

资料来源：Costa-Gomes, Crawford, and Broseta（2001）.
注：悲观主义类型、D2 类型与老练类型没有被进行分类。

对信息搜寻方式的测量也可用来对个体的决策规则进行分类。科斯塔-戈麦斯等人解释了对实施每种决策规则所必需的信息搜寻，并定义了这些搜寻对实验对象的几种依从程度。最低的依从程度是"存在搜寻"，即要求实验对象在一次实验的整个搜寻序列中实施所有必要的搜寻。最强的依从程度是"毗邻搜寻"，即要求那些为实施一种决策规则而必须被比较的支付，在搜寻序列中应该彼此毗邻。[28]例如，一位利他主义的实验对象被假定在特定实验单元中对自己与别人的支付进行加总。"存在搜寻"要求她在自己的搜寻序列中必须有得自该实验单元的双方支付。"毗邻搜寻"要求在搜寻序列中这两个支付必须是彼此毗邻的。因此如果把这种在信息搜寻方式与实验对象之间的依从程度当作一个离散变量，就可以利用策略选择与搜寻序列之间的依从度来同时确定实验对象的类别。

由于"毗邻搜寻"是一个很强的要求，因此如果在实验中假定 100% 满足"存在搜寻"的条件，那么就可以按照毗邻度是高（在 67%～100% 的实验中发生）还是低（0～33%）来对实验对象进行有效的分类。在表 5-22 中列出了假定"存在搜寻"完全被满足的条件下，按照决策规则与毗邻度高低所进行的交叉分类汇总。该表显示了归于各种规则（行）的实验对象与各种规则的预测毗邻度（列）之间的依从比率（高和低）。例如，被归于 L2 的实验对象中，有 85% 的人对预测的毗邻度具有强依从关系，而有 3% 的人具有弱依从关系。如果预测的毗邻度与实际决策规则之间具有良好依从关系，则用斜体来表示依从率（忽略 TS 行），并用 H(L) 标出表示在同一列中它比其他比率更高（更低）。例如，L2 的决策规则对 L2 的预测毗邻度有 85% 的高依从比率，比在同一列中所有其他规则的高依从比率（范围从 42% 到 64%）更大，并且 3% 的低依从比率比除均衡规则之外的其他规则更低。在大部分情形下，分类是不错的。比如，对各列的高依从比率进行排序，为以下问题提供了答案，即利用 x 规则的毗邻度对各种规则的高依从比率，如何将参与者归于 x 规则类型（对照另外四种被划分的类型）？x 规则的毗邻度对 x 规则类型的高依从比率在各列中的排名分别是 1、2、3、1、3、1（随机名次平均为 3）。这种分类称不上完美，但还是不错的。对每个实验对象属于某一特定规则类型的后验概率证明，有80% 的实验对象属于某种类型的后验概率不小于 0.90。

表 5-22　通过决策规则与信息搜寻（毗邻度）的依从度对决策规则进行分类

选择分类的决策规则（百分比）	与决策规则的高低依从（百分比）								
	利他	悲观	天真	乐观	L2	D1	D2	均衡	复杂
TS	3, 50	44, 36	83, 0	86, 14	76, 0	92, 1	92, 1	*96, 1*	75, 1
利他（4）	**78, 11**	56, 33	53, 42	97, 3	47, 39	36, 56	33, 56	31, 56	28, 56
天真/乐观（24）	9, 53	85, 9	*89, 3*	*96, 4*	42, 3	45, 20	43, 23	26, 28	23, 27
L2（51）	8, 58	72, 9	78, 0	80, 20	**85, 3**	57, 9	54, 10	49, 12	46, 12
D1（15）	23, 26	59, 16	63, 6	77, 23	53, 6	*48, 14*	45, 15	42, 17	38, 21
均衡（4）	6, 86	100, 0	97, 0	100, 0	64, 0	69, 14	67, 14	**56, 19**	53, 28

资料来源：Costa-Gomes, Crawford, and Broseta（2001）.
注：悲观、D2 与老练类型不能经由决策规则被分类。斜体表示在它们的列中应该有最高的以及最低依从的元；黑体表示应该且确实在它们列中有最优依从的元。

小结

通过对决策规则进行研究，发现了能较好解释总体决策的多种规则。在斯达尔与威尔逊的分类中，约 20% 的实验对象属于 0 级（随机地选择）或 1 级（对 0 级最优反应）参与者。另一半实验对象是"精明的纳什"类型，他们认为一些实验对象将选择均衡策略而另一些人将做出 0 级或 1 级的选择，并依此做出反应。在科斯塔-戈麦斯、克劳福德与布罗塞塔的研究中，大部分实验对象看上去属于天真类型或乐观类型，而且约有半数似乎相信别人是对随机选择做出最优反应的（2 级）。他们还指出，如何测量实验对象收集的信息对帮助计算他们的决策规则是至关重要的。例如，单从决策来看，约 20％的实验对象看上去根据天真或 D1 规则进行选择。但是在考虑他们搜寻信息的方式后，这两种类型的比例分别被调整为 45％与 0。因此只应用决策数据的研究可能会得出错误的结论。他们还注意到分别有 10％、35％与 85％的未受训练的实验对象违反了一、二、三步重复占优，这与贯穿本章所见到的结果相类似。

5.7　理论

正如简单讨价还价与捐献博弈所激起的理论化浪潮那样（参见第 2 章），在占优可解博弈中有限思考的规律也直接形成了多种理论，这些理论被精确地表述，以期能应用于更多的博弈。

5.7.1　多种类型

一种方法是，基于参与者表现出来的不同推理步数来将他们进行分类。这种方法为斯达尔（Stahl，1993）带来了许多赞誉［与霍尔特的研究类似，他 1999 年的论文第一次出现在 1993 年，应用了多种类型来分析库伯等人的协调数据，这在第 7 章中将进行讨论］。在斯达尔与威尔逊（Stahl and Wilson，1995）的方法中，他们以参与者的思考步数进行分类，并且还包括其他一些类型（例如均衡与"精明"的参与者）。科斯塔-戈麦斯、克劳福德与布罗塞塔（Costa-Gomes，Crawford，and Broseta，2001）在这条路上更进了一步。纳格尔（Nagel，1995）应用一个简单的重复模型分析她的"选美比赛博弈数据"，此后被霍、凯莫勒与魏格尔特（Ho，Camerer，and Weigelt，1998）以及纳格尔等人（Nagel et al.，1999）更为正式地进行。

思考步数模型的根源可在海萨尼的"追踪程序"中被发现（例如 Harsanyi and Selten，1998）。为了寻找一种可以选择唯一均衡的算法（并挑选出"合理的"一个），海萨尼提出了一种程序，在其中参与者开始于一种先验概率，并想象一个最优反应，然后不断更新这些先验概率，一步步直到收敛。而思考步数模型虽然基于相同的逻辑，但是却假设不同的参与者会停止于不同的思考步数。因此，思考步数模型与海萨尼模型密切相关，就如同现代虚拟行动学习理论与其最初的形式密切相关一样（例如，第 6 章）。

5.7.2　对支付敏感的有噪声重复

多种类型的观点并未将违反占优的程度与各策略的支付联系起来，而实际上支付的大小毫无疑问是会发生作用的。例如，与违反强占优相比，对弱占优的违反有更多的论据，这可能是因为选择一个弱劣策略是一个较小的错误（就期望支付而言）。为了使有限推理对支付具有敏感性，一种建模的方法是假定参与者形成重复的信念并且实施最优化（有噪声），但是在每步重复中加入越来越多的噪声。

卡普拉（Capra，1999）首先提出一种实施的方法并且检验它。她的观点后来被格雷与霍尔特（Goeree and Holt，1999）修正并被巧妙提炼。他们给出了几个例子，在例子中"递增的质疑"收敛于随机最优反应均衡（QRE）。QRE 对解释有限的重复占优具有正确的基本成分。其机制是：当 QRE 中的反应敏感程度参数 λ 为 0 时，人们进行随机选择（他们是 0 级类型），并且有时会违反占优。当 λ 上升时，人们越来越不可能违反占优，因为对于任何信念，劣策略将得到较低的预期支付。随着 λ 上升，有关纳什均衡的假定越来越能得到有效的保证，这是因为参与者会愈发相信其他人不会违反占优（如果 λ 足够大），并且其他人不会去选择已被剔除的劣策略（如果 λ 仍旧足够大），等等。这样，λ 就成为一个方便的衡量有限重复推理程度的单参数指标。

5.7.3　QRE 精炼：λ 的差异与非对称性

QRE 是一个研究有限重复推理的优秀工具，这是因为降低反应灵敏程度 λ 的值，所产生的均衡与来自有限重复的数据相类似。然而，对 QRE 的两种精炼也应进行探索。

（1）在许多博弈中，与各思考步数对应的数据上有明显的尖峰。例如，在 $p=2/3$ 的 p-选美比赛博弈［参见图 5-1（b）］中，许多人确实选择了 33，违反了期望均值是 50 的最优化；一些人确实选择了 22，等等。而有单一 λ 的 QRE 不会产生这样的尖峰，但是如果赋予 λ 值一定的概率分布，则有可能。

（2）在许多博弈中，比如简单的比尔德与贝尔博弈，几乎所有的参与者行动都是理性的（例如服从严格占优），但是参与者并不总是愿意判定别人是否行动理性。（这可能是一种独特的过度自信，即每个人都认为自己比别人更聪明。）这可以通过把 QRE 扩展为非对称型来进行解释，其中参与者都是对支付反应灵敏的，但是参与者却错误地相信，别人不如他们反应灵敏（参见 Weiszäcker，2000）。也就是说，一位参与者的行动概率被 $P(s_i)$ 给定（基于一个敏感程度 λ_i），但是该参与者却认为另一参与者的概率是基于一个更低的敏感程度 $\tilde{\lambda}_{-i}$ 的 $\tilde{P}(s_{-i})$（$\lambda_i > \tilde{\lambda}_{-i}$ 反映了对其他人的行动比对自己的行动抱有更大怀疑）。注意，这样产生的信念不是均衡中的信念。但是在我看来，这是一种"特征"而非"瑕疵"，因为我总觉得把均衡与随机最优反应联系起来似乎不大自然（但至少能作为在均衡过程中的一种选择理论）。正式地，非对称 QRE 的 Logit 形式被定义如下：

$$P(s_i) = \frac{\exp\left[\lambda_i \sum_{s_{-i}} \tilde{P}(s_{-i}) u_i(s_i, s_{-i})\right]}{\sum_{s_k} \exp\left[\lambda_i \sum_{s_{-i}} \tilde{P}(s_{-i}) u_i(s_k, s_{-i})\right]} \tag{5.7.1}$$

$$\tilde{P}(s_{-i}) = \frac{\exp\left[\tilde{\lambda}_{-i} \sum_{s_i} P(s_i) u_{-i}(s_i, s_{-i})\right]}{\sum_{s_k} \exp\left[\tilde{\lambda}_{-i} \sum_{s_i} P(s_i) u_{-i}(s_i, s_{-k})\right]} \tag{5.7.2}$$

魏茨泽克（Weiszäcker，2000）指出，非对称的 QRE 模型对许多一次博弈的数据进行整合的能力比（对称的）QRE 好很多。但是，在没有占优与劣策略的博弈中，在自己与对方的反应程度（λ）之间却基本上不存在经验性的非对称。对于参与者是否不相信别人会做简单逻辑推理这一点，看来还存在一些特别之处，这暗示另一种更为不同的认知观点将被最终证明是有帮助的。

5.7.4 泊松认知等级模型

霍德、宗宽与我（Camerer，Ho，and Chong，2001）曾在认知等级（CH）上展开研究，这是一种特别的思考步数模型，但吸纳了许多在上述方法中未容纳的因素。我们已将它应用于许多博弈的首期数据，而且它总是预测得至少与纳什均衡一样好，并且常常更好（参见 Gneezy，2002）。参与者使用 K 步认知的概率被泊松分布给出 $f(k \mid \tau)$，τ 是思考步数的均值（在泊松分布中也是方差）。使用 0 步推理的参与者进行随机的选择或使用其他一些启发式方法进行选择。（为理论的目的，随机选择是有用的，因为它暗示着所有的策略都能以某种概率被选择，这有助于将认知等级方法与均衡精炼联结起来。）运用 $K > 0$ 步推理的参与者对更低步数思考者的决策进行预测，并以特定的概率来对对手的混合策略做出最优反应。正式地，应用策略 i 的 K 步参与者的预期支付为：

$$E_i(K) = \sum_{h=1}^{m_{-i}} \pi(s_i, s_{-i}^h) \cdot \left\{ \sum_{c=0}^{K-1} \left[\frac{f(c \mid \tau)}{\sum\limits_{c=0}^{K-1} f(c \mid \tau)} \cdot P(h \mid c) \right] \right\}$$

$$(5.7.3)$$

这里 $P(h \mid c)$ 是 c 步参与者选择策略 h 的可能性。

泊松的认知等级有许多优点。它很容易计算（从 0 步思考者开始，仅在电子数据表上重复计算就可以了），并且比 QRE 简单，在一些博弈中甚至比纳什均衡简单。它的形式很简练（只有一个参数，同时为了满足经验性目的，τ 的值定为 1.5 左右，并在许多博弈中效果很好）。在大部分博弈中，有不同思考步数的参与者将做出不同的决策，但是选择的累积频率却以泊松形式所决定。因此，即使参与者都是最优反应（除了 0 步思考者），但结果看起来却像是随机化的选择。例如，在有混合均衡的博弈中，混合预测结果看起来很符合实际数据（参见 Camerer，Ho，and Chong，2001），但是由于参与者的大部分选择都是纯策略，因此说明参与者在进行某种"纯化"。

有些博弈乍看上去必须用多个模型才能解释，但是很多这种博弈只用该模型就可以进行解释了。它显然可以解释在占优可解博弈中对重复思考的限制，但是最优选择倾向于在混合博弈中表现出周期性，这促生了接近于数据的预测结果。它也可以在进入博弈中用市场容量解释协调的"神奇力量"（第 7 章），因为较高步数的类型在进入函数中必须"填补差距"。（当市场容量扩大时，为了保证有更多的进入，要求 $1+2\tau < e^\tau$，或 $\tau <$ 1.25，这是一个合理的数字。）泊松分布在理论上的应用也是相对简单的。比如，当 τ 非常大时，则 k 级思考者就把赋予在各较低步数类型上的标准化频率全部转移到 $k-1$ 类型上了。这意味着当 τ 变大，在占优可解博弈中模型将收敛于纳什均衡。该模型与风险占优或信号博弈精炼之间可能也存在一定的理论联系（我们推测，τ 值较大的认知等级所挑选出的发送者-接收者均衡是"神性的"或"绝对神性的"）。最后，认知等级模型预测了在选美比赛博弈与蜈蚣博弈（第 5 章）以及猎鹿博弈（第 7 章）中由组群大小而产生的效应，这看上去符合实验中的规律性。

在认知等级方法（与其他基于参与者类型的方法）、QRE 以及有噪声的内省方法之间存在一个关键不同之处，即后两者产生了一个单一的、有代表性的平滑概率分布。而认知等级则会产生尖峰。我们还乐观地认为，

从决策中推断出来的推理步数，可以与某些心理学概念联系起来，比如"反应时间"的概念（更多思考步数需要更长时间，并调整"工作记忆"与计算速度；比较 Johnson and Payne，1985）。

5.8　结论

剔除劣策略是一种自然而然的决策规则，因为无论别的参与者做什么，它都能至少保证一个较好的结果。但是相信别人服从占优是一个不同的问题，因为它是对双方支付以及对别人推理的一种猜测。相信别人相信你服从占优，又是一个不同的问题。结果，人们实际进行的剔除劣策略的等级数目是一个有趣的问题——而且是一个重要的经验问题。这个问题由本章中所描述的各种研究所解答。冒着过于简化的风险，答案似乎是二步到三步重复占优（剔除一个人自己的劣策略被记作一步重复）。这个结果得自仅有两个策略的简单博弈与部分占优可解的专利竞争博弈。相似的结果出现在增加劣策略剔除会减少参与者支付的博弈中（蜈蚣博弈、价格竞争、旅行者困境、邮件与精炼机制博弈），以及增加重复推理会增加支付的博弈（脏脸博弈）中。对于重复占优最明确的证据来自 p-选美比赛博弈，在其中，参与者试图选择接近 p 乘以平均数的数字。研究者还对许多特殊对象群进行了这种简单的博弈实验，包括各行业的成功人士与财经刊物的读者，其结果是类似的，大概存在二到三级重复推理。

如果人们倾向于应用重复推理的步数是一个普遍的常数，或者在人与人之间以及博弈之间是对称的，那么这实在太妙了，但这并不可能。然而，为了进行博弈论的应用，我们只需知道把重复占优限制在两步之内就足以充分改善预测了。如果做出的预测（在合作博弈理论中进行理论预测是很常见的）是可能结果的一个范围或子集，那也没什么可笑之处，因为近似的正确要比确定的错误强得多。

迄今为止已经有几种对有限重复推理进行正规模型化的方法。

最后，注意到在本章描述的博弈中极其重要的一点是，均衡确实在经过一段时间后会发生，即导致参与者接近于占优可解均衡。邮件博弈是这方面最显著的例子：在一到两个小时的时间内，实验对象可以学会选择纳什均衡，而在实验早期他们自己会认为纳什均衡是非常古怪的选择。因此在实验中，为了预测选择的时间路径，或是预测学习的自然发生过程，任何有限重复推理将不得不借助于学习理论（参见第 6 章）。

附录　在邮件博弈中的原始选择与附加数据

表 5-23 至表 5-27 帮助你认识在损失与策略变化（学习）之间的联系。一个大写字母代表一个策略（也就是说，一种特定信息下的选择，A 或 B），并且会从以前的序列中发生转换。下划线表示一种得到负支付的策略。如果实验对象只在损失之后转换策略，那么所有的大写字母将被画线。如果损失总是导致策略转变，只有画线的字母才被大写。

表 5-23　样本反馈表，邮件博弈（参与者 1 策略 abbbbbb）

矩阵	最后的信息被（你/对手）发送		你的决策	对手的决策	次数	×支付	=小计
	你	对手					
M1	0	0	A	A	30	2	60
M1	0	0	A	B	0	0	0
M2	1	0	B	A	28	−4	−112
M2	1	0	B	B	0	2	0
M2	1	2	B	A	8	−4	−32
M2	1	2	B	B	3	2	6
M2	3	2	B	A	7	−4	−28
M2	3	2	B	B	5	2	10
M2	3	4	B	A	0	−4	0
M2	3	4	B	B	5	2	10
M2	5	4	B	A	1	−4	−4
M2	5	4	B	B	4	2	8
M2	5	6	B	A	0	−4	0
M2	5	6	B	B	2	2	4
M2	7	6	B	A	1	−4	−4
M2	7	6	B	B	1	2	2
M2	7	8	B	A	0	−4	0
M2	7	8	B	B	2	2	4
M2	9	8	B	A	0	−4	0

续表

矩阵	最后的信息被（你/对手）发送		你的决策	对手的决策	次数	×支付	＝小计
	你	对手					
M2	9	8	B	B	1	2	2
M2	9	10	B	A	0	−4	0
M2	9	10	B	B	0	2	0
M2	11	10	B	A	1	−4	−4
M2	11	10	B	B	1	2	2
M2	11	12	B	A	0	−4	0
M2	11	12	B	B	0	2	0
						总支付	＝−76

资料来源：Camerer（未公开发表）。

表 5－24　邮件博弈中的原始选择：实验 1

	对于最后发送信息的选择			对于最后发送信息的选择	
	参与者 1 信息 0，1，3，5，7，9，11	参与者 2 信息 0，2，4，6，8，10		参与者 1 信息 0，1，3，5，7，9，11	参与者 2 信息 0，2，4，6，8，10
集合	对象 1	对象 4	集合	对象 3	对象 6
1	abbbbbb	abbbbb	1	bbbbbbb	abbbbb
2	abbbbbb	abbbbb	2	AAbbbbb	Bbbbbb
3	abbbbbb	abbbbb	3	aabbbbb	AAbbbb
4	aAbbbbb	abbbbb	4	aabbbbb	aBbbbb
5	aBbbbbb	aAbbbb	5	aabbbbb	abbbbb
6	abAbbbb	aabbbb	6	aabbbbb	abbbbb
7	aABbbbb	aabbbb	7	aabbbbb	abbbbb
8	aBAbbbb	aabbbb	8	aabbbbb	aAbbbb
9	abBBbbb	aaAbbb	9	aabbbbb	aabbbb
10	aAAbbbb	aaBbbb	10	aaAbbbb	aabbbb
11	aBBbbbb	aaAbbb	11	aaabbbb	aabbbb
12	aAAbbbb	aaabbb	12	aaabbbb	aabbbb
13	aBBbbbb	aaabbb	13	aaaAbbb	aabbbb

续表

	对于最后发送信息的选择			对于最后发送信息的选择	
	参与者 1 信息 0, 1, 3, 5, 7, 9, 11	参与者 2 信息 0, 2, 4, 6, 8, 10		参与者 1 信息 0, 1, 3, 5, 7, 9, 11	参与者 2 信息 0, 2, 4, 6, 8, 10
集合	对象 2	对象 5			
1	abbbbb	ababab			
13	aaaAbbb	aabbbb			
2	aAbbbbb	abBbBb			
3	aabbbbb	aabbbb			
4	aabbbbb	aAbbbb			
5	aabbbbb	aabbbb			
6	aabbbbb	aabbbb			
7	aaAbbbb	aaAbbb			
8	aaabbbb	aaBbbb			
9	aaabbbb	aBbAbb			
10	aaabbbb	aAbBbb			
11	aaabbbb	aaAbbb			
12	aaabbbb	aaabbb			
13	aaabbbb	aaabbb			

资料来源：Camerer（未公开发表）。

表 5－25　邮件博弈中的原始选择：实验 2

	对于最后发送信息的选择			对于最后发送信息的选择	
	参与者 1 信息 0, 1, 3, 5, 7, 9, 11	参与者 2 信息 0, 2, 4, 6, 8, 10		参与者 1 信息 0, 1, 3, 5, 7, 9, 11	参与者 2 信息 0, 2, 4, 6, 8, 10
集合	对象 1	对象 5	集合	对象 3	对象 7
1	aabbbbb	aabbbb	1	abbbbb	abbbbb
2	aabbbbb	aabbbb	2	abbbbb	abbbbb
3	aabbbbb	aBbbbb	3	abbbbb	abbbbb
4	aabbbbb	aAbbbb	4	aAbbbbb	abbbbb

续表

	对于最后发送信息的选择			对于最后发送信息的选择	
	参与者1信息 0, 1, 3, 5, 7, 9, 11	参与者2信息 0, 2, 4, 6, 8, 10		参与者1信息 0, 1, 3, 5, 7, 9, 11	参与者2信息 0, 2, 4, 6, 8, 10
集合	对象1	对象5	集合	对象3	对象7
5	aabbbbb	aabbbb	5	aabbbbb	aAbbbb
6	aaAbbbb	aabbbb	6	aaAbbbb	aBbbbb
7	aaabbbb	aaAbbb	7	aaBbbbb	aAbbbb
8	aaabbbb	aaBbbb	8	aaAbbbb	aabbbb
9	aaabbbb	aaAbbb	9	aaabbbb	aaAbbb
10	aaaAbbb	aaabbb	10	aaabbbb	aaabbb
11	aaaabbb	aaabbb	11	aaabbbb	aaabbb
12	aaaabbb	aaabbb	12	aaaAbbb	aaabbb
13	aaaabbb	aaabbb	13	aaaabbb	aaaAbb
14	aaaaAbb	aaaAbb	14	aaaabbb	aaaabb
15	aaaaabb	aaaBbb	15	aaaabbb	aaaabb
集合	对象2	对象6	集合	对象4	对象8
1	abbbbbb	abbbbb	1	bbbbbbb	abbbbb
2	aAbbbbb	abbbbb	2	AAbbbbb	abbbbb
3	aabbbbb	abbbbb	3	aabbbbb	aAbbbb
4	aabbbbb	aAbbbb	4	aabbbbb	aBbbbb
5	aabbbbb	aabbbb	5	aabbbbb	aAbbbb
6	aabbbbb	aabbbb	6	aaAbbbb	aBbbbb
7	aabbbbb	aBAbbb	7	aaBbbbb	aAbbbb
8	aabbbbb	aABbbb	8	aaAbbbb	aBbbbb
9	aabbbbb	aabbbb	9	aaabbbb	aAAbbb
10	aabbbbb	aabbbb	10	aaabbbb	aaabbb
11	aaAbbbb	aabbbb	11	aaabbbb	aaabbb
12	aaabbbb	aaAbbb	12	aaabbbb	aaBbbb

续表

	对于最后发送信息的选择			对于最后发送信息的选择	
	参与者 1 信息 0，1，3，5，7，9，11	参与者 2 信息 0，2，4，6，8，10		参与者 1 信息 0，1，3，5，7，9，11	参与者 2 信息 0，2，4，6，8，10
集合	对象 2	对象 6	集合	对象 4	对象 8
13	aaab̲bbb	aaabbb	13	aaab̲bbb	aaA̲bbb
14	aaaA̲bbb	aaabbb	14	aaaA̲bbb	aaabbb
15	aaaabbb	aaaA̲bb	15	aaaabbb	aaabbb

资料来源：Camerer（未公开发表）。

表 5 − 26　邮件博弈中的原始选择：实验 3

	对于最后发送信息的选择			对于最后发送信息的选择	
	参与者 1 信息 0，1，3，5，7，9，11	参与者 2 信息 0，2，4，6，8，10		参与者 1 信息 0，1，3，5，7，9，11	参与者 2 信息 0，2，4，6，8，10
集合	对象 1	对象 5	集合	对象 3	对象 7
1	aabbbbb	abbbbb	1	aabbbbb	abbbbb
2	aabbbbb	abbbbb	2	aabbbbb	aA̲bbbb
3	aab̲bbbb	abbbbb	3	aabbbbb	aab̲bbb
4	aab̲bbbb	aA̲bbbb	4	aabbbbb	aabbbb
5	aab̲bbbb	aabbbb	5	aaA̲bbbb	aabbbb
6	aaA̲bbbb	aab̲bbb	6	aaab̲bbb	aab̲bbb
7	aaabbbb	aaA̲bbb	7	aaabbbb	aaA̲bbb
8	aaaA̲bbb	aaabbb	8	aaab̲bbb	aaabbb
9	aaaabbb	aaaA̲bb	9	aaab̲bbb	aaabbb
10	aaaaA̲bb	aaaabb	10	aaaA̲bbb	aaaA̲bb
11	aaaaabb	aaaaA̲b	11	aaaaA̲bb	aaaaA̲b
12	aaaaaA̲b	aaaaaA̲	12	aaaaaA̲b	aaaaab
13	aaaaaaA̲	aaaaaa	13	aaaaaaA̲	aaaaaA̲
14	aaaaaaa	aaaaaa	14	aaaaaaa	aaaaaa

续表

集合	对于最后发送信息的选择		集合	对于最后发送信息的选择	
	参与者1信息 0，1，3，5，7，9，11	参与者2信息 0，2，4，6，8，10		参与者1信息 0，1，3，5，7，9，11	参与者2信息 0，2，4，6，8，10
	对象2	对象6		对象4	对象8
1	aabbbbb	abbbbb	1	abbbbb	abbbbb
2	aabbbbb	abbbbb	2	aAbbbb	aAbbbb
3	aabbbbb	abbbbb	3	aabbbbb	aBbbbb
4	aabbbbb	abbbbb	4	aabbbbb	aAbbbb
5	aaAbbbb	abbbbb	5	aabbbbb	aabbbb
6	aaabbbb	abbbbb	6	aaAbbbb	aabbbb
7	aaabbbb	aAbbbb	7	aaabbbb	aaAbbb
8	aaabbbb	aabbbb	8	aaabbbb	aaabbb
9	aaaAbbb	aaAbbb	9	aaaAbbb	aaabbb
10	aaaaAbb	aaaAbb	10	aaaaAbb	aaaAbb
11	aaaaabb	aaaaAb	11	aaaAbbb	aaaaAb
12	aaaaaAb	aaaaaA	12	aaaaaAb	aaaaab
13	aaaaaaA	aaaaaa	13	aaaaaaA	aaaaaA
14	aaaaaaa	aaaaaa	14	aaaaaaa	aaaaaa

资料来源：Camerer（未公开发表）。

表5-27 邮件博弈中的原始选择：实验4

集合	对于最后发送信息的选择		集合	对于最后发送信息的选择	
	参与者1信息 0，1，3，5，7，9，11	参与者2信息 0，2，4，6，8，10		参与者1信息 0，1，3，5，7，9，11	参与者2信息 0，2，4，6，8，10
	对象1	对象5		对象3	对象7
1	aabbbbb	abbbbb	1	aabbbbb	abbbbb
2	aabbbbb	abbbbb	2	aabbbbb	abbbbb
3	aabbbbb	aAbbbb	3	aabbbbb	aAbbbb

续表

	对于最后发送信息的选择			对于最后发送信息的选择	
	参与者 1 信息 0，1，3，5，7，9，11	参与者 2 信息 0，2，4，6，8，10		参与者 1 信息 0，1，3，5，7，9，11	参与者 2 信息 0，2，4，6，8，10
集合	对象 1	对象 5	集合	对象 3	对象 7
4	aa$\underline{b}$bbbb	aabbbb	4	aa$\underline{A}$bbbb	aabbbb
5	aa$\underline{A}$bbbb	aabbbb	5	aaabbbb	aabbbb
6	aaabbbb	aabbbb	6	aaabbbb	aabbbb
7	aaabbbb	aa$\underline{A}$bbb	7	aaa$\underline{A}$bbb	aa$\underline{A}$bbb-
8	aaa$\underline{A}$bbb	aaa$\underline{b}$bb	8	aaaabbb	aaa$\underline{b}$bb
9	aaaa$\underline{A}$bb	aaa$\underline{A}$bb	9	aaaabbb	aaa$\underline{A}$bb
10	aaaaabb	aaa$\underline{A}$bb	10	aaaa$\underline{A}$bb	aaaa$\underline{A}$b
11	aaaaa$\underline{A}$b	aaaa$\underline{A}$b	11	aaaaabb	aaaaab
12	aaaaaa$\underline{A}$	aaaaab	12	aaaaa$\underline{A}$b	aaaaa$\underline{A}$
13	aaaaaaa	aaaaa$\underline{A}$	13	aaaaaa$\underline{A}$	aaaaaa
14	aaaaaaa	aaaaaa	14	aaaaaaa	aaaaaa
集合	对象 2	对象 6	集合	对象 4	对象 8
1	aabbbbb	abbbbb	1	aabbbbb	abbbbb
2	a$\underline{A}$bbbbb	abbbbb	2	aabbbbb	abbbbb
3	aabbbbb	a$\underline{A}$bbbb	3	aabbbbb	a$\underline{A}$bbbb
4	aa$\underline{A}$bbbb	aabbbb	4	aa$\underline{A}$bbbb	aabbbb
5	aaabbbb	aabbbb	5	aaa$\underline{A}$bbb	aabbbb
6	aaabbbb	aa$\underline{A}$bbb	6	aaa$\underline{B}$bbb	aabbbb
7	aaabbbb	aaabbb	7	aaa$\underline{A}$bbb	aa$\underline{A}$bbb
8	aaa$\underline{A}$bbb	aaa$\underline{b}$bb	8	aaaabbb	aaa$\underline{b}$bb
9	aaaabbb	aaa$\underline{A}$bb	9	aaaa$\underline{A}$bb	aaa$\underline{A}$bb
10	aaaa$\underline{A}$bb	aaaa$\underline{A}$b	10	aaaaabb	aaaa$\underline{b}$bb
11	aaaaa$\underline{A}$b	aaaaab	11	aaaaa$\underline{A}$b	aaaa$\underline{A}$b
12	aaaaaa$\underline{A}$	aaaaab	12	aaaaaab	aaaaa$\underline{b}$

续表

	对于最后发送信息的选择			对于最后发送信息的选择	
	参与者 1 信息 0，1，3，5， 7，9，11	参与者 2 信息 0，2，4，6， 8，10		参与者 1 信息 0，1，3，5， 7，9，11	参与者 2 信息 0，2，4，6， 8，10
集合	对象 2	对象 6	集合	对象 4	对象 8
13	aaaaaaa	aaaaa<u>A</u>	13	aaaaaa<u>A</u>	aaaaa<u>A</u>
14	aaaaaaa	aaaaaa	14	aaaaaaa	aaaaaa

资料来源：Camerer（未公开发表）.

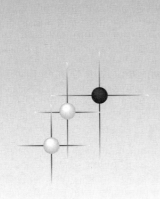
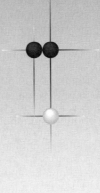

第6章 学 习

在过去的博弈论发展史中，关于均衡是如何产生的问题在很大程度上被避而不谈。均衡概念暗含的假设是，参与人要么听从虚构的外界仲裁者的建议（如果这种建议是自强化的），通过推理算出均衡的位置，要么通过学习或演化而趋近均衡。

大多数有关学习和演化的研究都是理论上的，但在没有经验规则和认真检验的情况下，仅仅通过纯粹的理论推演本身不太可能解释人们是如何学习的。在理论上普遍采用随机过程的数学方法来证明不同规则的有限性[参见 Weilbull（1995）和 Fudenberg and Levine（1998）的一些回顾]。一般认为那些具有合理有限行为的规则是更好的描述。但是，如果这些有限行为要经过几个月、几年甚至几十年的时间才表现出来的话，那么有限性定理在预测均衡过程时的作用就没那么大了。

本章集中用实验数据来检验各种学习模型。请注意，这一章与本书的其他章节有很大的差别。其焦点不是一类博弈的规律性，而是哪类模型在一般情况下更符合学习的过程，以及为什么更符合这个过程。学习被定义为由于经验而发生的在行为方面被观察到的变化。因此学习的统计模型预测了历史信息如何影响未来选择的概率。

实验数据法是一种较好的检验学习模型的方法。因为对支付和信息加以控制意味着我们能确信实验对象知道什么（以及知道别人也知道，如此类推），他们期待从不同的策略得到什么，以及他们过去的经验等等。因为大多数模型做出详尽的预测都需要这些信息，所以在研究的早期阶段挑选候选模型时，实验控制是必不可少的。实验室对信息的预先

甄别能识别那些在实际环境下（比如拍卖、公司对价格和产量的选择、罢工、离婚中讨价还价的结果以及消费者对偏好的学习[1]）可能运行良好的模型。

6.1 学习理论

博弈中有关学习的理论很多：演化动态、强化学习、信念学习、老练（预期性）学习、经验加权吸引力（EWA）学习、模仿、方向学习和规则学习。

表6-1的猎鹿博弈（也可见第7章）有助于说明一些理论实际上是如何进行的。这儿我们只关心行参与者的学习。假设在 t 期，行参与者选择B而列参与者选择L，分别产生行和列的支付为1和0（表中用粗体表示），而行参与者未选策略（T）的摒弃支付是3。

表 6-1　猎鹿博弈

行参与者的策略	L	R
T	3, 3	0, 1
B	**1, 0**	1, 1

很多理论都假设策略有用数字表示的价值赋值，我们称之为"吸引力"。学习规则就可以这样来刻画，即吸引力在对经验做出反应时是如何进行更新的。定义 t 期以前策略 T 和 B 的吸引力是 $A^T(t-1)$ 和 $A^B(t-1)$。同时通过一些统计规则（一般是 Logit 和幂函数方式）将吸引力映射为预测的选择概率。表6-2总结了各种理论是如何对策略 T 和 B 的吸引力变化进行预测的。

（1）演化方法假设一个参与者事先就有一种策略并实施它，并且和群体中的某个成员随机匹配。相对成功的策略会增强参与者的适应性（也许策略能提供食物或者避免捕食者的袭击）并使这些参与者能够存活得更久或者繁殖得更多。演化模型的数学拓展最近一直是一个热门的研究话题（例如参见 Weibull，1995）。但在本章中我只会简要地讨论它们，因为演化模型最适用于以基因形式遗传为策略的动物或者人类文明的进化，但是这两者都不能解释实验中表现出来的迅速的个人学习过程。

表 6 - 2　各种学习理论在猎鹿博弈中的吸引力更新公式

理论	函数形式或统计形式	吸引力	
		$t+1$ 期策略 B 的吸引力 $A^B(t)$	$t+1$ 期策略 T 的吸引力 $A^T(t)$
强化	平均	$\phi A^B(t-1)+(1-\phi)(1-\epsilon)(1-\rho(t-1))$	$\phi A^T(t-1)+(1-\phi)\epsilon(1-\rho(t-1))$
	累积	$\phi A^B(t-1)+(1-\epsilon)(1-\rho(t-1))$	$\phi A^T(t-1)+\epsilon(1-\rho(t-1))$
信念学习	信念	$P_t(L)=\dfrac{3\rho+1}{5\rho+1}$	$P_t(R)=\dfrac{2\rho+0}{5\rho+1}$
	吸引力	1	$\dfrac{3(3\rho+1)+0(2\rho+0)}{5\rho+1}$
EWA		$\dfrac{\phi N(t-1)A^B(t-1)+1}{\rho N(t-1)+1}$	$\dfrac{\phi N(t-1)A^T(t-1)+3\delta}{\rho N(t-1)+1}$
模仿者动态	总体比例	$\dfrac{p^T(t+1)}{p^T(t)}=1+\alpha(3p^L(t)-1)(1-p^T(t))$	$\dfrac{p^B(t+1)}{p^B(t)}=1+\alpha(1-3p^L(t))(1-p^B(t))$

（2）在假设行为人认知复杂程度方面，比演化模型更进一步的是强化方法（也被称为刺激-反应或机械学习）。选择强化假设策略被它们以前的支付所"强化"。强化也可能"溢出"到与被选策略相似的策略上（例如，如果策略是按类别编排的，那么与被选策略相似的策略就是相邻策略）。对于推理能力极为糟糕的参与者（在实验室里进行触杆实验或在野外搜寻草料的动物），或对于根本不记得他们未选策略的支付或历史支付的参与者来说，强化学习才是一个合理的理论。[2]

在我们的例子中，如果吸引力是"累积的"，那么强化理论的吸引力根据 $A^B(t)=\phi A^B(t-1)+(1-\varepsilon)1-\rho(t-1)$ 和 $A^T(t)=\phi A^T(t-1)+\varepsilon$ 来更新。参数 ε 表示由一个策略（B）到相邻策略（T）的"强化"溢出或泛化。（哪一种策略是"相邻的"当然是一个经验性问题，这与分类心理学有关。[3]）注意，当 $\varepsilon=0$ 时，策略 T 得不到强化。在这个模型的一个变形中，吸引力是平均加权而非累积加权的，因此有 $A^B(t)=\phi A^B(t-1)+(1-\phi)(1-\varepsilon)$ 和 $A^T(t)=\phi A^T(t-1)+(1-\phi)\varepsilon$。

（3）信念学习模型假设参与者根据过去的事件来更新他们认为别人会如何行动的信念，从而根据这些信念来决定哪种策略是最优的。一种广为接受的模型是"虚拟行动"。在虚拟行动中，参与者始终记住另一个参与者以前采用的每种策略的相对频率。这些相对频率就是对那个参与者后面各期中行为的信念。参与者继而根据这些信念计算各种策略的期望支付，并以较高频率选择能获得较高期望支付的策略。

虚拟行动对以前所有观察到的选择赋予相等的权重。相反的极端情况是古诺最优反应动态，即假设其他人会一再采用其近期使用最多的策略。古诺动态极为强调最近的经验，而忽略甚至不考虑以前的经验。

相对于较早的经验，赋予最近的经验更高的权重，这样就产生了一种被称为"加权虚拟行动"的混合形式（Cheung and Friedman，1997；Fudenberg and Levine，1998）。在我们的例子中，假设在 t 期以前，参与者的信念 $P_{t-1}(L)=0.6$，而这个信念的强度（使用经验单位）是 5 [即 $P_{t-1}(L)=3/5$ 且 $P_{t-1}(R)=2/5$]。在加权虚拟行动中，信念根据 $P_t(L)=(3\rho+1)/(5\rho+1)$ 和 $P_t(R)=(2\rho+0)/(5\rho+1)$ 进行更新，其中 ρ 是衰退因子。边界情况 $\rho=0$ 是古诺最优反应动态，而边界情况 $\rho=1$ 是虚拟行动 [持续地对 L 和 R 被选的次数进行统计，并用 L 的被选次数与总共的观察次数之比作为信念 $P_t(L)$]。信念继而被用来计算期望支付，因此 $A^T(t)=[3(3\rho+1)+0(2\rho+0)]/(5\rho+1)$。要注意的是，在 t 期行参与者实际得到的支付在决定 $t+1$ 期的选择行为时并不起什么特别的作用。

（4）EWA 学习模型是我和霍德（Camerer and Ho，1999a）设计出来的，它将强化理论和加权虚拟行动最吸引人的部分融为一体，从而形成一个杂交体或者"基因接合"形式。[诺贝尔奖得主弗朗西斯·克里克（Francis Crick）发现 DNA 后写道："实际上杂交物种通常是不育的；但在自然科学中却经常相反。"（1988，150 页）]

这一模型在强化学习和信念学习理论中加入了一个关键因子——δ，即参与者赋予未选策略支付的权重。当参数被限制为具体数值时，EWA 退化为一个选择强化的简单情形，其中只有被选择过的策略才得到强化。当参数以另一种方式来限定时，EWA 就恰好退化为加权虚拟行动。所以 EWA 是学习规则的一个族类，其中强化理论和信念学习都是它的一种极端情况。

在我们的例子中，EWA 吸引力根据 $A^B(t)=[\phi N(t-1)A^B(t-1)+1]/[\phi(1-\kappa)N(t-1)+1]$ 和 $A^T(t)=[\phi N(t-1)A^T(t-1)+3\delta]/[\phi(1-\kappa)N(t-1)+1]$ 来更新。注意，如果 $\delta>1/3$，即使 T 没有被选择，参与者相对于 B 仍会在更大程度上强化 T。此时参与者被预测是把选择的概率从 B 转移到了 T。要注意的是，在行参与者更新的过程中，列参与者的选择起着重要的作用（因为它决定了未选策略支付），并且支付是已接收到的还是仅为想象中的也很重要（因为未选策略支付是用 δ 来衡量的）。

（5）在适应性模型例如虚拟行动和 EWA 中，参与者仅仅回顾其他参与者以前的行为。因此，对于那些在以前没有预期到或没有观察到的事件，适应性的参与者在现在也绝不会预期到，并且他们还会忽略其他参与者支付的信息。但是通过改变参与者是否知道其他参与者以前的行为及支付情况，实验表明参与者确实在乎其他人能获得多少。

这些局限性在引入预期性学习或老练后都是能克服的（参见 Milgrom and Roberts，1991；Selten，1996；Camerer，Ho，and Chong，2002a；Stahl，1999a）。在这些模型中，参与者利用其他参与者支付的信息，更用心思地推出其他人以后会怎样做。[4] 这些老练模型也是一种信念学习，因为参与者在其中形成自己的信念并根据它们来得出最优反应；只不过在他们的信念中不再认为别人只会简单地重复以前的选择。

在猎鹿博弈的例子中，加入老练意味着行参与者知道列参与者上次挣得 0，而且知道列参与者选择 R 本可以挣得 1。如果行参与者认为列参与者根据古诺模型学习，那么他会预测列参与者将选择 R。继而一个老练的行参与者会选择 B，从而期待（从列参与者对 R 的选择中）得到 1 的支付。要注意的是，老练要求知道其他参与者支付的相关知识（来计算他可能的反应）。引入老练是一种可利用的方法，来模型化这样的实际情况，即当参与者随机重新匹配时或当参与者与某"对手"重复匹配时，他们的行为会有很大的不同（参见 Camerer，Ho，and Chong，2002a，b，以及第 8 章）。

（6）有时候参与者通过模仿其他人的策略来学习。模仿可以独立于支付也可以依赖于支付——例如，参与者会模仿他们见到的最成功的参与者。

（7）在学习方向理论中，一个参与者根据他过去的情况来确定最优反应是什么，并将他以前的策略向最优反应的方向调整（Selten and Stöcker，1986）。学习方向理论综合了古诺类型信念学习理论中向最优反应调整的观点和强化学习或习惯模型中人们锚定以前策略的观点。在不具备有序策略的博弈中还没有对模仿进行一般性的定义。

（8）规则学习假设人们具有这样的决策规则，即可以将历史映射到策略选择之中。他们学习使用哪类规则而非具体使用哪一种策略。可能的规则包括上面已经列出的规则，以及其他的规则，比如针锋相对、k 级推理（见第 5 章）等等。

用猎鹿博弈为例进行说明，假设一个参与者正在考虑的规则是最大化最小值规则（选择最大化最小支付的策略，对应给出的策略是 B）和一个一级规则（对其他人一个随机选择进行最优反应，它给出的策略是 T）。给定列参与者选择了 L，则最大化最小值规则会被策略（B）的支付（为 1）强化，而一级规则会被 0 强化。

在上述理论中，大部分都具有一定的合理性，因此制定一套清晰的标准来判断哪种理论最好（以及对于何种目的最好）是很有意义的。

判断合理性的一种方法是看哪些信息被更新规则所使用。如果某些信息是一种理论未要求的，但当这些信息可得时人们却在使用它们，那么这一理论就是不完善的。那些对信息的要求量超过人们有效整合能力的理论同样也是可质疑的。

为了进一步说明，做一些标记是很有必要的。记参与者 i 的第 j 个策略（在 m_i 个策略中）为 s_i^j。分别定义第 t 期参与者 i 和其他参与者（记为 $-i$）实际选择的策略为 $s_i(t)$ 和 $s_{-i}(t)$。当其他人选择 s_{-i}^k 时参与者 i 选择 s_i^j 的支付为 $\pi_i(s_i^j, s_{-i}^k)$。参与者 i（事后）最优反应是 $b_i(s_{-i}(t)) \equiv \arg \max_k \pi_i(s_i^j, s_{-i}(t))$。

表 6-3 列出了各种理论要求参与者至少应具备的信息。[5]（上面没有列出演化理论，因为严格来说，它假设参与者生来就有固定的策略，因此根本不使用任何信息。）

表 6-3 各种学习理论要求的最低信息条件

信息	学习理论					模仿	
	强化	信念	方向学习	EWA	老练	平均	最优
参与者 i 的策略 $s_i(t)$	X		X	X			
其他参与者 $-i$ 的策略 $s_{-i}(t)$		X		X	X	X	X
参与者 i 获得的支付 $\pi_i(s_i(t),\ s_{-i}(t))$	X	X		X			
参与者 i 的未选策略支付 $\pi_i(s_i^j,\ s_{-i}(t))$		X		X	X		
参与者 i 的最优反应 $b_i(s_{-i}(t))$			X				
其他参与者 $-i$ 获得的支付 $\pi_{-i}(s_i(t),\ s_{-i}(t))$					X		X
其他参与者 $-i$ 的未选策略支付 $\pi_{-i}(s_i^j,\ s_{-i}(t))$					X		

实际信息的应用依赖于信息的可得性以及参与者的认知能力。在信息度高的条件下，比如本章中所讨论的大多数实验，表 6-3 中列出的所有信息对参与者来说都是可得的。而那些假设不必使用所有信息的理论都暗含了认知能力上的一些约束。

通过观察人们在所需信息是否可得时的行为变化，或者通过观察参与者搜寻的信息是什么，就可以间接地对这些理论进行检验。这类研究表明，当实验对象具有支付的完全信息时，学习的速度会更快（这与强化学习矛盾），同时实验对象也会查询他们自己以前的支付信息（这与信念学习相矛盾），而且当他们知道其他参与者的支付情况时行为会很不同（这暗示"老练"的存在）。[6]

评价学习规则的另一个方法是看哪一种规则在演化竞争中能够存活下来（比如 Heller，1998）。（将各学习规则的这种竞争性进行有效模型化的关键在于，要能明确具有不同复杂性的各种规则的成本。）约瑟夫逊

（Josephson，2001）发现，在两人博弈中，具有较高 δ 值（"生动的想象"）的 EWA 规则往往能够生存下来。

列出一些通常认为理论应该具有的性质同样也是有用的。比如这样一些必要性质：拟合性、一致性（或非一致性）、成果充实性和分析上的易处理性。好的理论能很好地拟合和预测数据（当然，需要调整自由度来防止过度拟合）。好的理论能在不相关的现象之间找到联系；当这种联系出人意料的紧密时，这将是一个意外之喜。[7]如果一个理论能够很容易被广泛学者理解和应用，并且能为许多难题提供解释，那么这将是一个充实的理论。而且一种理论应该"在分析上易于处理"——也就是理论要足够清晰简洁，从而理论家可以在假设这个理论正确的前提下推演出一些东西。在阅读的过程中，你可以根据这些标准（或任何你喜欢的标准）自己去判断哪一种理论是最有力的。

近几年用学习模型来拟合实验数据的实证性文献有着引人注目的增长。首先我将讨论只对一种理论进行检验的相关研究，然后再讨论比较性的研究。

6.2　强化学习理论

强化方法源于心理学中的行为学派。在 20 世纪 20 年代到 60 年代这段心理学发展史中，行为学派是一个极端而重要的部分。行为学派厌倦了"精神学家们"对不可直接观测的思维过程的模糊描述。因此他们在对思考认知过程的推断中强行加入了智力限制，并且坚持认为所有行为都能解释为是对以前强化的习得性反应。虽然行为学派细致的实验方法是其留下的无价遗产（在以前的心理学中从未有过），但自那以后，其最基本的框架却在很大程度上被人们遗弃了，因为它不能解释在具有大量可能回应和缺乏直接强化的领域里（比如，孩子们学习语言）人们是如何能够通过感知和模仿来迅速学习的。并且他们越来越多地加入认知结构来解释这些现象[8]，从而重新激活了一开始就被行为学派所抛弃的精神学家的思想。要注意的是，行为学派从未被"证明为误"。在很大程度上，它被大脑和计算机之间以及大脑和"神经网络"（平行分布式处理）之间富有成果的类比所取代。[9]

在决策论和博弈论的发展过程中，出现过三次正规研究强化学习理论的热潮。50 年前，布什和莫斯泰勒（Bush and Mosteller，1955）等人就构建了一些简单的强化规则，并将它们应用于决策中的学习。在由克罗斯（Cross，1973，1983）一人独当的第二次浪潮中，他将强化应用于经济决策。不幸的是，他的先驱性工作在很大程度上被人们忽视了，直到十年后的第三次浪潮，亚瑟（Arthur，1991，1994）复兴了强化方法并将之应用于简单决策。麦卡利斯特（McAllister，1991）、莫克基希和索弗（Mookerjhee and Sopher，1994，1997）、罗思和艾利夫（Roth and Erev，1995）、萨林和瓦希德（Sarin and Valud，2001）以及其他人后来又将强化方法应用于博弈。

6.2.1 弱链博弈中的强化

在麦卡利斯特（McAllister，1991）的方法中，报酬被正规化为支付范畴，并且根据

$$A_i^j(t) = \phi A_i^j(t-1) + (1-\phi)\pi_i(s_i(t), s_{-i}(t))_j \quad s_i^j = s_i(t)_j$$
(6.2.1)

$$A_i^j(t) = \phi A_i^j(t-1)_j \quad \text{其他情况下}$$
(6.2.2)

来更新。在这里引入一个指示函数 $I(x, y)$，它在 $x = y$ 时等于 1 而其他情况下为 0，这样就可以将这两个规则写为

$$A_i^j(t) = \phi A_i^j(t-1) + (1-\phi)I(s_i^j, s_i(t))\pi_i(s_i(t), s_{-i}(t))$$
(6.2.3)

第 t 期选择策略 s_i^j 的概率 $P_i^j(t)$ 根据

$$P_i^j(t) = \frac{(P_i^j(t) - \alpha \cdot \rho_j(t)P_i^j(t))}{(\sum_{k=1}^{m_i} P_i^k(t) - P_i^k(t)\alpha \cdot \rho_k(t))}$$
(6.2.4)

来更新。其中 α 是一个能影响学习速率的调整因子，$\rho_j(t)$ 是调整速率。当 α 越大而 γ 越小时，学习的速度就越快。

麦卡利斯特将这一模型应用于范·哈依克、巴特里奥和贝尔（Van Huyck，Battalio，and Beil，1990）（参见第 7 章）弱链协调博弈的数据。除非吸引力是根据实际支付或者根据未选策略支付〔例如，根据 $A_i^j(t) = \phi A_i^j(t-1) + (1-\phi)\pi_i(s_i^j, s_{-i}(t))$〕来更新的，否则学习的速度是很缓慢的。（和其他后继者一样，麦卡利斯特并没有意识到这个重要的变化使得强化模型和信念学习理论成了近亲。）他通过代入一些参数值来进行实验，发现虽然实际的参与者比模拟中更多地倾向于策略 1，但是对于迅速更

新——$\alpha=0.75$，$\gamma=0.5$，$\phi=0.5$——模拟的路径在第 8 期就收敛于观测到的数据（见表 6-4）。

表 6-4　模拟的强化学习弱链博弈数据

行动	第 1 期的数据	第 8 期的数据	模拟的第 8 期数据
1	0.019	0.654	0.25
2	0.047	0.252	0.50
3	0.047	0.028	0.13
4	0.168	0.028	0.06
5	0.318	0.009	0.06
6	0.093	0.000	0.00
7	0.308	0.028	0.00

资料来源：McAllister（1991）.

6.2.2　具有支付可变性的强化

罗思和艾利夫（Roth and Erev，1995）提出了强化学习能否解释最后通牒、强竞争性最后通牒（"市场博弈"）以及最优单次公共物品博弈之间区别的问题。在所有这三种博弈中，对剩余的分配被预测是非常不平均的。然而实验结果显示，实验对象在市场博弈和最优单次博弈中更多地收敛于不平均的分配，而在最后通牒博弈中则收敛于近乎平均的分配（见第 2 章）。罗思和艾利夫想弄清楚学习模型是否能够重现这些模式（这些模式同样能用社会性偏好的新模型得到简洁的解释，见第 2 章）。

在他们模型的最简单形式中，吸引力根据

$$A_i^j(t)=\phi \cdot A_i^j(t-1)+I(s_i^j,s_i(t))\pi_i(s_i^j,s_{-i}(t)) \tag{6.2.5}$$

累积计算，并通过一个幂函数（其中 $\lambda=1$）将吸引力映射为概率值。哈利（Harly，1981）在此之前提出过同样的模型，他从神经学方面提出了一种解释，即强化是大脑活性的水平。

具有幂概率函数的累积吸引力意味着较晚支付比较早支付的冲击力更小，所以学习会随着时间而慢下来。[10] 在早期的模型（Bush and Mosteller，1995；Cross，1983）中，选择概率直接通过强化来更新，并且因为假定更新参数随时间而变小，因此学习会随着时间而变慢（Sarin，1995）。

他们的模型还有一个缩放参数 $S(1)$〔它使初始吸引力的总和固定为平均博弈支付的 $S(1)$ 倍〕以及一个局部实验参数 ε（它使得对一个被选策

略的强化溢出到它的两个相邻策略上）。[11]

正如麦卡利斯特那样，罗思和艾利夫对模型进行了拟合，其方式是选择参数值的较小集合，并用那些参数值模拟模型行为，继而非正式地用数据比较这些模拟。（此后的研究利用一种拟合度最大化技术来选用更精细的参数值，这种技术是可以进行统计检验的。）

当初始情况与数据匹配时，最后通牒博弈中的模拟学习路径向正确方向趋进，但比实验对象的学习速度慢得多。在最优单次博弈中，参与者1和参与者2各选择一个公共物品捐献值0、2或4（用q_1和q_2表示），这会花费私人成本。公共利益是q_1和q_2间最大值的增函数，并且参与者得到相等的收益。给定支付情况，子博弈完美均衡的预期是$q_1=0$和$q_2=4$。

表6-5列出了q_1等于0或2时概率值的变化情况，以及对应（不完全信息条件下）完美均衡选择$q_1=0$时，q_2为0或2的概率值。对于参与者1的选择q_1，从时期1到时期100所模拟的变化与实际中时期1到时期10的变化程度差不多，但模拟的时期1到时期10的变化程度仅是实际数据的一半。另外，模拟也不能很好地捕捉参与者2反应的变化。

表6-5　在不完美信息最优单次公共物品博弈中的数据和模拟的强化行为

统计量	数据变化	模拟的变化	
	时期1—10	时期1—10	时期1—100
$\Delta P(q_1=0)$	+0.48	+0.22	+0.55
$\Delta P(q_1=2)$	−0.20	−0.10	−0.22
$\Delta P(q_2=0 \mid q_1=0)$	+0.11	−0.05	−0.09
$\Delta P(q_2=2 \mid q_1=0)$	−0.35	+0.04	+0.08

资料来源：Roth and Erev（1995）估计的数字，图4。
注：$\Delta P(q_1=i)$表示各时期参与者1选择i比例的变化。$\Delta P(q_2=k \mid q_1=i)$表示当参与者$i$选择$q_1$时参与者2选择$k$的比例的变化。

在市场博弈中，九名提议者就一个固定大小的馅饼对单一回应者各提出一种分配方案，而该回应者选择其中最高的出价。出价在一期或两期内就迅速收敛于提供几乎全部的馅饼。但强化模型不能解释收敛的这种高速率，因为九个提议者的出价中有八个都被拒绝了，根据该理论他们就不能得到强化，因而无法学会出价更高。罗思和艾利夫提出了另一个模型来解释收敛的高速率，在这个模型中参与者未选择的策略由获胜投标人的支付得到强化（这基本上属于信念学习范畴）。他们用同样的胜出-支付模型来加速弱链协调博弈中的学习，在这种博弈中，依据所得支付而模拟出的学习过程过于缓慢，从而无法和数据相匹配（参见 McAllister，1991；以及 Roth，1995b，37 - 40 页）。

这些早期的研究表明，依据个人支付的强化学习能大致指出最后通牒和最优单次博弈中学习的方向（虽然模拟出的学习过程过于缓慢），但不能很好解释市场博弈和弱链博弈中的学习。考虑到这些结果，后来很多学者（包括我自己）继续研究的一个重要方向就是寻找更牢靠的并且在强化方面没有经验性缺陷的模型。而另一个方向是，承认有时候这些模型的解释极为乏力，但是仍继续探究能使"强化"充分发挥作用的其他一些领域。

在继续后面这一方向的研究时，艾利夫和罗思（Erev and Roth，1998）将一系列强化模型应用于具有混合均衡的常和博弈中。他们选择具有长跨度（至少 100 回合的实验）的博弈，在这些博弈中均衡过程比较慢，这样是为了"除了能观察到短期行为，还能观察到中长期行为"。他们对各种规格和水平的分析进行了研究。其中的一种比较研究是，使用三种模型的数据来拟合单个实验对象，这些模型分别是：基本强化模型（$\phi=1$，$\varepsilon=0$），虚拟行动的随机幂函数形式，以及纳什均衡。表 6 - 6 列出了三个数据集中每个集的前半段和后半段里观察到的选择结果和预测结果之间的均方差。表 6 - 6 表明均衡预测并非一无是处，但在其中两个数据集中却明显比学习模型差一些。随机虚拟行动和强化模型在这三个数据集中的精确性大致相同（但随机虚拟行动在较后时期相对来说略欠精确）。

表 6 - 6　个体级别上的平均模型拟合度（MSD）

数据		实验		
		O'Neill（1987）	Ochs（1995a）	Erev and Roth（新数据）
基本强化	前半部分	0.20	0.13	0.24
	后半部分	0.18	0.12	0.21
虚拟行动	前半部分	0.19[+]	0.14	0.24
	后半部分	0.19[−]	0.15[−]	0.22
纳什均衡	前半部分	0.18[+]	0.15[−]	0.31[−]
	后半部分	0.18	0.14[−]	0.30[−]

资料来源：Erev and Roth（1998）.

艾利夫、布瑞巴 - 迈尔和罗思（Erev，Bereby-Meyer，and Roth，1999）在他们以前的模型中加入了一个支付可变性的概念，并将其用于风险选择问题。他们的想法是，用吸引力除以所得支付的可变性程度，通过这种办法来在环境易变时延缓学习的速度，而在环境稳定时加速收敛。

罗思等人（Roth et al.，1999）利用这个模型来拟合和预测数据，这些数据来自随机取样的具有混合策略均衡的标准 2×2 博弈。他们强调，有必要选择一个精确的标准来衡量一种理论的利用价值（参见 Harless and Camerer，1994），于是他们提出了一个他们称之为"预测性价值"的衡量标准。一种理论的预测性价值是指，人们通过应用该理论（并不是通过考察更多实验对象的方法）而节省下来的对数据（对新的实验对象或新时期）的观察次数（这是一种衡量"劳力节约"的尺度）。

他们最近对具有混合均衡的标准 2×2 博弈的研究发现，强化模型、凯莫勒-霍的 EWA 以及虚拟行动模型大体上同样精确，而且所有的学习模型都显著优于均衡预测。

6.2.3 具有"情绪冲击"的强化

萨林和瓦希德（Sarin and Vahid，2001）提出了一个强化模型，在这个模型中吸引力等于滞后吸引力加上"惊奇度"的 γ 倍，其中 γ 是一个学习速度参数，"惊奇度"是实际获得的支付与前一期吸引力之差。即

$$A_i^j(t)=A_i^j(t-1)+I(s_i^j,s_i(t))\cdot\gamma(\pi_i(s_i^j,s_{-i}(t))-A_i^j(t-1))$$

$$(6.2.6)$$

（这仅仅是艾利夫和罗思模型中 $\phi=1$ 且吸引力等于平均数的简单情形。）萨林和瓦希德假设参与者总是选择具有最大吸引力的策略，但是他们将许多包含随机冲击的模拟进行平均，因此模型大致可以看作是具有随机选择特征的。

针对艾利夫和罗思（Erev and Roth，1998）取样的混合均衡博弈数据，萨林和瓦希德最先比较了模拟选择的频率和跨实验群平均数据的频率。萨林-瓦希德的单参数模型在七个数据集中优于罗思-艾利夫的三参数模型，但在另外四个数据集中要差一些，因此总体来说萨林-瓦希德的单参数模型要较好一些。依次对单个对象进行分析得到的结果与之相似。学习参数 $\hat{\gamma}$ 的估计值是 0.010，这个值很小，但在其他类型的博弈中可能会大得多。现在还不是很清楚为什么萨林-瓦希德的平均模型要比罗思-艾利夫的累积模型更好。他们把这种相对的优势归因于最大化假设，但我认为这是错误的，因为平均模拟是噪声最优反应。在这些博弈中，平均模型仅仅是比累积模型更好地描述了认知过程。

6.2.4　信息条件

因为强化模型假设参与者只关心支付的历史记录，所以这些模型在低信息条件和变化的环境中能得以应用。但是它同样也暗示在高信息环境下参与者会忽略他们知道的很多信息。

为了检验信息是否起作用，莫克基希和索弗（Mookerjhee and Sopher，1994）比较了高信息和低信息的条件。他们发现了一些差异，并由此对强化模型提出了质疑，但是他们采用的是猜币博弈，这种博弈在使用简单的统计数据时是没有能力区别学习理论的。

范·哈依克、巴特里奥和兰金（Van Huyck，Battalio，and Rankin，2001a）进行了更为彻底的研究。他们采用了一个由五个参与者参加的顺序统计量协调博弈。参与者的支付取决于他自己的选择以及中位数的选择。策略 s_i^j 是区间 $[0，1]$ 之间的数字；用 s_{-i} 表示所有其他参与者策略的向量；$M(s(t))$ 是全部五个参与者策略的中位数。那么参与者 i 的支付是

$$\pi_i(s_i^j, s_{-i}) = 0.5 - |s_i^j - \omega \cdot M(s) \cdot (1 - M(s))| \qquad (6.2.7)$$

在这个博弈中 $\omega = 2.44$，表示为 $G(2.44)$，$\omega \cdot M(\cdot) \cdot (1 - M(\cdot))$ 的最大值是 0.61，因此任何在 0.61 以上的数值都是被占优的。纳什均衡是方程 $x = 2.44x(1-x)$ 的解，即 0 和 0.59。

这在图 6-1 的相图中能直观地看到。此图表明中位数 $M(t+1)$（在 y 轴上）如何依赖于先前的中位数 $M(t)$（在 x 轴上）。倒转的 U 形曲线表示最优反应函数 $M(t) = 2.44M(t)(1 - M(t))$。均衡在最优反应函数和均衡条件 $M(t) = M(t+1)$ 交点处达到（也就是，0 和 0.59）。

范·哈依克等人以 $G(2.44)$ 进行了四组实验。实验对象知道他们将与其他四个参与者博弈 75 个时期，也知道他们自己的选择和支付的历史记录，但不知道支付函数。图 6-1 的相图显示了四个实验组中实际中位数的路径。实验对象在内部均衡 0.59 周围曲折前进了一段时间，在 20 期后得以确定。

范·哈依克等人想要弄清图 6-1 中的实际动态路径是否能用克罗斯（Cross，1973）的强化规则来解释。克罗斯规则根据

$$P(s_i^j)(t+1) = P(s_i^j)(t) + \alpha \cdot \gamma[\pi_i(s_i^j, s_{-i}(t))] \cdot (1 - P(s_i^j(t)))$$
$$s_i^j = s_i(t) \qquad (6.2.8)$$

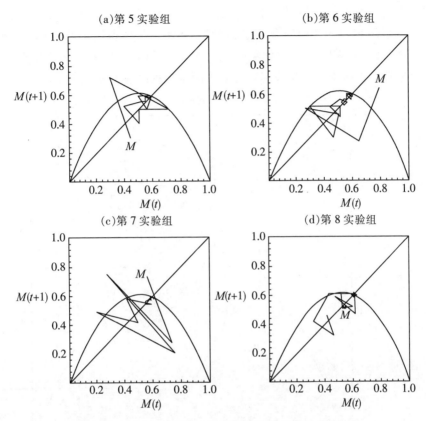

图 6-1　在范·哈依克、巴特里奥和兰金的顺序统计量
博弈中的逐期中位数路径相图

资料来源：Van Huyck，Battalio，and Rankin（2001a）.

$$P(s_i^j)(t+1)=P(s_i^j)(t)-\alpha \cdot \gamma[\pi_i(s_i^j,s_{-i}(t))] \cdot P(s_i^j(t))$$

$$s_i^j \neq s_i(t) \tag{6.2.9}$$

来修改选择的概率值，其中 $r(\pi)$ 是来自支付 π 的强化。[12]

　　图 6-2 显示的是当 α=0.05 以及在同一初始条件下克罗斯的 75 期动态模拟路径。模拟的过程比实际数据的收敛速度要慢得多，而且经常偏离到大于 0.61 的被占优策略区域（而实际上实验对象很少会这样做）。很清楚，在克罗斯强化规则中学习速度太慢，因而不能用来解释实验对象的行为。调整速度 α 是可以增大的，但正如范·哈依克等人指出的，"当你加快这些运算法则时，就会陷入这样一种情况，那些甚至完全不一致的情形都会被这些法则不断纳入，这是我们的实验对象不会做的，并且任何人如

果试图通过持续地调整概率来避免这一点，那么这个过程都将不会收敛，这同样也是我们的实验对象不会做的"。然而，萨林和瓦希德（Sarin and Vahid，2000）表明，将强化溢出到6～12个邻近策略中的某一策略上，并且使滞后的吸引力迅速衰退，能够大幅度地提高模型的拟合性。

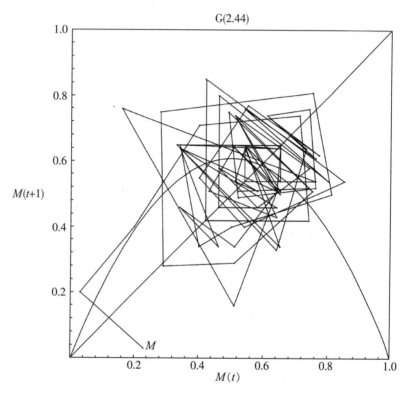

**图6-2 在范·哈依克、巴特里奥和兰金的博弈［G(2.44)］
中对克罗斯（强化）动态的模拟路径**

资料来源：Van Huyck, Battalio, and Rankin（2001a）.

范·哈依克等人比较了这些实验组和完全信息的实验组，在完全信息下，实验对象知道支付函数。强化学习理论预测附加的支付函数不会起什么作用，但当实验对象知道支付函数时，他们的收敛速度更快（在5期而非20期）。

小结

在只有被选策略得到强化时，强化学习模型能正确地预测学习的方向，但是通常比不上人们实际学习的速度（除非是在混合均衡的博弈中，当学习很少并且模型比均衡预测和随机猜测优越的时候）。学习的低估能直接归于这样一个事实，即在知悉所有支付信息的环境下，实验对象会采用这些信息。通过假设参与者根据未选策略支付来强化所有策略，或强化"胜出"的策略，甚或强化"类似于"自身选择的更大范围的策略，我们可以通过加速运算法则来接近人们学习的速度。本章后面所讨论的模型是在同一方向上的研究，其中扩展了实验对象如何学习的范围。

6.3　信念学习

信念学习的早期模型要追溯到古诺（Cournot，［1838］1960），他提出参与者会对前一期观察到的行为做出最优反应。布朗（Brown，1951）和罗宾逊（Robinson，1951）提出了"虚拟行动"理论。这些理论最初是用来计算纳什均衡的，它们显示了在一种认知摸索中智力模拟是如何导致迅速达到均衡的。

早期的证据表明在一些博弈中，如果虚拟行动的信念是收敛的，那么他们就能达到纳什均衡。随后，在 1964 年，夏普雷（Shapley）指出，在一些包含三种策略的零和博弈中，虚拟行动在各种策略之间循环而不能达到唯一的混合策略均衡。人们本希望对于虚拟行动会达到纳什均衡这一点应存在一般性保证，但他的反例却占了人们希望的上风。在随后大约 15 年内，学习动态方面的研究戛然而止。

20 世纪 80 年代，理论学家复兴了虚拟行动方法，又重新用它来说明参与者是如何从各期的实际行为中而不是从心理上的模拟轨迹中学习的（Fudenberg and Kreps，1995）。

6.3.1　加权虚拟行动

张和弗里德曼（Cheung and Friedman，1997）最早全面地使用数据研究了信念学习。他们采用的是虚拟行动的加权形式和一个随机反应函数。加权虚拟行动的信念被定义为

$$E_i(s^j_{-i})(t) = \frac{I(s^j_{-i}, s_{-i}(t)) + \sum_{k=1}^{t-1} \phi_i^k \cdot I(s^j_{-i}, s_{-i}(t-k))}{1 + \sum_{k=1}^{t-1} \phi_i^k}$$

$$t = 1, 2, \cdots \quad (6.3.1)$$

（即 t 期前的观察值被赋予权重 ϕ^{t-1}）。加入权重 ϕ 是有意义的，因为标准的虚拟行动忽略了另一个参与者在过去何时做出了不同的选择。古诺最优反应动态由于只考虑了上一期发生了什么，因而在相反的方向出了错。加权虚拟行动是一个明智的折中。当 $\phi=1$ 时，加权虚拟行动是原始的虚拟行动；当 $\phi=0$ 时，它是古诺最优反应动态。[13]

表 6-7 列出了他们的博弈。他们以有趣的方式改变了匹配和各种历史记录的形式。在（标准）随机配对条件下，参与者每期都会重新随机配对。在"平均匹配"条件下，每个参与者选择一种策略，并获得与其他每个参与者进行匹配时所得支付的平均值。在（标准）无历史记录条件下，每个参与者只知道他们自己的历史记录；在历史记录条件下，参与者知道以前所有被选策略的分布情况。

表 6-7　张和弗里德曼所用的博弈

博弈	支付矩阵			
鹰-鸽	−2，−2		8，　0	
	0，　8		4，　4	
协调（猎鹿博弈）	5，　5		−1，4	
	4，−1		1，　1	
买者-卖者	2，　2		0，　3	
	3，−1		−1，4	
性别战	1，　3		−1，−1	
	−1，−1		2，　1	

资料来源：Cheung and Friedman（1997）.

参数是针对每个实验个体分别估计得到的。有许多大于 1 或者小于 0 的离群估计值（这表明参数的估计并不是很精确）。虚拟行动权重 ϕ 的中位数介于 0.25 和 0.50 之间，这更为接近古诺预测值 0 而不是虚拟行动预测值 1。

表 6-8 根据 ϕ 值将实验个体进行了分类。[14] 例如，可以接受 $\phi_i=0$ 的假设但拒绝 $\phi_i=1$ 则被归为古诺类型。$\phi_i=1$ 和 $\phi_i=0$ 均被拒绝则被归为适应性类型。ϕ 的大多数估计值倾向于两种情形，即或者包含一个极端而拒绝另一个（古诺和虚拟行动），或者同时包含两个极端（不提供信息）。在这四种博弈中，类型分布的差异并不明显。张和弗里德曼指出，由于参与者在知道所有人的历史记录时，或在与每个参与者配对并被支付

以平均值时，他们就会得到更多的信息，因此在这些情况下他们会给予新信息更大的权重（更高的 ϕ_i）并且反应更为敏感（更高的 λ_i）。这些预测是正确的。

表6-8 根据估计的虚拟行动权重分类的实验对象人数

博弈类型	易变型	古诺	适应性	虚拟行动	不提供信息
接受	$\phi_i<0$	$\phi_i=0$	$0<\phi_i<1$	$\phi_i=1$	$\phi_i=0,1$
拒绝	$\phi_i=0$	$\phi_i=1$	$\phi_i=0,1$	$\phi_i=0$	
鹰-鸽	15	31	8	31	41
协调	5	25	6	18	22
买者-卖者	4	37	9	17	25
性别战	4	51	6	18	18

资料来源：Cheung and Friedman（1997）。

6.3.2 一般信念学习

克劳福德（Crawford，1995；同见 Crawford and Broseta，1998）提出了信念类型的观点，并以此建立模型来分析如何用分散的初始信念和适应性动态的相互作用解释顺序统计量协调博弈中的收敛方式，范·哈依克、巴特里奥和贝尔（Van Huyck，Battalio, and Beil，1990，1991）早先研究过这类博弈（见第7章）。这些模型允许在信念和因参与者而异的冲击中进行一般性变化。

在这些博弈中，参与者选择从1到7中的一个数字，并且参与者 i 的支付依赖于他选择的数字 $s_i(t)$ 以及所有数字的顺序统计量 $y(t)$。支付通常是 $y(t)$ 的增函数，但却是 $s_i(t)$ 和 $y(t)$ 的偏差的减函数。在范·哈依克等人（Van Huyck et al.，1990）的模型中，顺序统计量是中位数。如果参与者选择的数字高于或低于这个中位数，参与者就会受到平方倍的惩罚，这使得参与者都寻求一致的中位数。在范·哈依克等人（Van Huyck et al.，1991）的模型中，顺序统计量是最小值。在这些"弱链"博弈中，如果参与者的选择大于最小值将会受到处罚，但是每个人都期望最小值高一些。

在中位数博弈中，初始的选择会比较分散，选择4和5的比较多，但都会在几个时期内迅速收敛于最初的中位数。在大群体的最小值博弈中，初始选择的分散性意味着他们选择的最小值通常很低，并且这些大群体通常在几期内就会收敛于最小值1。

克劳福德的分析利用了这样一个事实，即因为偏离了顺序统计量的参与者都将受到惩罚，所以没有必要区分参与者对顺序统计量的信念和他们的选择。根据适应性控制方面的文献，他假设参与者 i 的最初选择 $s_i(1)$ 和调整过的选择 $s_i(t)$ 分别是

$$s_i(1)=\alpha_0+\zeta_{i0} \qquad\qquad\qquad\qquad (6.3.2)$$
$$s_i(t)=\alpha_t+(1-\phi_t)y_{t-1}+\phi_i s_i(t-1)+\zeta_{it} \quad (t=1,2,\cdots) \quad (6.3.3)$$

在这两个等式中，参与者个体的反应取决于公共参数和一个因参与者而异的值 ζ_{it}。截距 α_t 表示各期选择中的漂移项，它对每个参与者来说都是相同的。较小的权重值 ϕ_t 表示对经验的反应更快。ζ_{it} 表示因参与者而异的最初信念以及对信念的冲击。[15]

在特定的参数限制下，这个模型会退化为虚拟行动或古诺动态。但整个模型是这些方法的一般形式，它包含了随时间而异的历史权重以及在信念方面的特殊变化（归因于灵感的突发或因公共事件而产生的相关心理冲击）。进行回归处理后，克劳福德指出，给定一组参数值就会得到唯一的选择路径和顺序统计量。如果权重（$1-\phi_t$）介于（0，$1-b$）之间，$b<1$，并且加总的共同漂移项 α_t 和冲击的方差 $\sigma^2(\zeta_{it})$ 都是有限值，那么所有的参与者最后都会选择相同的数字。直观地说，这意味着只要一组实验对象持续对经验做出反应，并且漂移项和心理冲击项跨期衰减，那么他们就会朝向均衡收敛（逼近一个彼此最优的反应点）。

这些条件暗示收敛都会发生，至于参与者会达到何种均衡，则不能可靠地依赖于初始条件和参数值（即仅知道初始条件和参数值不能精确地预测会发生什么情况）。正如克劳福德所强调的，这是实验观察必要性的一个证据：推理本身不能预测哪种路径会发生，所以要让人们参与到博弈中并观察会发生什么，这是充分理解这一体系的必要条件。

通常计量经济学的一些方法被用来估计模型的参数值。为了保留自由度，通常会采取一些无副作用的限制。α_0 的估计值是 4.75，它和第一期数据中主要倾向于选择 4 或 5 是一致的。第一期参与者心理冲击的方差 $\sigma^2(\varepsilon_t)=1.62$，意味着各参与者初始选择的标准差为 1.27。学习系数 $\hat\phi$ 是 0.42，这意味着相对于参与者自己前一期的选择（0.42），他们赋予了观察到的前一期中位数 y_t（0.58）稍高的权重。

在大群体的最小值行动博弈中，漂移项 α_t 在 t 个时期内都被限定为常数，但可以为非零。其估计值为 -0.27，这反映了各期数据的明显下降趋

势。惯性系数 $\hat{\phi}$ 的估计值大一些，为 0.75，表明参与者的惯性比在中位数行动博弈中要更大。

布罗塞塔（Broseta，2000）在克劳福德模型中增加了一个 ARCH（自回归条件异方差）修改系数。在 ARCH 中，各期的无条件心理冲击方差 $\sigma^2(\zeta_{it})$ 随时间存在正的自相关。即，$\sigma_t^2 = k_{0t} + k_1 \sigma_{t-1}^2$，其中 k_{0t} 是无条件方差的因时期而异的成分，而 k_1 体现了相邻两期参与者自有方差之间的联系。如果 $k_1 > 0$，则当参与者 i 在某期具有很大绝对值的特有心理冲击时（指在 t 时期参与者 i 的 ζ_{it}^2 很大），那么在随后时期他的心理冲击可能也会很大（即 ζ_{it+1}^2 也会很大）。当条件方差处于适当的条件时（$k_{0t}s$ 很快地收敛于 0，且 k_1 不是过于接近 1），ARCH 过程将导致参与者的选择在极限处收敛，这和在克劳福德模型中是一样的。

ARCH 的方法类似于一种对被忽略变量的多项修订，而这些变量会持续影响参与者的预期。如果允许各期的误差方差存在相关性，那么即使人们不能精确地指出哪个变量被忽略了，也能改善整个模型的拟合性。布罗塞塔（Broseta，2000，34 页）解释说：

> 为了直觉上的感受，假设因为某些未知的认知原因，实验对象 k 希望能获得较大的顺序统计量值，且相应地希望在时间 t 能具有一个高收益水平。那么我们应该期望能观察到一个较大的（在本例中又是正的）事后预测误差 ε_{kt}。在 y_t 值被公开后，所有的参与者都会更新他们的信念。但如果他们的行为太敏感……那么在不远的将来，特定自有的差异很可能会持续下去。我们尤其期望，由于参与者 k 坚持"乐观的"信念，因此他或她仍希望能获得较高值的 y_{t+1}，于是这将导致事后出现一个较大（且为正）的 ε_{kt+1} 值。

ARCH 模型虽然比较简单，但它的拟合性更好。布罗塞塔加入了一些经济意义上的限定。大部分的系数类似于克劳福德模型之中的那样。在中位数和最小值行动博弈中，ARCH 持续系数 k_1 的估计值分别是 0.40 和 0.63，这都是很大的。

还有许多其他论文也研究了信念模型，但本书并没有详细地讨论它们。库伯、加文和卡格尔（Cooper, Garvin, and Kagel，1997a，b）将信念学习模型应用于存在进入壁垒的信号传递模型。第 8 章讨论了他们的研究，以及布兰德茨和霍尔特（Brandts and Holt，1993，1994）、安德逊和凯莫勒（Anderson and Camerer，2000）在信号传递博弈中有关信念学习的相关研究。在重复剔除占优可解的"旅行者困境"（见第 5 章）的研究中，卡普拉等人（Capra et al. , 1999）对一个虚拟行动模型进行了拟合，他们预测的方向是正确的，但低估了变化的幅度（只是真实情况的四分之一）。在包含虚拟行动的协调博弈中，塞夫顿（Sefton, 1999）将学习进行了模型化处理。

6.3.3 学习方向模型

学习方向理论致力于预测的仅是，在参与者可能只知道变化的理想方向的低信息环境下，人们选择变化的方向问题。泽尔滕经常提到射手朝一个目标射箭的例子。如果箭射在了靶心的左边，射手将知道要朝右边一点瞄准，但仅知道这么多而已。

虽然学习方向理论并没有得到过完全的确认，但可以把它解释为信念学习的相关理论，其中它把古诺动态的因素（越来越接近事后的最优反应）与习惯或惯性进行了结合。泽尔滕和斯多克（Selten and Stöcker, 1986）是最早用学习方向理论来分析有限次重复囚徒困境的实验数据的。他们的实验对象参与了 25 列实验，每列都包含十期的重复囚徒困境博弈。他们把具有下述特征的一列定义为"合作行动"列，即其中两个参与者首先至少四次同时选择合作，然后一个参与者在至少一个后续时期里选择背叛，此后两个参与者在所有的剩余时期都选择背叛。因为大部分的列都具有这种特征，因此用每列中第一次发生背叛的时期来刻画该列的特征就是合理的。表 6 - 9 列举了六组实验的数据，每一组由 25 列实验组成，将每三列作为一个实验群，再求出每一群中平均出现背叛的时期。[16] 每一组的情况各不相同——例如，在第 I 组和第 IV 组，背叛大多发生在第六和第七期，而在其他组则发生在第八期或更晚，并且参与者选择背叛的时期随列数的增加而越来越提前。

在他们的学习方向模型中，每个实验对象都有一个企图背叛的时期 k。企图比其对手背叛得更晚的参与者（即对手在他们之前背叛）以概率 α 来将他们的背叛期 k 提前一期。与其对手同时背叛的参与者以概率 β 来将他们的背叛期 k 提前一期。[17]

表 6 - 9 十期囚徒困境博弈中的企图背叛的平均时期

序列	组						
	I	II	III	IV	V	VI	总计
13—15	7.7	8.8	10.1	7.6	10.0	10.2	9.1

续表

序列	组						
	I	II	III	IV	V	VI	总计
16—18	7.0	8.5	9.9	7.3	9.3	9.9	8.7
19—21	6.4	8.0	9.8	6.8	9.2	9.2	8.2
22—25	5.7	7.8	9.5	6.1	8.7	8.5	7.6

资料来源：Selten and Stöcker (1986).

若参与者在其对手之前背叛，他以概率 γ 来将其背叛期 k 延后一期。在大多数情况下（65%），参与者像学习方向理论所预测的那样改变他们的背叛时期；在另外 35% 的情况下，参与者与理论的预测相反。通过计算变化的相对频率，我们得到 α、β、γ 的中位数估计值分别为 0.500、0.135 和 0.225。差额 $\alpha+\beta-\gamma$ 的中位数估计值为 0.45，78% 的针对个体的估计值是正数，且利用这些参数得出的稳态计算暗示，从长期来看在实验的起始阶段就会立即发生背叛。

学习方向理论为学习建立了一个简单的框架，并且通常能预测其他研究中大多数方向性变化。然而，由于学习方向理论的预测如此平淡无奇，因此很难形成全面的影响力。这种向最优反应的同一类运动通常更多地被植入信念学习或 EWA 学习等理论。在那些理论中，当对未选策略支付的强化足够高时，参与者会使各种选择的概率值趋于最优反应状态，这与学习方向理论的推断正好相同。

另外，定义事后最优反应为

$$b_i(t) = \arg\max_{s_i^j} \pi_i(s_i^j, s_{-i}(t))$$

学习方向理论仅预测参与者可能选择 $s_i(t)$ 和 $b_i(t)$ 之间的策略。但是想象这样一种博弈，在其中处于 $[s_i(t), b_i(t)]$ 之间的策略的支付都很低。对于这些内部的低支付策略是否会被采用，学习方向理论无法做出任何有关的预测。而对未选策略支付较为敏感的理论（如信念理论和 EWA 理论）却能准确地预测区间内哪个策略更可能被采用。因此当可接触的信息更多时，学习方向理论的预测就得到了进一步精确。

6.3.4 贝叶斯学习

考克斯、夏查特和沃克（Cox, Shachat, and Walker，2001）最早对乔丹（Jordan，1991）的贝叶斯学习模型进行了实验检验。在那个模型中，参与者不确定其他参与者的具体支付状况，但是每个支付矩阵被采用的先验概率是共有知识，并且随着时间的推移，他们能从其他参与者的行动中进行学习，从而获知哪种支付矩阵得到了采用。乔丹指出，在有限次博弈中，贝叶斯学习过程会达到纳什均衡（并且有时它还会对一组均衡进行精炼）。虽然乔丹的结论是可靠的，但是它仅能解释参与者是如何对获知其他参与者的支付进行学习的，而不能解释是如何对获知其他参与者的可能行动进行学习的。在支付情况为共有知识的实验中，乔丹的模型预测均衡将立即出现，这是极为罕见的。由于在这些较简单的情形下，模型的预测居然是错误的，因此它不是最优的一般性方法。尽管如此，它还是在不完全支付信息博弈中做出了一些有趣的预测，这很值得我们进行研究。

在考克斯等人的实验中，行参与者的支付水平由四个支付矩阵（每个矩阵被采用的先验概率是共有知识）中的一个来给出，而列参与者的支付由两个矩阵中的一个来给出。表 6-10 列出了所有的矩阵。每个实际的博弈都是一个行参与者支付矩阵（括号中给出了每种支付矩阵的先验概率）和一个列参与者支付矩阵的联合体。参与者知道他们自己的矩阵，但不知道其他参与者采用了哪个矩阵。

沿着贝叶斯均衡的路径，随着时间的推移，参与者不仅采取行动，同时还学习有关其他参与者的支付矩阵（以及其他参与者可能的行动）。（许多理论家喜爱这个模型，因为它刻画了"均衡学习"的特征——也就是说，参与者一直在改变他们自己的行为，但是在给定信息的条件下，他们还能经常正确预期到其他参与者的行为。）

表 6-10　贝叶斯（乔丹）学习理论实验中采用的博弈

	行参与者的支付矩阵								列参与者的支付矩阵			
	A (3/8)		B (1/8)		C (3/8)		D (1/8)		B (1/2)		D (1/2)	
	左	右	左	右	左	右	左	右	左	右	左	右
上	1	2	0	3	1	0	3	0	0	2	3	1
下	0	0	2	2	2	2	1	1	3	2	0	1

资料来源：Cox, Shachat, and Walker (2001)。

举例说明，假设某种矩阵联合体为行参与者选取 C 而列参与者选取 B（用 CB 表示）。因为行参与者有一个占优策略，因此他当然会选择"下"从而获得 2。列参与者知道，矩阵是 A 的可能性为 3/8，这种情况下行参与者会选择"上",矩阵是 C 的可能性也为 3/8,而这种情况下行参与者会选择"下"。在均衡处,当矩阵是 B 时行参与者同样选择"下",而当矩阵为 D 时则选择"上"(这些推论得自更为精密的推理)。如果列参与者预期到这些行动及其概率,那么他会推断出,从矩阵 A 到 D 行参与者的行动将会依次是上、下、下、上。因此,在给定每个矩阵的先验概率时,行参与者采取"上"或"下"的概率为 50%-50%。如果列参与者这样进行猜测,并且已知他自己的支付来自矩阵 B(在我们这个 CB 联合体的例子中),那么他会选择"右"从而得到 2。因此,当矩阵联合体为 CB 时,乔丹路径将预测时期 1 的博弈结果为(下,右)。

要注意的是,如果他们采取(下,右),那么列参与者获得 2,并且同时也意识到行参与者的矩阵是 B 或 C。这样,列参与者推断行参与者会一直采取"下",因此他会转而选"左"从而获得 3。因此时期 2 的预测结果为(下,左)。到此为止就没有更多可供学习的东西了,于是在后面各期参与者将一直采取(下,左)(这是一个贝叶斯纳什均衡)。

正如上面提到的,在时期 1 具有矩阵 B 和 D 的两类参与者分别会选择"下""上",或"右"和"左"。行参与者在 70% 的情形下的选择情况符合预测的结果,而列参与者在 60% 的情形下是这样的。在时期 2(基于时期 1 的历史条件)相应的比率为 54% 和 69%。这样看来,参与者大致上遵循了乔丹路径,但同时也存在许多偏差。

表 6-11 列举了从时期 3 开始(根据推理,从此时起乔丹路径已处于均衡位置)每种策略组合和矩阵组合的相对概率,这是根据匹配方案得到的平均值。乔丹预测用黑体字表示。当行参与者具有一个占优策略时,在矩阵组合(AB,AD)和(CB,CD)中,超过 90% 的策略组合符合乔丹和纳什的预测。在矩阵组合 DD 中,乔丹预测(上,左)同样是较为准确的(70%),但在矩阵组合 BB 中,预测的结果(下,左)仅有三分之一的时间得到采用。在博弈 DB 和 BD 中,乔丹和纳什预测结果是混合策略均衡,其中(上,左)最为罕见,而(下,右)最为常见,并且符合对各策略组合的频率次序的预测(正如第 3 章中所描述的大多数混合博弈那样)。

表 6-11　第三期起贝叶斯学习实验中的结果

矩阵组	策略组			
	(上,左)	(上,右)	(下,左)	(下,右)
AB	0.03	**0.97**	0.00	0.01

续表

矩阵组	策略组			
	（上，左）	（上，右）	（下，左）	（下，右）
AD	**0.91**	0.05	0.05	0.00
CB	0.00	0.00	**0.96**	0.04
CD	0.00	0.00	0.09	**0.91**
BB	0.13	*0.26*	**0.37**	0.23
DD	**0.70**	0.08	0.10	*0.12*
BD	0.14	0.23	0.32	0.31
DB	0.14	0.27	0.23	0.35
混合策略预测(DB，BD)	0.11	0.22	0.22	0.44

资料来源：Cox，Shachat，and Walker（2001）。

注：乔丹预测用黑体字标出；与乔丹预测不符的纳什预测用斜体标出。混合策略预测适用于博弈 DB 和 BD，且在博弈 DD 和 BB 中也是纳什均衡（但不是乔丹预测）。

乔丹模型的预测结果微妙地取决于参与者在头两期的选择必须是正确的。考虑到这个缺陷，上面的结论是令人振奋的。同时，这些博弈仅是 2×2 形式的，而且行参与者有时还具有占优策略，因此贝叶斯学习并不只是在推算上存在困难。构造稍微复杂一点的博弈，以使得短期内不太可能形成乔丹路径，这应该是比较容易的事。

6.3.5 对信念的直接衡量

实验经济学中的一些研究通过使用激励相容的"得分规则"，来诱使参与者做出的声明是经过深思熟虑的，从而对参与者的信念进行衡量。[18]麦克尔维和佩奇（McKelvey and Page，1990）在其先驱性的研究中，通过引入信念来检验信息的积累。在 1988 年，魏格尔特和我引入信念来检验信号传递和信任博弈中有关均衡外信念的精炼预测（Camerer，Ho，and Chong，2002b）。卡加莱内和我（Karjalainen and Camerer，1994）发现在协调博弈中引入信念可能是多余的，这反映了策略不确定性所导致的对模糊的规避。

几年后，尼亚科和朔特（Nyarko and Schotter，2002）引入信念来回答了一个明显却尚未有答案的问题——信念是否符合虚拟行动。（答案为否。）他们使用了一个具有唯一混合策略均衡（MSE）的 2×2 博弈，这在表 6-12 中列了出来。实验对象在四个实验组中进行了 60 轮实验，这些实验分别是在具有和不具有信念引入的两种情形下运用随机配对方案和固定配对方案进行的。与其他混合博弈一样（见第3章），所有时期的实际频率都在等概率随机选择和 MSE 预测之间。

表6-12　尼亚科和朔特的混合策略博弈

行参与者的策略	列参与者的策略		MSE 预测	相对频率
	绿	红		
绿	6, 2	3, 5	0.40	0.46
红	3, 5	5, 3	0.60	0.54
MSE 预测	0.40	0.60		
相对频率	0.39	0.61		

资料来源：Nyarko and Schotter（2002）.

因为信念是直接进行衡量的，所以就可以用设定的信念来拟合一个加权虚拟行动模型，以观察这个模型是否能很好地解释信念。这些拟合得到的相关系数 ϕ 很接近 1[19]，但是设定的信念与模拟出的信念一般相差甚远。一个关键的问题是，ϕ 接近 1 的虚拟行动对所有早先的观察值进行了平均，并且在大概 20 期后迅速地稳定下来。但是设定的信念在每一期各不相同，而且不存在收敛。参与者的行动也更像是给定设定信念的最优反应，而不是给定虚拟行动信念的最优反应。然而，相对于虚拟行动信念来说，设定的信念是对对手实际行为稍差的预测（即如果实验对象运用虚拟行动信念而不是他们实际上所猜想的信念，那么他们就可能获得更多）。

尼亚科和朔特的结论表明，在这些博弈中，虚拟行动对于设定的信念来说是一个较差的模型。信念的形成所基于的信息可能比虚拟行动所使用的要多，或者可能反映了随时间而变化的权重（参见 Camerer and Ho，1996b），甚或是老练地猜透其他参与者学习的方式。

6.3.6　群体的模仿者动态

张和弗里德曼（Cheung and Friedman，1998）将模仿者动态应用在鹰-鸽和买者-卖者博弈中，并把它和个体学习进行了比较。[20]在模仿者动态中，群体中采用某一策略的人数百分比与此策略的相对支付优势等比例地增长。策略1的支付优势，等于策略1的期望支付减去群体的人均支付，即 $(1-S_t)R(S_t)$，其中 S_t 是采取此策略人数的比例。模仿者动态被定义

为 $(S_{t+1}-S_t)/S_t=\beta(1-S_t)R(s_t)$，其中 β 是一个速度调整参数。要注意的是，模仿者动态只预测总体的平均值是如何变化的，它并不预测每个个体会如何改变他们的行为。

张和弗里德曼通过将群体频率的百分比变化与历史的相对支付优势做回归，来对模仿者动态进行检验：

$$\delta S_{t+1}/S_t=\alpha+\beta \cdot (1-S_t)R(S_t)+\gamma \cdot \mathrm{MM} \cdot (1-S_t)R(S_t)+\varepsilon_t$$
(6.3.4)

截距 α 体现了选择策略 1 的趋势（它很难用标准模仿者动态来解释）。变量 MM 是虚拟变量，如果数据来自均值匹配方案，MM 就等于 1，所以 γ 衡量了由均值匹配方案进行调整的速度而引起的变量的任何增长。

表 6 - 13 列出了这些结果，并将模仿者动态的精确性与加权虚拟行动（FP）做了比较。β 的估计值在确保稳定性所需的范围之内。$\hat{\gamma}$ 的估计值为正，这表明在实验对象知道更多信息的均值匹配条件下，调整的速度更快。

表 6 - 13　模仿者动态的系数

样本	估计值			平均绝对偏差	
	$\hat{\alpha}$	$\hat{\beta}$	$\hat{\gamma}$	模仿者	加权虚拟行动
鹰-鸽	−0.08（0.01）	0.50（0.04）	0.39（0.06）	0.119	0.117
买者	0.23（0.05）	0.60（0.26）	0.23（0.54）	0.22	0.16
卖者	−0.07（0.51）	0.49（0.03）	0.48（0.14）	0.19	0.16

资料来源：Cheung and Friedman (1998).
注：参数为标准差。

虽然模仿者动态在演化博弈论中很受欢迎，但作为一种得自实验室中的群体学习理论，它仍存在三个问题。第一，它的拟合性不是很好：来自群体实际频率的绝对平均误差一般都比加权虚拟行动大。第二，没有合理的原因要求截距 $\hat{\alpha}$ 为非零——严格地说，非零的 α 意味着，即使当策略 1 没有支付优势时（例如，在混合策略均衡中），仍然有采取策略 1 的趋势（对买者来说）或拒绝这一策略的趋势（在鹰-鸽实验中或对卖者来说）。第三，在买者-卖者博弈中，模仿者动态将"保持区域性"，这意味着，如果群体是在接近均衡处的某些群体频率领域开始的，那么长期并没有驱使群体朝均衡移动的动力。然而，实际行为却向均衡处移动。这些缺陷说明相对于个体模型来说，很难将模仿者动态作为高信息条件下人类学习的最优模型。

小结

长期以来，存在这样一种自然的模型，其特点是在博弈中参与者能通过更新有关别人行为的信念来学习。克劳福德和布罗塞塔、张和弗里德曼、库伯和卡格尔、卡普拉等人，以及塞夫顿的实证性论文都集中讨论了这类模型。他们的研究表明，基于信念的模型从效果上一般要优于纳什均衡。但是，因为没有将这些模型和其他模型作过比较，所以很难知道它们的拟合性是否真的不错；下一节表明它们的拟合性要弱于其他模型。

有一项研究显示，在简单条件下乔丹的贝叶斯学习模型的预测性很好，但这一模型不能解释完全信息博弈中的学习，并且在更复杂的博弈中预测性很差。尼亚科和朔特对实验对象在一个 2×2 混合均衡博弈中的信念进行了直接衡量。设定的信念持续地偏离于虚拟行动信念（即使对设定信念的估计并不是很精确），这提出了一个很重要的问题，即如果虚拟行动不能描述设定的信念的变化特征，那么何种模型能够胜任。

6.4 模仿学习

人们经常通过模仿他人的行为来学习。在动物或儿童中模仿行为尤其普遍。同时，模仿给人们如何节省精力带来了良好的启发，因为参与者只需重复选择所观察到的策略，而无须形成自己的信念或评估所有的策略（参见 Schlag，1999）。

胡克、诺曼和奥奇斯勒（Hück，Normann，and Oechssler，1999）研究了古诺寡头市场中的模仿情况。四个参与者同时选择了区间 $[0，100]$ 中的产量 $q_i(t)$。价格由反需求函数 $P(t)=100-Q(t)$ 决定，其中 $Q(t)=\sum_{i=1}^{4}q_i(t)$ 是总产量。对所有参与者来说边际成本都是 1，所以单个参与者的利润是 $\pi_i(t)=q_i(t)(P(t)-1)$。这四个参与者在 40 期的每一期都选择一次产量。胡克等人比较了四种条件下参与者的行为，设计这些条件的目的是为了能够对要求不同信息的学习理论进行检验。表 6-14 列出了这四种主要的信息条件。

表 6-14　胡克等人博弈中的信息条件和产量预测

条件	厂商 i 的信息		预测的产量 $Q(t)$		平均 $Q(t)$（标准差）
	信息	产量，利润	古诺	模仿最优	
BEST	需求，成本	$Q(t)$	79.2	n/a	82.56（2.5）
FULL	需求，成本	$q_j(t)$，$\pi_j(t)\,\forall j$	79.2	99	91.60（6.5）
IMIT	无	$q_j(t)$，$\pi_j(t)\,\forall j$	n/a	99	138.85（31.6）
NOIN	无	$\pi_i(t)$	n/a	n/a	93.55（14.7）

资料来源：Hück，Normann，and Oechssler（1999）.

通过简单的计算（比如本书的很多读者都把它当作了家庭作业）就能得出总产量的三个基准预测。古诺-纳什均衡是 $Q(t)=79.2$。瓦尔拉斯均衡或竞争均衡结果（当价格等于边际成本时）是 $Q(t)=99$。最大化行业利润的共谋结果是 $Q(t)=49.5$。胡克等人研究的焦点在于不同信息条件下的学习动态过程。他们加入惯性的方式是，在每期只允许厂商有 1/3 的概率来改变其产量。惯性稳定了古诺最优反应动态。[21]

这些信息条件区分了最优反应和模仿学习的预测情况。如果参与者根据古诺动态来学习，他们能以最好（BEST）和最全面（FULL）的信息来计算最优反应，这样总产量收敛于 79.2。由于他们不能计算出 NOIN、IMIT 和 IMIT＋条件下（只知道产量和利润，而不知道成本）的最优反应，因此古诺学习理论在这些条件下无法预测。

模仿动态预测，在 FULL、IMIT 和 IMIT＋条件下，参与者将收敛于竞争产量 99，这是因为他们知道最成功的生产者的产量。由于在 BEST 和 NOIN 条件下他们不知道应该去模仿谁，因此在这些条件下模仿理论无法做出预测。

在 BEST 条件下，产量缓慢地降低，最终趋于古诺-纳什预测的 79。在 FULL 条件下，产量向瓦尔拉斯预测的产量 99 攀升。由于在 FULL 条件下实验对象知道个体的产量和利润，并且模仿最优动态预测将达到瓦尔拉斯预测，因此这可以作为发生了模仿的第一个证据。在 IMIT 和 IMIT＋条件下，产量的波动很大。然而，在 IMIT＋条件下有明显的趋势表明产量将收敛于瓦尔拉斯预测的产量 99。在 NOIN 条件下，初始阶段产量会有大幅度的波动，随后也会向瓦尔拉斯预测的 99 攀升。

胡克等人用一个多项回归来描述学习的特征，从而把各期产量的变化 $q_i(t)-q_i(t-1)$ 与各种理论预测的产量变化联系起来。定义实验对象 i

对 $t-1$ 期产量的最优反应为 $r_i(t-1)$，同期利润最大化的厂商产量是 $b(t-1)$，其他厂商的平均产量是 $a_i(t-1)$。则回归函数为

$$
\begin{aligned}
q_i(t)-q_i(t-1)=&\beta_0+\beta_1(\gamma_i(t-1)-q_i(t-1))\\
&+\beta_2(b(t-1)-q_i(t-1))\\
&+\beta_3(a(t-1)-q_i(t-1))+\varepsilon_{it}
\end{aligned}\tag{6.4.1}
$$

相关系数 β_1、β_2、β_3 分别度量了由最优反应、模仿最优和模仿平均所预测得到的产量在方向上变化的程度。表 6-15 总结了对各实验对象汇总的结果。

表 6-15　胡克等人博弈中的产量变化的回归系数

变量	系数	估计的系数			
		BEST	FULL	IMIT	IMIT+
最优反应	β_1	0.430 (0.038)	0.366 (0.044)	—	—
模仿最优	β_2	—	0.110 (0.038)	0.465 (0.046)	0.435 (0.040)
模仿平均	β_3	0.340 (0.038)	0.344 (0.038)	0.151 (0.048)	0.273 (0.047)
	R^2	0.410	0.507	0.356	0.439
	N	610	631	620	533

资料来源：Hück, Normann, and Oechssler (1999).

所有相关系数的显著性都很高。在 FULL 条件下，最优反应效应（0.366）要比模仿最优效应（0.110）强得多。但是在 IMIT 和 IMIT＋条件下最优反应是无法进行计算的，此时模仿最优表现得最为突出。

博世-德蒙尼奇和弗雷恩德（Bosch-Domenech and Vriend，待出）也研究了在两厂商和三厂商（两家卖主垄断市场和三家卖主垄断市场）的产量设定实验中的模仿情况。表 6-16 列出了共谋、古诺-纳什和瓦尔拉斯的竞争结果。[22] 参与者在 8 到 32 之间同时各选取一个产量，这种行为进行了 22 期。和胡克等人一样，他们通过改变信息条件来观察何时模仿最为普遍。在所有条件下，参与者都学习了所有厂商的产量和利润的历史记录。在"简单利润表"条件下，参与者可以看到一个利润表，其中给出了各种产量组合下的可能利润。在"复杂利润表"条件下，他们获得同样信息的

方式是不透明的，即"对应所有的产量级别和可能的成本级别，对市场价格进行数字变换，这是一种给参与者增加困难的安排。"在 IMIT＋条件（他们称之为"最复杂的利润表"）下，实验对象仅被告知当累计产量更高时价格会更低。

回忆一下，由于最成功厂商的产量最高，因此从理论上来说对最成功厂商的模仿会导致实验对象达到瓦尔拉斯竞争结果。博世-德蒙尼奇和弗雷恩德推断，因为在复杂支付表条件下计算最优反应（在限制每轮仅有 1 分钟的时间压力下）更为困难，甚至在 IMIT＋条件下几乎是不可能的，所以在这些条件下参与者会更多地去模仿最成功的参与者，并趋向于生产更高的（瓦尔拉斯）产量。

表 6–16 列出的最后两期的产量只能较弱地支持这一假设。从简单利润表到复杂利润表再到 IMIT＋条件，实验对象计算最优反应将越来越困难，而产量的确有了轻微增长，但一般却显著低于瓦尔拉斯产量（为 30）。

表 6–16　两家卖主垄断市场和三家卖主垄断市场实验中的最终产量

实际产量统计	信息条件			预测		
	简单利润表	复杂利润表	IMIT＋	共谋	古诺–纳什	瓦尔拉斯
两家卖主垄断市场						
平均	18.2^a	23.4^b	22.4^b			
中位数	20	24	20	15	20	30
众数（％）	15(39％)	20，32(17％)	15，30(17％)			
三家卖主垄断市场						
平均	23.7^a	24.3^{ab}	26.4^b			
中位数	23	24	27	15	22	30
众数（％）	23(28％)	18，20，25(11％)	24（17％）			

资料来源：Bosch-Domench and Vriend（待出）.

注：特定的字母上标代表在 $p < 0.05$ 的水平上（单侧 Wilcoxon 检验）并无显著性差异的产量。

小结

产量设定实验中参与者的行为表明，最优反应学习和模仿学习同时存在。这些结论以及下面将讨论的斯达尔（Stahl，2001）的结论，意味着应该把模仿严格地视为学习的一种经验性来源。但是，对于更为一般性的学习类型来说，模仿还可能是一种启发式捷径。

6.5　比较研究

最近的很多研究以不同的"赛马"①方式来对各种模型进行了比较。这些比较比前面讨论过的研究提供了更多的信息，因为很有可能一些适应性规则是某一类似的或更一般化的规则的近似表达，而只有通过比较才能揭示这些规则的缺陷。

6.5.1　对信念模型的比较

波依兰和埃尔-盖莫尔（Boylan and El-Gamal，1993）用贝叶斯过程对古诺最优反应动态和虚拟行动的相对精确性进行了推论。他们以每种理论为真时的先验概率作为开始。然后通过模拟来得到不同观测值的似然性。应用先验概率、模拟出的似然性以及实际数据，我们就能以贝叶斯规则来推断出每个理论为真时的后验概率。他们把这一方法用于诺特和米勒（Knott and Miller，1987）的占优可解博弈及库伯（Cooper，1990）等人的协调博弈实验。古诺在占优可解博弈中效果要差得多，而在协调博弈中与其他理论的效果相当，所以总体上来说古诺要差一些。

贝叶斯方法的一个巨大优点在于能从各种实验中自然地对结论进行整合。例如，如果一种理论对某一数据集解释得较好而对另一数据集解释得较差，那么通过把似然比率都相乘起来（这是假设实验互相独立的一种方案，但有时候并不是这样的），通常就能找到整体上最好的理论，而不是仅仅得到结论认为某种研究为各种理论提供了支持。

6.5.2　对信念和强化模型的比较

一些研究比较了信念和强化学习理论。

霍和魏格尔特（Ho and Weigelt，1996）对具有多重纯策略均衡的两人协调博弈进行了研究（见第 7 章）。他们比较了四种学习理论模型。其中一种模型是强化的简单形式（一种"证明"形式），它主要假设支付的效用是非常凹的。其他三种模型是古诺最优反应动态、强化模型和虚拟行

---

①　这里作者把各种模型比喻为良马。——译者注

动，它们都是对无学习基准的适当改进。虚拟行动的拟合性最好。

早期较为彻底的研究是由莫克基希和索弗（Mookerjhee and Sopher, 1997）完成的。他们比较了虚拟行动、古诺以及三种类型的强化学习在两个常和博弈中的表现。他们采用的是四策略或六策略的博弈，这比只有两策略的博弈更能区分不同的理论（参见 Mookerjhee and Sopher, 1994; Salmon, 2001）。第 3 章讨论过他们的博弈。

他们的模型具有很强的一般性。每个策略 s_i^j 都有一个分值，它是每个参与者 i 的 m_i 个策略的吸引力 $A_i^j(t-1)$ 的加权线形组合。t 时期策略 s_i^j 的分值是 $S_j(t)=\sum_{k=1}^{m_i} \alpha_{jk} \cdot A_i^k(t-1)$。每种策略被采纳的概率是 Logit 形式 $P(s_i^j)(t)=e^{S_j(t)}/\sum_{k=1}^{m_i} e^{S_k(t)}$。这一规定使得策略 k 的吸引力可以通过相关系数 α_{ik} 来影响另一策略 i 的分值。如果一种策略的吸引力对其他策略选择概率的影响各不相同，那么就会出现交叉效应，例如一些策略更相似，或被作为近似替代策略来对待。莫克基希和索弗用 Logit 回归来估计概率反应模型，这些模型是在六种关于吸引力是如何被决定的假设下给出的。其中三种假设假定了某种类型的强化学习，另外三种假设与信念学习类型相符合（古诺模型以及具有不同平均值 i 的虚拟行动模型）。古诺模型的拟合性很差。强化模型的拟合性比基于信念的模型稍微好一些。大多数个体的交叉效应项不具显著性，但全为 0 的限制条件在 1% 的显著水平上经常被拒绝。总而言之，莫克基希-索弗的发现只能证明强化模型稍强一些。

汤的专题论文（Tang, 1996）公布了具有混合策略均衡的三个博弈的实验结果。他用这些数据详细说明和估算了大量学习理论模型。由于学习模型的估算很复杂，其结论也不是总结性的，并且根据所使用的统计数据（MSD）也不能推断出哪种模型最精确，因此我决定不对学习模型的估算进行详细讨论（第 3 章已经给出了这些数据）。然而，虚拟行动的各种变形都比强化模型差得多。唯一能与强化模型媲美的是规则学习，在规则学习模型中参与者可以改变赋予各种规则的权重。没有哪个模型比只使用选择频率观察值的模型要好得多。

巴特里奥、萨缪尔森和范·哈依克（Battalio, Samuelson, and Van Huyck, 2001）比较了三个具有不同最优反应特性的猎鹿博弈（更多有关协调博弈的内容请见第 7 章）。表 6-17 列出了这些博弈。这三个博弈都有相同的纳什均衡——一个在（X, X）处的有效均衡；一个在（Y, Y）处的无效均衡；以及一个混合策略均衡，其中参与者以 0.8 的概率选择 X 策

略。但是，对于任何有关对手选择策略 X 的概率的信念 q 来说，策略 X 和
Y 之间的支付之差 $r(q)$ 在博弈 2R 中等于 $50q-40$，在博弈 R 中等于
$25q-20$，而在博弈 0.6R 中等于 $15q-12$。并且博弈 2R 中的支付微分是
博弈 R 中的两倍，博弈 0.6R 中的支付微分是博弈 R 中的 0.6 倍。直观上
说，当支付差 $r(q)$ 更大时，收敛的速度似乎会更快。

表 6-17　巴特里奥等人的猎鹿博弈

参与者 1 的选择	参与者 2 的选择	
	X	Y
博弈 2R		
X	45，45	0，35
Y	35，0	40，40
博弈 R		
X	45，45	0，40
Y	40，0	20，20
博弈 0.6R		
X	45，45	0，42
Y	42，0	12，12

资料来源：Battalio，Samuelson，and Van Huyck (2001).

　　图 6-3 对这些结论进行了总结。图像显现了在 75 个时期内选择策略
X 的参与者的百分比（每五个时期作为一个实验段）。在起始阶段，大部分
的组中选择 X 的实验对象的比例都在 80％以下。当支付导数较高时，收敛
的速度确实也快一些。在两个 0.6R 实验和一个 R 实验中，虽然一开始选
择 Y 的比例足够高而使得均衡可能收敛于（Y，Y），但是参与者在 0.80
处的"分界线"上来回波动一段时间后，最终收敛于有效均衡。

　　在巴特里奥等人更早的论文（Battalio et al.，1999）中，他们对三种
学习模型进行了拟合。虚拟行动被用以计算期望收入差异 $r(y_{it})$，而参与
者选择策略 X 的概率为

$$P_{it}(X) = \frac{e^{\alpha_i + \lambda_i r(y_{it})}}{1 + e^{\alpha_i + \lambda_i r(y_{it})}} \tag{6.5.1}$$

　　因参与者而异的常数 α_i 表示的是选择策略 X 的内生偏好（如果 α_i 为
负则表示不偏好）。他们也对一个平均强化模型进行了拟合，其中 r_{it} 是所

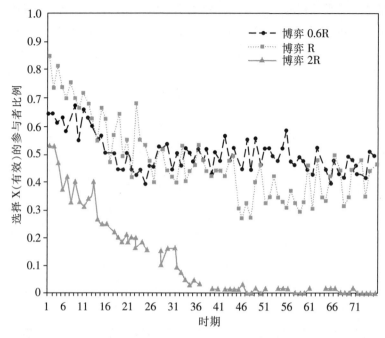

图 6 - 3　具有不同反应导数的猎鹿博弈中选择有效均衡（X）的百分比

资料来源：根据 Battalio，Samuelson，and Van Huyck（2001）的数据。

获支付的平均值。表 6 - 18 总结了三种模型从时期 1 到时期 40 的拟合性，方法是分别使用期望支付 $r(y_{it})$、平均收益 r_{it} 或把这两项结合起来。信念模型 $r(y_{it})$[①] 的拟合性比平均支付强化模型拟合得好，而把这两项进行结合的模型的拟合性则更强。但是这种结合是一种极不平衡的混合（就好比在炖肉时，把一匹马和一只兔子混在一起下锅），这是因为期望支付项的系数估计值大约是强化项的十倍。

表 6 - 18　学习模型系数

模型	α	获得的支付 r_{it}	期望支付 $r(y_{it})$	虚拟变量 2R	虚拟变量 0.6R	对数似然估计值
强化	1.031 (0.07)	0.173 (0.01)	—	−1.322 (0.12)	n/i	−1 783
信念	1.856 (0.09)	—	0.348 (0.02)	n/i	n/i	−1 510

----

① 原文为 r_{it}，疑误。——译者注

续表

模型	α	获得的支付 r_{it}	期望支付 $r(y_{it})$	虚拟变量 2R	虚拟变量 0.6R	对数似然估计值
两者结合	2.963 (0.19)	0.048 (0.01)	0.422 (0.02)	−1.742 (0.26)	−1.810 (0.19)	−1 433

资料来源：Battalio，Samuelson，and Van Huyck（1999）。

注：括号中是标准差。因参与者而异的截距以及反应敏感度参数被定义为是与一些共同项的差异；在表中所列出的项都是共同项。表中只给出了在逐段拟合中具有显著性的变量。未被录入的变量以"n/i"标识。

费尔托维奇（Feltovich，1999，2000）研究了不对称信息条件下的两阶段博弈。他的博弈很有特点，因为参与者在第一个阶段的行动不仅获得了支付，并且还（潜在地）揭示了哪种博弈得到了执行。表 6-19 列出了这些支付。"自然"首先行动，并决定一个矩阵，为左或为右的概率分别是 p 和 $1-p$。行参与者知悉哪个矩阵被选择，而列参与者并不知道。参与者同时行动，并且在同样的矩阵下博弈两次。参与者都仅被告知其对手在第一阶段的选择，但不知道他们的支付情况（这是为了避免列参与者获知所采用的是哪种矩阵）。如果行参与者的选择一直是占优策略（为左则选择 A，为右则选择 B），那么他就暴露了所选择的是哪个矩阵：如果列参与者领会到这一点，那么他就会在观察到 A 后选择 B，而在观察到 B 后选择 A，这样行参与者在第二轮就只能得到 0。所以在第一阶段最好随机选择，而在第二阶段选择占优策略。

表 6-19　费尔托维奇研究的两阶段不对称信息博弈

有信息的（行）参与者	无信息（列）参与者的策略			
	左矩阵（p）		右矩阵（$1-p$）	
	A	B	A	B
A	1, 0	0, 1	0, 1	0, 1
B	0, 1	0, 1	0, 1	1, 0

资料来源：Feltovich（1999，2000）。

在均衡处，当先验概率 $p=0.50$ 时，具有信息优势的参与者在第一阶段应该进行等概率的随机选择来隐藏他们所知道的信息。当 $p=0.34$ 时，若为左边的矩阵，则具有信息优势的参与者应以 0.971 的概率选择 A，而若为右边的矩阵则应在 A 和 B 之间进行等概率的随机选择。

当 $p=0.50$ 时，如果具有信息优势的参与者在第一阶段的选择为 A，对应于此，无信息优势的参与者选择 B 的概率 β 应该介于 0.5 和 1 之间，而选择 A 的概率为 $1-\beta$。当 $p=0.34$ 时，若观察到其他人的选择为 A，无信息优势的参与者应该进行等概率的随机选择，而若其他人选择是 B，他就应该始终选择 A。

我们把参与者 1 观察到左（或右）后选择 A（或 B）的行为称为"阶段占优行动"（这种选择是在博弈立即结束而不是继续到第二轮时的最优反应）。而把参与者 2 在观察到参与者 1 的选择是 A（B）后选择 B（A）的行为称作"最优反应"。在 $p=0.50$ 的博弈中，在第一轮和最后 20 轮里，分别在 85% 和 77% 的时间内参与者 1 的选择是缺乏远见的（观察到左就选择 A，观察到右就选择 B），这说明朝向混合策略均衡预测值 50% 的收敛是很慢的。参与者 2 在 80%～90% 的情形下对观察到的选择做出了最优反应（观察到 B 后选择 A 或观察到 A 后选择 B）。在 $p=0.34$ 的博弈中，参与者 1 的相应比率分别是 85% 和 79%（很慢地向混合均衡预测值 66% 收敛），而参与者 2 的相应比率为 75%。

对信念学习和包含老练（下面将要提到）的强化学习所进行的拟合同样都不错[23]，这依赖于用来进行检验的统计数据。在个体选择上，老练强化学习的拟合性要比信念学习稍好一些（有 80% 的击中率，这和对最为一般性的选择进行的预测差不多精确），但是信念学习能得到更为精确一些的模拟路径。这些结果表明，当大量模型彼此是差不多精确时（尤其是存在混合均衡时，没有哪个模型的预测性是很精确的），拟合性最好的模型一定对拟合标准十分敏感。

在其他的研究中，纳格尔和汤（Nagel and Tang，1998）在蜈蚣博弈中对信念学习和强化学习模型进行了比较。他们的结论是，在 MSD 标准下强化学习的拟合性最好，但他们对信念学习的使用结果是不稳定的。霍、王和凯莫勒（Ho，Wang，and Camerer，2002）指出在同样的数据下 EWA 模型的拟合性要比强化学习稍微好一些，并且有着显著的个人差异。布卢姆等人（Blume et al.，2001）用简单的强化学习和信念学习模型来拟合发送者-接收者博弈的数据（见第 7 章）。他们发现，强化的拟合性较好。

小结

一些研究对强化学习和信念学习做了比较。在混合策略均衡博弈中（Erev and Roth，Mookerjhee and Sopher），强化模型的拟合性稍强于信念学习模型（尽管没有哪种学习模型比 QRE 好很多）。在霍和魏格尔特及巴特里奥等人研究的协调博弈中，信念学习模型更好一些。三个对不同模型的相对贡献进行评估的研究发现，信念这一项的重要性几乎是强化的十倍。[24]

但是，由于博弈和模型的具体执行情况各不相同，因此我们仍旧很难从各种研究中得出有力的结论。不同的研究增加或减少了强化学习模型参数的个数，并且改变了吸引力得到强化的方式。信念模型同样以不同的方式得到研究（例如，初始信念或吸引力是如何定义的，是否采用了加权的或标准的虚拟行动）。用于进行检验的统计数据也不一样。一些研究使用拟合或预测的选择的对数极大似然估计值，它们是能允许进行统计推断的，但其他一些研究使用的是方差，它们不允许进行统计推断。显而易见的解决办法是，使用更丰富的博弈和统计数据，并且使用更一般性的模型结构，在其中容纳尽可能多的早期模型。这正是下面将要讨论的凯莫勒和霍（Camerer and Ho，1999a，b）及斯达尔（Stahl，2000a，b）所使用的方法。

6.6 经验加权吸引力学习理论

强化学习理论假定参与者不考虑未选策略支付的信息。信念学习理论假定参与者不考虑他们自己过去选择的信息。但实际上，当这两种信息可用时，参与者都会加以考虑。

因此霍德和我（Ho and Camerer，1999a，b）建立了一个强化学习和信念学习模型的混合体，在其中参与者对这两种类型的信息都会加以利用。经验加权吸引力（EWA）学习理论模型有两个变量，吸引力 $A_i^j(t)$ 和经验权重 $N(t)$，它们在每期经验后都会得到更新。

经验权重的初始值是 $N(0)$，并且根据 $N(t)=\phi(1-\kappa)N(t-1)+1$ 更新，其限制条件为 $N(t)\leqslant 1/[1-\phi(1-\kappa)]$，所以 $N(t)$ 是弱递增的。[25] 吸引力的初始值是 $A_i^j(0)$，根据

$$A_i^j(t)=\frac{\phi\cdot N(t-1)\cdot A_i^j(t-1)+[\delta+(1-\delta)\cdot I(s_i^j,s_i(t))]\cdot \pi_i(s_i^j,s_{-i}(t))}{N(t)} \qquad (6.6.1)$$

更新，并通过将吸引力代入一种 Logit 形式 $P_i^j(t+1)=e^{\lambda\cdot A_i^j(t)}/\sum_{k=1}^{m_i}e^{\lambda\cdot A_i^k(t)}$ 来

决定概率值（但另一种幂函数形式拟合的效果也差不多；参见 Camerer and Ho, 1999b）。

加权支付项 $[\delta+(1-\delta)I(s_i^j, s_i(t))]\pi(s_j^i, s_{-i}(t))$ 是至关重要的。无论这种策略是否被选择，它的吸引力都以该策略支付的 δ 比例得到更新。被选策略 $s_i(t)$ 由其支付的一个剩余比例（$1-\delta$）得到更新。强化通常以"效果法则"（行为心理学家发现的一条定律，即动物倾向于重复成功的策略）来进行判断。由于行为学家研究的主要是动物的学习，因此他们没有考虑到一条并行存在的"模拟效果法则"——人们将更频繁地选择那些可能会获取成功的策略。EWA 模型同时容纳了这两种效应。

在不同的参数值限制下，EWA 会蜕化为强化学习或加权虚拟行动。当 $\delta=0$，$\kappa=1$ 且 $N(0)=1$[因此 $N(t)=1$] 时，吸引力由 $A_i^j(t)=\phi A_i^j(t-1)+I(s_i^j, s_i(t))\pi_i(s_i^j, s_{-i}(t))$ 来更新，这是累积强化学习模型的一种简单形式。当 κ 不再是 1 而为 0 时，吸引力将不再是累积的而变为加权平均的形式，其权重为 $\phi/(\phi+1)$ 和 $1/(\phi+1)$。

当 $\delta=1$ 且 $\kappa=0$ 时，更新方程为

$$A_i^j(t)=\frac{\phi \cdot N(t-1) \cdot A_i^j(t-1)+\pi_i(s_i^j,s_{-i}(t))}{\phi \cdot N(t-1)+1} \tag{6.6.2}$$

对它进行简单的代数分析就会发现这个更新方程与加权虚拟行动极为相似。[26]也就是说，根据加权虚拟行动进行学习的参与者与 EWA 学习者的行为非常相似，这些 EWA 学习者根据期望支付来决定自己的初始吸引力，并根据每个策略应该获得的（或的确获得的）支付来对各策略进行相应程度的强化，并且对前一期的吸引力和本期的"强化"进行加权平均。

因此，强化学习和信念学习是学习规则家族中的组成要素，它们的关系让人意想不到地密切，就像是分开抚养的亲姐妹或是同源的两条河流一样。这种血族关系很重要，因为一般认为这两种方法根本上是不相容的。例如，泽尔滕（Selten, 1991, 14 页）写道："在死记硬背［强化］学习中，成功和失败直接影响着选择的概率……而信念学习则非常不同，在这里经验对信念进行强化或弱化。信念学习只对行为具有间接影响。"[27]

EWA 的参数具有心理学上的解释。参数 δ 是赋予未选策略支付（经济学术语中称为机会成本，而在心理学术语中称为"对照物"或"遗憾"）的权重。假定权重 δ 受想象力和未选策略支付的信息可靠性双重影响（Helle and Sarin, 2000）。它同样可能反映了已得收益和"机会收益"之间的差距（人们可能会低估损失的可能性）。

参数 ϕ 反映了当学习环境不断变化时，由于遗忘或对旧经验的故意放弃而导致的前一期吸引力的衰减。参数 κ 控制的是吸引力的增长率。当 $\kappa=0$ 时，吸引力是对强化和衰减过的滞后吸引力进行加权平均的结果；当 $\kappa=1$ 时，吸引力是累计加总的。吸引力的增长率十分重要，这是因为在 Logit 模型中吸引力的差异决定了选择概率的分布情况；固定 λ 以后，当 κ 越大时，参与者能更敏锐地锁定于对某一策略的频繁选择。

权重初始值 $N(0)$ 衡量的是以"经验等价性"为单位的最初吸引力的强度。当参与者具有狄利克莱（Dirichlet）先验概率，并且根据虚拟行动进行学习时，则他们的信念是贝叶斯式的，并且 $N(0)$ 是先验信念的强度。坦白地说，加入 $N(t)$ 就是为了把模型与贝叶斯方式联系起来。由于它对经验性拟合度的作用并不是很大，因此在近期的研究中我们一般设定 $N(0)=1$。

以 EWA 的三个主要参数为轴构成一个立方体（见图 6-4），就可以表示不同的学习规则。立方体上的每个点都是三个参数值的组合，每个组合都可以确定更新方程的某种具体形式（不考虑 λ 和初始条件）。立方体显示了学习规则的 EWA 家族。EWA 立方体的各顶点和棱对应于边界特殊情况。$\phi=\kappa=0$，$\delta=1$ 处的顶点是古诺最优反应动态；而 $\kappa=0$，$\phi=\delta=1$ 处的顶点是标准虚拟行动；连接这两个顶点的棱，即 $\delta=1$，$\kappa=0$，则是加权虚拟行动；而当 $\delta=0$，且 κ 为 0 或 1 时，所确定的两条棱则分别是平均和累积选择强化规则。

EWA 立方体有助于我们直观地理解各种理论之间的联系和区别。但是 EWA 的构建也像是一场赌博，即认为心理学上合理学习规则的参数值可能处于立方体内部而不是汇聚在顶点和棱上。

在所有经验性估计中，每个参与者时间序列的最初 70% 被用来估计模型的参数值，所用的方法是极大似然法。[28] 初始条件 $A_i^j(0)$ 要么被作为自由参数来进行估计，要么是通过选择吸引力来尽可能对首期的相对频率进行拟合以得到"确定"。

对 31 个数据集的研究［由 Camerer，Ho，and Chong（2002a）进行了总结］表明，除了在混合策略均衡博弈中（在这种情况下没有哪个模型比 QRE 好得多），EWA 对样本外数据的拟合与预测要比强化学习和加权虚拟行动精确得多。图 6-4 显示了对 31 个数据集的所有方案全部失败时的 20 个三维估计结果。大部分的点分散于立方体的各处。当 $\delta=k=0$，且 ϕ 接近 1 时，一些点汇聚在平均强化的顶点（这些点得自混合均衡博弈中的

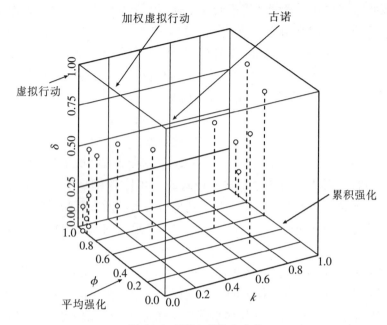

图 6 - 4   EWA 参数立方体

结果）。除了此处的汇聚外，在任何特殊的顶点或棱上都不存在点汇聚的
强烈趋势。这意味着集中于单一的学习规则（因为一般假定这比具有多种
参数结构的规则预测得更为精确）是错误的。

　　始终记住这一点，即本章前面回顾的所有研究，要么是把立方体中的
一个顶点或棱（即一种学习规则）与均衡进行了比较，要么是把立方体中
的两个或多个点相互进行了比较。由于被比较的规则很少，因此前面的这
些比较几乎无法使我们确认哪种规则的拟合性最强。在 EWA 中估计最优
拟合的参数值，其方法主要是将大量可能的规则进行了一次性的比较（包
括所有相似的规则，以及贝叶斯学习）。

　　人们很可能会得出这样的结论，即认为在 EWA 中的任何经验性进步
只能说明增加参数就能优化预测。这种说法犯了两个错误。第一，在模型
中用样本内估计出的参数来预测样本外的情况，这意味着如果某种模型是
过于复杂的，那么它的拟合性将很强，但其预测的精确性却会很差。也就
是说，在能正确判断预测精确性的情况下，我们可以发现增加参数并不总
能改善预测情况。第二，对不同模型进行混合并不是真的增加了参数，这
是因为在早期的模型中就隐含了这些新参数（δ 和 κ）；这些参数只是对各
种模型进行了更清晰的区分，并能容纳新的组合方式。

下面的两个博弈将有助于我们把握不同模型的优缺点。

6.6.1 案例：分水岭博弈

"分水岭博弈"（在第 1 章和第 7 章进行了讨论）是一种顺序统计量博弈，在其中七个参与者从 1 到 14 的整数中进行选择。参与者的支付取决于他选择的数字以及他这组中所有参与者选择的中位数，表 6-20 列出了这些值。其中存在两个纯策略纳什均衡，分别为 3 和 12。

图 6-5（a）给出了摘自范·哈依克、巴特里奥和库克（Van Huyck，Battalio，and Cook，1997）的十组实验对象在 15 期内进行选择的汇总频率。这些数据的两个主要特征是：（1）选择行为从初始选择处（介于 4 到 8 之间）开始分别向均衡点 3 和 12 收敛；（2）收敛是非对称的——在均衡点 12 处比在 3 的周围更加明显（图中显示为更高的柱状体）。另外，学习过程迅速地"中断"和"加速"，其特征是，在 5 到 8 之间的早期选择在 15 期后就完全消失了，而低于 4 或高于 10 的选择在早期很少出现，但在后期却迅速增多。

表 6-21 列出了参数估计值。限定参数为信念和强化值，得出的对数极大似然估计（LL）值分别降低了 180 和 249，这说明那些较简单的模型其拟合性要差得多。图 6-5（e）显示了强化学习模型基于极大似然法的预测结果（EWA 的限制条件是 $\delta = \kappa = 0$，$\phi = 1$，并用强化除以支付可变性，参见 Roth et al.，1999）。[29] 虽然强化学习模型不如在数据中观测到的那样迅速地使早期的选择中断或使后期的选择增多，但它的拟合性仍然是不错的。

图 6-5（d）是由加权虚拟行动模型得出的预测结果。它捕获到了向小数字和大数字的分流情形，但它没能预测到在 12 附近的收敛要比在 3 附近更加明显。它之所以不能解释这种非对称性，是因为在这两个均衡点附近的支付梯度几乎是一样的。在信念模型中，选择的分布状态完全由支付梯度来决定。[30] 而 EWA 能够解释这种非对称性，是因为收敛的显著程度由所获支付与未选策略支付（未选策略支付以 δ 为权重）之差来决定，而这个差值在更高的均衡点 12 附近更大。

图 6-5（f）给出的是作为静态基准的 QRE 模型的拟合状况（根据定义，它在各期做出的预测是相同的）。这个模型的拟合性很差，这是因为数据主要是大数字和小数字的混合，而对这一混合的最优反应是一个中间的数字（然而在头两期之后该数字就很少被选择了）。由于该模型要求参

表 6-20 在"分水岭博弈"实验中的支付

		中位数选择												
选择	1	2	3	4	5	6	7	8	9	10	11	12	13	14
1	45	49	52	55	56	55	46	−59	−88	−105	−117	−127	−135	−142
2	48	53	58	62	65	66	61	−27	−52	−67	−77	−86	−92	−98
3	48	54	60	66	70	74	72	1	−20	−32	−41	−48	−53	−58
4	43	51	58	65	71	77	80	26	8	−2	−9	−14	−19	−22
5	35	44	52	60	69	77	83	46	32	25	19	15	12	10
6	23	33	42	52	62	72	82	62	53	47	43	41	39	38
7	7	18	28	40	51	64	78	75	69	66	64	63	62	62
8	−13	−1	11	23	37	51	69	83	81	80	80	80	81	82
9	−37	−24	−11	3	18	35	57	88	89	91	92	94	96	98
10	−65	−51	−37	−21	−4	15	40	89	94	98	101	104	107	110
11	−97	−82	−66	−49	−31	−9	20	85	94	100	105	110	114	119
12	−133	−117	−100	−82	−61	−37	−5	78	91	99	106	*112*	118	123
13	−173	−156	−137	−118	−96	−69	−33	67	83	94	103	110	117	123
14	−217	−198	−179	−158	−134	−105	−65	52	72	85	95	104	112	120

资料来源：Van Huyck, Cook, and Battalio (1997).

表 6-21　分水岭博弈和 p-选美比赛博弈中的参数估计值

参数	分水岭博弈	p-选美比赛博弈			
		无经验		有经验	
		老练的 EWA	EWA	老练的 EWA	EWA
ϕ	0.61	0.44	0.00	0.29	0.22
δ	0.75	0.78	0.90	0.67	0.99
κ	1.00	0.00	0.00	0.04	0.00
α	—	0.24	0.00	0.77	0.00
α'	—	0.00	0.00	0.41	0.00
d	—	0.16	0.13	0.15	0.11
LL（内）		−2 095.32	−2 155.09	−1 908.48	−2 128.88
LL（外）		−968.24	−992.47	−710.28	−925.09
$\bar{p}$（内）		0.06	0.05	0.07	0.05
$\bar{p}$（外）		0.07	0.07	0.13	0.09

资料来源：Camerer，Hsia，and Ho（2002）；Camerer，Ho，and Chong（2002a）.

注：样本内和样本外 QRE 的极大似然估计值分别为−2 471 和−1 129（无经验）以及−2 141 和−851（有经验）。

(a) 实际频率

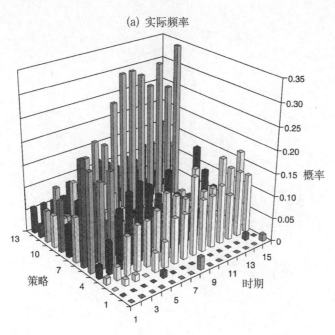

(b) 适应性 EWA

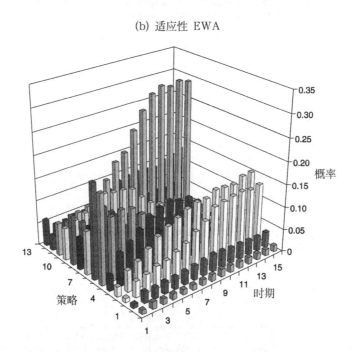

(c)EWA Lite

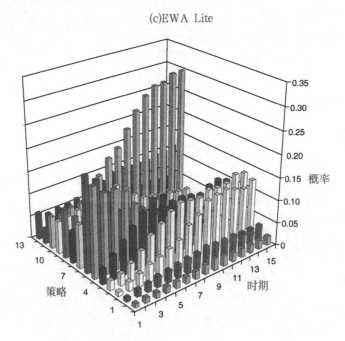

(d) 基于信念

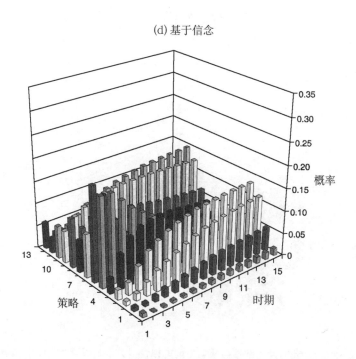

(e) 具有PV的选择强化

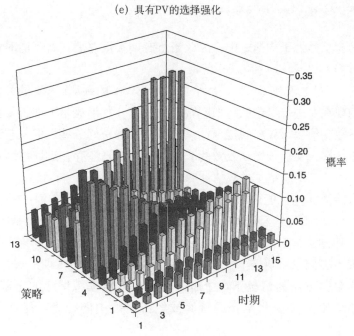

(f) 随机最优反应

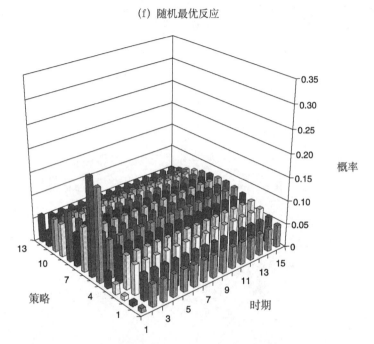

图 6-5 数据与模型之间的拟合（分水岭博弈）
资料来源：Ho，Camerer and Chong（2002）.

与者的信念总是处于均衡之中，因此当所有期被汇总后，就不能对这些数据进行解释了。

图 6-5（b）和图 6-5（c）给出的是 EWA 的预测。（它的参数模型正是我们现在要进行讨论的；"fEWA"或"Lite"形式是下面将要描述的一种单参数变体。）EWA 的拟合性只比强化模型稍好一些，但是它既能预测到分流情形，又能预测到收敛的非对称性，并且还存在迅速中断和增长的特征。表 6-21 总结了参数估计的情况。

分水岭博弈同样能用于说明各种模型在估计和使用方面的差异。极大似然估计法利用在 t 期实际观察到的历史记录来更新 $t+1$ 期的吸引力。另一种方法是对路径进行模拟，它主要是根据由模型本身从 t 期产生的虚拟历史记录来更新 $t+1$ 期的吸引力，并预测 $t+1$ 期的选择情况。在无任何数据可用的情况下，了解一种模型能否模拟博弈的全部路径，对于应用该模型来预测全新的博弈或经济制度中的行为，都是非常重要的。

首先，要注意的是，如果一个模型的精确性能通过比较模拟行动的条件频率（即已观测到的历史记录后的频率）与实际条件频率来进行评估，那么无论是对路径进行模拟，还是以 1 到 t 期的数据来对 $t+1$ 期进行预测，得到的结果都是完全一样的。[31] 由于条件频率经常富有意义（例如，何时会发生策略的转变），因此要求模型能精确地预测条件频率是一件重要而严格的测试。即便如此，了解模型在预测无条件频率方面能否通过一个简单检测仍是非常有用的。

利用极大似然法可以得到一些拟合和预测，同时根据这些极大似然估计值也可以模拟路径，对这两者的比较研究工作已经由克劳福德（Crawford，1995），凯莫勒和霍（Camerer and Ho，1999b），凯莫勒、希亚和霍（Camerer，Hsia，and Ho，2002），以及艾利夫和哈鲁维（Erev and Haruvy，2001）完成了。其中前三篇论文没有发现这两种方法之间有趣的差异。最后一篇论文发现，因为惯性模型对起始点极为敏感，所以包含惯性的模型（某种策略被选择的频率取决于它以前被选择的频率）在模拟路径上存在很大的错误。

霍德、王欣（Xin Wang）和我用分水岭博弈更深入地比较了路径模拟和对 $t+1$ 期的估计。我们用五个不同的模型［EWA、EWA 的某种函数形式（下文中将进行讨论）、信念学习、具有支付可变性的强化学习以及作为无学习基准的 QRE］模拟了七个实验对象的 1 500 组实验情况。参数值被选择来最小化一个方差之和，这个方差之和是指对模拟的无条件频率（总括了所有 10 500 个模拟的实验对象）和实际无条件频率之间的方差进行求和，其中包括了所有策略和所有时期。

表 6-22 总结了统计数据的拟合性（均方差的 100 倍），并把它们和导出的对数极大似然估计值做了三个不同方面的比较：（1）博弈中的估计参数；（2）首先是样本内的拟合性，然后是样本外的预测性；（3）在其他六个博弈中对参数进行估计，并用这些参数估计值来预测得自分水岭博弈的新数据（参见 Ho，Camerer，and Chong，2002）。正如表中所显示的，这些模型在四种评估标准下进行排列的顺序是一样的。虽然排列顺序不依赖于是否用模拟的数据或实际数据来更新吸引力，但是在模拟的结果中存在一些有趣的差异。

图 6-6（a）—图 6-6（c）给出的是 EWA、信念学习和强化学习模型的平均模拟频率。首先要注意的是，模拟出的数据与实际频率之间的吻合程度不如用 1 到 t 期的数据来预测 $t+1$ 期时精确。当然，这并不值得惊讶，

表 6 – 22　从不同模型拟合方法中得到的结果（分水岭博弈）

模型	博弈内				跨博弈		模拟路径	
	样本内		样本外					
	LL 值	按大小排序	LL 值	按大小排序	LL 值	按大小排序	MSD（×100）	按大小排序
EWA	−1 062	1	−460	1	−1 635	1	0.241 6	1
fEWA	−1 081	2	−470	2	−1 741	2	0.243 4	2
信念	−1 288	3	−564	3	−2 147	3	0.250 6	3
强化- PV	−1 293	4	−573	4	−2 403	4	0.530 0	4
QRE	−1 890	5	−808	5	−2 695	5	0.530 0	5

资料来源：Ho，Camerer，and Chong（2002）；Camerer，Ho，and Wang（未发表）.

(a) EWA

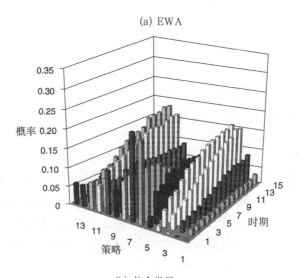

(b) 信念学习

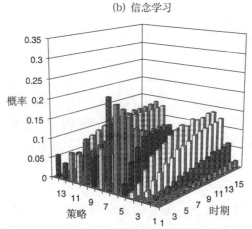

(c) 强化

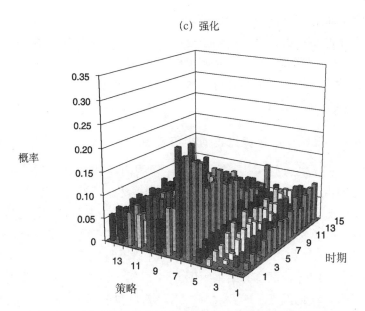

图6-6 对分水岭博弈的平均模拟路径（参数被选用来最小化
均方差）：(a) EWA；(b) 信念学习；(c) 强化学习

资料来源：Camerer，Ho，and Chong（未发表）.

因为在模拟中使用历史数据只会复合模型的各种错误，而不会修正这些错误。信念学习模型的模拟结果同样比它的拟合性好。

强化学习模型的模拟情况很糟糕。这是因为在实际中，当学习发生时，参与者对未选策略支付的敏感性导致他们选择的数字越来越远离中间的数字。但在强化模型中，模拟的参与者对未选策略支付并不敏感，因此他们离开中间数字的速度并不是很快。当使用的是实际历史数据时，强化模型的迟缓倾向能得到修正：虽然被选策略并不是模型预测的结果，但是它们得到了更多的强化，并经常能对模型的错误进行修正。（类似地，假设让一个机器人来模拟人的步行速度，但机器人的步幅实际只是人的一半。走了100码后，机器人会远远落后于人。但是如果机器人每走一步后都修正其错误的话——允许机器人每步之后在人站立的位置重新开始——那么100码后机器人仅会落后半步。）当该模型用于模拟路径时，其迟缓性永远不能得到修正，并且模拟的结果也没有出现对均衡点3和12的过多收敛。

当然，根据人们的目的不同，评估模型的两种方法（由实际历史记录预测新的历史记录，或模拟一个完整的路径）都是有用的评估标准。甚至有可能发现，某种模型在这个标准中表现得很好而在另一个标准中却很糟糕。但是，我怀疑在学习理论的领域中，应该存在这样一些模型，它们在各种类型的预测中都比其他的模型更好（惯性模型的模拟性很差，这是一个例外）。好的模型在这两种标准下的拟合性都应该不错，并且当一个有前途的理论在某种方式上预测得不精确时，这种失败通常暗含了如何对该模型进行改善的线索。

6.6.2 案例：p-选美比赛博弈和老练

第二个例子是 p-选美比赛博弈，第 5 章我们曾用它来研究参与者可能会重复思考的步数。在这里讨论的 p-选美比赛博弈中，参与者以 7 人为一组，在 0 到 100 的数字中进行选择。在每组中，如果某个参与者选择的数字最接近平均数字的 p 倍（比如 $p=0.7$, 0.9），那么他将获得一份定额奖金。

图 6-7（a）给出了富有经验的实验对象进行选择的相对频率，所显示的是对若干组进行汇总的结果。图 6-7（b）—图 6-7（e）分别列出了由信念模型、强化模型、EWA Lite（fEWA）和老练 EWA 学习模型得出的预测频率。（在表 6-21 中我们列出了参数估计。）与 EWA 学习模型一样，信念学习的拟合性和预测性都很好。强化学习模型的情况却很糟。它的问题是，在每期中，7 个参与者里有 6 个拿不到任何奖金，从而得不到任何强化，因此也学不到任何东西。很明显，需要在强化中加入一些因素，来说明为何输者也在学习。而 EWA 增加了对未选策略支付的强化。

(a) 实际频率

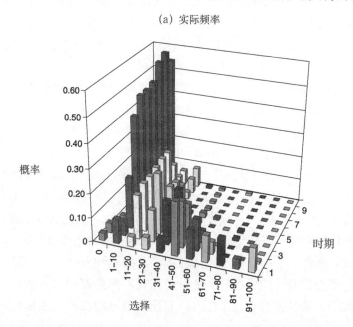

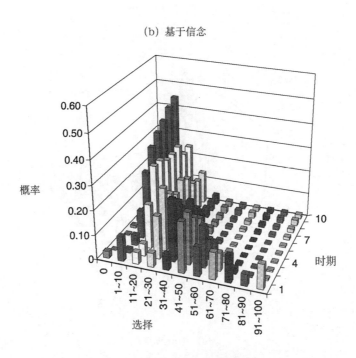

(b) 基于信念

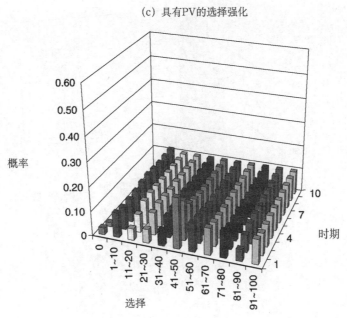

(c) 具有PV的选择强化

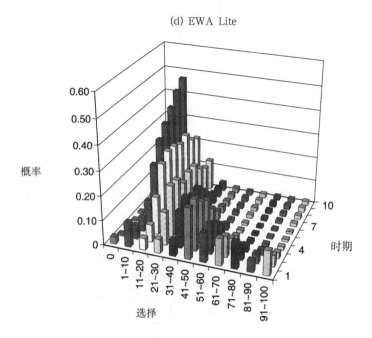

(d) EWA Lite

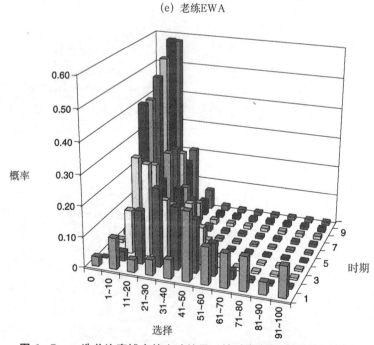

(e) 老练EWA

图6-7 *p*-选美比赛博弈的实验结果（针对富有经验的实验对象）

资料来源：Camerer，Ho，and Chong（2002a）；经学术出版社授权，摘自《经济理论杂志》。

p-选美比赛博弈也显示了加入"老练"的益处。老练的参与者知道其他参与者也在学习。凯莫勒、霍和宗（Camerer，Ho, and Chong，2002a）用一种循环决定的方式引入了老练。在我们的模型中，参与者中有 α 比例的人认为有 α' 的参与者是老练的，而剩下的 $1-\alpha'$ 参与者是适应性的并根据 EWA 模型进行学习。老练的参与者能正确估计 EWA 的参数，但可能会错误估计其他参与者的老练程度。[①] 如果估计得正确，那么 $\alpha=\alpha'$。如果他们高估了自己相对于其他人的老练程度（例如，由于对自身相对技巧的过分自信），那么 $\alpha>\alpha'$。如果他们认为与他们相像的参与者比实际情形更多（"错误的一致判断"），那么 $\alpha<\alpha'$。老练的参与者并不是对每个人的吸引力都进行更新。相反，他们更新已知的 EWA 参与者的吸引力，并以此来计算选择概率，然后根据

$$E_i^j(t)=\sum_{k=1}^{m_{-i}}\left[(1-\alpha')\cdot P_{-i}^k(\alpha,t+1)\right.$$
$$\left.+\alpha'P_{-i}^k(s,t+1)\right]\cdot\pi_i(s_i^j,s_{-i}^k) \qquad (6.6.3)$$

$$P_i^j(s,t+1)=\frac{e^{\lambda\cdot E_i^j(t)}}{\sum_{k=1}^{m_i}e^{\lambda\cdot E_i^k(t)}} \qquad (6.6.4)$$

来算出期望支付 $E_i^j(t)$；其中 $P_{-i}^k(s,t+1)$ 和 $P_{-i}^k(\alpha,t+1)$ 分别是老练的参与者和适应性（EWA）参与者的选择概率。要注意的是，由于 $P_{-i}^k(s,t+1)$ 决定了预期支付 $E_i^j(t)$，进而预期支付又通过 Logit 反应函数来决定这些概率，因此老练是循环决定的。

以这种方式引入老练，只需要通过三个新参数（α、α' 和 λ）就可以纳入许多特例。[32] QRE 是社会性标准（$\alpha=\alpha'$）和完全老练（$\alpha=1$）的联合体。加入高敏感度（λ 值很大）就能得到纳什均衡。强加 $\alpha'=0$ 的条件就可得到斯达尔的老练模型。固定 $\alpha=0$，就可退化为 EWA 及其多种特例情形。因此，对整个模型的评估就一举多得地为许多不同的模型提供了相关信息。

表 6-21 给出了对老练模型的参数估计，既包括无经验的实验对象（第一次参加 p-选美比赛博弈），也包括经验丰富的实验对象（进行两个博弈中的第二个）。在适应性 EWA 模型（$\alpha=0$）中，δ 和 κ 的估计值分别接近 1 和 0，因此信念模型的限制条件是合理的，但强化模型却被高程度

---

① 这里是用群体中老练参与者的人数来表示该群体的老练程度。——译者注

地拒绝了（正如前面的图形所显示的）。当加入了老练后，老练参与者的估计比例 $\hat{\alpha}$，在无经验和富有经验的参与者中的估计值分别是 24% 和 77%。这种由经验而导致的百分比上升，意味着存在某种"对学习的学习"，或是在长期内老练程度的上升。另外，在这两组中观察到的老练 α' 都小于 α，因此看来参与者低估了其他老练参与者的数量。通过改善，这些学习模型还超过了 QRE，但是这种改善在参与者经验丰富的情况下是很有限的。

6.6.3 函数形式的 EWA (fEWA) 模型

霍、凯莫勒和宗（Ho, Camerer, and Chong, 2002）对 EWA 设计了一个新的变形，我们称之为函数形式的 EWA（fEWA）。设计这个变形的原因有二。第一个原因是，由于 EWA 包含的参数较多，因此很多人质疑它是否会过度拟合，而那些习惯于简单模型的研究者感到，在他们自己的研究中应用 EWA 较为棘手。[33] 所以我们试图建立一个更好的理论，在其中只有一个自由参数（即一个反应敏感度 λ，并且如果我们的目的只是要最大化击中率，那么就可以放弃这个参数以满足最优规则的需要）。

设计 fEWA 的另一个原因是，EWA 的参数估计值在每个博弈中各不相同（虽然所有的学习模型都遇到了这种情况，例如，Crawford, 1995；Cheung and Friedman, 1997；Erev and Roth, 1998）。这意味着在进行跨博弈预测时，需要进行某种从博弈到参数的映射。

fEWA 的关键要素是一个探测变化的函数 $\phi_i(t)$，以及一个与之相应的想象权重 $\delta_i(t)$。探测变化是指把其他参与者所有以前选择行为的历史频率向量，与最后 W 期的频率进行比较〔其中 W 是预期在均衡中会被采取的策略（最小）个数；这一特征正好消除了近期历史向量中的波动，如果其他参与者采取混合策略，那么这些波动就被预期会出现〕。[34] 将所有策略之间的频率之差平方后求和，再除以 2，从而得到一个数，然后再用 1 减去这个数。如果近期历史记录和所有以前的历史记录相似的话，那么频率之差就会很小，从而 $\phi_i(t)$ 将接近 1。但如果近期历史记录与以前相比存在很大不同，那么频率之差经过平方后就会很大，从而导致 $\phi_i(t)$ 趋向于 0——也就是说，参与者"探测到了变化"，并且降低了以前历史记录的权重，从而有效地增强了对新历史记录的敏感性。

想象权重 $\delta_i(t)$ 被简单地定义为 $\phi_i(t)/W$。这是很恰当的办法，因为在混合均衡博弈（当 $W>1$ 时）中 δ 的参数估计值接近 0，所以在这些博

弈中除以 W 将使 δ 接近 0。

$\kappa_i(t)$ 函数控制着参与者考察不同策略（低 κ）或应用高支付（高 κ）策略的程度。$\kappa_i(t)$ 是历史选择频率的基尼系数（通常利用该系数来衡量收入不平等的程度）。从经验上来说，它没有其他函数重要，并且可以把它设为 0 或 1 而不会使模型损失多少精确性与解释力。

于是在 EWA 中这些函数值被用来更新规则，从而来更新观察后的吸引力。要注意的是，对不同的参与者和不同的时间来说，函数值可能会不同，因此原则上说，它们能解释各种博弈中学习规则的个体差异和内生变化。例如，如果 ϕ 的初始值很小，且随着行为逼近均衡而逐渐向 1 增大，那么此时参与者就有效地从形如古诺的强化规则向虚拟行动进行转变。

我们用七个博弈对这个模型做了评估，并把它与其他一些模型进行了比较。（表 6-22 总结了一些来自分水岭博弈的拟合结果。）一般来说，这个模型的预测结果比包含更多自由参数的信念模型和强化模型都要好（只有在混合博弈中各模型的精确性是差不多的）。在 EWA 模型中，当对照的参数被固定且被估计后，各个博弈中 $\phi_i(t)$ 和 $\delta_i(t)$ 函数的平均值是相当一致的。[35]

短语 "ad hoc" 在字典上的定义是 "对于特定的而不是任何其他的目的、场合或环境"（比如在 "特设委员会" 中的意思）。经济学家经常误用 "ad hoc" 这个词来奚落他们未在研究生阶段学到的或是与最优化相左的新观念。fEWA 函数是非传统的，但它们不是 "ad hoc" 的，因为这个模型将被用于所有的博弈，而不仅仅是我们论文中提到的这些。实际上，当我们的论文发表以后，很多读者质疑我们在寻找拟合性较好的函数时，是否尝试了足够多的具体例子，因为我们很可能在这七个博弈的样本内过度拟合了这个模型。于是我们邀请其他人提供更多的数据集，最终对另外三个博弈（全部是占优可解的）进行了研究。在这些新的博弈中，fEWA 的拟合性与其他更复杂的理论同样好。fEWA 还被应用于在信息不对称条件下（此时节省自由参数的个数是尤为必需的）的重复信任博弈和重复进入博弈（见第 8 章）。它的拟合性比参数化的 EWA 差一些，但比均衡模型好得多（Camerer，Ho，and Chong，2002b）。

小结

EWA 模型是对强化学习模型和信念学习模型的主要特征进行混合的结果；亦即赋予接收到的支付更大的权重（强化），并且也赋予未选策略支付一定的权重（信念模型暗含了这点）。如果较简单的模型会是很好的近似（并且在混合均衡博弈中的确如此），那么增加参数就不会提高对样本外进行预测的精确性，但是 EWA 在大概 35 个博弈中提高了这种精确性（除了在混合博弈中）。用数据的函数来代替关键参数（即 fEWA），使得必须被估计的参数减少到仅为一个（如果标准只是最大化命中率，则不需要估计任何参数），并且对于一个由 10 个博弈组成的样本来说，其拟合优度与更复杂的模型差不多，甚至会更好。

6.7   对规则的学习

学习规则是一种函数形式，它将过去的历史选择和支付状况映射为一个特定的未来选择。本章前面的讨论都只基于一种学习规则，并且假设在一组实验中参与者始终使用同一种规则（可能比较了基于不同规则的模型）。斯达尔（Stahl，1996，1999a，2000a，b）讨论了一种更一般的观点，其中参与者知道各种规则的差异程度，并能在各种规则之间进行转换（对照 Tang，1996a；Erev and Barron，2001）。在对规则进行学习时，参与者学习的不再是各种策略的效果如何，而是各种决策规则表现出的差异（基于在各期由不同规则所决定的策略的表现）。

在斯达尔（Stahl，1999a，b）那里，一种规则是对各种"证据"或分值所赋予的一组权重。分值 y_0、y_1、y_2、y_3，分别指其他参与者以前行动的加权平均（"模仿学习"，y_0）、给定更新信念的期望支付（y_1）、重复期望支付（相信其他人对更新信念都是最优反应的）（y_2）以及纳什均衡（y_3）。参数 θ 用来衡量信念更新中对近期历史记录的反应敏感性（当 $\theta=1$ 时为古诺情形）。赋予这四类分值的权重分别为 v_i，$i=0$，1，2，3。根据某规则在 t 期可能得到的期望支付（针对所有可能策略以及群体选择的实际分布来求取期望值），来对该规则进行强化，并根据一种 Logit 函数来决定选择该规则的概率。

直观地说，可以把一种规则看成是一个专家对不同品质或证据赋予不同权重的过程（像法律案件中的陪审员，或是严苛的影评人一样）。每个专家用权重 v_i 来衡量证据，并推荐一种策略。某种策略被采用的总概率是每个专家推荐的概率乘以参与者采纳这种策略的倾向度。当参与者进行学习时，他会根据专家推荐的效果来对专家进行"强化"，因此参与者会越来越关注那些推荐效果较好的专家。

斯达尔进行了几组实验，其中共有两个博弈，每个博弈都被执行了 15 期。一种规则在第二个博弈中的初始强化是，这一规则在第一个博弈开始时期的初始强化（权重为 $1-\tau$）与最后时期的终了强化（权重为 τ）的平均值。τ 的值参数化了学习在各博弈之间传递的强度——这里是指对规则的学习而不是对策略的学习。学习的传递是至关重要的，这是因为严格来说，对规则的学习意味着人们终其一生都在通过所遇到的各种策略互动来学习哪种规则的效果最好。一般来讲，这暗含着权重逐渐向更老练的规则转移。参数 τ 提供了重新安排规则倾向的一种方法，或者从认知上来说，这使人们能够察觉规则在各博弈之间是否发生了显而易见的变化。

计量经济学上的估算是比较复杂的（斯达尔攻克了这一难关，这是对实验数据进行经验性分析的巨大贡献）。在群体中，初始规则倾向被假定为具有一个共同的分布，但每个参与者对不同证据赋予的权重各不相同。

斯达尔实验方法的一个显著特点是，他抽样了几十亿[①]个 5×5 对称的标准形式博弈，从中找到了那些最易于对规则进行区分的博弈（见第 1 章的附录），并选择了四个"提供信息最多"的博弈（见表 6-23）。实验在平均匹配方案下进行（参与者与其他每个参与者进行博弈，并获得他们所获支付的平均值），并且在每个实验后参与者都会对群体的历史数据进行学习。表 6-23 的右两栏列出了时期 1 到时期 8 和时期 9 到时期 15 的群体选择频率。随着时间的推移，纳什均衡的选择逐渐增多，并且在较晚的时期内是选择的众数（除了博弈 2）。

表 6-23　斯达尔使用的对称博弈（仅列出行参与者的支付）

决策规则	行参与者的支付					各时期的频率	
						1—8	9—15
博弈 1							
b1	19	43	96	85	85	0.46	0.27
纳什	28	62	88	74	24	0.18	0.52
b2	67	21	38	48	38	0.17	0.14
"精明"	40	58	0	15	92	0.05	0.02
最大化最大值	16	15	86	99	79	0.13	0.05

---

① 原文即为 billions，疑误。——译者注

续表

决策规则	行参与者的支付					各时期的频率	
						1—8	9—15
博弈 2							
"精明"	68	10	76	33	75	0.51	0.60
严格被占优	73	4	59	0	8	0.03	0.01
b2	3	92	16	15	99	0.04	0.02
纳什	86	54	25	41	6	0.06	0.14
b1	72	98	92	8	52	0.36	0.22
博弈 3							
最大化最大值	2	31	0	99	6	0.09	0.04
b2	6	10	97	40	24	0.07	0.02
b1	98	96	38	48	19	0.23	0.07
"精明"	42	40	80	51	48	0.36	0.24
纳什	97	46	5	68	49	0.24	0.64
博弈 4							
"精明"	22	79	35	56	75	0.35	0.36
b1	22	38	78	55	99	0.25	0.12
严格被占优	27	58	1	11	0	0.01	0.01
纳什	70	1	34	59	37	0.26	0.36
b2	56	84	60	23	2	0.13	0.14

资料来源：Stahl（1999a）.

该模型的总体 LL 值（每个实验对象都有九个参数）是−1 896。在斯达尔的多参数方法中，许多引人注目的模型都是特例，所以它们暗含的约束条件能简单地用标准 χ^2 统计量进行检验。在那些所有参与者都是一样的、所有人都在噪声影响下选择纳什均衡或所有人都只从纳什证据中进行学习的模型中，各模型的 LL 值都低于−3 000。没有规则学习的假设（$\beta_0 = 1$，$\beta_1 = 0$）被强烈地拒绝了。每个参数都有助于解释参与者是如何学习的，这是因为每次限定一个参数为零，都会严重损害模型的拟合性。

表 6-24 总结了每个参数的估计平均值，同时还给出了那些参数估计值在 5% 的水平上显著不为 0 的实验对象的比例。期望支付被赋予了最大

的证据权重。在更新信念中，过去历史记录的权重 θ 以及传递权重 τ 大约是 1/2。出现了一些具有相似特征的参与者群。大约 1/3 的实验对象有一个特别高的 v_1 值（与信念学习一致）。另外有 1/6 的实验对象对各证据赋予了低且均匀的权重。其他 1/6 对"模仿学习"的权重很大（大的 v_0）。剩下 1/3 的实验对象的权重分配形式各异，因此无法归于具有相似特征的一群。

表 6 - 24　规则学习模型的平均系数估计值

权重参数	系数	斯达尔 (Stahl, 1999a)	斯达尔 (Stahl, 2001)	斯达尔和哈鲁维 (Stahl and Haruvy, 待出)
模仿	v_0	1.12	—	—
期望支付	v_1	1.35*	0.80	0.38
重复期望支付	v_2	0.19	0.07	0.00
纳什支付	v_3	0.26	0.00	0.00
近期历史	$\bar{\theta}$	0.43	0.65	0.94
证据权重分散	σ	1.15	0.77	0.80
模仿的概率	δ_h	—	0.53	0.44
实验概率	ε	—	0.09	0.12
滞后倾向	β_0	1.26	1.00	1.00
强化	β_1	1.53*	0.007 9	0.004 7
转移	τ	0.47	1.00	0.31

注：＊表示的是超过一半的参与者在 0.05 水平上的权重显著性。斯达尔（Stahl, 1999a）未对 σ 和 β_0 的显著性进行检验。

　　斯达尔（Stahl, 2000b）利用群体数据来比较了大量学习模型。其中一些模型强化了行动（策略），而其他一些模型则强化了规则，所以他的论文代表了迄今为止最大规模的模型比较研究。由于所使用的数据是群体选择的相对频率，因此斯达尔发展了那些早先适用于个体的理论，并把它们应用于群体研究（参见 Stahl, 2000a）。

　　他的论文充满了进取心。在文章第一部分，他比较了模仿者动态〔来自罗思和艾利夫（Roth and Erev, 1995）的一个具有六个参数的基于企望的强化学习模型〕和凯莫勒-霍（Camerer-Ho, 1999a）的 EWA 模型。他同样定义了一个具有惯性的 Logit 最优反应（LBRI）模型。在这个模型中，参与者通过惯性或习惯（权重为 δ_h），以及对最末一期群体频率 $p(t-1)$

的 Logit 最优反应（古诺），来共同决定选择行为。如果允许将最优反应替换为以 θ 为权重的适应性期望，即 $q(t)=\theta q(t-1)+(1-\theta)p(t-1)$，则可以得到一个被称为 LBRIAE 的模型。他还在这些模型中加入了各种颤抖和易变性因素。

斯达尔尝试了一系列的标准，来评估模型在样本内和样本外的拟合优度。通过引入一个估计量 GOP（goodness of prediction，预测优度），斯达尔对如何拟合模型做出了巨大的贡献。GOP 依据极大似然法估算得出参数值，来模拟博弈在 15 个时期的全部路径，并计算出第 15 期的平均模拟行为的 LL 值。如果一个模型很糟，那么根据它自身而模拟出的历史路径就会与实际数据产生很大偏离，这将会得到一个较差的 GOP 估计值（即使其常规的 LL 值和 MSD 值都不错）。

数据来自这样一些实验组，每组分别对 5×5 和 3×3 博弈进行两轮实验，每轮包括 15 期（参见 Haruvy and Stahl，1998）。表 6-25 总结了由部分样本得出的估计参数，以及对一个新的参与者样本和实验样本进行预测的统计数据。其中，随机模型、Logit 纳什模型和 AR(1)[36] 模型可以作为考察各学习模型的简单基准。

表 6-25　群体学习模型在样本外的表现

模型	预测精确性的测度标准		
	LL	MSD	GOP
随机	−7 086		
Logit 纳什	−6 660		
AR（1）	−5 095	0.125	−356
模仿者	−5 024	0.120	−312
强化	−4 868	0.099	−335
LBRI	−4 834	0.091	−305
EWA	−4 803	0.091	−301
LBRIAE	−4 794	0.088	−300
最佳可能情形	−4 296	0.000	

资料来源：Stahl（2001）.

由于这些模型预测的是群体频率而不是个体频率，因此不可能是非常精确的；被称为"最佳可能情形"的模型只是正确地猜测到了群体频率，但仍存在一个较大的 LL 值（虽然它的 MSD 为 0）。

模仿者模型相当失败。强化学习模型要比 LBR* 和 EWA 模型稍差一些。同样要注意的是，强化学习在预测模拟路径时尤为糟糕（GOP 值很小），这与艾利夫和哈鲁维（Erev and Haruvy，2001）根据简单的对照选择而得出的结论恰恰相反。而 EWA 要比 LBRI 更加精确一些，但在加入适应性预期后却要比 LBRIAE 差一些。

在其文章的第二部分中，斯达尔通过引入"赛马"LBRIAE 模型修正了其早先的（Stahl，2000a）群体规则学习模型。同早先的模型一样，规则是各种证据的整合。三种证据分别是期望支付、重复期望支付和纳什支付。羊群效应发生的概率是 δ，并且被定义为以 θ 的概率遵循过去的行为，而以 $1-\theta$ 的概率模仿群体的行为（这类似于 LBRIAE 规则）。[37]

表 6-24 列出了这些参数估计值。其中存在着一个很大的羊群效应因素成分（δ_h 大约为 0.50）。限定 $\beta_1=0$ 意味着有规则但无学习，而且使 LL 值降低了 10 点。把重复期望支付的第二阶段和纳什证据都剔除掉（$v_2=v_3=0$），则得到的是 LBRIAE 模型，其 LL 值又降低了 42 点。但是，这些规则学习模型的特例在样本外的预测结果差不多一样好（从 MSD 和 GOP 标准来看，无学习实际上预测的结果更好），因此很难肯定哪种模型最好。从对规则的学习中能得到的主要结论是，在长期内羊群效应将下降，并且人们更倾向于使用那些根据期望支付和重复期望支付来进行选择的规则，这从 LBRIAE 中是无法看到的。

斯达尔和哈鲁维给规则学习模型加入了两个要素［依据 Haruvy and Stahl（1998）的数据］：基于企望的实验以及合作。他们通过使虚假支付等于企望级别来强化某种实验规则，并依此来构造基于企望的实验[38]，同时通过对具有最大总支付的合作规则进行强化来促使出现合作。

表 6-24 的最右栏总结了这些估计的结果。总体的 LL 值是−8 550。在基本模型中设定 $\beta_1=0$ 就剔除了对规则的学习（规则是存在的，但对它们的倾向不变），但只是将 LL 值轻微地减少到−8 569，这说明在规则间的转变是很罕见的。对基于企望的实验，其证据并不多见，但是加入合作规则能将 LL 值提升 30 点，到−8 522（这就使其成为与规则学习差不多同样重要的因素）。初始合作概率倾向的估计值为 3.7%，这处于凯莫勒和魏格尔特（Camerer and Weigelt，1988，参见第 8 章）及麦克尔维和帕尔弗雷

(Mckelvey and Palfreg，1992，第 5 章)"自行设定的"先验概率的估计范围之内。

6.8 对估计值特性的计量研究

本章对大多数学习模型的评价，都是在对估计值的计量特性进行彻底研究之前做出的。因而，对于一些特殊的博弈和实验来说，利用特殊的计量方法也许不一定能得出精确的结果，也不能区分不同的模型。最近的三项研究很清晰地解决了这个问题：在不同的博弈和不同长度的实验条件下，尽可能确认不同方法的计量特性，如果理论上的确认不可行，则进行蒙特卡罗模拟。

三项研究的结果既有令人失望的地方，也有令人振奋之处。最为悲观的结论是从具有混合均衡且策略个数不多的博弈中得出的，它意味着具有纯策略均衡的更复杂的博弈才正是应该进行研究的地方（如果目的是为了精确地估计参数）。在实验前进行这类训练，有助于弄清哪种博弈和实验设计最适合对模型进行确认。

萨尔蒙（Salmon）用不同的数据集比较了莫克基希和索弗（Mookerhjee and Sopher，1994，1997）、张和弗里德曼（Cheung and Friedman，1997）、以及凯莫勒和霍（Camerer and Ho，1999a）的学习规则。他们用一些特殊的规则来生成模拟的数据集——强化、信念学习和群体混合模型，然后用计量模型来拟合这些数据。当正确的模型复原了真正的规则，而不是复原了错误的规则时，这就可以算作是对模型的一个好的确认。

莫克基希和索弗的两项研究使用了具有混合均衡的 2×2、4×4 和 6×6 博弈。对模型确认的结果是很糟糕的。当强化规则被用来生成数据时，强化模型只在 6×6 的博弈中要比信念模型的拟合性好一些，而且错误的混合模型与正确的强化模型拟合得几乎一样好。

在张-弗里德曼博弈中，当权重 ϕ 接近 1 时（虚拟行动），在虚拟行动限定下的 FP 和 EWA 规则正确地复原出权重接近 1。但当权重为 0 时（古诺），它们在一半的时间内正确地复原出为 0 的权重，而在另一半时间内却奇怪地复原出一个很大的权重（为 2 或更大?!）。当由强化模型或混合群体模型生成数据时，虚拟行动的权重估计值变化很大。

当 EWA 模型被用于拟合强化（$\delta=0$）或信念学习（$\delta=1$）规则产生的数据时，对 δ 的复原还是不错的，即正确的限定很少被拒绝（大约 20%）

而错误的限定总是会被拒绝。但是对累积参数 κ 的复原却又是比较差的。当 EWA 模型被用来模拟数据时,在一半时间内 EWA 能显著地复原正确的参数。参数组合的似然函数效果最好,并且通过一种直接比较就能选出正确的模型。

萨尔蒙得出结论,认为模型的确认在以前研究过的很多博弈中是很糟的,尤其是在那些具有混合均衡且策略个数不多的博弈中。其他模型的确认较为成功。进一步说,EWA 模型通常能确认正确的 δ 值,其中 δ 是最能区分强化和信念模型的参数。萨尔蒙在得出结论的同时也注意到,除了选择之外,其他类型的数据(比如,能引人注意的数据;Costa-Gomes,Crawford,and Broseta,2001;Johnson et al.,2002)也有助于对学习规则进行确认。

卡布拉里斯和加西亚-冯提斯(Cabrales and Garcia-Fontes,2000)研究了凯莫勒和霍的 EWA 模型。他们首先证明,如果 ϕ 被限定在 1 以下,那么最大化对数极大似然函数或最小化方差估计量都是一致的和渐进正态的。当然,渐进正态对这些估计量的小样本特性来说意义不大;所以卡布拉里斯和加西亚-冯提斯进行了蒙特卡罗模拟。他们对 $T=30$ 个或 $T=1\,000$ 个的 2×2 协调(猎鹿)博弈和囚徒困境博弈中不同结构的参数 δ、ϕ、κ 进行了模拟。然后观察这些估计值复原实际值的效果。当 $T=30$ 时,被复原的 ϕ 估计值是向下有偏的而且通常都不正确;δ 的平均值相当精确,但其范围却过于分散。而当 $T=1\,000$ 时,这些参数的准确值都得到了复原(在 0.01 之内),并且在真值周围的分布接近随机样本误差的预期值。这些结论在确认 δ 时是令人兴奋的,但同时也提醒我们,好的估计方法对实验长度是很敏感的。

布卢姆等人(Blume et al.,1999)也用他们的发送者-接收者数据比较了信念、强化和一个混合模型,他们发现小样本中的确认情况比较糟糕,但随着实验对象和时间范围(时期数)的扩大,确认的情况也有很大改善。

小结

三项研究表明,模型的确认有时是比较糟糕的;错误规则有时与正确规则同样能很好地拟合数据。在策略个数不多(例如二策略和四策略情形)和具有混合均衡的博弈中,确认的情况尤其糟糕。在萨尔蒙(Salmon,2001)以及卡布拉里斯和加西亚-冯提斯(Cabrales and Garcia-Fontes,2000)的研究中，当实验时间足够长时，EWA 对参数 δ 的确认是很好的。更一般的结论是，此类实验并不难进行，而且很值得去进行。在今后，当我们为了对模型进行更准确的优劣辨别而对博弈和实验设计特征进行选择时，这些实验仍将是很有益的。

6.9　结论

在过去五年中，用学习模型来拟合实验数据的研究让人大开眼界。第一轮研究仅集中在一类模型中（典型的有强化、信念学习模型或学习方向理论）。通过改进对均衡的预测和把握数据变化的方向，所有这些方法通过了一个重要的基本测试。因而，简单的学习规则确切无疑地可以比均衡（其中假设无学习）更好地接近学习。这一结论不足为奇。

因为许多不同的理论比均衡概念预测得更好，所以如果目的是为了进一步提高理论的精确性，就必须进行比较研究。大多数比较研究都能得出两个结果。在仅有一个混合策略均衡的博弈中，强化模型比信念学习模型预测得更好（尽管在那些博弈中没有哪个模型比 QRE 或静态观测频率基准的预测性更好）。

但在协调博弈和其他一些类型的博弈中，信念学习模型大体上比强化模型的拟合度更好（比如市场博弈以及占优可解博弈）。一些博弈中的选择强化相对良好的表现之所以惊人，是因为这些模型仅假定参与者从其获得的支付中学习，但研究表明当参与者有支付以外的信息时，他们会学得很快。因此，强化模型所推测的一些博弈的特征是很惊人的，但这也意味着强化模型易被修改从而是不完整的。

我和霍德在 EWA 学习模型方面的研究利用更多的信息去避免强化学习在实证上的滞后。EWA 是一种学习规则，当对未选策略支付的权重以及对支付平均或累积的程度发生变化时，规则也就发生变化。因为在 EWA 中一些强化和信念模型是被作为特例来考虑的（通过构造），所以在一组样本数据内它显然比那些特例拟合得更好。因此，当判断样本内的拟合性时，避免 EWA 由于增加参数而变得更为复杂就是十分重要的；同时，当参数一旦被估计后，用已有的样本来评估模型对新数据（新时期或新的实验对象）的预测优度也是十分重要的。在所研究文献的 80% 到 95% 中，EWA 预测得较好。它也产生了合理而精确的模拟路径（这正是人们所力图做到的），并能利用根据某些博弈估计出的参数，来对新的博弈进行预测。主要的例外是混合策略均衡博弈，在这种博弈中所有的基本模型大体上预测得一样精确（并且可能仅比 QRE 稍好一些）。

EWA 的要点在于创造了一个比那些简单模型更适应各种博弈的方法。人们很容易构造这样一种博弈，在其中简单的强化模型作用微弱（罗思和艾利夫在 1995 年提出的市场博弈是一个较早的例子）。信念学习模型在占优可解博弈中的预测性并不好，因为通过信念学习模型可以预测到在这些博弈中会出现收敛，但实际上经常是观察不到这个现象的（例如，Nagel and Tang，1998；Capra et al.，1999）。通过加入一定程度的灵敏度，则 EWA 将不会像强化模型那样表现得极端糟糕；并且由于 EWA 不会像信念模型那样在占优可解博弈中预测到收敛现象，因此它优于信念学习模型。

EWA 模型的参数在各个模型中都不一样，而其他种类模型的参数在各个博弈中也是不同的（例如，Cheung and Friedman，1997；Crawford，1995）。参数的不同为预测新博弈中的行为带来了挑战。一个被称为"函数形式的 EWA"的单一参数理论，或被简称为 fEWA（Ho，Camerer，and Chong，2002），针对参与者的经验来构造参数函数，而不是仅仅形成自由参数，这可以用来解释为什么在不同的博弈中会产生不同的参数值。

由于 EWA 比简单的模型预测得要好（以某些方式对参数进行调整之后），因此如果人们想尽可能精确地预测行为，那么没有理由（或历史的传统）仅把注意力投放在强化或信念模型上。fEWA 很易于进行估计（因为仅有一个自由参数），并且比那些具有更多参数的模型拟合得更好。

EWA 是一个天生综合了学习过程特点的混合体。另一种不同的混合是规则学习。在规则学习中，规则推荐出策略，并被所推荐策略的支付所强化。规则学习比混合了惯性和最优反应的模型能更好地拟合群体水平的数据，而后者又比 EWA 拟合得要好。规则学习显然能解释"学会学习"的方式，当然这需要进一步的研究。

一个重要的课题是模型的统计拟合特征和不同模型的理论解释如何相互影响。实际上，所有理论文献都集中于这样的模型——以演化动态学及虚拟行动为典型——这些模型对实验数据的拟合（不止一次地）要比其他种类的模型糟糕得多。同时，统计模型看起来过于复杂，甚至对理论家来说也是很困难的。[最近我和一位年轻聪明的理论家共进午餐，他说他觉得自己继续研究虚拟行动动态是件很尴尬的事，因为实验结果表明其他类型的理论对数据拟合得更好。他说他已注意到了 EWA 模型并发现它实在太"复杂"——这种话竟出自这样一位研究艰深数学问题（包括超系数和稳定性等）的理论家之口！当然，他的意思是他没有从研究生学习中学到足够的工具来武装他，以证明符合数据的相关模型行为的定理。但这难道还没有引起针对什么是创新科学的挑战吗？〕适当的折中办法看来是，理论家应开始思考拟合优度理论，同时我们这些对理论进行改进的研究者也应该考虑哪些简化可以使得推理更简单一些。

在构造更好的理论以描述人们实际上是如何进行学习时，有两个不限定的目标和三个挑战。这两个目标是学习方向和模仿动态。

在学习方向理论中，参与者知道其事后的最优反应并向其趋近（或者对向那种方向趋近有种直觉）。泽尔滕认为方向学习是个好的起点，因为在许多领域中，参与者仅知道其前进的方向而对其他知之甚少。但方向学习理论从未被完整地描述过（例如，它仅在策略已被排序时使用），并且它的核心预测也并不引人注目。我预感当参与者知道前进的方向时，他们从不同的策略中还会了解到一些超出未选策略支付的信息。于是像 EWA 这样的理论就可应用。

另一个不限定的目标是模仿。模仿动态在胡克、诺曼和奥奇斯勒所研究的寡头市场以及斯达尔（Stahl，1999a，b，2000a，b）的"羊群行为"中比较明显（而在博世-德蒙尼奇和弗雷恩德的研究中不太明显）。一个好的理论应能间接地包含模仿。毕竟当参与者对称时，模仿是最具有强制性的；而当参与者不对称时又是一点也不敏感的。（例如，儿童会模仿成人的行为，而天生不会模仿他们的宠物。）这种差异是一个重要线索：模仿与自己类似的成功参与者，可能是一种启发式方法，从而能趋近于具有较高支付的策略。对称的模仿可以被 EWA 这样的理论所恰当地吸收，在其中，相类似的参与者的行为是对未选策略支付的替代。

本章所描述的学习模型将不得不在其适用于所有情况之前克服三个在建模时的挑战：老练、非完美支付信息和策略确定。

● 老练意味着一些参与者知道其他人是如何学习的。凯莫勒、霍和宗（Camerer，Ho，and Chong，2002a，b）以及斯达尔（Stahl，2000a）揭示了通过简单的方式把老练模型化所带来的益处，以及在重复博弈中"教导"是如何自然发生的。

● 很多模型都需要完美的未选策略支付信息，但这些模型必须适应支付信息不完美时的环境（Vriend，1997）。例如，EWA 可适应 $\delta=0$ 时的低信息条件。更多的方法是利用有关可能支付（在扩展式的博弈中；参见

Ho，Wang，and Camerer，2002）或历史支付（Anderson and Camerer，2000）的信息来作为对未选策略支付信息的替代（Chen and Khoroshilov，待出）。

● 大多数学习模型利用了阶段博弈的策略。在扩展式博弈中，以及当存在类型认知时［例如，Stahl（1999a）中的规则学习；Duffy and Engle-Warnick，2000；以及 Engle-Warnick and Slonim，2000］，更广泛的策略确定常常是明智可取的。然而，以阶段博弈策略来扩充策略集会产生典型的组合爆炸。其窍门是，要找到有效的办法，来从一个较大的可行策略集中辨别出在心理学上可行的策略（例如，遗传演绎法），并且这个过程要看上去和人们在实际中一样迅速。把这一研究与心理学上对学习的研究结合起来，特别是与神经中枢网络理论结合起来（例如，Sgroi and Zizzo，2002），也许会证明是很有用的。

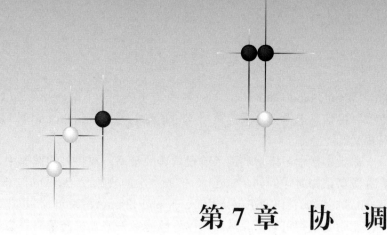

第7章 协 调

多重均衡博弈需要协调。即使参与者有遵循某种传统或普遍理解的行为模式的共同动机，如果存在多个自我驱使的传统，或是不同的参与者偏好不同的传统的话，在如何行动上达成一致也不是简单的事。语言就是这样一个例子：为了便于交流，参与者必须选择可被理解的语言。另一个例子是具有"参与外部性"的经济活动，譬如市场交易（交易者希望同其他交易者在同一地方交易以增加流动性）或是地理性集聚（互联网精英们迁居硅谷是因为老板们期望在那里找寻最优秀的员工，而且因为精英们如此做了，老板们也的确会如愿）。预测多个均衡中哪个将被选择是博弈论中最难解决的问题。解析型理论没有从根本上解决这个"选择"问题，该问题很可能只有在一定量的观察基础上才可被解决。

针对选择问题，多种方法都曾被采用。一种方法是考察各个均衡的特性然后选择那些合意的。比如，所有人都会觉得在一个"支付占优"的均衡中更感到满足，因而他们会自觉地选择它。而当参与者对结果感到不确定因而希望规避选择风险时，另一些均衡由于风险低而变得有吸引力起来。另一种方法是考察哪些均衡更可能通过适应或演变达成。关于这个重要方法的详细解释已超过了本书所要讨论的范围（但可参见 Weibull，1995，以及 Fudenberg and Levine，1998）。

第三种方法（本章的主题）基本上是实证性的。该实证方法试图通过将参与者置入实验中并观察他们的行动来推测参与者所使用的选择原则。

假设一个博弈被重复进行。一个明显的选择原则是"先例"：选择那个之前曾被选择的均衡。有一些均衡是凸显的或者心理学意义上突出的——对于某些策略，参与者明白基于文化原因它们更可能被人们选择（例如讨价还价中均等分割利益）。这种实证研究可以概括为一个目录，它列举在何种情况下人们使用哪些选择原则。

协调博弈向人们展示了观察的作用。关于理性行动的纯数学理论绝不可能完全找出多个均衡中哪个会出现，因为历史、共同的背景以及描述或制定策略（以使其具有心理凸显性）的方法无疑都至关重要。正因如此，自然主义者在生物学中所做的实验或观察有弥补数学分析不足的潜力——预测将发生什么。这正如谢林（Schelling，1960，164 页）所说，"恰如人们无法靠纯粹的正规推演来证明某个笑话必定是好笑的一样，人们同样不可能在没有实证证据的情况下推断在一个策略非零和博弈中参与者会如何认知"。

进一步讲，人们互相了解的程度以及他们的所见都会以微妙的方式影响协调过程。崔（Chwe，2001）有趣地证明了结伙形式的细节是如何影响（工会组织的）示威或（监狱中的）暴动是否发生的。

令人惊奇的是，与公共物品博弈和囚徒困境博弈相比，对协调博弈的实验研究一直不充分。这也许是由于存在对实证观察的偏见，因为在一般概念中，协调博弈通过交流应该很容易被"解"。这种偏见无论在实践中还是理论上都是错的。在实践中（至少是在实验中），交流通常情况下会改进协调，但并不总是有用的，而且交流经常导致低效率。理论上，交流并不是真正的解决办法，因为在许多大型社会活动中，参与者无法全部同时交谈（而大型公共宣言又不被置信），由少数不可互相交谈的参与者构成的简单协调博弈实际上是反映这种大型社会活动的小型简约模型。例子包括宏观经济生活中的协调性活动，比如旧金山海湾大桥意外阻塞时通勤者的反应，还有作为协调工具的限速措施。[1]

协调失败会导致难以挽回的低效率。语言再次成为很好的例证。英语有很多奇怪的特征使得这种语言很难学习。但是传统势力却一统天下——如果英语是以古怪的方式表达的，然而理解其瑕疵的英语使用者却又庞大且已经固定，那么后来的人也只能学习这些瑕疵。[2]现如今，由于说英语的人在使用互联网方面具有优势，英语成为国际语的趋势越来越明显。这些网络使用者像劣质基因一样使英语的古怪特性流传下去。

下面的例子说明了协调的重要性，并且从中可以看到协调是怎样形成的：

● 美国铁路的轨道（轮距）标准宽度为什么是 4 英尺 8.5 英寸？[3]答案是，英国载货和载客的马车被做成 5 英尺宽，也就是两匹马的宽度。有轨电车的制造者使用了和马车制造者相同的工具和标尺，所以他们把电车轨道宽度做成了 4 英尺 8.5 英寸——5 英尺减去 4 英寸轨道宽度，再加上由于一些细小的技术细节原因而留出的半英寸。英国的铁路是由电车制造者建造的，他们使用了他们最熟悉的宽度。后来英国的移民制造了美国的铁路并且照旧使用了他们熟悉的英式铁轨。在这个长达 2 000 年的历程中，有很多时候协调的努力可以达成一种不同的标准，但协调终究没有发生。结果是 NASA（美国国家航空航天局）的航天飞机被两个小于工程师初衷的火箭助推器驱动。为什么？火箭必须用火车从犹他州运到发射地。既然铁轨宽度是由马车的构造决定的，而马车是由两匹马拉的，那么航天飞机的火箭也一样是两匹马的宽度。（某种意义上，航天飞机是根据马屁股设计的！）与此对照的一个有趣的现象是：俄罗斯有意地选择了与众不同的轨宽（主动的非协调行为），这或者是为了使入侵变得困难，或者是为了传递他们没有侵略意图的信号。

● 经济地理学家们致力于探寻为何一些产业在小片区域里如此聚集。答案是某个小的历史事件会决定一个城镇的长期发展重点。举个例子，有一名士麦那[①]妇女乔治亚不小心弄伤了手，因而不得不学着用另外的办法缝棉被。她发明了一种更高效的新技术，并且把它教给了几个朋友。几十年后，由于她的技术在朋友中间广泛流传（比如 Krugman，1992），士麦那成为世界制毯中心之一。另一个著名的例子就是硅谷。硅谷的出现是受当地的大学和某些历史突发事件影响。由于远离纽约死气沉沉的银行业，一种令人自豪的科学革新文化得以建立——每一个“我们”都需要一个“他们”，在这种文化里，聪明、对工作的狂热、对工程技艺的重视程度要远大于金钱、漂亮的服装和名牌大学的出身。（许多早年的硅谷开拓者们都是一些懂得用农场里的破烂玩意儿拼出发明来的中西部小伙子。他们自己动手的技能与 DIY 哲学和计算机科技与新经济非常匹配。）影片的拍摄都聚集在好莱坞是因为那里稳定、干燥（一年里十天下雨）的天气降低了外景拍片的天气风险。就像牡蛎中变为一颗珍珠的沙粒一样，当存在规模报酬递增或者地理外部性时，一件微小事件可能兴起整个产业。

● 城区贵族化往往出现在小城市（曼哈顿、旧金山），在那里高昂的房产价格驱使一批富裕的雅皮士们到一些住宅较便宜的地区安家。这些地区由于一些地理劣势或一些不讨人喜欢的特征而使价格下滑。尔后，新贵们又想和这些雅皮士们毗邻。贵族化通常发生得很快。一小撮关键人物可

[①] 土耳其西部港市伊兹密尔。——译者注

以形成一个谢林"倾翻点",在这点上想做某种事情的人的比例迅速从零变到全部。这样的例子包括 20 世纪 70 年代的 SOHO 一族,先是在曼哈顿扎根,然后是在布鲁克林;90 年代在旧金山的城南集市;90 年代在洛杉矶的洛斯菲里斯;90 年代晚期在伦敦的布里克斯顿,等等。

● 纯协调的一个经典例子是靠左还是靠右行驶的传统的形成过程。〔可以推测,美国靠右驾驶的传统(和英国的相反)是由于以前驾马车去集市时必须右手握鞭,而靠左行驶会使鞭子伤及过路人。〕与这个例子相反的一个有趣例子来自玻利维亚。[4] 那里公路从城市一直延伸至多山地区,沿途道路变得越来越窄而险,有一边是陡峭的悬崖,因此事故频发。(如果一个汽车司机从城市回到自己的家,他的家人定会围聚庆祝他的平安归来。)在城市里,司机靠右行驶(坐在车内的左边)。然而这样做在山路上是很危险的,因为这样司机会看不清悬崖一边。〔想象一下坐在车内左侧(美国式的),然后越过乘客那侧看到一片空白。〕因此惯例(通过标志强制执行)变为在山路上靠左行驶。这样两边的司机都可以更清楚地看清悬崖一侧。还有另一个关于驾驶的例子:匹兹堡有许多双向街道,两个方向上各有一行道。一般准备向左转弯的司机必须等待迎面来的车辆先过,但这种规矩给那些在他们后面等待的司机们造成很长的延误,因为每边只有一条通道。继而一种制度建立起来了——"匹兹堡左转",它非官方地允许左转者先行(和国家法律相反)。

● 给产品分类是一个协调问题。影片《娱乐场》是在音像商店的"动作片"货架上还是"戏剧片"类里?买者和卖者都希望顾客能快速地进出商店,所以只要影片好找,没人在乎影片怎样分类。双方进行了一场协调博弈,其中影片必须分属少数种类,而如果双方能猜到对方选择的种类,那么他们都将获益。

● 通常渴望交流的愿望会产生对一种共通语言的偏好。比如,互联网的兴起会增进英语在世界范围内的传播。〔这样自然而然的结果会是:韩国很多想学英语的年轻人们实际上通过做手术使他们的舌头变得松软——就像笑星达夫·巴里(Dave Barry)说的那样,"我可不是在改善我的缺陷!"——他们希望借此来改善他们的发音。〕另一些时候,有一类人会想伪装他们在人前所说的话;这样一来模糊的、不可破解的语言就会好于广泛使用的语言。在二战中,有 29 名纳瓦霍印第安人被雇为"密语者",他们在太平洋战场上互通前线指令。这是因为他们的语言 Dineé 的句法和音调变化非常复杂,这使得日本破译专家破解异常困难。

在这些例子里，在某个选择上达成一致往往要比达成某些共识要更重要，但有些协调选择要比另一些要好。演员和软件工程师们愿意到对他们的技能有需求的地方（而公司会选址在他们预期那些专业人才聚集的地方）；雅皮士希望毗邻雅皮士；而品位高的音像店顾客希望快速找到《杰奇·布朗》（动作片？还是黑人观众电影？）和《卧虎藏龙》（香港式动作片，武侠类？浪漫剧？）；负债累累的国家希望投资者保持耐心。他们都需要协调。

在本章中，协调博弈被分为三类：匹配博弈、非对称支付博弈以及非对称均衡博弈。

在匹配博弈中，所有均衡对每个参与者的支付都相等。[5]这些博弈对于从心理生理学、语义学以及文化方面研究"心理上凸显的"焦点是如何形成的很有用处。在某些协调博弈里，支付是不对称的，因而参与者对于哪个均衡最优意见不一。性别战博弈是一个范例。在性别战博弈中，通过区分不同参与者的变量〔比如交流、弈前选项、时序（先行者优势还是劣势），或是关于讨价还价能力的提示（例如过去的声誉）〕决定哪个均衡被选择。在另一些博弈中，参与者是对称的而均衡不是。"猎鹿博弈"（也称作确信博弈）是具有此特性的博弈。在该博弈中，两名参与者选择冒险或安全的策略。如果双方都选择冒险的策略，他们的所得会比他们都选择安全策略的所得要多，但如果另一方没选择冒险，则冒险者所得要少。区分不同均衡（例如支付占优和风险占优）的选择原则可以借助这些博弈测出。

每类博弈都有关于其他参与人行动策略不确定性的不同来源，而不确定性使协调变得困难。在匹配博弈中，策略不确定性来自分辨不同均衡的结构方法的缺失。在性别战博弈中，策略不确定性来自对于哪个参与者理应赢得较好结果的疑虑。在猎鹿博弈中，策略不确定性来自赢得更高支付的共同动机（表现为支付占优）和规避风险（表现为风险占优）的个人动机的冲突。奥克斯（Ochs，1995a）和克劳福德（Crawford，1997）在协调问题上所做的研究给出了精彩的概述。

7.1 匹配博弈

1988年秋《博弈》杂志举办了一次比赛。参与者可以模拟投票给9位名人当中的两位，选一位总统和一位副总统。举办者会从投票给得票最多的总统候选人的人群中抽出一名投票者并颁发奖金给他，而奖金额与他们的选择无关。每位选手都试图猜测其他选手会猜多数人选谁，这样的形式正如凯恩斯描述的股票市场上的"选美比赛"。结果在表 7 - 1 中显示。在总共 5 283 票选票中，得票最多的名人是比尔·克斯比（Bill Cosby）（1 489 票），后两名分别是李·亚科卡（Lee Iacocca）和皮-威·赫尔曼（Pee-Wee Herman）。自称经过再生的女演员雪莉·麦克雷恩（Shirley MacLaine）排名最后。

表 7 - 1 《博弈》杂志的匹配博弈结果

总统	副总统									副总统总票数
	奥普拉	皮特	布鲁斯	李	安	比尔	斯莱	皮-威	雪莉	
奥普拉·温弗瑞	—	35	63	218	35	247	41	110	29	778
皮特·罗斯	36	—	33	74	25	67	32	36	20	323
布鲁斯·斯普林斯蒂恩	45	36	—	71	26	139	49	65	23	454
李·亚科卡	56	36	41	—	31	155	34	39	22	414
安·兰德斯	48	30	37	149		365	29	58	28	744
比尔·克斯比	122	41	83	435	41		53	147	21	943
斯莱·史泰龙	36	27	66	58	27	117	—	145	20	496
皮-威·赫尔曼	61	32	75	84	76	343	90	—	33	794
雪莉·麦克雷恩	33	30	37	66	30	56	29	56	—	337
总统总票数	437	267	435	1 155	291	1 489	357	656	196	5 283

资料来源：《博弈》杂志（1989）。

因为与大多数人的选择一致而获得的奖金额和一个人所做的选择无关，因此《博弈》比赛是一个纯匹配博弈。好的匹配要求在众多回报相等的策略中找出多数人（在清楚他人也有同样目标的前提下）会选择的那个。在博弈举行的那段时间里，深受大众欢迎的克斯比参加了一次成功的电视秀，这可能成为一个选择原则；但是皮-威·赫尔曼和排名第四的奥普拉·温弗瑞（Oprah Winfrey）也做过同样的事。李·亚科卡实际上曾被媒体提及可能成为（美国）总统候选人，这也可能使注意力转向他。

表 7-2 显示了一个简单的纯匹配博弈，这里策略被标记为 A 和 B。选 A 和选 B 都是均衡，而没有任何复杂的选择原则可以适用（例如纳什均衡精炼）。然而，某些均衡可能是"聚点的"或是"心理上凸显的"（如谢林在 1960 年指出的一样），因为在策略标记的方式上有一些先例[6] 或是视觉上与语义上的差别——比如，中间位置、左上位置、选择标记中元音最长的策略，等等。

表 7-2 一个匹配博弈

	A	B
A	1, 1	0, 0
B	0, 0	1, 1

尽管这些博弈魅力无穷，又有谢林引人注目的例子，令人惊奇的是关于人们如何进行这些博弈的确凿证据仍然很少。梅塔、斯塔莫和萨格登（Mehta，Starmer，and Sugden，1994a，b）进行了最细致的实验。在拥有许多策略的博弈中，协调回应的比重占到了 10% 以上。举例说，在被要求在一个号码集合中选一个号码时，有 29% 的人选择了号码"1"；当选择一天里的时段时，28% 的人选择"中午"；而选择在伦敦见面的地点时，有 38% 的人选择了特拉法尔加广场①。某些时候会有非常惹人注目的聚点出现——有 87% 的人在〔正面，反面〕的集合里选择了"正面"，89% 的人在山脉的集合中选择了珠穆朗玛峰，而又有 89% 的人在汽车制造商中选择了福特。

梅塔等人在他们 1994a 的论文中研究了策略凸显性，或是聚点性的来源。他们将一个纯选择条件（P）和一个协调条件（C）做了对比。选择条件下，参与者只是单纯地挑选策略，而在协调条件下，如果他们的选择和随机选出的一名参与者所做的选择相匹配的话就能够得到一英镑。通过比较 P 组和 C 组的选择可以检验出，到底人们只是对一些选择有偏好（因而两组的参与者都会作这些选择），还是参与者因为知道某些特定策略是聚点所以在协调条件下更多地选择它们。

表 7-3 显示了几个博弈的结果。这张表显示了参与者选择最多的选项的选择频率、不同回应的种类总数（r）以及一个协调指数 c（对回应进行

---

① 在英国伦敦的威斯敏斯特。——译者注

随机配对处理，c 是匹配的对数占总体的比例）。匹配的频率令人瞩目。当被要求说出一个年份时，P 组的挑选者共说出了 47 种不同的年份——他们中有 8% 挑选了 1971（很可能因为这是年轻学生们出生日所处最频繁的年份），6.8% 选择了 1990（实验进行当年的年份）。然而，进行 C 组实验时，他们竭力地和他人协调，因而有 61.1% 的人选择了 1990。总共 88 名 P 组参与者选择了总共 75 种不同的日期（估计是他们自己才知道的生日），但在匹配情况下，近半数的人选择了 12 月 25 日圣诞节。

表 7-3　选择条件（P）和协调条件（C）的实验结果

	P 组		C 组	
	回应	比例（%）	回应	比例（%）
年份	1971	8.0	1990	61.1
	1990	6.8	2000	11.1
	2000	6.8	1969	5.6
	1968	5.7		
	$r=43$	$c=0.026$	$r=15$	$c=0.383$
花	玫瑰	35.2	玫瑰	66.7
	水仙	13.6	水仙	13.3
	雏菊	10.2	雏菊	6.7
	$r=26$	$c=0.184$	$r=11$	$c=0.447$
日期	12 月 25 日	5.7	12 月 25 日	44.4
	12 月 10 日	1.1	12 月 10 日	18.9
	1 月 1 日	1.1	1 月 1 日	8.9
	$r=75$	$c=0.005$	$r=19$	$c=0.238$
城镇	伦敦	15.9	伦敦	55.6
	挪威奇	12.5	伯明翰	34.4
	伯明翰	8.0		
	$r=36$	$c=0.054$	$r=8$	$c=0.238$

续表

	P组		C组	
	回应	比例（%）	回应	比例（%）
号码	7	11.4	1	40.0
	2	10.2	7	14.4
	10	5.7	10	13.3
	1	4.5	2	11.1
	$r=28$	$c=0.052$	$r=17$	$c=0.206$
颜色	蓝	38.6	红	58.9
	红	33.0	蓝	27.8
	绿	12.5		
	$r=12$	$c=0.269$	$r=6$	$c=0.422$
男孩的名字	约翰	9.1	约翰	50.0
	福雷德	6.8	彼得	8.9
	大卫	5.7	保罗	6.7
	$r=50$	$c=0.002$	$r=19$	$c=0.422$
硬币正反面	正面	76.1	正面	86.7
	$r=5$	$c=0.618$	$r=3$	$c=0.764$
性别	男	53.4	男	84.4
	$r=6$	$c=0.447$	$r=2$	$c=0.734$

资料来源：Mehta et al. (1994a).

选择条件下在共知程度上的细微差别在匹配时拉大了距离。P组中参与者选蓝色与红色的频率很相近，但当匹配时，他们选择红色两倍于蓝色（58.9%对27.8%）。在选择条件下，"他"获得对"她"的微小优势，但却以84.4%对15.6%的比率在匹配条件下压倒性获胜。

巴德斯雷等人（Bardsley et al.，2001）更细致地将随意挑选和匹配的区别进行了分解。他们使用了一个选择集合，其中四个选择当中有一个具有凸显性。例如，在集合｛伯尔尼，巴巴多斯岛，火奴鲁鲁，佛罗里达｝中，伯尔尼具有凸显性，因为其他三个地方都是温暖的度假胜地而伯尔尼不是。他们比较了在自由选择条件下、猜测条件下以及匹配条件下的选择。（他们的设计在P组和C组上又加了猜测组。）在猜测条件下，对象们猜测多数人会选择什么。如果在匹配的条件下凸显性是出于对人们喜欢什么，人们相信人们喜欢什么，以及如此类推的了解，那么三种条件下的模式就会相同；他们把这种情况称为"推演性凸显性"。与此相反，当匹配条件下的方式与另两种条件下不同时（比如，在匹配时对象选择伯尔尼，而在自由选择时选择佛罗里达并且猜测别人也选择佛罗里达），则存在一种"谢林凸显性"（或者非推演性凸显性）。实际上[7]，谢林凸显性预测得很好。在 14 个博弈里，有 12 个博弈中多数选择是那个显著不同的选择，它以 60% 的频率被选择，尽管在选择和猜测条件下被选的频率少了些。

7.1.1 归类博弈和视觉选择

有一些匹配博弈被称为"归类博弈"。在一个归类博弈里，策略要把集合中的每一个目标归入这个或那个类别中。经济中的例子包括将人们分成各组，公司选择在现实中或虚拟环境中的坐落地点（Ochs，1990），把财产中的各项分给继承人，音像店对电影的归类，将破产公司的资产在债权人间的分配，以及离婚时对共同财产的分割。

在一种归类博弈里，几个圆圈须被分别分配给一个左边或右边的方块。

休谟关于正义和财产的分析（Hume，1978［1740］）预测了一些在归类中可能被使用的聚点原则。梅塔等人（Mehta et al.，1994b，170 页）写道：

> 休谟认为人们意识到从社会交际中可以获得对个人私有利益的好处。但是他们同样意识到社会的冲突多来自那些易于在人们之间转移的物品。他表示传统作为一种转移这种冲突的办法而出现：传统使得每个人能够知晓哪些财物能被别人认可为属于她或他的财产。

休谟表示，关于财产的传统来自类比和隐喻。既然"……的财产"是一种人和物的关系，财产关系的自然类比就可能在其他类的人和物的关系中找到，比如时间邻近或空间邻近，外观类同，文化联系，等等。空间邻近常被用来决定哪国或何人有权捕鱼或采矿。时间邻近则体现在"先找到者为拥有者"或"先得"原则中，其中物品被奖励给首先发现它的人。[8]

继休谟之后，梅塔等人描述了三种将物品分配给"拥有者"A 或 B 的聚点原则：邻近原则——A 或 B 谁离物品近物品归谁；公平原则——A 和

B 各得一半；以及整体性原则——如果某个子集中的物品之间联系紧密，那么该子集不应被分割。

这些规则在日常讨价还价和在多方之间分配财产、成本、债务和损失的民法中是很常见的。假设有苹果从邻居左先生和右先生家的两棵树上掉下来。树的枝叶伸展得很长以至于无法分辨那个苹果是从哪家的树上掉下来的。谁拥有这些苹果呢？邻近原则认为，掉落位置离谁家的树近，苹果就分给谁。公平原则会等分苹果。整体性原则会坚持不让掉落后在一起的苹果被两家分。（保持邻近的苹果在一起是愚蠢的，但整体性原则对于鼓励在离婚或领养时不拆散同胞兄妹或是将作为生产组件的资产分给同一个债权人方面是有用的。）

图 7-1 显示了一套梅塔等人（Mehta et al.，1994b）设计的用来检验这些原则的问题。在每个问题里，几个圆圈（1 号到 5 号）中的每一个都要划归于一个方块。如果一名实验对象的划分和另一名对象的划分完全吻合（对所有的圆圈而言），他将得到一笔钱。表 7-4 显示了在梅塔等人的两次研究（Mehta et al.，1994b）中，用如上定义的三种选择原则分别进行预测的圆圈归属。在括号中给出的是始终如一地使用该原则进行选择的人数比例。例如，梅塔等人（Mehta et al.，1994a，b）的第 20 个问题中，邻近原则会将 1、2 号归为左边方块而另三个归为右边方块（32％的人这样做），整体性原则会将 4、5 号归为右边（43％的人这样做），而公平原则会保持缄默。

当三种原则不冲突时，约有 70％的人选择了原则所暗示的归类法。对一些问题的设计是为了让原则之间起冲突。在问题 19 中，邻近原则和整体性原则的预测是一致的，它们把中间的 2 号圆圈分给右边（因为它更靠近右边方块）。约有三分之一的人选择这样的分法，但有近半数的人执行了公平原则从而把 2 号分给了左边。问题 20 是要在将中间 3 号分给最近（右边的）方块的邻近原则和将 3 号同它的"兄妹们"放在一起而分给左边的整体性原则之间作选择。整体性原则以很小的优势（43％对 32％）击败了邻近原则。问题 16 将整体性原则和公平原则进行区分：2 号圆圈是和它的兄弟 3 号待在一起，从而分给右边，还是分给左边以形成公平局面呢？多数实验对象选择公平原则而只有少数选择整体性原则。观察所有这些问题，看起来公平原则是个基本原则，而当它被满足时，人们应用整体性原则和邻近原则大概一样多。

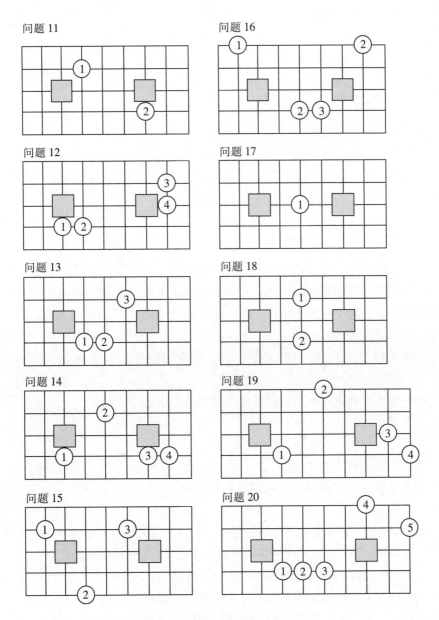

图 7 - 1　圆圈对方块的归类博弈
资料来源：Mehta，Starmer，and Sugden（1994b）.

表 7 - 4 服从不同归类原则的选择

问题	邻近原则	整体性原则	公平原则
11	LR（74）	LR（74）	LR（74）
12	LLRR（68）	LLRR（68）	LLRR（68）
13	L* R（70＋）	LLR（70）	无
14	L* RR（76）	** RR（76＋）	LLRR（68）
15	LLR（71）	LLR（71）	无
16	L* RR（73）	LRRR（5）	LLRR（68）
19	LRRR（29）	LRRR（29）	LLRR（45）
20	LLRRR（32）	LLLRR（43）	无

资料来源：Mehta et al.（1994b）.

注：括号内的数字显示的是其选择服从该原则的对象比例。＊代表既可以是 L 也可以是 R。

在匹配问题上还有很多有趣的实验可以做。匹配博弈可用来衡量文化的"力量"：问实验对象有关共同价值观的问题来看他们的答案之间的相关度如何。[9] 达成共识的程度可以预测诸如婚姻等关系的成功可能性。在"新婚燕尔游戏"电视节目中，两位新人被分开来并被提问，问题常带有成人味道以引人发笑："你太太会说在你家的哪个房间里你俩过得最开心？"如果丈夫的答案和妻子的吻合则他们会获得一件奖品。也许这类的匹配任务能帮助预测一场婚姻的持久度以及离婚的可能性。

7.1.2 揭示聚点性

巴卡拉克和伯纳斯科尼（Bacharach and Bernasconi，1997）界定了何谓一个策略具有聚点性（同样可参见如下理论：Gauthier，1975；Crawford and Haller，1990；Bacharach，1993；Sugden，1995）。从上面讨论的匹配博弈和谢林的早期论文中可以明显得出基本要素：人们对策略进行感性的或其他种类的区分——标签很重要——然后使用最可能造成匹配的区分办法。

在巴卡拉克的理论框架中的要素包括行动 Ω；属性——以将 Ω 列入具有该属性与不具该属性的子集；可识别度，即某种属性能被其他参与者识别的概率。参与者被假定为在一个具有相同可得属性的选项子集中随机选择策略，然后使用支付占优原则。人们偏好将最独特的属性作为选择原则，因为它们可使匹配的可能性更大因而获得更大的期望收益。然而，由于独特的属性通常更不容易被识别，因而某种属性的独特度和可识别度之间可能需要权衡和折中。巴卡拉克和伯纳斯科尼进行了实验来检验这种框架的一些暗含意义。因为实验对象们渴望达成协调，一些以往未被实验者控制的"无用"属性（诸如某个行动在纸上显示的位置）变得举足轻重。巴卡拉克和伯纳斯科尼通过将对象的纸页从不同方向插入他们的实验材料袋里来尽量不让这些无用属性起作用。这样一来就没有什么顶部/底部或是左右之分了，因为每个对象都会对这些方位有自己的价值判断。（电子化显示同样可以达到这个目的。）

他们的结果可以根据他们检测的原则来归类。

稀有性偏好检验

稀有性偏好意味着对象应选择较稀有的目标——较少目标拥有同样属性。图 7-2 显示了对象所见的一种典型图片。图上有 6 朵花和 8 个三角，它们尽量地被画得看起来相似。表 7-5 汇总了在四种博弈中选择相对稀有或富余的选项的次数比例，这四种博弈具有不同程度的稀缺度。在诸如图 7-2 表示的那样的博弈中，选择比例的悬殊程度是稀有和频繁的行动的数量之间差异的增函数。当稀有的行动是"个别分子"，也就是唯一具有某种属性的行动时，这个个别分子以 94％的频率被选择。

图 7-2　在匹配博弈中的一幅用以进行
　　　　稀有性偏好检验的图

表 7-5　对稀有与频繁行动的选择频率

	稀有/频繁选项的数量			
	6/8	2/3	6/18	1/15
稀有	65	76	77	94
频繁	35	24	23	6

折中检验

假设某个博弈中有一个"个别分子"——唯一具有特征 F 的特别行动，但特征 F 是细微而难以识别的，可以以 $p(F)$ 的概率被识别。再假设一些其他行动可被归为元素相对稀有的、有 n 个元素的组中。那么折中原则认为当 $p(F) > 1/n$ 时，人们将决定选择个别分子。

图 7-3 显示了一个用以检验折中的刺激物。行动包括 3 朵花和 11 个菱形。其中就在中央左下方位置的一个菱形略小于其他菱形（有箭头标记，实验对象见不到该箭头）。这个大小的区别是个不易识别的特征，但如果对象能认出它（并且认为别人也认出了），那个菱形就成为一个独特的个别分子。为了检验折中必须引入可得性 $p(F)$，然后测量它。巴卡拉克和伯纳斯科尼这样做了，其做法是控制个别分子的两种特性〔它们的大小和亮度（色彩的鲜明度）〕并且询问对象是否注意到独特目标。在易识别的条件下，94%的对象注意到了独特目标，因而 $p(F)$ 值为 0.94。在不易识别的情况下，有 40%的对象注意到了个别分子。每种条件下的讨论都在表 7-6 里汇总并显示出来。

图 7-3 用以进行折中检验的一幅图，其中的目标物大小不同
资料来源：Bacharach and Bernasconi（1997）.

该表显示了对个别分子以及对稀有选项中某个选项的选择数量，它们根据稀有选项子集 r 中选项个数的"个别分子"的可识别度 $p(F)$ 进行排列。折中原则的预测是，当注意到个别分子的比率 $p(F)$ 大于 $1/r$ 时，人们会选择个别分子；否则他们会选择某个稀有选项。因为 $p(F)$ 恰巧总是大于 $1/r$，人们总是选择个别分子。

当个别分子很明显地表现出独特性时〔也即 $p(F)$ 很高时；表 7-6 的左半部〕，人们总是选择个别分子。然而，当个别分子不明显时〔$p(F)$ 低时，表 7 - 6 的右半部]，它被选择的频率小于一半。举个例子，图 7 - 3 显示了一个不明显的小号个别分子（只有 40％的人注意到有个菱形小了一点）和另外三个属于稀有种类的选项（花）。这种情况下，36％选择了小菱形，而 64％选择了某朵花。随着 $p(F)$ 和 $1/r$ 之间的差距加大，个别分子应该会更频繁地被选择，但因为差距大小变化不足，无法验证这种预测。

表 7 - 6　在折中检验中的选择频率（％）（总共有 14 个行动）

	"个别分子" 属性的可识别度								
	稀有选项的数目 r								
	易识别				不易识别				
	2	3	4	5	2	3	4	5	6
稀有选项	14	19	9	7	77	55	45	69	55
个别分子	83	79	91	88	23	31	45	19	20
其他	2	2	0	5	0	14	10	12	25
$p(F)$	0.95	0.91	0.95	0.93	0.55	0.40	0.62	0.25	0.25

资料来源：Bacharach and Bernasconi (1997).

巴卡拉克还臆测了一种被称为"对称失格"的属性，但是看起来并没有被普遍遵守。[10]

门罗（Munro，1999）报告了一项特殊的开放研究，对象是现实中的匹配博弈里的协调。他在日本某高校外围的自行车道上对相向而行的骑自行车者抽取十个样本进行了观察。（他选择了中间没有漆线的路；在这些路上，人们倾向于在中间骑，因而不得不在相向而行时对各自偏向哪边进行协调。）当两个人迎面遇上时，他们是都左偏还是都右偏呢？抑或协调失败而撞在一起？门罗发现冲撞是罕见的，而且人们以 80％的频率左偏。在日本，人们开车时是靠左行驶的（尽管有些令人惊奇的是，更一致的传统没有出现）。[11]

小结

在纯匹配博弈中，参与者从一个集合中选出一个目标并且当他们匹配时赢得固定奖额。这些博弈反映了一些极端情况，即当参与者只关心协调本身，而不管他们在什么上进行协调时会发生什么。梅塔、斯塔莫和萨格登发现参与者使用关于哪些选择是"聚点的"或"心理上凸显"的共有知识来更好地进行匹配，尽管匹配不是完美的。他们还发现协调不只从偏好或关于偏好的猜测中衍生；它看起来依赖于哪些选择是最明显的或被注意到的。巴卡拉克和伯纳斯科尼还展示了给行动贴标签的强烈效果和对具有明显特征的行动的偏好，以及对象对可识别度和独特性进行折中的少量证据。

在可以使用各种聚点原则的归类博弈中，有一个大致的排列，其中公平原则最先，而后是整体性原则，最后是邻近原则。研究特定经济利益背景中的匹配博弈［财产或债务的分割，将工人们分类，或是属于"组织文化"一部分的聚点原则（参见 Camerer and Vepasalainen，1998；以及 Kreps，1990)］同样会很有趣。还有，持续地与同伴匹配失败有可能是较弱社会敏锐度的体现，这也许和"心智理论"的缺乏或自我中心主义有关。

7.2 不对称参与者：性别战

表 7-7 显示了一个"性别战"，一个具有不对称参与者均衡的博弈。在这个性别战现代版中，两个人希望在看哪个电影的问题上达成一致。克里斯（列参与者）想去看《待到梦醒时分》（*Waiting to Exhale*）而兰迪则更喜欢《非常嫌疑犯》（*The Usual Suspects*）。两人都想匹配，但每人都喜好不同的电影。纯策略均衡是（《待到梦醒时分》，《待到梦醒时分》），克里斯最喜欢的电影，以及（《非常嫌疑犯》，《非常嫌疑犯》），兰迪最喜欢的电影。还有另一个混合策略均衡，其中参与者不作单一选择而是以 3/4 的概率选择他们喜欢的那个电影。在这样一个均衡中，期望收益是 0.75，这对两人来说比两个纯策略均衡任何一个的收益都要差。

表 7-7 性别战

		克里斯	
		《待到梦醒时分》	《非常嫌疑犯》
兰迪	《待到梦醒时分》	1，3	0，0
	《非常嫌疑犯》	0，0	3，1

参与者一致情况下的两个均衡是对称的，因为两个都支付 1 给某个参与者而支付 2 给另一个。一个不带感情色彩的同等对待两人的仲裁者会认为两个纯均衡无差异。因此，只有能将参与者进行区别的选择原则才能帮助他们协调。性别战捕捉到一种重要的具有"混合动机"的社会情形——

两人都想协调（一个共同动机或社会动机），但他们对于在哪个策略上协调有分歧（因为有个人动机）。

库伯、德琼、佛希斯和罗思（Cooper，DeJong，Forsythe，and Ross，1990，1994）做了一项关于性别战的精巧的实验调查。1990年，库伯等人组成的协调一致的研究小组做出了一系列的关于协调博弈的精美研究。库伯等人使用的性别战博弈在表7-8中显示。两名参与者偏好的均衡策略都是2。600和200是彩票的数量。[12]

表7-8　性别战（库伯等人）

		列参与者	
		1	2
行参与者	1	0，0	200，600
	2	600，200	0，0

资料来源：Cooper et al.(1994).

几种方法下的结果显示在表7-9中。该表显示了在一个22期博弈的后半段中，选择两个均衡结果的每一个的配对数和比例，以及选择任一个非均衡结果的配对数和比例。

表7-9　性别战：最后11期

博弈	外界选项	(1，2)	(2，1)	(1，1) 或 (2，2)	合计
性别战	—	37	31	97	165
		(22%)	(19%)	(59%)	
斯乔布	—	24	13	53	90
		(26%)	(14%)	(60%)	
性别战-300	33	0	119	13	165
		(0%)	(90%)	(10%)	
性别战-100	3	5	102	55	165
		(3%)	(63%)	(34%)	
性别战-单向	—	1	158	6	165
		(1%)	(96%)	(4%)	
性别战-双向	—	49	47	69	165
		(30%)	(28%)	(42%)	

续表

博弈	外界选项	(1, 2)	(2, 1)	(1, 1) 或 (2, 2)	合计
性别战- SEQ	—	6	103	56	165
		(4%)	(62%)	(34%)	

资料来源：Cooper et al. (1994)；Straub (1995).

注：括号内的数字代表每种结果出现的比例。

协调失败是常见的。参与者匹配失败的频率是59%，与混合策略均衡预测的62.5%非常接近。即使对象们没有特意随机选择，数据也与这样的思想一致，即作为一个人群，他们在对均衡比重进行混合（就像我们在第2章中对混合策略博弈的研究中看到的一样）。在第二行"斯乔布"中报告了由斯乔布（Straub，1995）使用同样支付进行实验得出的结果，同库伯等人的结果非常接近。

7.2.1 外部选择

在实验方式"性别战-300"中，行参与者可以选择能支付双方每人300张彩票的外部选择，从而不进行性别战。外部选择很有趣，因为一个被称为"正向归纳"的精炼法预测一个外部选择的存在会影响协调，其影响的方式受外部选择大小的微妙变化的影响。如果外部选择是300，那么在性别战博弈中列参与者会推测，行参与者只有当预期会得到600时才会弃用这个选择。（放弃300，继而为了200的收益进行博弈则会违反占优、自利和动态一致性的联合假设。）因此列参与者应该很肯定地推断行参与者会选2，而列参与者的最优回应应当是选1。

正向归纳对博弈论学者来说是合乎直觉的，但在实证中有许多与之相悖的可能。行参与者可能会赞同这种理论，但是害怕列参与者没有考虑这么多，因而会选择确定的300而不进行性别战博弈以避免仅获得200的风险。列参与者们可能会选2①，因为他们会觉得行参与者既拥有额外选择又可以通过放弃该选择来获取更高收益是不公平的。行参与者们可能会违反动态一致性，先是弃用选择，继而又由于这样做而忘记了刚才脑中的想法（或者突然改变了他们对列参与者是否会做完整推理的判断）。表7-9的第三行显示，尽管有这些认知上的障碍，正向归纳理论实行得还算不错：只有20%的行参与者选择不博弈，而90%的选择博弈的行参与者都〔从（2，

---

① 原书为1，疑有误。——译者注

1）均衡中〕得到了他们偏好的收益。

当然，性别战中的参与者都希望有个能将参与者进行区分的"决定性"特征来打破（2，1）和（1，2）之间的僵局。库伯等人想知道，是否任何一种外部选择都会将行参与者区分出来，从而将二人引向对行参与者有利的（2，1）均衡。为了检验这种可能性，他们进行了几组实验，其中外部选择是支付双方每人 100。当外部选择支付只有 100 时，正向归纳就不适用了，因为弃用该外部选择不能显示任何关于行参与者对性别战博弈的结果的信念。

在表 7-9 的"性别战-100"的一行中显示了当外部选择为 100 时的情况。只有 3 名参与者选取了该选择。在另外 98％的参与者选择进行性别战博弈时，有 63％的成对的参与者归至行参与者偏好的均衡，而 34％的参与者对匹配失败。这些百分数大约处在原始性别战的结果和性别战-300 的结果之间。我们可以得出结论，外部选择 300 的效应大概有一半来自正向归纳，而一半则是由于存在一个作为协调工具使用的偏向行参与者的外部选择而导致的。

7.2.2 交流

交流在协调博弈中无疑是很重要的。为了研究交流，库伯等人允许其中一方或者双方参与者做无约束的弈前声明（"廉价磋商"）。

交流的效果汇总在表 7-9 的标记为性别战-单向和性别战-双向的行中。单向交流的效果像咒语一样行之有效：95％的行参与者都声称会选 2，而除了一人以外所有人的确都选了 2。除了两人以外，其余所有列参与者都跟着选了 1。

如果少许的（单向）交流都起了这么大作用，双向交流肯定会更好，对吗？不对。表 7-9 显示，在双向交流的方法下，非匹配率竟达 42％。虽没有性别战无交流的基准方法中的 59％那么高，但远高于单向交流下的 4％。问题出在双方都试图宣布他们各自偏好的策略，这样无法形成一个均衡，因而使他们处于和他们什么都不说时的状况几乎相同的处境中。

7.2.3 含义的演化

交流产生了一个超协调问题，即参与者必须在他们能使用信息来对如何行动协调之前，协调他们对众多信息的含义的理解（参见 Farrel and Rabin，1996）。这个问题可以从下述故事中看出。[13] 在巴西有一种使用广泛的葡萄牙方言，和葡萄牙当地的方言有很大不同。尽管是葡萄牙人先使用他们的语言的，但说巴西方言的人在人数上超过了葡萄牙本土人。这样就产生了一个冲突，即由"占先"（时间优势）和多数原则中的哪个原则来决定使用方言的种类。为此人们召集了一次会议，想一劳永逸地敲定一种共同语言，但是在大会上他们应该使用哪种语言呢？

问题在于白手起家地创造一种共享的含义其实是非常困难且费时的。含义从何而来？如果要进行理论化，"常识"这个回答就不能令人满意，因为我们是要知道常识源于何处并且是怎样延续的（就是说，它为什么被称为"常"识？）。[14]

纯理论似乎不能提供产生特定含义的条件，因此一种方法是将人们置于一个无含义的环境而后观察他们是怎样创造它的。布卢姆等人（Blume et aL.，1998）做了这样的一个实验（同样参见 Blume et al.，2001）。他们致力于研究在发送者-接收者博弈中的发送者是否能学会创造一种接收者能够理解的自制语言。

让我们从布卢姆等人的博弈 1（在表 7 - 10 中显示）开始。该博弈显示了当发送者的类型是 t_i 而接收者的行动是 a_i 时两者的收益。（收益由得到 1 美元的概率单位表示，因为他们使用了彩票方案。）在实验里，发送者观察他们的类型，然后在 A、B 集合中选择一个弈前信息。接收者观察到信息（但观察不到发送者的类型），然后选择行动。

表 7 - 10　在发送者-接收者博弈 1 中的支付矩阵

发送者类型	接收者行动	
	a_1	a_2
t_1	0，0	0.7，0.7
t_2	0.7，0.7	0，0

资料来源：Blume et al.(1998).

博弈 1 是一个共同利益博弈，因为双方都会偏好让接收者知道发送者的类型。他们的论文描述了一个存在两种信息的条件下引至有效分离均衡的适应性过程。这种均衡是，要么类型 1 发出 A，类型 2 发出 B，要么相反，之后接收者得知哪条信息意味着哪种类型，而后在类型 1 信息之后选择行动 a_2，在类型 2 信息之后选择 a_1。收敛于这种分离需要参与者内生地达成一种互通的自制语言——要么 A "意味"着你是类型 1（而 B 意味着类型 2），要么 B 意味着你是类型 1（而 A 意味着类型 2）。

表7-11中显示的博弈2通过加入一个对接收者的安全行动（a_3）而使局面复杂化。博弈2仍然是一个共同利益博弈，其中参与者会偏好找到一种有意义的语言来指明类型从而造成分离。布卢姆等人的适应性过程同样预测会产生分离，就像多数演化理论分析的一样。

表7-11 在发送者-接收者博弈2中的支付矩阵

发送者类型	接收者行动		
	a_1	a_2	a_3
t_1	0，0	0.7，0.7	0.4，0.4
t_2	0.7，0.7	0，0	0.4，0.4

资料来源：Blume et al. (1998).

在博弈3中（参见表7-12），发送者会偏好掩饰他们的类型，这样接收者就不能猜出哪个类型发出了信息，从而会选择a_3（支付给发送者0.4）而不在类型猜测上进行赌博，猜对只会给发送者0.2的支付。适应性过程同样在只有两种信息的情况下挑选出了分离均衡。在a_3处的混同均衡是不能维持的，因为它依赖于两种类型的发送者都选同一种信息（比如说A）。而某种类型的发送者一旦犹豫而选择了B，一直关注历史的积极的接收者就会注意到这个启示性的细节并做出回应（因为正确地猜出类型会得到更多的收益），从而打破该混同均衡。因此，当有两种信息时，精明的接收者总能使用它们来推测出类型从而达到分离。

表7-12 在发送者-接收者博弈3中的支付矩阵

发送者类型	接收者行动		
	a_1	a_2	a_3
t_1	0，0	0.2，0.7	0.4，0.4
t_2	0.2，0.7	0，0	0.4，0.4

资料来源：Blume et al. (1998).

布卢姆等人的实验设计需要一些机智。多数实验对象先参与了第一组实验，其中他们进行了含有A和B的博弈1。随后同样的实验对象参与了第二组实验，其中一些实验对象参加了含有两个信息的博弈2，另外一些实验对象参加了含有两个或三个信息的博弈3。为了去除他们在第一组实验中得到的任何聚点性影响，在第二组实验中参与者从集合 ｛＊，＃｝中挑选信息，这两种符号私下里对应A和B。

表 7-13 汇集了各实验组第 1、5、10、15 和 20 期的结果。[15]该表报告了分离性选择的比例和标志着混同的 a_3 信息的选择比例。结果显示，在第一实验组的博弈 1 中存在一个稳定而强烈地收敛于分离的均衡——参与者的确可以创造一种有意义的语言来表达他们的类型。博弈 1NH 表示的是一个自有历史方案下的博弈 1，该方案中参与者仅了解他们自己的匹配历史。在不知晓他人历史的前提下，在 1NH 中趋向分离的收敛是极慢的；20 期之后参与者才以 72％的比例分离，相当于了解历史的参与者在 5 期之后达成的比率。博弈 2 在开始阶段其分离和混同的数量与 1 大致相同，但移向分离的过程比在博弈 1 里要更顺畅。

表 7-13　在发送者-接收者博弈 1 与博弈 2 中与分离均衡
相一致的行动的百分比

博弈	时期				
	1	5	10	15	20
第一实验组					
博弈 1	48 (0.14)	65 (0.12)	74 (0.17)	88 (0.13)	95 (0.07)
第二实验组					
博弈 1	49 (0.28)	72 (0.09)	61 (0.19)	89 (0.09)	100 (0.00)
博弈 1NH	55 (0.25)	55 (0.09)	28 (0.19)	55 (0.09)	72 (0.19)
博弈 2					
分离	44 (0.19)	88 (0.09)	88 (0.09)	88 (0.09)	94 (0.09)
混同	39 (0.25)	05 (0.09)	00 (0.00)	05 (0.09)	05 (0.09)

资料来源：Blume et al. (1998).
注：括号内为标准差。

表 7-14 报告了具有两个和三个信息的博弈 3 的实验结果。有利益分歧的博弈 3 无疑地比博弈 1 和博弈 2 有更强的混同趋势。然而，各实验组之间存在更多的扰动（被表 7-14 的平均数所掩盖），并且继博弈 1 之后进行的实验组里存在更强烈的分离，这表明实验对象在该博弈中所能达到的分离"溢出"到了博弈 3。

表 7-14　发送者-接收者博弈 3 的实验结果

信息数量	行为	时期					
		1—10	11—20	21—30	31—40	41—50	51—60
第二组实验（进行博弈 1 之后）							
2	分离	43	53	38	39		
	混同	33	34	41	43		
3	分离	43	38	33	24		
	混同	33	37	42	60		
第一组实验							
2	分离	39	27	23	24	24	23
	混同	39	48	51	60	63	61
3	分离	23	22	23	25	22	24
	混同	55	61	58	56	57	61

资料来源：Blume et al. (1999).

卡瓦古和泷泽（Kawagoe and Takizawa，1999）做了一个类似于在发送者-接收者博弈中关于廉价磋商的实验。在他们的博弈里，发送者观察她的类型［或者是 1 或者是 2（等可能）］，然后发出两种信息"我是类型 1"或"我是类型 2"中的一个。接收者收到信息（但无法观察到发送者的类型），然后选择行动 A、B 或者 C。对双方的支付只取决于发送者的类型和接收者的行动。这些信息属于廉价磋商，因为它们不影响支付并且不具约束性。

卡瓦古和泷泽的博弈设计意图是将共同利益的程度分成不同等级，而后比较均衡之间的差异。表 7-15 显示了三种博弈中的支付。在博弈 1 里，发送者和接收者有揭示类型的共同利益，因为接收者[1]在类型被揭示后会为类型 1 选择 A，为类型 2 选择 B，从而得到分离均衡（4，4）而不是混同均衡结果（3，3）。分离均衡结果用粗体字表示。然而，总会产生一种"迷惑的"均衡，其中接收者会认为他们没能从发送者的信息中获取任何有用的东西，从而对任何信息的回应都是选择 C；这些混同结果以斜体字标记。在利益暗合的博弈中（如在博弈 1 中），演化动态过程典型地导致分离均衡。

---

① 原书为发送者，疑有误。——译者注

表 7－15　具有廉价磋商的发送者-接收者博弈

发送者类型	接收者行动			在 1—3 实验组中的频率（％）		
	A	B	C	分离	迷惑	其他
博弈 1						
1	**4，4**	1，1	*3，3*	**86**	*11*	4
2	1，1	**4，4**	3，3			
博弈 2						
1	**3，4**	2，1	4，3	**56**	*35*	9
2	2，1	**3，4**	4，3			
博弈 3						
1	4，4	1，1	*2，3*	—	*40*	60
2	3，1	2，4	4，3			

资料来源：Kawagoe and Takizawa（1999）.

　　博弈 2 降低了共同利益的程度，营造了一种类似性别战的环境。这里仍然存在分离均衡，其中类型被揭示，且产生了（3，4）的收益。那些认为他们的信息会揭示他们类型的发送者不想被错误标记（这样会导致收益为 2 而非 3），所以他们应会不情愿地揭示。然而，信息不揭示类型，从而接收者选 C 的迷惑均衡给发送者带来的支付比分离均衡要更多（4）。在博弈 3 中没有分离均衡。这里有趣的问题是，迷惑均衡是否会强烈地显现，如果不是，那会出现什么结果。

　　当类型 1（2）的信息导致行动 A（B）时，每个对象组合的信息-行动组合被认作分离均衡。在给定先验的类型概率情况下，接收者选择具有最高期望收益的行动（也就是 C）被认作迷惑均衡。相关的频率显示在表 7－15 的最右一列里。[16] 在共同利益的博弈 1 里，分离非常鲜明，在80％～90％左右。在博弈 2 里，在第一实验组里有大量的分离（66％），但在第二实验里，行动标签被混淆了，分离大大减少而迷惑出现了。在博弈 3 里，迷惑均衡没有强烈显现，因为只有 30％～55％的选择是预测的行动 C。

　　正如布卢姆等人（Blume et al.，1999）所说，当发送者和接收者的利益暗合时，分离会大量出现，其他情况下就会变少。在博弈 3 里没有分离均衡时迷惑并没有频繁出现，但这个事实可以用 QRE 进行解释。[17]

7.2.4 外部指定

均衡的一种释义是如果一个外界仲裁者推荐，那么参与者会自我驱使地使用的一组策略。这种定义提示了一种直接的实验方法：在一个实验里推荐或"指定"它们，然后看对象如何去做。

这恰是范·哈依克、吉列和巴特里奥（Van Huyck，Gillette，and Battalio，1992）所做的（还可参见 Brandts and MacLeod，1995）。他们使用的博弈显示在表 7-16 每个分栏的第一行里。在所有博弈中，参与者选择策略 1、2 或 3 之一，并且当他们不匹配时，他们会一无所获。博弈 A 是个纯匹配博弈，这里所有的支付（单位是 0.10 美元）是（5，5）。博弈 B 有三个可进行帕累托排序的（严格）均衡。博弈 C 类似一个性别战博弈，有两个分别产生（7，3）和（3，7）的非对称均衡和一个有均等支付（5，5）的均衡。

在有指定的期间里，实验者选择三个策略里的一个进行指定。比如，对于策略 1，他们说"行参与者选择行 1，列参与者选择列 1。如果行参与者选择行 1 那么列参与者的最优回应就是选择列 1。如果列参与者选择列 1 那么行参与者的最优回应是选择行 1。"

表 7-16 总结了各期和各实验组的综合结果。在博弈 A 里，在没有指定情况下，对象倾向于以近 1/2 的频率选择中间的策略，而对 1 和 3 的选择大致相等。参与者渴望得到能协调他们的选择的工具，因此当特定某个策略被指定时，参与者几乎一直（99%～100%）选择被指定的策略。博弈 B 与此不同，因为其中的均衡是可以帕累托排序的。没有指定情况下，实验对象压倒性地选择了支付占优策略 1［在双方都选择该策略时，会产生（9，9）的收益］。当该策略被指定时，实验对象毫无疑义地选择了它。当某个帕累托较劣策略（策略 2 或策略 3）被指定时，他们选择指定策略的频率小于一半。

表 7-16 在博弈 A、B 和 C 中指定的结果

博弈	指定	选择（%）		
		1	2	3
A 支付		（5，5）	（5，5）	（5，5）
	无	30	51	19
	1	99	0	1

续表

博弈	指定	选择（%）		
		1	2	3
	2	1	99	0
	3	0	0	100
B支付		(9，9)	(5，5)	(1，1)
	无	97	2	1
	1	99	1	0
	2	51	48	1
	3	62	0	38
C支付		(7，3)	(5，5)	(3，7)
	无	10	82	8
	3（行参与者的选择）	1	63	35
	3（列参与者的选择）	0	54	46

资料来源：Van Huyck，Gillette，and Battalio（1992）.

在博弈 C 里，当无指定策略时，实验对象倾向于选择具有等支付（5，5）的均衡（2，2）。当支付不均等的策略被指定时，略多于一半的人继续选择等支付策略而少于一半的人选择指定策略。对于选择支付不对称的策略的建议，在行与列参与者的回应之间还有细微的自利不对称性：（从不均等的支付中获利的）列参与者以 46％的比率跟从了指定（得到 7）。然而，因选择制定策略而受损（只能得到 3）的行参与者只在 35％的情形里跟从。

因此，当指定本身不与另外某个聚点原则冲突时（在博弈 A 中），它会强烈地影响行为。但是，当指定策略和另一个聚点原则［支付占优（在博弈 B 中）或支付公平（在博弈 C 中）］冲突时，指定只在一半的情况下被跟从。

来自外界权威的关于如何进行协调博弈的建议经常出现在经济与政治生活中。例如，1966 年毛泽东在社会主义中国发起一场"文化大革命"。作为革命的一部分（Kristof and WuDunn，1994，70 页），"有一阵子，汽车被指示在红灯时通过而在绿灯时停止，因为红色是象征行动的革命颜色。由于没有足够的司机得到该信息，以至在交叉路口上发生了交通堵塞，因此该计划最终搁浅了"。正如实验中所展示的那样，与另一聚点原则（在这个例子里是历史先例和自然习惯）冲突的指定不一定行得通，即使它是由世界历史上最具权威性的政府之一颁布的。

交通指示灯和交流是人们熟悉的"关联工具"（一种参与者可赖以调整他们策略的可共同观测到的信号）的例子。[18]当私下交流烦琐甚至是非法时，关联工具对于触发集体行动是有用的。举例说，近几年来曾出现比赛失败和胜利（例如，2000 年洛杉矶湖人队赢得冠军）后的大规模暴乱（常常导致大规模的受伤和破坏）。对这些事件的一种解释是一些人群想发动暴乱，但不想被捕。一次体育比赛的结束（无论结果令主场观众高兴还是悲伤）是一个很好的关联工具，因为它有明确的时点而且广为人知，就像开始比赛的发令枪声一样。

另一个例子是：2001 年加利福尼亚的能源危机事件中，州调研员称，当国家发布关于需要更多能源供应的紧急警报时，能源公司联盟通过停止某些发电厂工作（声称是为了常规维护和诸如此类的原因）制造了"人为短缺"（洛杉矶时报，2001）。对于一个博弈论学者来说显而易见的是，紧急通知可能发挥了一个关联工具的作用，各公司据以串谋减产，使得价格飙升。像比赛结果一样，紧急通知为众人所知并且时间明确——这是关联工具的理想属性。

7.2.5　时序

在早期的博弈论中，冯·诺依曼和摩根斯坦有意地选择只强调在决策节点上获知的信息。他们这样推理，如果你不知道另一方会做什么，你不应理会那个参与者是已经行动了，或和你同步行动，还是随后将要行动。

此后，几名博弈论学者关注起像在性别战这样的博弈里，即使时序不影响参与者拥有的信息，它在本质上是否也会起到挑选原则的作用。最先认真考虑这个想法的是阿莫什、A. B. 萨达南德和 V. 萨达南德（Amershi，A. B. Sadanand，and V. Sadanand，1989，1992），他们引入了一个一般化的纳什均衡概念，其中纳入了这样一条原则，即先行者会在假定后动者明白他们后动的条件下决策。他们还报告了一个非正规的飞行员实验，其中显示了性别战中的这种效果。克雷普斯（Kreps，1990，112页）同样设想可能存在这种效果，他做了几个实验来证明它的存在性并同时研究了它的成因（比如，Rapoport，1997；Colman and Stirk，1998；Weber and Camerer，2001）。

库伯等人在性别战中寻找时序效应。在他们的实验方法中，行参与者先动，而列参与者不知道行参与者做了什么，这是个共识。结果显示在表7-9的性别战-SEQ行里。不匹配率为34%，相当于在无时序条件下的基准性别战的一半，并且有62%的参与者共同选择了（1，2）。单纯知道了行参与者先动就将均衡引向了离行参与者偏好的均衡更近了一半的位置。这种明显的时序效应推翻了冯·诺依曼和摩根斯坦的假设。

拉波波特（Rapoport，1997）探究了在感知到的先行者优势上的时序效应。他研究了3人的性别战博弈。半数参与者利用参与者进行博弈的位置（尽管他们并没有观察之前的行动）来在先行者偏好的均衡上协调行动。拉波波特还对资源总量不确定的资源困境博弈进行了实验。在这些博弈中，5名参与者顺次对在 $[a，b]$ 上均匀分布的总资源提出所要求的数量。参与者不知道可得资源的确切数量，但是分布 $U(a，b)$ 是共知的。如果他们要求的总量超过了资源总量，任何人都将一无所获；如果没有超过的话，他们将得到他们各自要求的数量。[19]为了检验时序效应，一些实验对象参加"序列方案"下的博弈，其中每人的要求数量都让下一个提出要求数量的人知晓；其余的对象参加一个"位置方案"下的博弈，其中他们以特定顺序行动（他们清楚他们的位置），但后来的行动者不知道前一人做了什么。

表7-17按照参与者在序列中的顺序汇总了两种条件下的平均要求数量。时序在序列方案下扮演了举足轻重的角色（这正如子博弈完美的预测），在位置方案下则扮演了略弱但仍然非常显著的角色。第一参与者与最后参与者的要求差距在位置方案下大概为在序列方案下的一半。[20]时序本身确实是重要的。

表 7-17　在序列资源困境中的平均要求

先前的行动	参与者的位置				
	1	2	3	4	5
知道（序列）	172	135	125	104	102
不知道（位置）	139	122	116	103	102

资料来源：Rapoport（1997）.

拉波波特（Rapoport，1997）还报告了在"阈值公共物品博弈"中的纯时序效应。在该博弈中，7名参与者中如果有3名愿意捐献的话，公共

物品就可被提供。这个博弈有点像性别战，因为存在多个均衡——任意 3
名进行捐献的参与者的组合都是一个均衡。拉波波特检验了参与者是否将
行动顺序作为关联工具使用以在特定均衡上［在这种均衡中，先行者必然
搭便车，而后行者们则承担起贡献的责任（即使对先前的行动并不清
楚）］达成协调。进行捐献的参与者的比例按照五个位置依次是 0.15、
0.11、0.29、0.44、0.32 和 0.40①，因此，存在着强烈的位置效应（虽然
这花了两个回合才出现）。

小结

性别战博弈是理想的混合动机博弈：双方都想协调于某个联合的结
果，但每人又偏好一个不同的协调结果。（想象一下和你的伴侣选择看什
么电影或是去哪家餐厅。）参与者倾向于选择介于随机混合与混合策略均
衡之间的某种行动（这产生了许多不匹配，而且比在任一种协调结果上达
成一致的效率都要低）。让其中一位参与者事先宣布他想要做出的选择会
有很大帮助（做宣布的参与者得到他们偏好的结果）；双方同时做宣布则
帮助不大。其他的变化也可改进协调。其中，如果一位参与者拥有优于他
们较劣性别战均衡的外部选择，那么对协调将有所帮助（如此一来，放弃
该外部选择而参与性别战就反映了他们将选择他们偏好的均衡的倾向，这
种逻辑被称为"正向归纳"）。最令人惊奇的是，如果某参与者先行动，
即使第二行动者不知道先行者做了什么，双方都会倾向于协调于先行者
偏好的均衡上，所以有一种心照不宣的（几乎是有心灵感应般的）先行
者优势。外界"指定"［例如，由一位实验者（实验室内政府的化身）进
行的推荐、各种条规的影响或是媒体公告］的存在同样可以对协调进行
改进。

最后，一些实验探寻了含义的内生发展过程。不同类型的参与者从一
种随机语言中选择发言。当参与者能从揭示他们的类型中获益时，他们就
能找到一种这样的语言（也就是，某种类型发出某种信息而另一种类型发
出另一种不同的信息），但当发送者和接收者的动机不一致时，结果就混
杂了。

---

① 应该是五个数据，原文疑有误。——译者注

7.3 市场进入博弈

有一类很重要的协调博弈涉及市场进入和竞争。在一个典型模型里，存在 n 个参与者和一个容量为 c 的市场。（很容易将其拓展成多市场，而且已有少量实验尝试了多市场的情况。）进入者会得到回报，但该收益会随着进入者的增多而递减，并且当进入者人数超过 c 时为负。众多公司（以及工人们）如何在类似这样的环境里协调它们的进入决定对于经济来说很重要。如果进入太少，价格会变得过高从而消费者会受损；如果进入过多，一些公司会遭受损失，并且如果固定成本不可再利用的话，还会造成资源浪费。理论上，关于进入计划的公共宣言能够协调进入的数量，但是宣言不一定是可置信的，因为可能进入的公司总有宣称它们一定会这样做的动机，即防止竞争。政府计划可能有所帮助，但在富有远见而希望限制竞争的进入者面前显得过于脆弱。

高速光缆的生产是一个戏剧性的例子，其中心照不宣的协调彻底失败了。太多的公司埋设了太多的缆线，其承载能力大到需要有相当大的需求扩张才能消化所有能力。就像《洛杉矶时报》(2002) 所报道的：

> 这些光缆由十多家暴发户公司埋设，这些公司在近几年花了 500 亿美元甚至更多来缠绕这颗星球……这些新贵们打赌如果他们架设具有规模空前的承载力或带宽的交通网络，顾客们就会抢着使用它们……问题是太多的公司做着同样的梦，他们又建了太多的通向同一目的地的数字收费公路……"人们在地里埋了大量的光纤，"探测研究公司（Probe Research Inc.）的互联网分析师托尼·马尔逊（Tony Marson）说道，"然而一个显而易见的可能是，它们其中的许多都不会真正被使用。"

光缆产业是一个各独立公司在进入的正确数量上协调失败的例子（也许是一个集体预测失误）。但另一个事实则显示，进入计划本身的错误更为普遍。商业进入和退出的开放研究发现**多数**新企业（以及老企业下新开张的子公司）都失败了，而且通常很迅速。（比如，大约 80% 的新饭店在一年内倒闭。）这种特征性的事实表明存在过多的进入。然而，由于相对少的成功进入者会非常的腾达，因此公司收益存在一个正的"右尾"或偏度。所以进入者们仍旧会最大化**期望**收益，即使失败率很高。

由于公司间协调进入的过程并不广为人知，而事实经验又显示有太多进入，实验就派上用场了（作为回顾，参见 Ochs，1999）。

最初在单市场博弈上的实验是由卡尼曼（Kahneman，1988）完成的。他惊奇地发现，即使参与者们同时作选择并且不能交流或者从反馈中学习，选择进入的参与者的人数也和理论预计的非常接近（也就是，在 c 个进入者左右）。"对于一个心理学家来说，"他写道，"这看起来就像魔术。"

拉波波特（Rapoport，1995）创造了一种简单的单市场设计并且和博士生们做了几个星期的实验。随后，他又和不同的同事在控制更严格的条件下对这个实验设计进行了研究。

设参与者 i 的进入决定为 e_i，1 代表进入，而 0 代表不进入。参与者不进入的收益是 v，进入者的收益为 $k+r(c-m)$，其中 $m=\sum_{j=1}^{n} e_j$。在桑达利、拉波波特和斯尔（Sundali，Rapoport，and Seale，1995）的实验中，$v=k=1$ 并且 $r=2$。由于容量为 c，纯策略均衡为 c 名或 $c-1$ 名参与者进入（第 c 名边际进入者对进或不进无差异）。同样存在一个对称的混合均衡，其中参与者以 $[r(c-1)+k-v]/r(n-1)$ 的概率进入。

在他们的实验里，20 人一组的多组参与者做了一系列同时、一次性的进入决定，容量值 c 有十种——奇数 1，3，…，19。在多数实验里，实验对象每做出一次决定后都被告知有多少其他人决定进入。每一个实验群中，他们在十种容量的每一个容量上做一次实验，而且为了使参与者能有机会学习，他们进行了六群这样的实验。

表 7-18 显示了来自桑达利等人的实验和其他几个实验的结果。在第一实验群中，进入数量随着容量 c 不规则地上升，而且在较低的 c 时有太多的进入而在较高的 c 时又有太少的进入。但是实验对象学得很快：平均各实验群的数据，对于所有的容量 c，进入数量与混合均衡预计的数量的差别都从未超过 2。

拉波波特、斯尔、艾利夫和桑达利（Rapoport，Seale，Erev，and Sundali，1998）对不进入的支付 v 进行了变化（保持其他支付参数不变）。当 $v=6$ 时，进入者比 $v=1$ 时少了很多，而当 $v=-6$ 时，更多的人进入了。表 7-18 显示，参与者的确对不进入的支付 v 有反应，但是就像早些时候的实验一样，在低 c 值时进入过多而在高 c 值时进入不足。

斯尔和拉波波特（Seale and Rapoport，2000）使用了策略方法，一次性地引出每个 c 值下的进入决策。整体的进入率和那些要求分别对每个 c 值做进入决定的观察中得到的相似。此外，这些依赖于 c 的策略的规律性和稳定性很差。有一种关于有效的协调如何发生的假说是，参与者使用了

表 7-18 市场进入博弈中的进入数量

研究	数据	\(c\) 市场容量 1	3	5	7	9	11	13	15	17	19
	混合策略均衡	0	2.1	4.2	6.3	8.4	10.5	12.6	14.7	16.8	18.9
Sundali, Rapoport, and Seale (1995)，\(v=1\)											
实验 2	第一实验群	1.3	5.7	9.7	6.7	3.7	14.0	11.3	11.3	16.0	18.0
	所有实验群	1.0	3.7	5.1	7.4	8.7	11.2	12.1	14.1	16.5	18.2
Seale and Rapoport (2001)，\(v=1\)											
（策略方法）	第一实验群	3.7	5.7	6.2	7.0	7.7	10.2	11.0	12.2	12.7	13.9
	所有实验群	1.9	4.1	5.1	6.8	7.6	10.9	12.5	13.5	15.1	16.0
Rapoport, Seale, and Winter (2002)，\(v=1\)，非对称的进入成本											
	纯均衡	0	2	4	5~6	7~8	9	11	12~13	14~15	16
	合计	0.6	2.1	4.0	6.0	8.0	9.6	11.0	13.0	14.3	16.1
	低成本=1 (max. 4)	0	0.3	0.8	1.2	1.5	2.0	2.6	3.3	3.4	3.4
	高成本=5 (max. 4)	0.1	0.2	0.1	0.7	1.1	1.1	1.5	1.7	1.6	2.1
Rapoport et al. (1998)，\(v=-6\)											
	市场容量	1	3	5	7	8	9	10	12	14	16

续表

研究	数据	市场容量 c									
		1	3	5	7	9	11	13	15	17	19
	混合策略均衡	3.7	5.8	7.9	10.0	11.1	12.1	13.2	15.3	17.4	19.5
	第一实验群	4.0	9.0	9.0	9.0	9.0	15.0	9.0	17.0	17.0	18.0
	所有实验群	5.2	9.0	8.6	10.2	10.8	12.8	12.2	14.6	16.0	18.4

Rapoport et al. (1998), $v=6$

市场容量	4	6	8	10	11	12	14	16	18	20
混合策略均衡	0.5	2.6	4.8	6.8	7.9	8.9	11.1	13.2	15.3	17.4
第一实验群	4.0	5.0	6.0	4.0	9.0	11.0	10.0	14.0	16.0	15.0
所有实验群	2.2	4.2	7.8	7.0	10.0	10.2	11.8	13.4	15.0	16.8

截至原则，以某个临界容量 c 进入，但截至的方差产生了一个和均衡预测大致匹配的总体分布图。然而，对策略的直接测量显示，极少策略明确地采用了截至原则。

拉波波特、斯尔和文特（Rapoport，Seale，and Winter，2002）对一种参与者进入成本不同的不对称博弈进行了实验。有五种类型的参与者，标号 1 到 5，类型（号码）为 i 的参与者需要花费 i 才能进入。不相等的成本是有趣的，因为它们暗示这样的不对称均衡，即高成本的参与者会比低成本的参与者较少地进入。比如，在他们的设计里，当 $c=9$ 或以上时低成本参与者总应该进入，而直到 $c=19$ 之前高成本参与者绝不应该进入。整体进入率和均衡预测的比率很接近，但参与者对成本相当不敏感。低成本参与者没有足够地进入而高成本的参与者进入却过多。

在拉波波特、斯尔和奥德内兹（Rapoport，Seale，and Ordóñez，2002）的实验里，以彩票来作为不进入的支付（也可参见 Rapoport，Lo，and Zwick，待出）结果和早年的研究类似：进入率同预测的结果接近，c 值低时进入过多，c 值高时进入过少，而且可以通过概率的非线性变换来拟合（这在非预期效用理论中很常见；比如 Prelec，1998）。

拉波波特和艾利夫（Rapoport and Erev，1998）做了 $c=4$ 和 $c=8$ 的实验并且变换了信息条件，以此比较不同的学习模型。当实验对象不知道支付函数但能得到关于他们自己的收益或进入和不进入的收益时，学习是缓慢的——即使当用同样的 c 值进行了 20 期之后，进入的数量仍离均衡值差了 1 到 2 的距离。知道支付函数则加快了收敛的速度和准确性。由信息条件导致的收敛速度的差别表明，假设参与者只对被选择策略的支付作回应的模型可以通过加入关于放弃的未选策略的支付的信息来进行改进（参照第 6 章）。

7.3.1 多市场

迈尔等人（Meyer et al.，1992）研究了双市场的进入。共有六名实验对象，每名实验对象要么给市场 A 供给 1 单位，要么给市场 B 供给 1 单位。每个市场上的价格等于 1.05 美元除以供给数量。在一个纯均衡里，参与者会协调在每个市场里供给 3 个单位；在对称混合均衡里，他们会等概率地随机供给两个市场。迈尔等人主要想知道分散化分配效果如何。（他们的例子和马歇尔的渔夫将捕到的鱼如何置于两岛的著名例子类似；数量调整是否满足一价定律？）

市场 A 的总供给在 3 单位左右波动，在 15 期甚至 60 期之后都没有收敛。即使当前几期的某期里实验对象恰巧完成平衡的（3，3）的单位分配，他们也没能在这种分配上维持。为什么没有？看起来实验对象每期都在进行随机选择（虽然比起随机混合预测的模式来，他们更多地重复他们前一次的选择）。然而，在两种条件下，显著地收敛于等量均衡的情况的确发生了：一是当实验对象具有了经验（也就是，当他们返回做另一组实验）时；二是当他们依次宣布他们的进入决定并允许改变他们的决定时。

　　在拉波波特、斯尔和文特（Rapoport，Seale，and Winter，2000）做的实验中，实验对象既可以选择任一个市场进入，也可以不进入并获得小额回报。当两市场有同等容量时，进入决策接近于均衡（除了熟悉的在低 c 值时偏于过度进入）。然而当市场的容量不等时，初始决策离均衡相差甚远，但十个实验群之后就收敛得离均衡相当近了。

　　萨缪尔森（Samuelson，1996）研究了具有关于成本的不对称信息的市场进入博弈。在他的实验里，如果有 x 个进入者和 n 个参与者，那么进入者 i 会得到 $\pi(x)-c_i=a-bx-c_i$，其中 c_i 是进入者 i 的成本，其值从共知的某个区间里抽取。他们变换不同的利润函数和参与者数量来检验实际进入情况是否如均衡预测的那样对这些要素敏感。在每种情形里，都存在一个对称的截止均衡，其中进入成本低于一个阈值 c^* 的参与者进入而高于该临界值的参与者则不进入。比如，当成本区间是 $[1, 2]$，$\pi(x)=2.8-0.8x$[①]并且参与者人数 $n=2$ 时，阈值 $c^*=1.56$（假定风险中性）。[21]在实验里，对象的截止策略能被明确地引出。几个具有不同参与者数量和收益函数（继而有不同 c^* 均衡值）的一次性博弈的结果显示在表 7-19 中。

　　阈值平均数相当接近理论预测值，虽然常常略低（通常显著地低）于它。阈值平均数随着实验方式的变化而变化。表 7-19 的中间三列数据是个有趣的例子，它们显示了来自一个 $n=2$ 的双期博弈的阈值。在该双期博弈中，第一期的均衡阈值是 $c^*=1.61$。在第二期里，均衡阈值发生了变化，因为实验对象应能从其他参与者第一期的行为里学习到关于他们成本的一些信息。在第一期里实验对象双方全都进入（"全部进入后"）的情况下，每人都应认为对方的成本低。既然对方如果理性就很可能在第二期再度进入，那么除非参与者的成本相当低（低于 1.43，这低于了原先的

---

　　① 原书中为 $\pi(x)=2.8-0.08x$，疑有误。——译者注

1.61），否则他们不会轻易进入。实际上，在双方全部进入后，进入阈值的确在第二期大幅度下降了（平均数降至1.28）。当没人在第一期进入时（"无人进入后"），对象应该更可能在第二期进入，从而抬升均衡阈值至1.74。然而，无人进入后的阈值分布非常类似于第一期的分布。就像萨缪尔森所说，另一方在无人进入后没能进入就好比一个著名的福尔摩斯故事中的那只"不叫的狗"（狗不叫表明闯入者熟悉这条狗）。实验对象们看起来从无人进入中学习到的比他们从观测到的双进入中学习到的要少。[22]

表 7-19　在各种成本或低于该成本条件下进入的累积频率

（具有个人成本的 n 人博弈）

截至成本区间	$\pi(x)=2.8-0.8x$					$\pi(x)=$ $2.1-0.2x$	$\pi(x)=$ $3.3-0.2x$
			$n=2$，双期博弈				
	$n=2$	$n=4$	第一期	第二期		$n=11$	
				全部进入后	无人进入后		
1.1	0.98	0.82	0.98	0.97	0.97	0.84	0.97
1.2	0.98	0.78	0.94	0.97	0.96	0.74	0.97
1.3	0.90	**0.42**	0.88	0.48	0.92	**0.53**	0.94
1.4	0.88	0.18	0.82	**0.26**	0.86	0.19	0.91
1.5	**0.74**	0.12	0.74	0.20	0.78	0.11	0.86
1.6	0.44	0.04	**0.40**	0.10	0.53	0.08	0.73
1.7	0.00	0.04	0.00	0.04	**0.19**	0.00	**0.52**
1.8～2.0	0.00	0.00	0.00	0.04	0.04	0.03	0.31
均衡	1.56	1.29	1.61	1.43	1.74	1.30	1.70
均值	1.49	1.21	1.50	1.28	1.53	1.25	1.68
标准差	0.135	0.143	0.139	0.136	0.161	0.178	0.200
t-检验	−3.59	−4.04	−5.74	−7.76	−8.77	−1.61	−0.63

资料来源：Samuelson（1996）.

注：进入是指参与者在各个成本或低于该成本的条件下选择进入的累积频率。t 统计量对均值是否与均衡预期值之间存在显著性进行了检验。如果参与者是风险中性的并且选择了均衡策略，那么以粗体字表示的进入应为1.0。

7.3.2　技能

在此之前描述的实验都排除了在许多现实市场中进入的一个重要特征：技能。在大多数自然产生的市场里，进入者赚取不同数额的钱。利润的不同来源于成本的不同，以及估计客户需求的能力不同等等。加入技能同样重要，因为有效率的进入需要企业准确地预期它们的**相对**技能。但有许多调查和实验表明，人们普遍对他们的相对能力和寿命持续地过度自信。如果企业高估它们提供一种产品的能力，而有信心的企业选择进入，那么就将有过多的进入。

凯莫勒和洛瓦罗（Camerer and Lovallo，1999）对标准实验范式进行了修改，允许引进技能和对技能的过度自信。在他们的设计里，前 c 名进入者根据他们的排名分获 50 美元的一部分。[23] 第 c 名以后的进入者损失10 美元。为了模拟技能不发生作用的通常设计，他们设置了一种随机排名条件，其中排名是随机决定的。在另一种按技能排名的条件下，名次由实验对象在一个小智力测验中的表现决定。这里必须说明的是，随机排名和测验排名都是在实验对象做出所有他们的进入决定**之后**才进行的。

平均来看，当他们的收益取决于相对技能而不是随机排名时，进入者大概多了两人（总共 14 名实验对象）。实验者还要求实验对象对"会有多少其他人进入"进行估计（答对者会得到奖励），而他们的估计相当准确。这个事实很重要，因为它意味着实验对象进入时对有许多其他人也要进入这一点很明确。

洛瓦罗和我还研究了一种被称为"基准组群忽视"的现象。这可以由迪士尼电影工作室前董事长乔·罗思（Joe Roth）的一段引言来表述。当被问起为什么有这么多的大投入影片同时公映（而不是避免直接竞争）时，罗思说（《洛杉矶时报》，1996，F8 页）："自大。如果你只考虑你自己的企业，你会想，'我有一个很好的编剧部，我有一个很好的营销部，我们应该立刻做这件事。'而你不会去想所有其他人都在这样想。"为了研究这种现象，在为实验招雇人员时，我们告诉实验对象，他们的佣金取决于他们在智力游戏里的表现。当实验对象们到达实验室时，我们又将雇他们时对他们说的话重申了一遍。我们推测，实验对象不会对其他实验对象主动选择参加这样的事实进行调整，因为他们认为他们同样擅长智力游戏。在这些实验组里，在按技能排名的条件下产生了太多的进入。在各期的70％的情况里，实验对象进入多到这样一种程度，即作为一个组群，他们

整体上肯定是损失的。[24]

这个实验显示，对于相对技能的过度自信会影响进入决定。实验对象同样容易忽视他们的竞争是基于对技能认知的自我选择的事实，而这种情况下实验对象通常进入过于频繁。单一实验无法证明企业是由于过度自信而失败，但它提供了一种启示，更重要的是，它提供了一种可以进行更深层次考察的实验范式。

小结

在市场进入博弈中，单市场的初始进入经常同对称混合均衡预测的结果非常接近，并且经过学习后收敛相当明显。参与者倾向于在低市场容量下略为过多进入，而在高市场容量下略为过少进入（这种程式化事实可以由随机最优反应均衡和一些有限思维的模型解释；参见 Goeree and Holt，2000b，以及 Camerer，Ho，and Chong，2001）。然而在多市场情况下，进入决策离均衡要远得多，并且在一个实验里（Meyer et al.，1992）除非实验对象有经验，否则根本不收敛。当进入者收益取决于他们（在智力游戏里）的相对技能时，过度的自信强烈地导致参与者过度进入，以至于在许多期里参与者们作为整体肯定是损失的。

7.4 不对称支付的顺序统计量博弈

在具有不对称支付的协调博弈里，参与者的收益在均衡里是相等的，但均衡之间有所不同。这类博弈里很重要的一种博弈是"顺序统计量博弈"，它被很细致地研究过。在顺序统计量博弈里，参与者选择号码，他们的收益取决于他们自己的选择和一个所有号码的顺序统计量（比如最小值或中位数）。

一个著名的顺序统计量博弈叫作"猎鹿博弈"〔还被豪夫斯塔特（Hofstadter，1985）称作"狼的困境"；参见 Huettel and Lockhead，2000，来获得一种心理学视角〕。猎鹿博弈是以卢梭的一个故事命名的，该故事展示了协调的好处。两个猎人可以各自猎捕兔子，每人各赚 1，或者一起猎捕一只鹿来各赚 2，但由于单个猎人无法猎捕一只鹿，所以除非另一个猎人也猎鹿，否则他将赚取 0。印度尼西亚的拉买拉拉猎鲸者实际上一直在进行这种博弈（Alvard，2000）。猎鲸需要一个团队——一名船长、一名驾驶员、一名瞭望员以及敢于站在船首掷渔叉的船员们。如果团队缺少一个人而出海,其成功的机会都要小很多。但是猎鲸者总可以待在岸边捕一些小猎物或参加社会活动。大致说来,如果有其他足够的人参与远征,猎鲸者更愿意捕鲸,但船员人手不足时则更愿意待在家里自己捕捞。

表 7-20 里显示的是一个典型的猎鹿博弈的支付。在猎鹿博弈里,(鹿,鹿)是一个纯策略纳什均衡,但(兔,兔)也是。这是一个顺序统计量博弈,因为如果将策略定义为号码,鹿≡1 而兔≡0,那么支付就取决于两个数的最小一方。[25] 猎鹿博弈还被称为"确信博弈",因为参与者只有当确信其他人也会选择鹿时才会选择鹿。在猎鹿博弈里,参与者的共同动机〔通过某种方式在(鹿,鹿)上达成协调,并每人赚取 2〕和规避其他人选兔从而避免自己得 0 的个人动机之间的冲突造成了策略不确定性。

表 7-20　猎鹿博弈

	鹿	兔
鹿	2, 2	0, 1
兔	1, 0	1, 1

猎鹿博弈展示了行动中的基本选择原则。均衡(鹿,鹿)是支付占优或是帕累托占优的,因为它对于每个人来说都要好过均衡(兔,兔)。选择兔是"保险"的,或者说符合最大化最小值原则,因为它具有最高的可能且有保证的支付。风险占优均衡是一个最小化参与者的综合风险的均衡,其中综合风险用其他参与者偏离均衡对任何一个不偏离的参与者造成的成本的平方来测量(Harsanyi and Selten,1998)。举例说,如果参与者们认为均衡是(鹿,鹿)从而都选择鹿,那么当对方参与者偏离了该均衡时,对仍在该均衡上的参与者产生的成本就是 2,而这些成本的平方是 4。但如果参与者们认为均衡是(兔,兔)而选择兔,那么即使其他人偏离,他们也不会有任何损失。因此,(兔,兔)是风险占优的。

另一种可用作选择原则的想法是随机最优反应均衡或者噪声纳什均衡。安德逊、格雷和霍尔特(Auderson,Goeree,and Holt,1996)指出,在有 n 个参与者并可使用连续策略(可以选择猎鹿的"程度")的猎鹿博弈中,随机最优反应均衡是唯一的。因此,随机最优反应均衡是一种选择原则。当做更高努力(猎鹿)的成本提高时,或者参与者的人数增加时,参与者猎鹿的意愿就会减弱。正如我们下边将看到的,这些预测和实验的结果吻合，因而随机最优反应均衡为解释这些数据和其他一些数据带来了希望。

　　猎鹿博弈之所以重要是因为，许多被认为是囚徒困境的博弈，其实都是诸如猎鹿博弈的协调博弈。比如，假设参与者们对一种公共物品做捐献，但他们可能被排除于对这种公共物品的消费之外（或者因为带给其他人负外部性而受罚），或者存在联合产出的协同效用。假设捐献的成本是 $c<1$，如果一个人捐献的话该公共物品的价值是 P，如果有两人捐献的话其价值就是 $P+s$，而不捐献者只能得到公共物品的 $(1-e)$ 倍。这样的支付情况显示在表 7-21 中。对于这个博弈来说，当且仅当 $P+s-c>P(1-e)$ 或 $c<s+Pe$ 时，（捐献，捐献）是一个纳什均衡。当 s 与 e 足够大时该条件成立。因此，如果存在足够的排他性（高的 e 值）和生产公共物品的协同效用（高的 s 值），这个公共物品博弈实际上就成为一个猎鹿博弈。

表 7-21　公共物品捐献博弈

	捐献	不捐献
捐献	$P+s-c, P+s-c$	$P-c, P(1-e)$
不捐献	$P(1-e), P-c$	0, 0

　　类似地，如果囚徒困境中的参与者拥有内生的互惠性社会价值观，比如拉宾（Rabin, 1993）的公平均衡（参见第 2 章），那么合作就是一个均衡，因为有人同我合作是友善的，所以我也合作来报答他们的友善。此外，有关重复博弈公理的一个著名推论是，如果一个囚徒困境重复进行并且有足够高的贴现因子，这个重复囚徒困境博弈就具有多重均衡，会促使或达成最高的可能联合收益。从这方面看，世界上被归类为囚徒困境的许多现象其实都是在重复博弈策略上协调的具有猎鹿属性的博弈。如果一个囚徒困境重复进行的可能性足够高，能够唤起情感，或有足够的协同效用或排他性，那它其实就是一个猎鹿博弈。

　　猎鹿博弈同样也是具有"策略互补性"的经济情形的一个代表。策略互补性存在于这样的情形中，即一名参与者策略的边际产出随另一名参与者策略选择的水平上升而上升。"空间外部性"是一个例子，它使得各公司都愿意坐落于彼此邻近的地方。彼此邻近常使一个普通的供应商产生规模经济（通过建立更大的矿场或工厂，向大量的客户提供产品）。空间邻近还能形成流动的或"稠密的"市场，这在产品差异化的情况下是很有用的。由于在这里商家更可能找到它们产品的买主，继而很多商家会来到该市场，这样反过来又吸引来更多的买家从而最终获得市场的预期成功（想想 eBay）。有时高级劳动力市场也符合这样的特性（就像硅谷或好莱坞）。

这种协调博弈同样被宏观经济学作为新凯恩斯经济周期的基础来研究（例如，Bryant，1983；Romer，1996，第 6 章）。在充分就业均衡里，工人们被雇佣，所以他们消费，消费创造了对产品的需求从而使他们继续被雇佣。但如果工人们预期经济将衰退，他们会减少消费，这就将导致失业从而将他们害怕的预言变成现实。萨莫斯（Summers，2000）详尽地描绘了一个猎鹿博弈，作为展现新兴市场（比如印度尼西亚）中借款人的经济脆弱性的模型。他写道：

> 想象每个投资给我 10 美元的人在假定我保有清偿能力的情况下，都将挣得 1 美元。假设如果我破产了，没有撤出的投资者就会失去他们全部的 10 美元投资，但今天撤出的投资者既不赚也不赔……假设我的外汇储备、转换资源的能力和经济实力如此有限以至于如果任何投资者撤出，我就将破产。不撤出对于每个人都会是一个纳什均衡（而且是一个帕累托占优的），但（我猜想）不是一个可得到的均衡。有人会这样推理，即另外某些人会决定谨慎行事并且撤出，或者至少有人会认为有人会认为有人会撤出，如此等等……我认为这种思维实验捕捉到了一些现实的东西。一方面，银行挤兑或者国际上的类似事件确实发生过。另一方面，这种行为不是由太阳黑子驱使的：其可能性是由人性弱点的延伸驱使并决定的。

捕捉萨莫斯描绘的策略不确定性效果的一种标准方法被称为"全局博弈"（Carlsson and Van Damme，1993；Morris and Shin，2000）。在一个全局博弈里，支付的确切数量要从某个区间内抽取，所以每个人都不能准确了解别人的收益是多少。如果一套可能的博弈以一种确切的方式相联系，而一种可能的支付组合形成一个劣策略，那么重复应用占优就会推至猎鹿博弈中的风险占优均衡。这精确地表述了为什么即使当结果是小规模经济灾难的时候（像萨莫斯的例子中那样），对于其他人会如何做的微弱的不确定性（形式上是对他们的收益的不确定，继而延伸到对行为的不确定）也会导致无效均衡。卡布拉里斯、纳格尔和阿曼特（Kabrales，Nagel，and Armenter，2001）做的实验支持了全局博弈观点的预测，虽然收敛的过程进行缓慢。

7.4.1 实验证据

库伯等人（Cooper et al.，1990）做了一系列猎鹿博弈的精巧实验。实验的支付情况显示在表 7–22 里。（以概率单位表示，1 000 点保证赢得 1 美元。）

表 7–22 库伯等人的猎鹿博弈支付矩阵

	1	2
1	800，800	800，0
2	0，800	1 000，1 000

资料来源：Cooper et al. (1990).

他们实验的最后 11 期的数据显示在表 7–23 的行"CG"中。无效均衡（1，1）对实验群体有很强的吸引力：97％选择了（1，1）而没人选择支付占优均衡（2，2）。

表 7–23 猎鹿博弈的结果（最后 11 期）

博弈	外部选择	(1，1)	(2，2)	(1，2) 或 (2，1)	合计
CG	—	160 (97%)	0 (0%)	5 (3%)	165
CG–900	65	2 (2%)	77 (77%)	21 (21%)	165
CG–700	20	119 (82%)	0 (0%)	26 (18%)	165
CG–1W	—	26 (16%)	88 (53%)	51 (31%)	165
CG–2W	—	0 (0%)	150 (91%)	15 (9%)	165

资料来源：Cooper et al. (1994).
注：括号中的数字代表在具有外部选择的实验方案下，子博弈中各种结果的比例。

同他们的性别战实验一样，库伯等人用了两种外部选择方法来检验正向归纳。在 CG–900 中，行参与者可以跳出并给予参与者双方每人 900 而不进行猎鹿博弈。在行参与者决定参加的情况下，正向归纳多数发生了作用（77%）；但是行参与者有几乎半数的情形下都跳出了。CG－700 用来检验是否只要有一个外部选择存在，那么即使是一个劣于矩阵策略的外部选择也会产生作用（就像在性别战里一样）。这样的外部选择有两个不明显的效果：很奇怪地，有 12% 的行参与者选择了该外部选择（赚取 700 而不是参加博弈并选择策略 1 从而保证能得到 800）；另外，当他们放弃了该外部选择参加博弈时，82% 的人归于无效的(1，1)均衡。

方法 CG－1W（单向交流）和 CG－2W（双向交流）深入探寻了廉价磋商的作用。由行参与者进行单向交流的情形下，有效选择（2，2）的比例由 0 升至 53%。交流将效率的杯子斟了半满，但还空着另一半。交流只起到了一半的作用，因为在做出要选择 2 的表示后，实际上双方都只有 80% 的情况下选择了 2。[26] 然而，双向交流像咒语一样十分起作用。在最后 11 期里，每对参与者都宣布他们选 2 的意图，并且 91% 的情形下双方都这样做了。

请留意单向交流和双向交流在性别战和猎鹿博弈中效果的差别。在性别战中，主要问题是解决参与者的偏好之间的不对称性，这种不对称性使得他们的动机具有混合性。单向交流解决了这个冲突（更有利于发言者），并且将效率从 40% 提高至接近 100%。转用双向交流则使效果减半，因为它又恢复了冲突，从而将整体效率拉回至 60%。在猎鹿博弈中，问题不是解决不对称性，而是提供给参与者双方足够的保证来确信另一方会选择冒险但有效的行动。单向交流提供了一半的保证，使效率升至 50%，而双向交流则提供了更完满的保证，从而将效率进一步提至 91%。太多的交流在性别战中是有害的，而在猎鹿中太少的交流则是有害的。

猎鹿博弈的结果似乎表明，在缺乏弈前选择或明确交流的情况下，实验对象之间很难达成高效率。这种结果在多大程度上依赖于支付呢？斯乔布（Straub，1995）从几个猎鹿博弈的变体中搜集了数据来回答这个问题。支付的变化会改变 p，即一名参与者对两种行动无差异时所认定的、他的伙伴选择支付占优行动的概率。这是个内生于选择有效行动的风险指数（还对应于混合策略均衡中选择有效行动的概率以及导致一个演化总体无效率的"吸引域"的大小）。

当 p 为 0.8 或 0.75 时，总体收敛于无效结果。但当这个举足轻重的概率 p 降至 0.67 时，总体收敛于有效均衡。看起来在 $p=0.67$ 和 $p=0.75$ 之间的特定某处存在一个闪点，它决定哪种均衡结果发生。

7.4.2　弱链博弈

双人的猎鹿博弈其实是范·哈依克、巴特里奥和贝尔（Van Huyck，Battalio, and Beil，1990）等人研究的更广义的"弱链博弈"的一个例子。在他们研究的弱链博弈里，n 个参与者每人从一个集合（比如 1 至 7）中选择一个整数 x_i。他们的收益会随他们选择的最小数的上涨而增加，但他们各自的选择和最小数的距离越大，他们的收益越小。在范·哈依克等人所用的支付表里，选择 x_i 的收益为 $0.60 + 0.10 \cdot \min_i(x_1, x_2, \cdots, x_7) - 0.10 \cdot [x_i - \min_i(x_1, x_2, \cdots, x_7)]$ 美元（参见表 7-24）。

表 7-24　范·哈依克等人的弱链博弈支付矩阵

你对 x 的选择	所有对象（包括自己）选择的最小值						
	7	6	5	4	3	2	1
7	1.30	1.10	0.90	0.70	0.50	0.30	0.10
6	—	1.20	1.00	0.80	0.60	0.40	0.20
5	—	—	1.10	0.90	0.70	0.50	0.30
4	—	—	—	1.00	0.80	0.60	0.40
3	—	—	—	—	0.90	0.70	0.50
2	—	—	—	—	—	0.80	0.60
1	—	—	—	—	—	—	0.70

资料来源：Van Huyck, Battalio, and Beil (1990).

弱链博弈模型化了某产业链中总体收益对最弱环节敏感的情形。经济学家会认出这种属性是具有较高指数的柯布-道格拉斯生产函数（或里昂惕夫）的一个特征。一个常见的例子是某种对最差要素的质量敏感的配方（比如工业化学品）。很多时候，配方中的"要素"对应的是工程各部分完成所用时间。想象一群饥饿的人在一家餐厅见面，除非人全部到齐，否则他们谁都不能就座。每个人都希望最后的人能尽早到，但没人甘愿耐心等待。在诸如律师事务所、会计师事务所和投资银行等职业组织中，文件经常要从不同的人或部门那里一份份地攒集起来，并且有很严格的上交期。如果有一部分企划上交得较晚或质量较差，那么整个企划都会被危及。

在航空公司的运行中，每一次工人们为飞机起飞做准备都是在进行一次弱链博弈。飞机必须加油、补给餐饮、安全检查，旅客必须登机，还有其他诸如此类的事情，这一切完成之后飞机才能起飞。对于短途的航空公司来说，由于他们会在一天内使用一架飞机来飞多个地点，因此每次起飞都是多程飞行链中的一环，这就在不同的地面人员组之间形成了又一个弱链博弈。一架从圣何塞到拉斯维加斯再到图桑的飞机，除非准点到达拉斯维加斯，否则无法准点到达图桑。

由范·哈依克等人进行的七组实验的数据被汇总并显示在表 7-25 里。在所有七组里都存在初始的分散和逐渐退化到 1 的情形。

表 7-25 范·哈依克等人的大组弱链博弈中的整体选择频率

选择	时期									
	1	2	3	4	5	6	7	8	9	10
7	33	13	9	4	4	4	6	3	3	8
6	10	11	7	0	1	2	0	0	0	0
5	34	24	10	12	2	2	4	1	0	1
4	17	23	24	18	15	5	3	3	2	2
3	5	18	25	25	17	9	8	3	4	2
2	5	13	17	23	31	35	39	27	26	17
1	2	5	15	25	37	50	47	70	72	77

资料来源：Van Huyck, Battalio, and Beil (1990).

范·哈依克等人还在两种额外条件下做了大组群的实验。去除了对选择高于最小数的惩罚后，大多数（83%）的实验对象立即选择了 7；六组中有四组达到了最小数为 7。告知实验对象人们所做选择的整体分布而不单单是最小数则加速了向无效最小数 1 的收敛。

组容

弱链博弈是无法保证不出令人失望的结果的，因为它对任何一个边缘（低端）回应都敏感。为了考察小一点的组是否能协调于更高（更有效率）的数字，范·哈依克、巴特里奥和贝尔（Van Huyck, Battalio, and Beil, 1990）做了一组实验，其中实验对象被分配为两人一组（一种固定搭档方案），一共做 7 期。他们的选择情况在表 7-26 中显示。第 1 期选择的分布大致和大组条件（在表 7-25 中显示）中的类似，但经过 7 期之后，12 对中有 10 对达到了有效的最小数 7。当搭档选择了 7 以下的数时，选择了 7 的对象更倾向于在若干期内保持对 7 的选择以等待另一方上调（而通常另一方的确这样做了）。

表 7 - 26　两人组的弱链博弈选择

选择	时期						
	1	2	3	4	5	6	7
7	9	13	13	17	19	19	21
6	0	1	4	2	1	1	0
5	4	1	1	1	0	0	0
4	0	1	2	0	1	1	0
3	1	2	1	1	0	0	0
2	1	2	0	0	0	0	1
1	8	4	3	3	3	3	2

资料来源：Van Huyck, Battalio, and Beil (1990).

范·哈依克等人还做了几组实验，其中实验对象被分为两人一组，但是每期进行随机再匹配。像在大组中一样，最初的选择是分散的并且最终收敛于接近 1 的位置。因此，一个小组本身并不能保证效率；固定配对中的稳定性和相互调整同样必要。克拉克和塞夫顿（Clark and Sefton，1999）在猎鹿博弈里发现了同样的结果。

通过汇总多种研究（以及在学术报告进行时所做的一些非正式实验；参见 Weber et al.，2001）的数据可以对组容效应进行更完整的考察。表 7 - 27 最上方的一栏显示了组容范围从 2 到 14~16 名实验对象的各组实验第 1 期的选择频率（中位数用斜体表示）。第二栏显示了第 1 期里的最小数的频率，而第三栏显示了第 5 期里最小数的频率分布。组容对于第 1 期最小数有很强的效应，而这种效应在第 5 期表现得更加强烈。在 6 人或以上的组中，第 1 期最小数从未大于过 4，并且经常在第 5 期退化至 1。然而，在 2 到 3 人的组中，最小数 5~7 在第 1 期里以一定的频率出现，而且两人的组经常在第 5 期里达到有效最小数 7。

表 7 - 27　各种组容的弱链博弈

组容	数字选择							样本大小
	1	2	3	4	5	6	7	
第 1 期选择的分布（%）								
2	28	3	3	7	*21*	0	36	28
3	8	5	8	17	*7*	2	41	60

续表

组容	数字选择							样本大小
	1	2	3	4	5	6	7	
第 1 期选择的分布（%）								
6	18	7	13	*16*	7	7	39	114
9	0	11	28	*39*	5	0	17	18
12	25	4	13	*8*	16	4	29	24
14～16	2	5	5	17	*32*	9	31	104
第 1 期的组最小值分布（%）								
2	43	7	7	7	29	0	7	14
3	25	5	35	15	5	0	15	20
6	73	16	11	0	0	0	0	19
9	0	100	0	0	0	0	0	2
12	100	0	0	0	0	0	0	2
14～16	28	28	14	28	0	0	0	7
第 5 期的组最小值分布（%）								
2	14	0	0	0	0	0	86	14
3	30	15	20	15	0	0	20	20
6	80	10	10	0	0	0	0	10
9	100	0	0	0	0	0	0	2
14～16	100	0	0	0	0	0	0	7

　　在组容具有很强效果的情况下，令人惊奇的是第 1 期的选择分布并没有随着组内对象人数的变化而变化。选择 7 的对象比例在 14～16 人组中和在 2～3 人组中大致相同，而初始中位数（斜体表示）对于任何大小的组都是 4～5。较大的组中的对象应该意识到在大组中选择的最小数会比较小，因而应该选择比在小组中小得多的数。[27]

　　局部互动

　　人们在关于社会学习和博弈中的演化的理论研究中得出了一条重要发现，那就是参与者之间互动的特性可以发生作用。这种说法被伯宁豪斯、俄哈特和盖瑟（Berninghaus, Erhart, and Keser, 2002）的实验所证实。

在他们的设计里，三人一组的多组对象进行一个弱链博弈或三人猎鹿博弈，其支付在表 7-28 里显示。[28]策略（X，X，X）是一个无效的纳什均衡（每人得 80），而（Y，Y，Y）是一个有效的纳什均衡（每人得 90）。

表 7-28　行参与者的弱链博弈支付情况

		其他参与者的选择		
		都选 X	一个 X，一个 Y	都选 Y
行参与者	X	80	60	60
	Y	10	10	90

资料来源：Berninghaus，Erhart，and Keser（2002）.

在一种标准方案下，实验对象被分作三人一组并进行 20 期博弈。他们在每期结束后得知他们两名搭档的选择（但不知道具体哪个搭档做了哪个选择）。在一种"局部互动"模式下，八名对象（虚拟地）围成一圈并和相邻的两人进行博弈。局部互动之所以不同于前者是因为，一名参与者 A 的两个邻居要受到他们另一边的邻居的影响，这些邻居的邻居并不直接影响参与者 A 的收益。局部互动引入了一种传播或连接，使得均衡过程可以以一种不可能在标准模式下发生的方式在圈内传播。

这两种模式下的实际均衡过程完全不同。在标准的三人组中，参与者最初以 3/4 的频率选择 Y，并且八组中有七组都协调于帕累托占优的全部选 Y 均衡。在局部互动组中，参与者开始只有一半选择 Y，而对 Y 的选择稳步下降，到了第 20 期时几乎消失。当其中一个邻居选 X 时，有 64% 的对象选择了 X 来进行回应。如同通过近距离接触在人群中传播的疾病一样，选 X 事件从一个邻居传到另一个邻居，最终感染了整个组。

7.4.3　合并、奖赏宣布和领导才能

凯莫勒和克内兹（Camerer and Knez，1994）称，弱链博弈存在于许多组织过程中。这种类比性促使他们研究了行业调研人员特别感兴趣的三种实验方式。

一种方法是两个小组"合并"成一个大组。一方面，上一节所述的组容所产生的效应表明，其他条件同等时，越大的组表现得越差（所以合并会损害效率）。但另一方面，受困于无效均衡的小组参与者可能会将合并作为"重新开始"以协调于更佳均衡的一个机会。

实际上，合并没有成功。表 7-29 显示了结果。每行分别显示了三人

一组的两组实验对象 5 期后每组得到的最小数，后面是他们合并成六人组后第 1 期和第 5 期的最小数。[29] 当存在对前一组表现的公共信息时（上栏），各组通常在合并之后照搬以前的行为，导致低的最小数。当不存在信息时，各组在合并后选择了更小的数字。十组中有八组收敛于最小数 1。

表 7-29 两组合并后选择的最小数

三人组 第 5 期最小数	"合并"了的六人组	
	第 1 期最小数	第 5 期最小数
拥有关于其他组的最小数的公共信息		
1, 2	(1, 3) 1	1
1, 4	(1, 1) 1	1
1, 1	(1, 2) 1	1
4, 1	(4, 1) 1	1
1, 7	(1, 7) 1	1
没有关于其他组的最小数的信息		
2, 4	(1, 2) 1	1
7, 3	(7, 1) 1	1
3, 2	(3, 1) 1	2
7, 3	(7, 3) 3	3
7, 3	(7, 2) 2	1

资料来源：Camerer and Knez (1994).

另一种方法是公开宣布，如果所有人选择 7，参与者会得到 0.2 美元或 0.5 美元的（由实验者提供的）奖赏。需要注意的是，如果某组已然收敛于 7 以下（例如 1）的数字，这里就已经暗含了一个奖励，因为当人们默契地转至 7 时，所有人都会从中获益。奖赏宣布将这个附加激励和把注意力引至 7（类同于性别战和猎鹿实验中交流的作用）的公开宣言结合为一体。奖赏宣布使各组仅用一期时间就逆转了形势，从 85% 选择 1～2 变为 90% 选择 7。这种现象也许能解释为什么公司的群体奖赏收效惊人（Knez and Simester，2001）。

第三种方法是"领导才能"。许多研究从个案研究和其他种证据中来推断分辨好的和坏的领导者，并试图分析他们的不同特质。社会心理学在"归因错误"上的证据表明，寻找领导才能也许是被误导的结果。当环境因素和个人特质同时影响一个行为时，试图解释该行为的人们倾向于过多地将其归因于个人特质而对环境特质的影响认定不足（例如，Nisbett and Ross，1991）。比如，当圣何塞的一名同事开会迟到 20 分钟并声称交通状况的糟糕非比寻常时，人们太过容易跳到此人一向爱迟到的结论上，而不太会责怪交通（环境因素）。

韦伯等人（Weker et al.，2001）将这种想法应用于研究弱链博弈中对领导才能的错误归因。实验对象组成二人的小组或八到十人的大组进行弱链博弈。每当一组进行两轮之后，随机选出一位"领导者"来做简短发言，鼓励大家选择更高的数字以使大家都获益。之前对组容效应的研究表明，两人组能在弱链博弈中有效协调而大组则不能。韦伯等人猜测，实验对象可能会错误地推测他们好或坏的结果取决于那些被选作领导者的人们的领导才能，而不是由于领导大组困难和领导小组容易的客观事实。

该博弈具有弱链结构，其中参与者从 0～3 中选取整数，并且从选取 s_i^j 中挣得 $2.50+1.25 \cdot \left[\min_k(s_k^i)-1\right] -s_i^j$（当最小数为 0 时再减去额外的 0.25）。较高的数字导致较好的均衡。结果显示在表 7-30 里。在开始两轮中（上栏），大组选择的数字平均略低。在领导者发言之后，紧接着人们对其评分，分别为 5.88 分（大组）和 5.80 分（小组），其中总分为 9，分数越高代表越好。继续又进行了六轮之后，大组开始选择更低的数字而小组选择了更高的数字，这和范·哈依克、巴特里奥和贝尔（Van Huyck，Battalio，and Beil，1990）观察到的组容效应吻合。最末一轮之后对领导才能的回顾性评分存在着显著差异——大组领导者的评分从发言后评分 5.88 分降到了 4.53 分，而小组领导者得到了多一点的好评，其评分从 5.80 分升到了 6.17 分。[30]

表 7-30　在弱链博弈中的选择及对领导能力的评分

	大组				小组			
	0	1	2	3	0	1	2	3
1—2 轮								
选择频率（%）	25	24	20	32	5	24	26	45
对领导能力的评分（前一次）	5.88				5.80			
3—8 轮								
选择频率（%）	47	4	0	49	6	6	6	83
对领导能力的评分（后一次）	4.53				6.17			

资料来源：Weber et al. (2001).

7.4.4 中位数行动博弈

范·哈依克、巴特里奥和贝尔（Van Huyck，Battalio，and Beil，1991）研究了参与者的收益依赖于各成员所选数字的中位数的顺序统计量博弈。表 7-31 显示了美元为计量单位的支付，所用支付函数为 $\pi_i(x_i, M) = 0.70 + 0.10(M-1) - 0.05(x_i - M)^2$（美元）。中位数每升一点，每人的收益就增加 10 美分，而每人都会受到的惩罚数量为 5 美分乘以他们的选择和中位数之差的平方。如同猎鹿博弈一样，中位数行动博弈使选择原则之间产生了互斥。支付占优指向选择 7，但"保险"原则指向 3，因为它保证能得到 0.50 美元的收益。

表 7-31 在中位数行动博弈中的支付

你对 X 的选择	X 选择的中位数						
	7	6	5	4	3	2	1
7	1.30	1.15	0.90	0.55	0.10	−0.45	−1.10
6	1.25	1.20	1.05	0.80	0.45	0.00	−0.55
5	1.10	1.15	1.10	0.95	0.70	0.35	−0.10
4	0.85	1.00	1.05	1.00	0.85	0.60	0.25
3	0.50	0.75	0.90	0.95	0.90	0.75	0.50
2	0.05	0.40	0.65	0.80	0.85	0.80	0.65
1	−0.50	−0.05	0.30	0.55	0.70	0.75	0.70

资料来源：Van Huyck，Battalio，and Beil（1991）.

中位数行动博弈对应的是一种参与者偏好中庸行为的经济现象。例子包括某种依赖于中间位置的人的努力程度的群体生产过程，其中人们既不愿意太努力，也不会做得太少。对象九人一组，结成六组进行几期博弈。在每期结束时，他们仅获知组的中位数。表 7-32 里显示了来自六个实验组的选择数据。有两种有规律性的模式。首先，在第 1 期存在大量的分散，这总是导致第 1 期的中位数为 4 或 5。其次，存在完全的锁定：在每组实验中，第 10 期的中位数都和第 1 期的完全一样。

表 7-32 在中位数行动博弈中的结果（汇集了六组实验）

选择	时期									
	1	2	3	4	5	6	7	8	9	10
7	8	2	2	0	0	1	1	0	0	0

续表

选择	时期									
	1	2	3	4	5	6	7	8	9	10
6	4	6	6	6	3	3	4	1	3	1
5	15	15	22	19	22	20	20	24^1	23^1	26^2
4	19	26	22	29^1	27^1	30^2	30^2	28^2	28^3	27^3
3	8	3	2	0	0	0	0	1	0	0
2	0	1	0	0	1	0	0	0	0	0
1	0	1	0	0	0	0	0	0	0	0

资料来源：Van Huyck, Battalio, and Beil (1991)。
注：上标表示达成了完全的均衡结果（所有的人都选择相同的数目）的组的数目。

范·哈依克等人使用了另外两种博弈来对支付占优和最大化最小值的效果进行分别研究。其中一种博弈（ω）类似表 7 - 31 显示的博弈，只是对非最佳回应的行动的支付为 0（也就是说，没选到中位数的惩罚就是分文不得）。在这个博弈里，所有策略的最小收益是 0，所以最大化最小值原则不再选择策略 3。表 7 - 33 将这个博弈里的第 1 期选择同原始博弈 γ 中的首期选择作了对比。对非中位数的选择的惩罚进行均等化使选择分布上移。相对于在原始博弈 γ 里的 15%，有一半的对象选择了 7。

表 7 - 33　在三个中位数行动博弈中的第 1 期选择

数字选择	博弈					
	γ		ω		φ	
	选择原则	%	选择原则	%	选择原则	%
7	支付占优	15	支付占优	52		8
6		7		4		11
5		28		33		33
4		35		11	最大化最小值	41
3	最大化最小值	15		0		8
2		0		0		0
1		0		0		0

资料来源：Van Huyck, Battalio, and Beil (1993)。

在另一个博弈 ϕ 里，因中位数提高而获得的收益 $0.10 \cdot (M-1)$ 被去掉了。这样所有策略支付的最大值就为 0.70（也就是说，表 7-31 的对角线上的支付都是 0.70 美元），因此支付占优原则就不会偏向于任何一个策略。这个博弈得出的结果同样也显示在表 7-33 中。最初选择和原始博弈 γ 的最初选择非常相像。

这三种博弈说明，多个选择原则共同对选择进行了指引。当单个选择原则指向某个选择时，多数人选择了它，但仍然会存在大量的分离。当多个选择原则指向不同的选择时，人们通常要么做这些选择，要么（更典型地）对它们进行折中。没有哪一种原则何时何地都胜过其他原则。

7.4.5 弈前拍卖和进入费用

范·哈依克、巴特里奥和贝尔（Van Huyck，Battalio，and Beil，1992）对一种特殊形式的交流（一种对参加一场协调博弈的权利的弈前拍卖）进行了实验。在这些实验里，共有 18 名实验对象参加一个"英式钟表拍卖"。在拍卖中，价格从一个低水平（0.05 美元）起步，而后缓慢增加。当价格升到某个参与者不愿支付的位置时，该参与者退出并一无所获。当在某个价格 P^* 上还剩 9 名参与者时，拍卖停止，随后他们会进行一个 9 人的中位数行动博弈并且 P^* 将从他们的所得中扣除。[31]

在参与者们坐等价格上升时，他们应该会在脑海里这样想[32]："在目前的价格 P 上，任何选择继续参与的人都会期望其收益大于 P。这样如果我恰好选择到中位数时，这个中位数一定能使我得到 P。所以我应当留下。"这种推理既符合逻辑而又令人惊奇的结果是，价格将升至 1.29 美元并且所有参与者都留下。他们当中的 9 个人将进行博弈，所有人都选择 7 并且获得 1.30 美元，挣得极小的 0.01 美元的净收益。这是应用"正向归纳"的结果，应用这种推理方式，参与者会回顾其他人本可选择但放弃了的选择，从而理性地猜测这些参与者应该会做什么。

表 7-34 显示了来自五个不同实验组的第 1 期的结果。每一列显示的是只剩 9 个人时的价格以及这 9 名参与者选择的数字的分布情况。正向归纳起了一些作用：弈前拍卖增加了高位选择 5～7 的频率，从上述没有拍卖的基准实验中报告的 50% 升到了有拍卖时的 80% 以上。[33]另外，正向归纳并没有立即将实验对象一直引至支付占优均衡。然而，平均来看，价格每期都在上升，并且在第 3 期时中位数到达了 7。

表 7-34 具有弈前拍卖的中位数行动博弈中的第 1 期价格和选择

选择	实验组和价格					整体比例 (%)
	10	11	12	13	14	
	$1.24	$1.00	$0.95	$1.05	$1.05	
7	7	4	1	2	0	31
6	2	1	0	1	7	24
5	0d	2	6	3	1	27
4	0d	2	1	3	0	13
3	0d	0d	1	0d	1d	4
2	0d	0d	0d	0d	0d	0
1	0d	0d	0d	0d	0d	0

资料来源：Van Huyck, Battalio, and Beil (1991).
注：d 代表一个劣行动。

看过范·哈依克等人的拍卖结果后，格拉德·卡肯和我（Gerard Cachon and Camerer，1996）想弄清楚，弈前拍卖的效果究竟是正向归纳的结果，还是出于所有参与者必须付费参加博弈这一事实。这个区别是重要的，因为心理学研究表明，人们并不总能忽略决策时的沉淀成本。阿克斯和布鲁莫（Arkes and Blumer，1985）进行了一个极其巧妙的研究。他们随机地给某些为了看系列演出而到剧院购买六张票的人打意外的折扣。如果去剧院看戏的人受"沉淀成本幻觉"影响的话，那些付全额的人就会觉得他们"不得不"去"赚回票价"，即使票的成本已经沉没了。[34]事实上，付全价的人群显著地看了更多的演出。

应用到范·哈依克等人的这个拍卖博弈上，不得不付一定的费用这一点可能使他们变得迫切想通过选择更高数字来补偿该费用，进而改变了参与者的行为。而且如果参与者认为其他人具备这种心理，他们就可以将"规避损失"（参见 Kahneman and Tversky，1979）作为选择原则使用，来剔除一些均衡。[35]

正向归纳可以很容易地和损失规避分开——只需让所有对象都支付进入费用。如果参与者不是主动选择支付费用，正向归纳就不起作用，这样强制费用就不应造成任何差别。

实际上，强制对象付费的确将他们引向更高的数字，几乎和让他们自由选择是否付费时效果一样强烈。因此，范·哈依克等人观察到的弈前拍卖中一些提高效率的效果很可能应归因于沉淀成本效应。卡肯和我推测参与者将"规避损失"作为选择原则加以利用，这个原则可以使他们的信念协调于那些在费用被扣除后可以赢得正利润的均衡上。[36]

7.4.6　广义顺序统计量博弈

在理想情况下，实验发现会激发理论创新，而它反过来又会启示有趣的新实验设计。克劳福德（Crawford，1995）的学习模型是这种情况的一个佳例，它被用来解释在弱链和中位数行动博弈中观测到的适应性动态过程。（参见第 6 章关于学习更完整的讨论。）克劳福德的模型假定参与者开始时具有不同的信念和策略选择，这可以用统计方法标记。[37]范·哈依克、巴特里奥和兰金（Van Huyck, Battalio, and Rankin, 2001b）通过实验检验了克劳福德模型中最有冲击力的新预测。

在他们的设计里有 n 名参与者，他们选择整数 $x_i \in \{0, 1, 2, \cdots, 100\}$。为了让结果和之前的研究结果可以比较，每个选择随后通过 $e_i = 1 + 0.06 \cdot x_i$ 变换为从 1 到 7 范围内的数字。第 j 个顺序统计量标记为 $m_{j:n}$。（弱链博弈使用的是最小数或第一顺序统计量，$m_{1:n}$，而 9 人的中位行动博弈使用的是 $m_{5:9}$。）对参与者 i 的支付是 $\pi_i(e_i, m_{j:n}) = 0.30 + 0.10 \cdot m_{j:n} - 0.05 \cdot (m_{j:n} - e_i)^2$（美元）。

在克劳福德的模型里，参与者选择的数字是，他们前一次选择的数字与前一次观察到的顺序统计量的加权平均，再加上一个参与者特有的均值为零的项和一个各期不同的公共漂移项。在一般条件下，克劳福德证明出：增加 j [也就是，挑选一个更高数字作为顺序统计量（偏离该统计量会受到惩罚）] 会提高选择；而当顺序统计量为中位数时，顺序统计量的期望值各期不发生变化。中位数是 $j = (n+1)/2$（当 n 为奇数时）。当 j 低于（高于）这个阈值时，顺序统计量被预测为会跨期下降（上升）。

这些预测促成了范·哈依克等人的设计，他们变化了顺序统计量 j（为 2 或 4）以及组容 n（为 5 或 7）。这些变化检验的是选择是否会随组容 n 上升和随 j 下降，以及选择是否会跨期朝预测方向变化。表 7-35 总结了在第一个和第二个博弈中，每个实验组首期和末期的顺序统计量。每一行是一个实验组的数据。博弈按 n 值和 j 值的大小从上到下排列，为的是方便用眼睛对较高 n 值和较低 j 值会引致较低数字的预测进行检验。

表 7-35　所有实验组中的顺序统计量

n，j	实验组中的博弈顺序			
	第一个博弈		第二个博弈	
	第一期	最后一期	第一期	最后一期
5，4	78	100*	53	53
	69	80*	60	100*
	97	100*	67	100*
	95	100*	100	100*
5，2	42	43	60	100
	35	40*	48	80*
	50	100*	100*	100*
	36	36*	100	100*
7，4	80	100*	50	50
	50	50	50	90
	100	100*	96	100*
	73	73	59	59*
	50	100	—	—
	70	100	—	—
7，2	33	27	49	49*
	39	36	15	15*
	6	0	18	46
	32	33*	35	73*

资料来源：Van Huyck, Battalio, and Rankin（2001b）.
注：＊表示完全的均衡结果（所有的参与者都选择同样的数目）。

顺序统计量在不同的（n，j）条件下的差别在方向性上同克劳福德模型预测的一致。令其他因素不变，降低 j 或提高 n 降低了选择。理论上，选择应同样会在（5，4）条件下跨期上升，在中位数行动博弈（7，4）中保持不变，以及在条件（5，2）和（7，2）下降低。实际上，在多数实验组中，选择通常上升或保持不变。因此，克劳福德的模型对于上升的相对倾向的预测是准确的，但是低估了上升情形的数量。

（7，4）条件下的结果和早期范·哈依克、巴特里奥和兰金（Van Huyck, Battalio, and Rankin, 1991）的 9 人中位数博弈结果的反差值得注意。在那些博弈里，中位数选择（转换为 0～100 区间的数字后）是 58.3,

而在这里（7，4）条件下第 1 期的中位数均值是 69。这些组有时逃离了难以抗拒的曾出现在只有 7 种行动的（9，5）博弈中（导致最终中位数总是等于第 1 期的中位数）的路径依赖。许多组跨期提升了顺序统计量上升的速度。典型情况是，一旦第 2 期的顺序统计量大于第 1 期，就使实验对象产生第 3 期中还会有更大的共同信念，从而创造了一种（提高收益的）变化的先例，这经常导致一个所有人都选 100 的均衡。范·哈依克、巴特里奥和兰金推测，细密的策略空间可能在这些动态过程中起了很大作用。偏离顺序统计量 5 单位只会产生 $0.05 \cdot (0.3)^2 = 0.0045$ 美元的微小损失。实验对象因而可以冒更小的风险进行高数字尝试，并且在较小的组里能够将顺序统计量上调。

小结

在顺序统计量博弈（Van Huyck，Battalio et al.）里，参与者的收益依赖于他们的数字选择和他们的选择距离特定顺序统计量（如最小数或众位数）的偏差。在最小数（"弱链"）博弈中，大组通常会协调失败从而得到无效结果。在中位数博弈里，参与者向中间数字聚拢并且存在近于完全的路径依赖（几期之后的中位数同初期完全相同）。加入一个弈前的对博弈权力的拍卖则提高了效率，因为参与者知道那些支付了高价费用的人将会有效率地进行博弈（或者也许只是更加乐观）。进一步的实验显示，单纯地在所有参与者身上强加一个高进入费用同样能提高效率，这说明参与者把规避损失作为一个原则加以利用，来剔除一些均衡并移向另一些均衡。克劳福德（Crawford，1995）展示了可以解释这些行为模式的一个模型——该模型中，参与者拥有不同的初始信念，但是会对他们的所见进行回应。他的模型还预测了一个在其他顺序统计量博弈中的有趣效应，这种效应很大程度上被新的实验所证实（尽管参与者收敛于比克劳福德预测的更有效的结果）。这是一个数据和理论相辅相成、良性互动的范例。

7.5 对选择原则的选择

7.5.1 繁简度

在博弈理论史的早期，有一小篇文章研究了扩展型博弈和标准型博弈之间的联系。达尔基（Dalkey，1953）表示，所有具有同一标准型表述形式的扩展型博弈都可以通过一次或多次"非本质性变换"彼此推演出来。

负责这项工作的应用数学家们关心的是使不同扩展型博弈之间等价（通过它们共同的标准型）的纯标准关系。"非本质性"这个字眼隐含着一种预测，即互为变形的多个博弈会以同样方式进行。

然而，一些（经过某种非本质性变换后）标准等价的博弈实际中却以不同方式进行［比如，在章节 7.2.5 中以及 Cooper and Van Huyck（2001）中描述的时序效应］。表述方式有时会发挥影响的这一事实，使得在具有多个均衡的博弈里，博弈表述方式的特征被用作选择原则的可能性提高了。

受这种直观推断的推动，霍和魏格尔特（Ho and Weigelt，1996）对参与者是否将表述形式的繁简度作为一个选择原则加以利用进行了研究。他们从三个方面来衡量一个均衡的繁简度：（1）在一个均衡的路径上最后的信息集之后的结果（末端点）数量；（2）达到子博弈完美均衡所需的重复理性的级数；（3）达到一个均衡所需的策略知识的级别数。

图 7-4 用博弈 G5 展示了他们对第二个繁简度标准的衡量办法。在博弈 G5 中，存在两个纯策略下的子博弈完美均衡：结果（8，4）和（3，9）。如果参与者 I 选择顶部策略，而后参与者 II 也选择顶部策略，均衡结果（8，4）就可以达成。要使参与者 I 的顶部选择为一个最优回应，她只需认为参与者 II 会（以足够高的概率）选择顶部。参与者 II 这样做是否出于理性（形成信念，并在给定这些信念下选择具有最高期望效用的策略）并不重要，所以参与者 I 并不需要知道参与者 II 是否理性。均衡结果（3，9）的要求则较高：如果双方都选择底部，然后参与者 I 继续子博弈，这

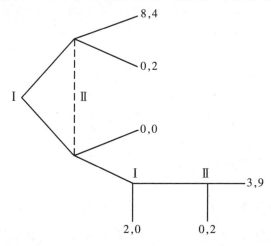

图 7-4　博弈 G5，显示了作为一个选择原则被运用的繁简度
资料来源：Ho and Weigelt（1996）.

时轮到她再行动，参与者Ⅰ必须相信参与者Ⅱ得到机会后会移向（3，9）而非愚蠢地下移至（0，2）。因此，要达到（3，9），参与者Ⅰ需要相信参与者Ⅱ是理性的。既然达到（3，9）需要参与者Ⅰ相信参与者Ⅱ是理性的，而达到（8，4）并不需要，（8，4）均衡就更简单。不管参与者偏好简单均衡，还是使用简单原则作为聚点原则，他们都会更倾向于达到（8，4）均衡。

霍和魏格尔特的实验使用的是具有两个或三个纯策略均衡的两人博弈。在所有情形里，参与者的均衡收益加总后都为12，但是他们通过变换支付的比重［支付为（3，9）、（8，4）或（7，5）］来观察"支付不均等程度最小化"是否同样被用作一个焦点原则。1～5期的结果汇总在表7-36中。该表将参与者分为偏好简单均衡的类型（参与者 s）和偏好复杂均衡的类型（参与者 c），并分别显示了这两类人群中选择引至简单均衡的策略的人数比例。多数比例大于50%，所以用任一标准衡量都存在一个普遍的选择简单均衡的倾向。支付不均等同样被用作一个聚点原则，因为具有更均等支付的均衡普遍更多地被选择（令繁简度不变）。这里还存在轻微的"自利倾向"——从简单均衡中获取更大利益的参与者 s 比从中获取较少的参与者 c 选择简单均衡的频率要多出5个百分点。

表 7-36　在霍和魏格尔特的博弈 4～6 中选择简单均衡的参与者比例

博弈	均衡支付		繁简度的衡量标准			
			结果的数量		重复理性的级数	
	简单	复杂	参与者 s	参与者 c	参与者 s	参与者 c
G4	（3，9）	（7，5）	78	74	46	32
G5′	（3，9）	（8，4）	92	83	71	41
G6′	（8，4）	（7，5）	56	71	69	77
G5	（8，4）	（3，9）			89	84
G6	（7，5）	（8，4）			86	80
G4′	（7，5）	（3，9）	69	59	68	63

资料来源：Ho and Weigelt（1996）.

注：参与者 s 是指偏好简单均衡的参与者（在头两个博弈中为参与者Ⅱ，在后四个博弈中为参与者Ⅰ）①；参与者 c 是指偏好复杂均衡的参与者。数据显示了1～5轮中的选择比例。

———————————

①　原文如此，但根据表中的均衡支付，在第五个博弈，也就是 G6 中，偏好简单均衡的参与者应是参与者Ⅱ。另外，表中空缺的四个数据亦原因不明。——译者注

7.5.2 选择原则的实证比较

在本章的初稿里，我曾写道，看起来没有哪个选择原则在决定对象第一期的选择或收敛于何处方面占据绝对优势。因此，应该设计一些研究方案来测量各种原则使用的频率。随后我在邮箱里收到了一篇哈鲁维和斯达尔（Haruvy and Stahl，1998）的论文，其中报告的正是我脑海里构想的这种比较。

他们的实验使用了 20 个含有三种策略的对称博弈。在每个博弈中，不同的策略会被各种选择原则所选择。跨博弈进行比较就能够衡量各种原则使用的频率。表 7-37 显示了四种选择原则［支付占优原则、风险占优原则、最大化最小值原则（保险原则）和"一级有限理性"原则（下称一级原则，即给定关于对手行为的分散性先验概率，选择具有最高期望收益的策略）］的每一种原则所对应的选择频率。该表显示了每个原则的对应选择的频率跨 20 个博弈的最小值、最大值和平均值。一级原则总是至少能解释 62% 的选择，平均起来解释了 83% 的选择，是风险占优原则和最大化最小值原则的两倍。支付占优原则预测得最糟糕。

表 7-37　在 20 个博弈中各种选择原则所对应的选择频率（%）

博弈	选择原则			
	支付占优	风险占优	最大化最小值	一级有限理性
平均	28	44	53	83
最小频率	0	0	0	62
最大频率	98	98	94	98

资料来源：Haruvy and Stahl（1998）.

哈鲁维和斯达尔使用这些选择来拟合一个"基于线索"的首期选择模型。选择原则为不同的策略提供数字线索。参与者给各个线索赋以权数并且进行相加，得到一个策略的综合分数，将分数代入一个多项式对数函数得到一个概率值，然后以此概率选择策略。对模型的估计证实了从表 7-37 中得到的直观印象，那就是一级原则是对一次性博弈很好的预测工具。根据估计，有三分之一的参与者只使用一级线索，而有半数的人在一级的基础上加入了少许其他线索。

小结

哈鲁维和斯达尔（Haruvy and Stahl，1998）使用了 20 个博弈，全面检验比较了不同的选择原则，结果强烈地支持"一级"或拉普拉斯推理，其中参与者表现为认为其他人可能做任何事，并选择能够对这种"分散性先验概率"信念进行最优回应的策略。然而，还存在支持其他选择原则的证据，例如繁简度、先例和指定。实际上，任何选择理论也只能是关于这些不同原则何时被应用的统计杂烩而已。

7.6 应用：路径依赖、市场采纳和企业文化

在本节中我要描述三个相关的实验，这三个实验受到探究协调本质的实验者和应用经济学者所做观察的启发。第一个实验是探究路径依赖和"历史突发事件"的影响力的一次创造性尝试。第二个是出于对金融资产交易所使用的信息科技的发展的兴趣。第三个是关于文化演进的，采用的是一种特殊的语言形式（"代码"）以进行快捷、可记忆的交流。

7.6.1 路径依赖：创造一种实验室"分水岭"

我们从中位数行动协调博弈中能明确得到一点，即向中间位置收敛的均衡过程有时会对小"历史突发事件"极端敏感。范·哈依克、巴特里奥和库克（Van Huyck，Battalio，and Cook，1997）通过进一步应用"分水岭"博弈研究了这一特性。（该博弈曾在第 1 章讨论，而后又在第 6 章关于学习问题时被论述，所以我在这里只大概描述它的基本结构。）参与者选择 1～14 之间的整数，他们的收益取决于他们的选择和他们所在组的 7 个人的中位数选择。如果中位数开始为 7 或小于 7 并且实验对象进行最优回应，他们最终会一路走到纯策略均衡 3 上。然而，如果中位数起始为 8 或以上，最优回应造成的最终结果将是收敛于均衡 12。在 3 上的支付大概等于在 12 上的一半。这个博弈捕捉到了对初始条件极端敏感的可能性（或路径依赖），这让过去十五年来致力于混沌动态过程和复杂系统的科学家们着迷不已。

路径依赖常见于物理系统中。我有一次和一个朋友去阿拉斯加爬山。我们站到了落基山脉的分水岭上。这是一条概念中的线（在地图上可以看到），它标记着水的流向从一个方向变为另一方向的地点。我们用一只水

壶对着分水岭倒水；一部分水朝南流去而另一些则流向北方。最终，北流的水流入了北冰洋而南流的水则汇入太平洋。开始时还紧密聚在一起的水分子最终却相隔千里。

在范·哈依克等人的实验里，7 和 8 之间似乎有一条看不见的分界线，其作用正如分水岭。半数的组起始较高并且无可改变地归于 12～13；另一半则因起点较低而收敛于 3～6。低组在均衡上所得只有高组的一半，所以说决定初始条件的微小历史事件会造成大而持久的收益连锁反应。人们很自然地想知道，泰国、越南比近邻的老挝繁荣得多；而 20 世纪 90 年代晚期帕洛阿尔托（Palo Alto）的房产价格一飞冲天的同时，一河之隔的东帕洛阿尔托谋杀案比率（人均）远高于美国任何一个地方——诸如此类的事实是否和分水岭性质有关。

7.6.2 市场采纳

在大型集中化商品市场，比如金融资产市场里，多数交易者都很看重能使大宗交易廉价（流动性）和迅速（快捷性）进行的能力。为了快速找到最佳价格，交易者倾向于使用多数其他交易者使用的市场。这些"参与外部性"容易导致一个市场对另一个的占优（也许还会形成自然垄断）。然而，科技带来的变化同样可以通过降低单宗交易成本来影响流动性和快捷性。一个提供较低交易成本的新市场能够替代一个存在已久且一直活跃的市场吗？

克莱门斯和韦伯（Clemons and Weber，1996）通过实验探究了这个问题。[38]他们的实验中有四名买者和四名卖者。每名实验对象有十只股可供交易，并且能够以任意（整数的）组合将它们分成两个单独的需求或供给命令，两个命令一个发送给市场 X，一个发送给市场 Y。如果买者或卖者所在市场的供需差额有利于他们一方，那么他们就挣得一笔（简化型）利润（比如，如果他们进行交易的市场里卖者较多，则买者获益）。为了模拟在新市场交易命令可能没被执行的风险，每期实验对象提交他们的需求或供给命令至市场 X 和 Y 之后，由掷硬币决定市场 Y 是否开盘。如果它不开业，那么由于命令没有执行，实验对象就不能从这些命令中获益。

表 7-38 显示的是提交至市场 Y 的命令百分比（它的"市场份额"）在各组实验中的跨组平均值。市场 Y 的份额在第 I 部分的前 12 期里平均小于一半，说明克莱门斯和韦伯成功地诱使了实验对象更多地在市场 X 交

。在这 12 期过后，他们改变了激励机制以偏向市场 Y。执行风险被去除掉了，并且市场 Y 中的利润被调高（在 1—4 实验组和5—7 实验组的奖励不同）。

表 7-38　在市场 Y 进行交易的份额百分比

实验组	第 I 部分时期 1—12	第 II 部分（市场 Y 更有利可图）时期			
		1—3	4—6	7—9	10—12
1—4	48.3	62.9	67.6	71.2	73.7
5—7	45.5	52.9	56.4	60.4	57.5
T	41.2	57.1	59.6		

资料来源：Clemons and Weber (1996).

表 7-38 显示了市场 Y 发生了"技术进步"之后，在接下来 12 期里发生的情况。存在一个朝向市场 Y 的稳步转移，但转移并不是非常迅速（尤其是在转移奖励相对较少的 5—7 实验组中）。[39]

实验组 T 的设计有些特殊，这是因为学生对象和市场职业人员的行为模式不同，后者的行为最终以获取利益为目标。在实验组 T 里，对象是 8 名纽约证券交易所的大厅交易人。他们在第 I 部分里只参加了两期，在第 II 部分里参加了六期。表 7-38 显示，交易人的行为和学生们非常近似。市场 Y 到达 85% 的份额的估计时间为 15 期，而学生对象的实验组为 10 期。他们的发现再次证明了，由学生对象建立的规律性同样会在使用职业对象时出现（参见 Ball and Cech，1996）。

7.6.3　文化

凯莫勒和韦伯使用实验来研究组织文化的发展。在我们的实验里，对象观看 16 幅描绘办公室员工的照片。照片具有类似的特征（有办公室桌椅，人们在谈话），但每一幅都有一些独有的特征。在每对对象中，其中一名对象会得到一张单子，将上面 16 幅中的 8 幅标示为该回合实验的标的物。该名对象必须准确地向另一名对象描述标的照片以使听者能够将它们挑出来，而太慢者将受罚。七回合下来，对象发展出一种简练的自制语言（一种行话或口语，这具备了文化的特征）来描述图片。例如，有一幅图片展示了一次会议，其中一名男子正在做某种手势。在第一回合里，听者花了差不多30秒才搞明白描述的是哪幅图。然而几回合之后，说者只需说

"Macarena"（这是那时风行的一种舞蹈，其中使用的手势和图中的近似），就能使听者会意。

为了研究文化冲突，在组 B 中他们"炒掉"了说者，将听者加入了组 A。完成任务所用的时间立刻飙升，因为组 B 的听者不明白组 A 的两人发展出的语言。进一步地，他们要求对象在"重组"进行前预测需要多长时间来完成他们的任务。对象的预测过于乐观。就像一只在水中游泳的鱼忽视它的液体环境一样，参与者没有意识到他们创造的文化（语言）有多么特殊，以及新参与者掌握它有多难。凯莫勒和韦伯推测这种现象正是导致许多公司合并失败的文化冲突的特征性表现。

小结

这三种应用表明：小的历史事件会导致具有巨大支付差别的不同均衡；对两个市场中的一个市场的交易者进行歧视会导致一种障碍，当"坏"市场突然间由于技术变化而变得有效率时，这种障碍能够和缓地慢慢地被克服；可以用实验来创造内生文化，以及借以探究不同文化的合并是如何产生令人惊奇的冲突的。

7.7 结论

在具有多均衡的协调博弈里究竟哪个均衡会发生问题上，理论并没有给出明确且令人信服的答案。因此，相对于已有的理论，我们需要更高比例的实证观察来理解均衡是如何被选择的。在协调博弈上的实验研究就是实证研究颇具影响的一个体现。例如，库伯、德琼、弗希斯和罗思等人在艾奥瓦所做的不懈的研究；范·哈依克、巴特里奥、贝尔和其他同事在得克萨斯农工大学的研究；还有许多其他人，他们都在协调博弈的研究上提供了大量有价值的数据，这些数据应该够理论学者们忙一阵子了。

从研究中发现了几条结论：协调失败是普遍的——博弈并非总让人放心地收敛于帕累托效率均衡。当选择支付占优均衡的内生风险很高时，典型的结果是风险占优均衡和安全策略。在具有一个帕累托有效均衡和一个无效的风险占优均衡的猎鹿博弈中，博弈是否收敛于有效均衡这一点似乎很敏感地依赖于参与者对其他人能否有效进行博弈的确信程度。

适应性动态过程一般来说的确会将参与者引至一个均衡，且过程经常是顺畅的。正如克劳福德（Crawford，1995）提到并加以理论化的那样，其标准模式是最初选择呈分散化，但参与者缓慢地，也许还夹杂着些许乐观主义，并且还带有噪声地对他们观察到的结果进行最优回应。比如，在大组的中位数行动博弈中，这种动态过程暗示，对象将收敛于位于策略空间中部的某个策略选择；而他们的确是这样做的。在支付取决于组中选择的最小数的弱链博弈里，动态过程暗示小的组能够达成高效率，而大的组则会退化至无效均衡；事实也的确如此。

决定均衡收敛的条件可以是匹配方案或参与者可得的信息。在具有"局部互动"性的猎鹿博弈中，参与者围成一圈与他们左右两个邻居进行博弈。其中无效行为会像一种瘟疫一样在人群中传播。

一个强烈的直观印象是，在具有达成某种均衡的共同动机的协调博弈中，少许的交流就会产生惊人的效果。虽然交流能有效地提高协调效率，但是它的作用常常不及人们的期待并且受博弈结构的细节影响。当满足如下两个条件时，交流会起作用：（1）交流选择了一个独一无二的均衡；（2）为参与者会相信交流内容并相应做出行动提供了足够的保证。这些条件的综合意味着，单项交流之所以行得通，是因为它指向单一均衡（发言者偏好的那个），比如在性别战博弈中。但是双向交流制造了许多冲突，使得情形就如同没有交流一样，所以它没起作用。在猎鹿博弈中，单、双向交流的效果正好相反：单向宣言只起了部分作用，因为它没提供足够的保证；双向交流起到了很好的作用，这是因为它提供了足够的保证并且指向一个相容的结果。

特殊的交流方式对效率产生了多方面的影响。在有许多参与者的弱链博弈中，单一参与者（一名"领导者"）的弈前发言并不能阻止协调的失败。（该领导者还很不公平地被指责为其所在大组协调失败的原因，而这种效应已被社会心理学对原因归属的研究所预见。）由一个外部权威（比如，实验者）对一个均衡进行的"指定"或推荐，在不和其他某个聚点原则起冲突的时候，能将参与者引向某一均衡。当它和另一种原则起冲突时，比如支付占优或支付均等原则，参与者通常被分开为遵循推荐者和遵循其他原则者两部分。对参与某个协调博弈的权力进行弈前拍卖的办法确实能提高效率，但是我们仍不清楚这种效果到底来自持有乐观信念（因而进行乐观的行动）的参与者的自我选择，还是来自参与者对其他人动机的正向归纳，这些人是通过支付拍卖价格来进行自我选择的。效率同样可以通过强制所有参与者缴纳费用（没有退出的选择，因而正向归纳不适用）的办法获得提高。用缴纳费用的办法所产生的效果暗示，人们通过"损失规避"原则来排除了其中所有参与者都受损的均衡。（顺而推之，心理上被认为是损失原因的方式会影响均衡选择。）

关于含义演化的文献指出，即使从信息到行为之间的自然指定没有提供给实验对象，他们也能够在10~20期内自创出一种语言，前提是这样做合乎他们的利益。

匹配博弈中，只要选择相互匹配，实验对象们就能得到一个固定数量的奖金，所以不同均衡之间不存在支付的差别。对匹配博弈的实验展示了理解"共同基础"的文化与认知基础的重要性。在这些博弈里，策略性思考意味着，你要猜测其他人怎样在一个选择集合中区分目标，以及他们认为你会如何区分它们，如此等等。实验表明，在寻找目标或选择原则的共知区别方面，实验对象们颇具创造性且相当一致。有些理论捕捉到了两种相抗衡的选择决定要素，其一是策略特征的独特性，其二是参与者对那些特征能被辨认出（如果它们不易辨认）的可能性的共识。这些理论有望揭示聚点性的构成。

最后，对协调博弈中均衡概念进行精炼的标准方法是让各个选择原则从众多均衡中只选择一个均衡。这里列举一些选择原则：先例原则（选择上一次达成的均衡）；风险占优原则（选择具有最低"风险"，即偏离成本的平方最小的均衡）；支付占优均衡原则（选择使所有人所获支付都比其他均衡多的均衡）；损失规避原则（只选择使每人都得到正的收益的均衡）；最大化最小值或保险原则（选择其中每个人都最大化了他们最小的可能收益的策略均衡）；一级期望支付原则（给定其他人随机选择下，选择能提供最高期望收益的均衡）；先行者优势原则（如果存在一个共知的先行者，她将得到她偏好的均衡）；简单原则（选择较"简单"的策略）。

在各种博弈中，支持上述每一个聚点原则的证据都不同程度地存在。哈鲁维和斯达尔（Haruvy and Stahl，1998）的论文很好地对这些原则进行了进一步的比较。他们发现当一级原则和支付占优原则、风险占优原则以及最大化最小值原则冲突时，一级原则明显占据优势。的确，有广泛类型的博弈表明，人们经常选择那些对关于其他人如何行动的不确定性信念进行较好回应的策略，至少在博弈的第一期是如此（参照第5章）。这就能解释在性别战初期对各自偏好的策略的选择，在中位数和弱链博弈初期对4~5的选择，在广义顺序统计量博弈中在50周围分布的平均选择，以及其他章中描述的现象——比如占优可解博弈（参见第4章）和信号博弈（参见第8章）中的初始行为。一级原则之所以吸引人，是因为它使用了许多关于可能支付的信息（的确，因为每个可能支付都被赋予了一个等量的权重）。它同样可被看作是在最大化最小值的悲观直觉和最大化最大值的乐观直觉之间的一种折中，但它比这两个标准更稳固，因为它不只依赖于单个可能支付。

附录　语言心理学

在语言心理学中，赫伯特·克拉克（Herbert Clark，1996）和另一些人采用了一种行动导向的方法。该方法强调一种观点：语言经常被用来协调联合行动。人们公认采用克拉克行为导向方法的先驱应该是梅德（Mead，1934），他强调这样的事实，即说者必须根据他们听众的观点（"听众的构思"）来选择他们的词句。

为了这样做，说者和听者必须使用可以被理解的语言，而理解的途径就是双方共享的"共同基础"。克拉克称，寻找共同基础是一种能够停止无限倒退地思索听者是否知道说者知道……（无限地），让有效的发言成为可能的尝试。（请注意在第 5 章"邮件博弈"中对行为的类推，其中参与者自发地协调于一种传统，即一或两步信息传递已足够创造"足够互通"的知识以让协调行动继续进行。）

"不明确指向"是考察共同基础的一个很重要的例子，其中说者提及一类目标中的某个目标，但是不指明她所指的是确切的哪个。例如，克拉克、斯格陆德和巴特里克（Clark, Schreuder, and Buttrick, 1983）向对象出示图片，上面描绘了四种靠近围栏种植的花。他们问对象："你们怎样描述这枝花的颜色？"词语"这枝花"指代不明，因为实验者指的是某一枝花，但没说他们指的是四枝中的哪枝。然而，多数对象最后还是得以通过关于四枝花中哪枝是所指的某些线索推出了确切的所指。比如，当水仙花在图片中比其他三种明显要更突出时，半数的对象信心十足地认为水仙就是所指的花。克拉克等人认为，有几种一般的启示法被用来建立共同基础。

一种是"实地共存"——两名交流者猜想双方都可实际观察到的目标很可能就是所指的目标（参见 Chwe，2001）。比如，如果聚会上一个人大叫"好一条裙子！"它很可能指的是交流者双方视野范围内离她们最近的那条裙子（而不是双方之前见过却已从其视线中消失的一条裙子）。"感知共存"和"语义共存"是类似的启示法。"类别成员"是一种推测共同基础的办法，它假定属于同一类别的人们拥有共同的数据集。金斯玻利（Kingsbury，1968）的实验很好地展现了这一方法。他靠近走在波士顿大街上的人们，用波士顿或者密苏里口音向他们问路。当用密苏里口音时，他得到了较详细的信息，而用波士顿口音时则得到了不太详细的信息。波士顿人从波士顿口音中推测对方属于"知道波士顿交通概况的人"这一类别的成员，并得以据其认定的共同基础给出较简练的指导。

语言心理学在共同基础上的研究倾向于强调说者和听者在创造共同理解方面有多么迅捷。然而，研究如下两种失误或错误将有所助益。第一种是说者对听者拥有的信息进行猜测时所犯的系统性错误。比如，说者很可能将他们自己的所知作为样板，而对本人所知和他人所知的差别调整不充分。的确，对于能认出某人或某物的人数比例的大小，对象的估计和他们的预测错误（他们的估计减去实际比例）之间呈正相关。这种相关之所以发生，是因为熟悉某人的人们没有对这样的事实进行调整，即如果他们熟悉，那么他们的熟悉很可能会造成对人数比例的高估（如果他们不熟悉则相反）。在理性预期的条件下，如果预测错误和任何可得信息相关，那么就可以通过使用该信息消除相关性的办法来减少错误。在这个例子里，他们自己的熟悉度就是一个可用来推断总体熟悉度的信息——他们应自我清醒地认识到，平均而言，如果一人是他们熟悉的，那么他们的认知在某种程度上是个特例而并非普遍拥有。这种"错误合意"偏向可能会导致一种"知识的诅咒"，即具有较多信息的说者容易使听众迷惑，因为说者不真正清楚听者知道的有多么少。（皮亚盖特曾将教学作为一个实际行动中知识的诅咒的例子提到过；要得到更多的相关讨论，参见 Camerer，Loewenstein，and Weber，1989。）

语言是为了协调行动的观念而强调这样一种协调，其中说者和听者极力要达成统一目的。另一种在对话型匹配中的"错误"时有发生，比如在讨价还价或信心博弈中。在后者中，说者力图利用共同基础来欺骗听者，使听者在说者实际想说什么或想做什么上做错误推断。一些广告用的就是这种办法。在一个著名例子中，李斯特漱口液的广告提醒人们，冬天是个容易感冒的季节。另一个广告则声称，康乃馨牌速食早餐能提供和熏肉条一样多的矿物质营养。对于其潜台词，广告隐含地诱使听者推断李斯特能预防感冒（它其实不能），还有康乃馨牌速食早餐和熏肉都有促进健康的矿物质营养（两者都没有）。利用共同基础来做出虚假声明，这种现象语言心理学家还没有研究很多。

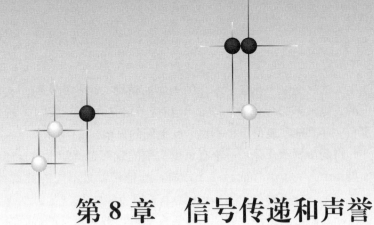

第8章　信号传递和声誉

在1974年，迈克尔·斯宾塞（Michael Spence）发表了经济学界最具影响力的一篇学术论文，并最终（在2001年）以此赢得了诺贝尔奖［同时获奖的还有乔治·阿克洛夫（George Akerlof）和约瑟夫·斯蒂格利茨（Joseph Stiglitz），他们在信息经济学相关方面做出了贡献］。受国际关系理论的启发，斯宾塞系统地展示了"信号传递"概念的有用性。信号传递是参与者采取的用以传达关于他们"类型"的不可观测信息给其他人的行为，这些人可以观察到信号但见不到"类型"。斯宾塞考虑的是那些对于人们或国家来说除非它们是重要的或可能是重要的，否则执行成本过高的行动。他的核心例子是为传递关于智力能力（或其他方面）的信号而对教育进行的投资。比如，在劳动力市场中，教育也许能传递智力（或顺从性）的信号给未来的雇主。一张便宜的保修单传递给消费者该产品不大可能常常失灵的信号。送鲜花和小礼物（不是在情人节这样的重要节日里）意味着你关心她（或他）。在有组织的犯罪团伙中，一个人如果愿意杀死或弄残违反规矩的亲戚，则其传递的信号是他们对团伙的忠诚胜于对他们自己的血亲。

信号满足下面两个属性时，它们是可信的。首先，信号必须是特定某类人**能承受得起**的，对于这类人，如果"接收者"破解了信号，信号的成本就能被结果的收益所抵偿。受教育能让学生们得到工作，因此教育投入是值得的；保修单给公司带来争购的顾客；如果女方知道鲜花的意思的话，鲜花是物有所值的；而忠诚度测试则使杀手在团伙中获得安全。其次，信号必须对于错误类型的参与者来说是**过于昂贵**的。讨厌学校制度的学生无法忍受一个非常学术化的大学的枯燥。纽约街头持手提箱卖假劳力士的人提供不起保修单。美丽鲜花逢节必送对于一般的关系来说过于昂贵。一些歹徒宁愿退出也不愿杀死他们的兄弟。

　　将两个属性合并，一个有逻辑头脑的观察者就能得出这样的结论，即如果一个人买了信号而另一个没有，那他们就是不同的类型（也就是说，存在一个"分离的"均衡）。这赋予了雇主、顾客、女朋友或团伙头子采取行动所需的保证。回到信号买者那里，破解信号的接收者采取的行动实现了信号买者的预期，这使得信号在开始时是值得购买的。我曾对一位心理学家解释信号传递均衡，他说，"但这是……循环的！"说得不错。每件事都要互相配合：发送者应该采取接收者期望的行动（这是她期待它的原因）；接收者的期待回应必须让发送者的行动值得。对于"循环"，我们通常认为它意味着不能排除任何事情。但是相互一致的条件实际上排除了许多可能的行为（下面的例子会做展示）。换种方式说，缺少"循环的"均衡条件的话，某个参与者就会犯错误——那样的错误的确发生过（我们将在实验数据中看到一些），所以将均衡看作一种通过学习达成的理想化的稳定状态是有道理的。[1]

　　斯宾塞的实验使用的是约翰·海萨尼（John Harsanyi，1967—1968）发明的工具。海萨尼提出的一种将信息不对称性纳入博弈论的简单办法是，假设一名参与者观察到"自然"的一个行动，所有参与者都知道所有行动的可能，但只有那个拥有私有信息的参与者知道自然做了什么。（"自然"只是对一种外部力量或一个博弈外部参与者的指代，它是不对称信息的来源。）海萨尼的思想给理论工作者分析私有信息提供了有力的工具，并且很可能是继冯·诺依曼和摩根斯坦以及纳什的开创性贡献之后，在非合作博弈理论上最重要的贡献。基于类型的方法也具有挑战理论工作者的适当难度——既不太容易，也不太难。

　　引入类型概念还为看来明显不理性的行动提供了普适的解释方法。一名匪徒为何会杀死他的亲生兄弟？也许他试图传达关于他自己的信息。为什么其实更想工作的汽车工人却站在罢工队伍中，激烈地同公司对抗？也许工人们试图传达他们强烈地认为工资应该提升的信息。

　　斯宾塞的专著面世以来的25年间，信号传递模型在社会科学中的应用是爆炸式的（比如，参见Gibbons，1992）。在经济学中信号传递被用来解释看来无效率的活动，比如广告（即使它没传达信息，也能够保证产品质量）、罢工（它传达了每一方的认真或耐心）、教育以及其他。政治科学中的应用包括国会委员会向整个国会传达一项法案的意图。信号传递模型同样已开始影响生物学和人类学。生物学中"昂贵的信号传递"理论（比如Zahavi，1975）通过考察行为传递的信息解释了明显非适应性（降低适应的）的行为或突变。雄性动物总是发展出一些看起来像是缺陷的生理特征，比如孔雀艳丽的尾羽，或者麋鹿大又笨重的鹿角。缺陷传达给雌性的信息是，该雄性是如此强壮或能够摆脱猎食者，以至于它能够承受这种负担——孔雀引人注目的羽毛会吸引猎食者，麋鹿的角使它行动迟缓。在人类中类似的情况是吴宇森电影中香港黑社会成员用 100 元美钞点烟（表明他们有的是钱可以烧）的情景。

尽管信号传递模型在社会科学理论中无处不在，对它们直接的实证研究却相对不足。一些研究用模型的预测来解释劳工罢工（例如，Kennan and Wilson，1990）、广告策略和汽车产品质量（Thomas and Weigelt，1998）。同样还有少数的实验研究。本章描述了那些实验以及从中得到的结论（作为回顾，参见 van Winden，1998）。

我将讨论的信号传递博弈是本书中理论上最难的博弈。因此，在博弈理论需要最高程度的认知力或最精巧的均衡过程的情况下，这些研究的结果对于评价博弈理论的描述准确性是重要的。如果实验对象在简单的实验室博弈中没有如理论预测的那样行动，自然地，人们肯定要质问在自然发生的更复杂的博弈里，实际的参与者是否会那样行为。

实际上，多数实验显示参与者并不像理论假设的那样完全理性地将行为引至信号传递均衡上。然而，多数研究表明，模型中假设的策略推理在某种程度上存在。参与者似乎能意识到他们选择的信号能够传递信息，并且接收者从信号中做出推理。另外，当重复进行同样一个博弈时，实验对象通常朝均衡方向适应性过渡。

信号传递博弈展现了一种理论和数据相互促进的重要的方法论。随着理论工作者们使用这些博弈来解释诸如教育投资、保修单、罢工等现象，他们很快发现这些博弈具有多重均衡。一些均衡虽然看起来明显不现实，但它们在数学意义上却和已建立的均衡概念一致（甚至如序贯均衡）。回顾一下就很容易发现，诸如纳什均衡等概念实在过于数学化也过于脆弱，以至很难用它们挑选出比较可能的均衡来。这就需要对已建立的概念进行精炼以破译"不合理"的含义。

在 20 世纪 80 年代，许多理论学者都致力于对精炼的研究。提出这些观点的论文充满了对直觉和合理性的讨论，但缺乏数据支持。很奇怪的是，这些颇具数学天赋的理论学者们可以花费数年时间讨论在不同博弈中哪些行为是最合理的，却从没有试图将人们置于这些博弈中，将"合理的"定义为多数人的行为。本章报告的实验做的正是这个工作。

多数检验产生的结果证明，强精炼对于预测参与者收敛于何种均衡的能力不尽如人意。一组重要的实验（Brandts and Holt，1993，1994）甚至得出，参与者可以系统地被引至"错误的"均衡（较弱精炼的那个均衡）。然而，学习理论提供了一种基于实证的方法来约束非均衡信念，用经验结果来代替数学化精炼的逻辑。

8.1 简单信号传递博弈和适应性动态过程

最先关于发送者–接收者博弈的详细的实验考察是由布兰德茨和霍尔特（Brandts and Holt，1992）以及班克斯、凯莫勒和波特（Banks，Camerer，and Porter，1994）进行的。布兰德茨和霍尔特（Brandts and Holt，1992）致力于研究曹–克雷普斯（Cho-Kreps）的"直觉标准"。这可以由表 8 - 1 中他们的博弈 1 展示。

表 8 - 1   发送者–接收者博弈 1 的支付矩阵

	信号 S（不投资）后的行动		信号 I（投资）后的行动	
	C^S	D^I	C^I	D^S
类型 L（低智商）	140，75	60，125	100，75	20，125
类型 H（高智商）	120，25	20，75	140，125	60，75

资料来源：Brandts and Holt (1992).

可以将表中支付看作反映劳动力市场对教育的回报，方法如下：一名工人抽取她的类型，L(低智商) 或 H(高智商)。存在一个关于她的类型的共知先验概率，类型为 L 的概率为 1/3，为 H 的概率为 2/3。（这意味着每个人都知道 L 类型人和 H 类型人的分布，但同样知道工人知道自己的类型。）工人在观察她自己的类型之后，可以选择不投资教育（S）或者投资教育（I）。一名潜在的雇主观察不到工人的类型（L 或 H），但能观察到她是否投资教育（S 或 I）。观察后，雇主选择将该工人分配到要么一个不需要太多技能的单调工作（D）上，要么一个需要技能的有挑战性的工作（C）上。

该雇主的收益很简单。她偏好将 L 类型雇员分配到 D 工作上，将 H 类型雇员分配到 C 工作上。这种分配方式对雇主产生 125 的支付；相反的分配方式是非匹配的，因此只产生 75 的支付。

工人的收益使两种类型的工人具有不同的行为激励。工人从薪水和"心理收入"中获得收益。两种类型人都能从挑战性工作 C 中获得 100，从单调工作 D 中获得 20。此外，L 类型人如果不投资高等教育（S）还能得到 40 的额外收益，而 H 类型人也能通过投资教育上大学（I）获得 40 的额外收益。（另外，为了匹配布兰德茨和霍尔特的博弈支付，假设不投资教育的 H 类型人还能从挑战性工作 C 中得到 20 的额外收益，以反映挑战性工作中学习的获益，这在某种程度上可以替代在学校中可以学到的东西。）将这些支付加在一起，就形成了在表 8-1 中看到的那些。

该博弈里，在发送者（工人）和接收者（雇主）的利益间存在着冲突。雇主想知道工人的类型，这样他们才能将 L 类型人分配到工作 D 上，将 H 类型人分配到工作 C 上。既然工人类型是 H 的概率是 2/3，那么如果雇主从工人的选择 S 或 I 中得不到任何关于工人类型的信息的话，她会将该工人分配到工作 C 上。[2] 两种类型的工人都偏好工作 C。因此，既然除非雇主相当（以大于 0.5 的概率）相信某个工人是类型 L，否则她将会分配给该工人工作 C，那么类型 L 的工人就存在和类型 H 工人相混淆、模仿他们做的任何事情的动机，这样她们才能得到更有利可图的工作 C。

这里存在两个其中两种类型的人发送相同信号的均衡（被称为"混同均衡"）。在一个序贯均衡里，两种类型人都选择 S 而雇主以 C 回应。另外，贝叶斯-纳什均衡要求，必须指明雇主怎样回应于意料之外的信号。在这个序贯均衡里，要使 H 类型不打破混同而选择 I，必须是雇主认为意外选择 I 是该工人为类型 L 的表现，从而分配给发送信号 I 的工人工作 D。由于选择 I 之后 D 的支付对于任何类型来说都比选择 S 之后 C 的支付要低，所以两种类型都不会偏离均衡，这样选择 S 并且得到工作 C 的模式才是一个均衡。在表 8-1 里，我们标记这个均衡的办法是，在雇主收到某个信号后的序贯均衡选择的上角标注以 S；因此，如果工人选择 S，雇主的均衡行动就是 C^S，而如果工人偏离并选择了 I，那么雇主的均衡行动就是 D^S。①

---

①　在这个博弈以及后面的几个类似博弈的支付矩阵表里，接收者的行动选择 S 和 I 所对应的英文单词分别是 skip 和 invest，意即不投资教育和投资教育。而上标中的 S 和 I 是为了标记均衡行动，其对应的英文单词是 sequential 和 intuitive，即序贯均衡行动和直觉均衡行动。这种 S 和 I 的双重含义的巧合有可能造成一定程度的混淆，因此在这里指出，还请读者细心加以辨别。——译者注

对于这种均衡模式，有一点疑问。设想在一个国家里，数十年来没人接受过高等教育。然后有个人选择了接受教育——在国外留学然后归来。每人都知道 L 类型人不喜欢教育（他们害怕、厌烦学校）而 H 类型人喜欢（他们能从中获得更高的心理收益，这可以从博弈中 40 的奖励反映出来）。那么为什么一个雇主会认为出国留学的人是 L 类型的呢？L 类型人已经通过选择 S 并得到工作 C 挣得了最高的可能收益，所以他们不可能通过偏离（出国留学）并选择 I 来得到改善。另外，H 类型人在均衡中得到 120 的收益，但是通过选择 I 他们有可能得到 140。曹 - 克雷普斯（Cho-Kreps，1987）"直觉标准"（也叫作"均衡占优"）认为，当一种类型不可能通过偏离均衡改进其收益而另外一种类型可以时，关于偏离者是哪种类型的唯一明智的信念是，认为偏离者是可能从中获益的类型。（你应该认为，那个打破规矩上大学的不墨守成规者是 H 类型而不是 L 类型，因为 H 类型可能喜欢这样做，而 L 类型不可能。）用代数方式表达的话就是，雇主应有信念 $P(H \mid I)=1$。这种信念会使她将一名出国留学，即选择 I 的工人安置在工作 C 上。如果预期到这一点，H 类型的工人就将通过选择 I 从 S 均衡中偏离出来，从而"打破"该均衡。由于如果只剩下 L 类型工人选择 S，他们将被安置在低支付的工作 D 上，所以他们也同样会被迫选择 I 进行教育投资。

因此，这里出现了另一个序贯均衡，其中参与者由于都选择 I 而发生混同，雇主将每个选择 I 的人安置到工作 C，而偏离并选择 S 的工人被分配到工作 D 上。这个均衡的确满足了直觉标准，因为 H 类型不可能通过偏离来得到更高收益（通过选择 I 并得到 C，他们已经得到了他们的理想收益 140），但 L 类型却可能得到更高的收益。将选择 S 的偏离者分配到工作 D 上也符合雇主认为任何偏离者都是 L 类型的信念；而且，事实上，L 类型人是唯一具有偏离动机的人。

诸如直觉标准等精炼概念的引入是为了反映意外行为后何种接收者信念是合理的直觉。我们并不知道这些直觉是否正确，所以需要进行实验来验证。

表 8-2 以四期一组的形式汇总了博弈 1 的结果，同时给出了均衡预测。在上面一栏中，信号 I 和直觉均衡行动的相对频率倾向于支持直觉均衡。最强烈的反面证据是前 1—4 期里 L 类型选择 I 的低频率，但是在后面的期间中，他们很快学会在多数情形下选择 I 来同（总是选择 I 的）H 类型混同。

表 8-2　发送者-接收者博弈 1 的实验结果

期间	给定类型下的信号		给定信号下的行动		均衡预测	
	I|H	I|L	C|I	D|S	直觉	序贯（非直觉）
1—4	100	25	100	74	100	0
5—8	100	58	100	100	100	0
9—12	100	75	98	60	100	0
在建议发送信号 S 以及采取行动 C|S、D|I 的情况下						
1—4	50	13	60	46	100	0
5—8	75	33	33	67	100	0

资料来源：Brandts and Holt（1992）.

表 8-2 的下面一栏显示了另一种实验方法下的结果。在该方法下，实验者"建议"参与者选择信号 S，并且对 S 回应以 C，对 I 回应以 D。这种方法意图检验一种对博弈论的释义，该释义认为均衡是由一个外界权威（或者是历史；见第 7 章）做出的具有自我执行特性的"指定"导致的。对选择非直觉均衡的建议意在检验直觉均衡的稳固性。结果是，对直觉均衡的遵从被这种"建议"动摇，但选择 I 的频率还是随时间而上升。这种显著的"建议"效应提示我们，直觉均衡可能经不住将行动推离均衡的社会力量的干扰。

在班克斯、凯莫勒和波特（Banks，Camerer，and Porter，1994）的论文中，我们有一个远大的目标。由于将纳什均衡概念扩展至"贝叶斯-纳什均衡"（其要义是，参与者对其他参与者的类型具有某种信念，这种信念为他们在每个信息集上的行动提供正当性），因此产生了许多看起来有些荒谬的均衡，理论学者们提出了许多精炼来明确规定什么样的信念是荒谬的。而班克斯、波特和我认为，精炼问题需要的是一个实证的答案。理论学者制定的标准在数学上清晰无误，但不基于任何数据，然而这些学术文章中的例子却被囫囵地照搬到实验设计里。班克斯构造了一套共七个博弈的实验设计，其中每一个博弈都具有两个（混同）均衡。这些博弈是为了检验用数学构筑的不同级别的精炼（对信念的约束）是否符合实际。博弈显示在表 8-3 中。

表 8-3　信号传递博弈及其均衡

类型	信号 m_1			信号 m_2			信号 m_3		

博弈 1：唯一纳什混同（m_1）

	a_1^N	a_2	a_3	a_1	a_2	a_3^N	a_1^N	a_2	a_3
t_1	2, 1	2, 0	0, 2	3, 1	1, 0	0, 0	1, 2	1, 1	3, 0
t_2	1, 2	2, 0	2, 1	2, 1	0, 0	0, 6	0, 2	3, 1	1, 1

博弈 2：纳什（m_1）对序贯（m_3）

	a_1	$a_2^{N,S}$	a_3	a_1	$a_2^{N,S}$	a_3	a_1^S	a_2^N	a_3
t_1	1, 2	2, 2	0, 3	1, 2	1, 1	2, 1	3, 1	0, 0	2, 1
t_2	2, 2	1, 4	3, 2	2, 2	0, 4	3, 1	2, 2	0, 0	2, 1

博弈 3：序贯（m_2）对直觉（m_1）

	a_1^S	a_2^I	a_3	a_1^I	a_2	a_3^S	$a_1^{S,I}$	a_2	a_3
t_1	0, 3	2, 2	2, 1	1, 2	2, 1	3, 0	1, 6	4, 1	2, 0
t_2	1, 0	3, 2	2, 1	0, 1	3, 1	2, 6	0, 0	4, 1	0, 6

博弈 4：直觉（m_2）对神性（m_3）

	a_1	a_2	$a_3^{I,D}$	a_1	a_2^D	a_3^I	a_1^D	a_2^I	a_3
t_1	4, 0	0, 3	0, 4	2, 0	0, 3	3, 2	2, 3	1, 0	1, 2
t_2	3, 4	3, 3	1, 0	0, 3	0, 0	2, 2	4, 3	0, 4	3, 0

博弈 5：神性（m_3）对绝对神性（m_3）

	a_1^U	a_2^D	a_3	a_1^D	a_2	a_3^U	a_1^D	a_2^U	a_3
t_1	4, 1	2, 4	1, 5	1, 3	3, 1	4, 2	3, 3	2, 0	1, 4
t_2	5, 6	2, 5	2, 2	1, 3	1, 4	3, 3	3, 4	1, 5	0, 1

博弈 6：绝对神性（m_3）对非弱最优反应（m_2）

	a_1^U	a_2^N	a_3	a_1^N	a_2	a_3^U	a_1	a_2^U	a_3^N
t_1	2, 2	0, 3	5, 2	1, 5	5, 3	1, 0	2, 1	3, 3	0, 4
t_2	0, 2	2, 0	5, 1	4, 0	4, 1	0, 2	1, 4	3, 3	2, 1

续表

类型	信号 m_1			信号 m_2			信号 m_3		
博弈 7：非弱最优反应（m_1）对稳定性（m_2）									
	a_1	$a_2^{N,S}$	a_3	a_1^{N}	a_2^{S}	a_3	a_1	$a_2^{N,S}$	a_3
t_1	1, 6	2, 5	2, 0	0, 5	3, 4	1, 2	4, 2	1, 1	0, 3
t_2	2, 0	2, 5	0, 6	1, 2	3, 4	0, 5	1, 2	0, 4	3, 3

资料来源：Banks, Camerer, and Porter (1994).

表中上标的含义分别是，N 对应纳什均衡（在博弈 1 中）或非弱最优反应均衡（在博弈 7
中）；S 对应序贯均衡（在博弈 2、3 中）或稳定性（在博弈 7 中）；I 对应直觉均衡；D 对应神性；
U 对应绝对神性。——译者注

在这里我只提一些基本的精炼。（更精细的精炼需要吹毛求疵式地仔细辨别。）有兴趣的读者可以参看我们的论文和原始理论稿来进行更深入的了解。

我已经讨论了直觉标准，这种标准将接收者对哪种类型最可能偏离的信念的合理性同偏离者的均衡外收益大于其均衡收益的可能性相联系。但是直觉标准走得还不够远。有可能两种类型都可以从偏离中得到好处，但是使偏离成为最优策略的接收者回应集合对其中一个类型来说更大，所以那个类型似乎更可能偏离。

这种性质称作"神性"，博弈 4 对此做了展示。在博弈 4 里存在一个直觉（I）均衡，其中两种类型都发出信号 m_2。接收者回应以行动 a_3，而回应偏离信号 m_1 以 a_3［因为他们相信，这样的偏离来自类型 1 的概率——记为 $\mu(t_1 \mid m_1)$——大于 0.75］。这种信念满足直觉标准的要求，因为两种类型都可能从偏离至 m_1 中获益。[3] 由于两种类型都可能从偏离中获益，直觉标准无法对哪种类型更可能偏离进行判断。但是进行简单的计算会发现，对类型 2（t_2）来说，使偏离有利可图的接收者回应集合（包括混合策略）要严格大于对类型 1（t_1）的。[4] 直观地说，想象类型 1 和类型 2 是孪生兄弟，他们对接收者如何回应于向 m_1 的偏离有相同的猜测。那么任何类型 1 选择偏离的情况下，类型 2 也一定会选择偏离。但如果"他们的"共同信念给予行动 a_1 的权重小于 0.75，而给予 a_1 和 a_2 的权重之和大于 0.5，那么此时类型 2 将希望偏离而类型 1 不希望偏离。在这种意义上，类型 2 的偏离是更有可能发生的事情。神性标准要求，当支持偏离的可能行动回应集合对一种类型来说大于另一种类型时，接收者关于哪种类型偏离的信念应给予支持偏离的信念集合较大的类型以（相对于先验概率）更大的权重。由于直觉均衡 $\mu(t_1 \mid m_1) > 0.75$ 的信念给予错误类型太大的权重（t_2 比 t_1 更可能偏离），因此它不符合神性标准。

更简单地说，直觉标准只是将类型集合分为绝不会偏离的和可能会偏离的两部分。神性则将那些可能会偏离的类型再进一步分为两部分，其中一部分比另一部分更频繁地偏离。因此，施行神性标准需要进行更多的推理（或者一个将你引向那个结论的学习过程）。更进一步（在我看来是过头的一步）的想法是"绝对神性"。绝对神性要求，如果使偏离有利可图的接收者行动集合对一种类型来说大于另一种类型，那么接收者应该**毫不怀疑地**认为偏离来自那个更可能的类型。（博弈5展示了一个神性但非绝对神性的均衡。）

接下来的两种精炼——"非弱最优反应"和稳定性——精细到了极致。[5]神性已经是直觉性策略推理可能进行的极限程度了。这是因为，首先发送者对偏离有利可图的可能性要形成一个认知，这种认知继而会影响不同类型发送者偏离的倾向，而进一步的推理需要接收者对他们准确判断发送者这种认知的可能性的能力有足够信心。我们从占优可解博弈（第5章）的实验中得知，人们看起来出于本能地对其他人只做一到两步的策略推理。因此发送者不太可能像精细的精炼预测的那样，非常复杂地推理接收者怎样想——也就是，他们自身的信号选择暗示了什么。然而，这些精炼在很长一段时间里被推崇（而且现在还在许多实际问题中应用），所以，我们有必要了解实验室里的实际情况。表8-4总结了在两个5期的实验群里，全部博弈的较强精炼、较弱精炼以及非纳什结果的相对频率。

表8-4 信号传递博弈的实验结果（%）

博弈	较强精炼的均衡				较弱精炼的均衡			
	如下期间中的信号-行动组合		单纯信号	单纯行动	如下期间中的信号-行动组合		单纯信号	单纯行动
	1—5	6—10			1—5	6—10		
1	纯纳什							
	56	76	86	84	—	—	—	—
2	序贯				纳什			
	61	71	72	87	13	24	28	22
3	直觉				序贯			
	53	68	72	91	13	4	20	9

续表

博弈	较强精炼的均衡				较弱精炼的均衡			
	如下期间中的 信号-行动组合		单纯 信号	单纯 行动	如下期间中的 信号-行动组合		单纯 信号	单纯 行动
	1—5	6—10			1—5	6—10		
4	神性				直觉			
	28	38	42	47	16	8	15	18
5	绝对神性				神性			
	31	27	39	44	36	36	42	75
6	非弱最优反应				绝对神性			
	30	15	53	17	30	33	41	72
7	稳定性				非弱最优反应			
	59	56	78	64	13	7	7	23

资料来源：Banks, Camerer, and Porter (1994).

　　先来看一下在 1—5 期和 6—10 期里信号-行动组合和较强或较弱精炼均衡预测相匹配的频率。较强精炼的信号-行动组合在博弈 1—3 中出现的频率过半，并且从 1—5 期到 6—10 期该频率大幅上升；而较强精炼的均衡的相符程度在博弈 4 里骤降。我们曾一度得出一个押韵的结论，即实验对象的行为似乎使用了简单精炼而不是更精细的精炼。[①] 这种结论过于简单化了。原因是，低序号博弈中较简单的精炼同样被高序号博弈中的两个精炼满足（但反过来不是）。比如，在博弈 3 的后期，达成直觉均衡的比例达到了 68%，但是在博弈 4—7 里，两个均衡都是符合直觉标准的，然而它们总共只有 46%~63% 的达成率。因此，在高序号博弈中，实验对象整体的直觉性选择要比在博弈 3 里的少。凭这一小点区别，就可以认为对直觉标准以上的非常精细的精炼的支持证据还不充足。当一个人细致地区分神性和直觉、绝对神性和神性……时，选择较强精炼均衡的趋势减弱了，较强精炼的选择跨期上升的趋势也减弱了，而非纳什选择的比重上升了。实验对象的行为并没有显示出他们看重精细的精炼的迹象。

　　当非纳什信号-行动组合的出现频率很高时，有必要考察发送者和接收者哪一方做的非纳什选择更多。比如，发送者可能在博弈 4 中选择神性

———————

　　① "精炼至神性为止"（原文里是"refine till divine"，这句话在英语里是押尾韵的。——译者注）。

信号，但接收者却回应以直觉行动（这个信号-行动对被记为一个非纳什结果）。表8-4的第4、5列和8、9列分别报告了较强精炼均衡和较弱精炼均衡的均衡信号频率和均衡行动的频率，这种单独报告的方法使我们能知道上述现象是否普遍。[6]较强精炼的信号和行动选择在博弈1—3中相当普遍（70%～90%），但这些频率在博弈4—7里急剧下降。

另一个重要发现（在表中不明显）是在博弈2—6里，发送者并没有进行混同，类型1和类型2倾向于选择不同的信号。我们试图指出实验对象是否使用了不同的决策原则，比如最大化最小值或充分推理原则（在第5章中的术语中被称为一级推理），但是任何单个决策原则都不能解释大多数的偏离。然而，值得注意的是，很少有哪个接收者违反弱占优，而发送者也极少选择可以通过一轮重复占优剔除的信号。因此，实验结果同简单的策略思维原则（剔除另一参与者的劣策略）十分相符，同时也同博弈1～3中的纳什均衡十分相符。

学习动态过程得以引至非精炼均衡的路径可以通过布兰德茨和霍尔特（Brandts and Holt, 1993）的两个博弈展示。这两个博弈扩展了他们之前的成果。表8-5显示了他们的博弈3和博弈5。

表8-5 博弈3和博弈5

类型	信号 I			信号 S		
博弈3	C^I	D^S	E	C^S	D^I	E
A	45, 30	15, 0	30, 15	30, 90	0, 15	45, 15
B	30, 30	0, 45	30, 15	45, 0	15, 30	30, 15
博弈5	C^I	D^S	E	C^S	D^I	E
A	45, 30	0, 0	0, 15	30, 90	30, 15	60, 60
B	30, 30	30, 45	30, 0	45, 0	0, 30	0, 15

资料来源：Brandts and Holt (1993).

在博弈3里，两种类型是等可能的 $[P(A)=P(B)=0.5]$，并且存在两个均衡。在序贯（S）均衡中，两种类型的发送者（A和B）发送信号S（以上角标S标记）。由于两种类型都选择S，因此接收者通过推断或者学习就能了解到这点，继而进行贝叶斯更新并推断 $P(A\mid S)=P(A)=0.5$ 以及 $P(B\mid S)=P(B)=0.5$。这样他们就应选C，因为C给出的支付是90或0，这样在给定贝叶斯后验信念的情况下最大化了期望效用。请注意，在这个均衡中，类型A收益30而类型B收益45。是什么阻止类型A叛离至 I 并当他们的信号被回应以 C 时获得 45 的收益呢？只有当接收者以选择 D 回应信号 I 时，这个序贯均衡才前后一致。[7] 那么为什么接收者要以选择 D 回应 I？接收者必须相信 I① 选择更可能由类型 B 做出［更详细地讲，需要 $P(B \mid I) > 2/3$②，才能使接收者选择 D 的行动正当］。直觉标准强烈认为该信念是错的。类型 B 在均衡中收益 45（通过选择 S 以及得到回应 C）并且不可能从转至 I 中获得收益。类型 A 则在均衡中收益 30，并且他们有理由相信如果选择 I，他们就可能得到回应 C，进而获得收益。因此，脱离路径信念③ $P(B \mid I) > 2/3$④ 是非直觉的，因为它将信念转向类型 B，而这种类型是最不可能从选择 I 中获益的。

　　构成直觉标准的论点是纯理论性的。它全然从支付中推导出类型 B 从 S 到 I 转换的不合理性。但从学习的观点看，只有当实验对象长期一直选择 S 并且任何选择 I 的历史都已被遗忘或消散时，这才合乎情理。但是从定义上看，学习过程允许均衡前的收敛存在，而这种过程会留下先前 I 选择的经验痕迹。如果在学习过程中多数选择 I 的参与者恰巧是类型 B 会怎样？这时，通过对均衡过程中的行动选择（在这些行动是出于均衡决策之前）的回忆而得到的脱离路径信念，就和直觉标准的经验结构发生了冲突。很难想出一种充足的经验理由来支持这样一个纯演绎的公然忽视历史的论点——认为在中期，参与者应忽视他们之前所观察到的东西。

　　在博弈 3 里，存在另一个均衡，其中两种类型都选择 I 并都被回应以 C，产生 45 和 30 的收益。由于类型 B 有可能通过选择 S 而获得更多（45），因此只有当向 S 的叛离被回应以 D 时，该均衡才成立。注意到对 S 的回应 D 是被 S 更可能来自类型 B 的信念正当化的［也就是说，只有当 $P(B \mid S) > 5/7$ 时，D 对接收者才是最优的］。这种推导的确满足了直觉标准，因为毫无疑问，类型 B 可能从叛离至 I 中获益，而类型 A 则不能。因此，两种类型都选择 I 的均衡的确满足直觉标准。

　　从均衡的角度看，博弈 5 和博弈 3 是相同的。在博弈 5 的序贯均衡中，双方都选择 S 并被回应以 C，分别获得 30 和 45。只有当向 I 的叛离被回应以 D 时，类型 A 才不会叛离至 I。而只有当接收者认为叛离很可能来自类型 B［$P(B \mid I) > 2/3$］时，以 D 回应 I 才是正当的。但在 S 均衡中，类型

① 原文为 D，疑误。——译者注
② 原文为 $P(I \mid B) > 2/3$，疑误。——译者注
③ 即关于发生偏离的类型的主观概率。——译者注
④ 原文为 $P(I \mid B) > 2/3$，疑误。——译者注

B不能从叛离中获益而类型 A 却可以；所以认为叛离很可能来自类型 B 的前提假设是非直觉的。

而且，同博弈 3 一样，在博弈 5 中存在一个直觉均衡，其中两种类型都选择 I 并得到回应 C。叛离至 S 的行为会使接收者合理地认为叛离者是 B 类型，因为他们可能从中获益 $[P(B \mid S) > 5/7]$。因此，接收者选择回应 D，这反过来阻止了任一种类型叛离。

博弈 5 清晰地展示了一条合乎情理的收敛路径是如何留下可能和直觉标准相矛盾的"历史经验"足迹的。在布兰德茨和霍尔特（BH 动态）给出的解释中，双方类型的参与者开始时对于其他人如何行为拥有（大致上）分散性的先验信念。在博弈 5 中，假设发送者对于接收者会做什么拥有分散性先验信念。类型 A 的发送者会计算策略 I 和 S 的期望支付，其分别是 $(45+0+0)/3=15$ 和 $(30+30+60)/3=40$，因此更可能选择 S。类型 B 的发送者计算得到的期望支付分别是 $(30+30+30)/3=30$ 和 $(45+0+0)=15$，因而更可能的初始选择为 I。因此，如果发送者拥有足够分散的先验信念，他们倾向于初始分离——类型 A 选择 S 而类型 B 选择 I。

第一阶段将展示，收敛过程的一个合理起点是如何导致一种基于经验性的非直觉的脱离路径信念的。回想一下在序贯均衡中，两种类型都选择 S。这个非直觉均衡是基于如下奇怪的信念才得以成立的，即一旦通过选择 S 得到 45 的收益就不会再回头选择 I 的类型 B，更可能是选择 I 的人。但事实上，类型 B 最先选择的是 I。他们开始时如此做是因为，分散性先验信念没有将他们的信念聚集在从 S 中得到 45 的可能性上，而这随后却演变成了均衡。在探索的过程中，他们随即对其起初的选择感到后悔。但是他们早时的探索行为留下了一条经验轨迹，这条轨迹使相信"任何选择 I 的参与者都是类型 B"的信念得以维持。

与此同时，假设接收者拥有对于每种信号更可能被什么类型的发送者选择的分散性先验信念。观察到 I 的接收者计算出，策略 C、D、E 的期望支付分别为 30、22.5 和 7.5，因而多数情况下选择 C。观察到 S 的接收者计算策略 C、D、E 的期望支付分别为 45、22.5 和 37.5，因而多数情况下选择 C。如此，在这个均衡阶段中，A 的选择 S 多数被回应以 C（或 E），而 B 的选择 I 多数被回应以 C 或 D。

在第二阶段里，均衡过程发生了，其中参与者通过观察其他人的行动获得经验，进而向事后最优回应的方向移动。有两件事情会发生，而且很可能具有或多或少的同时性。接收者会注意到，当他们观察到信号 S 并选择 C 时，他们得到 90，因为选择 S 来自类型 A。所以他们的 C 选择被强化了，并因此变得更加频繁。当接收者收到信号 I 时，他们从 C 中得到 30，从 D 中得到 45，因而逐渐地转向 D。与此同时，类型 A 发送者从选择 S 中得到 30（或 60），并且明白如果他们选择了 I，他们将得到 45 或 0。随着接收者逐渐进行适应并对 I 更频繁地回应以 D，类型 A 会意识到叛离至 I 将产生 0 收益，这阻止了他们转变选择。这样，平均看来，他们的 S 选择（相对地）加固了，继而他们持续地选择 S。与此同时，类型 B 的发送者从选择 I 中得到 30，但他们意识到，由于 S 经常被回应以 C，因此他们本可以从选择 S 中得到 45 的。而且确实，接收者[①]逐渐注意到 S 信号被类型 A 选择，因而回应以更多的选择 C，这加固了类型 B 对未选择策略 S 的信念。

然后逐渐地，A 稳定于 S，而 B 同样也转向 S。最终产生了一个混同均衡，其中两种类型都选择 S，而接收者注意到 S 选择等可能地来自任一类型，他们通过在多数情况下选择 C 来最大化期望收益。该均衡基于以下事实得以维持，即一个从经验中学习的接收者[②]在面临一个意外的 I 选择时，会通过假设（基于历史）是一个类型 B 的发送者选择它来进行回应，继而选择 D，这阻止了所有类型选择 I 的企图并使他们维持在 S 选择上。

表 8-6 显示了每个类型的直觉均衡信号选择（I | A，I | B）的时间路径以及接收者的行动。在博弈 3 里，发送者在开始时处于初始类型分离状态，A 多数情况下选择 I 而 B 很少选择 I。接收者预期到这种分离模式，或者通过学习了解了这种模式，因而回应 I 以 C，回应 S 以 D。这种回应模式很快使类型 B 明白，选择 S 只获得 15，而选择 I 则会获得 30，这导致他们转向 I 并同类型 A 混同。实际过程大致就是这样的。到了 9—12 期，类型 B 在 57% 的情况下选择了 I。

表 8-6　博弈 3 与博弈 5：布兰德茨-霍尔特与帕托-朔特（%）

博弈	期间	给定类型下的信号		给定信号下的行动		均衡预测	
		I | A	I | B	C | I	D | S	直觉	序贯
3（BH）	1—4	77	26	91	60	100	0
	5—8	82	8	93	62	100	0
	9—12	89	57	91	82	100	0

①原文为发送者，疑误。——译者注
②原文为发送者，疑误。——译者注

续表

博弈	期间	给定类型下的信号		给定信号下的行动		均衡预测	
		I | A	I | B	C | I	D | S	直觉	序贯
3 (PS)	1—6	78	10	62	27	100	0
		S | A	S | B	C | S	D | I		
5 (BH)	1—4	87	8	74	61	0	100
	5—8	89	49	79	76	0	100
	9—12	96	59	68	74	0	100
5 (PS)	1—6	87	39	68	51	0	100

资料来源：Brandts and Holt (1996)；Partow and Schotter (1996).

在博弈 5 中，初始的类型依赖被颠倒了，这样类型 A 强烈地偏好 S（其保证了 30 的收益，并可能得到 60），而由于 I 保证了 30 的收益，类型 B 很少选择 S。接收者同样预期到这种分离模式或者很快地习得这种模式，通常回应 S 以 C（这暗示类型 B 如果选择 S，可得到 45），回应 I 以 D（这暗示类型 A 如果选 I，可能得到 0）。发送者随即通过学习明白了这些行动回应。由于不存在类型 A 转向 I 的动机，而存在类型 B 转向 S 的强烈动机，结果逐渐向在 S 上混同的均衡靠近。

如果该过程是完全收敛的，接收者最终会回应 S 以 C 并且回应偶尔发生的 I 以 D，因为他们会记得在之前类型 B 是唯一选择 I 的类型。然而，一旦均衡明确下来，唯一具有偏离动机的类型是 A。因此，在历史作用和直觉标准的逻辑之间存在明显的冲突。前者基于哪种类型**曾经**"偏离"形成关于哪种类型可能偏离的信念，而后者则考察给定**当前**均衡下，哪种类型更愿意偏离。直觉均衡的逻辑是没有理论瑕疵的，但其作用在短期里无法和历史观察的作用抗衡。

帕托和朔特（Partow and Schotter，1996）提到，在布兰德茨和霍尔特提出的调整动态理论中，参与者不使用关于他人的支付情况来明确他们关于接收者会如何行动，或什么类型的发送者可能选择了其他信号的信念。所以他们再次进行了布兰德茨-霍尔特（BH）博弈 3 和博弈 5，但只告诉参与者他们自身的支付情况（并且将角色在每个博弈中固定）。如果布兰德茨-霍尔特动态理论能解释发生的事情，那么这些自有支付博弈应看起来同其他博弈一样。其结果显示在表 8-6 中。布兰德茨和霍尔特观察到的类型依赖在帕托和朔特（PS）的实验中再现。一个很重要的区别是，朝向在直觉均衡上混同的收敛在博弈 3 中不明显；只有 10％的类型 B 发送者选择 I。这是由这样的事实造成的，即接收者只以 27％的比率选择 D 回应 S，其余情况下都选择的是 C（这使类型 B 得到了最高收益 45，而不是最低的 15①，所以他们缺乏从选择 S 转向选择 I 的动机）。

　　通过知道他人支付情况而造成的差别说明，接收者做了一些策略思考。如果接收者单纯地追寻何种类型的发送者选择了 I 和 S（这不需要他们知道任何关于发送者支付的信息），他们应在 BH 的 1—4 期和 PS 的 1—6 期中以近似的频率回应 S 以 D。但即使在那些较早期间里，前者中的接收者对 D 的选择都要频繁得多，这表明他们能够通过研究发送者的支付信息得出哪种类型的发送者更可能选择 S 而不是 I。他们的行为表现出某种程度的老练而并非纯粹的适应性。

　　安德逊和我（Anderson and Camerer，2000）对布兰德茨和霍尔特的信念学习理论是否会像第 6 章中描述的其他学习模型一样捕捉到均衡路径感到好奇。其他那些模型已经在许多其他博弈中被应用了。在 EWA 学习中，参与者被假设为基于他们从某策略中得到的收益或者该策略如果施行本可得到的收益再乘以一个"想象的"权重 δ，不断更新对该策略吸引力的数字化指标，通过这样的方式进行学习。（信念学习是一种其中未选策略支付和参与者实际获得的支付被配以同等权重的 EWA 学习，因而它假设的是"完美想象"。）扩展型博弈提出了一种挑战，因为参与者无法确切地知道，如果他们选择一个不同的信号会发生什么。然而，他们知道一个未选信号的**可能**支付集合。而且，比如，如果信号 I 在过去被选择过，那么它的历史支付情况就被知晓了，这样参与者就能借此猜测在当前轮中，如果选择了 I，他们将得到多少。安德逊和我通过使用一个基于代理人的模型对 EWA 进行了实验。模型中，策略吸引力对每个类型（对发送者），以及每个可能的信号（对接收者）分别更新，并且使用了基于多种模型的对未选策略支付的代用值，比如上一次得到的支付。[8]

　　我们再次进行了布兰德茨和霍尔特在博弈 3 和博弈 5 上的实验，总共设置了 32 期，为的是得到更长跨度的数据以见证更多的学习。图 8-1（a）—（d）中的粗线显示的是为期 4 期的各实验群中的博弈 5 结果。这些图显示了给定 t_1 选择 m_1 和给定 t_2 选择 m_2 的给定类型的信号选择的相对频率 ［图 8-1(a) 和 8-1(b) ］，还有给定信号的行动选择频率 ［图 8-1(c) 和

---

　　①　原文为 0，疑有误。——译者注

8-1(d)〕。结果与在布兰德茨和霍尔特的实验中一样，存在偏离直觉信号 m_1 的倾向（虽然 t_2 的选择频率的时间序列在最后 4 期陡然上翘）。接收者的行动选择朝非直觉选择的方向跨期漂移。

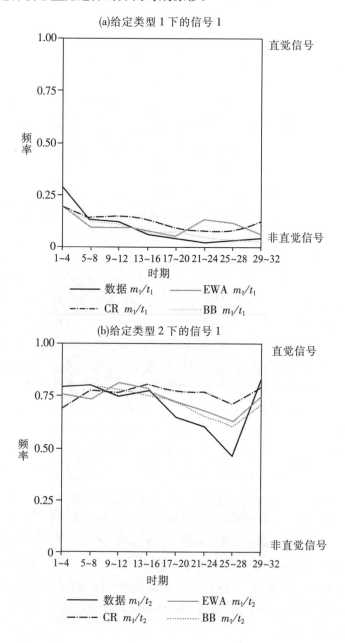

(a)给定类型 1 下的信号 1

(b)给定类型 2 下的信号 1

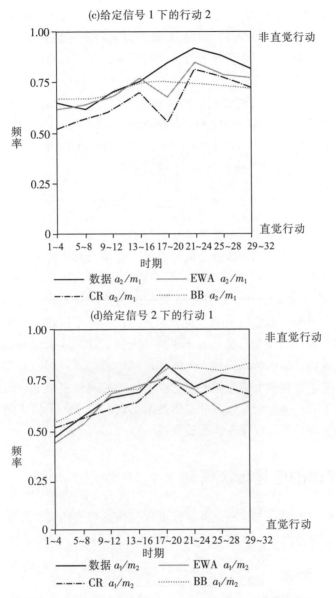

图 8-1　发送者-接收者信号传递博弈 5 中，信号与条件
行动的频率（及直觉与非直觉均衡的预测）

资料来源：Anderson and Camerer（2000），710 页，图 3。经由德国施普林格（Springer-Verlag）授权引用。

图 8-1 同时还显示了三种对前 24 期数据进行了拟合并用来预测最后 8 期结果的学习模型的拟合曲线。这些学习模型包括 EWA 模型、选择强

化（CR）模型，以及加权虚拟行动信念学习（BB）模型（模型的详细介绍见第 6 章）。这三种学习模型在捕捉数据方面表现得差不多，但它们之间存在细微的差异。选择强化模型没能捕捉到 $m_1 \mid t_2$ 和 $a_2 \mid m_1$ 中的跨期漂移。信念学习模型则在 $a_2 \mid m_1$ 中过于平坦，并且在 $a_1 \mid m_2$ 中整体偏高。由于通过在几方面进行调整而获得了额外的自由度，EWA 模型避免了这些小错误并因此比这些特例模型拟合和预测得更好一些。[9]EWA 模型的想象参数 δ 的估计值为 0.54，标准差为 0.05，因此我们可以很肯定地拒绝 $\delta=0$（强化）和 $\delta=1$（信念学习）的假设。

小结

关于均衡精炼对于预测参与者如何行动的完备性，在对基本信号传递博弈进行的检验中得到的证据是混合性的。这里当然有许多向纳什均衡跨期收敛的证据。然而，在班克斯、凯莫勒和波特（Banks，Camerer，and Porter，1994）的论文中，比序贯性更精细的精炼的预测不太稳定。结果只是大致上表明，精炼越精细，其所隐含的认知困难度越高，实验结果与预测就偏离越远。[10]布兰德茨和霍尔特还表明，如果均衡过程以适应性动态的方式进行，那么可以构建一个博弈，其中参与者可被引向非直觉的序贯均衡。关于偏离的可能来源的信念在对历史的观察中形成，而不是由关于在均衡中哪种类型可能偏离的逻辑推断形成。对于一个精确的学习模型如何解释这一过程，安德逊和我做了展示。

8.2 特殊的信号传递博弈

本节描述的是一些旨在为特定经济环境构建模型的博弈。这些环境包括：游说、企业融资、多期生产中的棘轮效应，以及限制性定价。

8.2.1 游说

波特斯和范·文顿（Potters and van Winden，1996）受到政治游说理论的启发，研究了一个高成本的信号传递博弈。发送者可观察到他们的类型：类型 1(t_1) 或类型 2(t_2)(其发生的概率分别是 $1-p$ 和 p)。然后他们选择是否发送一个成本为 c 的信号。接收者观察到信号（但观察不到发送者类型）并在行动 x_1 和 x_2 中选择其一。支付情况显示在表 8-7 中（假设 $0<c<a_1<a_2$ 且 b_1，$b_2>0$）。

表 8-7　波特斯和范·文顿的游说信号传递博弈中的支付矩阵

类型（概率）	无信号		发送有成本的信号	
	x_1	x_2	x_1	x_2
类型 1　　（$1-p$）	$0, b_1$	$a_1, 0$	$-c, b_1$	$a_1-c, 0$
类型 2　　（p）	$0, 0$	a_2, b_2	$-c, 0$	a_2-c, b_2

资料来源：Potters and van Winden (1996).

该博弈模拟了一个想让一位政治家（接收者）采取行动 x_2 的游说团体（发送者）。该政治家想得知该团体是否具备实力。对应类型 i，该政治家偏好采取行动 x_i。

定义 $\beta = pb_2/(1-p)b_1$，其中 β 为接收者只知道类型的先验概率时，相对于选 x_1，选择 x_2 的相对期望支付。假定 $\beta < 1$。这里存在两个序贯均衡。在其中一个均衡里，发送者认为昂贵的信号即使发送出去也将被忽视因而不发送，并且由于 $\beta < 1$，接收者将选择 x_1。虽然发送者并不满意（收益 0），但如果他们的信号被忽视，至少他们发送信号不用任何花费，因而他们对此也无可奈何。这个均衡是直觉的（因为两种类型都可能从叛离中获益）和神性的，但不是绝对神性的。[11]在另外一个均衡里，类型 2 的发送者总是购买昂贵的信号。类型 1 将企图采取混同，否则他们的类型就将暴露，继而得到 0 的收益。在均衡里，接收者在无信号后选择 x_1，并且在接收到信号后选择混合策略，即以 $(a_1-c)/a_1$ 的概率选择 x_1，以 c/a_1 的概率选择 x_2。这种混合策略使类型 1 发送信号的期望收益为 0，因此类型 1 通过以 β 的概率发送信号来进行混合策略。[12]

波特斯和范·文顿认为对于提供政策建议，只要对政治变量的变化可以在正确的方向上影响行为这一点有信心就足够了。为了检验比较静态的预测，他们变化参量以使 β 和 c/a_1 发生变化，目的是考察类型 1 发送信号的概率以及接收者收到信号后选择 x_2 的概率是否像预测的那样对这些变化作回应。表 8-8 总结了两种类型发送信号的相对频率，以及接收者在无信号和收到信号后选择 x_2 的相对频率。

表 8-8　游说信号传递博弈的实验结果（%）

实验方法	β	c/a_1	类型 1、类型 2 的信号发送频率		无信号和收到信号后接收者选择 x_2 的频率	
			实际	预测	实际	预测
1	0.25	0.25	38, 76	25, 100	2, 5	0, 25

续表

实验方法	β	c/a_1	类型1、类型2的信号发送频率		无信号和收到信号后接收者选择x_2的频率	
			实际	预测	实际	预测
$2(a_2=2c)$	0.75	0.25	46, 100	75, 100	3, 79	0, 25
$2a(a_2=6c)$	0.75	0.25	83, 93	75, 100	11, 54	0, 25
3	0.25	0.75	16, 85	25, 100	0, 53	0, 75
4	0.75	0.75	22, 83	25, 100	5, 80	0, 75
跨β平均		$c/a_1=0.25$			5, 46	0, 25
		$c/a_1=0.75$			2, 66	0, 75
跨c/a_1平均	$\beta=0.25$		27, 81	25, 100		
	$\beta=0.75$		50, 92	75, 100		

资料来源：Potters and van Winden（1996）。

数据是对所有 20 期进行加总平均后的结果，虽然跨回合存在某种趋势（通常是朝向均衡方向的）。先看一下信号发送的频率。绝对神性均衡预测类型 1 应以 β 的比率发送信号，而类型 2 应总是发送信号。类型 2 事实上确实在多数情况下都发送了信号。类型 1 发送信号的频率当 $\beta=0.25$ 时平均为 27%，当 $\beta=0.75$ 时平均为 50%，所以结果确实如预测那样随 β 变化，虽然不是那么完全地等比例。[13] 正如预测的一样，接收者没收到信号时很少选择 x_2。收到信号后，他们以 46% 和 66% 的频率选择了 x_2，而对应的预测值分别为 25% 和 75%。该结果再次在正确方向上回应了 c/a_1，只是变化过于微小。

实验方法 2 和 2a 把对类型 2 的支付变为了一个信号成本的函数。由于类型 2 应总是发送信号（对于这些参数值而言），因此变化他们的支付 a_2 不应有影响，但事实却并非如此，它将类型 2 发送信号的频率从 46% 增加到了 83%。这个意外的发现支持了一种决策-理论方法（由 Brandts and Holt 提出），该方法认为一个人自身的支付是重要的。

波特斯和范·文顿注意到，参与者会对过去的历史做出回应。定义从时期 1 到时期 $t-1$ 接收者选择 x_2 来回应信号（跨两种类型）的历史频率为 $r(m)_{t-1}$。如果 $r(m)_{t-1}a_1-c>0$，通过虚拟行动学习的类型 1 发送者应

该在第 t 期选择发送信号。当这个期望支付为正（负）时，他们发送信号的频率为 46%（28%）。接收者的虚拟行动学习迹象更加明显：当 x_2 的期望收益为正（负）时，他们选择 x_2 的频率为 77%（37%）。

波特斯和范·文顿（Potters and van Winden，2000）将他们的研究加以扩展，将学生和教授的行为加以比较。像这样认真比较高校学生（典型的实验对象群体）和教授（参见 Ball and Cech，1996）行为的研究还不多见。大多数研究表明学生和教授行为模式近似，这对于实验结果的普适性是极端重要的，但是我们还需要知道更多。

他们博弈中的支付显示在表 8-9 中（对教授的支付是学生的四倍）。如他们早先的研究中一样，这里存在一个双方都不发送信号的均衡，因为接收者相信信号来自类型 1，但此均衡通不过绝对神性标准。同样还有一个绝对神性均衡，其中类型 1（类型 2）以 0.25(1.00) 的概率发送信号，接收者当无信号时从不选择 x_2，而接收到信号后在低成本和高成本两种情况下分别以 0.25 和 0.75 的概率选择 x_2。

表 8-9　在游说信号传递博弈中的支付矩阵

类型（概率）	无信号		收到信号	
	x_1	x_2	x_1	x_2
低成本信号				
类型 1 (2/3)	2, 3	4, 1	1.5, 3	3.5, 1
类型 2 (1/3)	1, 0	7, 1	0.5, 0	6.5, 1
高成本信号				
类型 1 (2/3)	2, 3	4, 1	0.5, 3	2.5, 1
类型 2 (1/3)	1, 0	7, 1	-0.5, 0	5.5, 1

资料来源：Potters and van Winden（2000）.

显示在表 8-10 中的结果与他们早先的实验发现相似，看不出什么证据表明教授们更倾向于均衡选择。类型分离的程度（类型 1 和类型 2 发送信号的频率差别）在两组中是近似的，大约是预测分离程度的一半。存在着学习，因为参与者与在他们早先的研究中一样，对历史进行回应。（实际上，学生们的回应敏感度两倍于教授们，因此他们学得更好。）

表 8 - 10　波特斯和范·文顿的游说信号传递博弈中的实验结果（％）

对象群体	信号成本	类型 1、类型 2 的信号发送频率		无信号、收到信号后接收者选择 x_2 的频率	
		实际	预测	实际	预测
学生	低	55，69	25，100	6，27	0，25
教授	低	52，83	25，100	8，27	0，25
学生	高	34，93	25，100	4，50	0，75
教授	高	37，71	25，100	25，65	0，75
学生	综合	46，70	25，100	5，39	0，50
教授	综合	46，87	25，100	13，40	0，50

资料来源：Potters and van Winden（2000）。

8.2.2　企业融资

投资者和公司经营者拥有的关于公司前景的信息有非常大的差距。公司财务方面的理论工作者认识到了这种信息差距，并凭此解释为什么公司会致力于进行传达好消息给投资者（而隐藏坏消息）的活动，即使这些活动在其他方面并不能使公司获益。例如，保证从现金流中支付红利是经营者传达现金流动性良好的信号的一种办法（削减分红是财务状况糟糕的一个信号），即使红利支付从其他任何角度讲都毫无意义。（他们只不过是将股东在公司银行账户内的现金股中的现金转入股东自己的银行账户中去，而该过程还会产生一个应交税款的债务。）

迈尔斯和马勒夫（Myers and Majluf，1984）构建了一个关于公司通过提出新企划进行外部融资的颇具影响力的信号传递模型。他们探究的是，当公司拥有广阔的投资前景但必须通过发行新股筹集资金（这会"冲淡"对现存股东的公司价值）时，结果会如何。存在无效的分离均衡，其中具有好企划的公司会害怕投资者要求公司过多股份以作为供给资金的条件（或者对新股出价过少），因而并不提出最佳的企划。这样就只有最平庸的企划被提出来，而因为好企划搁浅后公司就不那么有价值了，这样投资者要求公司较大股份的行动就被正当化了。请注意，这个均衡无效的原因是，最佳企划没有得到资金支持。

凯兹比、弗兰克和马克西莫维克（Cadsby，Frank，and Maksimovic，1990）最先进行了检验这个理论的实验。在他们的设计里，公司为高（H）或低（L）价值的可能性是相等的，并且需要数额为 I 的资金来支持一个新企划。如果不提交企划，H 类型公司和 L 类型公司分别值 A_H 和 A_L，而如果它们提交该企划还将分别得到 B_H 和 B_L 的额外收益（在 I 的基础上）。[①] 投资者不能分辨公司是 H 还是 L 类型，但可以在同意投资 I 的前提下，索取 S 比例的公司事后价值。

凯兹比等人使用了不同的参数变量，这样在不同实验组中，可能出现唯一混同均衡、唯一分离均衡以及两种类型均衡都存在的不同情形。[14]下面的例子可以帮助进行展示。在实验组 E 中，L 类型公司没有企划时值 50而有企划时值 375。H 类型公司在这两种情况下分别值 200 和 625。投资额为 300。这里存在一个分离均衡，其中 $S^* = 0.80$。L 类型公司会提供股份，因为出售公司的 80% 是值得的［因为 $(1-0.8) \times 375 > 50$］。H 类型公司不会提供股份，因为只得到公司价值 625 的 20% 还不如留存无企划时公司价值 200 的全部。然而，如果投资者只要求 $S^* = 0.60$ 的公司股份，那么 L 类型公司会提供股份，因为 $0.4 \times 375 > 50$。H 类型公司同样也会提供股份，因为 $0.4 \times 625 > 200$，而投资者得到的期望收益为 $0.6 \times (0.5 \times 625 + 0.5 \times 375) = 300$，恰好等于他们的投资。因此，存在一个混同均衡，其中 $S^* = 0.60$ 而两种类型都提供企划。同样还存在一个半分离均衡，其中 $S^* = 0.68$，L 类型公司总是提供企划而 H 类型公司以 0.36 的概率提供企划。

凯兹比等人首先进行了两个基准实验组（A 和 B），其中投资者知晓公司类型。这样做的目的是检查实验对象的理解力（还看一看投资者在股份拍卖过程中的竞争性）。所有公司都提供了股份，而股份份额在一期之内就与预测值相差不到 1%。随后的实验组中使用了两组截然不同的对象以考察不同参数环境下经验的作用。一组对象参加实验组 C、E 和 G，而另一组参加 D、F 和 H。然后对象混合进入另外三组实验，I—K。结果汇总在表 8-11 中。每一栏显示一个实验组。由于数据极为规则，它们可以总结为在第 1—5 期和 6—10 期中提供企划的 H 类型公司和 L 类型公司的比例，以及最后两期里投资者要求的股份份额均值（以百分数形式显示）。

---

① 公式是 $V_H = B_H + A_H + I$，V_H 是 H 类型公司提供企划并得到资金支持后的价值。——译者注

429

表 8 - 11　企划融资实验的结果

实验组		在1—5期、6—10期期间提供新企划的公司的比例		股份S的均值（最后两期）
		L	H	
C	结果	100, 100	100, 100	28.3
	预测——混同	100	100	30.0
D	结果	100, 100	50, 21	57.5
	预测——分离	100	0	75.0
G	结果	100, 100	21, 6	61.7
	预测——分离	100	0	62.5
I	结果	82, 83	36, 100*	38.5
	预测——分离	100	0	40.0
E	结果	100	100, 100	58.3
	预测——混同	100	100	60.0
	分离	100	0	80.0
	半分离	100	36	68.0
F	结果	93, 92	80, 100	29.3
	预测——混同	100	100	30.0
	分离	100	0	40.0
	半分离	100	20	36.0
H	结果	100, 100	100, 100	37.8
	预测——混同	100	100	39.2
	分离	100	0	62.5
	半分离	100	9	57.1
J	结果	100, 100	88, 100	28.8
	预测——混同	100	100	30.0

续表

实验组		在 1—5 期、6—10 期期间 提供新企划的公司的比例		股份 S 的均值 （最后两期）
		L	H	
	分离	100	0	50.0
	半分离	100	35	37.1

资料来源：Cadsby，Frank，and Maksimovic（1990）。

* 原文为 0，疑有误。——译者注

结果显著地支持了均衡预测以及存在多均衡时的混同均衡。当预测为只存在一个混同均衡时（实验组 C），所有公司在所有期里都提供了企划。当预测为只存在一个分离均衡时（实验组 D、G、I），类型 H 的公司先是在 1—5 期里提供企划，但它们逐渐学习到它们将得到的投资太少，因而在 6—10 期里很少提供企划。在具有多均衡的实验组（E、F、H、J）中，存在朝向混同均衡的稳定收敛。混同均衡发生得非常迅速，通常就在第 1 期中。投资者出价至较低的混同均衡股份的意向立即使 H 类型公司确信提供企划能收回成本，因此此均衡很快凝结了下来。当然，实验结果可能会对决定投资者股份的制度结构非常敏感。[15]

凯兹比、弗兰克和马克西莫维克（Cadsby，Frank，and Maksimovic，1998）将他们早期的实验加以扩展，纳入了信号。通常对于公司来说可得的那些信号是社会无效率的。（信号包括许多花费甚巨的活动，比如支付红利，股票回购，公司人员向证券分析师诉说他们公司辉煌前景的"路演"，等等。）某些情形下，H 类型公司可以承受其成本而 L 类型公司却不能承受。H 类型公司会购买这些信号吗？另一些情形下，只存在混同均衡，其中要么两种类型的公司都购买信号，要么都不购买。在这些情形下，信号均衡帕累托劣于无信号均衡，因为（从定义上）信号是不经济的，但是无信号均衡不满足曹-克雷普斯直觉标准。这些博弈使帕累托占优和直觉标准成为两个互斥的选择原则。

凯兹比等人做了 26 组实验，参数设置的取值范围很宽。在每一个实验组中，公司先是获知它们的类型，然后选择是否出售资产，如果决定出售的话，还要决定是否花费成本做广告。此后进行一个降价拍卖，其中许多投资者以固定数额的资金竞买不定份额的公司股份。

表 8-12 总结了每个实验组最后两期的结果。左手列显示的是 L 类型和 H 类型公司选择做广告（也就是发信号）的比例，以及做广告的公司

（"如果做广告"）和不做广告的公司（"如果不做广告"）在市场中出售的资产份额。右手列显示的是关于对应类型公司应该做广告的比例预测和预测的平均出售资产份额（以百分比显示）。"直觉"列给出的是直觉均衡。"其他"列给出的是非直觉的其他均衡。

表 8-12　纳入了广告的公司融资博弈

博弈	结果（最后两期）				均衡预测	
	做广告的比例		平均股份（%）			
	L	H	如果做广告	如果不做广告	直觉（%L,%H，股份）	其他（%L,%H，股份）
不允许做广告的情况（"做广告的比例"栏里的数据为进入率）						
G1*	100	100	—	39.7	(100, 100, 40)	—
G2*	100	0	—	59.4	(1, 0, 62.5)	—
BC1*	100	100	—	28.0	(1, 1, 32)	—
GW2*	100	83	—	26.3	(1, 1, 30)	
GS1*	100	100	—	59.8	(1, 1, 60) / (1, 0, 80)	
分离均衡为直觉均衡的情况						
G4	0	44	42.5	48.0	(0, 100, 40/60) / (0, —, 60)	(0, 0, 48) / (0, —, 60)
G5	0	50	30.0	56.6	(0, 1, 30/60) / (0, —, 70)	(0, 0, 40) / (0, —, 75)
G6	0	75	50.0	73.8	(0, 1, 50/75)	(0, 0, 60)
GW1	14	20	31.0	32.3	(0, 1, 30/50)	(0, 0, 37.5)
GW3	0	100	51.0	74.9	(0, 1, 50/75)	(0, 0, 60)
两种类型都做广告的混同均衡为直觉均衡的情况						
G3	40	14	22.0	23.6	(100, 100, 24)	(0, 0, 24)
G7	75	100	23.7	58.0	(1, 1, 30) / (0, —, 80)	(0, 0, 30)
G8	33	100	50.5	76.2	(1, 1, 60)	(0, 0, 60)
BC2	0	25	17.0	24.0	(1, 1, 24)	(0, 0, 24)
BC3	0	14	48.0	51.5	(1, 1, 60)	(0, 0, 60)
BC4	0	17	60.0	60.2	(1, 1, 60) / (0, —, 75)	(0, 0, 60)

续表

博弈	结果（最后两期）				均衡预测	
	做广告的比例		平均股份（%）			
	L	H	如果做广告	如果不做广告	直觉（%L,%H，股份）	其他（%L,%H，股份）
两种类型都做广告的混同均衡为直觉均衡的情况						
GW4	0	0	—	54.0	(1, 1, 60)	(0, 0, 60)
GW5	0	0	—	45.2	(1, 1, 48)	(0, 0, 48)
GW6	100	100	58.0	—	(1, 1, 60)	(0, 0, 60)
GW7	80	100	55.6	69.0	(1, 1, 60)	(0, 0, 60)
GW8	14	100	45.6	59.0	(1, 1, 50)	(0, 0, 50)
GS2	0	33	19.0	24.9	(1, 1, 30)	(0, 0, 30)
GS3	60	100	30.9	41.5	(1, 1, 24)	(0, 0, 24)
GS4	80	100	44.9	70.0	(1, 1, 52.2)	(0, 0, 52.2)
GS5	0	50	53.0	59.2	(1, 1, 60)	(0, 0, 60)

资料来源：Cadsby，Frank，and Maksimovic (1998).

以博弈 G4 为例。直觉均衡是一个分离均衡，其中 L 类型公司被预测为从不做广告，H 类型公司则被预测为总会做广告，而预测中，做广告的公司和不做广告的公司出售的资产份额分别为 40% 和 60%［标记为（0，100，40/60）］。这里还有两个其他类均衡，一个是两种类型公司都不做广告，而出售资产份额为 48%，另一个是只有 L 类型公司进入资产市场（H 类型公司待在局外）而出售资产份额为 60%。

表中所列博弈可分为三类。G1—G2、BC1、GW2 和 GS1 是最简单的：各公司不得做广告（以重现他们早先的研究实验）。在这些博弈里，几乎所有的公司都进入了资本市场，而平均出售资产份额都落在了预测值附近几个百分点以内。

在博弈 G4—G6、GW1 以及 GW3 中，直觉均衡是分离均衡，其中只有 H 类型公司做广告（虽然这里还存在非直觉的无信号混同均衡）。H 类型公司并不像预测的那样频繁地做广告，但是 L 类型公司很少做广告而 H 类型公司做广告的频率近半，所以存在着部分分离。

在所有其他博弈中，存在两个混同均衡；直觉均衡要求两种类型都做广告。大概有一半的博弈里都存在许多广告，而出售的资产份额与预测值也很接近。然而，在另一半博弈中，却只有很少的广告（比如，BC2—BC4 和 GW4、GW5）。

为了探究参与者为什么在某些实验组中混同于做广告，而在另一些实验组中则混同于不做广告，凯兹比等人先假设 H 类型公司的广告会被当成高质量的信号，然后计算 H 类型公司从一个无广告的混同均衡中脱离的短期收益。这个数字是推动 H 类型偏离无信号均衡的美元计价的压力值。将 H 类型公司做广告的比例对这个收敛压力指数做一个回归（其中每一实验组是一个数据节点）会产生一个在 $p=0.04$ 上显著的系数，所以对于为什么某些实验组收敛于做广告而另一些不收敛，他们给出了一个统计学上的解释。他们同样拟合了一个适应性虚拟行动模型，该模型在近半数的实验组中显示出投资者显著的学习行为。

8.2.3　具有棘轮效应的博弈

乔杜利（Chaudhuri，1998）在一个具有两期产出和动态限额的委托-代理博弈中研究了棘轮效应。他的实验很难用简短的语言解释，所以我只大概描述一下其设计思路和结果。在两期中的每一期里，委托人都要设定一个限额。[1] 代理人具有高或低成本，并且在每一期里制定一个产量。一名聪明的委托人应在第一期里设置一个低限额，这是因为低成本的代理人会偏好生产很多，以满足限额并且挣得高额奖金，即使这意味着他们的类型被泄露。当他们的类型泄露后，委托人会在第二期里迅速抬高限额以从低成本代理人那里榨取更多的剩余。

伯林纳（Berliner，1957）将此种情形命名为"棘轮效应"，并指出，在中央计划经济里，限额常被用作促使经营者提高产出的办法（在缺乏利润分配、声誉激励以及有效的奖励机制的情况下）。聪明的经营者通常会故意不尽全力生产，以避免陷入这种棘轮效应中，这导致了效率的低下。即使在资本主义经济里，限额设置也在受规制的产业中普遍使用。在公司内部，有时工人的努力程度是很难观察到的（比如，常在户外工作的销售人员），在制定经营者和这样的工人之间的合约时，也会应用限额手段。对于本书的目的而言，棘轮效应还有另一个原因使其受到瞩目：策略推理

---

① 产量的下限。——译者注

的两个简单步骤在所有信号传递博弈中处于中心位置,而棘轮效应能将这二者分开。代理人应在前期担心他们类型被泄露的问题。另外,委托人应采取行动迫使代理人显示他们的类型以使他们陷入棘轮效应。

与许多信号传递博弈一样,乔杜利的实验对象表现出某种程度的策略老练性,但没有多数均衡概念一般假定的那样高。主要的偏离是,低成本的代理人在第一期(即使限额很高)里制定了高产出(这时他们应该通过限制产出来隐藏他们的生产能力),因而不明智地泄露了他们的类型。作为结果,委托人在第一期不需要选择能泄露类型的低限额就能知道他们随后将要抬升的数量。因此棘轮效应产生了,但不是因为委托人迫使对方在初始时泄露信息,而是因为低成本代理人主动地将它们泄露了。

库伯、卡格尔和古(Cooper, Kagel, and Gu, 1999)也研究了棘轮效应。他们的模型是弗雷克萨斯、鸠斯奈利和梯若尔(Freixas, Guesnerie, and Tirole, 1985)模型的简化形式,其模拟了在"双轨制"经济中的目标和产出决定。"双轨制"经济中,公司将所有在某个产量目标以内的产出以一个固定价格卖给国家,如果有余出的部分则可以在开放市场中售卖。计划制定者偏好最大化社会剩余(目标内的产出减去成本),而从超出目标的产出中得到的利润会削减社会剩余。[16]

在他们的博弈里,公司首先获知它们的生产类型,高(H)或低(L),并且是等可能的。然后,公司从 1 到 7 中选择一个产出水平。计划制定者观察公司的产出选择,但观察不到类型,然后选择一个产出目标,分为容易的或困难的两种。比起乔杜利的两期模型,库伯等人省去了计划制定者在第一期里的限额选择(它是外生的)以及公司的第二期产出(假定其为最优)。他们的简化模型将重点放在计划制定者能从观察到的产出中得到有关公司类型的推理上,以及公司是否能预期到这些推理从而试图隐藏它们的类型以避免产生棘轮效应。

支付情况显示在表 8-13 中。在这种支付情况下,如果 $P(L \mid 产出)$ 高于 0.325,这时设置一个容易达成的目标是更好的。在均衡中,L 类型公司将选择低产出,要么 1 要么 2,而 H 类型公司应通过选择 L 类型公司多数情况下的选择来进行混同。(在 1 和 2 上的这两个混同均衡满足直觉标准。)短视的、不考虑计划制定者会作何推理的 H 类型公司可能会选择 5,希望得到 1 328 的收益(但是如果计划制定者在观察到公司选择 5 后设定一个困难目标的话,H 类型公司就将得到 1 035,这比混同均衡中的收益 1 108 和 1 145 要少)。

表 8 - 13　棘轮博弈中的支付矩阵

产出	公司的支付			
	低产能（L 类型）公司的生产目标		高产能（H 类型）公司的生产目标	
	容易	困难	容易	困难
1	710	542	1 108	815
2	730	561	1 145	852
3	697	528	1 230	937
4	527	357	1 308	1 015
5	273	103	1 328	1 035
6	220	48	1 298	1 005
7	190	15	1 250	966

生产目标	计划制定者的支付	
	对方为低产能公司	对方为高产能公司
容易	645	764
困难	528	820

资料来源：Cooper et al. (1999).

　　库伯等人研究了在这类模型对应的特定实验方法下的效果。实验对象是中国的学生和工厂经理。经理们通常年纪在 40 岁或 50 岁左右，为国有企业或合资企业工作。多数人接受过一些高等教育（典型情况是相当于商业学校或社区大学）。由于在中国的工资水平较低（相比美国研究预算而言！），他们得以很省钱地进行高奖金实验方法。他们还探究了实际环境说明（相对于经济实验中的默认标准抽象说明而言）与经营经验之间的互动关系。

　　表 8 - 14 中总结了一些数据。由于 70%～90% 的 L 类型公司选择 2 的产出，而多数 H 类型公司要么选择 2 要么选择 5，因此最有趣的数据特征是随时间推移 H 类型公司选择 2 或选择 5 的相对频率的变化。它们在开始的 1—12 回合里以 54% 至 76% 之间的频率选择了短视产出 5，而只有 10% 的情况下选择了混同产出 2。计划制定者的回应虽然有较大差异，但整体上很敏感。他们分别以约 20% 和 80% 的比率选择高目标回应 2 和 5 的产出。在第 14—36 回合里，存在 H 类型选择脱离 5 而朝向混同均衡预测 2 收敛，但该收敛并不显著。[17]

表 8 - 14　H 类型公司的产出为 2 和 5 的频率

产出	期间						混同预测	
	1—12		13—24		25—36			
	2	5	2	5	2	5	2	5
年长的经理，抽象说明								
产出为 2 或 5 的频率	7	76	22	60	37	39	100	0
选择困难目标的频率	30	73	18	98	21	92	0	100
年长的经理，实际环境说明								
产出为 2 或 5 的频率	1	70	27	46	45	38	100	0
选择困难目标的频率	19	79	25	91	18	100	0	100
学生，抽象说明								
产出为 2 或 5 的频率	14	54	32	40	43	37	100	0
选择困难目标的频率	20	88	21	98	30	98	0	100
学生，实际环境说明								
产出为 2 或 5 的频率	22	62	52	31	57	30	100	0
选择困难目标的频率	11	92	18	93	20	95	0	100

资料来源：Cooper et al. (1999).

身份为 H 类型公司的学生们比年长的经理们在开始阶段更显策略性；他们在早期更频繁地选择混同产出 2，并且学习得更快。对 H 类型公司的选择和计划制定者的反应进行 Probit 回归证实，参与者进行了学习：H 类型公司对它们经历的不同困难目标进行了回应，而计划制定者对 H 类型公司先前的产出分布进行了回应。

奖金的额度有一定的效果，因为当奖金更高时，H 类型公司学习更快（虽然计划制定者没出现这样的情况）。库伯等人认为，计划制定者的推理任务比较简单，因为他只需对哪种类型选择哪种产出作推理，而公司则必须预期计划制定者的思维。因此激励影响了较困难的那种思维（即公司的思维）。

Probit 回归表明，实际环境效应对学生较弱而对经理们较强。然而，当与其他对象之前的行为交互影响时，实际环境效应几乎消失，这表明实际环境只是提供了一种使从经验中学习变得便利的语言或生动的框架。对于经理们的选择，实际环境效应在经理们扮演计划者角色时要比他们扮演公司角色时强。库伯等人猜测造成这种区别的原因是，经理们对计划者的思维不太熟悉（所以实际环境起了作用），但是在实践中已经知道如何调整收益和隐藏生产力。

8.2.4 限制性定价信号传递博弈中的信念学习

库伯、加文和卡格尔（Cooper，Garvin，and Kagel，1997a，b）在一个著名的博弈中研究了限制性定价，这个博弈中垄断者具有不可观测的类型（比如，产品成本），他们选择价格或数量来防止外来者进入。表 8 - 15 显示了他们的博弈支付情况（改编自 Migrom and Roberts，1982）。一名垄断者（A）知晓他自身的类型，等可能地为高成本或低成本（标记为 M_H 和 M_L），而后从 1 至 7 之间选择一个数量。在观察数量选择而不是垄断者类型后，一名进入者 B 决定是进入，还是保持在局外。在他们的实验方法 I 里，B 参与者（进入者）待在局外可获得 250 的收益；如果垄断者是 M_H 的话，进入得 300，而如果垄断者是 M_L 的话，进入得 74。给定这些支付，除非相当肯定垄断者是高成本类型，否则进入者是不愿进入的。如果他们是风险中性的，那么只有当认为 $P(M_H) \geq 0.78$ 时，他们才愿意进入。

表 8 - 15　限制性定价博弈中的支付矩阵

A 的选择	参与者 A（垄断者）的支付			
	高成本，M_H		低成本，M_L	
	X（进入）	Y（不进入）	X（进入）	Y（不进入）
1	150	426	250	542
2	168	444	276	568
3	150	426	330	606
4	132	408	352	628
5	56	182	334	610
6	−188（38）	−38（162）	316	592
7	−292（20）	−126（144）	213	486

续表

B 的行动选择	参与者 B（进入者）的支付		
	高成本，M_H B 的支付	低成本，M_L B 的支付	期望值
实验方法 I			
X（进入）	300	74	187
Y（不进入）	250	250	250
实验方法 II			
X（进入）	500	200	350
Y（不进入）	250	250	250

资料来源：Cooper, Garvin, and Kagel（1997a）.

注："期望值"这一栏在实验的说明中并不出现。括号中的支付来自 Cooper, Garvin, and Kagel（1997b）.支付以"代金券"为单位，1 代金券＝0.001 美元。

在实验方法 I 的支付情况下，存在多种均衡。这里有两个纯策略分离均衡，其中高成本类型 M_H 选择数量 2，屈从于外来者进入，而低成本类型 M_L 选择 6 或者 7，威慑进入。在这两个均衡中，垄断者的选择揭示了他的类型。这里同样还存在几个混同均衡。在每个混同均衡中，高成本和低成本类型都选择完全相同的数量（从 1 到 5 的任何级别）。进入者从观察到的数量中无法学习到任何关于垄断者类型的信息，因此他会使用类型的先验概率，计算期望收益值为 187，从而偏好待在局外并获取 250 收益。然而，只有当一个脱离至一个不同数量的意外行为被认定为垄断者是高成本类型 M_H 的信号时，这些才成为均衡；此时进入者会选择进入。由于那样对两种类型都更糟，因此垄断者会固着于混同的数量上。序贯均衡的各种精炼允许多个均衡，并排除其他均衡。[18]

表 8-16 的顶栏显示的是在三个有 12 期的周期中的每一个周期里，无经验的实验对象所做选择的频率。两种类型的垄断者都起始于他们的"短视最大化"选择——给定进入者等可能地选择进入或不进入，那个能给予最大期望收益的选择。低成本类型选择 4 而高成本类型选择 2。然而，当进入者观察到的数量为 1~3 时，他们更倾向于进入。这样一来，选择 2 通常被回应以进入，因而逐渐地，高成本垄断者向上移至 4，试图同低成本类型混同。该学习过程在用有经验的对象进行相同博弈时同样出现。在三个周期之后，出现朝向在数量 4 上的混同均衡的强烈收敛：大约三分之二的高成本类型 M_H 选择了 4，几乎所有的低成本类型也这样做了，而只有 6% 的进入者进入。

表 8 - 16　数量选择和进入率：实验方法 I（%）

数量	M_H 周期			M_L 周期			进入率 周期		
	1	2	3	1	2	3	1	2	3
无经验的实验对象（第1、2实验组）									
1	2	3	6	1	0	0	33	67	33
2	**69**	**50**	38	4	0	0	57	64	64
3	6	10	**10**	5	2	1	30	74	30
4	21	36	47	**76**	**86**	**91**	13	10	9
5	2	1	0	6	8	6	0	15	25
6	0	0	0	3	2	1	33	50	0
7	0	0	0	3	2	1	0	0	0
有经验的实验对象（第3实验组）									
1	2	2	3	0	0	0	100	0	100
2	41	28	23	0	0	2	59	91	70
3	2	2	5	0	2	0	100	50	50
4	**55**	**68**	**69**	**100**	**98**	**98**	3	6	6
5	0	0	0	0	0	0	—	—	—
6	0	0	0	0	0	0	—	—	—
7	0	0	0	0	0	0	—	—	—

注：其中的数字从 Cooper, Garvin, and Kagel（1997a，图1）处估计得到，假定在实验组1、2中的样本是等大小的。中位数选择以**黑体字**表示。

在实验方法 II 里，支付做了一定变化，这样一来，当垄断者等可能地为高成本或低成本时，进入者应选择进入。这个参量的改变打破了存在于实验方法 I 里的纯混同均衡，因为那两种类型垄断者总是都进入的混同均衡就会导致进入。低成本类型垄断者总能通过选择 6 或 7 来将他们自身同高成本类型分离，以获得改善。[19] 这种方法有助于考察是否存在一种垄断者不受经验制约的自然混同倾向，或者混同是否朝向分离均衡收敛的一个必经的自然阶段。

表 8-17 显示了实验方法 II 的结果。对于无经验的实验对象，周期 1 的结果看起来同设计 I 的很相似，开始于垄断者的短视最大化。这个特征是重要的，因为它暗示，（像在实验方法 I 里一样）垄断者没有对进入者

如何回应于不同数量选择进行复杂的猜测。然而，到了周期 3，在 6 处出现了一个小的数据尖峰（15%），在这里低成本类型垄断者开始将他们从总体中分离出来，而在此之前，总体在 4 处混同，进入者在半数情况下进入。截至有经验实验对象的周期 3，数据稳步地收敛于高成本类型垄断者选择 2 而低成本类型垄断者选择 6 的分离均衡，两种类型都有部分在 4 处混同，而进入者对 5 或以下的数量频繁地选择进入。[20]

表 8-17 数量选择和进入率：实验方法 II（%）

数量	M_H 周期			M_L 周期			进入率 周期		
	1	2	3	1	2	3	1	2	3
无经验的实验对象（第 4、5 实验组）									
1	6	6	0	1	0	0	80	100	—
2	**71**	39	33	7	4	12	88	91	94
3	12	**6**	13	3	8	6	60	83	100
4	11	48	**54**	**72**	**67**	**67**	53	52	63
5	0	0	0	9	15	0	40	44	—
6	0	1	0	6	6	15	50	33	33
7	0	0	0	2	0	0	0	—	—
有经验的实验对象（第 6 实验组）									
1	3	5	8	0	0	0	100	100	100
2	43	40	**49**	4	0	0	95	100	100
3	**13**	**5**	4	2	5	3	100	100	100
4	41	**40**	32	37	22	14	79	85	80
5	0	10	6	**9**	7	3	0	57	100
6	0	0	0	48	**66**	**80**	14	7	12
7	0	0	0	0	0	0	—	—	—

注：其中的数字从 Cooper, Garvin, and Kagel（1997a，图 1）处估计得到，假定在实验组 1、2 中的样本是等大小的。中位数选择以**黑体字**表示。

库伯等人（Cooper et al., 1997b）将他们早先的实验向两个方向进行了扩展。他们使用了方法 II 中的变量，其中纯混同不是一个均衡而对象倾向于分离。首先，请注意选择 6 和 7 对高成本类型垄断者来说是劣策略

（并且的确很少被选择）。从学习的观点看，低成本类型垄断者通过选择高数量（6 或 7）来进行分离的速度取决于进入者观察到一个高数量选择后待在局外的频率，这种频率反过来又取决于进入者是否意识到，高数量选择对高成本类型垄断者是劣策略因而只有低成本类型垄断者会做这样的选择。因此，影响进入者关于哪种类型垄断者选择高数量的信念（以及低类型垄断者关于这些信念的信念）的变量可能会影响收敛率。

为了检验这个预测，库伯等人将高成本类型垄断者的支付变为表 8-15 底部（"实验方法 II"）显示的较大的正数支付。在原始实验方法里，高成本类型垄断者在 6~7 处的支付为负，所以进入者可以更容易地猜到高成本类型垄断者绝不会选择那些数量。[21] 这个正支付设计被称作"百分之零预期"实验方法，因为进入者没有被**明示**高成本垄断者不会选择 6 或 7（但他们应该能够推断出这一点）。在"百分之百预期"实验方法里，实验说明中明确对高成本类型垄断者 6 或 7 的选择加以禁止，而且这种说明是公共知识。他们推测，既然低成本类型垄断者知道进入者知道这个，他们就会更愿意分离，因为他们的高数量选择会被当作是低成本类型的信号并因而威慑进入。

表 8-18 显示的是仅从有经验的实验对象那里得到的结果。不出所料，在百分之百预期设计里，实验对象相当顺畅并明显地收敛于高成本类型垄断者选择 2 而低成本类型垄断者选择 6 的分离均衡（正如多数精炼概念预测的那样）。比较起早先的结果，这种均衡如此顺畅地产生，表明即使重复占优的简单步骤（比如，进入者学到高成本类型将服从占优）也明显地只有在跨时间中才能学习到，因为当那些步骤解释给实验对象后，整体的均衡过程加快了。

表 8-18　数量选择和进入率：有经验的实验对象（%）

数量	M_H			M_L			进入率		
	周期			周期			周期		
	1	2	3	1	2	3	1	2	3
M_H 不进行 6~7 选择的百分之零预期									
1	2	2	2	5	0	0	100	100	100
2	38	26	38	5	2	0	95	92	94
3	**11**	18	**23**	22	9	8	67	56	86
4	49	**51**	33	**68**	**33**	**52**	42	69	72

续表

数量	M_H			M_L			进入率		
	周期			周期			周期		
	1	2	3	1	2	3	1	2	3
M_H 不进行 6~7 选择的百分之零预期									
5	0	3	4	3	28	30	100	17	47
6	0	1	0	0	6	0	—	50	
7	0	0	0	4	9	9		33	50
M_H 不进行 6~7 选择的百分之百预期									
1	0	9	2	0	0	0	—	100	0
2	**56**	**76**	**78**	0	2	0	96	100	100
3	2	4	7	0	0	3	100	100	100
4	38	12	15	26	13	12	63	92	100
5	3	0	0	0	0	0	50	—	
6	0	0	0	**75**	**84**	**88**	8	0	5
7	0	0	0	0	0	0			

注：其中的数字从 Cooper, Garvin, and Kagel（1997b，图 4）处估计得到，中位数的选择以黑体字表示。

小结

本节回顾了关于游说、资产融资、棘轮效应以及限制性定价的信号传递博弈。这些博弈是此类涉及信号传递的经济领域中的复杂过程的简单模型。其结果使简单博弈理论预测与适应性过程的结合看起来大有希望。在游说博弈中，一个满足绝对神性的均衡预测是大致准确的，并且行为会对支付参量的改变进行回应，尽管不如预测的那样明显。在无广告的资产融资博弈中，以及在具有广告和直觉分离均衡的博弈中，后期的行为和预测的非常相近。在具有两个混同均衡的融资博弈中，实验对象倾向于分为两股，一股到达其中双方都做广告的均衡，而另一股则达成其中双方都不做广告的均衡。在棘轮效应博弈中，参与者经常不明智地泄露他们的类型，使他们自己陷入棘轮效应中；而另一些希望造成棘轮效应（对生产厂商提升生产下限）的参与者很快注意到这种分离并且利用了它。当实际环境说明提醒中国的经营者们该博弈是他们熟悉的时，习惯于在存在棘轮激励的计划经济中进行操作的他们表现得更好。

在限制性定价博弈中，处于低成本和高成本公司角色的参与者经常不明智地分离。学会（部分）混同的过程受阻于进入者对他们能从公司产出选择中学到什么的杂乱解读。当改变支付使高成本公司违背占优的行为更容易被推断出时（利用损失的清晰性），或通过禁止高成本公司违背占优因而明确剔除了违背占优行为时，朝向纯分离的收敛变得更加明显。

在多数博弈中，虚拟行动或者对实验对象打破分离均衡的动机进行考察，诸如这样的简单学习概念对均衡过程如何发生或它在哪里失败进行了很好的解释。

8.3　声誉的形成

在现代博弈论中，对一名参与者的声誉的明确定义是其具有某种只有自己知道的类型，或将采取某种行动的概率。这些声誉模型的精确性来自序贯均衡的假设。这些假设将一名参与者的声誉同一名最优化行为的参与者最可能采取的行动联系到了一起。这种精确性同样引发了一个实证问题，即如此复杂的均衡是否能在人们实际进行这些博弈时发生。均衡要求一个精细的荡秋千式的行为模式，将培育声誉的代理人行为与能认知他人声誉（知道代理人更可能做什么）的参与者的贝叶斯更新进行联系。

8.3.1　信任

第一篇细致地探究这些声誉模型的论文是由魏格尔特和我（Camerer and Weigelt，1988）撰写的。我们使用了一个"信任"博弈，或者叫借者-贷者博弈。在每个为期八期的重复博弈中，一名借者抽取一个随机类型，普通（X）或者"良好"（Y）。这名借者进行一系列的八期博弈，每次都更换一名不同的贷者。贷者可以选择提供贷款或不提供贷款；如果她选择提供贷款，那么此后借者将决定拖欠或者还款。支付情况显示在表 8 - 19 中。不提供贷款使贷者稳获 10，而提供贷款则当贷款被偿还时得到 40，或者在借者拖欠时得到－100。一名普通借者偏好拖欠，因为她会得到 150 而不是从偿款中得到 60。一名良好的借者从拖欠中得到 0 因而偏好偿款。

表 8-19　在借者-贷者（信任）博弈中的支付矩阵

贷者策略	借者策略	贷者支付	借者支付	
			普通（X）	良好（Y）
借	拖欠	−100	150	0
	偿款	40	60	60
不借	无选择	10	10	10

资料来源：Camerer and Weigelt（1988）。

该八期博弈的序贯均衡具有如下性质：借者和贷者必须在给定各自信念的情况下选择具有最高期望支付的策略；在可用贝叶斯法则更新关于借者类型（X 或 Y）的信念的情形下，贷者使用它来更新；还有，不严格地说，在脱离均衡事件发生后，贷者须存在某种关于借者类型的信念（当贝叶斯法则无法应用时）。

头脑中有了这些条件之后，均衡分析如下进行。从第 8 期开始。由于这是最后一期，贷者知道，借者如果是 X 类型则得到贷款后会拖欠，如果是 Y 类型则会还贷。因此，唯一的问题是债务人是良好类型的概率即 P_8（良好）是多少。通过简单的代数我们会得知，如果贷者是风险中性的，那么当 P_8（良好）大于 0.79 时他们应提供贷款。将这个重要的阈值定义为 τ。在倒数第二期，也就是第 7 期里，普通借者被两种力量左右：在得到贷款的情况下，他们希望拖欠以得到最高支付；但如果他们这样做，他们就会泄露他们的类型，因而在第 8 期就不会得到贷款。假设借者的声誉 [在第 7 期贷者主观认定的 P_7（良好）] 低于 τ。如果普通类型的借者总是偿款，贝叶斯更新会使贷者认定第 8 期中的 P（良好）和在第 7 期中相同。但由于这个 P（良好）$\leqslant \tau$（从假设中得到），因此即使借者总在第 7 期偿款，他们在第 8 期也不会得到贷款。这促使借者进行一个混合策略，即偿还的频率足够大到如果他们偿还，更新后的 P（良好）将恰好等于 τ，这样贷者就将愿意（实际上是无差异）在最后一期里提供贷款。给定第 7 期里的 P（良好），借者应选择一个使贷者在第 7 期对借与不借无差异，并使对他的声誉的贝叶斯更新在第 8 期能够达到阈值 τ 的偿款概率。结合这两个条件就能得出主观认定的 P_7（良好）的阈值恰为 τ^2，而在第 7 期混合策略的拖欠概率为 0.560。

同样的推理可以一直返回到第 1 期。在每期里，贷者都有一个使她对借与不借无差异的主观认定的 P（良好）的阈值。这些 P（良好）值的路径很简单，就是 τ^n。图 8-2 显示了这个路径（这里使用的是进入-威慑博弈中的术语，其中"斗者"对应良好的借者，而进入者对应贷者）。y 轴显示在位者的声誉［P（斗者）］而 x 轴是博弈的八个期间（加上"第 9 期"，这就像高尔夫运动里的第 19 洞一样，是一个继第 8 期完成之后标记认知的虚拟期）。图中的概率是普通在位者为保持进入者的认知在这条路径上而采取的混合策略概率［给定初始先验概率 P（斗争者）$=1/3$］。

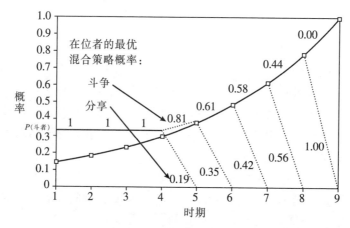

图 8-2　由序贯均衡预测的在位者进行"斗争"
的最大化混合策略选择

资料来源：Camerer and Weigelt（1998）.

注：进入者的进入阈值为 0.789^{9-t}。

图 8-2 可用来展示该均衡所有的关键属性。[22]在前三期里，阈值 P（良好）低于先验概率 1/3，所以借者可以"承受"总是还贷的成本。如果预期到这一点，贷者应总是提供贷款。从第 4 期开始，普通借者必须采用混合策略，通过偿款提高他们的声誉，以求保持在不断上升的 P（良好）的均衡路径上。随着最后一期的临近，拖欠的概率上升。贷者同样从第 4 期开始采取混合策略，以 0.643 的概率贷出。一旦借者拖欠，进入者应不再在之后的期间内贷出。

数据中的两种模式是最令人关心的。首先，各期的提供贷款和拖欠的比率是多少（还有它跨序列怎样变化）？其次，在一个八期序列中，每一期的提供贷款和偿还贷款的频率是否如均衡预测的那样，反映了序列中的前期历史？

表 8-20 报告了来自所有序列最后三分之二部分加总平均后提供贷款和偿还贷款（由普通类型）的条件频率。[23]同预测显著不同的实际频率被标以星号。[24]

表 8－20　提供贷款率与偿还贷款率：凯莫勒-魏格尔特（％）

实验		期间（1＝起始期，8＝结束期）							
		1	2	3	4	5	6	7	8
提供贷款的条件频率									
3—5	预测	100	100	100	100	64	64	64	64
	实际	94	96	96	91	72	59	38*	67
6—8	预测	100	100	100	64	64	64	64	64
	实际	96	99	100	95*	85*	72	58	47
9—10	预测	100	100	100	64	64	64	64	64
	实际	93	92	83	70	63	72	77	33
普通类型（X）偿还贷款的条件频率									
3—5	预测	100	100	100	81	65	59	44	0
	实际	95	97	98	95*	86*	72	47	14
6—8	预测	100	100	73	68	58	53	40	0
	实际	97	95	97*	92*	85*	70*	48	0
9—10	预测	100	100	73	67	63	56	42	0
	实际	91	89	80	77	84*	79*	48	29

资料来源：Camerer and Weigelt (1988).
注：＊代表在预测的频率与实际频率之间有显著性差异 ［abs(z)＞2］。

　　一个关键预测是，提供贷款频率会在第 5 期（对于实验 3—5）或第 4 期（对于实验 6—10）急剧下降。事实上确实下降了，但程度不如预测的那样剧烈。然而，比较被预测为具有 100％ 提供贷款比率的各期加总平均值和那些被预测为具有固定混合提供贷款比率的各期加总平均值，两者又的确显示出明显的差别，这又和预测接近。比如，在实验 3—5 中，两者的加总平均值为 95％ 和 62％（预测为 100％ 和 64％）；在实验 6—8 中相应数字为 98％ 和 80％。

　　偿还贷款率的确下降了，从前两期的接近 100％ 到最后两期的接近 0，但偿还贷款率普遍高于预测。我们为这种差异提出了一种解释：也许有些参与者即使抽到 X 类型也像一个良好的 Y 类型一样进行博弈（偏好偿还，即使在最后两期）。[25]

　　内生的 Y 类型的比例对于解释数据和预测之间的差异来说是必要的，我们用简单手算就能从数据中将它估计出来。我们估计"自生"的 $P(Y)$

为 0.17(也就是说，有 17％的抽到 X 类型的实验对象实际上像拥有 Y 类型的支付一样进行博弈)。基于这个数字，我们进行了其中根本没有实际的 Y 类型的实验 9 和实验 10。列于表 8-20 中的预测，是假定在实验 3—8 中自生的 Y 类型的先验比例随后会应用于实验 9 和实验 10 中，从而推导出的。这个源自样本的预测值是相当准确的：预测的偿还贷款率相差不远（只在5—6 期显著偏离），而预测的提供贷款率相当接近，在最后几期里平均为90％和 67％，其预测值分别为 100％和 64％。

魏格尔特和我得出这样的结论，即"给定序贯均衡的复杂度，序贯均衡预测得还算不错。然而，正规的统计测验在博弈的某些期强烈地拒绝序贯均衡。在博弈中，实验对象没能如预测得那样早地或那样频繁地拖欠"(Camerer and Weigelt，1988，26 页)。关键语是"给定一定的复杂度"。虽然均衡预测不是完全准确，但它们跨期变化的方向是正确的，并且在量上偏差也不大。更重要的是，推导出这些预测的逻辑是精细而大胆的，并且不使用自由参量！一个人可以想到很多其他关于声誉建构的设想，但它们通常根本无法检验或欠缺均衡预测的精确性。迄今为止，我们还很难想象一个可以与之比较的能够同样精细并更准确的理论。

内拉尔和奥克斯（Neral and Ochs，1992）着眼于实验中的一个关键特征，再次进行了我们的实验：在参与者被认为应混合的晚期，概率 P（**贷款**）应随着**借者**拖欠的支付下降而**下降**。（这种 A 的混合概率依赖于 B 的支付的反支付依赖情况，是具有混合均衡的博弈的一个典型特征，而且无疑是博弈论中比较反直觉的预测之一；见第 2 章。）内拉尔和奥克斯通过在 150 到 100 之间变换拖欠的支付来检验这个有悖常理的比较静态效果。他们的设计在其他一些细小方面也和我们的设计有些出入，目的是加速学习过程。他们首先比较了四个预测为绝不应发生的脱离均衡事件的发生率。[26]所有四个事件的发生率相当低（1％～13％），而且比在我们的原始实验中低很多。

表 8-21 报告了六轮序列中的每一轮中，提供贷款的整体频率以及在得到贷款的条件下偿还贷款的频率。[27]由于内拉尔和奥克斯的单元 1 使用的参数与凯莫勒和魏格尔特（Camerer and Weigelt，1988）使用的一样，结果也应是相同的，除非实验设计或实验对象群的微小变化有影响。实际情况是，提供贷款率在内拉尔和奥克斯的数据的中间几轮（在 CW 组中标以 * ）里略高，而有一轮里偿还贷款率显著地较低。

表 8 - 21　提供贷款率与偿还贷款率：内拉尔-奥克斯（NO）
和凯莫勒-魏格尔特（CW）（%）

条件	轮（1 ＝起始轮，6 ＝结束轮）					
	1	2	3	4	5	6
提供贷款的条件频率						
预测（CW，NO - 1）	100	100	64	64	64	64
预测（NO - 2）	100	100	44	44	44	44
CW	96	89*	71*	51	32*	43
NO 单元 1	100	99	88	60	70	88
NO 单元 2	98	100	100	87	67	19
单元 1 和单元 2 差别（p 值）	(0.13)	(0.81)	(0.00)	(0.00)	(0.80)	(0.00)
普通类型（X）偿还贷款的条件频率						
预测（所有设计）	100	81	65	58	44	00
CW	98	92	85*	70	44	16
NO 单元 1	98	97	64	51	55	00
NO 单元 2	100	99	97	69	47	38
单元 1 和单元 2 差别（p 值）	(0.36)	(0.21)	(0.00)	(0.09)	(0.88)	(0.21)

资料来源：Neral and Ochs (1992)；Camerer and Weigelt (1988).
注：＊代表在 CW 与 NO - 1 之间有显著性差异（$p < 0.02$）。

　　表 8 - 21 还比较了来自他们的单元 1 和单元 2 中的结果（借者的拖欠支付分别是 150 和 100）。该表会让你回想起贷者应在拖欠支付下降的第 3—6 轮中减少提供贷款频率，只有 44% 而不是 64%。结果在第 3—5 轮里走向该预测的相反方向（在其中两轮里特别明显，这可以由 p 值看出），而在第 6 轮里又明显走向正确方向。序贯均衡还预测，偿还贷款率不应依赖于借者的拖欠支付，而这个预测是正确的。因此，对序贯均衡的验证结果是混合的——一种预测的效应没有出现（而且经常走向相反方向），而另一种预测的在偿还贷款率上的无效应却是准确的。

　　内拉尔和奥克斯估计得出，像 Y 类型一样进行博弈的 X 类型的"自生先验概率"在他们的单元 1 的三轮里分别只有 0.031、0.019 以及 0.091，比我们估计的 12%～17% 低很多。一个对混同的检验在 0.025 的水平上拒绝了这些估计的同质性。因此，看起来对序贯均衡在不同实验间的偏离不太可能用单个参量很好地结合起来。

布兰德茨和菲古拉斯（Brandts and Figueras，1997）也研究了重复信任博弈。他们的实验将我们最初的框架进行了扩展。在回顾了之前的实验结果后，他们提到"怎样将所有这些实验结果拟合到一起仍不是很清楚"。他们引用了泽尔滕著名的关于连锁店悖论的论文：

> 在想象的水平上，对于一个具有二、三或四期的序列，清晰具体的视觉化呈现是可能的——确切的数字并不重要。对一个具有二十期的序列的类似清晰具体的呈现则是不可能的。对于少量的期数来说，其推理得到的结果可以通过视觉化呈现对应场景来得到。对于大的期数，其情景要么受限于几期以内，比如只在博弈末期，要么其呈现模糊，即单个期间不能很具体地看清。（1978，153 页）

布兰德茨和菲古拉斯提出，较短的博弈能提供对序贯均衡合适的检验，因为像泽尔滕所指的那样，在具有较少轮的博弈中，均衡更容易想象或在头脑中呈现。他们的博弈使用了基本的凯莫勒-魏格尔特结构，只不过贷者在贷款被偿还时得到 55 而不是 40，还有就是借者进行三期或六期博弈。他们让良好类型的概率 P（良好）分别为 0、0.25、0.50、0.75。这些参量值的每一个的对应序贯均衡都有巨大不同。用三期的博弈来进行说明。当 P（良好）为 0 或 0.25 时，借者有很大可能是普通类型并且不会偿还贷款，而且三期的重复次数使在第一期偿还贷款的收益太少，所以序贯均衡预测贷者永远不会提供贷款而借者永远不会偿还贷款。与此对照，当 P（良好）为 0.75 时，多数借者是良好的，而贷者即使在最后一期里提供贷款都是值得的。作为结果，普通借者会在前两期偿还贷款而贷者始终会提供贷款。对应 P（良好）＝0.50 的均衡介于这两个极端情况之间。

对于每一个实验对象群，布兰德茨和菲古拉斯都将全部的三期和六期博弈重复进行了 72 次。表 8-22 和表 8-23 报告了取自各实验组最后四分之一部分（共 18 个序列）并加以平均的结果。统计上同均衡预测显著的偏离以星号标记。

表 8-22　在六轮博弈中的偿还贷款率和提供贷款率

P（良好）		轮（1 = 起始轮，6 ＝结束轮）					
		1	2	3	4	5	6
提供贷款的条件频率							
0	预测	0	0	0	0	0	0

续表

P（良好）		轮（1 = 起始轮，6 = 结束轮）					
		1	2	3	4	5	6
提供贷款的条件频率							
	实际	61*	20	0	—	0	—
0.25	预测	100	100	64	64	64	64
	实际	100	100	100*	86*	69	33
0.75	预测	100	100	100	100	100	100
	实际	100	100	100	100	85	89
普通类型（X）偿还贷款的条件频率							
0	预测	0	0	0	0	0	0
	实际	45*	37*	0	17	0	0
0.25	预测	100	98	61	55	41	0
	实际	100	100	100*	80*	29	0
0.75	预测	100	100	100	100	100	0
	实际	100	100	100	13	22	0

资料来源：Brandts and Figueras (1997).
注：*代表预测值与实际值之间有显著性差异（$p<0.02$）。

表 8-23 在三轮博弈中的偿还贷款率和提供贷款率（%）

P（良好）		轮(1=起始轮，3=结束轮)					
		偿还贷款频率			提供贷款频率		
		1	2	3	1	2	3
0	预测	0	0	0	0	0	0
	实际	40*	0	0	17	0	0
0.25	预测	0	0	0	0	0	0
	实际	91*	53*	17	85*	86*	53*
0.50	预测	99	41	0	100	64	64
	实际	86	68*	0	52*	100*	64
0.75	预测	100	100	0	100	100	100
	实际	100	86	0	100	100	100

资料来源：Brandts and Figueras (1997).
注：*代表预测值与实际值之间有显著性差异（$p<0.02$）。

如同他们猜想的一样，在 P（良好）＝0（始终不提供贷款）和 P（良好）＝0.75（始终提供贷款）的极端情形下，三期和六期博弈中的行为同序贯均衡都还算吻合。当 P（良好）＝0.25 或 0.50 时，情况就复杂了。贷者贷出过频，借者也偿款过频。布兰德茨和菲古拉斯估计，自生先验概率 P（良好）为0.24～0.29。然而，对这种效应进行调整后并没能使（调整后的）序贯均衡预测更向数据靠拢。

布兰德茨和菲古拉斯表明，行为与期数、博弈长度以及 P（良好）这三个基本效应是一致的。一次对一个变量进行变换，无论是在较早期间，更长的博弈里，还是在更高的 $P(Y)$ 的条件下，都会产生更多的提供贷款和偿还贷款行为。表 8-24 展示了这些属性，其中的统计数据来自六期博弈的最后 18 个序列，并将两期并为一对，对数据进行了平滑处理。在每种条件下，贷出频率跨期平滑地下降，而拖欠的频率跨期上升。并且，跨 $P(Y)＝0$、0.25 和 0.75 这三个值，整体贷款概率上升了（0.37、0.75 和 0.93），整体偿款概率也上升了（0.31、0.89 和 0.93）。布兰德茨和菲古拉斯得出结论，即使行为和序贯均衡的具体预测不相吻合，它同声誉形成的基本原则也还是一致的。

表 8-24　六期博弈中的偿还贷款率与提供贷款率：两期一对的数据统计

期间	$h=0$			$h=0.25$			$h=0.75$		
	1—2	3—4	5—6	1—2	3—4	5—6	1—2	3—4	5—6
提供贷款频率	46	36	29	100	93	32	100	1	78
偿还贷款频率	42	27	19	100	91	25	100	93	37

资料来源：Brandts and Figueras（1997）.

8.3.2　进入威慑

荣格、卡格尔和列文（Jung，Kagel，and Levin，1994）用一个连锁店进入威慑博弈进行了实验。该博弈在产业组织模型构建中广为应用。芝加哥学派的经济学家（和一些其他学派）对垄断者会通过设置"掠夺性价格"或采取其他不能获利的行动来威慑进入这一点表示怀疑。问题是，这种威慑行为是一种昂贵的投资，并且只有当未来进入者被威慑时才能抵偿成本。但是，如果未来进入者知道在位垄断者不可能永远赔钱时，他们会进入，所以在短期，威慑进入是不值得的。埃萨克和史密斯（Isaac and

Smith，1985）早年的完全信息框架下的实验显示，掠夺性定价的确是罕见的。

泽尔滕（Selten，1978）曾提出，如果博弈是有限次重复的，那么直到最后几期之前，威慑行为都会一直发生。荣格、卡格尔和列文指出，不完全信息的声誉模型正在发展，这将使得泽尔滕的这个论断正规化。而我同魏格尔特早先的实验结果也表明，即使不存在一个偏好威慑的外生先验"类型"，声誉的形成也是可能的。实验结果证实了新模型的一些预测，另外，掠夺性定价和进入威慑存在的可能性在产业组织理论中也是一个长期争执的问题，实验数据可以有助于解决这个问题，这些都激发了荣格、卡格尔和列文对此进行实验研究的动力。

他们的设计大部分因循了我们的设计以及博弈理论模型。表 8-25 显示了其实验支付情况。当遇到**分享**行为时，进入者偏好选择**进入**，收益 150，但如果在位者**斗争**，他们则得到最少的收益（80）。**待在局外**则可获得介于中间的 95 的收益。一名"普通"在位者，当进入者在局外时获得 300；当进入者进入时，选择分享则获得 160，选择斗争则只获得 70。斗者类型的在位者则有相反的分享与斗争支付。在两个实验组里增加了对进入者的支付。[28] 在这些参数下，这里的序贯均衡就和凯莫勒-魏格尔特的信任博弈中的均衡非常近似了：斗争两期左右（而进入者待在局外），然后是混同策略，在随后的期间里分享的倾向越来越强。（具体预测值在表 8-26 里给出。）

表 8-25　连锁店博弈中的支付矩阵

进入者策略	在位者策略	进入者支付	在位者支付	
			普通（X）	斗争（Y）
进入	斗争	80	70	160
	分享	150	160	70
不进入	无选择	95	300	300

资料来源：Jung，Kagel，and Levin（1994）.

荣格等人的实验中的主要参考变量是经验（一些实验对象返回再进行一组实验）和先验概率 P（斗者），这个值在六组实验里为 1/3，另六组里为 0。结果总结在表 8-26 和表 8-27 里，其中一个实验组里的数据被分成早期（1—30）序列和晚期（31—结束）序列分别加以报告。[29]

表 8 - 26 进入与斗争比率：P(斗者) ＝1/3（％）

有无经验	序列		轮（1＝ 起始轮，8＝结束轮）							
			1	2	3	4	5	6	7	8
上轮另一名进入者**进入**的条件下进入的条件频率										
		预测	—	0	0	0	36	36	36	36
无	1—30	实际	—	45*	37*	38*	41	25	16	28
无	31—结束	实际	—	30*	33*	26*	40	27	38	61*
有	1—30	实际	—	28*	22	20	40	33	62	60*
有	31—结束	实际	—	0	0	0	0	33	75*	82*
上轮另一名进入者**不进入**的条件下进入的条件频率										
		预测	—	0	0	0	100	100	100	100
无	1—30	实际	—	77*	62*	31*	35*	45*	44*	31*
无	31—结束	实际	—	62*	40*	45*	35*	28*	45*	63*
有	1—30	实际	—	37*	31*	18*	21*	24*	62*	70*
有	31—结束	实际	—	0	1	2	5*	16*	67*	100
进入后**分享**的条件频率										
		预测	0	0	0	19	35	42	56	100
无	1—30	实际	60*	18	17	17	10	18	20	75
无	31—结束	实际	17*	18*	7	15	5	14	33	98
有	1—30	实际	15	0	0	0	11	8	27	100
有	31—结束	实际	0	0	0	0	0	18	43	93

资料来源：Jung，Kagel，and Levin（1994）。
注：＊代表预测的频率与实际频率之间有显著性差异［abs(z)＞2］。

　　首先考虑 P(斗者) ＝1/3 的情况。无经验的实验对象普遍比预测进入得更频繁，因为进入者得到的分享结果比预测更多。进入率和分享率在一个序列里的各期也接近相等（只是进入者在第 8 期总是分享），而"声誉形成"均衡预测的早期斗争的证据极少。然而，有经验的实验对象在晚期序列（31—结束）中行为的确如均衡预测的那样：在前 4 期里，进入者几乎从不进入，而进入时也从未分享过（也就是说，总是遭遇斗争）。在第 6—8 期里，在位者分享的频率开始增加，这大致上和均衡预测的一样（虽然确切的分享率和预测值不那么相近）。进入者同样开始进入得越来越频繁，这个模式是没有预测到的。

这些数据展示了为什么对一个实验进行许多序列总是明智的——如果你不这样做，你会错过观察当实验对象有更多时间学习时会发生什么的机会。在这个例子里，从30个序列的博弈中得到的主要结论（均衡预测被无情地否决）被更多的经验更正了。[30]

表8-27显示了没有斗者类型的博弈的数据。荣格等人使用了凯莫勒和魏格尔特的方法，假定参与者认为有20%的实验对象和斗者类型的行为是一样的，标记为 $P=0.2$，在此假定基础上给出了预测。（该表还显示了假定没有斗者的预测，该预测导致分离、长期进入和分享。）完全分离的预测被明确地驳倒了。比较起自生先验概率（$P=0.2$）理论的预测，对于有经验的对象，进入率的跨期移动有些过于平缓，而在靠后几期又上升太多，但它们的方向是正确的。

表8-27 进入与斗争比率：P(斗者)=0（%）

有无经验	序列		轮（1=起始轮，8=结束轮）							
			1	2	3	4	5	6	7	8
上轮另一名进入者**进入**的条件下进入的条件频率										
		预测（$P=0$）	—	100	100	100	100	100	100	100
		预测（$P=0.2$）	—	0	36	36	36	36	36	36
无	31—结束	实际	—	75*	48	51	74*	58*	56	82*
有	31—结束	实际	—	19	21	20	47	67*	89*	100*
上轮另一名进入者**不进入**的条件下进入的条件频率										
		预测（$P=0$）		100	100	100	100	100	100	100
		预测（$P=0.2$）		0	100	100	100	100	100	100
无	31—结束	实际	—	60*	37*	35*	37*	33*	76	78
有	31—结束	实际	—	27	31*	28*	35*	64*	82*	100
进入后**分享**的条件频率										
		预测（$P=0$）	100	100	100	100	100	100	100	100
		预测（$P=0.2$）	0	19	28	31	35	42	56	100

续表

有无经验	序列		轮（1=起始轮，8=结束轮）							
			1	2	3	4	5	6	7	8
无	31—结束	实际	59*	27*	8	21	29	27	50	79
有	31—结束	实际	7	30*	9	21	31	53	69	100

资料来源：Jung, Kagel, and Levin (1994).

注：*代表预测的频率（$P=0.02$）与实际频率之间有显著性差异 [abs(z)>2]。

荣格、卡格尔和列文总结道，"数据满足了一些有关序贯均衡的基于声誉的定性结论，这些结论支持了掠夺性定价"（1994，90页）——具体说就是，在早期以及P（斗争者）较高时，存在较少进入和分享。但是他们对"克雷普斯和威尔逊的序贯均衡模型的评分比凯莫勒和魏格尔特给出的要低"，并且提出，不同的参数值也许能解释这种差别。对于产业组织理论，他们提出了最重要的一点，即人们可以在合适的实验环境里观察到在位公司的掠夺性行为。

8.3.3　重复博弈中的学习

魏格尔特和我在总结我们1988年的论文时表示，"虽然仍需要新实验或新模型来对学习进行充分的解释，但是数据已经可以被统计学习模型拟合。的确，即便是均衡行为也可以令人信服地由一个启发式模型更好地解释，在这种模型中，人们通过适应或学习去靠近序贯均衡，而不是单凭序贯均衡本身"（Camerer and Weigelt，1988，28页）。

有一种精确的启发式学习模型能产生我们（和其他人）在信号传递博弈中见到的近似的适应过程。凯莫勒、霍和宗（Camerer, Ho, and Chong，2002a，b）最先对其进行了认真考察。他们的理论是对第6章中描述的EWA方法的延伸。扩展至重复博弈中，该理论假定，在位者知道进入者如何学习，并且会考虑用他们的当前行为去"教导"进入者学会预期，这种"教导"会产生未来收益（参见Fudenberg and Levine，1989；Watson，1993；Watson and Battigali，1997）。策略性教导由两个参量衡量：认为进入者会学习的在位参与者的比例（α）（他们是老练型的，其余在位者是适应性的），以及加于未来支付之上的权重（详见Camerer, Ho, and Chong）。

在荣格等人的进入博弈里，当实验对象为无经验者时，通过估计得到有27%的在位者为教导者，而当实验对象为有经验者时，该比例上升到了

55％，这说明参与者在进行各组实验的过程中，学习着变得更老练（同时
也学习如何进行教导）。在凯莫勒-魏格尔特的信任博弈中，对于有经验的
进入博弈对象，估得的教导者比例相同，也是55％。在多数实验组里，教
导模型在样本外的命中率都在70％左右，这还是不错的。（即使在均衡中，
由于存在着混合，命中率也不会大过85％。）QRE的一个代理人形式是一
个基准静态模型，它在每个进入博弈实验组里以及在10组信任博弈实验的
8组里都不如教导模型预测得准确。

图8-3(a)、图8-3(b)以柱状图的形式给出了1—8期［图8-3(a)］
不提供贷款①的相对频率（前提是在序列中不存在先前拖欠），以及给定某
期得到贷款的情况下，拖欠的条件相对频率［图8-3(b)］。数据是对多个10
序列的实验群进行平均后的结果。提供贷款行为在早期频繁出现（也就是
说，"不提供贷款"的情况极少），但是在序列的后期变得越来越少见；而
拖欠行为在早期很少而在后期很普遍。同样还存在这些模式跨序列越来越
强烈的少许倾向（特别是，早期不提供贷款和早期拖欠行为跨序列逐渐地
消失了）。图8-3(c)、图8-3(d)显示的是教导模型预测的频率。该模型
对序列内模式的把握是正确的，并且捕捉到了跨序列的轻微趋势，但是对
后期里的不提供贷款和拖欠行为的频率预测得过小。

（a）不提供贷款的实际频率

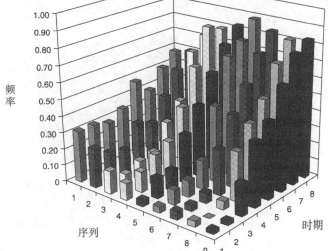

---

① 原文为提供贷款，疑误。——译者注

（b）拖欠的实际频率（在得到贷款的前提下）

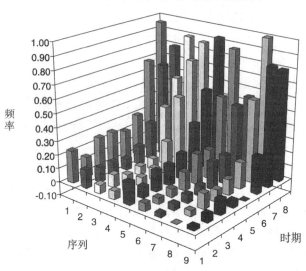

（c）不提供贷款的预测频率

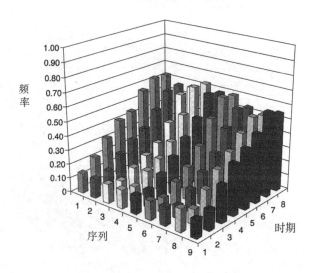

(d) 拖欠的预测频率

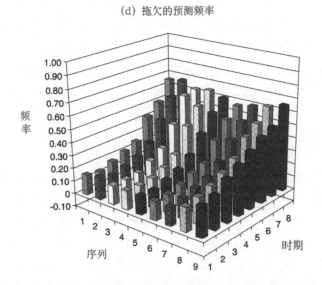

图 8 - 3　信任博弈中的实验结果和模型拟合
资料来源：Camerer，Ho，and Chong（2002a），170 - 171 页，图 5；经学术出版社授权引用。

　　虽然这些拟合在视觉上并不是令人印象深刻的，但该模型比代理人 QRE 模型总是预测得要好，而 QRE 从结构上说总是会比标准博弈论概念预测得要好。其他参量估计显示，EWA 教导方法比其他适应性模型（强化和信念学习）又改进了一步，因为那些模型强加的参量限制已经很确定地被拒绝了。所以，虽然模型还留有待改进的空间，但它显然比现有的模型都更准确。

　　可以确信，参与者以复杂的重复博弈策略开始，然后使用简单的启发式学习法进行学习的学习模型能够更好地拟合这些数据。但是这存在建模者挑选的重复博弈策略是为了拟合某个特定数据集而量身定做的危险。当某些重复博弈策略对教导者有益时，教导模型会"自动"创建这些策略，并且纳入对主观博弈剩余时间和其他结构参量的敏感性。（举例说，教导者在信任博弈里会表现良好以暗示贷者提供贷款是划算的，但他们同样还会在进入博弈里表现得较差以暗示进入者进入是不划算的。）该模型还比基于类型的均衡模型具有更多的直觉属性。[31]

小结

　　重复博弈中的声誉形成在应用经济学里应用广泛，而在政治学里的应用程度略逊一筹，但是与大量的理论化工作相比，此方面的实验却惊人地少。对信任和进入威慑博弈中的声誉形成进行的实验，在给定均衡的复杂程度的情况下对序贯均衡给予了支持。均衡的主要效果在方向上是正确的，但是均衡的许多特征（比如，临近期间内的固定进入率）明显错误。那些对于这些理论的预测作用持怀疑态度的人，就像那些认为比空气重的飞行器是不可能飞起来的人一样，应该会对这些理论的成功感到吃惊。

8.4　结论

在信号传递博弈里，一名参与者观察其私有信息并采取一个能将他们的信息传达给一名"接收者"（这名参与者了解私有信息的分布但不知道信息的确切内容）的行动。这些博弈在应用社会科学中，尤其在经济学中是常见的。它们可用于描述对价格、产品质量及其他产品特征（如保修单）的选择。它们还有助于理解人们采取的个人行动，如接受教育以及日常手势等。信号传递博弈还是对参与者看似不理性的行为的流行解释。博弈里，参与者采取行动来获取高支付以及传达信息。有些时候，传达信息的需要会导致"非理性"行为（比如罢工）。

有几个实验使用了抽象的信号传递博弈来探究逻辑性"精炼"的预测准确性。这些精炼认定某些均衡比其他一些要更合理，其依据是看对于某种类型的偏离均衡的参与人，脱离均衡的信念是否反映了不同的经济动机。这些博弈的结果支持了非常简单的均衡精炼——尤其是序贯性（要求接收者关于某种类型的偏离具有某种信念）。然而，达到均衡状态需要时间。而当某种类型在早期偏离的历史路径和逻辑精炼标准发生冲突时，博弈可以设计成使参与者收敛于非直觉均衡。

其他实验模拟了特定的经济现象——游说、公司的资产融资、配额生产系统中的棘轮效应以及限制性定价。在这些博弈里，均衡过程通常是急剧而明显的，虽然棘轮效应和限制性定价博弈只显示出有限的策略性老练（参与者不明智地泄露了他们的类型，使他们的生产限额单向上升或者使进入者进入）。

在重复博弈里，当早期模仿行为能使其在后期受益时，普通类型的参与者有强烈的动机去模仿特别类型——在重复进入威慑博弈中去斗争，还有在重复信任博弈里偿款。这些博弈中的行为常和（直觉）序贯均衡非常明确而大胆的预测惊人地一致，尽管声誉形成理论的许多更精细的预测相当错误。

这些实验得到的一般结果被库伯、加文和卡格尔（Cooper，Garvin，and Kagel，1997b，555 页）加以精心归纳。他们写道：

> 本质上，博弈论是关于人们如何行动的一种假说。特别地，它假定个体会尝试预期他人的行为并相应地加以回应。这是博弈论的灵魂，而且实验表明，它是健康和充满活力的。而不那么健康的是为了得到可操作的结果而强加于该理论之上的大量假设。人们急于得出可给出合理结果以及易于被理论家应用的理论，在这个过程中，人们实际如何行动的现实情况可能已被置之不理了。我们并不认为博弈论应被抛弃，但是作为一个描述性模型，它需要更完整地纳入关于人们在实际中如何行动的要素。

受观察到的行为约束的理论极限是人们能预期的极限。参与者起初是短视的，他们并不能完全预期到他们的选择会无意中泄露信息。参与者也不会像均衡理论预测的那样，立即推测出选择揭示了什么类型。而均衡的反直觉属性（比如参与者的混合概率同他们自身的支付相独立）一般是和参与者的实际行为不符的。

在泽尔滕关于连锁店悖论的最初文章（Selten，1978）中，他提到，在一个 20 期的进入博弈里，逆向归纳会合乎逻辑地导致均衡被解。他提出了一种替代的"威慑理论"。他写道（131 - 132 页）：

> 的确，归纳理论的推理在博弈最后几期里是非常有说服力的。因此参与者 A（在位者）不能完全忽视这些论断。他应在他的直觉基础上决定，他想在最后多少期里接受该反推论断……威慑理论不会产生行为的精确原则，因为一些细节要留待参与者的直觉去决定，但是这不会削弱该理论的实际可用性。

我认为尽可能地对参与者可能拥有的"直觉"进行精确化以及对各类模型作大胆预测是非常重要的。将均衡理论进行一般化和将泽尔滕研究的直觉进行标准化的正确途径是，沿用基本的理论内核并弱化某些理性假设。

诸如 QRE 或 ε 均衡这样的模型，不仅可以解释观察到的实际行为和均衡行为之间的一致性，同样也能解释观察到的偏离。这些对均衡的一般化无疑是朝向正确方向前进的一步。然而，对于解释均衡于何处发生以及何处不发生，学习理论同样是有用的。本章中的很多研究（特别是那些模拟特定经济或政治博弈的研究）无疑纳入了学习分析，典型地是基于信念学习或 EWA 学习。当某些参与者了解到其他人在进行学习时，学习的影响被扩大了。这些"老练的"参与者具有采取某种短期行为的动机，虽然这种行为要付出代价，但它能让进行学习的参与者按照某种可使"教导者"从中受益的方式进行预期。

库伯、加文和卡格尔还提到，由于类型揭示和类型推断的逻辑在实证观察中并非像均衡预测中那样鲜明，"在信号传递博弈中，多余信号可以帮助辨别信息的余地还相当大，而大多数经济模型都习惯性地将这种考虑置之度外"（Gooper，Garvin，and Kagel，1997b，573 页）。如果某些参与者是有限理性的，因而不能完全地计算或推测出他人选择的含义，那么多种的交流机制能使参与者要么充分利用这些理性限制，要么为了共同收益而去克服它们。

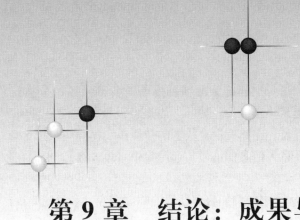

第9章 结论：成果与展望

人们创造博弈论，旨在为描述社会互动行为提供一门数学语言。从那以后，博弈论已成为经济学的标准工具，并越来越多地被应用于生物学和政治学，偶尔也用于社会学、心理学和人类学。

本书描述了大量丰富而快速增长的实验数据，这些数据旨在解决博弈论的两大弊端：第一，博弈论假定了很多计算、预见力、对他人理性的洞察以及（实际应用中的）自利，这些假定超出了自然状态下人类的能力；第二，在大多数应用领域，存在过多的有关理性人会如何策略性互动的理论化研究，而相比之下，却缺乏对人们实际如何行动的实证研究〔没有哪一门科学（尤其是经济学家最为嫉羡的"硬"科学，比如物理、化学和生物学）可以不受数据约束只靠理论化而得到发展〕。

这两种弊端可通过观察在参与者的信息和动机都被详加控制的实验中人们如何行动来加以解决。这些实验检测了博弈论原则对人们行为进行预测的精准度。当原则不精准时，实验结果通常能提出替代的原则。这种理论和观测之间的对话创造了一种被称为"行为博弈理论"的方法，它是在实验证据和心理学成果的协助下对理性博弈理论进行的一种正规化修正。修饰语"行为"提醒我们，这一理论无疑是为了预测人们（以及像公司这样的团体）的行为，并尽可能直接地从心理学方面的证据中得出预测。最终目的是让博弈论学者们认识到行为博弈理论的有效性和必要性并接受它。当这一时机到来时，本书所介绍的中心内容将成为任何标准博弈论书籍的一部分，到那时"行为"一词将可以去掉。

下一节是对已有成果的一个总结。在此之前有必要申明，行为博弈论不是针对博弈论对选择行为的糟糕推断的各种批评的分类汇总。实际上，那些结果自始至终是混为一体的，而这种混合使人们可看到一种更好的理论已经触手可及。在具有混合均衡的"简单"博弈中（第3章），以及在更为复杂的涉及私人信息的信号传递博弈中（第8章），人们在数小时的实验性互动之后，其行为常常与预测惊人地接近，尽管这些预测很少如此精确。（在某些例子中，例如鲁宾斯坦的邮件博弈，参见第5章，实验对象从一个非常规的均衡出发，但只在两小时后就结束于接近该均衡的位置。）有时候博弈论在描述方面的不足之处显而易见，例如简单的讨价还价博弈（第2章）和占优可解博弈（第5章）。这时，简单的参数修正就成为标准理论很好的替代。如果能使自利的人变为更具人性的人，无限的推理步骤改为有限，与此同时保留博弈论的核心原则（也就是，参与者对其他参与者可能做什么进行考虑，并且以某种有限的思维这样做），那么，对理论的修正看起来并不难。

9.1 对结论的汇总

通过概括每章的结论，从数以百计的实验中可得出如下一系列启示。

9.1.1 简单讨价还价博弈

在囚徒困境和公共物品博弈中，参与者对个人利益和集体利益进行权衡：采取合作将面临收益较少的风险，但考虑到如果其他人也采取合作就会收益较多。人们已经在数以千计的实验中对囚徒困境和公共物品博弈进行了研究，这些实验显示人们通常选择合作。尽管这些博弈是关于许多社会情景很好的模型，但它们不能区分报复性或消极互惠的参与者和仅顾及私利的参与者（这两种类型的参与者都在囚徒困境中拒绝合作，并在公共物品博弈中不贡献任何份额）。所以为了找出人们会做出何种选择来表达其情感态度，更大范围的简单博弈实际上比单纯的囚徒困境和公共物品博弈本身要更有用。在独裁者博弈中（这其实根本不是博弈，而仅仅是一种决定），某个参与者决定如何在她与另一个参与者之间分配一笔货币。最后通牒博弈为独裁者博弈增加了一个"拒绝"选项——第二个参与者作为回应者可以拒绝最后通牒出价（从而使双方都一无所获）。在信任博弈中，独裁者（代理人）进行分配的数量由投资者的投资多寡来决定。这些博弈是社会交互作用最基础的构成单位（例如，任何有明确结束时间底线的讨价还价过程都会以最后通牒博弈告终，这典型地见于诉讼以及工会同管理层的谈判中）。更重要的是，这些博弈是一种可以用来测度社会性偏好结构的工具。（例如，对于金钱分配的效用取决于一个人的所得和其他人的所得，这可能依赖于导致分配选择的行动序列。）

从大部分实验中得到的基本规则如下：在独裁者博弈中，参与者通过分配他们禀赋中的10％～20％给其他人而表现出轻微程度的利他主义。但是，通过拒绝最后通牒博弈中低于20％的出价，他们也表现出了消极的互惠，这种情形大概有一半的概率会出现。（一般地，那些做出最后通牒出价的参与者会预期到这种被拒绝的情形，因此他们通常会出价30％～50％。）在信任博弈中，一个参与者的投资决定了此后行动的代理人在独裁者博弈中将会拿出多少返回给投资者。参与者大约会将其一半的资产冒风险投资给代理人，并且基本上一无所获（也就是说，他们拿回的数额大致等于他们的投资额）。独裁者博弈和信任博弈似乎是比较"弱"的社会情形；因而结果随独立变量变化起伏很大，但最后通牒的出价却相对稳定。虽然代理人的支付被视为积极互惠的证据，但是如果把代理人分配给投资人（先行者）的数量（积极的互惠）与独裁者博弈中均衡分配的数量进行比较，则发现这种积极的互惠是很微弱的。但与由一个随机机制所产生的相同的出价相比，参与者更倾向于在最后通牒博弈中拒绝一个不公正的出价。综合考虑，这些数据表明积极互惠的效果相对弱于消极互惠。（和生活中一样，比起收到感谢信所带来的愉悦来说，实验对象对察觉到的攻击进行报复的反应更快。）

在这些实验中，存在着重要的个体差异和很多有趣的效应，这些效应起因于博弈被描述的方式和实验对象所处的文化。人类学者已经调查了大约20个简单的小规模社会群体。如果利用纯粹自利的假定，则会推断出在最后通牒博弈中参与者的出价很少，并且会接受任何出价。而事实是，那些较为原始的社会群体的确表现出较为自私的特征，但在大多数发达国家中却不是这样，这表明文化是构成社会性偏好的一个重要因素。

这些研究结果导致在观察与理论化工作之间出现了最令人难忘的互动，并形成了几个模型，这些模型提出了一个社会性效用函数，意在以一种简约的方式解释不同博弈中的所有结果。在"规避不均等"模型中，参与者不仅在意他自己的所得收入和份额，而且还在意他们自己与其他人收入的差异。在基于互惠的模型中，参与者对是否受到了公平对待形成了自己的一个判断，并对受到善待回应以善待，对受到冷遇回应以冷遇。

对于这些新模型的重要性以及它们应被主流经济理论所纳入的紧迫性，我认为无论怎样强调都不为过。新模型表明，对其他人的支付（以及行为）是否在意可以用简洁的方式进行模型化，并且那些模型足够严格以至可以被新数据证伪。这些模型还基于这样的思想，即自利是种特例或者是一个启发式结果，而不是人们行为的规则。大多数模型通过使奖金增加，或使对象不知道其他人可获得多少，或使在不损害任何人利益而使至少一个参与者可能获利（就像在竞争市场中）的情况下来允许参与者采取自利行动。因此，在一个人们的确在意他人的模型中，只要此时表达这种在意的成本过高，或是当市场的竞争结构导致想通过牺牲个人利益来降低不平等是不可能的，那么自利行为就会出现。假若这些模型可以解释自利和社会性偏好，那么就没有充足的理由认为这些新近研究的有趣模型不应立即取代社会科学中的自利假说。

9.1.2　混合策略均衡

在仅有混合策略均衡的博弈中，假定参与者进行随机化选择以防止他人探测到他们选择中的某种模式，因为如果是在重复博弈中，固定的选择模式是容易被发现的。（或者从现代的观点来看，参与者并不觉得他们是在有意识地进行随机化选择，但其他参与者对这些参与者将做什么具有不确定的信念，一般来说这是正确的。）尽管那些博弈中的行为经常被说成是与博弈理论的预测相左，但我对这些数据（见第 3 章）却有不同的解释：在大部分博弈中，参与者按某种比例选择策略，这一比例介于均等概率和混合策略预测值之间。更何况，很难找到一种能改进混合策略均衡预测的简单理论。（尽管随机最优反应均衡和认知等级等模型在此方面最有希望。）由于完全的随机化选择看起来并不是自然情形，因此混合策略预测的相对成功是惊人的。并且人们在试图制造随机结果时确实表现出微小的偏向。（尽管比起生成随机序列来说，他们在与他人博弈时更接近于独立随机抽取，但是他们的交替选择过多。）整体来说，混合均衡提供的对人们如何行动的猜测还不算差。

9.1.3　讨价还价

在非结构化讨价还价模型中，实验者有意地不对行动的精确次序和允许的信息传递进行控制。在结构化的讨价还价模型中，加入了特定的行动次序和信息方案。结构化讨价还价模型的例子包括对"不断缩小的饼"所进行的轮流出价讨价还价或者具有固定成本的讨价还价，以及参与者对他们的价值衡量具有不对称信息的模型。从这些研究中得到的一个基本发现就是，出价和还价通常介于待分金额的均等分割和精炼子博弈的预测值之间。适当地设定社会性偏好后，这些结果中的大部分基本上是均衡结果。但通过观测参与者的注意力，同样也可得到的明确证据是，即使这些博弈比那些日常生活中经常进行的博弈更简单，他们并非如一些博弈理论均衡所假定的那样本能地利用逆向归纳法。

9.1.4 重复占优

在很多有趣的博弈中，通过对劣策略充分地重复剔除可以预测出均衡选择。这类博弈包括"对他人理性的押注"、"选美比赛"猜测博弈、不完全价格竞争、专利竞争博弈、蜈蚣博弈、改编自逻辑命题的"脏脸"博弈和鲁宾斯坦的"邮件博弈"。如果劣策略被重复剔除，这些博弈将导致一个唯一的预测的策略选择（假设其他人不会选择劣策略，如果该假设成立则剔除劣策略，如此类推下去）。在所有这些博弈中，参与者选择的策略和他所进行的重复占优的步数相关。因此结果可以用来间接地测度人们重复推理的级别。多数研究显示，参与者使用二至三级的重复占优。也就是说，他们在自己的选择中不违反占优，但他们的行动看起来就如同他们不确定他人是否也遵从占优，或他人是否认为他们遵从占优。然而，在存在大量学习机会的实验中，参与者的确朝着占优可解结果的方向收敛，其程度有时令人惊异。

9.1.5 学习

最近一个激动人心的研究领域是通过实验数据对关于个体如何学习的精确模型进行细致检验。（演化模型很少被检验出违反数据，但相对于个体层次的模型，它们通常被强烈地拒绝。）我对该研究领域的结论强烈地受到我所致力于的 EWA 学习模型的影响（与霍及宗合作）。

这几个学习理论中的任何一个都能比均衡概念更好地说明实验数据的时间路径，这点几乎毫无疑问（均衡概念根本不能预测动态变化，因此形成了研究中的一个基本障碍，但这个障碍并不难跨越）。我们理论的中心观点是，参与者关注他们的未选策略所放弃的支付，但他们同样特别在意他们选择的策略。强化和信念学习，这两个最著名的模型是我们的杂交方法的极端情况，其中一个是参与者对他们的实际所得不予以特别关注（信念学习），另一个是仅关心自身实际所得（自强化学习模型）。有多方面充足的证据表明，这两个简化的假设是错的，因此很容易在一个允许这两种情形（对实际支付的特别关注和对未选策略支付的一定关注）同时存在的并稍微一般化的模型中来放松这两个假设。结果是，杂交的 EWA 模型从未出现过差的预测，并且有时预测得要准确得多，在这个意义上，杂交模型比强化学习模型和信念学习模型能更可靠地预测新数据和各种博弈情形。

EWA 理论的一个简化变形很好地拟合并预测了数据，并且基于成熟的心理学观点，因此可以成为非常有用的一般学习理论。当纳入老练（具有认为其他人进行学习的信念）时，它将均衡概念作为无学习的基准点纳入，并同样能用于理解重复博弈中的"策略性教导"。但是，在参与者不知道其未选策略支付的博弈中（许多自然发生的情形即如此），参与者必须对未选策略支付做出一些猜测（也许使用某个"支付学习"模式，其中包括类似于登山模型这样人们熟知的启发法）。可与 EWA 相提并论的最有趣的理论是"规则学习"，达尔·斯达尔在博弈实验中对此做了最细致的检验。在"规则学习"中，参与者暗中关注几个不同学习规则的表现，并逐渐对表现更好的规则赋予更高的权重。

9.1.6 协调

在多重均衡博弈中，人们提出了一系列"选择原则"用于预测（或描述）哪种均衡最有可能发生。我区分了三种协调博弈：其一，纯匹配博弈，其中所有均衡对同一个参与者都有相同的支付，所以只有利用"聚点的"或心理上凸显的策略标签才能在特定均衡上达成协调；其二，猎鹿或"确信"博弈，其中支付占优均衡总是有风险的；其三是性别战博弈，其中不同的参与者偏好于不同的均衡。得出的基本规律是，在如下两种意义上会普遍出现协调失败：其一，参与者不知道如何能快速地相互最优反应；其二，他们收敛于非支付占优均衡。然而，协调失败具有典型性和可预测性，并且依赖于选择占优支付均衡策略的风险程度以及适应性动态过程的一些特征。在这些博弈中，交流的效果十分有趣：当策略不确定性可凭借弈前宣告（在猎鹿博弈中）消除时，交流就对协调起到了改善的作用；但仅当一个参与者做出宣告时，才有助于达成性别战博弈的解。（在性别战博弈中，一个人进行宣告意味着他控制了局面，而两个人都进行宣告则产生了争执。）

9.1.7 信号传递

在存在不对称性信息的信号传递博弈中，发送者的行为会向接收者传递一些私人信息。这些博弈多见于许多关于经济或社会现象的理论中（罢工、教育、信任的建立、进入威慑），但它们没有被以实验的方式彻底检验过。证据是尤其有用的，因为信号传递博弈通常会有多个贝叶斯-纳什均衡，这些均衡可以通过其是否遵从某种准则（"精炼"）来进行区分，这些准则说明了参与者所会拥有的关于"何种类型的发送者会做出一个很不可能的选择"的信念。实验表明参与者确实朝向信号传递均衡收敛。但是，过分精细的准则对预测哪一种均衡会出现无甚帮助，而建立这样一种博弈，其中能够出现较弱的精炼均衡，这也并非难事。

行为博弈理论试图运用将标准工具一般化的简单模型来解释这种范式的规律。我的基本看法是，十分赞同文森·克劳福德（Vince Crawford，1997，235 - 236 页）的结论，但却不包括"实验结果给予我们充足的理由去认为，通过对来自每个主流理论框架（传统的非合作博弈理论、合作博弈理论、演化博弈理论以及适应性学习模型）的要素和关于行为的少量实证信息进行综合，我们就可以理解大多数策略性行为"这句话。我要对克劳福德的引言中"少量"一词挑一下语义上的毛病。它的词典定义为"一个小的比例，有限的数量"（如同烹鱼时所放的盐量——你不想用得太多!）。我认为它的反义词才正确——需要**大量的**而不是很小比例的证据才能指出哪种主流理论框架最为适合，从而能精炼地提出理论并将其一般化。

有人喜欢直接看着菜谱烹饪。下面是我本人使用行为博弈理论的菜谱。如同许多食谱一样，它是个性化的（使用了许多自制的数学配料），但它同时允许对配料进行替换，也无疑应该进行修补。以下即是：

你是否对工资设定、讨价还价、税收政策或公共物品生产感兴趣，并期望得到对社会性偏好的一个简洁叙述？试试费厄-斯科米德特的规避不均等理论（在第 2 章，是最容易应用的方法）吧。其函数形式为：参与者 i 从包含支付元素 x_k 的向量 X 中获得的效用为：

$$U_i(X) = x_i - \frac{\alpha}{n-1}\sum_{k\neq i}\max(x_k - x_i, 0)$$

$$- \frac{\beta}{n-1}\sum_{k\neq i}\max(x_i - x_k, 0)$$

一个便捷的代入参数的方式（好比是零卡路里的菜谱）：试试 $\beta=0$，$\alpha=1/3$。建议的替代方法：博尔顿-奥肯菲尔斯 ERC 理论，或查尼斯-拉宾的罗尔斯模型，或其他允许真实互惠的拉宾理论的变形。

你想要一个纳什均衡的精简替代理论来对博弈第一期会发生什么做出合理的猜测或是当作一个学习模型的初始条件吗？试试凯莫勒-霍-宗的认知等级方法（第5章）。其函数形式是：$f(0\mid\tau)$ 比例的参与者对 h 个策略进行随机化选择。对大于 0 的整数 k（最多八个级别），$f(k\mid\tau)$ 比例的人以概率 $P_k(s^i)=I(s^i, s_k^*)$ 选择策略 s_i，其中：

$$s_k^*=\arg\max_{s^j}\sum_{m=1}^{h}\pi_i(s^j,s^m)\left[\frac{\sum_{c=0}^{k-1}f(c)P_c(s^m)}{\sum_{d=0}^{k-1}f(d)}\right]$$

［其中 $\pi_i(s^j, s^h)$ 代表当参与者 i 选择 s^j 而他人选择 s^h 时参与者 i 的支付。］（也就是说，k 级思考者对观察到的低一级的类型的标准化概率分布进行最优反应。）策略 s_i 的预测选择概率为：$f(0\mid\tau)(1/h)+\sum_{k=1}^{8}f(k\mid\tau)P_k(s_i)$。一个便捷的代入参数的方式是：试试 $f(k\mid\tau)=e^{\tau}\tau^k/k!$（泊松分布）及 $\tau=1.5$。建议的替代方法：随机最优反应均衡。

你想要一个能适应各种博弈的学习模型吗（第6章）？试试凯莫勒-霍-宗的函数形式 EWA 模型。t 期后更新［$\kappa_{it}=0$，$s_i(t)$ 表示参与者 i 在第 t 期的实际选择］的吸引力函数形式为：

$$A_i^j(t)=\frac{\phi_{it}\cdot N(t-1)\cdot A_i^j(t-1)+[\delta_{it}+(1-\delta_{it})\cdot}{N(t-1)\cdot\phi_{it}+1}\frac{I(s_i^j,s_i(t))\cdot\pi_i(s_i^j,s_{-i}(t))}{}$$

令 $N(0)=1$，计算出变化探测函数值为：

$$\phi_i(t)=\delta_{it}$$
$$=1-0.5\left\{\sum_{j=1}^{m_{-i}}\left[\frac{\sum_{\tau=t-W+1}^{t}I(s_{-i}^j,s_{-i}(\tau))}{W}-\frac{\sum_{\tau=1}^{t}I(s_{-i}^j,s_{-i}(\tau))}{t}\right]^2\right\}$$

其中 W 是纳什均衡所支持的策略（最小）数目。用 Logit 法则 $P_i^j(t+1)=e^{\lambda\cdot A_i^j(t)}/\sum_{k=1}^{m_i}e^{\lambda\cdot A_i^k(t)}$ 计算出选择概率。［初始条件 $A_i^j(0)$ 可以是均衡支付，或是根据认知等级模型得到的期望支付。］一个便捷的代入参数的方式是：

试试 $\lambda = 1$（对于支付为 1 美元左右的情况）；或者非常大的 λ（最优反应）。建议的替代方法是：加权虚拟行动（$\phi = 0.8$），或者如果是在一个参与者获得非零支付的可变环境里，使用具有支付可变性的强化模型。

我将以一个"前十排名表"结束本书，它描述了十个最可能被提出以及在未来十年内可能得到解答的研究问题。当然，进行预言总是冒险的，而对科学的发展方向进行预言尤其如此。理性化的预言应该比被预言事物的实际变化范围要小，所以如果多数扣人心弦的新研究并没有与以下所列的方向大相径庭的话，那么将是令人惊讶的——同样也令人失望。但把预言列举出来的好处在于其简明、实用、有吸引力，因此在这里我权且做一个这样的排序。

9.2 十大前沿的开放性问题

前五个问题较为保守，因为对它们的回答正在涌现。后五个问题更具前瞻性。

（1）人们如何评估他人的支付？回答这一问题的社会性偏好理论进展喜人，具体体现在精确的"规避不均等"模型和基于互惠的理论（见第 2 章）。新近的实验对这些理论进行了对比检验，并将可能对这些理论进行某些综合，或是给出哪些理论效果更好以及适用于何种情况的结论。

（2）人们如何学习？学习理论对人们在重复博弈（或从相似博弈中推广）时是如何从前期中的选择调整到当期选择这一问题做出了解释（见第 6 章）。与社会性偏好理论一样，有关学习的理论也具有一定的多样性，并且它们被各种数据集以各种方法所检验。下面将要做的一步重要研究是对那些拟合性较好的理论的简单形式进行研究，并考察它们具有什么样的理论特性。与此迥然的下一步研究是分析存在有限信息的复杂环境中的学习（这种情况下单单就定义策略来说都是一种挑战）。

（3）在不同的人和环境（例如文化）之间，社会性偏好如何变化？测度利他主义（独裁者博弈）、消极互惠（最后通牒博弈）和积极互惠（信任博弈）的基本实验方案已经被很好地建立起来——我们知道哪些类型的变量影响很大，哪些很小。下一步研究是对这些博弈中的差别进行仔细调查。研究边远地区小型社会的人类学家（比如 Henrich et al.，2002）正在做着这类有趣的研究。（他们的工作同样将实验方法进行简化，这会招惹争论，因为在大学实验室里想当然的奢侈的实验要素——例如实验对象的理解、实验对象之间的接触、数字训练实例的影响以及携带大笔现金而不被抢劫的能力——在非洲和巴布亚新几内亚是无法得到保证的。）

（4）当人们面临一个"新"博弈时会怎样？人们提出了初始行动理论，这些理论基于对有限重复思维和随机最优反应的某种结合。有一些简单的规则（比如，若其他人进行随机化选择则选择期望支付最高的策略，并且以某种严格的方式重复推理），在解释第一期的行动时颇费周折（Haruvy and Stahl，1998；Camerer，Ho，and Chong，2001）。QRE 因其仅使用一个参数，并绕开了许多标准均衡概念中最违背直觉的特性，因而受到人们的青睐。

（5）参与者在博弈中到底是如何思考的？在出现的一些文献中，运用具体的认知证据（测度信念、反应时间、对计算机对话框中支付的关注程度）来推断人们的思维方式。这些数据既产生了对计量经济学方面的挑战（同时运用选择和认知证据来确认决策规则；参见 Johnson et al.，2002；Costa-Gomes，Crawford，and Broseta，2001），也给用多重标准来改进确认模型的方法提供了机会。

（6）在人们心里，人们会认为他们正参与哪种博弈？在加州理工学院进行的对协调猎鹿博弈的一次实验之后，一个盛气凌人的学生在意见回馈表上写道："我不敢相信你们仍在研究囚徒困境！"随后的质疑显示，由于个体理性可能导致猎鹿博弈中的无效率（而在囚徒困境中，若参与者是自利的，则结果必然如此），因此这个富于攻击性的学生把理性**可能**导致无效率的博弈与理性**必然**导致无效率的博弈混淆了。显然，这个学生把这两种博弈归为了一类，而任何一个仔细学过博弈论的学生都不会犯这个错误。该学生的错误表明，博弈被认知或分类的方式对于理解参与者的行为至关重要。（该学生连续地"叛离"，认为他的策略必定是最优的，但在猎鹿博弈中这当然不是最优的。）"心理表征理论"是一种新兴理论，是通过对人们如何形成心理模型或对博弈要素的认知［参与者是谁，策略是什么（包括重复博弈策略），货币或实物支付是什么，等等］而得到的一组基于心理学的观测结论。心理表征理论将社会情形的大致描述映射于学者们研究的博弈种类以及人们使用的选择原则的种类，从而决定选择什么。虽然不存在通用的理论（参见 Camerer，1998；以及 Warglien，Devetag，and Legrenzi，1999），但是即使是少许脆弱的观点也会有助于解释人们和厂商实际上如何分析他们所面对的互动。与此相关的是"跨博弈学习转移"这一重要概念，它大概基于认知的相似性。［心理学家桑代克（Thorndike）

认为转移依赖于"同质的因素"。] 这反过来又与类比、模式识别、基于案例的决策制定（Gilboa and Schmedler，2001）等概念相关。这方面最近的有趣研究包括克内兹和凯莫勒（Knez and Camerer，2000），范·哈依克、兰金和巴特里奥（Van Huyck，Rankin，and Battalio，2000），范·哈依克和巴特里奥（Van Huyck and Battalio，2002），以及杰希尔（Jehiel，2001）。

（7）实验能够加强新的制度设计吗？一大批关于如何设计规则以达到目标（机制设计）的理论近年来十分活跃。但多数这些机制对个人理性强加约束，并假设人们对规则进行理性反应，这有时在认知上是不合理的，或者即使设计者自身也难以计算结果。如果人们不能决定是否参与这些规则或如何对其做出反应，那么这些机制是无法运转的。如同在经济学设计的其他领域，实验是为机制提供试验平台以及打造有限理性机制设计的良好理论（以及应用）的有效办法。

（8）小组、团队和企业如何博弈？实际上本书的所有实验都保留了一个博弈论的标准假定：参与者无论是基因、动物、人类、家庭、工作团队、公司还是国家，对标准工具的可应用性无关紧要。所以大多数实验仅使对象对其自身的决定负责。但实验室的灵活度足以允许实验的主体为（譬如说）工作团队，以此来探究决策的不同（参见 Bornstein and Yaniv，1998；或 Kocher and Sutter，2000）。博弈中的集体决策理论通常没有得到很好的发展，但这一事实只能阻止人们追随理论，而不应抑制实验者运用经验证据来推导理论。

（9）人们在非常复杂的博弈中如何行为？本书描述的所有实验都运用了一种实验对象普遍知晓的博弈形式，这样，由共同知识假设而引致的均衡预测就可与行为相比较，但这种动机同时也制约了实验。这一方法使理论主导实验设计。许多其他的经济学实验沿着相反的方向前进（例如，大量对复杂的非瓦尔拉斯市场的研究，有关实验的意义能被很好地理解，但其理论仍不能被洞彻）。如果给予更大范围的新工具来预测人们在复杂得多的系统中如何行动，那么用实验的方法来探索是有价值的。一个典型的例子是网络，其中参与者可形成链接，然后进行讨价还价或交易（例如，Corbae and Duffy，2002）。

（10）社会认知空间如何影响博弈中的行为？大部分实验沿袭了一个数十年一直存在于博弈论中的奇特偏见——实验对象的身份，他们的共同背景，以及他们在互动前必须向对方说的话要么无关紧要（谈话是"不能当真"的），要么就是威力巨大，以至于融入这种影响就像打开了装满过于复杂而无法解决的因果关系的潘多拉魔盒。较新的实验融入了交流、社会性暗示和代际交叠（涉及"父母"给"孩子"以建议）。

没有理由不乐观地认为前述中克劳福德的评述将迅速出现，而关于上述十个问题的争论性发现也将产生。行为博弈论的要素已被数学化，并建立在实验数据和心理学论点（除了提到过的心理表征理论，这一论点仍有待积极研究）的基础之上。我认为：在未来十年的实验工作中，我们应超越仅将数据与类似纳什均衡这样简单概念进行对比的一般实践，因为这方面的结果已被大家熟知。相反，研究者应将结果与认识等级模型相比较，与 QRE 和学习理论相比较（一个纳入了递归的"老练"参与者的 EWA 模型推广了 QRE，它可能成为今后几年用于和数据比较的一个合理而又强健的基准）。行为理论在决定政策建议的应用中也将是有价值的，因为在策略情形中建议的质量依赖于其他人会如何行动。如果新的行为工具像最近的研究中一样能够不断捕捉行为的规律性，并且同样在理论化方面被证实是有用的，那么它们将在教科书的讨论中获得显著的位置。到那时，"行为"一词将不复存在。我们祝愿这个过程越快越好。

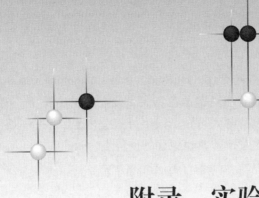

附录　实验设计细节

第 2 章

哈里森和麦凯布（Harrison and McCabe，1996）。他们的实验分为 15 期，在各期中，每 16 人为一组，各组就 20 美元讨价还价。最终随机地抽取其中一期来决定最后的支付。小组中每个人在每一期都会既充当买者也充当卖者这两个角色，并且各做出一个出价并设定一个最小可接受出价。这种双重角色设计并不常见，并且也可能是导致结果更接近自私假定的原因。

安德鲁尼和维斯特伦德（Andreoni and Vesterlund，2001）。实验对象是来自威斯康星州的 70 名学生以及艾奥瓦州的 72 名学生，其中有 95 名男生和 46 名女生。[①] 实验分多个组，每个组有 34～38 名学生参与。参与者在每个组中进行 8 次独裁者博弈，所针对的代币数量和相对价值各不相同，方案是"双向蒙蔽"，并且实施的检测不能与个体实验对象相关联。最后随机选取八次博弈中的一个结果，并根据该结果来支付实验对象（注意每一个实验对象既是独裁者也是接受者）。

罗思等人（Roth et al.，1991）。为了对实验者的主要效应进行控制，这三个非美籍科学家将分别在美国和他们的母国进行不同组的实验。实验中，20 个实验对象在固定角色的方案下以及没有重复配对情况下进行十次实验，并且个体只得到关于自己决策的反馈信息。最后随机抽取一次实验的结果作为支付。

---

① 数字疑误，原文如此。——译者注

巴肯、约翰逊和克罗森（Buchan，Johnson，and Croson，1997）。各小组中的每个实验对象在固定角色和无重复配对的方案下，对 1 000 个代币进行讨价还价。巴肯等人得到了最小可接受出价。实验对象是来自东京大学和宾夕法尼亚大学学习营销课程的预科生。

卡格尔、金和莫泽（Kagel，Kim，and Moser，1996）。实验对象是匹兹堡大学的本科生。实验分为 8 个组，每组进行无重复的多次随机匹配。最终从 10 次实验中随机抽取一次的结果作为支付。

法尔克、菲尔和费希巴彻尔（Falk，Fehr，and Fischbacher，1999）。在他们的实验中，90 名实验者，在所有的四种情形下，以随机的次序，每次面对一个匿名的对手进行实验。因为回应者的行为受特殊利益驱使，于是他们采取这样的策略手段，即每次在一种条件下对两种可能的出价各做出一个回应。每一分值可兑换 0.8 瑞士法郎（约 0.56 美元）。

斯尼基德斯和克伦（Snijders and Keren，1998）。实验对象是 466 名来自四所荷兰学校（阿姆斯特丹、乌得勒支、尼美根、格罗宁根）的不同专业的学生。他们被分为 7 或 14 个小组，并被置于可以相互看见的房间里。每人都将充当投资人和代理人的双重角色，并进行 3～6 次实验。在信任实验后，他们还将进行 3 或 4 个其他的决策实验。最终随机抽取一次实验的结果作为支付。

范·哈依克、巴特里奥和沃特斯（Van Huyck，Battalio，and Walters，1995，1996）。152 名来自得克萨斯大学的本科生，参加一项有关委托和判断的实验。其中通过让 48 名实验对象连续参与两次来评估经验所产生的效应。在每一组，10 名实验对象被随机地分配类型，并且在不同时期，还要被打乱重新配对。他们在一项 ABA 方案（例如，委托—判断—委托，或是相反）中，进行了三列实验（每一列为 20 次）。在对声誉建立进行实验的组，90 名实验对象被分为 10 个小组，每人被委以不同的类型，并且配对。在每一期结束时，原有的配对能继续被维持的概率是 5/6。

考克斯（Cox，1999）。实验使用伯格、迪克豪特和麦凯布（Berg，Dickhaut and McCabe，1995）的所谓双向蒙蔽的信箱方案。在每一实验组中，他们作为独立个体先进行三项实验中的一项，然后再以 3 人为一小组进行信任博弈实验。为了比较个体和小组决策的区别，实验对象在个体实验与小组实验中角色相同。这批实验对象是来自亚利桑那大学的 60 名本科生。

巴肯、克罗森和达乌斯（Buchan，Croson，and Dawes，2000）。作为

实验对象的大学生们被认为在人种和技能上是大致相同的（128 名中国学生、140 名韩国学生、140 名日本学生和 140 名美国学生）。实验开始，每人会获得 10 美元或价值相当的其他类型的货币。实验说明都经过了匿名回译的检验。巴肯（美国人）作为实验组织者，无论进行哪组实验时都在场，但每组实验的具体组织者都是与实验对象具有同一国籍的人。

达夫文伯格等人（Dufwenberg et al.，2000）。实验对象是来自以色列海法大学的 176 名学生，其中 28 对拥有完全的信息，32 对则拥有不完全的信息。每人在开始时获得 10 谢克尔（以色列货币，约 2.28 美元）的初始禀赋。

森南和斯格拉姆（Seinen and Schram，1999）。实验对象是来自阿姆斯特丹大学各专业的学生，实验分为 28 组。在 90 轮实验中，他们被随机地配对。在第 90 轮之后进行附加实验，并且规定在每次附加实验后，整个实验结束的概率是 10%。实验对象会被支付 20 荷兰盾再加上他们在 20 个随机实验中的所得。支付是以荷兰分的形式（每分约合 0.5 美分）。

霍和魏格尔特（Ho and Weigelt，2000）。在美国和中国，实验对象都被分为 20 组，而在新加坡被分为 52~54 组。他们在无重复的多次随机匹配方案下进行 10 次实验。报酬约为 11 美元，或是根据购买力平价计算的该国货币。

第 3 章

列伯曼等人（Lieberman et al.，1962，1965）。实验 1 中（Lieberman，1962），来自哈佛的 20 名实验对象进行 300 次实验。实验 2 中（Malcolm and Lieberman，1965），来自石溪大学的 18 名大学生通过配对进行 200 次实验。所有实验对象都领取相当于 2.5 美元现金的筹码，并且固定搭档。他们通过翻取带色的卡片来进行面对面的博弈，并且在每次实验后立即根据实验结果来兑换各自手中的筹码。

梅西克（Messick，1967）。实验对象是来自北卡罗来纳大学心理学专业的 42 名学生。实验对象的实验奖金为 1.5 美元，并且最终用便士来支付。

考夫曼和贝克（Kaufman and Becker，1961）。实验对象是康涅狄格大学的学生。每次博弈的最大最小值为 0.95 点，因此在每次实验中（实验对象的 100 种策略组合与实验者的策略组合进行随机配对）预期的最大最小值支付为 95 分。每分价值是 0.01 美元，不过实验对象的报酬除了 1.5 美元的保证金外，被封顶为 1 美元（实际上，作为当时实验中的一种惯例，实验对象其实是以某种"竞赛"的形式得到支付，在其中，通过用分数较高参与者所获得的总分数与较低获得者总分数之差来衡量这两者的差别，而这个差值决定了他们能从 1 美元中得到多少份额）。实验对象对五种博弈的每一种都进行 50 次，并且会得到信息回馈。这些博弈以拉丁方的形式来安排，其中四个参与者在五种不同的次序里进行实验，并且两个人充当行参与者，另两个充当列参与者。

奥奈尔（O'Neil，1987）。西北大学的 25 对学生在固定搭档的情况下进行 105 次面对面的实验。在每一轮，实验者选取实际的卡片，并互相出示给对方，然后输者将 0.05 美元交给赢者。双方的初始禀赋都是 2.5 美元。

拉波波特和波贝尔（Rapoport and Boebel，1992）。实验对象是通过广告招聘来的 40 名北卡罗来纳大学的学生（在每种胜/负条件下均为 20 名）。学生们经过配对后，先练习 10 个回合，而后开始 120 回合的真实比拼。实验对象在贴有标签的卡片中进行选择（标签上注明是什么策略：C、F、L、I 和 O），然后将卡片同时上交，而胜负随即会被记录。在第二组实验中（与第一组实验在时间上并不同时），行参与者和列参与者互换角色，并且更换对手，然后反之。实验共持续了 100 分钟。在这 120 个回合中，随机抽取其中 3 个回合的结果作为支付。所以每次实验预期胜负的差额是 0.4 美元，比奥奈尔支付大 8 倍（以名义形式），然而每个获得报酬少于 5 美元的学生仍将被支付 5 美元。

莫克基希和索弗（Mookerjhee and Sopher，1997）。实验对象是德里经济学院的研究生。共有 20 人参与实验，并分成 10 对。其中每个博弈以匹配方案进行 40 次。博弈 3（4）除了实验奖金加倍外，与博弈 1（2）完全相同。诸如 QRE 这样的理论，把对均衡的偏离解释为一种失误（也许最优的非完美起因于决策成本）。该理论推断，当赌注上升时，行为将更接近于混合策略均衡。事实上，这两对博弈的行为并没有明显不同，这需要更进一步的研究。

汤（Tang，1996）。实验对象是 180 名波恩大学的学生。共有三个博弈，每个博弈都进行五组实验，每组均为 12 人参与。学生们在固定角色的方案下被随机配对，进行 150 轮（只有两组实验除外，这两组实验中对博弈 1 只进行 100 轮）。每轮之后，实验对象被告知他们对手的选择和平均支付，以及在该轮中所有行参与者和列参与者分别的平均支付和选择，另外还被告知如果在本轮中随机地与其他人配对的话，他们的各个策略将会带来多少支付。

宾莫尔、威尔兹宾斯基和布劳尔克斯（Binmore，Swierzbinski，and Proulx，2001）。实验对象是 156 名密歇根大学的学生，他们来自不同的专业，这意味着他们对博弈理论并不了解。实验分为 13 组，在每一组，12 名学生凭计算机网络进行互动博弈。实验对象在每个博弈中有固定的角色（行参与者或列参与者），不过每次实验之后，他们的角色会被重新随机分配。学生们先分别练习博弈 1、2 各 50 次和 100 次，其他博弈 150 次（但对于鞍点博弈 2 他们只练习了 75 次）。实验共 45 分钟。实验的频率是相当快的（825 期再加上实验指导，一共才 45 分钟）。每一组有 12 名实验对象参与，并且是多次随机匹配，而所有的 MSE 推断都是 1/6 的倍数。这样，MSE 可以以群体的方式达到，在其中参与者选择纯策略，但是对由所有参与者组成的群体进行平均后，得到的结果与 MSE 是类似的。他们进行表 3—9 中的五个博弈，外加两个训练博弈。支付由一种二项抽彩方案决定。在每个博弈后，实验对象的总分数决定他是否能赢取 6 美元的奖金（在练习中是 0.6 美元）。最后，实验对象会看到两张图表，一张是他们自己最后六期所获报酬的移动平均，另一张是扮演相同角色的其他同学最后六期的平均报酬。

拉波波特和伯迪斯库（Rapoport and Budescu，1992）。实验对象是 91 名通过广告招募来的（以色列）海法大学的学生，所有的学生都参加条件 D 以及另外两种条件中的一种，每隔一周进行一组实验。在条件 D、S、R 下，实验对象人数分别是 90、60、25 人。条件 D 下，每一对参与者进行面对面博弈，通过运用红、黑两种卡片来进行策略选择。（如果卡片颜色相配，行参与者将赚取 1 个代币，如果不匹配则损失 1 个代币；列参与者的支付则相反。）每名实验对象将拥有 20 新以色列谢克尔，每个代币可兑换 1 个新以色列谢克尔。在条件 R 下，参与者会被告知他们的序列将与目标序列进行对比，如果两者"尽可能接近"，将有机会赢得 25 谢克尔。需要注意的是，在条件 D 下，45 对实验对象中有 13 对没有完成 150 轮的实验，这是因为有一名参与者丢失了他初始的 20 个代币，但这些实验对象所完成实验轮数的中值为 120 轮。

伯迪斯库和拉波波特（Budescu and Rapoport，1994）。方案细节与上面所述的那个相同，但以下这几点除外：所有 60 名实验对象在第一组实验中于条件 D 下实验，在第二组实验中于条件 R 下实验；30 对实验对象中

有 8 对没有完成条件 R 下的全部 150 期实验。

布罗姆菲尔德（Bloomfield，1994）。72 名密歇根大学非经济学专业的学生被招募来参加实验，他们中的许多人在一星期前参加过一次不相关的博弈。在随机匹配的方案下，学生们进行 70 轮博弈。在头 20 轮练习中，每一分按 0.015 美元支付，而在另外的 5 轮中（这 5 轮是在随后的 50 轮中任选的），每一分以 0.15 美元进行支付。实验对象在结束时将从他们的赢得中抽掉 35 美元，但保证每人即使在赢得为负的情况下也肯定能获得 2 美元。需要注意的是，这样的凸支付安排原则上会鼓励实验对象更加风险偏好，这会推动 MSE 的概率值趋向于 0 或 1。只给出了 21—70 轮（这 50 轮是全额支付的）的实验结果。

奥克斯（Ochs，1995b）。来自匹兹堡大学的 48 名学生被分为三队，每队 16 人。每一组实验持续约 90 分钟。在第一组实验中，16 名实验对象在随机匹配的原则下进行了 64 轮博弈 1，如果连续两轮出现重复配对或对手与在上一轮中的相同，则要重新配对。在第二组实验中，16 名实验对象先进行 16 轮博弈 1，而后进行 56 轮博弈 2。在第三组实验中，16 名实验对象进行 16 轮博弈 1 和 64 轮博弈 2。最后由二项博彩系统来决定支付，以最大数额的可赚取分数来决定。〔比如，我们注意到行参与者在博弈 2 中运用了 MSE 策略，可以预见其将获得较少的分数，由于分数的最大值过高，因此在边际点与美元（对行参与者在三个博弈中的激励）之间存在一个微弱的混淆。这只是显示了一些在运用二项博彩以及其他老到的支付方式时所遇见的额外困难。〕每名参与者的分数将决定他们在获得 10 美元的基本支付以及 4 美元的出场费之外，能否还获得 10 美元的额外奖励。

夏查特（Shachat，2002）。亚利桑那州大学的学生在固定搭档的方案下进行了 60 轮的实验。每一组有 6 到 12 名参与者。在实验 1、2、3 中，分别有 15、16、15 对参与者参加。行参与者如果获胜，将得到 0.90 美元，而如果列参与者获胜，则将得到 0.60 美元（这已将预期所获均等化为 0.36 美元）。

麦克尔维、帕尔弗雷和韦伯（McKelvey, Palfrey, and Weber, 2000）。96 名加利福尼亚理工学院的学生参加了实验，每一组有 12 名学生参加。每一组内包含有两个博弈，各需要进行 50 次。把 A、B、C 中的某个博弈进行两次，随后再进行其余两个博弈中的一个博弈。A 和 D 在其他两个组内是同时进行的。支付单位是 0.1 美元，每个实验对象还可得到 5 美元的出场费。参与者被分配固定的角色，并以随机匹配的方式进行实验，不过在实验中不能出现连续两次扮演同一角色的情况。

格雷、霍尔特和帕尔弗雷（Goeree，Holt，and Palfrey，2000）。实验对象是来自弗吉尼亚大学、加州理工学院和帕萨丹玛城市大学的学生。其中 24 名学生参加博弈 1、2；80 名学生参加博弈 3。学生们在固定角色的情况下，被分为 10 或 12 组，进行 10 期的实验。在博弈 1、2 和其中一组所进行的博弈 3 中，实验对象相互固定搭档，在其他组所进行的博弈 3 中，则为多次随机匹配。除去在博弈中所赢得的，实验对象每人可赚取 6 美元。

拉波波特和爱慕德（Rapoport and Amaldoss，2000）。实验对象是 36 名亚利桑那大学的学生，分为两队，每队 18 人进行实验。学生们被多次随机配对，但他们绝不能连续扮演同一个人，并且他们扮演彼此的角色几乎同样的次数。参与者对博弈 L 与博弈 H 以交叉顺序各进行 80 次。每名学生有 5 美元出场费，同时每 80 个支付单位到最后可以兑换 1 美元。

科林斯和舍斯迪亚克（Collins and Sherstyuk，2000）。51 名墨尔本大学的学生分为 4 组进行实验，每组为 9～18 人不等，并在各期被多次随机匹配。在每一期，实验对象都知道自己以及另外两名竞争对手的位置。每个学生有 3 美元的出场费，博弈中每十分可以兑换 0.01 美元。

第 4 章

罗思和莫洛夫（Roth and Malouf，1979）。伊利诺伊州大学商务课程 2 年级的学生被分为若干小组，每小组 2～6 人，在四个博弈中进行讨价还价，实验方式是在计算机终端发送文本信息，每次实验持续 12 分钟。每次实验过后，实验对象将被与新的搭档重新配对，但配对的具体方案没有公布。对配对方式的疑虑似乎是 20 世纪 80 年代后的现象，这也许是受到了当时博弈理论结果的影响（比如 Kreps et al.，1982），这些结果说明了当参与者与同一搭档重复配对时，重复博弈声誉建立是如何发生的。

奥克斯和罗思（Ochs and Roth，1989）。实验对象是卡内基梅隆大学和匹兹堡大学的 160 名大学生。每人的出场费为 5 美元，另外还可从十轮的实验中任意参加一个来获取收入。每名学生参加整个实验方案中的一个单元（也就是说，把实验置于"实验对象之间"来进行）。实验通过在 1 号屋和 2 号屋之间进行信息传递来进行。

哈里森和麦凯布（Harrison and McCabe，1992）。加拿大安大略大学经济学系的 40 名优等生参加了实验。支付在其中一组中以"分"来计算（即 100 分代表 1 美元），而在另一组中以概率单位计算。也就是说，每一

分都可视为一张彩票，其最低奖金为 1 美元，最高则有 11.5 美元。这两种支付方案的结果很相似，所以我对它们做了平均。

卡彭特（Carpenter，2000）。实验对象是马萨诸塞大学的大学生。实验方式是将两种 δ 条件与一个随机匹配（重复匹配）条件进行交叉，并且每实验单位为 15～17 对实验对象（总共有 130 对）。"饼"被分为 10 个单位，每单位可兑换 0.2 美元。学生们进行 15 期实验。卡彭特还将这些结果与 122 名亚利桑那的实验对象进行 10 期实验（那是一个通过偏好相关实验进行的讨价还价过程）得到的结果进行汇总。

约翰逊等人（Johnson et al.，2002）。宾夕法尼亚大学的 30 名大学生在无重复配对及角色转换的方案下，进行八个多轮讨价还价实验。

兹维克、拉波波特和霍华德（Zwick，Rapoport，and Howard，1992）。实验对象是 54 名宾夕法尼亚州立大学的学生，以每 6 人为一小组，每小组都拥有固定价值为 p 的代币。每小组中抽取 3 个人形成一个小队，然后在该组中剩下的 3 人里随机抽取 1 人来与这个 3 人小队进行 8 次博弈。配对是完全随机的，但是不允许参与者与同一人连续博弈两次。然后每小组再被细分为由 3 人组成的两个子组，整个过程再重复两次，这样总共是 24 轮实验[1]。参与者交替担任参与者 1 或参与者 2 的角色。最后，随机选择 3 轮实验，把参与者在这 3 轮实验中的平均支付作为对参与者的实际支付。

拉波波特、魏格和费尔森塔（Rapoport，Weg，and Felsenthal，1990）。实验对象是来自以色列海法大学的学生。他们进行 18 种博弈，并轮换角色（角色 1 或角色 2）和成本条件（每进行三个博弈则轮换一种成本条件）。在第一次实验中，三种条件下的成本分别为强（0.10 对 2.50）、弱（2.50 对 0.10）、对等（2.50 对 2.50）。在第二次实验中，强势和弱势参与者对应的成本分别是 0.20 和 0.30。参与者都知道在 18 次实验中，将随机抽取三次来决定实际支付，并且他们将得到在这三次实验中的平均所得。他们实际上是在 9～13 期之间的某一点上随机地终止了一些博弈（占总数的 4%）。

宾莫尔、谢克德和萨顿（Binmore，Shaked，and Sutton，1989）。120 名伦敦经济学院社会学系的学生参加了实验，那些熟悉博弈论和讨价还价模型的学生被排除在外。参与者们通过配对，只进行了一次实验。

宾莫尔等人（Binmore et al.，1998）。实验对象是密歇根大学的学生。

---

[1]　8＋16＝24。——译者注

每 12 人被分为一小组。实验被计算机化。实验中，有选择权的参与者被定义为参与者 2。参与者们同时提出要求，而参与者 2 可以选择撤出（直到稍后才允许参与者 1 知晓）。参与者在一个复杂的结构下实验，其中以每 10 次为一个实验群。在每个实验群中，实验对象都被重新随机配对，而角色是随机给定的，并一直不变（但是不允许实验对象在所有的 3 个实验群中都保持同一角色）。从每个实验群的 10 次实验中抽取两次作为最后的支付。为了鼓励练习，在第一组中规定支付是所获名义总量的 10%，在第二组中是 1/4，最后一组是全额支付。在各实验群之间，参与者还会被"过滤"到相似支付组中去，但是这些被滤出的不同组在博弈方式上却又是相似的。

弗希斯、凯南和索弗（Forsythe，Kennan，and Sopher，1991a）。实验对象是艾奥瓦大学的学生。他们先被分为 6～8 人不等的小组，然后配对，每对在一个特定成本条件下（也就是说，博弈 1～4 中的某一个）进行讨价还价，为期三"年"（每一轮称一个"月"，所以一"年"含有 T 个"月"）。参与者的角色是固定的（强势或弱势讨价还价者），每个"月"持续 5 分钟。

拉波波特、艾利夫和兹维克（Rapoport，Erev，and Zwick，1995）。实验对象是 48 名来自北卡罗来纳大学的学生。他们对三个博弈进行六个序列的实验（因此共 18 次实验）。在每个序列中，4 名学生中的每人与其他 3 名中的每一人各进行一次实验，并且变换角色，这样每一名实验对象在实验的一半时间是卖者，另一半时间是买者。为了检验 δ 的效应，拉波波特等人使用了 3 种估价：H(0.9)、M(0.67)、L(0.33)。在每个序列中，这三种折现因子的顺序是经过调整的。在 48 名实验对象中，有 16 名将参加两个附加的时长 1 小时的实验来衡量由经验产生的效应。在每次实验中的买者估价服从 [0，100] 上的均匀分布。每名实验者的支付由随机选出的三个实验的结果来决定。

弗希斯、凯南和索弗（Forsythe，Kennan，and Sopher，1991b）。艾奥瓦大学经济系的学生参加了实验，每名实验对象进行 10 或 15 期实验，其中"饼"的大小和价值被固定为 p。以每 5 期为一个实验群，每晚持续进行。在每一期实验中，实验对象并不清楚他们的新对手以前的讨价还价结果。

拉德诺和朔特（Radner and Schotter，1989）。他们进行了八组实验，每组有约 20 名纽约大学经济学专业的学生参加。在每一期，实验对象打开一个信封，以了解 V（买者）或者 C（卖者）的估价，然后写下报价 v 或 c，并传递给另一个实验对象。实验对象只能了解到他们自己交易的结果。规定实验对象在 15 期中与同一个人搭档，以促成此二人共同努力达到均衡。

拉波波特和富勒（Rapoport and Fuller，1995）。实验对象是 60 名亚利桑那大学的学生，每 10 人分为一组，在固定角色的方案下参加实验。在每个实验的第一阶段，实验对象私自拥有关于估价和成本的信息并提出报价。如果卖者的出价超过买者，交易以两个价格的均价进行，并且参与者对每次的结果也都知情。这样进行 25 次之后（随机抽取其中 3 次决定支付），开始进行实验的第二阶段，此时参与者可以使用策略方法。在这一阶段中，参与者记录下针对 25 次估价或成本的报价（3，7，11，…，99），并以随机顺序排列。这些报价函数被用来进行一次讨价还价，以决定支付。

丹尼尔、斯尔和拉波波特（Daniel，Seale，and Rapoport，1998）。实验对象是 40 名亚利桑那大学的学生，每个实验 20 人。每个学生进行 50 期实验。为了在实验对象之间进行比较，每名实验对象与其他扮演相同角色的实验对象一样，拥有相同的 50 单位价值。激励方案并没有被详细说明，不过每名实验者平均可以赚取 15 美元。

瓦拉里等人（Valley et al.，2002）。第二项研究的实验对象是来自波士顿五所大学的 102 名学生。实验对象参加无沟通条件的实验（历时 1.5 小时）可以赚取 10 美元的出场费，而参加两项有沟通条件的实验（历时 3 小时）则可以赚取 20 美元的出场费。最终再随机抽取 3 次实验来决定对实验对象的额外支付。

第 5 章

比尔德和贝尔（Beard and Beil，1994）。实验是扩展形式下的真实一次性博弈：只有参与者 1 选择 L 时，参与者 2 才行动。所有的支付都以美元计。每一对参与者只在一种方案下实验。在方案 7 中，最终的支付要乘以 6，不过每名参与者根据他们的决策来赚取奖励的概率也只有 1/6（这是为了考察当把金额数值放大并且对支付赋予一定概率分布后，是否会使结果发生变化）。

朔特、魏格尔特和威尔逊（Schotter，Weigelt，and Wilson，1994）。在他们的实验中，数个由 10 名学生组成的小组（纽约大学的学生）在固定角色且无替换的随机匹配方案下，进行3～5轮博弈。支付是每获一分可兑换0.7美元。参与者得到的回馈只是有关支付的信息，而无对手行动的信息。

拉波波特和爱慕德（Rapoport and Amaldoss，1997）。实验对象是亚利桑那大学的学生，被分为两队，每队18人，然后在每一组实验开始时，实验对象被分为两队，并被分配以固定的角色（强势或弱势），然后进行80期实验。在第一组80期的实验之后，参与者们交换角色，而后进行另一个80期的实验。实验对象在每一期都进行重新配对。每一期过后，他们将了解到其他参与者的投资（哪项投资更多以及所导致的奖金），但不会得到有关群体的更多信息。最后的支付是以每100分对1.25美元的比例支付的。

麦克尔维和帕尔弗雷（McKelvey and Palfrey，1992）。每组实验由18或20名学生在固定角色和无替换的随机匹配方案下进行10次。他们的"拉链"式设计是在第一轮中将第 i 个参与者1与第 i 个参与者2配对，随后一轮将第 i 个参与者1与第 $i+1$ 个参与者2配对（并且最后一名参与者1与第一个参与者2配对），如此类推。这一简单的设计限制了"传染"。不仅每名参与者与其他参与者各只博弈一次，而且如果某参与者曾经和与 i 博弈过的参与者博弈过，那么该参与者就绝不能与参与者 i 博弈。该博弈在一个扩展模式中进行，所以当一名参与者出局，该博弈就结束了。

范·哈依克、维尔登塔尔和巴特里奥（Van Huyck, Wildenthal, and Battalio，2002）。实验分四个组，每一组都是四种博弈和延续条件的联合体。每一组有10名实验对象，都是来自得克萨斯农工大学商务系和经济系的学生。在 G(0，1) 组，实验对象被随机反复配对55次。在 G(5/6，2) 组，随机的停止点数被预先随机地规定好了，并且在整个四组实验中都是固定的以便于比较。其结果是八个序列，长度从1期（当然紧跟的是有限延续的两期）到14期不等。

卡普拉等人（Capra et al.，2002）。他们的实验使用了弗吉尼亚大学经济系的学生，学生们被分为六组，每组10人。每名实验对象在固定 α 和多次随机匹配的方案下进行10期实验，每人都能得到关于双方价格的回馈信息。

卡普拉等人（Capra et al.，1999）。在随机匹配的方案下，6队由9～12名弗吉尼亚大学经济学系的学生组成的实验对象进行实验。除了在实验中赢得的奖励（以便士计）外，每人获得6美元的出场费。参与者们有一个价值为 1 的 R，先进行 10 轮实验（A 部分），随后又会参加一个预料之外的实验（B 部分），共 5 轮或是 10 轮，而且 R 的价值也变了。如果 R 的价值在 A 部分中高，那么在 B 部分中则低，反之则反是。

塞夫顿和亚瓦斯（Sefton and Yavas，1996）。在三组实验中，T 的大小各不相同，分别为 4、8 和 12，每组实验有 30 名实验对象参加。实验对象都是来自宾夕法尼亚州立大学的学生，进行 15 轮的 T 期超级博弈（包括 1 轮没有奖励的练习）。实验对象在一种拉链式的方案中被多次随机匹配。

韦伯（Weber，2001）。韦伯的实验克服了几个实验设计上的挑战。最基本的一个是如何将关于其他实验对象类型的信息传递给每个实验对象，而且让这种传递成为公共信息。韦伯将每个参与者的类型都写在告示栏中，但都用三层贴纸挡着，人们可以揭开纸看，然后再挡着。参与者的类型由掷骰子决定，随后韦伯在房间内转一圈，向每名实验对象出示其他参与者的类型（那些类型被揭露的参与者能够看到自己被揭露的过程）。实验对象是加利福尼亚理工学院的学生，最终的支付在表 5-13 中给出（包括 10 美元的出场费，以确保即使他们两次输掉 5 美元，也不会赔钱）。他们连续进行两组实验，以确定在跨组中是否存在学习过程。

苏维克（Sovik，1999）。实验对象是来自巴塞罗那庞培乌·法布拉（Pompeu Fabra）大学的学生。6 对（12 个）学生参加一组固定搭档的实验，18 对（36 个）学生参加 3 组的多次随机匹配实验。

斯塔布和威尔逊（Stahl and Wilson，1995）。为了不让实验对象进行学习，对每一种博弈，实验对象只进行一次。每名实验对象与所有对手都进行博弈，所以每人在一次博弈中的总分数是每次与每个对手博弈所得的平均数。获得支付的概率以分数来计算：对于每次博弈来说，所赚得的分数（0～100）将决定他们赢取 2 美元的概率有多大。实验对象是来自得克萨斯大学（奥斯汀）会计和金融专业的高年级学生。一共有三组，分别有14、22 和 12 名学生参加。在培训之后，实验者先接受 10 分钟的屏幕测试，然后在 36 分钟的时间里在所有 12 个博弈中进行抉择。

科斯塔-戈麦斯、克劳福德和布莱塞塔（Costa-Gomes, Crawford, and Broseta，2001）。有些实验是由另外一个实验派生的，只是在所有的支付水平上都外加了一个常数：这种特征可以对特定博弈的连续性进行检验。实验对象是亚利桑那大学的学生。学生通过电脑屏幕和发到手中的说明材料了解博弈规则，而且每人都明白其他参与者也都有同样的说明材料。在看完说明后，所有实验对象都需参加一个理解测试，在测试中不及格的人将被淘汰。在 B、OB 和 TS 三种条件下，淘汰率分别是 25％、16％ 和 53％。如此高的淘汰率意味着那些存有疑惑和对博弈还不太明白的实验对象被剔除出去，这也许是本章中出现如此大比例均衡结果和聪明行为的部分原因。本章中提出的数据还剔除了三位通过了测试的实验对象，因为他们的行为过于情绪化（更多的细节请参见科斯塔·戈麦斯等人的论文）。每名实验对象随机挑选一个博弈，然后根据在此博弈中的表现领取支付。每获得一分，他们就赚取 0.4 美元。支付将以特殊的形式显示：行参与者的支付在屏幕的左方，列参与者的支付则在右方。

第 6 章

罗思等人（Roth et al.，1999）。参与者在匹配方案下进行配对，然后参加 500 期的博弈。在博弈的每一阶段上都有可能赢取 0.04 美元。

考克斯、夏查特和沃克（Cox，Shachat，and Walker，2001）。实验对象是 120 名亚利桑那大学的学生。12 人为一队，在固定角色的方案下实验，以自己过去的表现作为回馈。每一组实验中会有 4～5 个团队，这是在对同一矩阵进行 15 期博弈之后，由行参与者和列参与者矩阵中随机抽取出来的。在其中三组实验中，每个团队内部的配对是固定的，而另外七组实验中则要在团队内重新进行配对。除了在第二组至第四组实验中以每 10 个支付单位兑换 1 美元，其余各组以每 6 个支付单位兑换 1 美元。

尼亚科和朔特（Nyarko and Schotter，2002）。实验对象是 112 名纽约大学未经过博弈训练的学生。每 26～30 名学生参加一组实验，每人都了解自己（及对手）的支付历史。在支付中每一分可兑换 0.05 美元（通过博弈可得到约 15 美元，通过进行预测可得到约 6 美元）。

莫克基希和索弗（Mookerjhee and Sopher，1997）。实验对象都是德里大学经济学院的经济学硕士研究生。每个博弈有 20 名实验对象参加，并配成 10 对。每对参与者都在重复匹配的方案下进行 40 次。另外，除了奖金加倍以外，博弈 3、4 与博弈 1、2 完全相同。

博世-德蒙尼奇和弗雷恩德（Bosch-Domenech and Vriend，2003）。实验对象是 126 名巴塞罗那庞培乌·法布拉大学的学生。在每一组实验中，有 18 名实验对象在固定配对的方案下进行。整个实验持续两小时。在 1—20 阶段，实验对象每挣一分，在双寡头垄断和三寡头垄断条件下可分别赚取 0.035 和 0.025 西班牙银币（1 000 西班牙银币＝6.40 美元），在 21—22 阶段，奖励多 10 倍。此外，在第七轮有控制的实验中，有简单利润表信息的参与者如果赢取的数额很大的话，那么他们只被支付一个固定的总数，这样做是为了观察行为会不会收敛于竞争性的瓦尔拉斯均衡。结果证明确实会这样（在这个受控制的实验下，所有的实验对象在最后两期都选择了30）。

泽尔滕和斯多克（Selten and Stöcker，1986）。每一组实验有 12 名实验对象，这 12 名实验对象被平分为两队，每队 6 人。在每一队内，每个参与者分别与其余 5 个人配对进行 10 期超级博弈，这个过程被重复 5 次，从而总共就进行了 25 次 10 期博弈。整个实验要花费大约 4 个小时，对于此类实验来说，这个时间算是相当长了。不过，还不清楚这么长的时间是否对实验有特殊影响。他们的结果与其他的重复囚徒困境实验结果类似。

巴特里奥、萨缪尔森和范·哈依克（Battalio，Samuelson，and Van Huyck，2001）。他们对三个博弈中的每一个都组织了四组实验，每组八名实验对象（来自得克萨斯农工大学的学生）。实验对象在随机匹配的方案下进行 75 期实验，并且了解自身配对的过程。

费尔托维奇（Feltovich，2000）。实验对象是 122 名匹兹堡大学的学生（还包括其他一些学校的学生）。实验分 9 组，每组有 8~20 名学生参加。每人可得 10 美元出场费，并且如果他们在随机抽出的单阶段博弈中获胜，那么还可获得 10 美元的奖励。

斯达尔（Stahl，1990a）。一共有四组实验，每组有 22~24 名学生参加。实验采取平均配对方法，这意味着每个参与者的支付是同其他每个参与者博弈时所获支付的平均，而且参与者在每回合博弈后都充分了解参与者总体的历史。博弈 1、2 采用交替的顺序（在一组实验中先进行博弈 1 再进行博弈 2，而在另一组实验中则相反），而博弈 3、4 也以同样的方式进行交替。最终的支付是以能获得 2 美元的概率单位来计算。

第 7 章

梅塔、斯塔莫和萨格登（Mehta，Starmer，and Sugden，1994b）。实验对象是 120 名东安格利亚大学参加暑期学校的学生。他们被随机地配对（并且彼此匿名），并进行 20 个匹配博弈。匹配最多的一对将分享 10 英镑。

布卢姆等人（Blume et al.，1998）。多阶段的实验，每阶段有 12 名实验对象进行 20 轮实验，条件是存在随机匹配和角色固定，并了解群体历史信息。

卡瓦古和泷泽（Kawagoe and Takizawa，1999）。他们的实验使用两队学生，每队 13 人，每人只与同队中的人竞赛。实验对象在角色转换和多次匹配的方案下进行 13 次。实验分三组，每组分别有 26、13、26 名实验对象参加。三组实验在许多方面都不同，每种不同之处看上去都很重要。在第一组，参与者们要进行全部三个博弈。其中有一半的人被支付以货币（约 2 000 日元），一半的人被支付以概率点数，这样是为了控制风险中性。第二组实验则测试了混合行为的效果。在第三组实验中，实验对象只对一个博弈进行 13 次，以达到更精确的均衡。

范·哈依克、吉列和巴特里奥（Van Huyck, Gilletto, and Battalio, 1992）。来自得克萨斯农工大学的学生进行 9 组实验，每组有 24～30 名学生参加。实验对象在固定角色成对匹配的方案下进行实验。在大多组实验中，实验对象分别在无"指定"和有"指定"的方案下以不同的次序进行三次博弈 A。然后他们在多种"指定"顺序下，进行六次博弈 B 或博弈 C。

范·哈依克、巴特里奥和兰金（Van Huyck, Battalio, and Rankin, 2001b）。来自得克萨斯农工大学的学生进行 16 组实验。在每一组实验中，两队实验对象同一个固定小队的实验对象进行 20 期博弈。然后在小队内混入新的成员（随机从 $2n$ 名实验对象中调出的 n 个样本），再与这个新的小队进行 20 期另一个博弈。在这两队实验对象中，每队的规模 n 是固定的，而 j ① 在连续两个 20 期（即一组实验的前半部分和后半部分）是变化的。

萨缪尔森（Samuelson, 1996）。实验对象是波士顿大学管理学院的 MBA 学员（包括那些 MBA 执行官，即参加夜课或周末课程的经理们）。学生们在循环方案和平均匹配方案下与另一名学生博弈。虽然他们并没有得到任何支付，但是他们的课程分数将部分取决于他们在实验中所赚得的分数。学生们只进行一次，但要先参加四组培训实验，在培训中，他们将衡量成本并考虑是否应该加入实验，最终选择进入的实验对象总数将被告知每一名实验对象。萨缪尔森还公布了参与者对成本的衡量介于区间 [2, 3] 之中，这和我选择显示的很相似。

霍和魏格尔特（Ho and Weigelt, 1996）。实验对象是宾夕法尼亚大学的学生。参与者每 11 人分为一组，被随机分配角色和配对（无重复地），并且可以得到自己的历史信息。每一个博弈要进行 10 期，每三个博弈组成一组实验（以拉丁方设计来控制由次序不同而导致的效应）。博弈以博弈树的形式给出，支付以分数计，一分相当于 0.1 美元。

哈鲁维和斯达尔（Haruvy and Stahl, 1998）。实验对象是得克萨斯大

---

① 大概是指小队的人数。——译者注

学的学生。实验以平均匹配的形式进行，支付以彩票的形式给出。47 名实验对象，每人都要在 20 个博弈中做出选择，没有信息回馈。实验对象都握有计算器，这样他们可以"猜"出采取不同行动的实验对象的比例，以及不同策略下的预期支付。

范·哈依克、巴特里奥和贝尔（Van Huyck, Battalio, and Beil, 1990）。在这个范·哈依克等人的最初实验中，数个由 14 到 16 个学生组成的队在每组实验中相互博弈 10 次，一共有七组实验。在每一期结束时，最小的数目会被公布，然后实验对象再次博弈。

克莱蒙斯和韦伯（Clemons and Weber, 1996）。在实验的头 12 期，买者和卖者同时提出要求（在市场 X 和市场 Y 之间有关十个股份的分配）并根据本章所述的方式赚取利润（如果市场 Y 不开业，则 Y 的所得为零利润）。每分可兑换 0.008 3 美元。实验对象是宾夕法尼亚大学的学生。

第 8 章

布兰德茨和霍尔特（Brandts and Holt, 1992）。来自弗吉尼亚大学经济系的学生作为实验对象参加为时两小时的实验（实验1—5）。来自巴塞罗那奥杜诺马大学的学生参加实验6—9。每组实验包括 8 或 12 名参与者以及一名组长（随机选出来的一个实验对象，其任务是通过掷骰子来决定各参与者的类型，并监督整个实验过程）。作为发送者和接收者的实验对象被分隔在不同的房间里。在实验的每一阶段，都在固定角色、无重复匹配的方案下进行四次或六次匹配，并且仅是把其中一对的信息作为回馈。每一对的类型都是随机决定的。每一阶段后，参与者将转换角色。在第二阶段，所有参与者的支付都将增加 15 西班牙银币。第三阶段的支付与第一阶段相同。在弗吉尼亚支付的单位是便士，在巴塞罗那则以西班牙银币的形式进行支付。

班克斯、凯莫勒和波特（Banks, Camerer, and Porter, 1994）。在多数情形下，实验对象在随机角色、无重复匹配并仅知悉自己那一对表现的情况下，对一个单独的博弈进行了 10 次。在每一期，对每个实验对象，类型都是被独立决定的。实验过程被计算机化。（我们并不公布数据，我们还尝试使用一种激励兼容的积分规则来直接衡量信任，并使用这些被衡量过的信任来检验精炼，这是一种混合的过程。）在 13 组实验的 11 组中，实验对象以随机次序（不是以交替次序）来进行七个博弈中的三个；而在另两组实验中，他们进行了两个博弈，其中一个博弈持续了 20 期而不是 10

期，以此来检验进一步学习的效果。实验对象是来自宾夕法尼亚大学、加利福尼亚理工学院和亚利桑那大学的本科生，宾夕法尼亚大学的博士生，以及喷气动力实验室的科学家。实验数据被直接汇总，是因为每个参与者群体的行为并未发现有明显的不同。实验对象每赚一分可兑换 0.25 美元，但要在总获得中减去 5 美元税收，最后在两小时的过程中平均每人可得到 20 美元。

波特斯和范·文顿（Potters and van Winden, 1996）。一共有五种实验方案，其中每一种都进行两组实验。把支付规定为每次实验可获得约两个荷兰盾（在当时约为 1.16 美元）。实验对象多数（85%）是阿姆斯特丹大学经济系的学生。高级实验有 12 名学生参加（其中一名被选为组长）。高级实验分两个阶段，每个阶段有 10 期。在每一个阶段，实验对象在固定角色、有限制地多次随机匹配方案下进行实验（实验对象不会在连续的几期中与同一个人配对，而且在同一阶段不会与一个人配对超过两次）。实验对象在不同阶段要转换角色。在每一期，发送者的类型是一致的。他们有自己这一对的结果作为回馈。

波特斯和范·文顿（Potters and van Winden, 2000）。这个实验的设计同他们早期的那个实验基本相同，不过有一些细微的变化。实验中有 12 组是学生参加，另有 3 组是一些职业人员参加的，他们主要是一些"私人和公共部门中处理公共关系和事务的工作人员"，这次他们来阿姆斯特丹和海牙参加公共事务的会议。由职业人员参加的组和 4 个由学生参加的组使用铅笔和纸进行实验（其余的组在计算机网络上进行实验）。学生们参加两个序列的实验，每个序列由 10 期组成，并在不同序列转换角色；而职业人员只参加一个序列的实验。

凯兹比、弗兰克和马克西莫维克（Cadsby, Frank, and Maksimovic, 1990）。实验对象是来自加拿大皇后大学的经济学专业和商务专业的研究生。在每组实验中，有 6 个公司和 8~12 名投资者，并且利率是固定的。在每 10 期中，公司考虑私人的随机类型，并且决定是否提供项目；然后一次随机拍卖一个项目。（记住，投资者知道 H 类型与 L 类型公司是基本相同的，但是他们不清楚哪个公司提供了项目，或者提供了多少。）报价是以价格递减的口头拍卖形式进行的，为了获取项目价值的一个比例，投资者将接受 300 的投资。

凯兹比、弗兰克和马克西莫维克（Cadsby, Frank, and Maksimovic, 1998）。在 G* 实验组，实验对象是圭尔夫大学经济学专业的研究生和本科

生，而在 BC* 实验组，实验对象是英国哥伦比亚大学商务专业的学生。在
1 处结束的那几组实验中，实验对象都是没有经验的。在随后几组实验中，
在每个相同字母标号的系列里实验对象都是有经验的。每组实验中有 6 个
公司和 8~16 名投资者，且角色固定，进行 8~14 轮实验。实验对象可以
在时长 2 小时的实验中赚得 23 美元。

库伯、卡格尔、洛和古（Cooper，Kagel，Lo，and Gu，1999）。一共
有 21 组实验，每组有 12~16 名实验对象，每组进行 36 个回合。每 6 个回
合作为一个实验群，在每个实验群里参与者固定角色并且进行无重复多次
匹配。每个实验群过后，角色要进行转换。在每一回合里，公司的类型是
随机决定的，并对所有的公司都相同。所有配对都拥有回馈信息。

凯莫勒和魏格尔特（Camerer and Weigelt，1988）。实验对象是纽约
大学的 MBA 以及宾夕法尼亚大学的 MBA 和商务专业本科生。实验对象
进行 69~101 个序列的实验，每个序列有 8 期。在每组实验中，有 3 名借
者和 8 名贷者，且角色固定。在每个序列里，从那些在上个序列中未博弈
过的一对借者中随机选出一位（也就是说，没有哪个借者连续博弈两次，
并且所有的参与者都知道这一点），然后贷者将被指定在哪一期进入，指
定的那一期是随机决定的。借者并不知道哪位贷者在哪一期进入，而贷者
也不知道在一个特定序列中哪位借者进入博弈。贷者和借者被分隔在不同
的房间里，通过实验者的步话机进行交流。每个决策都被通知给所有实验
对象。对于贷者，每挣得一分相当于 0.01 美元，对于借者则为 0.001 5 美
元。结果证明，步话机在实验中以一种有趣的方式起着关键作用：因为类
型 X 的人不得不经常考虑片刻来决定下一期如何行动，因此借者中为 Y 类
型的人就经常通过迅速做出反应（偿付）来显示自己的类型。于是，实验
者不得不拖延公布类型 Y 的决策，这样，反应的速度就不会传递信息。这
是一个关于参与者如何"扩充"战略空间的优秀例子，其方式很令人吃
惊，并且以往的理论也没能很好地解释这一点。

内拉尔和奥克斯（Neral and Ochs，1992）。每组实验有 10 名实验对
象。在其中三组实验里，借者的拖欠支付为 150，另有四组实验里支付为
100。实验对象主要是匹兹堡大学的学生，不过有两组支付为 100 的实验，
其实验对象是弗罗斯特堡州立大学的学生。在每组实验中，有 6 名贷者
（A）和 4 名借者（B）。由于 P（诚实）＝1/3，因此在每个序列中，4 名 B
就为不诚实的类型，而两个诚实类型的人由实验者扮演（实验者总是偿还
贷款）。究竟是和一个不诚实类型的人博弈，还是和由实验者扮演的诚实

类型的人博弈，这是说不清的。一个 A 与一个 B，以固定配对的方式，完成一个序列中所有六期的实验。（注意，在这个原则下，将允许双向的声誉建立，但是却不易弄明白 A 所建立的哪类声誉是对他自己有利的，这是因为，通过在将来拒绝贷款来对拖欠的借者实施惩罚，在任何情况下都是一种均衡。）每对参与者进行 15 个序列的实验。根据分数来支付的美元并没有被公布。

荣格、卡格尔和列文（Jung，Kagel，and Levin，1994）。实验对象是休斯敦大学的 MBA 和四年级学生。每人可获得 4 美元的出场费，另加上在实验中依据自己的决策所获得的金额（乘以分数与美元的兑换率）。每人在两个半小时的实验中平均可以获得 30～50 美元。每组实验有 45～90个序列，每序列包括 8 期实验。在每组实验中，有 7 名参与者，包括 3 名在位者和 4 名进入者。在一个给定的含有 8 期实验的序列中，每个在位者要面对八个进入决策，其中的两个来自 4 名进入者各自在分层随机次序下进行的决策（每个进入者在 1—4 期各决策一次，在 4—8 期也各决策一次）。在 9 个序列之后，角色要进行转换，这样 4 名进入者中的 3 名要变成在位者。（而第四个进入者，即那个没有转换角色的人，在接下来进行的 9个序列中将被指定为在位者）。

布兰德茨和菲古拉斯（Brandts and Figueras，1997）。实验对象是巴塞罗那奥杜诺马大学的学生。一共有 2～3 组实验，每组实验有 6～9 个实验对象。在这个实验设计的每个单元，有 6 或 9 名实验对象参加，价值为 h，进行 3 或 6 轮（那个 $h=0.5$ 并且轮数为 6 的实验单元被省略掉了）。3名实验对象是借者，3 或 6 名实验对象是贷者，角色是固定的。在每个序列的开始阶段，将随机选出一名借者，他的类型也已被决定。贷者随后以一种随机顺序进行实验（一个序列一次）。当借者为诚实类型（Y）时，则如果他借了款，就必须进行偿还。在每组实验中有 72 个序列。在最后，分数要转换为西班牙银币，对于贷者来说，兑换比率是 1.2 西班牙银币对 1分，而对于借者，则是 0.5 西班牙银币对 1 分。

库伯、加文和卡格尔（Cooper，Garvin，and Kagel，1997a）。实验对象是从匹兹堡大学和卡内基梅隆大学抽出的来自各专业的本科生和研究生。每组实验有 12～16 名实验对象参加，每六期之后，他们要转换角色。以每六期为一个实验群，一共有六个实验群。在每个实验群中，垄断者（M）将与一个不同的进入者（E）配对。每一期实验对象都可以得到所有配对的结果作为回馈。在参与者没有经验的实验组里，每人平均可以赚得

17.50 美元，整个实验大概要两小时。

　　库伯、加文和卡格尔（Cooper，Garvin，and Kagel，1997b）。实验对象是来自匹兹堡大学的学生，每 12～16 人组成一队。大部分的实验组都是由一个循环的 12 期实验形成的，即在每组实验里，每个实验对象扮演六期的垄断者，再扮演六期的进入者（反之则反是）。在每一轮里，实验对象被随机地配对。垄断者都知道自己的类型，并且在每轮过后，垄断者可以了解到进入者的决策，而进入者可以了解到垄断者的类型。另外，每一轮过后，每名实验对象的屏幕上都将显示各对的结果。

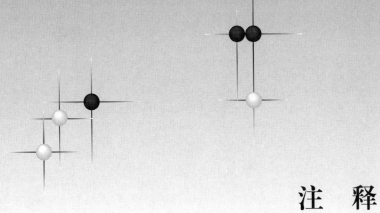

注　释

本书各章注释，请扫码查阅

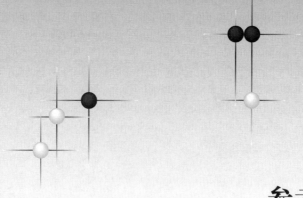

参考文献

本书参考文献，请扫码查阅

图书在版编目（CIP）数据

行为博弈 /（美）科林·凯莫勒著；贺京同等译.
北京：中国人民大学出版社，2025.5. --（细说博弈）.
ISBN 978-7-300-33235-2

Ⅰ.F069.9

中国国家版本馆 CIP 数据核字第 2024YG3149 号

细说博弈

行为博弈

科林·凯莫勒　　著

贺京同　等译

Xingwei Boyi

出版发行	中国人民大学出版社				
社　　址	北京中关村大街 31 号		**邮政编码**	100080	
电　　话	010 - 62511242（总编室）		010 - 62511770（质管部）		
	010 - 82501766（邮购部）		010 - 62514148（门市部）		
	010 - 62511173（发行公司）		010 - 62515275（盗版举报）		
网　　址	http://www.crup.com.cn				
经　　销	新华书店				
印　　刷	北京昌联印刷有限公司				
开　　本	720 mm×1000 mm　1/16		**版　　次**	2025 年 5 月第 1 版	
印　　张	32.5		**印　　次**	2025 年 5 月第 1 次印刷	
字　　数	539 000		**定　　价**	108.00 元